籤占与中国社会文化

Temple Oracles,
Chinese Society and Culture

林国平 著

人民出版社

责任编辑：詹素娟
封面设计：毛　淳　肖　辉
责任校对：周　昕

图书在版编目（CIP）数据

籤占与中国社会文化 / 林国平　著 . – 北京：人民出版社，2014.10
ISBN 978 – 7 – 01 – 013837 – 4

I. ①籤…　II. ①林…　III. ①占卜 – 研究 – 中国　IV. ① B992.2

中国版本图书馆 CIP 数据核字（2014）第 189006 号

籤占与中国社会文化
QIANZHAN YU ZHONGGUO SHEHUI WENHUA

林国平　著

人民出版社 出版发行
（100706　北京市东城区隆福寺街 99 号）

北京中科印刷有限公司印刷　新华书店经销

2014 年 10 月第 1 版　2014 年 10 月北京第 1 次印刷
开本：710 毫米 ×1000 毫米 1/16　印张：48.5
字数：755 千字

ISBN 978 – 7 – 01 – 013837 – 4　定价：130.00 元

邮购地址 100706　北京市东城区隆福寺街 99 号
人民东方图书销售中心　电话（010）65250042　65289539

国家社科基金后期资助项目
出版说明

后期资助项目是国家社科基金项目主要类别之一，旨在鼓励广大人文社会科学工作者潜心治学，扎实研究，多出优秀成果，进一步发挥国家社科基金在繁荣发展哲学社会科学中的示范引导作用。后期资助项目主要资助已基本完成且尚未出版的人文社会科学基础研究的优秀学术成果，以资助学术专著为主，也资助少量学术价值较高的资料汇编和学术含量较高的工具书。为扩大后期资助项目的学术影响，促进成果转化，全国哲学社会科学规划办公室按照“统一设计、统一标识、统一版式、形成系列”的总体要求，组织出版国家社科基金后期资助项目成果。

全国哲学社会科学规划办公室

2014 年 7 月

目　录

序　一

李世瑜

预测未来是一种普遍的社会心理现象。尤其是要做一件大事之前，不论是国家大事、社会大事、个人大事，总是想预知其成败。古今中外，莫不皆然。凭借理性、经验当然可以判断，但有人偏要求神问卜，以为这样更灵验，更有把握，因为神比人总会更高明些。于是预测的方法五花八门地涌现出来，各个时代、各个国家、各个民族都有其独特的形式。有复杂的，有简单的。复杂的要有多少专业人员（巫、觋、史、祝、筮人、卦者之类）参与，贡献多少牺牲玉帛，选用多少卜器卜材（龟甲、兽骨、蓍草之类），举行多少繁文缛节，才能进行一次占卜，这是古代高层人物的行径，普通人则要求简易，信手拈来，立即可知臧否吉凶。用灵籤占卜就是这后一种。

灵籤的籤谱很多，一种籤谱包括多少籤不甚统一，但大多数的籤文形式都是用一首七言或五言绝句做主体。从这一点看，灵籤占卜起源于唐代说是准确的，因为在此之前没有这种格律。而且，绝大部分的籤诗都是十分规范的，一定出自行家里手，有的还是高手，文笔不俗，颇多佳构，例如《牙牌神数》、《灵棋经》等籤诗就完全可以当做“诗选”来诵读。这可能是唐代实行科举制度，开元之后考试的内容增加了作诗，格律诗，因此要想应试的读书人就必须会作诗。应试不论得中与否，其中的好事者闲来无事就编起籤谱来。

采用一首诗作为一个籤帖的主体的做法还有一个原因，就是历来有一种说法叫“诗无定解”。一首诗单摆浮搁地咏花就说它怎么好怎么香，咏月就说它怎么圆怎么亮，这固然也可成为好诗，而更妙的是诗的字面上是一种意思，另外还有别解，或叫言外微旨。这又不仅唐诗为然，从《诗经》就开始了，明是写男女爱情的诗篇，注解者硬说它是讽刺某王的朝政的。后代更有很多诗人惯用这种手法，以至形成流派。譬如明明是咏的石灰，实际却是说作者自己不怕打击、不怕烈火的清白人格；明明是咏的消灭了血吸虫，实际却是骂的艾森豪威尔。籤诗也多带有这种性质。

明乎此，讨了吉籤不必高兴过早，讨了凶籤也不一定就遇上晦气，等等看，不定什么时候就与籤诗对上了号。更有的籤诗作者故弄玄虚，说些模棱两可、概念模糊的文句，以便解籤人胡乱解释。总之灵籤根本是不灵的，这是当然的，都是人任意编造的，怎么可以当做神的旨意决定你要做的事情呢？有时也很灵，这是偶然的，碰巧了，附会上了。讨籤的方式本身就带着几分"灵气"，求籤人交了布施，在神前长跪默祷，所谓心诚则灵，然后两手抱着籤筒下半截，不住地上下摇晃，一支籤便从筒口跃然而出，再据籤号对出籤帖。这很像做游戏，也像赌博，毫无科学根据。更有一种占卜法，即施术者训练一种叫黄雀的鸟（体小，毛色黄杂以褐，很灵巧），把一摞卡片排开，片上有号，术者求者同向黄雀行礼如仪，然后它就从卡片中叨出一张，术者按号对出籤帖予以解说。这种占卜法比用籤筒摇籤更是愚不可及。

尽管如此，然而自唐以来至今，求籤之风盛行不衰。不只国内，还传到世界各地有华人庙宇的地方，南洋各地更普遍。此风还大盛于日本。日本信佛教的很多，还有信狐狸之类的仙家的，各种庙宇、神社特别多，很多都有灵籤占卜的设备，都是从中国照搬去的，连籤谱也是中国的原文，不加日文注解。讨籤的人拥挤不堪，有时排成长队等候。讨一次100日元，领去籤帖之后，不带回家，看完就叠起来打个扣儿挂在树枝上，说这样才灵验。有的庙宇庭院里的灌木林中挂满了那种白色纸扣，远看像是雪后一簇簇的丫杈。据说如此盛传的国家还有韩国。不使用汉字的国家自然不能用我们的籤谱，但也有类似的形式，用一种像扑克牌的籤或晶球来占卜，称为Tarot Cards，是从吉卜赛人传播开的。

从上述这些现实情况来看，可知灵籤确是一种文化现象——占卜文化，是社会学、人类学、宗教学、民俗学、历史学、心理学、哲学都应当研究的有价值的课题。果然，研究的人不少。学术界，包括外国学者，都曾做过研究，他们的态度都很认真，没有把灵籤占卜当做不屑一顾不登大雅的异端。然而限于他们的资料不足和使用的方法不够科学，很少有令人惬意的论著。

林国平先生独具只眼，选择了“中国灵籤研究”这个课题作为他的博士学位论文，文稿写成后给了我一本，嘱我写篇序。我反复读了多遍，深佩他功力的精到，对于这个课题来说，可称是前无古人之作。

国平师从刘蕙孙先生多年，甚得先生三昧。六十多年前我在辅仁大学读书时也曾受业于蕙老，他是我毕生治学的启蒙老师，我最敬佩的师长之一。后来虽然长期暌隔，但只要见到他发表的或寄给我的文章、专著，我无不捧诵至再——我一直在向他学习。五年前他离我们而去，而我的斋额为他老人家的笔题，所以我每天都能如见其人。此次能为我的同门师弟国平先生的大作写序，自然更是别有一番滋味。

蕙老是一位博洽多闻的通儒，治学范围甚广，《周易》也是他所淹通的门类，曾著有数十万言的讲义，内容颇多独到见解，在《周易》研究领域内堪称自成一家。《周易》就是一部占卜用的书，后世众多的占卜术莫不以之为圭臬。它有着一套完整的理论体系，六十四卦之间有机地联系着，不可任意曲解。它形象地表现出了宇宙间一切事物的发展变化规律，体现了古人的朴素辩证观念，绝不像灵籤占卜那样漫无章法，显然它是《周易》的等而下之。

国平在完成了灵籤占卜这个大工程之后，下一个项目是什么呢？我建议就研究一下《周易》，这样一方面是对于灵籤占卜再做一次溯源工作，以使其内涵更为丰富完整，另一方面是在蕙老研究的基础上再做一次更上一层楼的工作，以慰恩师在天之灵。

壬午秋于沽上之穿月斋

时年方八十

序　二

陈支平

中国是一个三教九流、怪力乱神可以大显神通的国度。虽然说近一百年来"唯物主义"大有昌明，但是据一些内部消息灵通人士的揭秘披露，不要说一般的贩夫走卒等平头百姓，即使是庙堂中的领袖人物，有时也不能免俗，连京师卫戍军队的某某番号，都隐藏预示着什么了不起的玄机。趋利避凶，人之常情。在这上下一心的推动下，中国的占卜术，依时风改称为"预测学"，就繁衍得格外的发达。

然而奇怪的是，中国的"预测学"如此之发达，或许是受到"天机不可泄露"神谕恐吓的影响，大家只满足于"知其然"，而少有人去追究其"所以然"。中国古书中有关阴阳术数的典籍不少，但是大致类此，不可深究。一直到了20世纪上半叶，大概是受到西方人文社会科学的熏染，才有少数先觉的学者，开始试图探究中国占卜术的历史成因、文化内涵及其社会影响。这少数先觉的学者中，便有鼎鼎大名的容肇祖先生和朱自清先生。

尽管容肇祖先生和朱自清先生堪称现代响当当的文化人，但在人们日趋"唯物史观"的潮流中，这些刚起步的研究，很快就沦落成背时的行当，特别是到了新中国成立之后，容肇祖先生和朱自清先生的研究成果几乎成了绝唱，少有人问津。不过这时的台湾岛内，依然是"唯心主义"猖獗，一些好奇的本土人士，搜集寺庙中的籤占资料，观察籤占活动，进行初始的分析研究。与此同时，一些西方的学人，也乘机溜入岛内，潜心从事台湾及东南亚地区的中国籤诗搜集与研究。这其中最值得一提的是德国学者庞纬先生。他在1968年就开始关注籤诗,并于1976年出版了《中国灵籤研究》(资料篇)一书,1985年完成了《中国灵籤研究》博士论文,对于中国籤诗的研究甚有影响。中国人祖传的东西,反而被洋人占了先机,很出了一阵风头。

到了20世纪末叶的90年代,中国的改革开放已经进行了二十年,中国的学者们如梦初醒、忽然恍然大悟起来,大家纷纷涉足宗教学领域。特别是海峡两岸的学者们,对于民间宗教与民间信仰乃至问卜杂占等的研究尤为勤快,取得了许多引人注目的成果。在这二十几年的研究中,我以为福建师范大学林国平教授对于中国灵籤的搜集与研究,很值得引起我们的注视与自豪。

林国平教授从事中国灵籤研究已经很有一些年头了。1982年他开始攻读硕士研究生时,就开始了以"三一教"为中心的福建民间宗教信仰的研究,经常出入民间宫庙做田野调查,搜集寺庙中的各种籤谱。1995年攻读厦门大学历史学博士学位,以籤占作为博士论文的选题,经过三年的努力,完成了《中国灵籤研究——以福建为中心》的博士论文,共搜集来自福建67个县市不同寺庙的籤谱六百余种。之后,他把籤谱的收集范围扩大至台湾省、东南亚、日本、美国等地,又收集各种籤谱近六百种。在此基础上,他最终完成了《籤占与中国社会文化》一书。全书从中国籤占的产生与演变、籤诗的构成要素、籤谱的类型与特殊的籤谱、籤占的方法与仪式、籤诗的兆象、解籤人与解籤方法等各个方面进行了详尽的论述,进而探讨了中国籤占与宗教信仰、籤占与古代上层社会、籤占与古代民间社会、籤占与地域社会、籤占与现代中国社会等的关系以及中国籤占在海外的传播和影响的情景。最后,作者深入探讨了籤占的理论基础与文化内涵及籤占长盛不衰的原因与特别"灵验"的奥秘。可以毫不夸张地说,林国平教授的这一研究成果,无论是在籤诗资料的搜集积累上,还是在观点理论的探索上,都已经站立在了学术研究的前沿阵地之上。

林国平教授希望我为本书的出版写篇序言。于私,我与林国平教授认识多年,他曾是我的博士生,摇旗助阵,理所当然;于众,林国平教授的研究能够取得如此傲人的成绩,诚为"公器"增辉,又不独为一己所窃喜也。

因此之故，我乐于为序如上，并祝愿林国平教授在今后的研究工作上取得更多更好的成就。

2013年元月于厦门大学国学研究院

绪　论

一、学术史的简要回顾

人类不但对自己的过去有浓厚的兴趣，而且对自己的未来也兴趣盎然，这也许是人类有别于其他动物且为万物之灵之所在。随着社会的发展，人类对未来的兴趣愈来愈浓，甚至大大超过了对过去的兴趣。对于个人而言，古今中外，恐怕没有谁不想知道自己的未来。然而，如何预知未来并进而把握未来？不同的人作出不同的选择。有的人从自然科学或社会科学入手，企图通过探寻自然或社会的发展规律，来预测未来发展的方向，从而产生了所谓“未来学”或“哲学”等科学；有的人则从宗教信仰中寻找答案，令人眼花缭乱的占卜术就应运而生了。纵观人类历史，几乎所有的民族都发明了五花八门的占卜术，世界上有多少种占卜术，恐怕没有人能说得清楚。

中国人最相信天命，小至个人、家庭的祸福吉凶，大到民族、国家的兴衰存亡，往往归结于冥冥之中的“天机”，为了窥视神秘莫测的“天机”，以便趋吉避凶，先民们发明了足以让世人叹为观止的种类繁多的占卜形式。就大类而言，有甲骨卜、易占、象占、梦占、星占、六壬、太乙、遁甲、杂占等。许多占卜形式闻所未闻、千奇百怪。就卜而言，除了人家熟悉的甲骨卜外，还有刀卜、卦卜、珠卜、木卦卜、帚姑卜、贝壳卜、杯筊卜、金钱卜、面狗卜、碗卜、琵琶卜、十二棋卜、耳卜、耳鸣卜、耳热卜、水卜、花卜、油花卜、气卜、茅君卜、蛋卜、鼠卜、虎卜、牛蹄卜、马头卜、羊骨卜、牛肝卜、胆卜、鸡卜、鸟卜、羊卜、猪骨卜、烤骨卜、九姑卜、七姑娘卜、龟卜、草卜、揵卜、筷卜、竹卜、箕卜、瓦卜、抛石卜、灶卜、牛毛绳卜、木刻卜、谷壳卜、茅卜、日辰牌、吴中卜法等。至于占法就更多了，籤占（或称“求籤”、“占籤”、“抽籤”、“灵籤”、“籤诗”等）为杂占中的一种。①

籤占是中国古人预知未来的古老方法之一，在中国，绝大多数宫庙寺院备有籤谱，供善男信女占卜。旧时，无论是帝王将相、达官贵人，还是平民百姓、三教九流，每当在生活中遇到疑难问题无法作出抉择时，或在人生的旅途中遇到艰难险阻又缺乏勇气加以跨越而彷徨不前时，或遇到天灾人祸陷入困境时，许多人往往要到神庙烧香磕头，祈求无所不知、无所不能的神灵指点迷津或保佑逢凶化吉，求籤占卜是他们最经常采取的用来窥测“天机”的方法。民间广泛流传的“跨进庙门两件事，烧香求籤问心事”俗谚俚语，真实地反映了千百年来抽籤占卜在百姓的宗教信仰中占据极其重要地位这一历史事实。

实际上，籤占的影响不但广泛，而且深远，至今在中国大陆、台湾省、港澳地区，和东南亚华人华侨聚居地、日本、韩国、美国等地，籤占仍在民间流传。尽管这种方法是否真的“灵验”，能否真正帮助善男信女解除对未来困惑，众说纷纭，恐怕很难达成共识，但一千多年来，无数人坚信不疑，至今尚有许多人仍乐此不疲，趋之若鹜。如台湾的绝大多数庙宇都备有灵籤供百姓占卜，到庙宇抽籤占卜的人极多，仅彰化鹿港龙江寺，“平均七八个月就要耗掉五十万张籤诗”②。台北行天宫，“平均每天都要发出一、二千张籤诗”③。在香港的黄大仙庙，平时前去求籤的香客络绎不绝，每逢节庆，更是人山人海。在中国大陆，籤占因多次轰轰烈烈“破除封建迷信”的运动，曾一度销声匿迹，以至于台湾学者以为现今大陆“庙籤文化几近无存”④。而实际上，籤占并未退出历史舞台，它以极其惊人的顽强生命力，蛰伏于民间。改革开放以后，随着大量的庙宇被修复和重建，籤占又堂而皇之地回到宫庙寺院，供善男信女占取。以香火旺盛的福建平和三平寺为例，1988 年之

① 详见陈永正主编:《中国方术大辞典》，中山大学出版社 1991 年版。

② 胡珍妮:《一“籤”点醒梦中人？——中国籤诗》，《光华杂志》1995 年第 20 卷第 5 期。

③ 《台湾求籤问神民众倍增》，《大洋网讯》2001 年 6 月 26 日。

④ 丁煌:《台南旧庙运籤的初步研究》，文载李丰楙、朱荣贵主编《仪式·庙会与社区》，台北:“中研院”文哲所 1996 年版，第 375 页。

前，每年春秋二季前去进香朝拜（主要是抽籤占卜）的香客就“不下四十万人次”①。据说，近年来已增至每年两百万人。浙江风景名胜地方岩上的广慈寺胡公殿，香火鼎盛，前去求籤的人，“平均年递增率在10%左右，1992年突破60万人次大关”②。近年已经超过百万人。在日本三千多座神社寺庙中，多数都装上自动抽籤机，以便百姓占取。每年元旦要到神社或寺庙抽籤，占卜当年的吉凶祸福，称之“初籤”。据报道，2004年元旦约有八千万人到神社或寺庙拜拜，其中多数人都抽取“初籤”。

对籤占的学术研究肇始于20世纪30年代，容肇祖是最早研究中国籤占的学者。1928年，他在《占卜的源流》一文中全面地论述了中国古代占卜术的渊源和流变，其中也涉及灵籤和药籤，文章简要介绍了在广州搜集到的18种籤谱，指出：“籤诗的内容，远祖《周易》、《易林》，而却是近仿《灵棋经》。”并认为：“同一神庙，地方不同，所用的籤诗未必相同。”③遗憾的是，容先生不是专文讨论籤占问题，所以也就不能更深入地探讨籤占的源流。佩弦（朱自清）在1930年发表《〈妙峰山圣母灵籤〉的分析》，是目前见到的最早的对某一种具体籤谱进行分析的论文。该文认为“七言四句之籤诗，现在我尚不能确说是起于何时，但不会在唐以前，是一定的”④。钱南扬在1932年发表《籤诗小考》，试图对文献中提到的唐代的陈武烈帝籤，宋代的江东神籤、武安王籤，明代的刘将军籤、观音大士籤、西山十二真群籤、陆使君庙籤等7种籤谱进行考证，但实际上只是对江东籤谱做一些考述，指出：后世民间广泛流传的关帝籤实际上是借用江东神籤，“江东神籤与武安王籤，虽神庙地方都不相同，而籤的内容是一样的。……大概此种在宋初本是江东神的籤，关羽改谥武安王，在徽宗崇宁中，则关圣祠借用此种籤诗，已在北宋末

① 王雄铮：《广济大师与三平寺·前言》，平和县三坪风景区管理委员会1988年印。

② 胡国钧：《方岩籤诗：一种独特的宗教文化》，文载姜彬主编《中国民间文化——民间神秘文化研究》，学术出版社1993年版，第230页。

③ 容肇祖：《占卜的源流》，国立中央研究院历史语言研究所《集刊》第一本第一分册，1928年收入顾颉刚《古史辨》第三册上编，第252—307页。

④ 佩弦（朱自清）：《〈妙峰山圣母灵籤〉的分析》，文载《民俗周刊》第69、70合期，国立中山大学1930年版，后收入台北东方文化供应社影印本《广东中山大学民俗周刊》第十九册，第120—125页。

了。”钱先生虽然敏锐地感觉到籤占与《易林》、《灵棋经》、《周易善占》、《牙牌神数》、《金钱神数》等有密切联系，但不知道是由于文章篇幅限制，还是其他原因，并没有展开深入讨论，钱文谓之“小考”，似非谦辞。[①]1938年梁汉耀曾经调查了广东悦城龙母庙的龙母诞辰庙会，调查报告中写道：五月初八为龙母生日，初一到初十之间为贺诞期，期间，售出的籤条就有五万多张，每张收费一角，约五千多元。解籤语的随缘乐助，共收入四百多元。捐籤香油的约收入五万多元。三项相加约六万元，占总收入十四万多元的42.86%。[②] 显然，抽籤、解籤的收入在当时的一些宫庙的经济收入中占据非常重要的地位。

这个时期，日本片冈岩的《台湾风俗志》[③]、铃木清一郎的《台湾旧惯习俗信仰》[④]、金阙丈夫等的《民俗台湾》[⑤] 等，均涉及台湾籤占，介绍一些籤谱和籤占习俗，但未做深入研究。

20世纪30年代之后，由于抗日战争爆发，中国学术界对籤占的研究中断。大约沉寂了三十年，到了60年代，台湾学者才开始注意籤占。1962年9月，时任台湾警备总政治部副主任的朱介凡，利用职务之便，发文向台湾24座主要寺庙索取籤谱，不久就收到台湾省城隍庙、台北市霞海城隍庙、台北市大龙峒保安宫、苗栗狮头山开善寺、日月潭文武庙、嘉义吴凤庙、台北木栅指南宫、台北新店银河洞、台北观音山凌云禅寺、新竹青草湖灵隐寺、云林北港朝天宫、阿里山慈云寺、关子岭碧云寺、高雄大贝湖八隆宫、台北十普寺等14座宫庙寺院寄来的籤谱。朱介凡对这些籤谱进行整理，二十多年后才发表论文，虽然在理论方面鲜有突破，但在保存资料方面贡献良多。[⑥]

---

① 钱南扬：《籤诗小考》，文载钟敬文、娄子匡主编《民俗学集镌》第二辑，中国民俗学会1932年版，第136—145页。

② 转引自梁伯超、廖燎：《悦城龙母庙》，广东省政协文史资料研究委员会编《广东风情录》，广东人民出版社1987年版，第4—5页。

③ ［日］片冈岩：《台湾风俗志》，陈金田译，众文图书股份有限公司1994年版，第550—552页。

④ ［日］铃木清一郎：《台湾旧惯习俗信仰》，高贤治、冯作民译，众文图书公司1994年版，第57—61页。

⑤ ［日］金阙丈夫等编、林川夫审编：《民俗台湾》，武陵出版社1990年版，第226页。

⑥ 朱介凡：《神籤探索起步》，《中国民族学通讯》1993年第30期。

1966年，台湾社会学家蔡文辉对706位到台南兴济宫、天坛、开基武庙抽籤的信众进行调查，并对性别、学历、年龄、抽籤原因等进行分析。他从社会学的角度观察籤占活动，虽然还比较粗略，但视角新颖，为后世的籤占研究提供了很好的示范。①

1968年，吴树发表《台南的寺庙籤诗》，文章篇幅不大，但涉及内容相当广泛，包括对台南市区的14种籤谱进行分类介绍，还注意到籤头、籤尾、籤题、解籤、闽台籤谱源流等，尽管有蜻蜓点水之嫌，但应该说吴先生独具学术眼光，对籤占的研究作出自己的贡献。② 不过，就总体而言，这个时期研究籤占的学者寥寥无几，影响不大。

值得重点介绍的是，德国学者庞纬也于1968年就开始关注籤诗，并在东南亚、东北亚和美洲等地搜集近千套籤谱，经过比对，发现其中有161套籤谱完全不同。他认为：灵籤在11世纪左右“已从易占中脱颖而出，其普遍性也与日俱增”。在中国古代，灵籤的影响“极为深刻”，“甚至今日，灵籤仍是最普遍也是最主要的占卜方式”。他进而指出，灵籤内涵丰富，“对于研究社会学、宗教学、民俗学和文学等人士而言，籤文及其释义和典故提供了非常丰富的原始资料”。而在中国，“仅有极少数人士注意灵籤，对于灵籤这种重要资料，何以它的研究工作却呈现一片空白”的现状，“实在令人费解”。③ 基于此，1976年庞纬整理影印《中国灵籤研究》（资料篇），收入55种有代表性的籤谱，其中台湾各地籤谱46种，含台北市10种、台北县4种、台中县2种、彰化县7种、新竹市2种、新竹县1种、台南市7种、台南县1种、高雄市1种、高雄县2种、宜兰县2种、澎湖县6种、金门县1种。其余来自香港、澳门、马来西亚、越南、美国等地，以供学界研究之用。《中国灵籤研究》（资料篇）是目前所能见到的最为丰富的籤谱资料汇编，为保存中国俗文化做了一件大好事，功德无量。遗憾的是，该书只印刷300册，流传不广，在中国大陆图书馆都没有收藏，很难见到。2000年，笔者在美国哈佛大学教授宋怡明的帮助下，好不容易才获得此书，给我的研究提供

① 蔡文辉：《台南庙宇占卦的一个研究》，《思与言》1967年第6卷第2期。

② 吴树：《台南的寺庙籤詩》，《台湾风物》1968年第18卷第2期。

③ ［德］庞纬：《中国灵籤研究·提要》（资料篇），龙记图书有限公司1976年版，第1页。

了宝贵的资料。

正如庞纬所说，在当时，研究籤占的论文凤毛麟角，1970年至1980年连一篇专门探讨籤占的论文都没有，唯一与籤占研究有关的活动是施振民等在台湾搜集若干种籤谱，并剪贴成6册，藏台湾"中研院"民族所资料室。到了1981年，才看到董万里发表的《谈中国人的求籤心理》一文，此文乃《迷信在中国》的代序，虽涉及灵籤、药籤等情况，但并没有太深入的研究，海阔天空地扯了一通，实际上连"求籤心理"的主题都没有太多的触及。① 倒是1988年游乾桂《抽籤问卜——谈民俗的心理疗法》论及籤占的心理疗法问题，他认为"庙宇是传统的心理辅导机构"，籤诗和解籤人的解籤技巧是一种"人性的治疗法"。②

1980年代，最值得注意的是庞纬1985年出版的博士论文《中国灵籤研究》。该论文分三个部分，第一部分简述中国灵籤的源流，第二部分逐条介绍灵籤中的常见典故、传说故事等，第三部分研究籤诗所反映的中国人的价值观。显然，第三部分为论文的核心，其基本观点体现在1986年在复旦大学首届国际中国文化学术讨论会的《从籤诗看中国社会的价值观》演讲上，作者认为，"中国的籤诗像一面镜子，反映了中国传统社会的价值观"。他主要透过籤诗中占卜项目（402种籤谱，24000多张籤条，36万相同或不同占卜项目，归结为24大类140个小项）的统计分析，来观察明朝以来中国社会的价值观（附录二）。此研究方法科学，观察角度独特，结论也颇有说服力。然而，由于当时的条件限制，庞纬主要在东南亚、东北亚、美洲和台湾等地调研，未能深入到中国大陆进行籤诗的研究，因此，他透过籤诗所讨论的问题，与其说是反映了中国社会的价值观，不如说主要是反映了海外华人社会的价值观更为恰当。实际上，庞纬也清醒地意识到这一点，他发现在24大类的统计数据中，"旅行"类（包括出行、渡洋、回乡、行船、行旅等）占据首位，认为"旅行"类数据偏高既是"近百年来，中华民族遭遇较多的社会波动，向外谋求发展的倾向逐步加强的结果"，也与"籤诗主要在

① 王世祯：《迷信在中国》，台北：星光出版社1981年版，第1—9页。

② 游乾桂：《抽籤问卜——谈民俗的心理疗法》，《民俗·文学·心理学》，桂冠图书公司1988年版，第27—32页。

海外的侨区和移民区收集”有关。因此，庞纬做了必要的修正，指出：“如果把婚姻、怀孕、生育、家庭等项合起来看，中国人的主要价值观还是建立在跟家庭有关的事项上。”[①]庞纬的《中国灵籤研究》为第一部有关籤占的专著，对于籤占的研究无疑具有重要价值，其贡献不可抹杀。但遗憾的是，由于该书为德文写成，在中国大陆、台湾等地难得一见，对中国的籤占研究的影响不大。笔者在撰写博士论文时也苦寻不得，直到 2001 年，才在中国社科院教授王英的帮助下，与庞纬取得联系，并得到其赠送的博士论文。由于笔者不谙德文，也只能在德语老师帮助下，大致了解《中国灵籤研究》的基本内容。

20 世纪 90 年代，中国大陆、台湾和日本学者不约而同地开始对籤占产生浓厚的兴趣，发表了一大批的研究成果。

1990 年，台湾学者江肖梅发表《神籤》一文，介绍了几首台湾新竹城隍庙的籤诗，引起其他学者对灵籤的注意。[②]1992 年，郭立诚在《中国人的鬼神观》一书中设立专节探讨籤诗，题目是“神明指示猜测谁——谈谈籤诗”。郭文认为：“抽籤占卜的方式，大约唐末五代就有了，宋代已相当普遍。”作者试图探讨以下三个问题：一是抽籤占卜是从什么时候开始的？二是籤诗的数目多少、有没有一定的规则？三是籤诗的形式和内容有何特点？但由于所搜集的资料十分有限，所以与其说此文的价值在于解决问题，不如说在于提出问题。正如作者在文章的末了所说的那样：“研究籤诗本是一件不简单的事，因为涉及的方面很广，也不是短时间就能有成果的事，我这篇短文只提出个人的浅见，希望好学深思之士发大愿力来做这件事，来研究这个有关庶民文化的重要课题。”[③]1993 年，朱介凡发表《神籤探索起步》。[④]翌年，乐晴在《中央月刊》发表《人和神沟通有道：上庙求籤说籤诗》文章。[⑤]

---

① 参见［德］庞纬：《从籤诗看中国社会的价值观》，文载复旦大学历史系编《中国传统文化的再估计——首届国际中国文化学术讨论会（1986）文集》，上海人民出版社 1987 年版，第 603—609 页。

② 江肖梅：《神籤》，《民俗台湾》第四辑，武陵出版社 1990 年版，第 226—228 页。

③ 郭立诚：《中国人的鬼神观》，台视文化公司 1992 年版，第 127—135 页。

④ 朱介凡：《神籤探索起步》，《中国民族学通讯》1993 年第 30 期。

⑤ 乐晴：《人和神沟通有道：上庙求籤说籤诗》，《中央月刊》1994 年第 27 卷第 6 期。

胡珍妮在《光华》杂志发表《一“籤”点醒梦中人？——中国籤诗》文章。[1]在上述论著的推动下，台湾的一些著名学者加入籤占的研究行列，其中最著名的当推丁煌和林美容等。

1996年，丁煌发表了《台南旧庙运籤的初步研究》，该文分为前言、籤诗采集的对象、台南市寺庙流行的诗中新籤——籤王、台南现存罕见流传的几种运籤、台南流传较广的几组籤诗及其有关问题的探讨、结语等六部分。[2]由于丁煌撰写此文是建立在对台南地区37座百年以上的旧庙所搜集到的38种灵籤的基础之上，所以是我当时所能见到的台湾学者研究灵籤问题着力最深的一篇论文了。不过，丁煌的论文未能对诸如灵籤的源流、灵籤的兆象及其特征、灵籤对古今社会的影响等这些更有学术价值的问题展开讨论。1995年在福州召开的“闽台民间信仰”学术讨论会上，丁煌提交《台南旧庙运籤的初步研究》作为大会讨论的论文。当时我也正在做这方面的研究，受大会主席的委托，由我对丁煌的论文作简要评论，我曾当面向丁煌表达了这种遗憾的心情。当然，要在篇幅有限（尽管丁煌的论文篇幅较大，约3万字）的一篇论文中探讨所有的重要问题，显然是不可能的，我的要求也许太苛刻了。

1998年，林美容发表《由地理与年籤来看台湾汉人村庄的命运共同体》，第一次关注到岁末年初庙宇为所在整个村落居民占卜未来一年运气的籤诗，并从命运共同体的视角，研究籤诗对维系地方秩序的作用，认为年籤“可作为村庄联结性（solidarity）”。林美容的这一研究，从过去仅仅关注籤占的个人行为拓展到集体性公共行为，真是独具慧眼，对籤占的研究启发颇多。[3]

这个时期，在籤占研究方面值得关注的还有林修澈主编的《庙全记录——台湾省庙呈现出来的文化资产与生活意义》（研究篇）。该书对搜集

---

① 胡珍妮：《一“籤”点醒梦中人？——中国籤诗》，《光华》1995年第20卷第5期。

② 丁煌：《台南旧庙运籤的初步研究》，文载李丰楙、朱荣贵主编《仪式·庙会与社区》，“中研院”文哲所1996年版，第375—426页。

③ 林美容：《由地理与年籤来看台湾汉人村庄的命运共同体》，《台湾风物》1998年第38卷第4期。

于宜兰、新竹、澎湖三县的558套42种籤谱进行整理分析，涉及籤的分类、籤的内结构、籤的求解、籤的典故、籤的吉凶级数、籤的排序、籤的寄附者等，还附有一张多达三万多条籤谱典故的《三县籤典故总表》，为研究者提供了非常丰富的资料。作者还对宜兰、新竹、澎湖三县的23种籤谱中的籤解事项，分为14大类42解释项（见表0—1）进行分析，也为我们观察籤占与百姓日常生活提供了很好的视角。①

表0-1　台湾籤解项目出现频次

类别名称	传薪	行业	运势	健康	出外	争讼	功名	福禄	寻物	居住	处事	风水	寻人	其他
数量	42	38	35	23	21	20	19	18	18	11	7	6	6	2
%	16	14	13	9	8	8	7	7	7	4	3	2	2	1

1990年，陈清河编写《台湾籤诗台湾史》，把台湾流传最广的《六十甲子灵籤》的典故全部改为先民开拓台湾的历史故事，希望透过这些籤诗故事，使善男信女"能体认先民一步一脚印开拓台湾的精神内涵"②。"了解先民开拓台湾的精神，认真打拼的痕迹，缅怀诸往，以收净化人心之效。"③陈清河的这种想法，虽然还谈不上是籤占的学术研究，但确实颇有创意，反映了籤占在地化的趋势。另外，1993年萧登福的《道教与密宗》第八章"道教灵籤占卜对密典的影响"，对灵籤的源流、道教灵籤与敦煌的《灵棋卜法》关系、道教影响下的佛教灵籤也做了一些探讨。④

20世纪90年代，日本学者也开始关注中国的籤占。1992年，日本学

① 林修澈主编：《庙全记录——台湾省庙呈现出来的文化资产与生活意义》（研究篇），建华印书有限公司1998年版，第202页。

② 陈清河：《台湾籤诗台湾史》，财团法人嘉义县文化基金会1990年印行，第6页。此书为逢甲大学王志宇教授赠与，深表谢意！

③ 同上书，第6页。

④ 萧登福：《道教与密宗》，新文丰出版股份有限公司1993年版，第399—420页。此书为萧登福先生赠与，深表谢意！

者酒井忠夫、今井宇三郎、吉元昭治合作编辑出版《中国的灵籤·药籤集成》，该书将酒井忠夫、今井宇三郎在第二次世界大战爆发之前，吉元昭治在第二次世界大战结束之后，分别在北京和日本及台湾等地搜集的灵籤、药籤影印出版，其中灵籤 12 种，药籤 34 种。该书还附录两篇称之为“解说”的文章，一篇是酒井忠夫撰写的《中国的籤和药籤》，另一篇是吉元昭治撰写的《药籤》。书的最后附有《灵籤·药籤一览表》。[①]《中国的灵籤·药籤集成》收录的灵籤、药籤的籤谱十分珍贵，有相当多已经失传，所以此书的出版，对研究籤占具有十分重要的史料价值。1995 年，岛武史出版《日本灵籤纪行》，作者走访日本 47 座神社寺庙，该书逐一介绍各个神社寺庙灵籤的特点，认为日本灵籤大致可以分为三大系统：一是元三大师的百籤；二是采用菅原道真等名人的和歌作品的籤谱，如太宰府天满宫的籤谱；三是采用一般和歌的籤谱，如报德二宫神社。类似于现代形式的灵籤，在庶民中间被利用的历史，大约在江户时代就已经传入。而现代形式的灵籤的原点则是川越市喜多院的《元三大师百籤和解》（享保十九年，即 1734 年版），东京正觉寺使用的籤谱称《元三大师御阄帐》、东京待乳山圣大称《观音百籤》、比睿山延历寺称《元三大师御阄诸钞》等，上述籤谱传自中国，乃宋代《天竺灵籤》的翻版。[②]1999 年，中村公一出版了《一番大吉——籤占的课题》，该书探讨了中国灵籤、日本灵籤的源流，分析了籤占流行和人们为何喜欢籤占的原因，研究了籤谱中人生哲学，对于我们了解籤占在日本的传播和演变，大有裨益。此书不但具有较高的学术价值，也提供了许多珍贵的资料。[③]

无独有偶，20 世纪 90 年代，中国大陆的少数几个学者在研究民俗和民间信仰时，也触及籤占问题，但大多是片言只语或引用若干首籤诗而已，有一定学术价值的有关灵籤的论文屈指可数。

1991 年，钟兆鹏在《谶纬论略》中涉及籤占，他认为，求籤的方式，“也

① ［日］酒井忠夫、今井宇三郎、吉元昭治：《中国的灵籤·药籤集成》，东京：风响社 1992 年版。此书为日本筑波大学丸山宏教授赠予与，深表谢意！

② ［日］岛武史：《日本灵籤纪行》，日本经济新闻社 1995 年版。

③ ［日］中村公一：《一番大吉——籤占的课题》，大修馆书店 1999 年版。

可溯源于谶书"[①]。并指出："求籤的方式简便，其解说的内容广泛，涉及到人们日常生活中的各项重大的疑难问题，所以这种籤诗——即籤词在民间广为流传，覆盖面很大，不仅信神的人要去求籤，就是半信半疑或不信神的人遇到疑难也往往去求籤，使精神有所寄托，内心达到平衡，求得一种慰藉。"[②] 同年，胡国钧发表《胡公大帝信仰与方岩庙——浙江省永康县方岩胡公庙会调查》，其中涉及浙江省首批重点风景名胜区方岩上的广慈寺胡公殿的籤谱和籤占活动，但未展开讨论。[③] 两年之后，他又发表《方岩籤诗：一种独特的宗教文化》，此文比较全面地介绍了方岩胡公殿灵籤的渊源、作者及其内容和形式，并试图揭示方岩籤"特别灵验"的奥秘，提出一些颇有见地的看法。作者强调指出："只有坚持具体问题具体分析，把籤诗作为中国特有的一种宗教文化，从宗教文化的视角去透视这种独特的文化现象，才能得出正确的结论。"[④] 此文是1949年新中国建立之后大陆学者第一篇研究籤占的专论。同年，笔者与彭文宇合著《福建民间信仰》一书，在第六章第一节三平祖师中，介绍了福建平和县三平寺内的籤谱，分析其特点，初步探讨了籤占的源流、籤占长期延续且经久不衰的原因等，但由于篇幅关系，也仅仅点到即止罢了。[⑤]

1994年和1995年，林胜利先后发表《泉州关公信仰中流行的劝善书与籤诗初探》[⑥]、《泉台的萧太傅信仰及其籤诗浅探》[⑦]，对流传于泉州地区的关帝籤和萧太傅籤做了介绍和初步研究，其中，《泉台的萧太傅信仰及其籤诗浅探》开始注意到籤占与泉州社会的关系。

---

① 钟兆鹏：《谶纬论略》，辽宁教育出版社1991年版，第234页。

② 同上。

③ 胡国钧：《胡公大帝信仰与方岩庙——浙江省永康县方岩胡公庙会调查》，文载姜彬主编《中国民间文化——民间文艺研究》，学林出版社1991年版，第215—216页。

④ 胡国钧：《方岩籤诗：一种独特的宗教文化》，文载姜彬主编《中国民间文化——民间神秘文化研究》，学术出版社1993年版，第231—241页。

⑤ 林国平、彭文宇：《福建民间信仰》，福建人民出版社1993年版，第276—281页。

⑥ 林胜利：《泉州关公信仰中流行的劝善书与籤诗初探》，文载泉州市区道教文化研究会编《泉州道教文化》总第4、5期合刊，《关公信仰研究专辑》，1994年10月印行，第17—22页。

⑦ 林胜利：《泉台的萧太傅信仰及其籤诗浅探》，文载泉州市区道教文化研究会编《泉州道教文化》总第8、9期合刊，《萧太傅研究专辑》，1995年10月印行，第72—79页。

1996 年，詹石窗发表了《论道教的拟兆》，所谓拟兆是指对现实征兆的模拟，其形式是一种人工符号体系，包含人工声音符号、图像符号和文字符号，籤诗是典型的文字拟兆。作者从籤诗入手，侧重分析道教拟兆的原型、思想内容、艺术特征等，认为籤占的产生“具有深刻的思想根源和信仰背景”。“我们在对拟兆进行考察时，就应该结合信仰者的心态以及地方民俗信仰进行多层次分析。”① 该文从符号学的角度探讨籤占，颇有启发性。

1997 年，谢金良发表《〈周易〉与籤诗的关系初探》，从《易》学的角度，结合文学、史学、术数学、民俗学等学科知识，对籤诗与《周易》的关系进行探讨，认为所谓籤诗，是一种以古代韵律诗为形式并仅供求籤占卜之用的卜辞，归根结底是《周易》卦爻辞和《易》卦占卜术发展和变异的产物。② 同年，方百寿发表《从寺庙籤诗看民间求籤者心理》，该文通过整理闽东、闽西的近二十座寺庙中的籤诗，从求籤者的心理需求的角度探讨籤诗文化的内涵和功能。文章着重分析了求籤者的心态，认为“在寺庙文化中，求籤占卜这是一项重要的仪式活动，它涉及主持人与求籤者的互动关系”。“求籤者视整个的求籤过程是一次‘再养育’过程。他们通过求籤，从神籤那里获得了信心、安宁和新生。”③ 同年 11 月，徐洪兴撰写的《籤占》一书由中华书局（香港）有限公司出版，该书为金良年主编的《中国方术大全》丛书中的一种，从“主编的话”可知，编写此丛书的“主要目的不是教会读者如何去具体运作，而是让读者明白方术是怎么回事，并为他们提供观察这些传统遗产的可取视角”。也就是说，此丛书的定位是科普读物，因此，《籤占》一书也自然带有浓厚的科普读物的色彩。该书分三章，第一章从《易》到籤占，追溯灵籤的渊源、发展、籤占的流变、籤占在中国占卜中的地位等；第二章籤占中所崇拜的神祇，介绍了关帝、观音、城隍、吕洞宾、月下老人、天后、黄大仙、土地神的由来；第三章籤占的内容与籤占术的批评，分析了籤诗、籤文、释词、吉凶等级分配、信徒求籤的目的等。④ 此书虽然是国内第一部

① 詹石窗：《论道教的拟兆》，《世界宗教研究》1996 年第 2 期。

② 谢金良：《〈周易〉与籤诗的关系初探》，《世界宗教研究》1997 年第 4 期。

③ 方百寿：《从寺庙籤诗看民间求籤者心理》，《台湾源流》1997 年第 5 卷。

④ 徐洪兴：《籤占》，中华书局（香港）有限公司 1997 年初版，2001 年再版。

有关籤占的著作，但可能受丛书性质和篇幅的限制，加上作者不是长期从事这方面的研究，搜集的籤谱有限，也没有做深入的田野调查，因此，此书没有提供太多的新的资料和学术见解。

1998年，笔者发表了《灵籤与玄天上帝灵籤》，简要论述了灵籤的演变，侧重分析了从《四圣真君灵籤》到《玄天上帝感应灵籤》，再到《北方真武上帝灵籤》的发展演变过程，认为它“反映了灵籤产生后逐渐通俗化和简易化历史进程，很有代表性。玄天上帝籤谱在民间流传很广，具有较强的生命力，根本原因是能适应百姓的需求，不断沿着通俗明了的方向发展”①。同年，笔者完成了博士论文《中国灵籤研究——以福建为中心》。②

1999年，谢金良又发表了《论籤占语言的通俗文学化和宗教神学化——以〈北帝灵籤〉文学演变为例》，通过对若干不同时代的《北帝灵籤》文本的比较研究，认为：“籤诗不仅是模拟和改装《周易》等早期卜辞并使之日益通俗文学化的产物，主要还是作为一种术数语言被移植于宗教神学土壤上而日益世俗化的结果。”③ 同年，汪毅夫发表《籤卜的文化观察——福建民间信仰调研报告之三》，对福建历史上的一些籤卜故事进行分析，文章关注到文人与籤卜的关系，认为：“如果我们将籤卜分解为籤诗的设定和籤诗的运用两个环节，则我们已经看到籤诗的设定有文人与有力焉。我们还应注意到：籤诗的运用亦有文人介入，他们抽籤问卜，传播并且编造籤卜的灵验传说或灵应传闻。”又说：“在历史上，文人扶助和推动了籤卜之风，使得籤卜有了和多了一些文化含量。”④

新千年的前十年，在20世纪籤占研究的基础上，有所进步。

在台湾，2000年至2009年的十年间，有十多名硕士研究生以台湾籤占为题撰写学位论文，列表如下：

---

① 林国平：《灵籤与玄天上帝灵籤——从〈四圣真君灵籤〉到〈北方真武上帝灵籤〉》，《道韵》（三），台湾中国道家学会1998年印行。

② 林国平：《中国灵籤研究——以福建为中心》，厦门大学1998年博士学位论文。

③ 谢金良：《论籤占语言的通俗文学化和宗教神学化——以〈北帝灵籤〉文学演变为例》，《道韵》（四），台北：中华大道出版社1999年版。

④ 汪毅夫：《籤卜的文化观察——福建民间信仰调研报告之三》，《福建宗教》1999年第4期。

表 0-2　2000—2009 年台湾籤占文化研究硕士论文一览表

作　者	题　目	所在大学	完成时间
王文亮	台湾地区旧庙籤诗文化之研究——以南部地区百年寺庙为主	台南师范学院	2000 年
蔡美意	金门城隍庙籤诗之研究	铭传大学	2005 年
陈香琪	台湾通行籤诗之文学性研究	高雄师范大学	2005 年
汪　娟	百首观音灵籤之籤题析论——以艋舺龙山寺为例	铭传大学	2005 年
罗瑞芬	台湾寺庙籤诗文化中的文学性——以宜兰昭应宫庙籤为例	佛光大学	2006 年
孙淑华	屏东市妈祖庙籤文之研究	高雄师范大学	2006 年
刘玉龙	寺庙籤诗研究——以台湾寺庙运籤为主	彰化师范大学	2006 年
陈彦汝	籤诗故事在运籤中的核心价值研究——以关帝百首籤诗为例	高雄师范大学	2006 年
林欣怡	台湾寺庙观音灵籤籤诗与解籤文化——以桃园景福宫为例	台北教育大学	2007 年
马玉臻	（关帝籤）江东籤诗研究	台北市立教育大学	2007 年
王俪容	台湾庙宇籤诗解籤方式及其内涵探究——以高雄市哈马星代天宫为例	高雄师范大学	2008 年
陈锦云	台湾六十甲子圣母诗籤研究——以桃竹苗地区为中心	中国文化大学	2008 年
薛皓文	台湾艋舺龙山寺籤诗及其文学性研究	台湾师范大学	2008 年
高弘毅	观世音灵籤探源——以板桥市接云寺为例	华梵大学	2009 年

上表列举的硕士论文，有两个特点：一是研究的籤占基本上是台湾某一地区或某一寺庙的籤谱和籤占活动；二是作者多是文学或社会学专业的研究生，因此，论文多关注籤谱的文学价值和籤占与台湾社会的关系。总体而言，由于学识关系，这些学位论文显得稚嫩些，但在资料收集和整理方面，在对某些问题的研讨方面也作出一些贡献。如王文亮《台湾地区旧庙籤诗文化之研究》，是在调查台南县、台南市、嘉义县、高雄县的263间寺庙，收集两百套左右的籤谱，还参考了“中研院”民族所鹿港镇、彰化市、台北

市籤诗剪贴本，以及丁煌提供的台南县、高雄县、澎湖县的多种籤谱的基础上写成的，提供的资料相当丰富。蔡美意的《金门城隍庙籤诗之研究》，除了介绍金门的城隍信仰源流外，还探讨了金门城隍庙籤谱（实际上是东岳庙籤谱）的籤题来源、籤文解释、籤文与籤题以及籤解项目的关系，最具价值的是第五章第三节的“现时抽籤与金门人的生活”。陈锦云《台湾六十甲子圣母诗籤研究》，在籤诗的平仄和韵母的研究方面下了功夫，对籤占的社会作用的分析也有所斩获，特别是通过解籤的断语来探讨籤占所反映的社会价值观，视野新颖。

台湾的一些学者也相继发表籤占研究的论著，比较重要的有王文亮《南瀛寺庙籤诗文化初探》，该文涉及籤诗的定义、籤诗的起源和流传等一般性问题，重点介绍南瀛籤诗的种类、籤诗的结构等，认为籤诗“是一种最贴近民众生活的文化，最能反映生活现象的文化，而且是能维持社会秩序，传递固有文化的文化”[①]。林修澈《宜兰县内庙的运籤》对在宜兰、新竹、澎湖三县收集的数百种籤谱进行整理分析，重点分析了典故与诗歌的关系、典故的变化、籤谱与神明的关系、籤诗上的星宿、籤条上的寄附者、籤谱的版本等，认为：“在人的生活中，庙籤绝对有其居中而不可挪移的重要地位。”[②] 汪娟《百首观音灵籤之籤题析论——以艋舺龙山寺为例》，把百首观音籤的籤题分为“历史人物”、“传说人物”，按人物生活的时代先后，逐一对其典故的由来进行考证，结论是：“绝大部分皆为历史人物的典故与传说，其中又以出自正史者居多，事迹斑斑可考。”在清代，艋舺龙山寺“同时成为上层知识分子与基层百姓共同的信仰中心，则籤题中能够兼容并蓄典雅艰深的典故和通俗易懂的故事，呈现出雅文化和俗文化的交融，也就不言而喻了”[③]。王文亮、林启泓合著《南瀛籤诗故事志》，该书分为三部分，第一部分，简要介绍籤诗的定义、起源、流传和南瀛籤诗的基本情况，第二部分占全书篇幅8/9，用简明扼要（每篇约三百字）的文字解释从南瀛31个乡镇

① 王文亮：《南瀛寺庙籤诗文化初探》，《南瀛文献》2002年第1期。

② 林修澈：《宜兰县内庙的运籤》，《宜兰研究》，2004年第三届学术研讨会论文集。

③ 汪娟：《百首观音灵籤之籤题析论——以艋舺龙山寺为例》，《中国俗文化研究》第三辑，巴蜀书社2005年版，第23—24页。

271间百年寺庙搜集的13种籤谱中的310个典故，包括出处、内容、主要意义和代表性寺庙等。第三部为结论、注释、附录等。该书有数百幅彩色插图，并附有13份南瀛籤诗故事表，虽然作者对籤诗的源流、特点、价值等也提出一些看法，但了无新意，其史料价值远远大于学术价值。① 姚文琦《闽台妈祖古庙运籤的主要类型》分析了流传于闽台民间古庙的6个类型的籤谱，指出籤谱的流传既与所属信仰或宫庙兴盛与否有关，也与社会环境变迁联系在一起。②

在中国大陆，虽然研究籤占的人数大大少于台湾，但学术水平却当仁不让。2000年罗红光发表《围绕历史资源的非线性实践——从黑龙潭人的仪式活动看历史与现实的"对话"》论文，通过对陕北黑龙潭龙王庙中的50名抽籤人和解籤的"仪式过程"的观察，从社会学的角度分析黑龙潭人是如何处理历史和现实的关系，认为"黑龙潭人对史实中的所包含'伟人'及其'伟事'的成与败，通过他们的仪礼活动，将这些历史放置在鲜明的价值判断和文化批评的过程之中。他们给历史不断赋予新的灵魂，而且这一过程今后仍将伴随着他们阅读时代脉搏的问题意识而持续下去。历史事件也作为一种知识资源，它是在不断地被批评的过程中得以延续的。……历史作为一种知识资源，它并非一个单向的直线性发展过程，而是一个不断解释和沉淀的过程"③。

2003年，陈进国发表《寺庙灵籤的流传与风水信仰的扩散》④ 一文，其主要观点在2005年出版的《信仰、仪式与乡村社会：风水的历史人类学探索》的第三章第二节"人神的交织：灵籤中风水知识与吉凶之兆"得到体现和提升。他认为"福建籤谱是以五行生克原理为基础，结合时间的宜忌及抽籤者的属相或八字，以推断抽籤者风水的吉凶，主要凸显抽籤者的当下'主观认知'。在抽、解籤的过程中，风水信仰同日法选择、算命等民俗信仰有机的交融在一处。而台湾的籤谱，突出的是一些共识性的风水知识，主

① 王文亮、林起泓：《南瀛籤诗故事志》，台南：台南县政府2006年版。

② 姚文琦：《闽台妈祖古庙运籤的主要类型》，《台湾集刊研究》2006年第3期。

③ 郭于华主编：《仪式与社会变迁》，社会科学出版社2010年版，第100页。

④ 陈进国：《寺庙灵籤的流传与风水信仰的扩散》，《宗教学研究》2003年第1期。

要体现了制籤解者对风水吉凶的‘客观认定’”[①]。“这些灵籤文本借助风水吉凶判断的方式，既重申了对整个宇宙秩序（阴阳有应之理，阴阳交媾之美）和特定时空秩序（某向有利，某年吉）的信守，亦确立了社会道德秩序（作善得福、依理顺行）的指向。而个体生命秩序（人身健康，人丁兴旺，财利日发）的维护和保持（趋吉避凶），显然又是以宇宙秩序、时空秩序和道德秩序的一体和谐为前提的。某种意义上说，这些与风水知识相关的籤诗及籤解文本，是闽台民间社会追求‘天、地、神、人’之四重和谐的文化心理结构的生动呈现。”[②] 作者还指出：“中国民间的各种抽（解）籤仪式活动，由于它所具有的‘依附性’或‘寄生性’的生命力，一定程度上加速了中国‘创生性宗教’与‘原生性宗教’之间的聚与散的双向运动，客观上推动了仍然以神圣化为核心的中国宗教信仰的功利性的过程，并促进了各种民俗文化的多元化整合。”[③]

2005 年，胡小伟出版《中国文化史研究·关公信仰系列》，其中第五卷《燮理阴阳——〈关帝灵籤〉祖本考源及研究》，洋洋洒洒数十万字，上篇为《关帝灵籤》考源、《关帝灵籤》祖本校正及籤题考证，下篇为历代关帝碑刻辑存。该书对关帝灵籤的源流做了一些梳理，其中对不同版本的关帝籤谱所做的校证、对籤题的解说和考证，着力较深，虽然稍嫌繁芜，但有不少闪光点，对关帝灵籤的研究无疑作出了贡献。[④]

自 2005 年以来，笔者从博士论文《中国灵籤研究——以福建为中心》中抽取一些章节，改写成系列论文，陆续发表。主要有：《〈道藏〉中的籤谱考释》[⑤]、《灵籤渊源考》[⑥]、《论灵籤的产生和演变》[⑦]、《籤谱在海外的传播

① 陈进国：《信仰、仪式与乡村社会：风水的历史人类学探索》，中国社会科学出版社 2005 年版，第 324 页。

② 同上书，第 330 页。

③ 同上书，第 357—338 页。

④ 胡小伟：《中国文化史研究·关公信仰系列》第五卷《燮理阴阳——〈关帝灵籤〉祖本考源及研究》，科华图书出版公司 2005 年版。

⑤ 林国平：《〈道藏〉中的籤谱考释》，《福建论坛》2005 年第 12 期。

⑥ 林国平：《灵籤渊源考》，《东南学术》2006 年第 2 期。

⑦ 林国平：《论灵籤的产生和演变》，《世界宗教研究》2006 年第 4 期。

和影响》[①]、《灵籤兆象研究》[②]、《灵籤与关帝灵籤初探》[③]、《清水祖师灵籤初探》[④] 等，这些论文的基本观点，将在本书中体现，恕不赘述。

2008 年，高友谦的《天意解码：关帝籤新观察》一书问世。该书分上下卷，上卷为“抽籤文化的另类观察”，分 18 个问题，以关帝籤为主要研究对象，从中国灵籤的起源、演变、特点、意义、功能等入手，对关帝籤谱的源流做了一些考证，认为《关帝灵籤》创始于元代，成书于明代，清代加以完善，出现了“经训本”和“宏大本”等不同版本。作者对《关帝灵籤》的规则和用法、结构特征、籤题的俗化和变迁也做了分析。在此基础上，作者探讨了籤诗设计的基本原理，并且试图揭示中国籤诗文化的奥秘，认为籤诗“从社会学的角度看，在许多寺庙道观中都能见到的抽籤现象，可以说，既是一门象征艺术，又是一种警示系统；既是人类的一种自我激励机制，又是神与天意的一种宣示渠道；既是僧道中人对世俗百姓提供的一种神圣服务，也是世俗社会人们自我决疑的一种资助手段”。作者认为，籤诗“对于纠正世道，净化人心，安抚民众，继承传统，维护社会团结，提高人们意志，都有着积极的正面意义”。他提出：“抽籤是安心的艺术，抽籤是另类的励志指南。”“我们不能简单地用‘迷信’二字，来概括这一流传千年的文化现象，对它进行全面否定。”下卷为“关帝灵籤的全景透视”，对 100 首的经训本《关帝灵籤》进行逐籤“解题”和“释义”，便于大众了解关帝灵籤的典故来历、内涵等，这些工作虽然属于基础性、知识性的工作，但还是有一定意义的。[⑤]

另外，2000 年，李少园发表《灵籤与古代诗歌的关系及其社会影响》，分析了灵籤与古代诗歌的关系及其籤诗的正负面影响[⑥]；2008 年，李少园

---

① 林国平：《籤谱在海外的传播和影响》，《海交史研究》2006 年第 1 期。

② 林国平：《灵籤兆象研究》，《民俗研究》2006 年第 4 期。

③ 林国平：《灵籤与关帝灵籤初探》，《厦门大学国学研究院集刊》第二辑，中华书局 2010 年版，第 172—188 页。

④ 林国平：《清水祖师灵籤初探》，文载刘家军、谢庆云主编《清水祖师文化研究》，厦门大学出版社 2013 年版，第 79—90 页。

⑤ 高友谦：《天意解码：关帝籤新观察》，团结出版社 2008 年版。

⑥ 李少园：《灵籤与古代诗歌的关系及其社会影响》，《福建宗教》2000 年第 5 期。

发表《泉州通淮庙"关圣夫子灵籤"籤诗研究》，分析了关帝灵籤的流变、特点以及正负面的意义。[①]2011 年，李少园和郑梅聪发表《从〈夫子灵籤〉看泉州闽南文化风貌》，认为灵籤的应验故事反映了闽南地区重文化教育、儒学伦理传统、商业文化发达等文化风貌。[②]

2010 年，刘银昌发表《庙会中的灵籤信仰探析》一文，该文除了探讨灵籤的起源外，侧重分析籤占的哲学文化基础和社会功能。文章认为，籤占信仰的哲学文化基础首先是偶然性和必然性关系问题，其次，抽籤是心理学的问题。籤占的最重要的社会功能是占卜前程，趋吉避凶；同时还有心理慰藉功能、文化传播与公共文化空间构建功能等。[③]

在日本，二又淳发表《元三大师御阄本一览稿》，详尽介绍江户时代刊行的各种元三大师籤本的版本，并对不同版本的元三大师籤的变化进行分析，总结其特点。[④] 大野出发表了多篇有关籤占的论文，如《〈元三大师御阄诸钞〉考》[⑤]、《灵籤与天道——元三大师御籤注解考》[⑥]、《灵籤》[⑦]、《元三大师籤本之思想》[⑧]、《灵籤与侍》[⑨]，还有一些论文在学术讨论会上宣读，如《灵籤小考》（江户町人研究会，2000）、《灵籤的思想》（伦理学研究会，2000）、《元三大师籤本考》（日本思想史学会，2000）、《灵籤再考》（江户町人研究会，2001）、《灵籤与太阳信仰》（江户町人研究会，2002）、《灵籤与阴阳道》（江户町人研究会，2003）、《灵籤的受众阶层》（江户町人研究会，2003）。另外，其专著《江户之占术》第四章《江户时代的灵籤》和第五

---

① 吴幼雄、李少园主编：《通淮关岳庙志》，中国社会科学出版社 2008 年版，第 737—755 页。

② 李少园、郑梅聪：《从夫子灵籤看泉州闽南文化风貌》，文载福建省炎黄文化研究会编《中华文化与地域文化研究》第三卷，鹭江出版社 2011 年版，第 1048—1053 页。

③ 刘银昌：《庙会中的灵籤信仰探析》，《咸阳师范学院学报》2010 年第 3 期。

④ ［日］二又淳：《元三大师御阄本一览稿》，《近世文艺研究与评论》2001 年第 61 号。

⑤ ［日］大野出：《〈元三大师御阄诸钞〉考》，《日本语和日本文学》2001 年第 32 号。

⑥ ［日］大野出：《灵籤与天道——元三大师御籤注解考》，《日本思想史学》2001 年第 33 号。

⑦ ［日］大野出：《灵籤》，文载《关于日本近世老庄思想的解释的研究》，"平成 12 年度—15 年度研究课题报告书"，第 154—224 页。

⑧ ［日］大野出：《元三大师籤本之思想》，《伦理学年报》2001 年第 50 号。

⑨ ［日］大野出：《灵籤与侍》，西山松之助编《江户町人之研究》第六卷，吉川弘文馆 2006 年版。

章《灵籤的奥秘》也专门探讨日本江户时期的灵籤。[①] 大野出的论文，侧重探讨以下问题：一是关于日本影响最大的《元三大师籤》的来源和演变，认为日本的《元三大师籤》源于中国的《天竺灵籤》，最初以汉语本形式流传，后来日语翻译本传世，并出现诸多的注解本。注解本日本籤谱主要有三类，其指导思想存在着从宗教性向伦理性转化的趋势，或者说从依靠他力开运逐渐向依靠自力开运的方向转化；二是讨论籤占在日本的普及的原因，认为除了增加吉凶判断注解外，印刷并出售袖珍本的籤谱，或者在通书中附录籤谱，以及简化抽籤仪式，甚至可以自己制作籤筒、籤枝、自己在家或旅途中占卜等，是元三大师籤谱在江户时代盛传的主要原因；三是分析籤占与日本社会不同阶层的关系，籤谱与日本的太阳神信仰、阴阳道信仰的关系，籤谱的思想内涵等。以上论述，把日本籤占研究向前推进了一步。

综上所述，中外学者对籤占的关注开始于20世纪30年代，中国的容肇祖、钱南扬、朱自清等人先后撰文探讨灵籤的源流及其他问题，日本的酒井忠夫、今井宇三郎也在第二次世界大战爆发之前，分别在北京和日本等地搜集灵籤、药籤，显然是当时风行于欧美的民俗学研究浪潮推动的结果。由于第二次世界大战爆发，有关研究未能继续下去。时隔三十年，少数学者又开始对籤占产生兴趣，并随着时间的推移，越来越多的学者参与到籤占的研究中来。20世纪90年代，中外学者又不约而同地关注中国的籤占，从不同的角度探讨籤占的相关问题，一些有分量的籤占研究成果相继发表。21世纪以来，籤占的研究方兴未艾，但相对于籤占对中国乃至日本、韩国、东南亚地区的巨大影响而言，无论是在深度上还是广度上都还很不够，籤占的研究充其量只能说是刚刚起步而已。

二、籤谱的搜集与田野调查

学术界把文化划分为雅文化和俗文化，雅文化是指官方提倡的、在上层社会流传的、形成一定体系的文化，俗文化一般是指在社会下层群众中流传的、自生自灭的文化。中国古代文人，历来重视和推崇雅文化，轻视甚

① ［日］大野出：《江户之占术》，河出新房书社2004年版。

至鄙视俗文化，所以在浩如烟海的文献中，大多是阐述和记载雅文化，有关俗文化的记载较少，给后世的俗文化研究带来诸多困难。

古代帝王将相、达官贵人、文人学士中有不少人参与抽籤占卜活动，但有关灵籤的文献记载却极少，在明代中叶之前，只能在一些被文人学士认为是不登大雅之堂的笔记小说中找到零星的记载，还没有见到哪本文献收入整套的籤诗。直到明代《正统道藏》的编纂，才使这种状况有所改观。《正统道藏》收入《护国嘉济江东王灵籤》100首、《大慈好生九天卫房圣母元君灵应宝籤》99首、《四圣真君灵籤》49首、《玄真灵应宝籤》365首、《扶天广圣如意灵籤》120首、《灵济真君注生灵籤》64首、《洪恩灵济真君灵籤》53首。① 后来，《续道藏》收入《玄天上帝百字圣号》（又名《玄天上帝感应灵籤》）49首②，《藏外道书》收入《灶君籤月令》50首和《（关帝）灵籤》100首③。除此之外，清代杨浚《湄洲屿志略》收入两种《天上圣母籤谱》，分别是100首和27首④，《凤山志略》收入《敕封保安广泽尊王籤谱》100首⑤，《清水岩志略》收入《清水祖师籤谱》48首⑥，《白礁志略》收入《保生大帝籤谱》60首⑦。《骨董琐记·续记》收入《月下老人祠籤词》55首⑧。显然，仅仅依靠这么几种籤谱，来研究古代（至迟唐末就出现）籤占的流变及其影响，资料是很不够的，所以也就严重制约对灵籤研究的深入。

实际上，在民间成千上万计的宫庙中，籤谱几乎是无宫不有，无庙不在，至今犹然。要使籤占的研究更全面、更深入，唯一的途径就是要深入民间，

---

① 《正统道藏》第五十四册，台湾艺文印书馆1977年精装缩印本。按：《洪恩灵济真君灵籤》实际上有64首籤诗，《续道藏》收入的《徐仙真录》卷二《洪恩灵济宫真君灵籤》增补了54至64首，详见前揭书《正统道藏》第五十九册。

② 《正统道藏》第五十九册，台湾艺文印书馆1977年精装缩印本。

③ 《藏外道书》第四册，巴蜀书社1992年版。

④ 光绪《湄洲屿志略》卷四《天上圣母籤谱》。

⑤ 光绪《凤山志略》卷四《敕封保安广泽尊王籤谱》。光绪《郭山庙志》卷八《杂志》也收入相同的籤谱。

⑥ 光绪《清水岩志略》卷四《艺文下》。

⑦ 光绪《白礁志略》卷二《籤谱》。

⑧ 邓之诚：《骨董琐记·续记》卷四《月下老人祠籤词》。

尽可能广泛地搜集籤谱及其有关资料。前辈学者诸如德国的庞纬、日本的酒井忠夫、今井宇三郎、吉元昭治、台湾的丁煌诸先生已经为我们作出很好的榜样，他们搜集到大量珍贵的籤诗资料，为更加全面和深入研究籤占文化打下良好的基础。

笔者从 1982 年开始涉足福建民间宗教信仰的研究，经常出入民间宫庙做田野调查，亲身感受到籤占对百姓日常生活所产生的不可低估的影响，因此，在进行其他课题的研究时，顺便搜集了数十种籤谱。1995 年攻读厦门大学历史学博士学位，以籤占作为博士论文的选题，才开始真正研究中国的籤占文化。在诸多学界朋友和学生的帮助下，截至 1998 年 5 月完成《中国灵籤研究——以福建为中心》的博士论文，共搜集来自福建 67 个县市的不同寺庙的籤谱 655 套，剔除相同的或相似的灵籤，还有 318 种。

1998 年以来，笔者忙于其他课题的研究，博士论文的修订就暂时搁置一边，但仍然留意搜集福建民间籤谱，并利用出访讲学和参加学术研讨会的机会，把籤谱的收集范围扩大到台湾省、东南亚、日本、美国等地，又收集各种籤谱 600 多套。除此之外，我还搜集到 50 多种药籤籤谱和近年公开出版或私下印刷的所谓籤诗"精解"、"破译"等，连同前面提到的《道藏》等文献收录的籤谱、庞纬《中国灵籤研究（资料篇）》和酒井忠夫等《中国的灵籤·药籤集成》收入的籤谱，以及台湾林修澈主编的《庙全记录——台湾省庙呈现出来的文化资产与生活意义》（研究篇）、陈锦云《台湾六十甲子圣母诗籤研究——以桃、竹、苗地区为中心》一文中提供的籤谱目录，共有 1490 种，为本课题的研究提供极为丰富的资料。

表 0-3 国内籤谱数量及分布情况

省区名称	籤谱套数	省区名称	籤谱套数
福建	1045	江西	2
台湾	365	辽宁	1
浙江	29	陕西	7
北京	9	上海	1
甘肃	2	香港	4

续表

省区名称	籤谱套数	省区名称	籤谱套数
广东	4	澳门	1
湖南	1	其他	18
江苏	1	合计	1490

由于笔者生活在福建，长期关注闽台民间信仰，自然是近水楼台，收集籤谱也多数在闽台两地，并以闽台宫庙的灵籤为研究重点，兹将笔者收集及相关资料见到的闽台地区的籤谱数量列表如下：

表 0-4　福建省籤谱数量分布情况

县（市）名称	籤谱数	县（市）名称	籤谱数	县（市）名称	籤谱数	县（市）名称	籤谱数
安溪	30	大田	8	德化	7	福清	20
福安	53	福鼎	26	福州	48	建宁	3
古田	32	华安	2	惠安	41	晋江	15
建瓯	12	建阳	13	将乐	1	龙岩	19
连城	11	连江	32	龙海	17	明溪	6
罗源	24	闽侯	12	闽清	8	宁德	11
南安	20	南靖	13	南平	14	屏南	8
宁化	13	平和	28	平潭	1	泉州	12
莆田	47	浦城	7	清流	6	邵武	7
三明	8	沙县	40	上杭	42	厦门	6
石狮	3	寿宁	13	顺昌	6	武平	11
松溪	2	泰宁	6	同安	10	永安	9
武夷山	9	霞浦	26	仙游	37	长乐	14
永春	28	永定	25	永泰	26	漳浦	20
尤溪	18	云霄	5	漳平	5	柘荣	4
漳州	5	长汀	22	诏安	8		
政和	5	周宁	2	东山	3		

表 0–5　台湾省籤谱数量及分布表情况

县(市)名称	籤谱数	县(市)名称	籤谱数	县(市)名称	籤谱数	县(市)名称	籤谱数
淡水	2	高雄	4	恒春	11	桃园	61
嘉义	3	金门	1	苗栗	71	花莲	1
屏东	2	台北	27	台南	12	澎湖	7
新竹	110	宜兰	7	彰化	8	其他	39

同时，在一些国家也收集54套籤谱，其中马来西亚30套、纽约8套、日本2套、新加坡7套、印度尼西亚6套、越南1套。

由于古人抽籤占卜的文献记载不多，而今人抽籤占卜又相当普遍，笔者以为，要使籤占研究取得突破性进展，除了搜集丰富的灵籤资料，对灵籤的源流、灵籤的类型与形式、灵籤的兆象进行研究外，还必须深入考察抽籤占卜的主体——抽籤人和解籤人的情况，倘能把历史学和人类学、社会学的研究方法结合起来，对于探讨籤占对古今社会的影响以及揭示籤占的奥秘都具有重要意义。基于此认识，1995年至1997年，我组织一百多名学生，在福建省各地进行3次较大规模的抽样问卷调查。

第一次是在1995年春节期间，以前去宫庙的抽籤人为调查对象，共调查1761人。调查的内容有七项：①性别；②籍贯；③年龄（由于年龄问题有时不便询问，大多采取目测估计）；④职业（含身份）；⑤为谁抽籤；⑥抽籤目的（即为何事抽籤）；⑦家乡所在地（即居住在城市还是乡村）。

第二次调查是在1996年春节期间，调查的对象和内容与上次相同，共调查2957人。两次调查的人数相加，总共4718人，分布于全省68个县市，几乎覆盖全省，列表如下：

表 0-6　抽籤人数量与地域分布情况

县(市)名　称	调查人数	县(市)名　称	调查人数	县(市)名　称	调查人数	县(市)名　称	调查人数
安溪	211	长乐	115	政和	40	福鼎	116
大田	50	德化	31	福安	265	惠安	303
福清	137	福州	240	古田	226	晋江	30
建宁	12	建阳	75	建瓯	35	龙岩	109
连城	119	连江	129	龙海	67	南安	71
罗源	94	闽清	26	明溪	22	宁化	79
南靖	57	南平	100	宁德	46	莆田	90
平和	129	平潭	25	屏南	23	三明	24
浦城	50	清流	40	泉州	18	石狮	2
沙县	36	上杭	254	邵武	58	武平	50
寿宁	21	顺昌	27	同安	22	永安	43
武夷山	73	霞浦	65	仙游	200	尤溪	63
永春	139	永定	139	永泰	29	漳州	15
云霄	42	漳平	13	漳浦	122	合计	4718
诏安	53	柘荣	13	长汀	34		

第三次调查是在 1997 年春节期间，调查的对象分别是家庭成员和宫庙的解籤人。家庭成员的抽籤情况调查的内容有 13 项：① 性别；② 籍贯；③ 家乡所在地；④ 年龄段；⑤ 辈分；⑥ 文化程度；⑦ 职业；⑧ 抽籤与否；⑨ 事后是否应验；⑩ 是否多次抽籤；⑪ 信仰程度；⑫ 末次抽籤地；⑬ 通常抽籤地。共调查 384 个家庭，1402 人，调查面也几乎覆盖全省，列表如下：

表 0-7　家庭抽籤人数量与地域分布情况

县(市)名　称	调查人数	县(市)名　称	调查人数	县(市)名　称	调查人数	县(市)名　称	调查人数
安溪	12	长乐	5	长泰	28	长汀	18
大田	12	德化	1	福安	59	福鼎	16
福清	13	福州	134	古田	25	惠安	35

续表

县(市)名　称	调查人数	县(市)名　称	调查人数	县(市)名　称	调查人数	县(市)名　称	调查人数
光泽	1	建阳	26	建瓯	75	龙岩	1
连城	3	连江	43	龙海	46	南安	41
闽侯	40	闽清	15	明溪	7	宁化	34
东山	17	南平	4	宁德	7	莆田	61
平和	22	平潭	1	屏南	14	三明	16
浦城	10	清流	3	泉州	31	将乐	2
沙县	2	上杭	19	邵武	18	霞浦	41
寿宁	27	顺昌	25	厦门	1	永定	72
仙游	77	永安	20	永春	6	漳平	21
永泰	25	尤溪	5	云霄	30	周宁	45
漳浦	32	漳州	11	政和	3	合计	1402
诏安	6	柘荣	9	晋江	29		

解籤人在抽籤占卜活动中扮演重要角色，古文献极少记载，对解籤人的状况进行田野调查有着特别重要的价值。调查的内容有 11 项：① 性别；② 籍贯；③ 家乡所在地；④ 年龄段；⑤ 庙名；⑥ 文化程度；⑦ 获得解籤技巧的途径（是拜师或是无师自通还是祖传）；⑧ 解籤的职业化程度（是专职或者是兼职还是临时性）；⑨ 以前从事主要职业；⑩ 现在从事主要职业；⑪ 从事解籤的年限。调查了近三百座宫庙的 344 位解籤人，覆盖福建 63 个县市，列表如下：

表 0-8　解籤人数量与地域分布情况

县(市)名　称	调查人数	县(市)名　称	调查人数	县(市)名　称	调查人数	县(市)名　称	调查人数
安溪	16	长乐	3	长泰	2	长汀	2
大田	2	东山	3	福安	16	福鼎	3
福清	2	福州	8	古田	8	惠安	13

续表

县（市）名　称	调查人数	县（市）名　称	调查人数	县（市）名　称	调查人数	县（市）名　称	调查人数
建宁	5	建阳	12	建瓯	10	南平	3
连江	7	龙海	9	闽侯	5	屏南	10
闽清	3	明溪	2	南安	7	三明	6
宁德	17	宁化	5	平和	12	莆田	11
浦城	5	清流	5	泉州	5	厦门	2
上杭	13	邵武	6	石狮	4	永春	3
寿宁	2	顺昌	8	泰宁	1	漳平	2
霞浦	10	仙游	18	永安	7	诏安	4
永定	12	永泰	6	云霄	4	合计	344
漳浦	11	周宁	5	政和	5		
柘荣	2	晋江	1	罗源	1		

需要特别说明的是，由于地缘关系等客观条件限制，近年来我所做的田野调查范围主要以福建为中心，其他省份的田野调查未能进行。实际上，就是以福建为中心的资料搜集和田野调查，也因宫庙林立，极难周备齐全，甚至可能是挂一漏万。而要想在全国范围内进行田野调查和更全面搜集有关资料，恐怕在短时间内是难以做到的，只能留待今后努力去完成。

三、本书的基本思路及观察视角

“占”的本意为观察，“卜”是以火灼龟甲取兆，预测吉凶。占卜活动可以追溯到原始社会，原始人经常通过鸟的叫声或者抛石子等来占卜狩猎能否有斩获，或者占卜病人能否康复等。籤占是占卜中的一种形式，其主要特点是以竹简、籤筒、筊为占卜工具，以诗歌为兆象载体来预测吉凶祸福。

在古代，“签”与“籤”有时通用，但大多数场合不通用，含义不同。“签”的主要含义有二：一是指一头尖锐细小的小杆子，通常用于标志，如标签、竹签、牙签等；二是在文件上署名或画押，如签名、签押等。而“籤”字的本义是预言的应验，《说文解字》卷九：“籤，验也。一曰锐也，贯也。从竹韱声。”

后来，由于籤占影响扩大，“籤”成为籤占的代名词，《辞海》在“籤”的解释中就有这样的文字：“卜具。旧时寺庙中以竹片编号贮筒中，令迷信者抽之以卜吉凶，谓之籤。”① 基于此，本书采用“籤”字而不用“签”，并把所引用论著中的“签”字全部替换为“籤”。

籤占主要依据是籤诗。籤诗又有神籤、灵籤、圣籤、运籤、卜事籤、籤谱等等不同名称，其含义有所差别。称之为“神籤”、“灵籤”、“圣籤”，主要是为了强调籤诗神圣性、灵验性，而在“籤”之前加上溢美词；称之“运籤”、“卜事籤”是强调籤诗的主要功能，以便与“药籤”区别开来；称之为“籤谱”，是指将若干首籤诗排列组合使之形成一定系统的籤诗。

关于籤诗的定义，学界有诸多的说法：

《辞源》：“旧时寺庙中以竹籤为卜具，上写诗句，迷信的人抽籤根据诗意附会人事，以决吉凶，谓之籤诗。”②

《辞海》：“旧时寺庙中的一种卜具。用竹削制而成，上编号数，贮于筒中，供信仰者向神佛问事吉凶之用。每籤均有诗歌相配，谓之籤诗或籤语。求籤者持筒摇之，及籤落，验其号数，以籤诗决休咎。籤诗分上籤、中籤、下籤三种，每种又分上、中、下三等，共有上上、上中、上下、中上、中中、中下、下上、下中、下下九等，文字无标点，可作多种解释。”③

《中国方术大辞典》：“籤诗，籤占中，分系于各籤的诗句。”④

《中华神秘文化辞典》：“籤，为竹制卜具，贮于籤筒，旧时寺庙多备于神案上，供香客占卜吉凶祸福用。每一竹片上都刻有号数；另备纸片，写上诗语，编号与竹签相符，汇集悬在庙壁上或于柜中，称为‘籤诗’。”⑤

一些学者也试图给籤诗下定义，台湾学者周荣杰：“籤诗是以诗为籤语的占卜工具，求籤的人可从诗中获知吉凶。”⑥ 朱介凡：“神籤以其具有中国

① 《辞源》合订本，商务印书馆 1991 年第 4 版，第 1292 页。
② 同上书，第 1293 页。
③ 《辞海》缩印本，上海辞书出版社 1989 年版，第 2122 页。
④ 陈永正主编：《中国方术大辞典》，中山大学出版社 1991 年版，第 167 页。
⑤ 吴康主编：《中华神秘文化辞典》，海南出版社 1993 年版，第 289 页。
⑥ 周荣杰：《占卜在台湾民间》（下），《台南文化》第 31 期。

传统诗的形式、韵味，俗皆称为诗籤。也谓圣籤、灵籤。”[①] 蔡美意：“所谓籤诗，又名神籤、灵籤、圣籤，以‘韵律诗’、‘传统诗’、‘诗歌’的方式存在，具有文学性、宗教性、哲学性，属于庙宇文化，以竹签为占卜工具，祈祷时，手持籤筒簸之，落下之籤，据其籤语显示吉凶，是雅俗皆通晓的民间诗体。”[②] 王文亮、林启泓：“所谓籤诗，又名神籤、灵籤、圣籤，属于庙宇文化，流传甚久，以竹签、籤筒来占卜，并以模仿古体诗的诗语来显示神意，让人明了神意、断吉凶，具有浓厚的文学、宗教、哲学色彩。”[③] 大陆学者谢金良：“所谓籤诗，就是一种以古代韵律诗为形式，并供求籤占卜之用的特殊语言形式和术数形式，是一种兼有哲学和文学色彩的卜辞。”[④]

笔者以为，之所以出现诸多不同的“籤诗”定义，根本原因是把籤诗与籤占混为一谈，二者虽然有密切联系，但也有很大的区别。籤诗是籤占的主要载体，是指写在籤条上的被视为蕴含神意、可用于推测吉凶祸福的诗歌及其解曰、典故、上中下吉凶判断、应验故事等相关文字，而籤占包含抽籤、解籤、验证等一系列的活动，前者侧重于占卜兆象，后者侧重于占卜活动。因此，如果一定要给“籤诗”下定义的话，那就是写在竹简上、籤条上或籤谱上、墙壁上用于预测吉凶的诗歌及其相关文字。

至于“籤占”，又称占籤、抽籤、卜籤、求籤、籤卜等，是指以竹制的籤枝、籤筒、筊等为占具，在神佛前礼拜祷告后，通过摇晃竹筒等形式占取其中的一根籤枝，经卜筊确认后，根据籤枝上的号数，对照籤谱或向庙祝索取相应号数籤条，再根据籤条上的籤诗等文字来预测吉凶祸福的占卜活动。[⑤] 广义而言，籤占包含着籤诗。

---

① 朱介凡：《神籤探索起步》，《中国民族学通讯》1993 年第 30 期。

② 蔡美意：《金门城隍庙籤诗之研究》，铭传大学 2005 年硕士学位论文。

③ 王文亮、林启泓：《南瀛籤诗故事志》，台南县政府 2006 年编印。

④ 谢金良：《周易与籤诗的关系初探》，《世界宗教研究》1997 年第 4 期。

⑤ 《清稗类钞·方伎类》第十册“求籤”：“神庙有削竹为籤者，编列号数，贮以筒。祈祷时，持筒簸之，则籤落，验其号数，以纸印成之诗语决休咎，谓之籤诗，并有解释，又或印有药方。”陈永正主编《中国方术大辞典》“籤占”条：“杂卜的一种。其法削竹为签，盛于竹筒，问卜者于神前祝祷后，随意摇出一枝，按其号次，捡取籤诗，然后根据籤诗定吉凶。”中山大学出版社 1991 年版，第 167 页。高友谦：“抽籤是指人们传承已久的那种削竹为签，配以诗语，于神前抽掣以占吉凶的占卜活动。”高友谦：《天意解码：关帝籤新观察》，团结出版社 2008 年版，第 14 页。

以占卜吉凶为目的的籤占，出现较迟，但其占卜的基本原理则早已有之。先秦时期，有探筹、投钩等民俗，当某件事难以抉择时，通过探筹或投钩来决定胜负或权利义务的归属。老子曰："使信士分财，不如定分而探筹，何则？有心者之于平，不如无心者。"[①]《荀子・君道》："探筹、投钩者，所以为公也。"所谓探筹，犹如今之抓阄；投钩也是一种游戏，类似于投壶。汉代之后，又有探札、探策等，把记号写在竹简上，放置筒中，让相关人抽取。《后汉书》记载"（邓）禹军到栒邑，赤眉大众且至，禹以栒邑不足守，欲引师进就坚城，而众人多畏贼追，惮为后拒。禹乃书诸将名于竹简，署其前后，乱著笥中，令各探之"[②]。晋武帝登基时，想预测一下自己打下的江山能延续几代，把世数写在竹简上，结果"探策得'一'，王者世数，系此多少。帝既不说，群臣失色，莫能有言者。侍中裴楷进曰：'臣闻天得一以清，地得一以宁，侯王得一以为天下贞。'帝说，群臣叹服"[③]。这种民俗活动后来发展为游戏，如各种酒令，其中最接近籤占的是摇抽令签，即是用象牙、兽骨、竹、木等，专门制作一种行令用的签子，叫做令签，插放于相应的签筒内，行令时在座宾客依次轮流摇抽一支，按签上标注的饮酒方式、方法、人数、杯数及要求所说令词等，说令行酒。1982年，在江苏省丹徒县出土了一副唐代涂金银质酒令签子，共有令签五十支，令旗一面，龟负签筒一个。签筒上刻有"力士"字样，筒身正面镌有双勾"论语玉烛"四字。五十支令签每支上都刻有令辞（均出自《论语》），标明了饮与不饮、张饮李饮、饮多饮少等情况。至迟在宋代的民间，出现了抓阄的民俗活动，通常用若干小纸片，写上字或记号，搓成纸团，由相关者各取其一，来决定胜负或权利义务的归属，民间称之为抓阄。时人刘克庄《建昌县刘氏诉立嗣事》说："田氏田产，本司已请都昌县尉就本司分作八分，牒军唤刘氏母子并秋菊，同赴本司拈阄均分。"[④]《三国演义》第二十二回："岱曰：我与你抓阄，拈着的便去。"时至今日，抓阄仍然非常流行，百姓有时称之为抽签。值得注意的是，这里的"抽

① 《文子》卷四。
② 《后汉书》卷三十八《张法滕冯度杨列传第二十八》。
③ 《世说新语》上卷《言语第二》。
④ 《刘后村先生全集》卷一九三《书判》。

签”虽然有碰运气的成分,但与占卜吉凶的“抽籤”或“籤占”还是有较大的差异,前者宗教信仰的色彩淡薄,后者宗教信仰色彩浓厚。

籤占在明清时期成为寺庙宫观必备的占卜工具,其影响之大,超过任何一种占卜活动。至今,在中国,乃至日本、韩国、东南亚地区、世界华侨华人聚居地,都有相当普遍的籤占活动。因此,要在如此之大的范围内进行调研,实际上既不可能,也不太必要。笔者根据个人的能力和调研的便利等考量,以闽台区域的籤占文化调研为主,适当地关照其他地区乃至其他国家的籤占文化,应该也可以窥视中国籤占文化的基本面貌。另一方面,闽台地区的籤占文化特别发达,历史积淀雄厚,现实影响巨大,在中国具有很强代表性,透过典型性例证的观察和分析,希冀触及籤占的本质。

籤诗具有很强的吸附力,在其发展过程中,不断吸收其他文化因素来丰富自己,包括哲学、文学、伦理学、心理学、民俗学等,研究籤占,籤诗的研究是基础。首先,籤诗不是神谕,而是人创作出来的(其中有不少籤谱声称是神谕所为,或者借助扶乩等神秘形式创作出来),不同的人群、不同的宗教人士参与了籤诗的创作,构成丰富多彩的籤诗文化,因此,有必要对籤诗的构成要素、类型等进行介绍。其次,要研究籤诗的渊源,包括籤诗与《周易》、籤诗与《灵棋经》、籤诗与诗谶、籤诗与图谶卦影、籤诗与诗歌等关系,只有厘清其渊源,才能看清其流变。第三,要探讨籤诗的流变,在历史上,籤诗发生哪些变化?为什么发生这些变化?这些变化对籤占文化有什么样的影响?第四,籤诗作为占卜的载体,包含着预测吉凶祸福的“兆象”,因此,从宗教学的视角观察分析籤诗兆象的主要形式、内在结构、取象来源、特征等,这对于理解籤诗的魅力,分析籤诗的奥秘,就显得特别重要。第五,若干籤诗组成籤谱,自古以来流传于民间的籤谱数以千计,我们将选择一些影响较大的、有鲜明特色的籤谱,放在不同的宗教信仰的演变语境中加以分析,观察中国宗教信仰的世俗化进程。

籤占活动则与社会历史紧密相连,抽籤者祈祷对象、占卜过程、占卜事项、验证结果、籤谱中对籤诗各种解释、判断吉凶祸福的项目、断语、上中下吉凶比例、典故等,从某个侧面反映了不同时代、不同地区的社会文化变迁,反映了不同社会阶层的追求和喜怒哀乐,也体现了不同时代的百姓在命运面前的种种困惑和不同的处置方法。因此，对籤占的研究更具有学术价值。本书将侧重探讨籤占与佛教、道教和民间宗教信仰的关系，将运用定性分析和定量分析方法，对籤占与古代社会的生产和生活各个方面的影响进行探讨，还将专章分析籤占与地域社会文化的关系。对于籤占与当代社会文化的关系，将借助人类学、社会学的研究方法来分析，我们可以从中看到十分有趣的社会现象和文化心态。对于籤占在海外的传播和发展，本书也将设专章予以探讨，重点介绍籤占在日本、琉球、东南亚、美国的传播和演变情况。最后，我们还将对分析籤占的理论基础，阐述籤占中包含的中国传统文化的智慧，揭示籤占“灵验”的奥秘。

另外，籤占实际上还包括药籤。所谓药籤，就是籤条上写的不是通常见到的诗歌，而是药方，或者用诗歌写成的药方，患者根据此药方抓药，煎熬服用。药籤属于信仰疗法，旧时，在医疗卫生相对落后的乡村相当流行，至今在闽台民间还可见到。对于这一即将完全退出历史舞台的文化事象，也有必要进行探讨。本书将在附录一中设专章对药籤的源流、药物、药效、治病奥秘等予以关注。

为了使读者更加形象地了解籤占文化，本书将在文中穿插三百多幅资料图片。

总之，在许多人眼里，籤诗是“不登大雅之堂”的东西，籤占是“封建迷信”活动，其实不然，籤诗是中国俗文化重要组成部分，其中不乏雅俗共赏的诗句。而籤占，不但影响中国人一千多年，至今在寺院宫庙中随处可见，仍然是百姓喜闻乐见的占卜形式（把籤占视为文字游戏的也大有人在），继续影响着当代的中国人，而且在可预见的将来，还将发挥其不可低估的影响力。籤占不但影响中国人，还影响海外的华人华侨，甚至不少外国人特别是日本人也热衷籤占，籤占成为跨国境的文化现象。因此，我想喜欢也罢，不喜欢也罢，籤占对古今社会的影响是客观存在的，正视它，研究它，揭示籤占的奥秘，就再也不是什么可有可无的事了，而是有其的独特学术价值和现实意义。

第一章　籤占的产生与演变

籤占作为占卜术的一种，大约在唐代才出现，虽然产生时代较迟，但其源远流长，并与中国其他的重要的占卜术如甲骨占卜、《易》筮、《灵棋经》、谶、卜筊等都存在着直接或间接的渊源关系。籤占的产生，绝非偶然，而是中国宗教信仰不断走向世俗化、简易化的必然结果。籤占产生后，继续沿着世俗化、简易化的方向发展，能较大程度地满足不同阶层善男信女的占卜需要，因此，很快成为中国影响最大的占卜术之一。籤占的产生和演变，从一个侧面反映了中国古代宗教信仰的发展演变历史。

第一节　籤占的渊源

一、籤占与占卜术

占卜被视为窥视神意的最佳方法，普遍存在于世界各民族中。占卜的方式五花八门、千奇百怪，因地域、民族、时代而异。中国占卜术源远流长，传说占卜术早在三皇五帝时就已经出现，龙山文化发现的大量骨卜证实了古史传说并非空穴来风。1979 年，江苏海安县青墩遗址出土的鹿骨上也发现占卜的记录。① 至迟在殷周时期，《诗经》、《左传》、《尚书》等先秦典籍已有相当丰富的关于占卜、占星、占梦、堪舆术的记载。

---

① 张政烺：《试释周初青铜器铭文中的易卦》，《考古学报》1980 年第 4 期。

先秦占卜术掌握在少数人手中，主要为达官贵人服务，占卜的内容也大多是有关天象变化、农业丰歉、战争胜负、诸侯婚葬、国家兴亡等，其占卜仪式隆重、占卜过程相当繁琐。如殷商甲骨卜，从龟甲的选择、整修，到凿、钻、灼，最后观兆、刻辞，要经历一系列严格的程序，非一般百姓所能胜任。罗振玉在《殷虚书契考释》中对甲骨卜法做如下的描述：

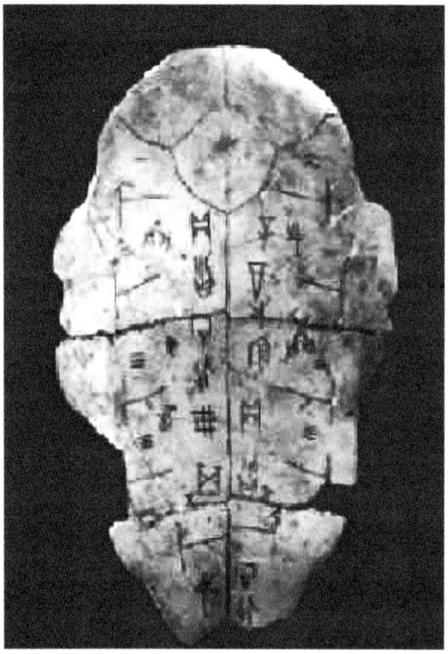

图 1–1　商代甲骨占卜

卜以龟，亦以兽骨。龟用腹甲而弃其背甲，背甲厚，不易作兆，且甲面不平，故用腹甲。兽骨用肩胛及胫骨，胫骨皆剖而用之。凡卜祀者用龟卜，它事皆以骨，田猎则专用胫骨，其用胛骨者则疆理征伐之事为多。……其卜法，削治甲与骨令平滑，于此或凿焉，或钻焉，或既钻更凿焉。龟皆凿，骨则钻者什一二，凿者什八九，既钻而又凿者，二十之一耳。此即《诗》与《礼》所谓“契”也。……既契，乃灼于契处，以致坼灼于里，则坼见于表，先为直坼而后出歧坼，此即所谓兆也。……于此观吉凶，并刻辞于兆侧，以记卜事焉。①

甲骨卜之后，出现的《易》筮。《易》筮是以五十根蓍草为占具，蓍草不同组合，得六十四卦中的某一卦，再根据卦象对照卦爻辞，以推断吉凶祸福或事物的发展变化趋势。《易》筮相对于甲骨卜来说容易了许多，所以逐渐取代甲骨卜占主导地位。但是，周朝的《易》筮仍由国家专设大卜官执掌，也大多用于占卜军国大事，其占卜方法和原理亦非草芥小民所能明了和掌握的。有关《易》筮的基本方法，《系辞传》做了比较完整的记载：

天一地二，天三地四，天五地六，天七地八，天九地十，天数五，地

① 罗振玉：《殷虚书契考释三种》，中华书局 2006 年版，第 314—315 页。

数五，五位相得而各有合。天数二十有五，地数三十，凡天地之数五十有五。此所以成变化而行鬼神也。

大衍之数五十，其用四十有九。分而为二以象两，挂一以象三，揲之以四以象四时，归奇于扐以象闰，五岁再闰，故再扐而后挂。

乾之策，二百一十有六。坤之策，百四十有四，凡三百有六十，当期之日。二篇之策，万有一千五百二十，当万物之数也。是故四营而成易，十有八变而成卦。八卦而小成，引而伸之，触类而长之，天下之能事毕矣。

上面这段关于《易》筮方法的记载，如果不是对《易》筮有专门研究的话，相信一般人读起来会如堕五里雾中，不知所云。

秦汉之后，随着社会的重大变革和平民百姓地位的迅速提高，占卜术开始转向预测个人的吉凶祸福、婚丧喜庆、贫贱富贵、穷达寿夭等，逐渐走向世俗化。与此同时，占术的花样不断翻新，在占卜方法上也继续趋于简易化。仍以《易》筮为例，汉代《易》筮注重互卦、消息、爻辰、阴阳升降、卦变、纳甲、卦气、蒙气、十二禽辰等所谓“象数”，并往往结合术数，如焦延寿《易林》以灾变为重，把原有的六十四卦的每一卦再推衍成六十四卦，共四千零九十六卦，卦下设韵文繇辞，用以占验吉凶，成为后世以术数家谈论《易》筮的经典。

魏晋南北朝，出现了《灵棋经》这一更加简易的占卜形式。《灵棋经》是一种以易象为基本原理，以十二枚棋子的不同组合为形式的占卜方法。具体做法是：将十二枚棋子分为四组，分刻上、中、下三字，最初是十二枚棋子一次抛掷，根据棋形来定卦形，再根据卦形查阅卦文，以预测吉凶，即唐代李远在《灵棋经序》所说的：“以十二棋子三分之，上中下各四，一掷而成卦，即考书披辞，尽得其理。”① 后来，十二枚棋子分四次抛掷，每次得到上、中、下的一种组合，最后将四次组合放在一起，构成卦象，据此预测吉凶。

相传《灵棋经》为东方朔所撰，或说出自张良，乃黄石公传授，也有人

① 《四库全书·灵棋经序》。

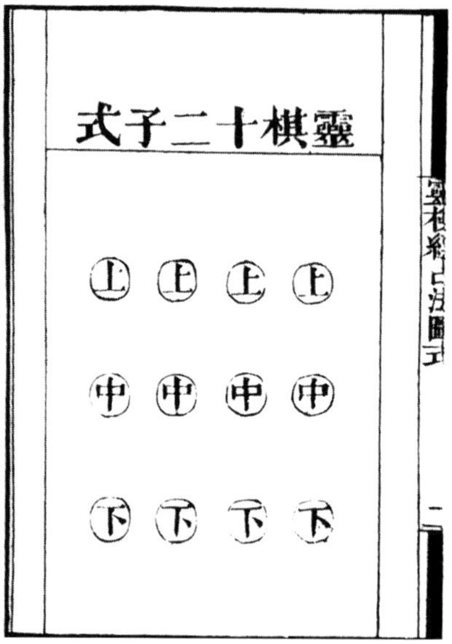

图 1–2 《灵棋经》占法图式

说是淮南王刘安撰写，众说纷纭，均不太可信。实际上《灵棋经》是不同时代的许多方士编造、补充、修订而成，真正的作者不可考。不过，《隋书·经籍志》著录有《十二灵棋经卜经》一卷，《南史》也收入今传本第三十七卦的象词，说明《灵棋经》在六朝之前已经问世。唐代时，《灵棋经》在民间流传甚广，唐会昌年间，李远到福州做官，就搜集数十本不同版本的《灵棋经》，加以校核考订。《四库全书》收入的《灵棋经》是晋代颜幼明、南朝何承天、元朝陈师凯、明朝刘伯温合注本，其格式如下，以第一卦为例：

第一　大通卦　　　　一上一中一下，升腾之象。

乾天西北

象曰：从小至大，无有颠沛；自下升高，遂至富豪；宜出远行，不利伏韬。

颜曰：以小慕大，可致富豪。若居大慕小，则有危亡。又曰：天地既位，圣人参之。经纶草昧，开元造始，故曰自下升高也。立功创制，无所不善。不可密计阴谋，不宜老病，婚姻难合，纯阳故也。占行未归，系者得出，市贾有利。

何曰：仕宦高迁，宜显不宜隐；病者不宜暗处，宜出外避之吉；口舌无，居家守恒；行师吉，战斗胜；孕生男，田蚕渔猎，大获吉利。

陈曰：一气之始，三才之端，纯阳之健，进退不已，与乾合体，故曰云云。

刘曰：从小至大，阳始生也；三人同行，宜游行也；不利伏韬，其道光明也。此课三位俱阳，少阳方长，故为从小至大、自下升高之象。占者得之，创事立业，求名觅利，皆吉；讼者宜公道求直，行人吉而未归，不可为阴谋诡秘之事，病者出外避之吉。

诗曰：变豹成文彩，乘龙福自臻。赤身成富贵，事事可更新。①

《灵棋经》共一百二十五卦，每卦都包含序号、卦名、系词、棋形、象名、象词、各家注解、卦末断语、释卦诗词等部分，"第一"为序号，"大通卦"为卦名，"纯阳得令，乾天西北"为系词，"一上一中一下"为棋形，"升腾之象"为象名，"象曰"的内容为旧有的象词，均为四言韵语，句数多少不一。"颜曰"为颜幼明注解，"何曰"为何承天注解，"陈曰"为陈师凯注解，"刘曰"为刘伯温注解，"卦末断语"也出自刘伯温之手。"释卦诗词"每卦有一首，也有数首，诗体也有五言、七言、四言和长短句，作者不明，但从诗歌内容来看，不会早于宋代。

《灵棋经》的占卜方法比起《易》筮简便了许多，诸如不用排变爻与变卦，不必考虑节气变化，卦辞的增加也使判断吉凶较为容易等，但是仍要对棋子进行一定的排列才能得到卦象，并不能信手拈来，所以还不够简便，仍然无法在民间广泛流传。

唐代，占卜术更加流行，形式更加多样。如敦煌写卷伯 3868《管公明卜要诀一卷》和伯 4778《管公明卜要诀经一卷》中提到的占卜程式、方法与结构，与后世的籤占相当接近。《管公明卜要诀经一卷》序言：

算出天门，易出九宫，乘驾六龙，占相决疑，有事自用。算子卅四枚，从上四四除之，尽即成卜。凡为卜者，清静礼拜管公明，专心念卜，又称七佛名字。若卜得一吉，更卜后卦恶，可使。若卜三卦，两卦好，一卦恶，用；如两卦恶，一卦好，不可用。凡卜唯须念七佛名字，管公明为后贤吴仲占吉凶、管万事。凡算子三十四枚，咒曰：灵算审定乾坤，乘驾六龙，同游八门，以占吉凶。某乙决疑，横以四除，除尽则卜事，以卦万无一失，有事自卜，不劳问师。

也就是说，占卜时，首先要虔诚礼拜管公明，专心致志占卜；其次要念七佛名字；三是要念简单的咒语。占卜的方法是：先把三十四枚算子打乱，然后

① 《四库全书》子部七·术数类四《灵棋经》。

四四相除，取其尾子来卜卦。卜卦的基本原则是吉卦必须多于凶卦或吉卦与凶卦各一，即可。如凶卦多于吉卦则不可。

敦煌写卷伯3398《卜法》卷出现了以名人姓名为卦名的占卜形式，可以视为后世籤谱使用典故为扩展兆象的滥觞。《卜法》一共包含十六卦，其中八个卦分别以兑、坤、离、乾、巽、坎、震、艮作为卦名，另外八个卦则分别是以周公、孔子、屈原、赤松、桀纣、越王、子推、太公的人名作为卦名。如：

周　公　卦

凤飞高台，奋翼徘徊。
病者自差，祸去福来。
所求皆得，横入钱财。
行人即得，宅舍无光。
此卦大吉

孔　子　卦

飞鸟高翔，身得其先。
前难停止，后必吉昌。
怀孕是男，保无灾殃。
病者自差，官事无妨。
此卦大吉

屈　原　卦

蝉飞寮木，树上取鱼。
求事难得，官事迟除。
病者自差，住宅不定。
行人未至，终无所获。
此卦大凶

赤　松　卦

时时如上，高台贤人。
不召自来，经求和合。
横事钱财，病者不死。
行人到来，官事不成。
此卦大吉

桀　纣　卦

鸟在虚空，往往不通。
中路有忧，求事难得。
所做不成，终无所益。
行人失财，官事无理。
此卦大凶

越　王　卦

河中有船，往而来之。
经求得利，吉日俱至。
福德自至，喜乐去悲。
官事自散，行人即归。
此卦大吉

子　推　卦

井中取鸟，树上取鱼。
求事不得，徒失切夫。
官事失理，得病难除。
卜得此卦，家宅贫虚。
此卦大凶

太 公 卦

神龙起飞，升于千里。

经求得利，田产万倍。

嫁娶相宜，所求称意。

病者自差，行人即至。

此卦大吉

显然，敦煌写本《卜法》的吉凶兆象与历史名人的生前境遇、是否善终紧密联系在一起，“大吉”五卦，均为事业飞黄腾达且善终者，“大凶”三卦则相反，为暴君或生前坎坷且不得善终者。[①] 这种构思和卦辞的内容非常接近籤占，只不过占卜方法不同而已。

二、籤诗与谶、诗谶

谶是指假借神的名义，以隐秘含混的语言文字符号，来预测未来吉凶祸福。谶有语言文字符号和图画符号之分，语言文字符号之类的谶通常称谶语，即所谓“诡为隐语，预测吉凶”[②]，包括歌谣谶、语谶、诗谶等。谶语起源于先秦，《史记》记载，燕人卢生曾献给秦始皇图录，图录中有“亡秦者胡也”的谶语，秦始皇以为此谶语所说的“胡”是指北方的匈奴，遂派兵伐匈奴，并筑长城，陈重兵以防亡秦之患。后来，秦国不是被匈奴灭亡，而是断送于秦二世胡亥手中。由于这一巧合，后人加以附会，并大力渲染，使此谶语广为流传，千百年来一直成为人们茶余饭后的谈资。西汉末，王莽利用谶语，为登上皇帝宝座制造舆论。取得政权后，召集千余人，对谶语进行整理，汇编成册。东汉刘秀也利用谶语推翻王莽政权，即位后，大力提倡谶纬，使谶纬成为当时的正统思想。魏晋南北朝，谶纬被历代野心家利用作为改朝换代的工具。直到隋代，统治者才开始大规模禁止谶书，特别是隋炀帝对谶书的禁止最为严厉，派人四处搜集谶书，一并焚烧。唐代帝王承袭隋

① 敦煌写本卜法，参见高友谦：《天意解码：关帝籤解新观察》，团结出版社 2008 年版，第 8—13 页。

② 《四库全书总目提要》卷六。

代政策，禁止私家收藏讖书，并作为法律条文，列入《唐律疏义》。唐代之后，讖书大多散失，但讖语在民间的影响还是相当大的。[①]

讖与籤的关系十分密切。《说文解字》释“讖”字为“验”，同样也释“籤”字为“验”，“讖”与“籤”在六书中为转注，可以互训，“讖”主要是通过语言来传播，故从言，而古代灵籤均用竹简做成，故从竹。清代姚莹早已看到“讖”与“籤”之间的源流关系，指出：

今人祷于神祠，问事休咎，神示诗词，言未来吉凶辄验，人皆名其诗词曰籤。神诗不一，或百首，或数十首。问者人既不一，所问之事，亦各不同，故多设其词，而以木或竹为条，如其诗词之数，状如官府遣役施令之籤，以纪其数。又如古人标架上书目，是书第几函几部之牙籤，故俗人遂名神祠为籤，而文士则目之以讖也。其事始见于蜀王衍，闻唐师至，祷于张亚子庙，得籤词云云。沿袭至今，天下神庙，皆有之矣。余按事未来而先辨其吉凶之兆，本于卜筮，系之以辞，其在《周易》，则谓之彖爻。及周秦之季，处士或圣门弟子，因《六经》而作《七纬》。楚汉之间，乃有十三讖之作，又因《七纬》而衍之，皆预言未来之事，而为隐语，相传子贡子张之徒所作，盖缘子张百世可知之问而为之也。汉宣王莽，皆以符命兴，光武以合讖文得天下。云台二十八将，又离合讖文，得其姓名。自是讖纬之学，与《六经》同重，大儒多习之，康、成至用以解经。此皆术数之学，与卜筮之书，同示人以未来之言也。神祠之籤，即其遗意，字当作讖，校之曰讖曰籤，为典而有本矣。[②]

籤与讖的密切关系在诗讖上表现得特别密切。所谓诗讖，“将讖的神秘性、预言性附会运用于文人的诗作中，以讖释诗”[③]。诗讖的创作者的本意并非作讖，而是正常的诗歌创作，但读者把某些诗歌与作者的生死年寿和仕途穷达等联系起来，进行神秘化的解读或故意曲解，或加以附会，使之成为兆示诗人命运的诗讖。也就是说，诗讖是后人根据诗人的生平际遇，以

① 详见钟兆鹏：《讖纬论略》，辽宁教育出版社 1991 年版。

② 姚莹：《康輶纪行》卷十三《神籤字当作讖》，《笔记小说大观》第二十四册，江苏广陵古籍刻印社 1984 年版，第 104 页。

③ 孙蓉蓉：《诗歌写作与诗人的命运——论古代诗讖》，《学术月刊》2010 年第 5 期。

其创作的某首诗歌的某些诗句或某些词语加以附会，证明诗人生前的吉凶祸福早已隐藏在其创作的诗歌中的特殊文学现象。①

诗谶至迟在晋代就出现。潘岳与石崇被孙秀陷害，临刑前不期而遇，石崇谓潘岳曰："安仁，卿亦复尔邪?"潘岳回答道："可谓'白首同所归'。"潘岳所说的"白首同所归"源自其《金谷诗集》的"投分寄石友，白首同所归"诗句，当时他实际上是脱口而出，但《世说新语》作者则认为"乃成其谶"。②

南北朝至隋代，诗谶甚至波及帝王。侯景之乱，梁武帝被困于台城饿死，其子简文帝被侯景立为帝，不久被废止，并驱逐出台城。父子两人均未能安居台城，保住帝位。后人就以简文帝的《寒夕诗》"雪花无有蒂，冰镜不安台"，和《咏月》"飞轮了无辙，明镜不安台"来附会，以为诗谶。"谓无蒂者，是无帝。不安台者，台城不安。轮无辙者，以邵陵名纶，空有赴援名也。"③又如《隋书》记载，开皇十年(590)，隋文帝巡幸并州并宴请秦孝王杨俊和王子相等。席间诗兴大发，为四言诗曰："红颜讵几，玉貌须臾。一朝花落，白发难除。明年后岁，谁有谁无。"规诫众人要珍惜时光。不料，第二年王子相病死，八年后秦孝王也去世。后人附会，隋文帝在宴会上所创作的诗乃诗谶。④

唐代，随着诗歌的繁荣，由文人不经意创作的诗谶也逐渐多了起来，《全唐诗话》记载：武元衡被刺之前一日，作诗云："无因驻清景，日出事还生。"遂成诗谶。⑤刘肃《大唐新语》卷八记载的刘希夷诗谶的故事，在民间流传很广：

> 刘希夷，一名挺之，汝州人。少有文华，好为宫体，词旨悲苦，不为时所重，善琵琶，尝为《白头翁》，咏曰："今年花落颜色改，明年花开复谁在?"既而自悔曰："我此诗似谶，与石崇《白首》同，所归何异也。"乃更作一句云："年年岁岁花相似，岁岁年年人不同。"既而叹曰："此

① 关于诗谶，可参见谢贵安：《中国谶谣文化研究》，海南出版社1998年版，第43—53页。

② 刘义庆：《世说新语》卷下《仇隙第三十六》，《四部精要》十四子部三，上海古籍出版社1993年版，第53页。

③ 《南史》卷八十《侯景传》，中华书局1975年版，第2007页。

④ 《隋书》卷二十二《五行志上》，中华书局1973年版，第639页。

⑤ 转引自赵翼：《陔余丛考》卷四十三。

句复似向谶矣。然死生有命，岂复有此？”乃两存之。诗成未周，为奸所杀。①

同书还记载另一个诗谶故事：

长寿中，有荥阳郑属宾，颇善五言，竟不闻达，年老方授江左一尉。亲朋饯别于上东门，属宾赋诗留别曰：“畏途方万里，生涯近百年，不知将白首，何处入黄泉。”酒酣，自咏，声调哀感，满座为之流涕。竟卒于官。②

《本事诗》记载的有关唐崔曙的诗谶故事更为奇妙：

唐崔曙举进士，作《明堂火珠》诗赎帖，曰：“夜来双月满，曙后一孤星。”当时以为警句。及来年，曙卒，唯一女名星星，人始悟其自谶也。③

类似的感伤抒怀之作，本来是文人习以为常的事，如果要从唐诗中寻找，随处可见！然而，由于这些感伤抒怀之作，与作者的生死寿夭巧合，后世好事者加以附会渲染，竟然成为千古流传诗谶，这一点恐怕是诗作者所未料及的。

宋代，是一个诗谶盛行的时代，传说秦观在梦中作《好事近》词，曰：“露雨添花，花动一山春色。行到小溪深处，有黄鹂千百。飞云当面化龙蛇，夭娇持晴碧。醉卧古藤阴下，杳不知南北。”后来，秦观被贬官，死于滕州，时人以为“醉卧古藤阴下，杳不知南北”为诗谶。④

为了使诗谶更具神秘性，宋代的诗谶往往与梦幻结合起来，洪迈《夷坚志》记载的与福建有关的这一类型的诗谶就有许多条，有兆示金榜题名的，如：

福州长溪人林刘举在国学，淳熙四年，将赴解省，祷于钱塘门外九西五圣行祠。梦成大殿，见五人正坐，著王者服，赞科如礼。闻殿上唱云：“五飞云翔，坐吸湖光。子今变化，因遡吾乡。”觉而不能晓。是秋

---

① 刘肃：《大唐新语》卷八《文章第十七》。

② 同上。

③ 《太平广记》卷一四三《征应九》。

④ 《七修类稿》卷三十《诗文类》。

获荐，来春于姚颖榜登科黄甲，注德兴尉。既交印，奠谒五显庙，知为祖祠，始验梦中之语。①

与上引资料相反，有兆示科场失意的诗谶，如：

建安胡原仲宪，宣和中，赴省试于京都。留中途，夜梦对白鹇而赋长篇。既觉，但能记四句云："惟余虚名在，长江与苍山。不逢尧舜世，终此若鸟闲。"念之不乐，且起为同途士友言，以为方从事进取而得此诗，前歧事不问可知，必老死布衣，无为汲汲西笑也。诸友强挽之行，竟不第。绍兴中，用赵简公荐诏召之，辞以母老，乃补官，就教授本州。诰词云："朕闻尧舜之世，天下无穷人。"然后恍悟前语。孝宗在御，复用大臣荐，拜大理司直秘书省正字，引老丐归，特改京秩与祠禄。后以寿终。②

还有兆示寿命的，如：

郑介夫侠，福州福清人。熙宁中，以直谏贬英州。元祐初，东坡公荐之复官。绍圣初，再谪英。时坡公贬惠州，始与相遇，一见如故交。政和戊戌，介夫在福清，梦客至，自通"铁冠道士"，遗诗一章，视之，乃坡公也。坡在海上尝自称"铁冠道人"，时下世十七年矣。其诗曰："人间真实人，取次不离真。官为忧君失，家因好礼贫。门阑多杞菊，亭槛尽松筠。我友迂踈者，相从恨不频。"又曰："介夫不久须当来。"寤而叹曰："吾将逝矣。"时年七十八。明年秋被疾，语其孙嘉正曰："人之一身，四大合成，四者若散，此身何有！"口占一诗曰："似此平生只藉天，还如过鸟在云边。如今身畔浑无物，赢得虚堂一枕眠。"数日而卒。③

有的人是通过祈梦来获得诗谶，如：

邵武惠应庙，在军西五十里大乾山，闽士多往祈祷。郡人张凤以绍兴甲子冠乡荐，既下第，丁卯再试，欲改赋为经义。梦僧持钵，中有

① 洪迈：《夷坚志》第三册《夷坚三志》己卷第十"林刘举登科梦"，中华书局1981年版，第1379页。

② 洪迈：《夷坚志》第四册《夷坚三志》壬卷第二"胡原仲白鹇诗"，中华书局1981年版，第1480页。

③ 洪迈：《夷坚志》第二册《夷坚丙志》卷第十三"铁冠道士"，中华书局1981年版，第477—478页。

诗曰："赋中千里极归依，衣钵成章露翠微。"乃止，用赋得魁荐。千里者，重字也。高中得诗曰："碧瓦朱檐天外耸，黄花六叶掌中开。"才及第，娶黄司业女六娘者为妻。碧瓦朱檐，高字也。建安詹必胜兄弟三人得诗曰："万里无云天一色，秋风吹起雁行高。"纸上倒书之。绍兴己卯秋闱同预荐，季弟名居上，仲次之，兄在最后。叶尧明得诗曰："十日阴泥雨，皇都喜乍晴。浪平龙角稳，风细马蹄轻。"遂登科。延平郑良臣赴举，其父祈焉，梦诗曰："笔头扫落三千士，赐与君家一二名。"良臣是年以第三名荐。邓似恺乾道戊子祈得诗曰："戊月年逢鼠，水边少人武。双剑斗高飞，万人看远举。"乃更名远举，即获解，遂策名。……独李子和者，将赴太学补试，临行祈梦，得诗云："琼奴耳畔低低语，争乞钗头利市花。"觉而与亲朋言，良以为吉。然入太学半年，不幸死，瘗于临安漏泽园。旁一冢标云"弟子琼奴葬此。"①

还有一些深通术数者有意制造诗谶，最有名的是《清琐高议》记载的韩湘子与韩愈的故事：

韩退之侄湘有仙术方，退之在朝，暇日，湘种顷刻花，上现出诗一联云："云横秦岭家何在，雪拥蓝关马不前。"未几，退之言佛骨贬潮州。一日，途中遇雪，俄有一人，冒雪而来，乃湘也。湘曰："忆花上之句乎？"公询其地，乃蓝关。嗟叹久之，为续其诗，载集中。②

前面说过，诗谶与籤诗最大的不同之处，在于诗谶多是文人学子有感而发，信口吟唱，随意而作，后人根据作者的生平际遇加以附会渲染，使事先随意创作的诗歌成为兆示作者吉凶祸福的诗谶。而籤诗是事先有意编造的，专门为善男信女预测吉凶祸福提供方便，占卜的对象不像诗谶那样只限于作者一人，而是前来占卜的所有的善男信女。但二者在本质上是一样的，即都具有预测吉凶祸福的功能，只要把诗谶刻在竹简上，与占卜的形式结合起来，诗谶就成为籤诗了。如上面刚提到的《清琐高议》记载的韩湘子与韩愈的诗谶故事，就被一些籤谱作为籤诗，福建莆田石室岩籤谱第八

① 洪迈：《夷坚志》第四册《夷坚志》补卷第二十"大乾庙"，中华书局1981年版，第1739—1740页。

② 《说郛正编》弓二十六，参见刘斧《青琐高议》卷九《湘子作诗谶文公》。

首曰：“一封朝奏九重天，夕贬潮阳路八千。云横秦岭家何在，雪拥蓝关马不前。”

三、籤诗与图谶

图谶的历史可以追溯到先秦，河图洛书可以视为其滥觞，所谓“盖图谶之术，自战国时已有之”①。图谶最初是指以图画的形式预测吉凶，后来出现图谶与语谶合一的趋势，故图谶又泛指所有形式的谶。王莽末年，宛人李通以图谶劝说刘秀起兵，取得政权后，继续利用图谶作为统治工具，把图谶作为制定各种法令、发布诏命、施政用人的重要依据。晚年，刘秀更加笃信图谶，中元元年（56），正式“宣布图谶于天下”②。至此，图谶成为最高皇权认可的法定的经典。此后，图谶之学大盛。《后汉书·张衡传》载：“初，光武善谶，及显宗、肃宗因祖述焉。自中兴之后，儒者争学图谶，兼附以妖言。”

图 1–3　推背图

在民间，影响最大的图谶恐怕要算是《推背图》。

《推背图》的作者相传是隋末唐初的袁天罡（或作“纲”）和李淳风。袁天罡擅长相术，著有《相书》7卷、《相书要诀》3卷。李淳风为著名数学家，著作很多，又长于相术，著《占灯经》等。《宋史·艺文志》著录有《推背图》1卷，但不著录撰写者，所以有人认为《推背图》的作者不是袁天罡和李淳风。不论作者是不是袁天罡和李淳风，但有一点可以肯定，即《推背图》至迟在五代时就出现并在宋代广泛

① 胡渭：《易图明辩》卷一《河图洛书》。

② 《后汉书》卷一下《光武帝纪第一下》。

流传于民间。①

《推背图》的版本很多，著名的民间宗教学家李世瑜解放前从德国购得珍贵版本的《推背图》，分甲、乙两种。甲种六十七图，乙种六十象。② 甲种每图右侧有简要图说，上方为图，下方为七言四句诗一首。

如第四图的图说：一架钟，一人右手执火，左手牵犬。诗曰："拟将社稷乱分离，怎奈天宫十八枝。赖得忠臣火边犬，方得复位旧唐基。"在民间流传较广的《推背图》形成的时间较迟，大概不会早于宋代，它是以六十甲子为序，上方为图画，下方为谶词、颂词，图画的左侧为序号、六十甲子名称、卦象。谶词为三言四句或四言四句，颂词为五言四句或七言四句。《推背图》中特别值得注意的是，在乙种第五十九象的图画中（见图1–4）还出现籤筒和籤枝的图像，谶曰："无城无府，无尔无我。天下一家，治臻大化。"颂曰："一人为大世界福，手执籤筒拔去竹。红黄黑白不分明，东西南北尽和睦。"说明图谶与灵籤的关系相当密切。

图 1–4　推背图

很可能是受《推背图》的启发，至迟在南宋就出现了图文合一的籤谱——《天竺灵籤》,《天竺灵籤》上方为定性兆象，中间为图画，下方为籤诗和"解曰"，图画的右侧为序号。我们只要将《推背图》与《天竺灵籤》稍加比较，很容易看出图文合一的籤谱模仿《推背图》的痕迹。

宋代的轨革卦影流传，宋刑居《扶掌录》记载："轨革者，推八卦言祸福。

① 参见谢贵安：《中国谶谣文化研究》，海南出版社 1998 年版，第 242—337 页。

② 承蒙李世瑜先生生前赠送其珍藏《推背图》复印本，特此感谢！

卦影者，以丹青寓吉凶。”显然，轨革卦影包含了两个步骤：首先是以筮法或八字成卦，然后再依卦象成图，可以说轨革卦影是易占与图谶结合的产物。南宋绍博也说：“今世俗所谓‘卦影’者，亦《易》之象学也。……予见王庆言：‘蚤日羁穷，尝从一头陀占卦象，其词云：‘须逢耿武范亨快，半是春来半是秋。’头陀云：‘岂非运行庚午，春秋之间少快耶？’久之无验。晚用秦相君荐，至参知政事。相君庚午生，‘半春半秋’，‘秦’字也。其异如此。”[①] 卦影又与普通的画不同，“其画人物不常，鸟或四足，兽或两翼，人或儒冠而僧衣，故为怪以见象”[②]。当时著名的书法米芾喜欢搞一些怪异打扮，“常戴俗帽，衣深衣而蹑朝靴，绀绿缬”，被朋友们看做“活卦影”。开封的李昂，以作卦影见长，“曾有一卒持百钱来筮，昂揲蓍布卦，即画人裹巾，半衣白，半衣绿，以杖荷二妇人头。昂曰：卜者士人，半衣白似无官，

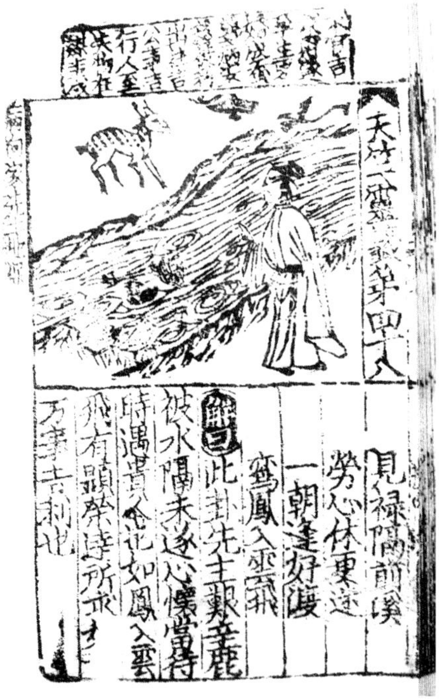

图 1-5　天竺灵籤

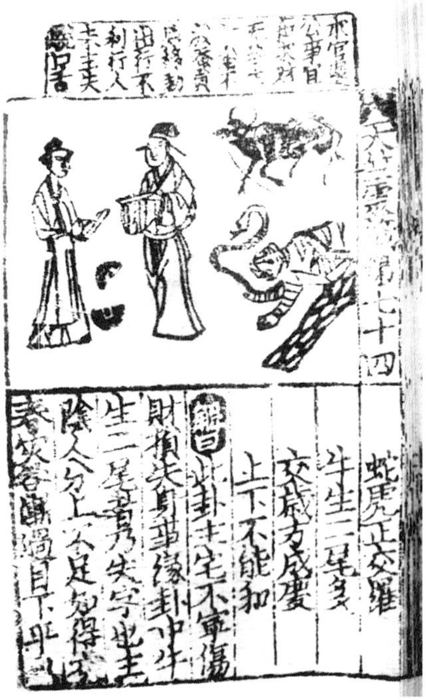

图 1-6　天竺灵籤

① 邵博：《绍氏闻见录》卷二十九。
② 朱彧：《萍洲可谈》卷三。

半衣绿似有官，半绿似无出身，半白又似有出身，荷二妇人头，两头阴，以为贵人之首云。”①

轨革卦影对图文合一的《天竺灵籤》产生直接的影响。《萍洲可谈》卷三记载：“在十二辰，则画鼠为子，画马为午，各从其属。画牛作二尾则为失，画犬作二口为哭，画十有一口则为吉。其类不一，谓之卦影。亦有繇词，以相发明。其书曰《轨革》。”② 对照《天竺灵籤》第七十四首，与上述记载基本相同，受轨革卦影影响的痕迹十分明显（图 1–6）。

四、籤诗与诗歌

籤占与其他占卜形式最大的不同之处，在于籤占是以诗歌为主要兆象来预卜吉凶，所以，籤占产生的前提条件之一是诗歌创作的繁荣。从文献记载来看，最早的籤诗来源之一是直接取材于具有劝诫性质的诗歌，清代褚人获《坚瓠秘集》说：

> 今人辄呼丑诗为籤诀，不知古人多有以诗占者，西山十二真君诗，语多训戒，后人取为籤，以占吉凶，极验。又射洪陆使君庙，以杜少陵诗为籤，亦验。今陈烈帝籤诀，乃是绝妙古诗。盖诗以言志，古之作者，多寓意风规，故言皆足为蓍蔡，如彼嘲风雪弄花草者，真是构无用为用耳，于占验奚当？③

图 1–7 诗歌被抄写在籤枝上供百姓占卜吉凶，就变成籤诗

① 朱彧：《萍洲可谈》卷三。

② 同上。

③ 褚人获：《坚瓠秘集》卷五《籤诀》，《笔记小说大观》第七册，江苏广陵古籍刻印社 1983 年版，第 931 页。

俞樾《茶香室四钞》记载张恶子庙籤曰：

宋张唐英《蜀梼杌》云："衍亲祷张恶子庙，抽籤得'逆天者殃'四字，不悦。"按籤语止四字，今杭州月下老人词籤止成语一句，或数句，颇著灵验，盖亦有所仿也。[①]

至今仍在民间流传的籤诗中，也可以找到许多借用古诗词的例证。如福建省长汀县河田镇三洲东林寺籤谱第十一籤：

海上生明月，天涯共此时。
情人怨遥夜，竟夕起相思。
灭烛怜光满，披衣觉露滋。
不堪盈手赠，还寝梦佳期。

此诗为唐代张九龄所作，描述的是中秋之夜游子思乡之情。第二十籤：

月明星虚，乌雀南飞。
绕树三匝，无枝可栖。

这一首籤诗来源于曹操的《短歌行》之一中的片断，原诗是："月明星稀，乌鹊南飞。绕树三匝，何枝可依。"可能是由于数百年来不断抄写，个别字与原诗不同。

福建德化县金液洞籤谱中也有不少借用唐诗的例子，如第十一首：

农夫冒暑耘，汗滴禾下土。
谁知盘中餐，粒粒皆辛苦。

显然，此灵籤源于李绅的《悯农（其二）》，除首句"锄禾日当午"被改成"农夫冒暑耘"外，其余三句完全一样。

有的籤诗不是整首借用古诗，而是剽窃若干诗句或稍加改头换面，如第六十九首：

危楼高百尺，星辰不可摘。
万里河汉清，寒潭秋月白。

这首籤诗的前二句从李白的《夜宿山寺》："危楼高百尺，手可摘星辰"

① 俞樾：《茶香室四钞》卷二十《张恶子庙籤》，《笔记小说大观》第三十四册，江苏广陵古籍刻印社 1984 年版，第 501 页。

图 1-8 籤筒和籤诗柜合二为一

演化而来的，类似的例子很多。

借用古代诗词为籤诗的，最有名的莫过于杭州月下老人祠的籤谱了。邓之诚《骨董琐记续记》记载："月下老人祠在西湖，即白云庵，以籤词著，痴男怨女之所宗也，词颇拉杂，盖好事者为之。"① 清代汪道鼎《坐花志果·果报录》也说："吾杭湖上白云庵，祀月下老人。其籤诗多集经史成语，下至词曲佳句；凡求科名婚姻者，灵应如响。以故省试前后，士子祈籤者麇至。"② 该籤谱 99 首，据说"其中五十五条是俞曲园所集，此外四十四条是俞的门人所增"③，俞曲园所集的 55 首籤诗，或取材于《诗经》，如第一籤："关关唯（雎）鸠，在河之洲。窈窕淑女，君子好逑。"或取材于唐宋诗词，第四十一籤："重重叠叠上瑶台，几度呼童扫不开。刚被太阳收拾去，却教明

① 邓之诚：《骨董琐记续记》卷四《月下老人祠籤词》。

② 汪道鼎：《坐花志果·果报录》下《白云庵》。

③ 金庸：《月下老人祠的籤词》，见《三剑楼随笔》（电子版）。www.nease.net/~jerrybai*.

月送将来。”或取材于古散文名句，如第二籤：“落霞与狐（孤）鹜齐飞，秋水共长天一色。”又如第七籤：“斯是陋室，惟我德馨。”或摘录于戏曲唱词名句，如第五籤：“逾东墙，而搂其处子则得妻，不搂则不得妻。”第五十五籤：“永老无别离，万古常团聚，愿天下有情的都成了眷属。”说明籤诗源于古诗词不但由来已久，宋代之后还把原先只借用有劝诫性质的诗歌扩大到“嘲风雪弄花草”的诗歌。①

籤诗的产生，除了借用文人诗歌、经典格言、戏曲名句外，更多的是文人或有较高文化素养的宗教人士参与编写而成。当然，文人或有较高文化素养的宗教人士参与编写籤诗，往往要披上一层神秘或神圣的外衣，比较常见的有几种情况：

一是神灵直接赐予。如福建莆田涵江《圣侯公籤谱》共80首，传说其中77首为仙人所赐，该籤谱序言写道：“宋钦宗即位二年，圣侯宫有仙人游宿其间，登高蟠桃聚会，琴棋游戏，畅饮酣歌。众疑为天际真人，庶民求乞，奉献百拜，拜请赐却（诗）为籤，彼乃一笔直书。有谶曰：一笔七十七，状元凑八十。”所谓“状元凑八十”是说后来当地状元柯潜增补3首籤诗，凑成80首。清代《关帝圣君圣籤》的产生，卢湛在《关帝圣君圣籤考・跋》说是“圣帝于顺治八年间授浙江宁波府延庆寺僧善知识，传以示人也”②。

二是扶乩编写而成。如福州元帅庙《田师籤谱》编写于清嘉庆年间，其序言详尽描写该籤谱产生过程：

本师体上苍好生之德，箴言偈语，飞銮（鸾）阐教指迷津，为善男信女方便之门，作灵籤于尘世，启群生之心明，为善必昌，作恶必殃，去凶祸福，果报昭彰，赞曰：惟善能启化，化育在人心，心术当端正，正道本长生，生平行善愿，愿从功德音。

本籤谱锦囊，由九天帅府都总政，玉枢弼教杨真君，会通乐部圣众，

---

① 关于籤诗与诗歌的关系，参见陈香琪：《台湾通行籤诗之文学性研究》，高雄师范大学国文学系研究所2005年硕士学位论文。

② 《关圣帝君圣迹图志全集》卷三《关帝圣君圣籤考・跋》，转引［日］酒井忠夫等：《中国的灵籤・药籤集成》，东京：风响社1992年版，第457页。

阐教开玄妙中造化，注定枢机，指迷方处。按壹佰籤定明圣杯，内存卦爻三象，分出两仪，参一元之气，变化阴阳；存分四象，左青龙，右白虎，前朱雀，后玄武；定出五方，东西南北中，化生水木金火土；分天地水三界，现日月星三光，合天地人三才，居儒道释三教，行君臣义三纲；分四时春夏秋冬，存五行生克之变，指天文风雷雨电，据地理江淮河汉；籤分上中下，谱存妙玄机，包罗卦爻万象，指向出迷津，子须诚心祷，善恶辨是非。

以上籤谱中，按内容体化，结构已成，定下壹佰条，分出上中下三等吉凶祸福。

从序言可以清楚看到，《田师籤谱》是假托九天帅府都总政，玉枢弼教杨真君和乐部圣众的启示，借扶乩的形式编写而成的，其目的不外是给籤谱披上一层神秘的外衣，使百姓更加崇信，体现了籤谱编写者的用心良苦。该籤谱的编写者对中国传统文化颇有研究，序言中提到的"一元"、"两仪"、

图 1-9 扶乩的情形

“阴阳”、“四象”、“五方”、“五行”、“三界”、“三才”等范畴，都是中国古代哲学思想中最重要的范畴，可以断定籤谱的编写者是一位文化程度不低的文人。籤谱的编写者特别强调伦理道德修养，宣扬“惟善能启化，化育在人心，心术当端正，正道本长生，生平行善愿，愿从功德音”。说明籤谱的编写者很可能是儒学者。

三是受神灵启示编写而成。福建连城的姑田上堡溪边庵公王庙中的64首籤诗，传说是乾隆时期当地秀才蒋景文，睡在神台下，由神灵托梦，每夜一首籤诗，用64个夜晚才写成。第一首：巍巍庙宇立溪边，一乡祸福我司权。善恶到头终有报，莫疑迟早是私偏。末首：我本一乡监察神，吉凶祸福早知音。至诚祷告皆灵验，求得终籤万事新。[①]

四是当地高官或著名文人（如状元、进士、举人）告老还乡后有感而发，编写而成。在百姓看来，这些高官或文人本身就不是一般人物，甚至被视为文曲星转世的圣贤，本身就具有超常的能力，他们编写的籤谱自然也就非同凡响，具有神奇的预测力。如浙江方岩籤谱的作者，当地盛传是宋朝状元陈亮，也有传说为乾隆进士程兆选所作。[②] 福建云霄《太史公籤谱》共60首，传说为当地名人林偕春编写。林偕春是明代嘉靖、万历年间的士宦，《云霄厅志》有传记略云：林偕春，字元孚，嘉靖乙丑（1565）进士，改庶吉士，授检讨，历编修，以文章气节推重一时。其性格刚正不阿，为当道者所不许，告老回乡后，热衷家乡公共事务，特别是对于组织乡兵防倭，进行乡族自卫等多有建言。去世后，百姓把他奉为神灵，称之太史公，供奉其塑像的宫庙称为“云山书院”或“太史公庙”。目前，在太史公庙使用的籤谱称为《太史公籤谱》。[③] 福建华安县南山宫祀圣祖大仙（仙妈）和都统舍人神像，有籤诗36首，据传为明代太仆陈天定所作。福建长乐市江田镇三溪村鹫岭祠，供奉着土谷神，香火鼎盛，其籤占灵验，求籤者络绎不绝，传说此籤谱乃乾隆间进士陈济昆所作。类

① 赖廷科：《姑田上堡溪边庵公王庙》，《连城文史资料》第二十八辑，第173页。

② 胡国钧：《方岩籤诗：一种独特的宗教文化》，文载姜彬主编《中国民间文化——民间神秘文化研究》，学术出版社1993年版，第233—235页。

③ 另有传说《太史公籤谱》乃林偕春借助扶乩的形式写成的，同时还编写了200首药籤。

图 1–10　福建华安南山宫的籤谱传说为明代太仆陈天定所作

似的例子很多。

五是非一人所为，也非一时成型，往往是不同时代的文人学子（多是失意文人）、庙祝巫觋、道士僧尼、绅士长老、善男信女等集体创作而成。其中不乏相互抄袭、拼凑而形成的籤谱。这种类型的籤谱占绝大多数。

综上所述，籤占由来已久，其渊源杂而多端，《周易》的占卜形式为其滥觞，而受《灵棋经》占卜内容和形式影响更为直接，同时与诗谶和图谶、轨革卦影的流行有着不可分割的密切的关系。《滦阳消夏录》："古以龟卜，孔子系《易》，极言蓍德，而龟渐废，《火珠林》始以钱代蓍，犹烦六掷，《灵棋经》始一掷成卦，犹烦排列，至神祠之籤，则一掣而得，更简易矣。"[1] 籤占是中国诸多占卜术中的一种，与其他占卜相比，籤占的最大不同之处是以诗歌为主要兆象来预卜吉凶，所以，籤占产生的前提条件之一是诗歌创作的繁荣。籤占产生绝不是偶然的，而是中国古代占卜术逐渐趋向世俗化、占卜方法趋向简易化的必然产物。

① 纪昀：《阅微草堂笔记》卷六《滦阳消夏录》。

第二节　籤占的流变

一、唐末五代籤占的产生

籤占始于何时？这是一个很难作出明确回答的问题。古代文人轻视甚至鄙视俗文化，唐代之前的文献未见到有关籤占的任何记载，宋代以后的一些文献才开始有一些零星的记载。南宋著名道士白玉蟾在《续真君传》中写道：

真君飞升之后，里人与真君之族孙简，就其地立祠，以所遗诗一百二十首写竹简之上，载之巨筒，令人探取，以决休咎，名曰圣籤。①

上引资料中所说的“真君”，是指许逊。许逊，字敬之，江西南昌人，生于赤乌二年（239），曾师事著名道士吴猛，尽得三清法秘传。他博通经史，年轻时以举孝廉出任旌阳令，故又称之“许旌阳”、“许太史”等。入晋后，弃官与吴猛同游江左，后来在洪州（今江西南昌附近）修道济世。相传在西晋太康二年（281）八月初一许真君于洪州西山举家白日升天（一说许真君升天于宁康二年，即 374 年，享年 136 岁）。此后，《绘图三教源流搜神大全·许真君》、《搜神记》卷二“许真君”条、《新编连相搜神广记》前集“许真君”条、《净明忠孝全书》卷一等几乎一字不漏地抄袭白玉蟾《续真君传》中的上述说法。但是，查阅《道藏》中所有与许真君有关的文献，如《许太史真君图传》、《许真君仙传》、《许真君八十五化录》、《许真君石函记》、《许真君玉函记》、《许太史真君图传》、《净明忠孝全书》等，均不见许逊所创作的 120 首诗歌，这就不能不令人对许逊生前是否创作过 120 首诗歌产生疑问，进而对籤占肇始于西晋太康年间提出质疑。

然而，在宋代一些寺庙中确实备有题名为许真君籤谱或西山十二真君

① 白玉蟾：《修真十书玉隆集》卷三十四《续真君传》，详见《正统道藏》第七册，台湾艺文印书馆 1977 年精装缩印本，第 5643 页。

籤谱。南宋陆游《老学庵笔记》中写道："西山十二真君各有诗，多训戒语，后人取为籤，以占吉凶，极验。"[①]《正统道藏·许真君仙传》记载更为具体些：许真君"又与十一弟子各为五言二韵、劝戒诗十首。及遗世，又以大功如意丹方传众弟子之不与上升者。劝戒诗即今一百二十灵籤也"[②]。

陆游《老学庵笔记》和《正统道藏·许真君仙传》的说法与白玉蟾有两处不同：一是120首具有劝诫性质的诗歌不是许逊一人创作，而是许逊、吴猛及其弟子彭伉、洪荷、周广、甘战、施岑、曾亨、陈勋、盱烈、黄仁览、钟离嘉等所谓西山十二真君共同创作；二是西山十二真君的诗歌是"后人"把它变成籤谱的，而不是白玉蟾所说的许真人死后，乡族建祠祭祀时就把它变成籤谱。

遗憾的是，无论是许真君籤谱还是西山十二真君籤谱，都不曾流传下来，所以白玉蟾和陆游的说法谁是谁非似乎成为悬案。不过从籤占的发展历史来看，我以为，陆游的记载比较可信，题名为许真君籤谱或西山十二真君籤谱的出现时间不会早于唐代，很可能出现于北宋末。理由是：许逊的事迹唐代才开始流传，最早记载许逊的文献是段成式《酉阳杂俎·前集》卷二："晋许旌阳，吴猛弟子也。当时江东多蛇祸，猛将除之，选徒百余人，至高安，令具炭百斤，乃度尺而断之，置诸坛上。一夕，悉化为玉女，惑其徒。至晓，无不涅其衣者，唯许君独无，乃与许至辽江。及遇巨蛇，吴年衰，力不能制，许遂禹步刺剑登其首，斩之。"在这一传说故事中，许逊还是作为吴猛的徒弟而出现的，并非故事的中心人物。后来，许逊的地位逐渐提高，唐后期出现的无名氏《十二真君传》，把许逊与吴猛并列为真君，该书也描述了许真君于太康二年全家白日升天事，但并没有提到遗诗和籤谱之事。五代时期，许逊在神界的地位超过吴猛，前蜀杜光庭《墉城集仙录》说，吴猛在神仙谱系中为御史，许逊则为高明大使。到宋代，许逊深受宋徽宗的推崇，元代人撰写的《新编连相搜神广记》前集"许真君"条记载着这样的故事，略云：有一次宋徽宗在崇政殿看书，恍然似梦见有一道士戴九华冠，

① 陆游：《老学庵笔记》卷二，涵芬楼刊本。

② 《正统道藏》第十一册《许真君仙传》，台湾艺文印书馆1977年精装缩印本。

披绛章服，道从甚众，来到金銮殿，帝问其姓名，答曰：“吾为许旌阳，权掌九天司，职上帝诏，往按察西翟耶国，经由故国。”适宋徽宗患安息疮，久治不愈，请求赐药医治。许真人从小壶中取出一粒绿豆大小的药丸，诵念咒语后，敷于患处，药到病除。许真人临别时，要求徽宗为其建造宫观。梦醒后，宋徽宗拨巨款建造宫观，并赐予大片官田作为宫观香火和修建之用，还加敕封号“至道玄应”四字。[①] 由于宋徽宗的推崇，许真人信仰在宋代有较大影响，所以时人假托许真人或西山十二真人的名义编造籤谱的可能性是相当大的。白玉蟾一定见过许真人籤谱或听过许真人遗诗演变为籤诗的传说，并把它写入《续真君传》中，而《绘图三教源流搜神大全》、《搜神记》、《新编连相搜神广记》、《净明忠孝全书》等作者不加考辨，以讹传讹。

近年来，有些学者认为籤诗的发明者是东晋著名的术士郭璞，代表人物是卫绍生，他在《中国古代占卜术》中写道：

> 魏晋南北朝时期是中国古代占卜术的发展时期。用《易》卦占卜的方法在这一时期也有了新的发展，术士们把《易》卦的内容浓缩成数句易记易背诵的韵文或诗歌，刻在竹籤上，然后根据求卜者抽得的籤来占卜吉凶福祸。其法最早见于晋代术者郭璞。晋元帝时，扬州别驾顾球求郭璞占卜吉凶。原来他有一个姐姐，十岁时生了一种怪病，到了五十多岁病仍未愈。听说郭璞占卦很灵验，就来向郭璞求教。郭璞为他占了一卦，得“太过之升”籤，籤诗这样写道：“太过卦者义不嘉，冢墓枯杨无英华。振动游魂见龙年车，身破重累婴妖邪。法由斩祀杀灵蛇，非己之咎先人瑕。案卦论之可奈何！”既已，占得顾球姐姐之病咎在先人，顾球遂细询家事，知其先人砍伐大树时杀一大蛇，此后其姐姐一病不起。大过，升，都是六十四卦中的卦名。大过九五爻辞云：“枯扬生华，老妇得其士夫，无咎无誉。”故其灵籤说：“太过卦者义不嘉，冢墓枯肠无英华。”[②]

尹飞舟等人编写《中国古代鬼神文化大观》承袭了卫先生的观点，也持

---

① 关于徐真君信仰的演变，可参见于悦、吴丽跃：《江西民俗文化叙论》，光明日报出版社1995年版，第28—31页。

② 卫绍生：《中国古代占卜术》，中州古籍出版社1991年版，第47页。

相同的看法：

魏晋南北朝时期，术士们把《易》卦的内容浓缩成易识记的韵文或诗歌，刻于竹签上，然后根据卜者所抽之籤来占卜。其法始于郭璞。[①]

关于籤占肇始于何时，是谁最早发明的，笔者查阅了大量文献，但一直得不到明确的答案。后来，无意中读到卫绍生的上述这段话时，颇有“踏破铁鞋无处觅，得来全不费工夫”的轻松感受，确实为之兴奋了一阵子。由于卫绍生未注明资料出处，我又与卫绍生素昧平生，经过不少周折，好不容易与卫绍生联系上，卫绍生来函说资料来源于《搜神记》卷三，查是书，原文如下：

扬州别驾顾球姊，生十年便病，至年五十余。令郭璞筮，得“大过”之“升”。其辞曰：“大过卦者义不嘉，冢墓枯杨无英华。振动游魂见龙车，身被重累婴妖邪。法由斩祀杀灵蛇，非己之咎先人瑕。案卦论之可奈何？”球乃迹访其家事，先世曾伐大树，得大蛇，杀之，女便病。病后，有群鸟数千，回翔屋上。人皆怪之，不知何故。有县农行过舍边，仰视，见龙牵车，五色晃烂，其大非常，有顷遂灭。[②]

《搜神记》的这段资料说的是郭璞为顾球姊《易》筮，探求其久病不愈的原因。文中提到的“大过”和“升”，都是六十四卦的卦名，“大过卦者义不嘉，冢墓枯杨无英华。……”这段话为卦辞，并非籤诗。从上面所引的资料，似乎很难而推导出籤占“最早见于晋代术者郭璞”结论。至于卫绍生的“魏晋南北朝时期是中国古代占卜术的发展时期。用《易》卦占卜的方法在这一时期也有了新的发展，术士们把《易》卦的内容浓缩成数句易记易背诵的韵文或诗歌，刻在竹签上，然后根据求卜者抽得的籤来占卜吉凶福祸”的这段话，不知道是根据什么资料而得出的结论？卫绍生没有明示，但愿不是建立在上述资料基础上的逻辑推理。必须着重指出，卫绍生的《中国古代占卜术》一书，是近年来研究占卜术方面的一部学术价值较高的专著，我从中获益良多，但有关籤占的论述，似可商榷。

---

① 尹飞舟等：《中国古代鬼神文化大观》，百花洲文艺出版社 1994 年版，第 266 页。

② 从书集成本《搜神记》卷三《郭璞筮病》。

前面谈到，籤占最大的特点是以诗句来预测吉凶，因此，只有在诗歌创作十分繁荣的历史条件下，籤诗才有可能被创造出来，而中国古代诗歌最繁荣的时代是唐朝，所以，籤诗出现在这个时期的可能性也最大。当然，这不完全是逻辑推论，我们可以从凤毛麟角的文献资料记载中找到某些依据。宋释文莹《玉壶清话》卷三记载卢多逊求籤诗的故事，曰：

> 卢多逊相生曹南，方幼，其父携就云阳道观。小学时与群儿诵书，废坛上有古籤一筒，竞为抽取为戏。时多逊尚未识字，得一籤，归示其父，词曰："身出中书堂，须因天水白。登仙五十二，终为蓬莱客。"父见颇喜，以为吉谶，留籤于家。迨后作相，及其败也，始因遣堂吏赵白阴与秦王廷美连谋，事暴，遂南窜，年五十二卒于朱崖。籤中之语，一字不差。

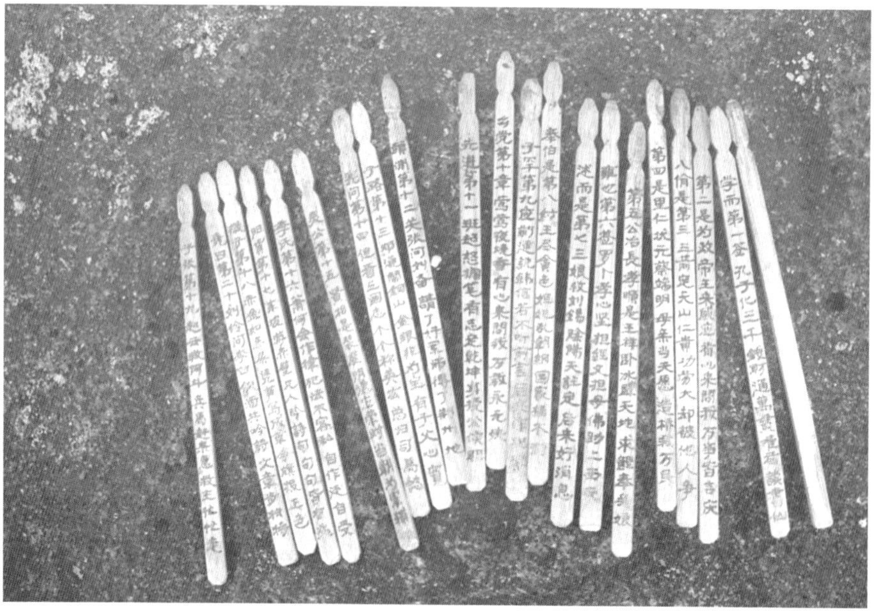

图 1-11　最早的籤诗直接书写在竹简上

卢多逊，五代宋初人，后周显德初，举进士，官集贤殿修撰等。入宋后，累官至吏部侍郎、兵部尚书等，后因遣堂吏赵白阴勾结秦王廷美之事暴露，一家亲属被太宗流放崖州（今海南省），雍熙二年（985）卒于流所，年五十二。[1] 上引资料有两点最值得注意：一是卢多逊抽籤的时间是在儿童时代，说明当时是在五代中期；二是卢多逊所抽的籤诗是从“废坛上”的“古籤筒”中获取的，“废坛”说明云阳道观比较古老，备有籤诗供人占卜由来已久，否则就不会有“古籤筒”之说了。从这两点来判断，籤占的出现，必定在五代之前。

明代顾仲恭以寓言的文学形式，撰写《竹籤传》，鞭挞科举和官僚制度的腐败，文章读来非常有趣，既反映了籤占特别是关帝籤在明代的巨大影响，也涉及籤占的产生和演变，转引如下：

> 竹氏之兴，盖显于禹、益之世，至周浸盛。有名策者，与端木氏之名方者齐名，并以强识闻，方专史职，而策好博小物，为人修直无颇，帝命与投钩氏互司利事。市民之分货财不平者，咸质厥成。又善事鬼神，神降言必凭焉，巫觋莫及也。其族初在辽西令支，齐桓公伐山戎，斩孤竹，乃迁中土。汉帝将立后未定，侍臣请决之策，帝不能用。晋武即位，问世数，策对以一，举朝骇愕相顾，咎策失言，策不以屑意，然其言卒验。后更名籤，仕齐、梁间，为诸王保傅，久之罢去。入唐，为陈武烈帝大祝，傅帝意作韵语，简奥类焦赣《易林》。入宋，复辟江东神幕，更为长句，俳俚通俗。关壮缪侯之改谥武安王也，倚势辟之。王甚神圣，得籤佐，益著肸蠁。明兴，为王立庙京师正阳门，命籤典谒。凡士之求官位者，商贾之求奇赢者，吉凶利钝，无巨细皆谒王，王倦于酬对，穆然无言，目籤，使以己意答之。籤受命如响，巧发奇中。万历间，名浸盛，太宰闻而贤之，荐于朝，命入吏部贰文选郎事。先是选郎多黩货，或巽懦狥请托。有贤自好者，避怨讥，尝惴惴。众推籤廉平，遂以选事委焉。每朝廷有大选，选郎第按故事注品官，其地之远近善恶剧易，与人宜否，一决于籤。太宰据籤所定成，奏上之天子。天子辄可其奏，内外无间言。籤亦喜自负，浸以骄泰。入吏部堂，立太宰下，挺然无所屈。居常慷慨大言：“尧、舜以后，代无真人。使我得行其道，无怀、泰豆之治，何足云哉！”或问曰：“于道已行矣，又何间焉？”籤曰：“未也。乡会试之榜，翰林科道之选，皆本

① 《宋史》卷二六四《卢多逊传》。

朝所重也。数者我无一与焉。悉以畀吾，吾志快矣。”士之失职者，传其语为口实，举朝为之不平。于是台省交章劾籤怨望，宜下法司讯。天子曰：“籤，忠臣也。下法司且死，将廷鞫之。”期日命籤听于朝，公卿以下咸集，遣司礼太监诘籤：“汝以小臣与闻大政，分已踰矣，犹怀怨望，何也？”籤曰：“臣何敢怨望哉！臣见中朝贵要人，共为欺罔，以误主上。受主上深恩，不胜孤愤，故发此论耳。主上试面诘在廷诸臣，吉士之选，不以货取乎？科道之选，不以夤缘进乎？吏部之有顶首，科场之有关节，不累见白简乎？使臣为政，纵贤愚同贯，何至缪□若此！宋欧阳修知贡举，惟朱衣之言是听。夫朱衣第善点头耳，臣乃善为诗，四五六七言皆如宿构。使修复知贡举，舍臣无与共事。诸臣自视何如修？乃毁訾臣耶？”于是公卿以下同词奏曰：“籤侮朝廷，轻当世之士，无人臣礼。且籤在吏部，纵吏胥纳选人贿，上下其手，籤阳瘖不问，诈为愚忠，实败国事，罪当诛。”籤曰：“败国事者，非籤也。诸臣绾结吏胥，共为奸利，百方卖臣。臣疎于检下，理宜有之。《书》曰：宥过无大，刑故无小。臣之见卖，过也；诸臣之卖臣，故也。主上以为罪宜谁坐？且臣本山林人，自虞、夏以来，修身数千岁，厕迹巫觋祝史之间，随俗上下。主上特简臣佐吏部，臣岂有心求之哉！臣不饮不食，无妻子之累，得贿将焉用之？主上若以臣为不肖，即日解臣吏部职，听臣仍归武安王庙，得死所矣。臣谨伏阶下以俟。”太监以状闻。天子曰：“吾固知籤忠。”命还部，掌选事如故。籤知世不容，忽一日弃官遁去，莫知所终。或曰：“观音大士挈以

图 1–12 《绘图三教搜神大全》中的陈武烈帝画像

归净土云。”野史氏曰：“古之司铨者，权氏敬氏，皆名能其职。权氏善低昂人，锱铢无所假，类非长者；敬氏好面诋人丑，恨者至欲扑杀之。明哲保身，吾有憾焉。固未若籤之虚己御物，德怨两忘也。或疑籤盖巫祝之流，不宜在廊庙。是殆不然。太戊以巫咸为相，成王俟卜正于滕。巫祝又岂可贱简哉？籤遭逢圣世，致位津要，蝉脱秽浊，以全其躯。”《诗》曰：“逝将去女，适彼乐土。”呜呼贤矣！[①]

清代赵翼在《陔余丛考》中根据顾仲恭的上述《竹籤传》推论：“神前设籤，起於唐世也。”[②] 笔者以为，赵翼的判断是正确的，至迟在唐末，籤占已经产生了。

二、两宋时期籤占在各地的传播

宋代，由于帝王喜好占卜，甚至把占卜作为登基、预立王储、选拔官员的重要依据，大大推动了占卜术在社会各个阶层流行。[③] 当时，从事占卜的业者人数众多，仅都城汴京卜士就数以万计，王安石说：卜者“举天下而籍之，以是自名者，盖数万不啻，而汴不与焉；举汴而籍之，盖亦以万计”[④]。至于参与占卜活动的善男信女更是不计其数，我们从张择端的《清明上河图》中描绘的开封城的宗教信仰活动也可窥视一斑（图 1–13）。

在宋代，有关籤占的记载逐渐多了起来，按资料记载的时间先后列举如下：

（一）张恶子庙籤

张唐英《蜀梼杌》云：“（王）衍离成都日，天地冥晦，兵不成列，有群鸦泊于旗杆上，其鸣甚哀。次梓潼，大风暴起，发屋拔木。知星者赵延乂言曰：‘此贪狼风，千里外必有破军杀将之凶。’衍亲祷张恶子庙，抽籤得‘逆天者殃’四字，不悦。”[⑤]《幸蜀记》也载：“王衍祷于张亚子庙，抽籤得‘逆天者殃’

① 转引自钱谦益：《牧斋初学集》卷七十二《顾仲恭传》，第 1615—1617 页。

② 赵翼：《陔余丛考》卷三十三《神前设籤》。

③ 参见郭友亮：《宋代皇帝的占卜活动与占卜术的影响》，《求索》2008 年第 6 期。

④ 王安石：《王文公文集》卷三十二《汴说》。

⑤ 张唐英撰、冉旭校点：《蜀梼杌》，详见傅璇琮、徐海荣、徐吉军主编《五代史书汇编》，杭州出版社 2004 年版，第 6084 页。

图 1–13 《清明上河图》中占卜科举考试的画面

四字。”[1] 王衍（899—926），五代前蜀国君，在位七年，大兴土木，荒淫无度，不理朝政，国亡降后唐，被唐庄宗李存勖杀死。上述资料记述后唐大兵压境，王衍不但不发兵增援，反而兴师动众往秦州游玩。其大队人马行至梓潼，忽然大风骤起，巨石卷空，树木拔根，众人以为凶兆，王衍亲自到张亚子庙抽籤占卜吉凶。这里提到的张亚子，又称张垩子或张恶子。晋代就被奉为雷神，在四川梓潼县建有善板祠祭祀他。[2]《北梦琐言》载：“其神甚灵。”[3] 唐玄宗入蜀时，途经七曲山，有感于张亚子英烈，遂追封其为左丞相，并重加祭祀。唐僖宗避乱入蜀时，经七曲山又亲祀梓潼神，封张亚子为济顺王，并亲解佩剑献神。唐朝王铎有《谒梓潼张恶子庙》诗，李商隐有《张恶子庙》诗传世。宋代，张亚子信仰与科举考试联系起来，传说士大夫经过其宫庙，

① 转引陈永正主编：《中国方术大辞典》，中山大学出版社 1991 年版，第 155 页。

② 《华阳国志》卷二《汉中志 · 梓潼郡》。

③ 《太平广记》卷四五八《北梦琐言》。

“得风雨送，必至宰相。进士过之，得风雨则必殿试”[1]。因此，香火鼎盛，南宋时传播到江南，“凡四方士子求名赴选者，悉祷之”[2]。

（二）吴山庙籤

淳化四年（993），张君房来到余杭，身患疮疡。有人建议他去拜谒吴山神祠。张君房第二天登吴山，拜谒主神伍子胥，并游览吴山，傍晚才回府。“是夜，梦上一山，迨半间，有新创佛宫，中设尊像数身。殿偏门内，一道人手运筹牌，约长二尺余，如今之桃符状。君房揖之，道人曰：‘此籤也。’意若今之道家十二真君所著撰者也。君房曰：‘身蹇多剥，欲一卜之，可乎？’道人乃出籤牌抽之，引一牌，有朱书大字二行，凡四句，每句五字，曰：‘时来自有期，此去不忧运。行心但如此，非久销疾病。’甫读于口，意亦知其吉告矣，感激而别。既下山百步，忽闻梅香，回望其上，乃昨日所见之花烂然在目，因惊悟曰：‘此吴山庙也。’于是遂觉，其清香芬馥，满衾枕间，良久方歇。自是疮疡之苦浃旬而愈。于戏，灵神之告也若是乎！”[3] 张君房是《云笈七籤》的作者，喜欢记述鬼怪之事，有《乘异记》3卷传世。他在《灵梦记》中记载梦中抽籤的故事，实际上是他在吴山庙抽籤占卜的实际情况的文学化描写。吴山位于杭州城内，钱塘江与西湖之间。因春秋战国，吴越争霸，属吴国南界，故称为吴山。吴山多庙，素有“吴山七十二庙”之说。吴山庙会，四季不断，各有特色，因此，香火鼎盛，籤占也是其中重要的活动内容。[4]

（三）吴真人籤

《东坡志林》载：“冲妙先生季君思聪所制观妙法象，居士以忧患之余，稽首洗心，归命真寂，自惟尘缘深重，恐此志未遂，敢以籤卜，得吴真君第三籤，云：‘平生常无患，见善其何乐。执心既坚固，见善勤修学。’敬再拜受教，书庄子养生一篇，致自励之意，不敢废坠，真圣验之。绍圣元年（1094）八月二十一日，东坡居士南迁过虔，与王嵓翁同谒祥符宫，拜九天使者堂

① 蔡绦：《铁围山丛谈》卷四。

② 《梦粱录》卷十四《祠祭·外郡行祠》。

③ 《全宋文》第十四册，卷二七九，张君房：《灵梦志》，上海辞书出版社、安徽教育出版社2006年版，第106页。

④ 浙江省民间文艺家协会编：《浙江民俗大观》，当代中国出版社1998年版。

下，观之妙象，实同此言。”[1] 吴真君，名吴猛，晋代豫章（今江西南昌）人，性至孝，“二十四孝”中恣蚊饱血的故事，说的就是吴猛孝亲的事迹。40 岁时，得到高人指点，得到神方秘法，成为著名道士，其道术大行于吴晋之间。传说中，吴猛是道教闾山派开派始祖许逊的老师，一说吴猛与许逊是同窗。宋政和二年（1112），徽宗封为真人，民间尊称吴猛为大洞真君。

（四）北极真圣籤

《东坡志林》曰：“东坡居士迁于海南，忧患之余，戊寅（1098）九月晦，游天庆观，谒北极真圣，探灵籤，以决余生之祸福吉凶。其辞曰：‘道以信为合，法以智为先。二者不离析，寿命不得延。’览之悚然，若有所得，谨书藏之，以无忘信道法智二者不相离之意。”[2] 所谓北极真圣，即玄天上帝，宋时避讳改玄为真，称真武帝，又称北极真君等，为北方之神，主水。

图 1–14　苏东坡画像（明代孙克宏 绘）

（五）施真君籤

南宋绍圣五年（1098），华镇在拆建绍兴的旧房子时，于墙壁中挖出写有籤诗的竹简，记述如下：“予卜居会稽山阴之秉均里九年，当绍圣戊寅岁，西邻严氏弗安其居，来贸于予家。五月二十有七日，除辟墙垣合以为一。工有锄者得竹简于始斸之下，漆涂如新，笔画无缺。就而阅之，则道家施真君第七籤，其词曰：‘郁尔紫云，兴便来覆，我家勿忧，门不盛致，之五马车。’

① 苏轼撰、王松龄点校：《东坡志林》卷三《技术 · 记真君籤》，《唐宋史料笔记丛刊》，中华书局 1981 年版，第 63 页。

② 苏轼撰、王松龄点校：《东坡志林》卷三《技术 · 信道智法说》，《唐宋史料笔记丛刊》，中华书局 1981 年版，第 63—64 页。

籤虽人为，非俗居所有，世所崇奉，不应置之上中，适在始事之地一发而得之，殆非偶然，疑出神贶。”① 施真君，名岑，字太玉，九江人，勇健绝伦，师事许真君成道，为西山十二真君之一。

（六）上天竺观音籤

《夷坚丙志》：“绍兴二年（1132），两浙进士类试于临安。湖州谈谊与乡友七人，谒上天竺观音祈梦。谊梦人以二楪贮六茄为馈，恶之。惟徐扬梦食巨蟹甚美。……洎榜出，六人皆不利，扬独登科。后二年，谊复与周元特赴漕司举，又同诣寺。前一夕，周梦与诸人同登殿，谊先抽籤，三反而三不吉。余以次请祷。周立于后曰：‘所以来，唯欲求梦尔，何以籤为？’众强之。方诣筒下，遇妇人披发如新沐者，从佛背趋出，谓其贵家人，急避之，遂寤。明晨入寺，谊所启三籤果不吉，余或吉或否。”② 天竺寺坐落于杭州天竺山，有上天竺寺、中天竺寺、下天竺寺之别，通称有“天竺三寺”，始于晋，兴于唐，盛于宋，为我国东南名刹。下天竺创建最早，距今已有一千六百六十余年。上天竺寺位于白云峰下，创建最晚，也有千年历史。由于天竺三寺深藏林间山谷，景色清幽，寺宇壮丽，相距不远，历代高僧辈出，佛学与诗文并茂。《西湖志》称：“三寺相去里许，皆极宏丽，大士宝像，各有化身，不相沿袭，晨钟暮鼓，彼此间作，高僧徒侣，相聚焚修，真佛国也。”③ 南宋时中天竺寺曾被评定为“禅院十刹之首”，上、下天竺寺同被列为“教院五山前茅”。由于上天竺以观音灵验闻名，拥有广大的信徒。宋理宗赵昀在《天竺灵感观音大士赞》中称：“神通至妙兮隐显莫测，功德无边兮应感奚速。时和岁丰兮丰佑我民，兵寝刑措兮康此王国。”因此，上天竺观音籤也自然得到善男信女的崇信。20 世纪 30 年代，郑振铎在北京书摊购买到宋嘉定间刊本的《天竺灵籤》，弥足珍贵，此《天竺灵籤》即《夷坚志》所说的上天竺观音籤。

---

① 华镇：《云溪居士集》卷二十七《越州修住宅灵籤记》。

② 洪迈撰、何卓点校：《夷坚志》第二册《夷坚丙志》卷第九，中华书局 1981 年版，第 437 页。景印《文渊阁四库全书》史部地理类《咸淳临安志》卷九十二，也有相似的记载。

③ 李卫监修、傅王露总纂：《西湖志（上）》卷四·名胜二·天竺香市，王国平主编《西湖文献集成》第四册，清雍正浙江盐驿道本，杭州出版社 2004 年影印本，第 321 页。

图 1–15　杭州上天竺寺

（七）祠山籤语

《祠山事要》云：“祠山籤语一百二十八首，绍兴十一年（1141）郡人勇枢经从毗陵之无锡，遥见山巅有祠宇甚丽，指问路人，云张王庙，勇因致敬，得此籤语，已而下山，回顾既无所有，既归写置祠山，此祠山张王之籤也。”① 《夷坚支戊》载：“湖州安吉人金堪，原名谷，南宋淳熙年间曾做梦，神示以要改名才能中举，金将信将疑，未改名，只改字，及榜出，名落孙山。至于癸卯（1183），复赴举。沉思故梦，往来厥心，将更名，又未决。往祷祠山庙乞籤，籤曰：‘因借吹嘘送上天，縻官荣爵验前缘。音书千里无邀阻，那更相逢八月边。’遂以堪名纳卷，旋预计籍。”② 南宋周密（1232—1298）家族，对祠山张王更是崇拜，多次到张王庙籤占。他在

① 转引郭立诚：《中国人的鬼神观》，台视文化公司 1992 年版。

② 洪迈撰、何卓点校：《夷坚志》第三册《夷坚支戊》卷第十，中华书局 1981 年版，第 1128 页。

《齐东野语》中写道："余世祀祠山张王，动止必祷，应如蓍龟，姑志奇验数事于此，以彰神休。先子需澄江次，为有力者攘去，再以毗陵等三垒干祀第，余月不报。先妣时留霅，祷于南关之祠，有'水边消息的非遥'之语，及收杭信，则闻霍山所祈，亦得此籤，越日临汀之命下矣。戊辰年，铸子甫五岁，病骨蒸，势殆甚，凡药皆弗效。祷籤得'蛊之上九'云：'蛊有三头，纷纷扰扰，如虫在皿，执一则了。'退谋之医，试投逐虫之剂，凡去蚘蛔二，其色如丹，即日良愈。甲寅春往桐川炷香，得籤云：'不堪疾病及东床'云云。是岁外舅捐馆。壬午五月二十八日，杭城金波桥冯氏火作，次日，势益张，虽相去几十里，而人情惶惶不自安。时杨大芳、潘梦得皆同居，相慰劳曰：'巫言神语皆吉，毋庸轻动。'余不能决，因卜去就于神，得五十六云：'遭人弹劾失官资，火欲相焚盗欲窥。'于是挈家湖滨，是夕四鼓，遂成焦土。"[①] 这里所说的祠山庙，在广德军（南宋治建康府），其神张渤在宋代有较大的影响，神诞时，"江、浙、荆、淮之民奔走徼福者，数千里间关不辞"[②]。

（八）陆使君祠籤

陆游《老学庵笔记》载："射洪陆使君庙以杜子美诗为籤，亦验。予在蜀，以淳熙戊戌（1178）春被召，临行，遣僧则华往求籤。得遣兴诗曰：'昔者庞德公，未曾入州府。襄阳耆旧间，处士节独苦。岂无济时策，终竟畏网罟。林茂鸟自归，水深鱼知聚。举家隐鹿门，刘表焉得取？'予读之惕然。顾迫贫从仕，又十有二年，负神之教多矣。"[③]

（九）西山十二真君籤（或许真君籤）

南宋陆游《老学庵笔记》中记载："西山十二真君各有诗，多训戒语，后

---

① 周密撰、张茂鹏点校：《齐东野语》卷十三"祠山应语"条，《唐宋史料笔记丛刊》，中华书局1983年版，第239—240页。

② 黄震：《黄氏日钞》卷八十七《广德军沧河浮桥记》。关于祠山张王的研究，可参见皮庆生：《他乡之神：宋代张王信仰传播研究》，《历史研究》2007年第3期。《宋代民众祠神信仰研究》第二章"张王个案研究"，上海古籍出版社2008年版，第34—96页。

③ 陆游撰，李剑雄、刘德权点校：《老学庵笔记》卷二，《唐宋史料笔记丛刊》，中华书局1979年版，第18页。

人取为籤，以占吉凶，极验。”[1] 关于西山十二真君，前面已经做了介绍，这里谈谈西山。西山，古称洪崖山，位于江西南昌西南，因传说黄帝的乐官伶伦或曰洪崖曾在此修道炼丹而得名，又称逍遥山。南北朝称厌原山，北魏郦道元《水经注》作散原山，唐代名西山。西山既是道教的洞天，也是其福地，十二真君也在此修道成仙，山上保留大量仙人遗迹。宋元时期所形成的净明道派，就是以西山为中心，盛极一时，故西山被后世道教徒尊为净明道发源地，山间主祀许真君的万寿宫则被尊为净明道之祖庭。

（十）宝公籤

苏泂《金陵杂兴二百首》中有：“东门草色绿匆匆，游女行寻郎马踪，鸡鱼不到吴大帝，籤卜争求梁宝公。”[2] 苏泂，字召叟，山阴人。生卒年均不详，约宋宁宗庆元末（1200）前后在世，曾在建康担任幕府，从陆游学诗，著有《泠然斋集》20 卷，《诗余》1 卷。从“籤卜争求梁宝公”诗句可以想见，宝公籤在南宋的金陵颇受善男信女的青睐。宝公（418—514），又称宝志、保志，南朝僧。世称宝公、志公和尚，金城（江苏句容）人，俗姓朱。年少出家，住建康道林寺，师事僧俭，修习禅业，有《十四科颂》14 首、《十二时颂》12 首、《大乘赞》10 首等传世。传说其有神通，预卜吉凶特别灵验，民间流传有许多关于宝公神通广大的故事。安徽省潜山县天柱山野寨区有山谷寺，又称三祖寺。相传当年宝公来此开山建寺，后禅宗三祖僧璨禅师云游至此，扩建寺院讲经说法，名扬大江南北。宋朝诗人黄庭坚（1045—1105）被贬谪出京，赴江西上任途中游天柱山写下《题山谷石》：“畏畏佳佳石谷水，鼓鼓隆隆山木风。炉香四百六十载，开山者谁梁宝公。”[3]

（十一）护国嘉济江东王籤

宋濂《赣州圣济庙灵迹碑》：“宋宝庆间（1225—1227），莆田傅烨为赣县东尉，艳神之为，撰为繇辞百章，俾人占之，其响答吉凶，往往如神面语

① 陆游撰，李剑雄、刘德权点校：《老学庵笔记》卷二，《唐宋史料笔记丛刊》，中华书局 1979 年版，第 18 页。

② 苏泂：《泠然斋集》卷六《金陵杂兴二百首》。

③ 黄庭坚：《黄庭坚诗全集》卷三。

图 1–16　《搜神记》中的江东籤神石固画像

之者，此亦阴翊治化之一端也。”① 护国嘉济江东王，名石固，秦时赣县人，“汉祖六年，灌婴平定江南，至赣城，神现于某山，告以克捷之期，士卒骇异。凯还，立庙赣江之东。”②《江西通志》：“江东庙，在赣县雷岗之上。祀秦石固，屡著灵异。唐大中间，里人周诚重建。宋嘉祐赐额显庆，绍兴加封昭列，文信国有记。元加封王号。明洪武中，敕有司以正月初八日致祭，移祀城内四路口，宋濂有记。”③ 又载：“江东庙在赣江东之雷冈，其神曰石固，赣人，生于秦代，既没，汉兵击南粤，降神于峰顶，告以克期，已而有功，遂庙祀。之初曰石固庙，唐大中元年里民改卜今庙，录事吴君及司户萧君遣康黄二衙官先后往视，皆立化，二君亦继亡，因祀为配神云。”④ 其最初职能为祈雨，后来扩大到社会生活的各个方面，这从关帝籤谱中第一百首的“我本天仙雷雨师，吉凶祸福我先知”的诗句中体现出来。

（十二）天竺百籤

宋志磐（1253 前后）《佛祖统纪》卷三十三：“天竺百籤，越圆通百三十籤，以决吉凶，其应如响。相传是大士化身所述。”⑤ 这里所说的“天竺百籤”

① 《正统道藏》第五十四册，宋濂：《赣州圣济庙灵迹碑》，台湾艺文印书馆 1977 年精装缩印本。

② 《古今图书集成·神异典》第五十五卷《神庙部》。

③ 《四库全书》本《江西通志》卷一〇九。

④ 《四库全书》本《江西通志》卷一五九《杂记》。

⑤ 释志磐：《佛祖统纪》卷三十三《法门光显志·大士籤》，中华电子佛典协会（CBETA）电子佛典《大正藏经录》史传部第四十九册，No.2035，p0318c。

图 1–17　定光古佛神像

共有 130 首，有别于 100 首的《天竺灵籤》。所谓“大士”，原来是指德行高尚之人，后来对佛教的佛和菩萨也称之“大士”，最常见的是称观音为观音大士、圆通大士等。这里所说的“相传乃大士化身所述”，指的就是观音。

（十三）银瓶娘子籤

周密（1232—1298）《癸辛杂识》云：“太学忠文庙，相传为岳武穆王，并祠银瓶娘子，其籤文与大竺一同。如门里心肝卦，私试得之必中，盖私试榜，挂于中门内也。如‘飞鸿落羽毛’，解试得之必中，以鸿中箭，则毛落。”① 银瓶娘子，相传为岳飞的幼女，生于建炎三年（1129），卒于绍兴十一年（1141）十二月，年仅 13 岁。《宋岳鄂王年谱》卷五引《金佗家谱》：“女欲叩阍，讼王冤，为逻卒所拦，遂抱银瓶坠井死。”但《鄂国金佗粹编》没有记载，令人生疑。② 不过有一点可以肯定，南宋时银瓶娘子陪祀于太学忠文庙，其神像前或银瓶娘子神殿中备有籤谱，时人称之银瓶娘子籤。

---

① 俞樾：《茶香室三钞》卷十九《笔记小说大观》第三十四册，江苏广陵古籍刻印社 1984 年版，第 359 页。按，文渊阁本《四库全书》子部的 1040 种收入的周密《癸辛杂识》续集卷下云：“太学忠文庙，相传为岳武穆王，并祠所谓银瓶娘子者，其籤文与天竺一同。如门里心肝卦，私试得之心中，盖私试摘卦于中门内故也。如‘飞鸿落羽毛’，解试得之者必中，以鸿中箭则羽毛落。”此段文字错误较多。

② 《说岳全传》也有岳飞次女闻父兄冤死，欲为他们鸣冤不果，抱银瓶投井而死，终年 13 岁，世称“银瓶小姐”的记述。清末学者俞樾亦有一篇述及岳银瓶事迹的文章《银瓶征》。又据黄梅《岳氏宗谱》、《岳飞史迹考》记载，宋孝宗景定二年（1261）岳银瓶被敕封为“至一正烈节女，清源妙行，仙宫通灵显圣银瓶娘子”。元世祖至元十三年（1276）朝廷在西湖书院西庑设银瓶像，俗称“银瓶娘子庙”。

（十四）定光佛籤

宋贶在少年时曾经遇到一位僧人，相约日后于梅州会面。绍兴之后，宋贶到梅州为官，想起少年时的约定，就到处寻访。有人告诉他，“此邦崇事定光佛，庵在城外，有籤告人，极灵感”[①]。

从上面所引资料，可以看出宋代籤占的基本情况：

第一，上述资料中时间最早的是北宋初，最迟的是南宋末，时间跨度两宋时期。涉及的地区有四川、江苏、南京、浙江、江西、海南岛等地，说明两宋时期的籤占在江南地区比较盛行。苏东坡在当时算是很偏远的海南岛都可以抽籤占卜，也许还可以进而推导出宋代的籤占已流传到全国各地的结论。[②]

第二，不但道教编造籤谱，如十二真人籤、吴真人籤、北极真圣籤等。佛教也不甘示弱，编造出天竺灵籤、上天竺观音籤、宝公籤、大士籤等。一些供奉民间俗神的宫庙如护国嘉济江东王庙、陆使君庙、张亚子庙、张王庙等都有自己的籤谱。说明在宋代，各种类型的宫观寺庙普遍备有灵籤，供善男信女占取。

第三，籤谱编造的方式有借用前人的诗句拼凑而成，如陆使君祠籤、西山十二真君籤等。有假托神灵下凡所赐，如《天竺百籤》“相传乃大士化身所述”。还有地方官吏也参与籤谱的编写，如县尉傅烨撰写《护国嘉济江东王籤》100首。

第四，不同寺庙可以使用同一种籤谱，如银瓶娘子籤与天竺灵籤相同，这对于籤占的迅速传播至关重要。

第五，宋代已经有四言籤诗，如张亚子籤；有五言籤诗，如十二真君籤、陆使君籤、北极真圣籤等；有七言籤诗，如祠山庙籤、护国嘉济江东王籤等；还有诗文与图画合一的籤谱，如天竺灵籤。

第六，苏东坡、陆游等著名诗人参与籤占活动，且颇为虔诚，说明籤占这种与文学关系密切的占卜形式，被古代文人所接受。

第七，从洪迈《夷坚支戊》、周密《癸辛杂识》的相关记载来看，至迟在

---

① 洪迈撰，何卓点校：《夷坚志》第四册《夷坚志补》卷第十四，中华书局1981年版，第1678页。

② 德国学者庞纬认为：“十一世纪左右，灵籤已从易占中脱颖而出，其普遍性也与日俱增。”参见《中国灵籤研究》（资料篇）之《提要》，台北：龙记图书有限公司1976年版。

宋代，籤占已经与科举考试结下不解之缘，这对灵籤的发展起过不可低估的推动作用。①

第八，出现世代信仰籤占的家族，如周密的家族对籤占就非常崇拜，事无巨细都要籤占。

第九，籤占不但成为个人占卜的工具，军国大事也求助于籤占，如王衍亲自到张亚子庙抽籤的故事。北宋诗人郭祥正（1035—1113）诗歌中描述，宋代官府祈雨，除了举行隆重的祈雨仪式外，也抽籤占卜："六月赤日方炎炎，云不行天龙遁潜。阴阳失职帝怒赫，地下万物遭炮焊。农夫争陂数斗死，驱沙掷土唯飞廉。湖南本钱二十有四万，岁望何以安黎黔？府官惶惶使台恐，祀坛祷岳惟精严。君驰副车职其事，秘文在板香盈奁。镮刀割牲荐肴酒，夜半奠玉抽灵籤。星河收光倏元吉，阴晦雷声群群来。……"②

第十，籤诗直接书写在竹简上，加上油漆，并视之神圣之物，如华镇在拆建旧房子挖出竹制籤诗即为例证。

综上所述，在占卜术的世俗化和简易化的推动下，籤占应运而生，并在宋代很快就成为大众认可甚至喜闻乐见的占卜形式了，因此流传甚广，江南地区更加流行。寺院、道观、民间宫庙多备有籤谱供人占卜，社会上各个阶层的人都参与籤占活动，一些著名文人也加入抽籤占卜行列，并成为占卜科举考试的工具。

三、明清时期籤占的继续通俗化

对于草芥小民而言，不但灵籤的占卜形式要比《易》筮简便，而且灵籤内容也比卦辞易懂，所以受到百姓的青睐。但是灵籤一般只有四句，文字简练，所包含的兆象并不是都能一目了然的。有些灵籤的作者，故弄玄虚，在灵籤中大量使用典故、隐语、双关语、歧义语等，又给灵籤披上一层神秘的外衣，增加对诗句理解的难度。而有些灵籤借用前人的诗歌，这些诗歌或劝诫、或抒情、或写景，怎样使之变为兆象，与预卜吉凶祸福相联系，一

① 日本学者中村公一《一番大吉——籤占的课题》提到，宋代的张彦文尚书父子曾在江西建昌的景德寺抽籤，占卜能否中举，得到上籤，果然高中（大修馆书店 1999 年版，第 126 页）。

② 郭祥正:《青山集》卷九《祀南岳喜雨呈李倅》。

般百姓也不容易做到。所以,灵籤在占卜术的世俗化和简易化的推动下,应运而生后,又继续沿着世俗化和简易化的方向发展。清代福建晋江林廷恭在《关圣帝君灵籤诗集·灵籤原序》写道:

……而古之求神者,用蓍蔡,但以龟谣爻象深远难知,虽卜筮人优仅守占二卜五,以待衍忒。至于定吉凶察祸福,惟至诚乃能洞然,责之民间未必家喻户晓,盖其理隐矣!后世因夫子忠义,用诗百首,俾人占验,仿佛蓍龟之意,而得其较著者欤。然往往有妄猜逆料而失乎诗之旨,前人故特辑一编,有圣意、东坡解、碧仙注及解释占验,条分缕析,庶乎可以至诚而得悟焉。①

上面这段话虽然说的是关帝籤占的变化,实际上揭示了古代灵籤发展演变的大势。至迟在宋代,有些灵籤增加了解曰、图像等扩展兆象和定性兆象等,便于善男信女理解籤诗的原初兆象。如《天竺灵籤》除了籤诗和配有图画外,还有注解和对籤诗兆象的基本判断,以第四十二籤为例:其籤诗曰:"桂花春将到,云天好进程。贵人相遇处,暗处再分明。"图画作为扩展兆象,内容是右侧有一贵人模样的男子手捧绣球,暗示谋事时会遇到贵人的帮助而获得圆满成功。贵人的左侧有一车夫,推一辆独轮车,车上有正在燃烧的火球,寓意事物犹如火焰变化无穷,谋事应与车轮一样不断向前,积极进取。远处有一只口衔树枝的梅花鹿,天上的明月将从云朵中露出,均暗示时来运转。注解曰:"此卦先暗后明,卦中贵人捧绣球者,乃圆合之象也。人推车,必主变动宜进。图事颇遂心怀,暗月重明之吉也。"对籤诗的吉凶兆象的基本判语是:"求官吉,求财遂,孕生男,婚成,蚕熟,病安,移徙利,出往吉,行人至,失物在。"如果只读籤诗,对其所包含的原初兆象还是比较朦胧,很难把握其中的玄机,而有了附图,就比较清晰了,再看看注解,特别是读一读吉凶的基本判语,应该说就一清二楚了。

明清时期,随着宗教信仰的进一步世俗化,籤占也更加简易和通俗化,逐渐成为影响最大的占卜形式之一,俗语"跨进庙门两件事,烧香求籤问心

① 《关圣帝君灵籤诗集·灵籤原序》。

事”大概就出现在这个时期。这个时期，有关籤占的记载很多，仅记述关帝籤灵验故事就有数百个（详下）。几乎各神庙都备有籤谱，甚至有的宫庙有多种籤谱，供善男信女占卜。为了方便信徒抽籤占卜，连一些街衢巷口的小庙，也备有籤谱，《闽小记》记载：“福州城内外，凡巷口皆筑小屋，祀泗洲菩萨，人皆未晓其义。或有一二处求筶祈籤，往往灵验。”①《正统道藏》和《万历续道藏》还收入10种籤谱：

1.《四圣真君灵籤》49首；

2.《洪恩灵济真君灵籤》53首；

3.《灵济真君注生堂灵籤》64首；

4.《玄真灵应宝籤》365首；

5.《扶天广圣如意灵籤》120首；

6.《护国嘉济江东王灵籤》100首；

7.《大慈好生九天卫房圣母元君感应宝籤》99首；

8.《玄天上帝感应灵籤》49首；

9.《洪恩灵济宫真君灵籤》64首；

10.《注生堂感应灵籤》64首。

上述10种籤谱中，第三种和第十种完全相同，第二种和第九种也基本相同，只不过第九种多了53—64首灵籤，所以实际收入的籤谱只有8种。明清时期其他文献收入整套籤谱虽然不多，但可以肯定地说，至今仍在民间流传的绝大多数籤谱都是这个时期的产物，或者说都是在这个时期定型的，这一点从灵籤上的传说故事等方面可以作出这样的推断。一些官方编纂的文献中，也收入籤谱书目，如《文渊阁书目》卷三、卷四中收录有《北京城隍籤》、《真君籤》、《玄帝灵籤》、《灵济籤》、《梓潼籤》、《四圣真君灵籤》、《真灵应宝籤》、《太慈好生九天卫房圣母元君灵应宝籤》、《扶天广圣如意灵籤》、《护国嘉济江东王灵籤》、《十二真君灵籤》等。笔者在福建省搜集到的清代籤谱就有《天上圣母籤谱》两种、《田师灵籤圣谱》、《伽蓝爷灵籤》、《朱阳宫大使宫灵籤》、《三教先生杯解》、《三教先生宝籤》、《泉郡富美宫萧

① 《闽小记》卷三《僧伽》。

太傅籤诗簿萧夫子籤谱》、《顺天大王籤谱》、《敕封保安广泽尊王籤谱》、《安溪清水祖师籤谱》、《白礁保生大帝籤谱》、《关圣帝君灵籤诗集》、《顺天圣母感应灵籤》、《漳浦县甘霖宫上帝籤》、《镜口宫三位奶娘灵籤》、《上塘坊拓主游公尊王灵验筶经》、《大所宫张公圣君灵籤》《尤溪梅仙天保岩余公法主灵籤》、《永春东关桥籤谱》、《屏南钱乘桥三夫人籤谱》、《鼓山金将军庙籤板》、《浯埔境天王府籤诗牌》、《福全城隍公灵应盃诗》等二十多种。

图 1–18　籤枝上写着籤序和典故名称

《道藏》收入的籤谱，至今还在民间广为流传的只有两种，即《护国嘉济江东王灵籤》和《四圣真君灵籤》，这两种籤谱之所以有较强的生命力，根本原因是适应一般百姓的需求，继续沿着通俗明了的方向发展。兹以《护国嘉济江东王灵籤》的发展演变为例，来探讨宋代以来籤占进一步通俗化的发展轨迹。

前面提过，护国嘉济江东王籤出现于南宋，《搜神记》卷五"江东灵籤"

条记载：

> 籤神姓石，名固，秦时赣县人也。殁而为神，或阴雨霾雾，或夜深淡月微明，乡人往往见其出入，驱从如达官长者，盖受职阴司，而有事于综里云。人为立庙，设以杯珓往问吉凶，受命如响。人益验其灵应，为著韵语百首，第以为籤神乘之，以应人卜，愈益无不切中。庙在赣州府城外贡水东五里，因名曰江东灵籤，世传以为美名云。本朝宋濂为文以记其事。①

引文中提到的“为著韵语百首”，乃南宋傅烨所为。傅烨为福建莆田人，其生平无从考证。至于引文中提到的“本朝宋濂为文以记其事”，即宋濂撰写的《赣州圣济庙灵迹碑》，详尽记述石固王庙的建造历史和该神的灵应故事及其敕封经过等，转录如下：

> 圣济庙者，初兴于赣，渐流布于四方，所在郡县多有之。神盖姓石氏，名固，赣人也。生于秦代，既殁，能发祥焉。汉高帝六年，遣懿侯灌婴略定江南，至赣。赣时属豫章郡，与南粤接壤。尉陀寇边，婴将兵击之，神降于绝顶峰，告以克捷之期。已而有功，馆神于崇福，里人称为石固王庙。唐大中元年，里民闻谅被酒，为魅所惑，坠于崖下。符爽行贾长汀，舟几覆。咸有所祷，谅即返其庐，爽见神来护之。于是卜贡江东之雷冈，相率造新庙，埭石为像奉焉。相传庙初建时，天地为之晦冥。录事吴君暨司户萧君，令康、黄二衙官，先后往视，皆立化，二君亦继亡，逮今祀为配神。云自时厥后，神屡显嘉应。州之东北，有二洲，曰蓝淀，曰乾渡，每当长夏，水易涸隐，起若冈阜，舟楫不通。宋嘉祐八年，赵抃报政而归，通沟焉。亟徼灵于庙，水清涨者八尺（清涨俗谓无雨，而水自盈也）。元祐元年夏五月，不雨，遍禜山川弗应，郡守孔平仲迎神至郁孤台，烛未见跋，甘霖如泻。四年，东城灾，风烈火炽，将延于库。庾林颜正佩郡章，急呼神曰：“盍悯我烝民。”俄，反风灭火。六年，复灾，耄倪遥望雷冈而拜，月明如昼，忽阴云四合，大雨骤至虐焰顿熄。建炎三年，隆祐太后孟氏驻跸于赣，金人深入至造水，髫鬌睹

① 《搜神记》卷五《江东灵籤》。

神拥阴兵甚众，乃旋。绍兴十九年，鄱阳许中为郡，欲新神之祠，召大姓二十人立庭下谕之。众推张锐、郭文振，心计开敏，宜为纠率。二人谢不能。许乃分一番纸，如其人之数，书二为正副字，杂封之，令自得墨者职如书。各取其一开之，则得书者二人也。众以神与心通，不日而祠成。二十七年，禁兵合山寇据城，逆命子女金帛，驱挚殆尽。高宗命都统制李耕歼之，阴霾挟逆飚，士卒弗能前。耕私祈焉，顷之，风顺天朗，一鼓而城平。自是王师南征，无不祀以牲牢，乞阴兵为助者。淳熙十六年，岁当大比，州人士刘文燊以梦征于神，梦三十人执高竹而立，因更名筌，遂入乡选。嘉定十年夏，大霖雨，江水暴溢，城不浸者三版。民惧为鱼，泣祷甚哀，水寻退，亡害。绍定三年，黥卒朱先帅其徒陈达、周进、蔡发以叛，有旨擢荆襄监军陈垲，提刑江西，仍护诸将致讨。夜驻庐陵，梦神告曰："先将窜番禺，尔宜速图。"垲密命胡岩起李强疾趋至赣，合三寨兵戮之，淳祐七年，湖南夷獠曾旨，肃聚倡乱，声提江右。部使者郑逢辰檄王舜进攻，如有神立青霄，凶徒沮骇，卒就殄灭。九年，安远崔文广为变，倚石壁作窟穴。潼川姚希得来持宪节，驻兵守之，久且弗拔，寇见云中若旗帜飞翻，其胆遂落，渠魁乃擒。景定三年，郡有黎氏狱，胥吏受贿，拷掠良民使之承。左司吴革疑焉，神告以生兆，卒白其冤。元至元十七年，闽卒张彦真入庙，吐舌数寸，足悬半空，自述其阴私颇悉，类有人鞫谳之。盖神之显灵，共事不翅数百，而于雨旸疫疠之祷验者尤伙。濂唯各举其著书之，所不书者，可以例见也。宋宝庆间，莆田傅烨为赣县东尉，艳神之为，撰为繇辞百章，俾人占之。其响答吉凶，往往如神面语之者，此亦阴翊治化之一端也。吴杨溥时以神能御灾捍患，有合祭法，署为昭灵王，宋五封至崇惠显庆昭烈忠佑王，赐庙额曰嘉济。元三易封为护国普仁崇惠灵应圣烈忠佑王，复更之以今额。其褒扬光著，可谓备矣。至若高宗所锡赭黄袍，缠丝玛瑙带，及南唐李煜五龙砚，至今犹藏庙中云。濂稽诸经，国有凶荒，则索鬼神而祭之。士有疾病，则行祷于五祀。先王必以神为可依，故建是祠祝之制也。世之号为儒者，多指鬼神于茫昧，稍与语及之，弗以为诬，则斥以为惑，不几于悖经矣乎。有若神者，功在国家，德被生民，自汉及今，孰不知依之。虽近代名臣，若刘安世，若苏轼兄弟，若洪迈，若辛弃疾，若文天祥，亦勤勤致敬而弗之怠。是数君子者，将非儒也邪？何其与世人异也。濂初被召而起，神示以文物之祥，后果入翰林为学士，心窃奇之。今祝史韦中，及弟志勤以灵迹欵见唐宋之文，使从子法凯，请濂通述之，因不欲辞，造文俾刻焉。或谓高帝未尝伐粤，第遣陆贾赍玺绶，立佗为南粤王。濂按传记。婴之略定豫章，在六年庚子，佗之称臣，在十一年乙巳。其未臣之前，恶知不来侵境而婴击退之邪？恐史家以其事微，故略之。尔敢并及之，系之以诗曰：

神雷之冈翠参差，五螭夭矫含精微。
丛祠四阿伻翚飞，像变翕艴五采施。
阴爽袭人动曾飔，发祥传自炎刘初。
粤氛侵徼告捷期，岂或天星陨魄为。
降灵于人赞化机，以石为氏理则宜。
大中卜迁墨食龟，有声沨沨达四垂。
风霆号令疑所司，禾稄穟穟岁不饥。
民氓鼓腹酣以嬉，建炎火德值中衰。
宫车驻跸赣之麋，完颜点卒大步追。
神兵暗树云中旗，卷甲疾走如窜狸。
莫徭啸呼引獠夷，禁军荷祋据城池。
屠刘壮健到婴儿，威神有赫助王师。
一歼凶竖无孑遗，贡江水落洲如坻。
巨舟皆胶牢弗移，鞠躬再拜叩灵墀。
赤日火烈云不衣，鸿涛清涨没石矶。
阴翊王度功何疑，紫泥鸾诰自天题。
爵为真王手秉珪，风马云舆时往来。
赭袍宠异带缠丝，五龙宝研角巀奇。
袭藏出中夜吐辉，阳阴斡运无端倪。
君蒿凄怆如见之，休咎有征神所持。
委以惚怳邈难知，奚不来索庭中碑。

洪武辛亥春正月，国子司业金华宋濂撰。[①]

从有关记载来看，宋宝庆间莆田傅烨撰写的百首籤诗，并无注解之类的内容，所以才有清代林廷恭所说的“往往有妄猜逆料而失乎诗之旨”[②] 的事情发生。后来，《护国嘉济江东王灵籤》也逐渐通俗明了，明代《正统道藏》收入的《护国嘉济江东王灵籤》增加了“解曰”和“圣意”两个项目，以第一首为例，全文如下：

第一

巍巍独步向云间，玉殿千官第一班。

富贵荣华天付汝，福如东海寿如山。

解曰：云间独步，拔萃超群。名高甲第，谈笑功勋。

终身光显，皆天所相。禄厚寿高，意称谋望。

圣意：功名遂，福禄全。讼有理，病即痊。桑麻熟，婚姻圆。

孕生子，行人还。

那么，《护国嘉济江东王灵籤》是如何演变为关帝籤的呢？有这么一个传说：“高皇初起兵渡江，偶尔桅折。见江东庙神，（石固，秦人）有木可伐，将伐之，庙祝言神籤颇灵，可问之。高皇从其请，得籤曰：‘世间万物皆有主，非义一毫君莫取。总然豪杰自天生，也须步步循规矩。’遂不伐。《明朝小史》云：高皇怒其不许，乃取其诀本，送关圣掌之，至今关帝江东籤，比本籤诀更灵。”[③] 这一故事的真实性，无从考证。不过，明太祖朱元璋不喜欢关羽则是不争的事实。朱元璋深知民间对关羽的崇拜，对其统治有所威胁，因此，不但没有把关羽列入国家祀典，还把关羽塑像从武庙中赶出去，去除“义勇武安王”封号，恢复原来的“寿亭侯”的封号。[④] 上述资料中提到的朱元璋把江东王籤谱送给关公庙掌管，带有贬低江东王的意味，还是有一定的历

① 《正统道藏》第五十四册，宋濂：《赣州圣济庙灵迹碑》，台湾艺文印书馆 1977 年精装缩印本，第 44190—44192 页。

② 吴幼雄、李少园主编：《通淮关岳庙志》，中国社会科学出版社 2008 年版。

③ 褚人获：《坚瓠六集》卷四《笔记小说大观》第十五册《江东籤》，江苏广陵古籍刻印社 1983 年版，第 203 页。

④ 原来的封号是“汉寿亭侯”，当时人不知道“汉寿”是地名，“亭侯”是爵位，竟然称关羽为“寿亭侯”，直到嘉靖皇帝时候才订正过来。

图 1-19　关帝神像

史根据的。但是，许多事情难以预料。明太祖之后，其子孙对关羽则崇拜有加，关羽的境遇也大有改善，祭典隆重，封号不断提升。明万历四十二年（1594）封关羽为“三界伏魔大帝神威远震天尊关圣帝君”，最终取代姜太公，成为武庙祟祀的主神，与孔子并列，为武圣人。“关圣帝君”的名号为世人所认可，简称“关帝”。在明代统治阶级的扶持下，关帝信仰得到迅速发展，成为全国影响最大的神灵之一，明代后期仅北京城内外的关帝庙约有一百座左右，全国有数千座关帝庙。信众几乎包括社会的各个阶层，上至王公贵族，下至平民百姓，愚夫愚妇、贩夫走卒、三教九流，没有不信仰关帝的。随着关帝神格的提高和影响的扩大，被关帝庙借用的《护国嘉济江东王灵籤》也自然沾光，成为中国流传最广、影响最大的灵籤之一，结果人们只知道《关帝籤》，而不知道有《护国嘉济江东王灵籤》。

清代，关帝信仰继续发展，朝廷要求每个省府州县都要建关帝庙，有的州县多达二十多座，甚至上百座。薛福成《庸庵笔记》说：“天下关帝庙，奚啻一万余处?”此说毫不夸张。与关帝信仰的发展相辅相成的关帝籤也比明代更加通俗明了，《关圣帝君灵籤诗集》除了保留明代《正统道藏》收入的《护国嘉济江东王灵籤》的所有内容外，又增加了典故、天干、籤首兆象、占验、碧仙注等。如：

汉高祖入关

第一籤　甲甲　大吉

巍巍独步向云间，玉殿千官第一班。

富贵荣华天付汝，福如东海寿如山。

占验：一士人问功名，占此，即谓非会即状。久而始第，会试、殿试两榜序齿皆第一。分发山东，以知县用，自州府司道以至抚台皆不离山东，应在末句。

圣意：功名遂，福禄全；讼有理，病即痊；桑麻熟，婚姻圆；孕生子，行人还。

东坡解：云间独步，拔萃超群。名登甲第，谈笑功勋。终身光显，皆天所相。禄厚寿高，意称谋至。

碧仙注：月里攀丹桂，成名步玉畿。求望皆称意，万事足无疑。

后来，《关帝明圣经全集》收入的关帝灵籤，又在《关圣帝君灵籤诗集》基础上增加了解曰、释义等项目，占验的内容也更为详细、典故也做了变更。如：

第一籤　甲甲　大吉

十八学士登瀛洲

巍巍独步向云间，玉殿千官第一班。

富贵荣华天付汝，福如东海寿如山。

圣意：功名遂，福禄全；讼有理，病即痊；桑麻熟，婚姻圆；孕生子，行人还。

东坡解：云间独步，拔萃超群。名登甲第，谈笑功勋。终身光显，皆天所相。

禄厚寿高，意称谋至。

碧仙注：月里攀丹桂，成名步玉畿，求望皆称意，万事足无疑。

解曰：此籤谋望事绪，无不遂意。但各有所主，官员占此，有超越之喜，士人有功名之庆。占前程者，福寿绵长。占事业者，根基磐固。若谋望求财，多主有名无实，为语多空虚也。

释义："云间"青云之上也，"巍巍独步"，许其足踏青云也。"玉殿千官"，乃是天曹仙吏第一班仙吏之最贵者也。荣华富贵，自天作主，天已付之，自然福寿无涯。"如海"言福之广远，"如山"言寿之坚永。上上大吉，须要人地当则应。

占验：一士人问功名，占此，自谓非会即状。久而始第，会试、殿

图 1-20　泉州通淮关岳庙大型籤筒和籤枝

试两科隔榜，序次皆第一。受官山东，由知县履州府司道以至抚台，皆在山东，应在末句。淙案此籤有正应有反应，正应主魁元高占，禄位超达，富贵福寿绵长。反应则未可知也。占者自量才力精神，及品望时势何如，自知正应反应之妙。丙戌会试，予同乡友严君世培占此，榜发下第，六月初旋汉上，数日病殁。

值得一提的是，对于关帝庙借用江东王籤谱的事实，有些知道内情的关帝信仰者，总是感到不自在，所以清代初年，浙江宁波延庆寺僧人假托关帝的名义，重新编造关帝籤 101 首，名曰《关帝圣君圣籤》，并大造舆论，企图取代江东王籤，卢湛在《关帝圣君圣籤考·跋》记载了重新编造《关帝圣君圣籤》经过：

此籤诗乃山客所述，圣帝于顺治八年间授浙江宁波府延庆寺僧善知识传以示人也，籤诗比之江东尤为灵验。知识隆胜，悟彻因果，每与圣帝神色相会感动。丘太守欲援僧以见帝，帝谓僧曰："丘乃凡夫，不宜会，会之尔则不复会我矣。但尔既为彼请，许之。"丘果于是日见帝。茶罢语毕，问玄德公何在？帝怒曰："尔何人，斯擅敢呼吾主圣号。"丘惊仆在地。帝又谓僧曰："我不欲会丘者，恐阴阳泄露也。今尔我隔矣，授尔籤诗一百一首，可为吾传于世。"余闻而异之，欲往求而未能焉。适有闽中黄子乐先生之弟讳镛者，虔心向往，即买舟去，果于四明延庆寺得石刻籤诗如数。及询其故，而善知识业已酉归，若徒若孙俱传盛事与山客所言相符。噫！此籤之所由来也，帝之声灵赫濯更可见矣。

> 且细味籤诗，大抵善者感发其善心，恶者惩遏其恶念，既求得之，敢不附诸集内，广传圣帝勉人为善之至意焉尔。①

上述故事编造得委实生动有趣，甚至可以说是活灵活现，似乎让人不能不信。然而，由于一般民众对关帝籤的源流并不感兴趣，他们所关注的主要是籤诗是否灵验的问题，而在当时，大多数关帝庙采纳江东王籤已经是不可改变的事实，所谓："诸籤解最家喻户晓者莫如关帝籤。"② 特别是新编的《关帝圣君圣籤》在通俗明了方面比起《关圣帝君灵籤诗集》逊色许多，要想让百姓放弃旧有的关帝籤，接受新编的关帝籤，是很难做到的。以《关帝圣君圣籤》第一籤为例：

> 第一籤
>
> 击壤高歌作息时，
> 岂知帝力密扶持。
> 源源福禄如川至，
> 黄气朝来又上眉。
>
> 解曰：有贵人相资，福禄所助。有喜大吉，可进可图。
>
> 此卦天下太平之象，凡事营谋大利。

其他各籤的格式与第一籤相同，尽管灵籤文字不算深奥，且有"解曰"项目，但仍难以与流传数百年且已经相当通俗明了《关圣帝君灵籤诗集》相抗衡，所以，《关帝圣君圣籤》

图 1–21　台湾祀典关帝庙籤诗柜

① 《关圣帝君圣迹图志全集》卷三《关帝圣君圣籤考・跋》，转引酒井忠夫等：《中国的灵籤・药籤集成》，东京：风响社 1992 年版，第 457 页。

② 翟灏：《通俗编》卷五。

作者的一番心血也只能付之东流，很少关帝庙使用此籤谱。

为了满足百姓占卜的需要，还出现了根据百姓占卜需要而分门别类的籤谱。《玄天上帝感应灵籤》脱胎于《四圣真君灵籤》，不同之处是按照信徒的抽籤目的相应分为“谋望”、“家宅”、“婚姻”、“失物”、“官事”、“行人”、“占病”等项目，使抽籤占卜更具有针对性（详下）。

从关帝籤演变可以看出，宋代以来，籤占继续沿着通俗明了的方向发展，当然，并不是说在宋代以后所有的籤谱都有各种注解，也有的灵籤自古以来一直保留着有诗句而无注解的形态，由庙祝负责解释。籤占的总的趋势是沿着通俗明了的方向发展，这是毫无疑问的。

当然，凡事都有例外，在籤占逐渐向通俗明了的方向发展的同时，有些庙祝为了证明籤占的灵验，和在解籤时有更大的回旋空间，特意纳入《易经》的卦爻、阴阳五行、十二宫卦数、大十地支、春夏秋冬季节变化、时辰、月亮盈亏、潮水涨落、家庭人口、性别、甚至家禽家畜的数量等，使籤占越来越繁复，更加扑朔迷离，走向另一极端，反而使占卜者感到无所适从。兹以福建平和三平祖师籤第三十四籤为例：

第三十四首　郭子仪卸甲封王

上上

皇恩拜寿

光明五彩照乾坤，不尽华辉月一轮。

好个男儿真国器，全家受爵拜皇恩。

决明：求财十分，迁移进财，开市逢寅日大吉，六甲月光男月暗女，占雨戊己日三天内有，尾景大吉，生理大吉，官讼如意，来人月光到谋事有成，婚姻成就，交易和合，月令大吉造屋大发，五谷丰登，家宅平安，本身得财移徒大吉，六畜旺盛，出行有财，灶君不吉得病安全，风水有灵，走失月光自回，家门平安，见贵有利。

正月　上上

二月　上上　成名玉畿诸事顺心

三月　上上

四月　中平

五月　中平名利双全尽心事业

六月　上上

七月　上上

八月　上上　求名求利虚心待人

九月　中平

十月　上中

十一月　中平东西南北乐为锦锦

十二月　上上

（1）月明中旬为上。

（2）事属文为上，属武为中，计算财利，不足五人的家口以全家五分为起点计算。

图 1–22　三平祖师神像

综上所述，籤占大概产生于唐代后期，籤占产生后，其主流继续沿着通俗明了的方向演化，宋代的一些灵籤就有了注解、断语等，明清时期又增加了典故、传说故事、释义、占验、上中下籤判语等，并且出现根据百姓占卜需要而分门别类的籤谱。由于籤占比起其他的占卜形式更加简便易行，所以籤占产生后，便很快在民间流传开来，宋代的许多宫庙备有籤谱供善男信女占取，明清以来，绝大多数宫庙都有籤谱，甚至一座宫庙有多种籤谱。同时，也出现少数籤谱的解释越来越繁复的现象。

第二章　籤诗的构成要素

籤诗是籤占的主体，当诗歌被用于善男信女占卜吉凶时，便成为带有预言功能的籤诗。经过一千多年的发展，籤诗的形式多种多样，其构成要素逐渐增多。一般说来，诗句和籤序为籤诗的不可或缺的基本要素，籤名、籤解、上中下吉凶等级、典故或故事等为多数籤诗具备的主要要素，至于占验、寄附者、标语等为少数籤诗才有的附属要素。不同宫庙使用构成要素不同的籤诗，并非偶然，而是与宫庙所在地的社会历史文化有着密切的联系。

第一节　籤诗的基本要素

一、诗　　句

籤诗最大的特点就是以诗歌为载体来占卜吉凶，因此，诗句是籤诗的必不可少的构成要素。在流传于民间的籤诗中，各种格律的诗句应有尽有，主要有：

（一）三言的籤诗

成套的三言诗句的籤谱至今尚未发现，但穿插在其他格律中的三言诗句却有一些，如在民间颇有影响的《诸葛384灵籤》就有不少三言的籤诗（图2–1），福建省云霄县云山书院的籤谱（图2–2）和台湾省宜兰市太上感应宫籤谱也穿插若干三言四句或三言六句的籤诗。

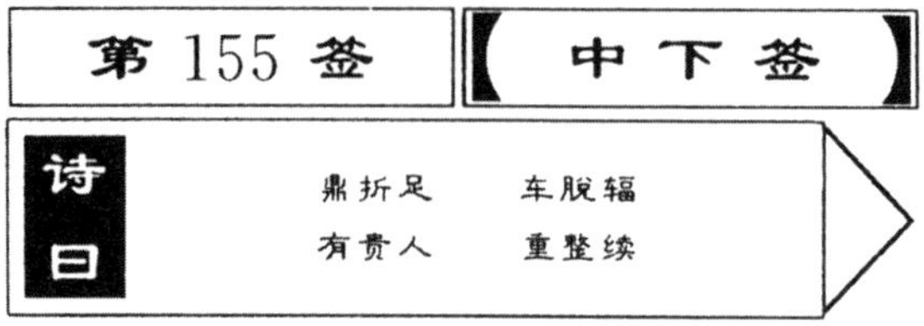

图 2–1 《诸葛 384 灵籤》

图 2–2 福建云霄县云山书院籤谱

（二）四言的籤诗

《蜀梼杌》记载：王衍曾在张亚子庙，“抽籤得‘逆天者殃’四字，不悦”。可见，早在五代就有四言的籤诗出现。但由于上述资料语焉不详，不清楚王衍所抽的灵籤只有这四字，或者仅仅是灵籤中的一句。在《道藏》共收入的 9 种籤谱中，《扶天广圣如意灵籤》就是采取四言四句的格式。如第一首的籤诗为：“乾德之建，元亨利贞。君子体焉，陈纪立经。”

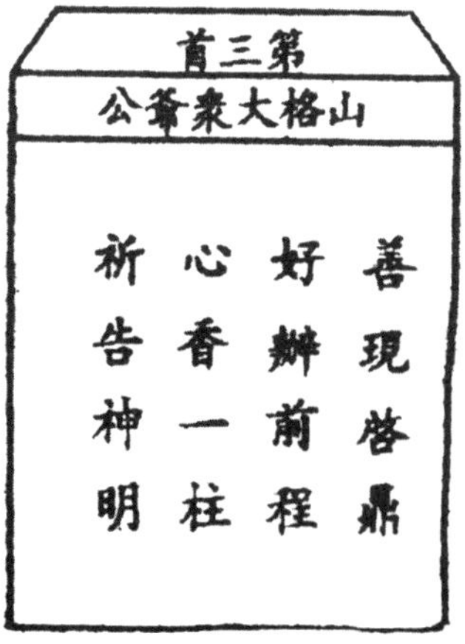

图 2–3 福建平和县山格镇慈济宫籤谱

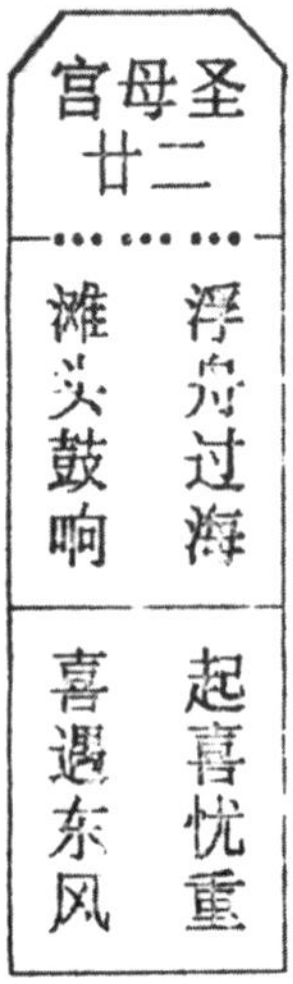

图 2–4 福建龙岩市龙门镇圣母宫籤谱

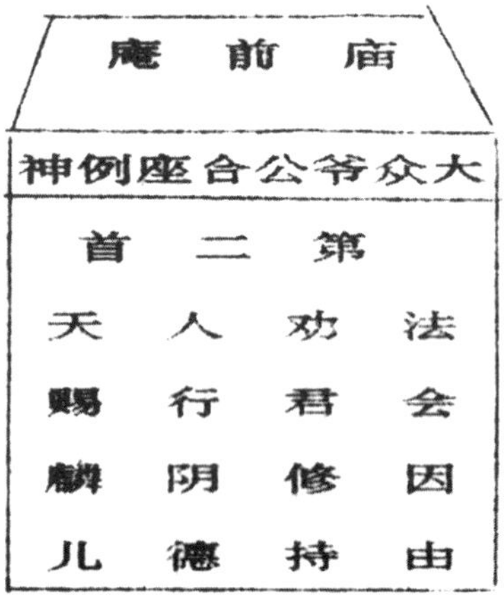

图 2–5 福建仙游县游洋大众爷籤谱

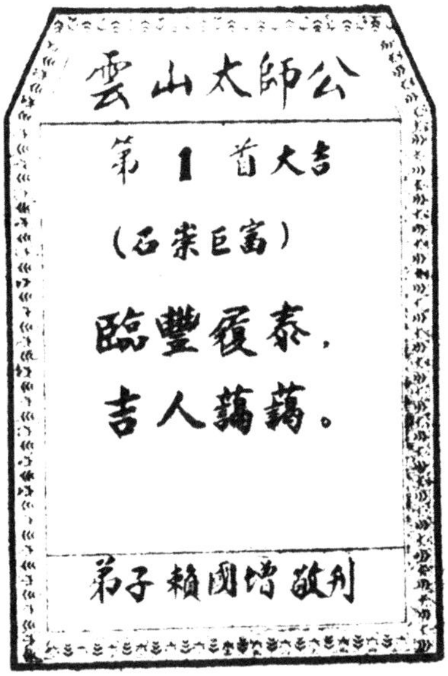

图 2-6　福建云霄县云山书院的籤谱

图 2-7　福州市鼓楼区裴仙宫的籤谱

从诗歌发展史来看，四言诗是一种比较古老的诗体，但在民间流传的籤谱中，四言的籤诗却不是太多，这可能与四言诗所能容纳的兆象少于七言诗有关。四言籤诗一般为四句，如福建省平和县山格镇慈济宫籤谱（图 2–3）、龙岩市龙门镇圣母宫籤谱（图 2–4）、仙游县游洋大众爷籤谱（图 2–5）、厦门市济善保生堂籤谱、屏南县长桥乡天宝寺籤谱均为四言四句籤谱。

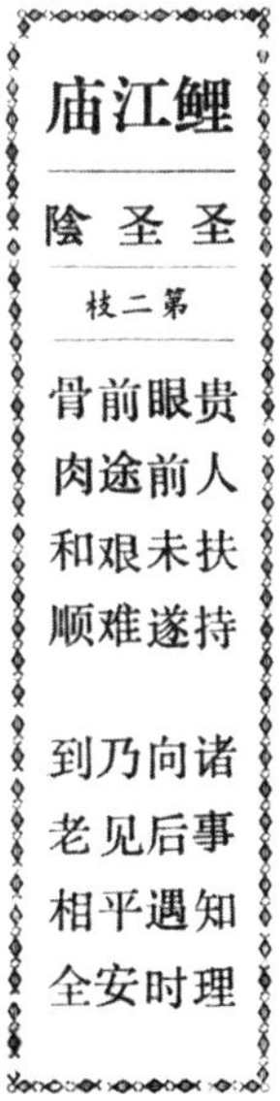

图 2–8　福建莆田市涵江鲤江庙籤谱

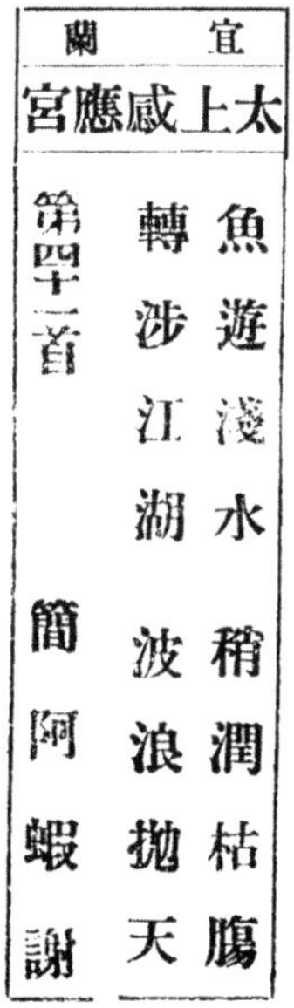

图 2–9　台湾省宜兰市太上感应宫籤谱

极个别的灵籤采用四言二句，如福建省云霄县云山书院的首籤（图 2–6）就只有两句，而福州市鼓楼区裴仙宫的籤谱采取图文合一的形式，其诗句绝大多数是四言二句（图 2–7）。

莆田市涵江鲤江庙（城隍庙）籤谱（图 2–8）则采用四言八句的形式，福建省都城隍庙的籤谱、台湾省宜兰市太上感应宫籤谱（图 2–9）穿插若干四言四句的诗句。

（三）五言的籤诗

五言的籤诗比较常见，也许是最早出现的籤诗格式，如前面提到的五代时期卢多逊所抽的籤诗，和宋代十二真君籤、陆使君籤、北极真圣籤、吴真人籤等均为五言诗。现存最早的成套的五言籤谱是南宋的《天竺灵籤》，《道藏》收入的《玄真灵应宝籤》也是五言四句的籤诗，如末首：

官封三品位，名姓播天池。

远近人钦仰，天公也自知。

至今在民间流传的籤谱中，五言四句籤诗的数量仅次于七言四句的

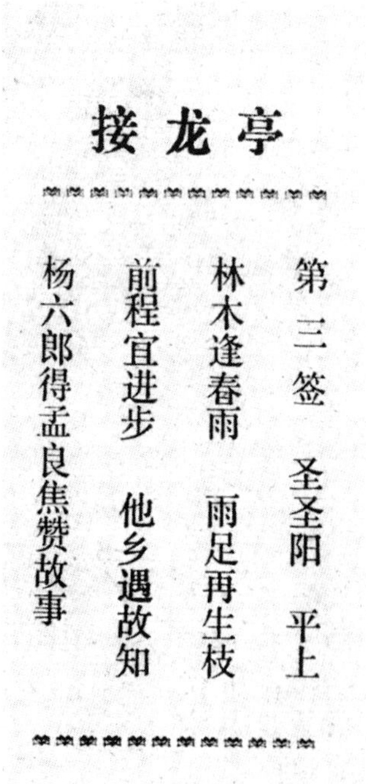

图 2–10　福建福州市台江区接龙亭籤谱

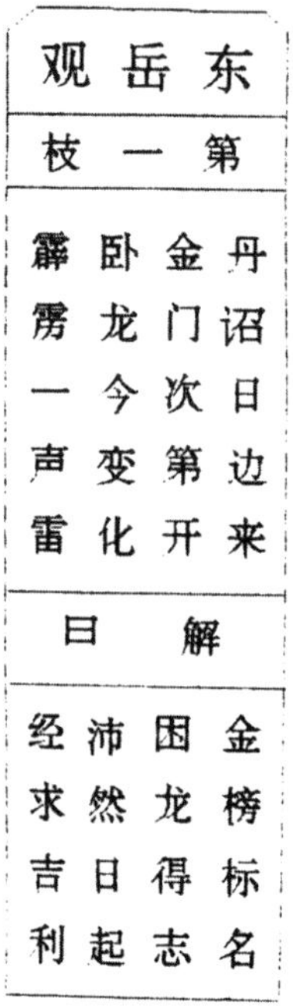

图 2–11　福建莆田市江口东岳观籤谱

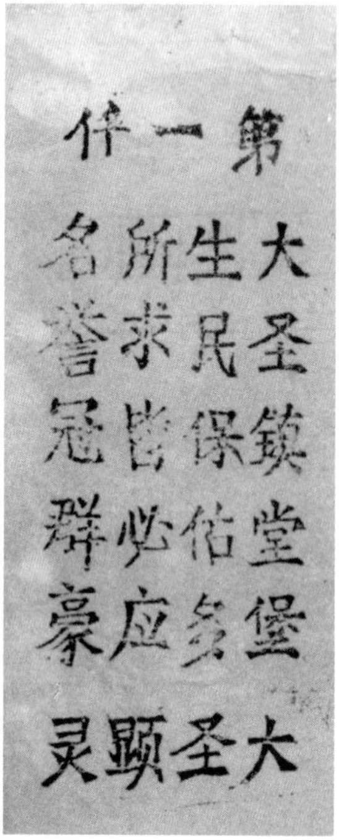

图 2–12　福建福安市韩阳大圣宝殿籤谱

籤诗，如福州市台江区接龙亭籤谱（图 2–10）、莆田市江口东岳观籤谱（图 2–11）、福安市韩阳大圣宝殿籤谱（图 2–12）、福清三山镇西钟境籤谱、大田县均溪镇龙水殿籤谱、惠安县西门龙泉宫籤谱、台北县妙心寺籤谱、台湾鹿港城隍庙籤谱等均是。

福建省长汀县濯田镇梅山寺的籤谱也是五言诗，但有三组五言四句诗，独具特色。如第一籤：

上　　连三圣　　古人　桃园结义三兄弟

一树花色好，芳菲好烂漫。未能结果实，强风吹散了。

贪生若怕死，用力也功德。久远多年载，好事必成功。

一年胜一年，青山绝色鲜。春花开休锦，桃李正团圆。

解曰：求财有得，功名有成，诸事得胜，先难后易。

（四）六言的籤诗

成套的六言诗句的籤谱至今也未见到，但在一些籤谱中穿插有六言的籤诗，如福建省都城隍庙籤谱（图 2–13）、台湾省新竹县云光寺灶君堂籤谱（图 2–14）中就有若干六言四句的籤诗。

（五）七言的籤诗

在民间流传的籤谱中，七言的籤诗最为常见，占总数的一半以上。《道藏》收入的 8 种籤谱，有 7 种是七言的籤诗。现存最早的成套的七言诗籤谱，是宋代的《护国嘉济江东王灵籤》，即后来的《关帝灵籤》。

七言的灵籤一般是四句，但也有特例，如

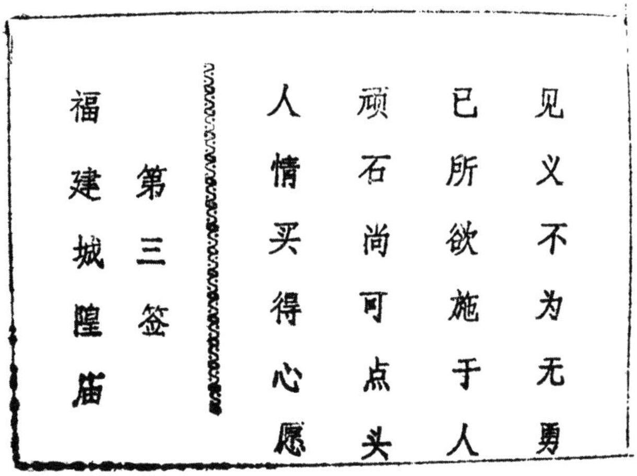
见义不为无勇
已所欲施于人
顽石尚可点头
人情买得心愿
第三签
福建城隍庙

图 2–13　福建省都城隍庙籤谱

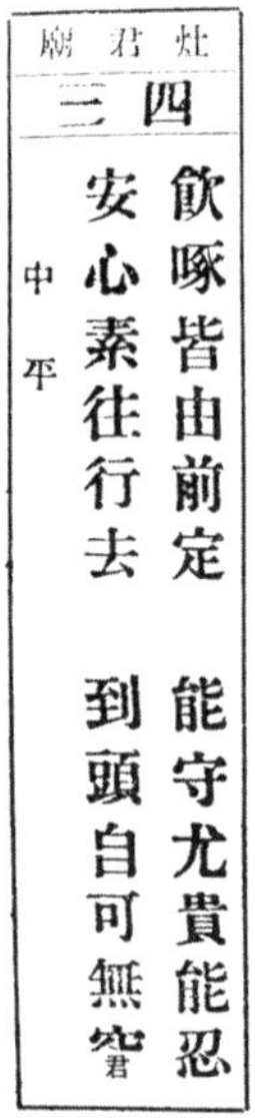

图 2–14 台湾省新竹县云光寺灶君堂籤谱

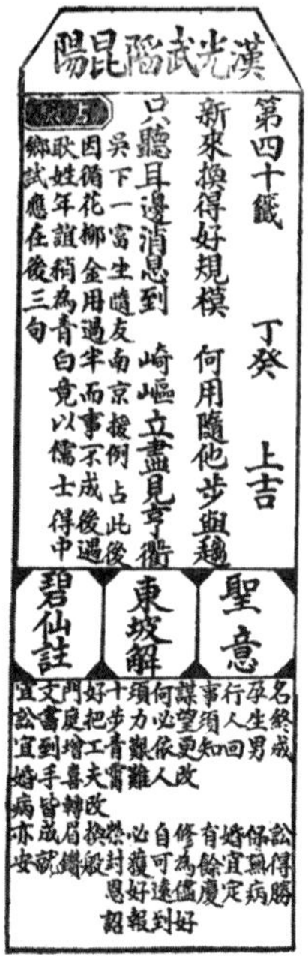

图 2–15 关帝籤谱

图 2–16 《清俗纪闻》中描绘的关帝神像及其籤牌

《正统道藏》收入的《四圣真君灵籤》就有三组七言四句诗，福建建瓯县芝城镇黄华山庙的籤谱由一组七言四句诗和一组四言四句诗组成（图 2–17）、台北市延平区醒心堂的籤谱则由一组七言四句诗和一组五言四句诗等组成（图 2–18），台湾莲花奉天宫的籤谱则由七言二句诗组成，极为罕见。

（六）长短句的籤诗

在上面提到福建省云霄县云山书院籤谱（图 2–19）、福州仓山望北台籤谱（图 2–20）、台湾省宜兰市太上感应宫籤谱（图 2–21）、香港新界青松观籤谱中长短句的籤诗甚多，且有特色。

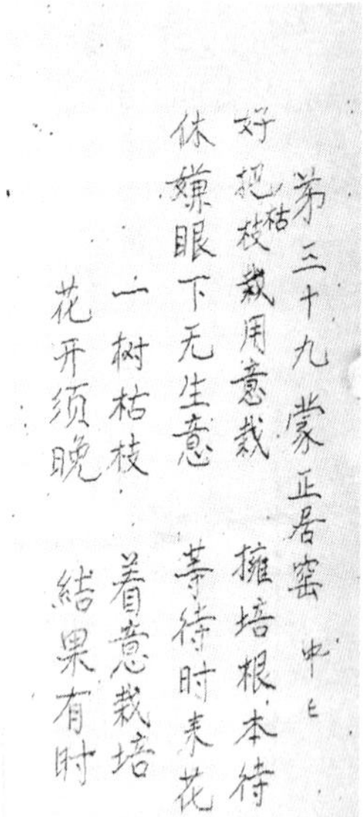

图 2–17 福建建瓯县芝城镇黄华山庙籤谱

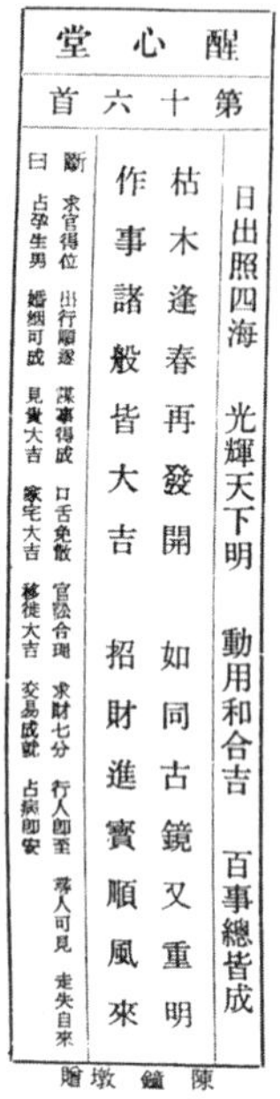

图 2–18 台北市延平区醒心堂的籤谱

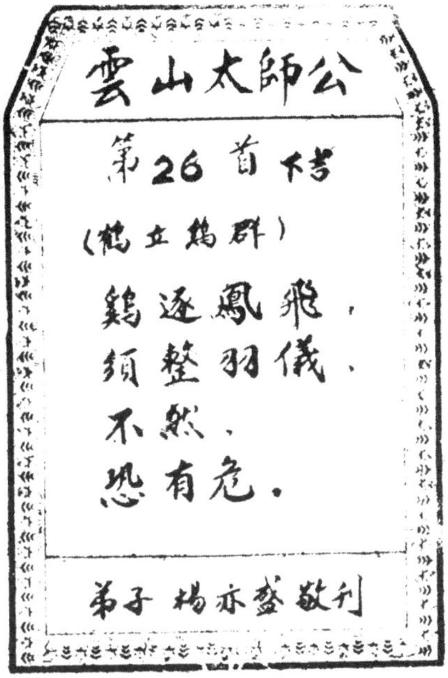

图 2–19　福建云霄县云山书院的籤谱

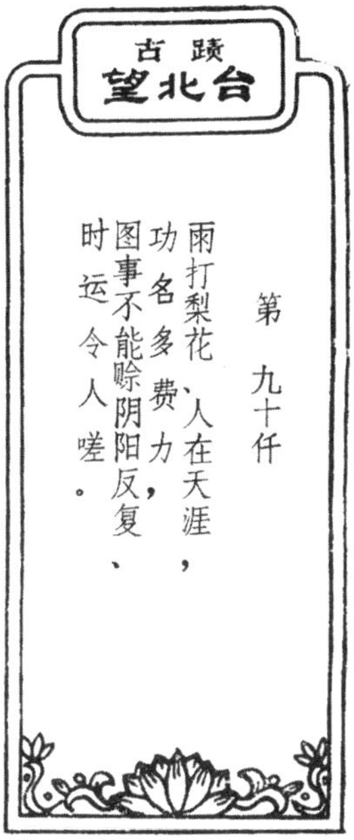

图 2–20　福州仓山望北台籤谱

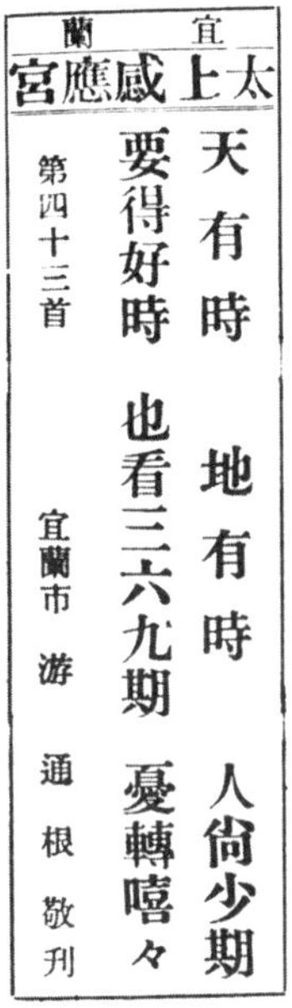

图 2–21　台湾省宜兰市太上感应宫籤谱

另外，在民间广为流传《诸葛384灵籤》（图2–22）、《吕祖灵籤》（图2–23）中的长短句灵籤也占很高的比例。

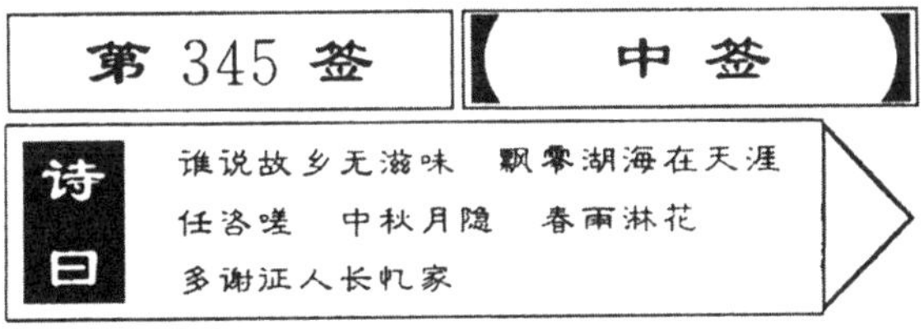

图 2–22 《诸葛384籤谱》

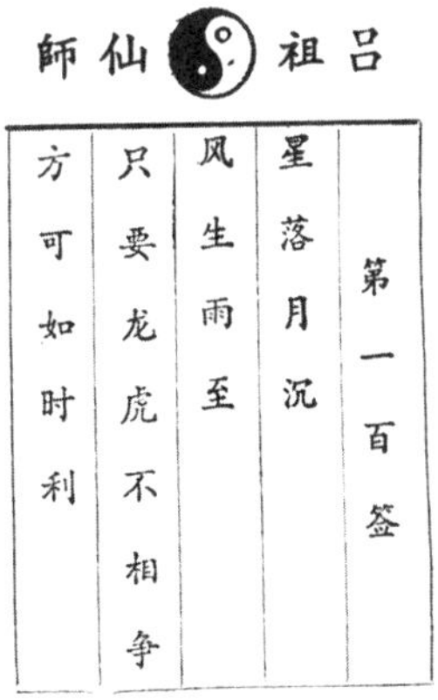

图 2–23 《吕祖籤谱》

二、籤　　序

籤序是指籤诗上的号码，每一首籤诗都有相应的号码，以便抽籤者根据号码从籤谱找到所占取的籤诗。籤序是籤诗构成的基本要素，不可或缺。但不同的籤谱的籤序标注方式不尽相同，常见的有以下几种：

（一）数目籤序

以单纯的数目来标注籤序，如“第一首”、“第壹首”、“第 1 首”、“第一籤”、“第一千”、“第一竿”、“第一卦”、“第一”等，也有直接注明“一”、“二”籤序的。这种以数目来标注的籤序最为常见，其历史最迟可以追溯到宋代，《天竺灵籤》就采用数目籤序。

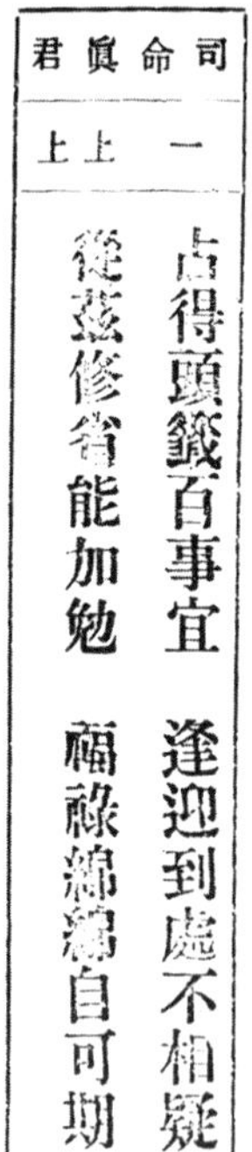
司命眞君
一　上上
占得頭籤百事宜
逢迎到處不相疑
從茲修省能加勉
福祿綿綿自可期

图 2-24　台湾省新竹云光寺灶君堂籤谱

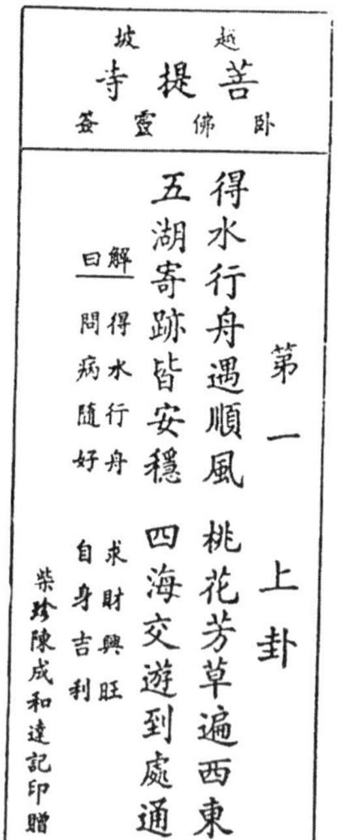
越坡
菩提寺
臥佛壹签
第一　上卦
得水行舟遇順風
桃花芳草遍西東
五湖寄跡皆安穩
四海交遊到處通
解曰
得水行舟
問病隨好
求財興旺
自身吉利
柴珍陳成和達記印贈

图 2-25　越南越坡菩提寺籤谱

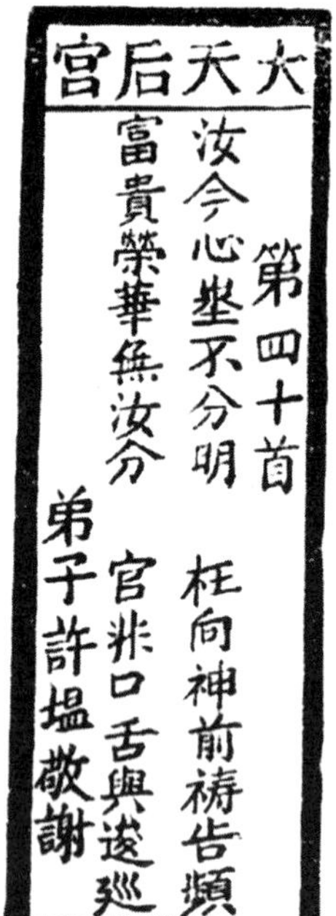
大天后宮
第四十首
汝今心坐不分明
枉向神前祷告頻
富貴榮華無汝分
官非口舌與逡巡
弟子許塭敬謝

图 2-26　台南大天后宫籤谱

（二）天干籤序

天干是中国古代的一种文字计序符号，由甲、乙、丙、丁、戊、己、庚、辛、壬、癸十个符号组成，简称“十天干”，可循环使用。籤序中常见的是把天干的十个符号进行排列，产生“甲甲”、“甲乙”、“甲丙”、“甲丁”直至“癸癸”，共 100 籤，如通行的《关帝灵籤》就采用此籤序。近代以后，随着阿拉伯数字的广泛使用，人们对传统的天干的记数方法逐渐生疏，为了方便善男信女，一些原来常用天干籤序的籤谱，也改为数目籤序，或者在保留天干籤序的同时，增加数目籤序，如《关帝灵籤》100 首（图 2–27）、北京南岗子娘娘庙灵籤（图 2–28）。

（三）地支籤序

地支也是中国古代的一种文字计序符号，由子、丑、寅、卯、辰、巳、午、未、申、酉、戌、亥十二个符号构成，简称“十二地支”。采用地支为籤

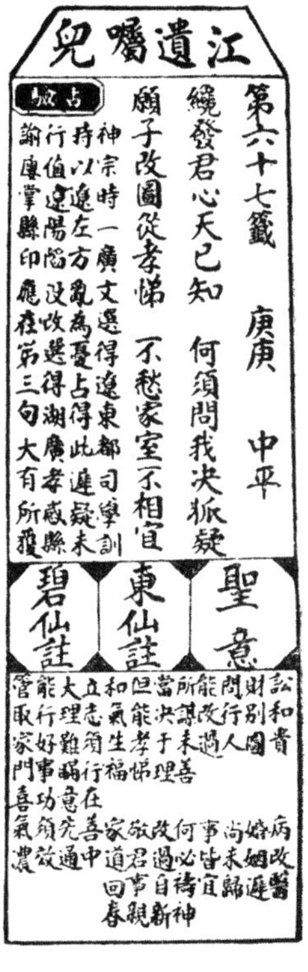

图 2–27 《关帝灵籤》

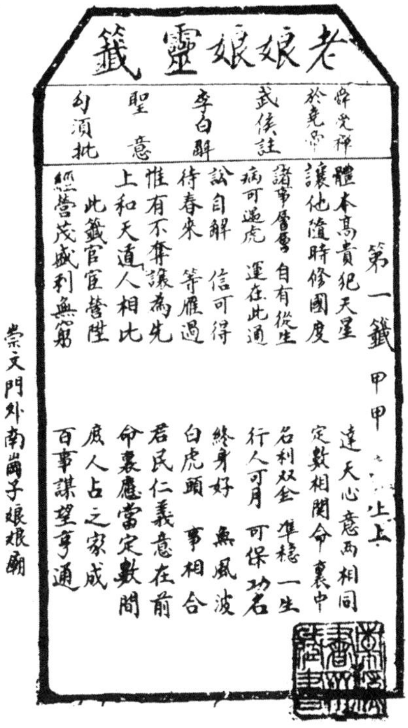

图 2–28　北京南岗子娘娘庙灵籤

序的不多，如《正统道藏》收入的《玄真灵应宝籤》就是以地支为籤序，每个符号 30 首，如“子时第一”、“子时第二”一直到“子时三十”，以此类推。《观世音灵籤》100 首最初也采用地支籤序，近代以后才增加数目籤序。福建省同安区内官村普庵佛祖宫籤谱、永春东关桥观音佛祖籤谱、陈坂宫十二时辰籤谱（图 2–29）、仙游县美峰宫《圣祖妈大显神通有效籤诗》均以十二地支为籤序。

图 2–29　福建永春县陈坂宫十二时辰籤诗

（四）天干地支籤序

在中国古代，十天干和十二地支依次相配，组成六十个基本单位，称干支纪法，用于纪日、月、年。这种计序方法也应用在籤序上，还比较常见，如六十甲子籤诗、台南城隍庙籤谱等（图 2–30）。近代以后，为了方便善男信女，一些原来常用天干地支籤序的籤谱，也改为数目籤序，或者在保留天干籤序的同时，增加数目籤序，如澎湖县马公镇福善堂借用的《吕祖灵籤》（图 2–31）。

（五）杯筊籤序

杯筊也是一种占卜工具，由两块半月形的竹片或牛角组合而成，祈祷后，轻轻向空中抛起，自由落地后，以正面为阳，反面为阴，形成“阴筊”（两个均为反面，或称“怒筊”），为凶兆，寓意神明不同意，所求不吉；“圣筊”（一正一反），寓意神明赞许，所求吉利；“笑筊”（两个均为正面）寓意神明

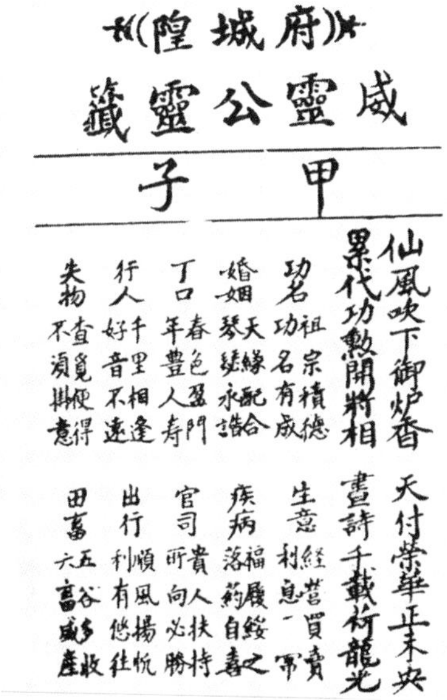
府城隍
咸靈公籤
甲子
仙風吹下御炉香
天付榮華正未央
累代功勲開將相
晝詩千載荷龍光
功名　祖宗積德　功名有成
婚姻　天緣配合　琴瑟永諧
丁口　春色盈門　年豐人壽
行人　千里相逢　好音不遠
失物　查覓便得　不須掛意
生意　經營買賣　利息[illegible]
疾病　福履綏之　落葯自喜
官司　貴人扶持　所向必勝
出行　順風揚帆　利有攸往
田畜　五谷多收　六畜盛產

图 2–30　台南府城隍庙籤谱

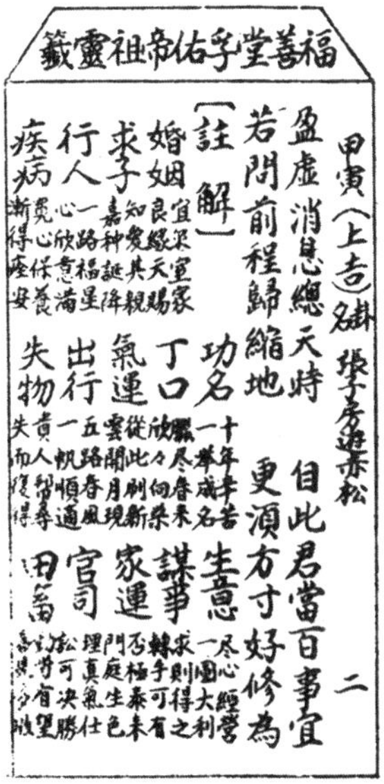
福善堂孚佑帝祖靈籤
甲寅（上吉）
二
盈虛消息總天時
自此君當百事宜
若問前程歸縮地
更須方寸好修為
【註解】
婚姻　宜室宜家　良緣天賜
求子　知愛其親　嘉種誕降
行人　一路福星　心欣意滿
疾病　覓心保養　漸得痊安
功名　十年辛苦　一舉成名
丁口
氣運　從此刷新　雲開月現
出行　五路春風　一帆順通
失物　貴人幫尋　失而復得
生意
謀事
家運　否極泰來　門庭生色
官司　理真氣壯　公可決勝
田畜

图 2–31　澎湖县马公镇福善堂籤谱

探花府三田都元帅竿谱
第一仟　三圣　诚心皆有应　第一重重圣　百事宝安康　营谋大吉昌
第二仟　圣圣阳　忽闻乌鸦噪　一路坦平平　只恐祸临期　心欢喜笑容
第三仟　圣阳阳　不负男儿志　援判甚分明　墙有太来时　求谋无意成
第四仟　圣阳圣　恐怕有人害　作事有非常　退步免萧墙　凡物有大量
第五仟　圣圣阴　劝君勤耕作　久旱逢甘雨　仓廪足丰收　禾苗得润生
第六仟　圣阴阴　家计方成美　龙虎逢云会　多得贵人援　万事自享通
第七仟　圣阴圣　暖暖一轮月　露卷三山会　团圆照满天　云收四海边
第八仟　圣阳阴　闹高何日齐　若为名利客　总是一场空　奈何运永昌
第九仟　圣阴阳　诚心皆有应　祈得圣阴阳　赐福降祯祥　营谋大吉昌
第十仟　三阳　匆匆财喜光　三阳开大运　如添锦上花　木作并无差
第十一仟　阳阳圣　云升多阻隔　驿福生额康　事事有霸留　荆棘满堤生
第十二仟　阳圣圣　等到阳春后　如醉若如痴　好事到家庭　却成却不成
第十三仟　阳圣阳　从此勤理得　只怠不坚心　断不负初心　淘沙始见金
第十四仟　阳阴阴　游鱼沉不食　把钓立江边　收钩卷丝纶　风静自退还
第十五仟　阳阳阴　一朝雷震地　龙落浅水滩　直上九重天　却被鱼虾笑
第十六仟　阳圣阴　门前多喜庆　昨夜灯光灿　好事又重光　今朝喜鹊鸣
第十七仟　阳阴圣　时时添雨露　枯木秋叶落　春风满地花　莲春再发芽
第十八仟　阳阴阳　他日结子成　百事莲秋冬　一旦鼎甲中　梅花吐艳红
第十九仟　三阴　营谋端不许　心意向东行　守份保家庭　金乌正西沉
第二十仟　阴阴圣　莫道光明少　朦胧事可疑　团圆自有时　若作且踌路
第二十一仟　阴圣圣　从此风浪少　劝君不烦忧　江湖任意游　顺水正顺舟
第二十二仟　阴圣阴　直待桃花暖　本是青云客　飞腾上九重　寒窗苦多年
第二十三仟　阴阴阳　若还是脚力　此事同儿戏　流落在后方　如撑逆行舟
第二十四仟　阴阳阳　若有风浪稳　孤舟经大海　脱却一场惊　陡起一场风
第二十五仟　阴阳阴　一朝看变化　春雷方震地　直上九重天　桃花浪里游
第二十六仟　阴圣阳　一饭皆前空　寒翁虽失马　及时福降临　东南来可寻
第二十七仟　阴阳圣　天理明明著　君家能积善　麒麟降琼瑶　自有好儿孙
第二十八仟　一倒一立　阻有一天用　一倒一立　万无一失　百事大吉

图 2–32　福建长乐县探花府三田都元帅籤谱

在嬉笑，不置可否。卜杯一般是连续抛掷3次，就产生了“三笑”、“三圣”（或称三信）、“三阴”、“阴阴圣”（阴阴信）、“阴阳圣”（阴阳信）、“阴阳笑”等28种的不同组合。3次均为“圣杯”为大吉，2次“圣杯”为吉利，1次“圣杯”亦为小吉，3次皆“阴杯”为“大凶”①。此卜法以阴阳学说为依据，加之方法简单，取用简便，兆象简明，所以在民间颇有影响。

至迟在明代籤占就与杯筊结合在一起，不但籤占要通过卜筊来确认所占取的籤枝是否是神灵赐予的那一首，而且有些籤谱直接采用杯筊籤序，如《角声三弄响》等。由于杯筊籤序没有数目籤序方便，后世有的杯筊籤序的籤谱改为数目籤序，或者将杯筊籤序和数目籤序合二为一（图2–33）。

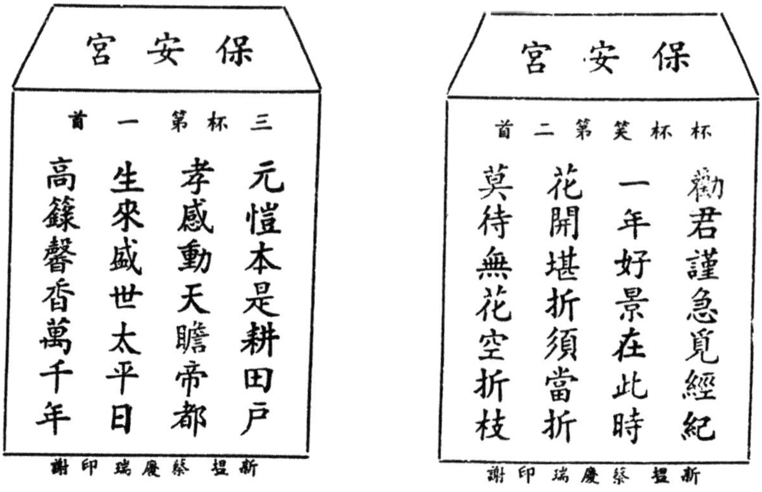

图2–33　台南市西区保安堂籤谱

（六）二十八宿籤序

上古时期，我们的祖先就开始观测天象，包括对星体的观测，其主要目

① 关于杯筊的兆象的吉凶辨别，各地不尽相同。在台湾，“杯筊如果掷三次都是正、阴、阴，是吉凶不明。三次是正、阳、阳，或是正、阳、正，或是阴、阳、正，或是阴、阴、阴等，都不是好兆。只有正、正、正是吉，并以阴、阴、正为最吉。”见王世祯：《谈中国人求籤心理》，《迷信在中国》，星光出版社1981年版，第4页。

的是为了探求天体运行规律，了解时令节气的变化，为农业、渔猎等生产和祭祀、战争等国事服务。先秦时期中国的天文学，在世界上居领先地位。秦代之后，一些方士把天象（主要对星体）的观测，与人世间的天灾兵乱、朝代更迭以及个人的吉凶祸福紧密地结合起来，形成了占星术。

二十八宿是指黄道和赤道附近的二十八个星宿，古人借以观察天象及日月、五星运行的参照坐标。二十八宿按所在方向分为四组，与四种动物的形象相配，即东方七宿：角、亢、氐、房、心、尾、箕，象征苍龙；北方七宿：斗、牛、女、虚、危、室、壁，象征玄武（龟蛇）；西方七宿：奎、娄、胃、昴、毕、觜、参，象征白虎；南方七宿：井、鬼、柳、星、张、翼、轸，象征朱雀。汉代之后，二十八宿逐渐由星座向人格神方向演化。五代著名道士杜光庭《神仙感遇传》记载这样的神话故事：唐开元年间，玄宗昏睡中梦见二十七个仙人，自称是天上二十八宿，除一人留在天上当值外，均来拜见皇上，说明至迟到唐末，二十八宿已经完全人格化。人格化后的二十八宿，各有所主，如角宿的北星主刑，南星主兵，亢宿主疾疫等。有些籤谱采用二十八宿的名称作为籤序，如台湾彰化南瑶宫圣母灵籤（图 2–34）、南兴宫的籤谱。由于二十八宿名称不好记忆，为了方便善男信女，后世人就在二十八宿名称之后加上数目，如台湾《南兴寺籤谱》在籤诗之上注明序号和星宿名称，诸如“角壹”、“亢二”、“氐三”、“房四”、“心五”、“尾六”、“箕七”、“斗八”…… “轸

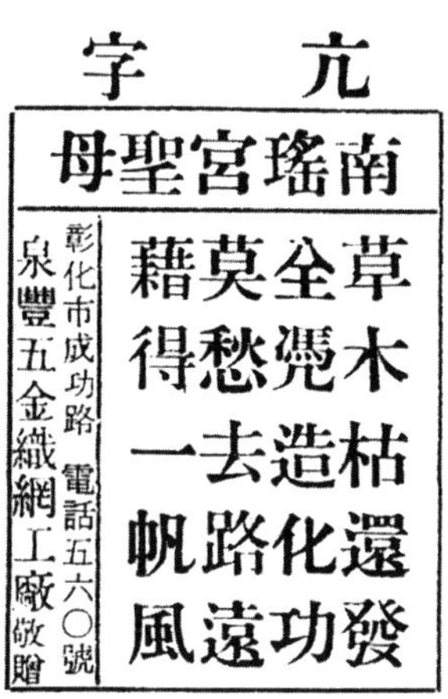

图 2–34　台湾彰化南瑶宫籤谱

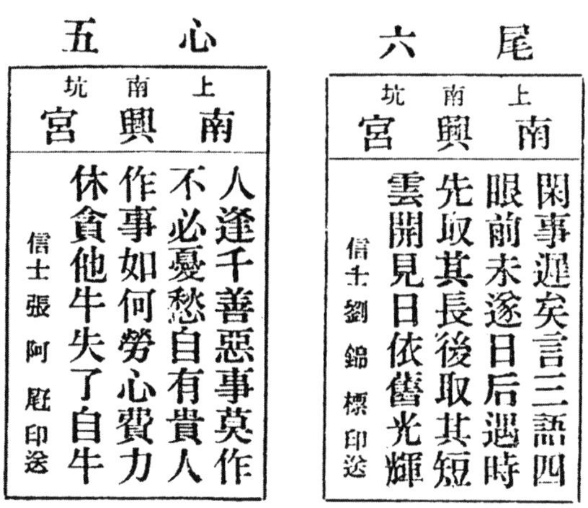

图 2–35　台中县丰原里南兴宫籤谱

廿八”(图 2–35)。

(七)八卦籤序

八卦与籤占的关系十分密切,前面已经论及。在形式上,有的籤谱也以八卦名称作为籤序,如台湾新花镇观音亭药籤,以八卦为籤序,每卦 8 籤,如乾一、乾二、乾三……乾八,共 64 籤(图 2–36)。

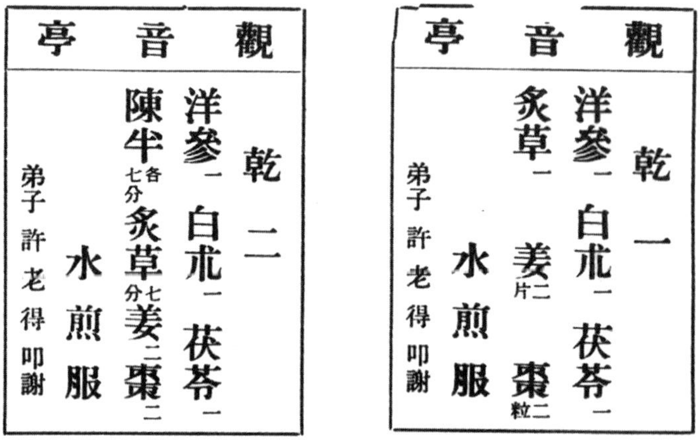

图 2–36　台湾新花镇观音亭药籤

(八)二十四节气籤序

中国是一个以农立国的文明古国,气候的变化与农业的关系极为密切,所以很早以前,古人根据太阳在黄道上的位置(黄经)变化和地面气候演变次序,将一年划分为二十四段落,每段约隔半个月,分配在十二个月中。包括立春、惊蛰、清明、立夏、芒种、小暑、立秋、白露、寒露、立冬、大雪、小寒等十二个节气,和雨水、春分、谷雨、小满、夏至、大暑、处暑、秋分、霜降、小雪、冬至、大寒等十二中气,合称二十四节气。二十四节气大概在秦汉之间完全确立,成为农事活动的主要根据。围绕着农事活动,每一节气又形成不同风俗,历代相承。由于百姓对于二十四节气均耳熟能详,所以,有的籤谱以它为籤序,如福建古田县《北极真武玄武上帝庙廿四节气灵籤》(图 2–37)。

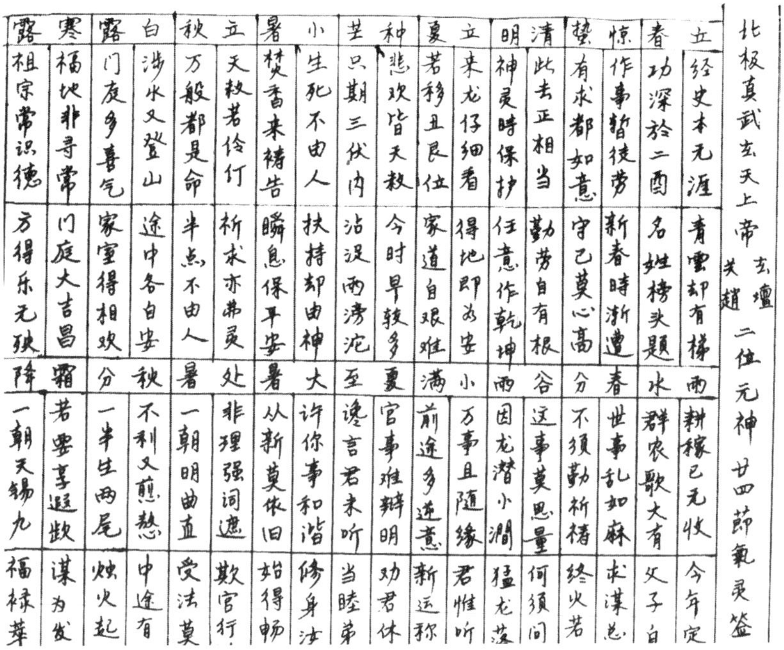
北极真武玄天上帝 玄壇 趙 关 二位元神 廿四節氣灵签

立春	经史本无涯　青云却有梯	功深於二酉　名姓榜头题
惊蛰	作事皆徒劳　新春時渐遭	有求都如意　守己莫心高
清明	此去正相当　勤劳自有根	神灵時保护　任意作乾坤
立夏	来龙仔细看　得地即为安	若移且艮位　家道自艰难
芒种	悲欢皆天数　今时早较多	只期三伏内　沾湿雨滂沱
小暑	生死不由人　扶持却由神	焚香来祷告　瞬息保平安
立秋	天数君伶仃　祈求亦弗灵	万般都是命　半点不由人
白露	涉水又登山　途中各自安	门庭多喜气　家室得相欢
寒露	福地非寻常　门庭大吉昌	祖宗常识德　方得乐无殃
雨水	耕稼已无收　今年定	群农歎大有　父子自
春分	世事乱如麻　求谋总	不须勤祈祷　终火若
谷雨	迳事莫思量　何须问	因龙潜小渊　猛龙落
小满	万事且随缘　君惟听	前途多逆意　渐运称
夏至	官事难辩明　劝君休	逸言君未听　当睦弟
大暑	许你事和谐　修身法	从新莫依旧　始得畅
处暑	非理强词遮　欺官行	一朝明曲直　受法莫
秋分	不利又煎愁　中途有	一半生两尾　烛火起
霜降	若要事遂欺　谋为发	一朝天锡九　福禄华

图 2–37　福建古田县北极真武玄武上帝庙廿四节气籤谱

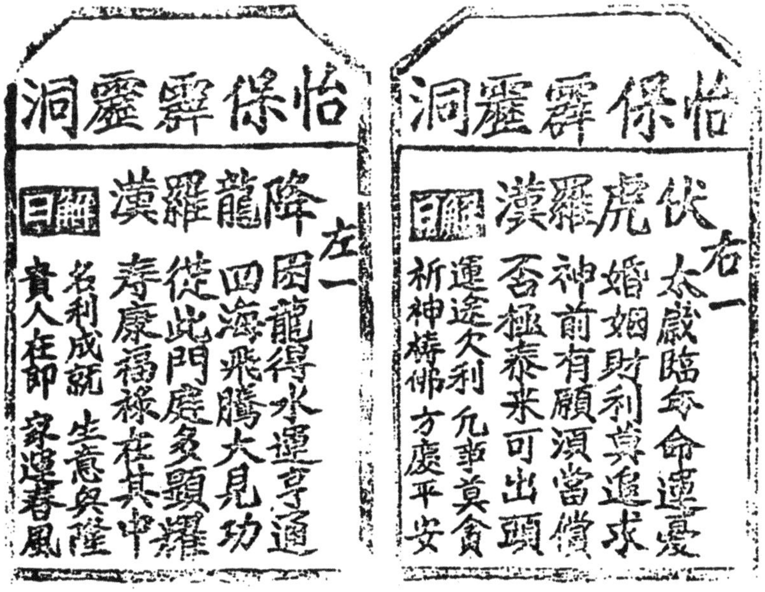

图 2–38　马来西亚怡保霹雳洞籤谱

（九）方位籤序

马来西亚怡保霹雳洞供奉十二罗汉，其籤谱采用方位籤序，独具特色。如“右一”、“左一”、“右二”、“左二”等（图 2–38）。

第二节　籤诗的主要要素

一、籤　　解

籤解就是对籤诗的解释，因地域不同、籤谱不同，差别较大。古代常见的籤解有“解曰”、“断曰”、“圣意”、“王意”、“占解”、“诗解”、“释意”、“释义”、“卦德”、“东坡解”、“云霄注”等不同形式和提法。当代的籤解则有解析、详解、注解等。籤解早在宋代就出现了，《天竺灵籤》中就有“解

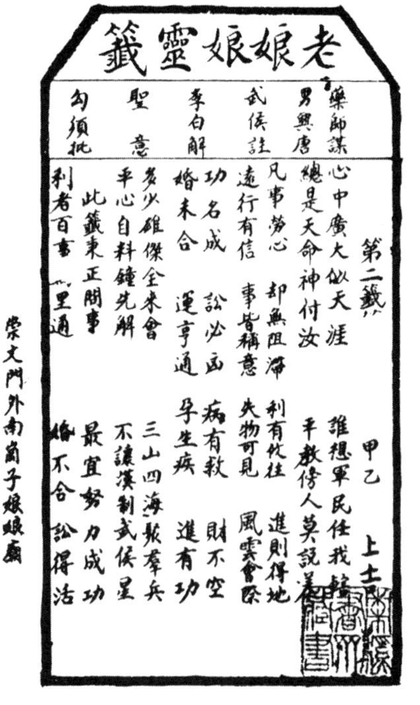

图 2–39　北京南岗子娘娘庙籤谱

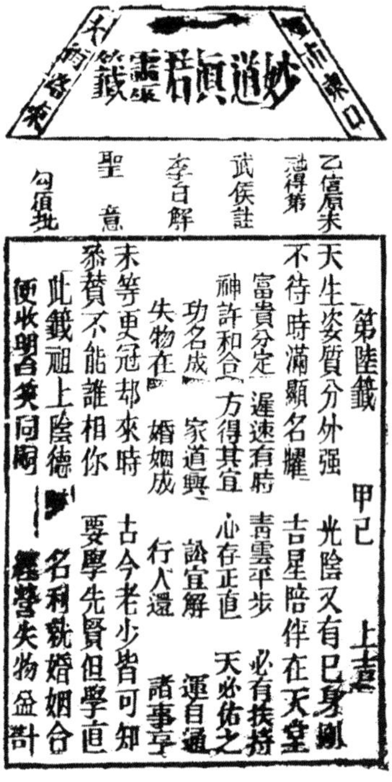

图 2–40　北京枣溪妙道真君籤谱

曰”和断语。明清以来，为了满足善男信女窥视籤诗中的“天机”的需要，籤诗中的籤解逐渐常见（但并非所有的籤诗都有籤解），籤解的项目也逐渐增多。如北京南岗子娘娘庙《老娘娘灵籤》（图 2–39）和枣溪《妙道真君灵籤》（图 2–40）中的籤解均包括“武侯注”、“李白解”、“圣意”、“勾须批”等。

“武侯注”是假借诸葛亮的名义做的注。诸葛亮为三国时期著名的军事家、政治家，有关他的传说故事很多，在中国民间知名度极高，甚至成为智慧的象征为后世百姓所崇拜。诸葛亮在世时，籤占尚未出现，自然与籤占不会有什么关系了。但中国百姓崇拜诸葛亮，传说他能未卜先知，并以诸葛亮的名义编写《诸葛 384 灵籤》、《诸葛三十二灵籤》、《诸葛神算》等籤谱。至于唐代大诗人李白，也是中国著名的历史人物，因其行为放荡不羁，诗歌风格豪放，不少诗歌描写神仙，有人把李白奉为神仙加以崇拜，称之“诗仙”。又因落水而亡，百姓或奉之为水神。籤谱中的“李白解”显然也不是出于李白之手，乃后世盗名之作。“圣意”和“勾须批”是指对籤诗所包含的天机的揣测。《老娘娘灵籤》和《妙道真君灵籤》的籤注之所以打“武侯注”、“李白解”的招牌，无非就是希望借助诸葛亮的招牌招徕更多的善男信女来求籤罢了。

二、籤　　名

给籤诗或籤谱命名，以便与其他宫庙寺院的籤诗或籤谱区别开来，至迟在宋代就出现了，主要是以籤谱所在宫庙寺院名称来命名的，如《祠山籤语》、《天竺灵籤》、《天竺百籤》等。明清时期，籤名则多冠以神灵名称，如《正统道藏》中收入的《四圣真君灵籤》、《洪恩灵济真君灵籤》、《灵济真君注生堂灵籤》、《玄真灵应宝籤》、《扶天广圣如意灵籤》、《护国嘉济江东王灵籤》、《大慈好生九天卫房圣母元君感应宝籤》、《玄天上帝感应灵籤》等籤谱，均为此类。近代以来，籤名形式多样，以庞纬《中国灵籤研究》（资料篇）收入的 55 种籤谱为分析资料，常见的籤名有以下几种：

（一）以宫庙寺院名称为籤名

如海安宫灵籤、福德宫灵籤、大天后宫灵籤、保安宫灵籤、褒忠亭灵籤、醒心堂灵籤、凤山寺灵籤、集应庙灵籤、保安宫灵籤、海灵殿灵籤、保护庙灵籤、天坛灵籤、南瑶宫（南瑶宫圣母）灵籤、北辰宫灵籤、万福庵灵籤、良皇宫灵籤、集义宫灵籤、广应庙灵籤等18种籤谱即为此类，占32%。

（二）以神明名称为籤名

如府城隍威灵公灵籤、司命真君灵籤、注生娘娘灵籤、黄帝归藏易占灵籤、三宝佛灵籤、黄大仙灵籤、吕祖灵籤等7种即为此类，占12.7%。

（三）以地名、宫庙寺院名称为籤名

如红罗北极殿灵籤、新竹关帝庙灵籤、观音山凌云禅寺灵籤、鹿港龙山寺灵籤、淡水清水岩灵籤、宜兰太上感应宫灵籤、新竹青草湖灵隐寺灵籤、乌来宝林山妙心寺灵籤、上南坑南兴宫灵籤、怡保霹雳洞灵籤、圣山青云观斗姥宫灵籤、尾利允上帝庙灵籤等12种籤谱即为此类，占21.8%。

（四）以地名、神明名称为籤名

如万华助顺将军灵籤、金山寺观音灵籤、鹿港威灵庙灵籤、宜兰岳武穆王灵籤、九甲园三山国王灵籤等5种籤谱即为此类，占9.1%。

（五）以庙名、神明名称为籤名

如威灵殿池王灵籤、慈济宫保生大帝灵籤、福善堂孚佑帝祖灵籤、妈祖阁天上圣母灵籤等4种籤谱即为此类，占7.2%。

（六）以地名、宫庙寺院名、神明名称为籤名

如台南开基武庙文衡圣君灵籤、五德里威灵宫保生大帝灵籤、万华金义馆萧府王爷灵籤、鹿港泉州街集英堂白夫人妈灵籤、鹿港永安宫薛府王爷灵籤、鹿港开基祖庙苏府大王爷灵籤、坡池滑福寿宫大伯公灵籤、越坡菩提寺卧佛灵籤等8种，占15.5%。

应该指出，庞纬在《中国灵籤研究》（资料篇）中公布的55种籤谱是其搜集的众多籤谱的精华部分，所以，不能完全反映籤名的实际情况。《中国灵籤研究》（资料篇）中只有一种籤谱没有籤名，少得可怜。而根据笔者搜集的籤谱资料看，在民间流传的籤谱中，有相当一部分的籤谱是无名的，大约占10%。

三、上中下吉凶断语

籤诗中出现上中下之类的吉凶断语在明代中叶之前，《正统道藏》收入

的 8 种籤谱中有 6 种标注上中下之类的吉凶断语。可见，在当时引入上中下吉凶断语的籤谱已经相当普遍了。明中叶之后，标明上中下吉凶断语的籤谱比例不断增多，至今在民间流传的籤谱没有标明上中下吉凶断语的反而不多见了。籤谱中增加上中下吉凶要素，标志着籤诗最终完成通俗化、简易化的历史进程，对于籤占传播并成为中国影响最大的占卜形式之一起着决定性的作用。

关于籤谱中的上中下吉凶断语，因地、因时、因宫庙而不尽相同，是一个相当复杂而有趣的话题，我们将在下面的灵籤的兆象、求籤与解籤等相关章节深入探讨，这里从略。

四、典故或故事

典故或故事作为籤诗的构成要素之一，何时出现，文献没有明确记载，不过从《正统道藏》收入的 8 种籤谱都没有嵌入典故或故事来推测，明代中期之前的籤谱很少或者还没有引入典故或故事；明代中期之后，随着市民文化的勃兴，各类小说和戏曲被创作并广泛流传于民间，其中的一些典故和历史故事、传奇故事、历史演义故事、神话传说、戏剧故事、神怪故事、民间故事成为百姓茶余饭后的谈资，影响深远。庙祝、文人或其他有心之人进而把这些百姓耳熟能详的典故或故事引入籤诗，借助这些生动有趣的典故或故事来印证模糊玄妙的诗句。这样，既可以使善男信女更容易理解诗句的兆象，也增加了籤诗的趣味性，从而大大增加了籤占对百姓的吸引力。

籤诗中的典故或故事，一般是以精炼的语言高度概括成短语，置于籤序之后，诗句之前，每首籤诗配以一个典故或故事。如《观世音灵籤（100）》的第一首的典故是“钟离成道”，第二首“苏秦不第”。也有每首籤诗配以两个故事的籤谱，如福建平和县三平寺籤谱的第一、二籤的典故分别是“姜太公在天水宫学道，姜太公在渭水河钓鱼”、“苏东坡赤壁游舟，韩信钩于城下”；台湾台南市西区海安宫籤谱的第一、二籤的典故分别是“包公请雷惊仁宗，包公极审张世真”、“包公暗访白袍将，尉迟恭挂帅”。福建仙游县枫亭镇会元寺的籤谱的典故是以四句诗的形式出现，如第一、二首分别是：“龙图忠义救仁宗，陈林救主大有功，打风得遇李俊臣，尽忠报国八贤王”、“狄青取珠旗，奸臣谋害伊，定贵路认错，公主结亲期”。莆田城郊石室岩籤谱类似于仙游枫亭会元寺，典故不但以诗歌形式出现，诗歌前还有短语加以点明，如第一首：“洪将收五德，陈高产麟儿：陈家世代有善心，喜哉天赐玉麒麟，夫妻庭前祈祷祝，五福自然庆来临。”第二首：“陈琳救主：释迦出世牟尼心，老君抱送玉麒麟，仁宗祈祷生太子，两月逃难求神明。”

关于籤诗中的典故或故事，台湾学者王文亮着力颇深，他在其硕士论文《台湾地区旧庙籤诗文化之研究——以南部地区百年寺庙为主》第四章“籤诗典故探索”中，用较大的篇幅探讨了籤诗典故的出处、籤诗典故的主题、籤诗典故与籤诗的关系。①

关于籤诗典故的出处，主要来自正史史事、民间流传的故事和戏曲故事。取材于正史史事的年代从虞舜到明代，而以汉、唐、宋的史事较多，多数是百姓耳熟能详的。涉及的历史人物主要有：舜、禹、伊尹、傅说、陶朱公、勾践、管仲、鲍叔牙、伯夷、褒姒、秦始皇、刘邦、项羽、司马相如、陈平、朱买臣、萧何、韩信、张良、苏武、张耳、陈余、司马迁、张京兆、公孙弘、彭越、邓通、吕后、贾谊、严子陵、张敞、申屠嘉、班昭、王昭君、王莽、刘秀、邓禹、马援、梁鸿、班超、匡衡、蔡伯喈、袁安、张翰、王羲之、殷浩、谢安、周处、山涛、郭璞、石崇、陶渊明、王祥、魏孝文帝、李世民、张公艺、十八学士、武则天、唐玄宗、狄仁杰、郭子仪、李泌、杜甫、孟郊、唐明皇、黄巢、罗隐、赵匡胤、梁灏、吕蒙正、司马光、王安石、狄青、包拯、韩世忠、邵雍、寇准、朱寿昌、魏忠贤、徐阶等。

籤诗典故或故事取材于话本长篇小说的主要有《东周列国志》、《封神榜》、《两汉演义》、《隋唐演义》、《杨家将演义》、《孔子演义》、《孙庞演义》、《说唐演义》、《月唐演义》、《薛仁贵征东》、《薛丁山征西》、《说岳全传》、《薛刚闹花灯》、《前后七国志》等，以描写战争中的国与国、臣与臣之间的谋略为主，辅以君王礼贤下士，臣民精忠报国之事。其中主角多是拯救君主、抵御外侮、开疆拓土的功臣名将、忠臣义士。籤诗典故或故事取材于神魔小说的以《西游记》为主，取材于公案小说的以《海公大红袍》、《海公小红

① 王文亮：《台湾地区旧庙籤诗文化之研究——以南部地区百年寺庙为主》，台南师范学院乡土文化研究所2000年硕士学位论文。参见王文亮、林起泓：《南瀛籤诗故事志》，台南县政府2006年版。

袍》、《包公案》为主，取材于侠义小说的以《绿牡丹》、《粉妆楼》为主，取材于短篇小说的以《今古奇观》、《醒世恒言》、《警世通言》、《喻世明言》、《二度梅》、《白兔记》、《孟姜女》、《留鞋记》、《白蛇传》、《琵琶记》、《汉宫秋》、《风雪破窑记》、《陈三五娘》、《西厢记》、《梁山伯祝英台》为主，取材于鬼怪故事的以《八仙故事》、《神仙传》、《搜神记》为主。

至于籤诗典故或故事取材于戏曲的更多，来自宋元戏文的有 28 种，元杂剧的有 59 种，明戏文的有 12 种，明杂剧的有 41 种，明传奇的有 23 种，清杂剧的有 10 种，京剧的有 99 种，布袋戏的有 65 种，皮影戏的有 27 种。还有一些籤诗典故或故事来源于佛教故事、稗官野史、民间传说、掌故等。籤诗的典故或传说无论取材于何种文体，其主题围绕着家庭伦理、功名、处世、爱情婚姻、人际关系、求财、官事诉讼、求雨、五谷六畜、六甲、出外、疾病等展开。①

台湾学者林修澈也曾对澎湖、宜兰新竹三县 338 套籤谱中的典故与籤诗关系进行深入研究，发现“几乎所有的妈祖庙用籤与所使用的典故套名都差不多”，进而认为“籤以诗句分大类，大类底下可以用不同的典故再细分为几个小类”。他通过同一类籤谱的对比研究，发现“即使典故相同，其文字的使用方式仍然有非常复杂的变化”，甚至“不仅典故的遣词不同，连句意都已改变”②。至于籤诗典故与该庙所奉祀主神之间的关系，“实在找不出有阶序的对应关系，只有各庙自主而任意的选择”③。实际上，籤诗中的典故或故事的来源非常复杂，同一个故事的来源往往是多元的而不是单一的，既有可能来源于正史，也有可能来源于小说戏曲等民间文化，很难作出明确判断。笔者以为，籤诗引入的典故或故事的大背景是明代中期以后的市民文化兴起，因此其来源主要是小说戏曲等俗文化。无论源于何处的典故或故事，其主旨除了帮助善男信女更好地了解籤诗兆象、揣测天机外，还衍生出伦理教化等功能。

---

① 王文亮：《台湾地区旧庙籤诗文化之研究——以南部地区百年寺庙为主》，台南师范学院乡土文化研究所 2000 年硕士学位论文。参见王文亮、林起泓：《南瀛籤诗故事志》，台南县政府 2006 年版。

② 林修澈：《宜兰县内庙的运籤》，《宜兰研究》，2004 年第三届学术研讨会论文集，第 26—32 页。

③ 同上书，第 44 页。

第三节 籤诗的附属要素

一、占 验

“占验”就是把前人籤占的灵验故事附在相应籤诗的后面，一首籤诗一个占验故事（少数的籤诗配有多个占验故事）标榜神明灵通、籤诗灵验，以此来吸引更多的信众。“占验”内容千奇百怪，涉及社会各个阶层、各个方面。对于籤占者，多不具姓名，而含糊其辞曰“一人”、“一士”、“一生”、“一少年”、“某人”、“一商人”、“一妇”等。至于“占验”的故事，则言之凿凿，但多不可考。但是，“占验”的故事，给我们提供了了解当时社会的珍贵资料。关于这个问题，我们将在后面深入探讨。

籤诗中出现“占验”内容，不会早于明代中期，而且这种具备“占验”内容的籤谱并不普遍，笔者见到的也只有两种，一是《关圣帝君灵籤诗集》、二是《泉郡富美宫萧太傅籤诗簿》。福建晋江石鼓庙的《顺正大王籤谱》的序言中虽然提到该籤谱“有解明，有疑事，有王意，有注解，释义、占验诸类具备”，但现存的《顺正大王籤谱》中却看不到这方面的内容，不知是后世删除了，还是序言的作者夸大其词，有待进一步考证。

二、寄 附 者

宫庙寺院在印刷籤诗时，有一些善男信女或工厂企业、宫庙愿意出资赞助，为了感谢资助者，就把他们的姓名或工厂企业、宫庙名连同籤诗印在一起，称之为“寄附者”。籤诗中之所以出现“寄附者”，一方面是善男信女为了祈求神灵的保佑，另一方面也是商品经济发展到一定阶段的产物。工厂企业之类的实体成为“寄附者”，显而易见的目的是利用籤诗的流传来做广告。

“寄附者”至迟出现在清末，同治十年印刷的北京东土双夫人庙中的《土地神籤》，就有“同治十年秋月大兴厚德堂义园公刻东土神双夫人庙在朝阳门外大桥下路北”等字样。[1]在商品经济比较发达的地区，籤诗中具有“寄附者”的情况比较常见。庞纬在台湾收集的46种籤谱中，有38种具有“寄附者”，如此之高的比例与台湾地区的宗教信仰和商品经济都比较繁荣有密切的联系。

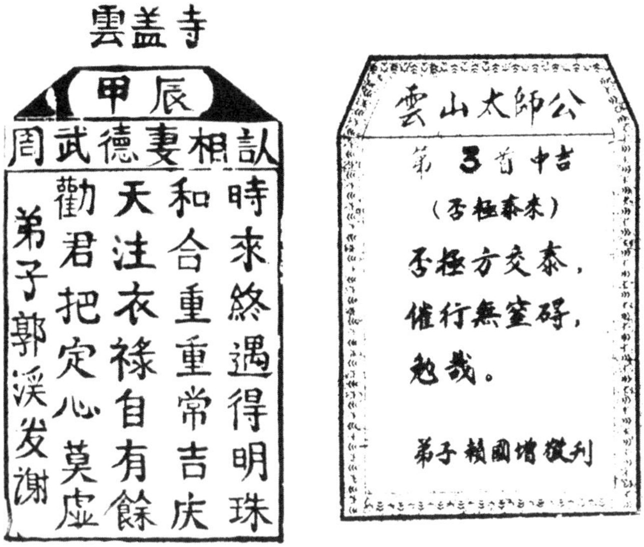

图 2–41　籤诗“寄附者”名字多印在籤诗的下方或旁边

“寄附者”在籤诗中的所在位置，绝大多数位于不显眼的地方，如籤诗的下方或旁边，字号也较小些。“寄附者”的资助形式，既有单个人承担费用的，也有多人共同承担费用的，还有善男信女与工厂企业资助、宫庙一起资助印刷的。“寄附者”的表述方式也有较大的差异，诸如“敬献”、“叩献”、“叩谢”、“敬谢”、“叩答”、“印谢”、“敬印”、“敬刊”等。列表如下：

表 2–1　籤诗“寄附者”情况

宫庙寺院名　　称	所在地点	资助形式	“寄附者”举例
清水岩	台北	单人＋工厂企业	“周以礼敬刊”、“台北利昌文具印刷厂承印电话：四六〇二七”、“林宗茂文具印刷公司承印，电话：五五八八四七”

① ［日］酒井忠夫、今井宇三郎、吉元昭治：《中国的灵籤·药籤集成》，东京：风响社1992年版，第160—173页。

续表

宫庙寺院名　称	所在地点	资助形式	“寄附者”举例
福德宫	台北	单人	“信士柯涂粪敬献台北市新生北路二段六二巷十二号”
保安宫	台北	多人＋工厂企业＋宫庙	“叶有林叩谢”、“基隆市仁五路三六号隆成针车行叩谢”、“宫址：台北市哈密街”
凌云禅寺	台北	多人＋工厂企业＋宫庙	“无名氏敬赠”、“信安礼香行李元敬印北市延平北路2段60巷1号”、“玄定敬印士林昭明寺”
金义馆	台北	多人＋工厂企业	“黄闻秀敬刊光明社印行”
妙心寺	台北	多人	“台北市昆明街九二号之五李承招敬赠”
高姓集应庙	台北	多人	“台北市罗斯福路三段三〇一号高火生敬刊”
醒心堂	台北	多人	“王慧修赠”
保安宫	台北	宫庙	“保安宫印”
黄帝神宫	台北	宫庙	“轩辕教台北黄帝神宫恭印”
广福宫	台北	二人	“邱水顺邱金山敬”
集义宫	台北	多人	“台北市内江街七十八号信士刘松柏叩谢”、“梁生财叩谢”
南兴宫	台中	多人	“信士江科印送”
金山寺	台中	单人	“弟子洪坤敬印”
关帝庙	新竹	多人＋工厂企业	“弟子黄碧东叩谢”、“章记行叩谢”
灵隐寺感化堂	新竹	工厂企业	“新竹竹成印刷厂敬刊”
云光寺灶君堂	新竹	多人	“新竹市关东桥新庄里曹安松敬刊”、“瑞峰里吕乾和敬刊”
永安宫	彰化	多人＋工厂企业	“弟子吴反敬献”、“丁卯庆祝薛府王爷千秋纪念吴繁修订注解兴华印刷厂敬印”、
威灵庙	彰化	多人	“诸炉下敬刊”、“周德堂敬刊”
奉天宫	彰化	工厂企业	“恭祝千岁诞生暨重建庙宇纪念民国丁未年梅月吴繁修订注解”、“兴华印刷厂敬印”
南瑶宫	彰化	多人＋工厂企业	“彰化县花坛乡文德村泉丰金属工业公司黄景明敬赠电话花坛局一四九”

续表

宫庙寺院名　称	所在地点	资助形式	“寄附者”举例
龙山寺	彰化	多人+工厂企业+宫庙	“弟子庄金莲敬献”、“弟子人人照相馆敬献”、“弟子兴华印刷厂吴木火敬献”、“龙山寺印”
集英堂	彰化	工厂企业	“兴华印刷厂敬刊”
凤山寺	彰化	多人	“纪玉雪叩谢”、“弟子吴其昌叩谢”
大天后宫	台南	多人+宫庙	“弟子洪嘴敬谢”、“大天后宫管委会”
开基武庙	台南	多人	“信士吴季霖敬献”、“弟子方金水印刷厂敬献”
保安宫	台南	多人	“邓赏印谢”、“新塭蔡庆瑞印谢”
府城隍庙	台南	单人	“台南市清水里里长廖禄松印谢”、“廖禄松印谢”
天坛	台南	宫庙	天坛管理委员会编印
慈济宫	台南	多人	“弟子李横叩答”
天坛	台南	宫庙	天坛管理委员会编印
良皇宫	台南	单人+工厂企业	“天川被服厂信士王天禄敬献”
义山宫国王庙	高雄	多人	“本村弟子陈文汉叩谢”、“右昌蔡振添叩谢”
褒忠亭	高雄	多人+工厂企业	“董水石董津池叩谢”、“日光旅行社叩谢”
广应庙	高雄	多人	“林家村弟子林见钟叩”、“东林村弘明印刷厂弟子林文弘叩”
碧霞宫	宜兰	多人+工厂企业	“门下陈清秀敬谢”、“癸卯寿星会敬谢”、“兰阳印刷厂敬谢”
感应宫	宜兰	多人+工厂企业	“宜兰市南桥里刘令敬刊”、“保安药房敬刊”、“光兴行电机工厂敬刊”、“兰阳印刷厂职员一同敬刊”
北极殿	澎湖	单人	“弟子洪合叩谢”
保护庙	金门	单人	“本境弟子蔡朝对叩谢”

由于“寄附者”包含人名、地名或者工厂企业名称等信息，对研究当地的经济文化，特别是信仰圈、祭祀圈有一定的史料价值。如在台湾南瀛盐水月津伽蓝庙籤谱的“寄附者”中，就包含着“本境”、“桥南里”、“布街”、

“三生里”、“市场内”、“大宅内”、“水正里”、“朝琴路”等地名，和“发利印刷文具有限公司”、“益安堂药行”、“盐水荣三堂日馆”、“义成行”、“文成万年笔病院”、“新泉利”、“新香珍饼店”、“红头百货行”、“仁顺西药房”等商店名称，还有二十多名善男信女姓名[①]。这在一定程度上体现了该庙的信仰圈、祭祀圈，也反映了该庙的生存环境以及与商人之间的密切关系。

“寄附者”中还出现籤诗修订注解的名字，共有两种：一是台湾彰化鹿港永安宫，供奉薛王爷，全套籤诗60首。此籤谱早已存在，作者不详，但到了1967年庆祝薛王爷诞辰时，请来吴繁对籤谱进行重新修订注解，并在籤诗上注明（图2–42）。二是彰化鹿港奉天宫，供奉苏王爷，该庙也是在1967年王爷诞辰和重建庙宇时，请来吴繁对籤诗进行修订注解（图2–43）。我们知道，籤诗的编写，除了借用文人诗歌、经典格言、戏曲名句外，更多的是文人或有较高文化素养的宗教人士参与编写而成。但是，在古人看来，籤诗毕竟是不登大雅之堂的东西，所以，籤诗的作者虽然呕心沥血创作，但

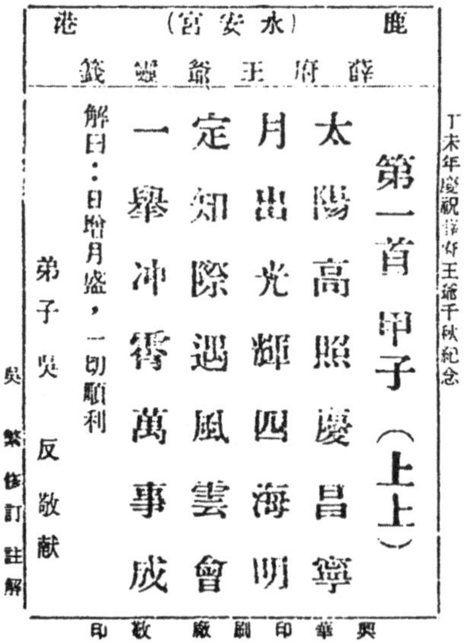
鹿港（永安宮）
薛府王爺靈籤
第一首 甲子 （上上）
太陽高照慶昌寧
月出光輝四海明
定知際遇風雲會
一舉沖霄萬事成
解曰：日增月盛，一切順利
弟子吳反敬献
丁未年慶祝薛府王爺千秋紀念
吳繁修訂註解
興華印刷廠敬印

图2–42　台湾彰化鹿港永安宫籤谱

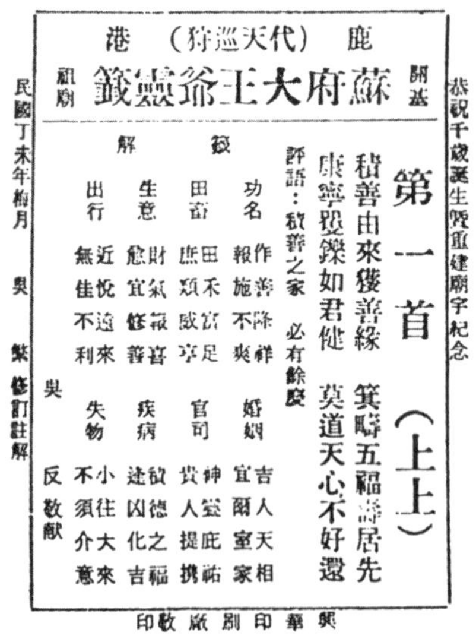
鹿港（代天巡狩）
開基 蘇府大王爺靈籤 祖廟
恭祝千歲誕生暨重建廟宇紀念
第一首 （上上）
積善由來獲善緣
箕疇五福壽居先
康寧逸樂如君健
莫道天心不好還
評語：積善之家 必有餘慶
民國丁未年梅月 吳繁修訂註解
興華印刷廠敬印

图2–43　台湾彰化鹿港奉天宫籤谱

① 参见王文亮：《南瀛寺庙籤诗文化初探》，《南瀛文献》2002年第1期。

都不好意思署名。即使少数籤谱虽有作者署名，但也多是假托神灵附体写成的。迄今为止，尚未见到哪首籤诗明确署名作者姓名。因此，上述两种籤谱因“寄附者”而出现修订注解者的姓名，显得十分珍贵。

三、标　语

在籤诗上附上一些标语，借助籤诗的流传来达到宣传教育的目的，这种做法仅在台湾见到，并不普遍。籤诗上的标语，可以分为劝世标语、警示标语和政治标语。劝世标语就是把一些劝世格言、语录印在籤诗上，如流传于南瀛盐水镇北门的《六十甲子籤诗》上印有60条不同劝世标语，如“视他人物当如己物必爱护之”、“由俭入奢易由奢入俭难”、“见他人善如己善必其成之六甲”。[①] 南瀛将军乡保济宫的籤诗条末了有“存心不善，风水无益。不孝父母，奉神无益”等劝世标语。台南南鲲鯓代天府灵籤的末了也有劝世格言（图2–44）。

警示标语就是提醒善男信女提高防范诈骗等意识，以免上当受骗，如“诈骗集团花样多，不贪不理不上当；乐透公益又发财，多买希望永相随”[②]。政治标语是特殊政治环境的产物，20世纪五六十年代，台湾当局鼓吹反攻大陆，所以在籤诗中也体现出来，如“反攻复国，光复大陆”[③]。台南天坛的籤诗上则印着：“要求自由，必忠国家，爱护民族，遵守纪律，坚定信念，件件做到，万事亨通。”[④]（图2–45）

综上所述，在籤诗的构成要素中，诗句是必不可少的基本要素。至今在民间可以看到各种诗歌格式的籤诗，从三言、四言、五言，到六言、七言、长短句，应有尽有。最常见的是七言四句的灵籤，其次是五言四句，再次是四言四句和长短句，三言和六言的灵籤比较少见；籤序的产生恐怕要略晚于籤诗诗句，也是说在籤诗出现的早期，籤诗直接书写在竹简上，未必有籤

① 王文亮：《南瀛寺庙籤诗文化初探》，《南瀛文献》2002年第1期。

② 陈香琪：《台湾通行籤诗之文学性研究》，高雄师范大学国文学系研究所2005年硕士学位论文。

③ 王文亮：《南瀛寺庙籤诗文化初探》，《南瀛文献》2002年第1期。

④ 庞纬：《中国灵籤研究》（资料篇），龙记图书有限公司1967年版，第654—679页。

序。不久，为了方便占卜者，籤序就产生并成为籤诗必备的要素了；籤解、籤名、上中下吉凶断语、典故或故事，在宋代以后依次产生，大大丰富了籤诗的内涵，也成为籤诗重要的组成部分；至于占验，寄附者和标语则带有地域性色彩，为少数籤诗所拥有。

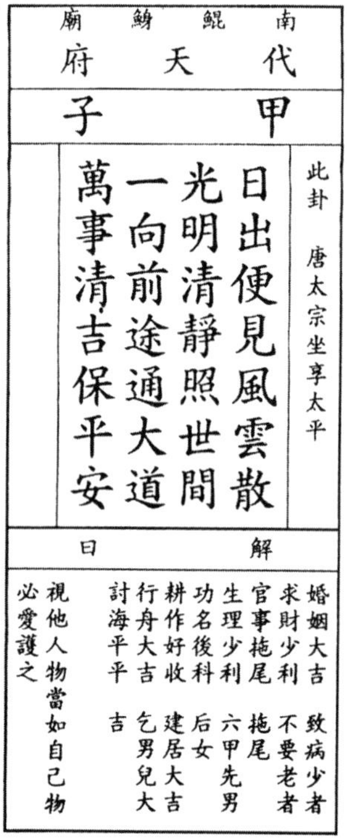
南鯤鯓廟
代天府
甲子
此卦 唐太宗坐享太平
日出便見風雲散
光明清靜照世間
一向前途通大道
萬事清吉保平安
解曰
婚姻大吉 致病少者
求財少利 不要老者
官事拖尾 拖尾
生理少利 六甲先男
功名後科 后女
耕作好收 建居大吉
行舟大吉 乞男兒大
討海平平 吉
視他人物當如自己物
必愛護之

图 2–44　台南南鯤鯓代天府籤谱

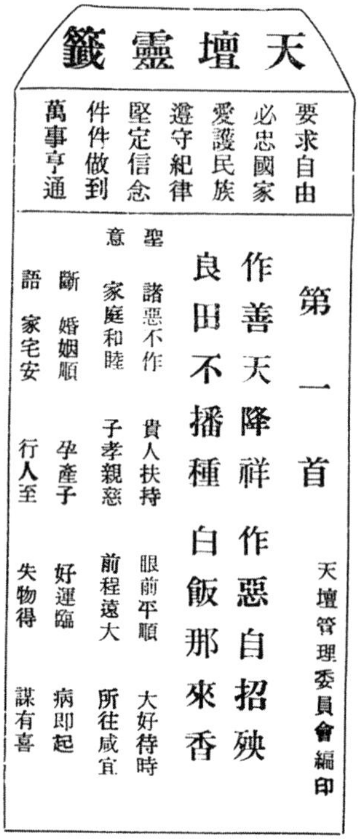
天壇靈籤
要求自由
必忠國家
愛護民族
遵守紀律
堅定信念
件件做到
萬事亨通
第一首
作善天降祥
作惡自招殃
良田不播種
白飯那來香
聖意
諸惡不作 貴人扶持 眼前平順 大好待時
家庭和睦 子孝親慈 前程遠大 所往咸宜
斷語
婚姻順 孕產子 好運臨 病即起
家宅安 行人至 失物得 謀有喜
天壇管理委員會編印

图 2–45　台南天坛籤谱

第三章　籤谱的类型与特殊的籤谱

宋代以后，特别是明清以来，绝大多数宫庙寺院都备有籤谱供善男信女占取查对。由于中国幅员辽阔，文化多元一体，反映在籤谱上也是丰富多彩，既有同一性，也有差异性。籤谱除了在外在形式上千差万别，在内容方面也存在许多不同，许多宫庙保有特殊的籤谱，也在一定程度上反映了区域历史文化的不同和社会的变迁。

第一节　籤谱的类型

一、按籤谱的占卜内容划分

所谓籤谱，是指由若干首籤诗组成的有一定体系的特殊图籍。在中国民间流传的籤谱很多，仅笔者就搜集了一千多种籤谱。籤谱虽然众多繁杂，但从其占卜的内容来看，可以划分为两大类，即运籤和药籤。

运籤主要用来占卜各种运气和命运，故名。运籤又被百姓用来占卜生活和生产中的各种疑难未决之事，所有又称卜事籤。运籤的历史悠久，籤谱的最早形态就是运籤，也就是说，运籤何时产生，籤谱也就同时出现。在籤谱中，运籤占绝大多数，所以，通常说到籤谱，没有特别说明，往往等同于运籤。

运籤籤谱的形态差异很大，从运籤籤谱的首数看，仅笔者所见的，最少的 12 首，最多的 560 首；最常见的籤谱为 60 首，其次是 100 首，还有 28 首、

图 3–1　武夷山瑞岩寺清代籤诗雕版

图 3–2　清代五文昌夫子籤版

27 首、36 首、64 首、50 首、30 首、32 首的籤谱也不少。从运籤籤谱的内容看，有文字籤谱，也有图文合一的籤谱；有道教色彩浓厚的籤谱，有佛教色彩浓厚的籤谱，也有民间宗教信仰色彩浓厚的籤谱；有分门别类的籤谱，有专项的籤谱；有十二生肖籤谱，有十八罗汉、五百罗汉籤谱等。至于具有地方特色的籤谱更多。我们将在下面专门介绍。

所谓药籤，就是籤条上写的不是通常见到的诗歌，而是药方，或者用诗歌写成的药方，患者根据此药方抓药，煎熬服用。药籤属于信仰疗法。旧时，在医疗卫生相对落后的乡村相当流行，至今在闽台民间还可见到。对于这一即将完全退出历史舞台的文化事象，有必要进行探讨。本书将在附录一“信仰疗法与药籤研究”对药籤的源流、传播、类型、药物、药效、治病奥秘等予以探讨。

图 3–3　问事籤和药籤籤筒

二、按籤谱的外在形式划分

（一）书写在竹简上的籤谱

最早的籤谱是把诗歌逐首抄写或刻写在竹简上，《辞源》释“灵籤”曰：“旧时寺庙中以竹签为卜具，上写诗句，迷信的人抽籤根据诗意附会人事，以决吉凶，谓之灵籤。”上面提到的五代时，还是小孩的卢多逊在云阳道观以求籤为游戏，并将所抽取的籤诗带回去给父亲看的故事，他所抽的籤诗，显然是书写在竹简上（俗称“籤枝”）。本来写有籤诗的竹简是不能带回家去的，由于卢多逊还是小孩，不懂事，就把它带回家了。

籤诗之所以直接抄写在竹简上，根本原因在于当时的纸张还比较贵，把籤诗抄写在竹简上可一劳永逸，成本较低。为了使墨色不易脱落，通常在写好籤诗的竹简上涂上一层油漆。南宋绍圣五年（1098），华镇在拆建绍兴的旧房子时，于墙壁中挖出竹制籤诗，就“漆涂如新，笔画无缺”。[①] 由于书写在竹简上的籤诗不能带回家，给善男信女特别是不识字的信徒带来不便，因此，后来逐渐被纸张抄写的籤谱所取代。在民间，还有极少数宫庙如福建省连江县忠如寺、安溪县官桥镇三王府、永泰姬岩白马尊王庙、晋江县五里桥水心亭等仍使用书写在竹简上的籤谱（图 3–4）。台湾鹿港兴安宫保存清代的籤诗也直接抄写在竹简上。

（二）书写或印刷于纸张上的籤谱

由于书写或印刷于纸上的籤诗制作简便，也方便香客带回家揣摩，所以在宫庙中最为常见，这种类型的籤谱大约在宋代就出现，并很快成为寺庙宫观最常见的籤谱形式。《清稗类钞·方伎类》第十册“求籤”：“神庙有削竹为籤者，编列号数，贮以筒。祈祷时，持筒簸之，则籤落，验其号数，以纸印成之诗语决休咎，谓之籤诗，并有解释，又或印有药方。”主要有 3 种

图 3–4　把籤诗直接写在竹简上，是最早的籤谱形态（福建晋江市五里桥水心亭籤枝）

① 华镇:《云溪居士集》卷二十七《越州修住宅灵籤记》。

形式：

一是籤诗簿。所谓籤诗簿就是将籤诗抄写或印刷成册，占卜者根据从籤筒中抽取的竹简上的号码，到庙祝处查对籤诗簿中相应号码的籤诗。占卜者若需要所占取的籤诗，可以抄写回家。旧时，一座宫庙的籤诗簿一般只有一本，由宫庙的庙祝保管，极个别宫庙才有雕版印刷，但不广泛散发。近年来，随着商品经济的发展，一些宫庙大量印刷籤诗簿，出售给香客。大陆、台湾、香港及日本的一些出版社也出版发行籤谱。

图 3–5　传统的籤条柜

图 3–6　造型独特的籤条柜

二是籤诗条。所谓籤诗条是指把籤诗抄写或印刷在纸条上，由庙祝保管，占卜者根据从籤筒中抽取的竹简上的号码，到庙祝处索取相应号码的籤诗条，带回家去。有的宫庙把籤诗条按序号摆放在木架上，以方便求籤者自行对号索取（图 3–7）。

清末，吴友如创作了大量反映当时民俗的风俗画，其中有一幅题为《呼吁无灵》的画（图 3–8），描写的是广州某人到关帝庙求籤买彩票的故事，文字说明写道：

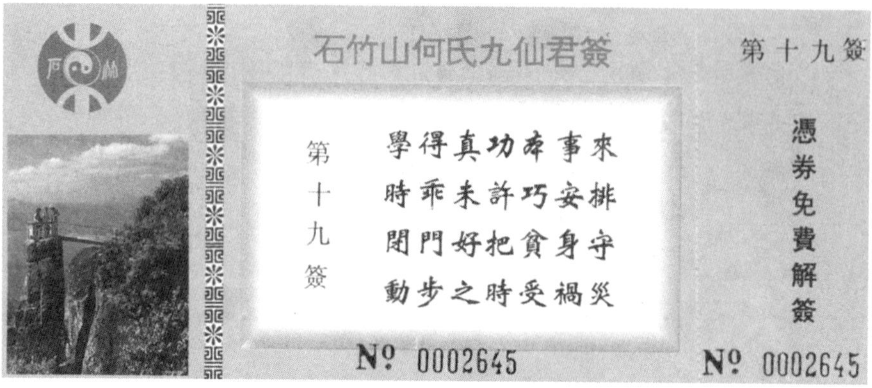

图 3–7　福建福清石竹山籤诗

图 3–8　呼吁无灵（吴友如画）①

① 本书中凡注明“吴友如画”的插图，均出自《吴友如画宝》第十册《风俗志图说上》，民国十四年上海壁园石印版。

黎祺贾人也，设小贩于广州府之西关，为人清耿，家中除衣食外无长物焉。一日谓其妻曰："上帝怜我正直，命我往佛山武庙为马军。"妻不之信，黎笑曰："届时当自知之。"不数月，果无疾而卒。黎有友某甲适至佛山，恭谒武庙，见左廊下一马军宛与黎肖，因奠以酒祝之曰："仆之潦倒，君所知也。君今为神，犹恋恋有故人意否？如念旧，好乞一援手。"因出籤筒，分别鸽票八十字，摇而祈之，籤示十字。即晚猜买，果中十字，得彩银八两余。乃具猪蹄一、鸡一，往为酬谢，且暗祝曰："蒙君垂佑，受益良多，其如杯水车薪何，倘不以我为贪，乞再籤示十五字。"摇之，果又得十五字。甲喜极而归，举酒自酌，不觉沉醉。比醒，已鼍更三下矣。忽忆籤字，急忙往购，则票馆已闭。及明而往，则已开彩，将籤字对之，竟失彩银五百余两云。①

值得注意的是，该图画中的墙壁上所挂的就是籤条。

至今，在民间的一些宫庙中，把籤诗条按序号摆放在木架上，以方便求籤者的做法还随处可见。如澳门妈祖阁（图 3–9）、台湾学甲慈济宫（图 3–10）、福建莆田壶公山玉皇殿（图 3–11）、泉州天后宫（图 3–12）等即是，相当普遍。

三是籤谱用纸张抄写并张贴于墙壁上。如南靖县梅林乡天后宫的灵籤

图 3–9　澳门妈祖阁籤诗条

图 3–10　台湾学甲慈济宫籤诗条

① 《吴友如画宝》第十册《风俗志图说上》，民国十四年上海璧园石印出版。

图 3–11 福建莆田壶公山玉皇殿籤诗条

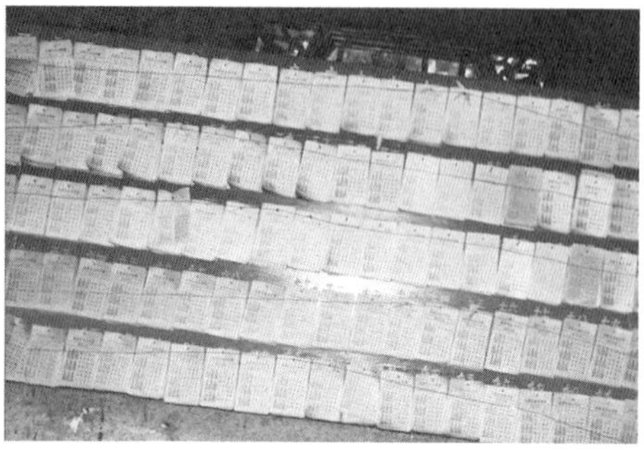

图 3–12 福建泉州天后宫籤诗条

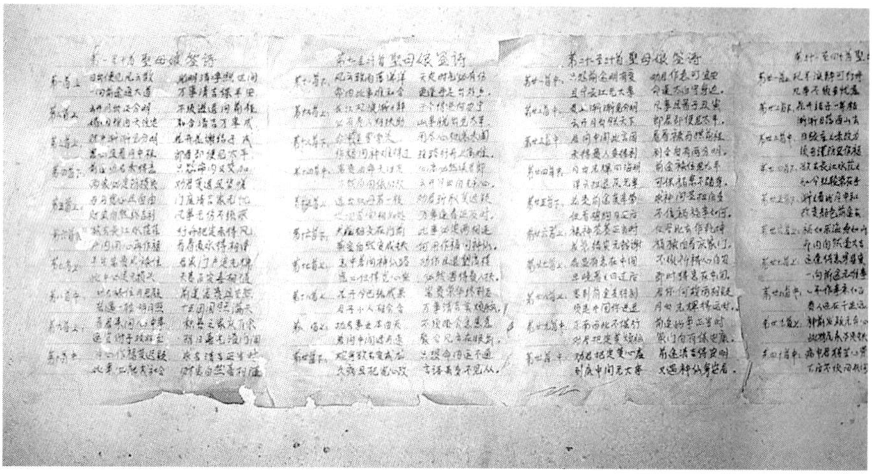

图 3–13 籤谱用纸张抄写并张贴于墙壁上（福建南靖县梅林乡天后宫）

用大纸张抄写并张贴于墙壁（图 3–13），以方便香客按号码对照籤诗。

（三）把籤诗抄写或刻写于木牌上

用大纸张抄写籤诗并张贴于墙壁上固然简便，但容易破旧，所以民间出现了把籤诗抄写或刻写于木牌上，或挂在墙壁上，这种形式的籤谱大约在宋代就出现了。此后，一直延续下来，至今在民间还可见到。如福建莆田县新县镇大所宫光绪元年籤诗板（图 3–14）、新县镇飞云洞旧籤诗板（图 3–15）、屏南县千乘桥头的光绪二十六年三圣夫人庙籤诗板（图 3–16）、福州鼓山镇远洋长寿境金将军庙乾隆三十年籤诗板（图 3–17）。或将木牌做成类似于屏风样子竖立于正殿中，如莆田县黄石镇谷城宫灵

图 3–14　福建莆田县新县镇大所宫光绪元年籤诗板

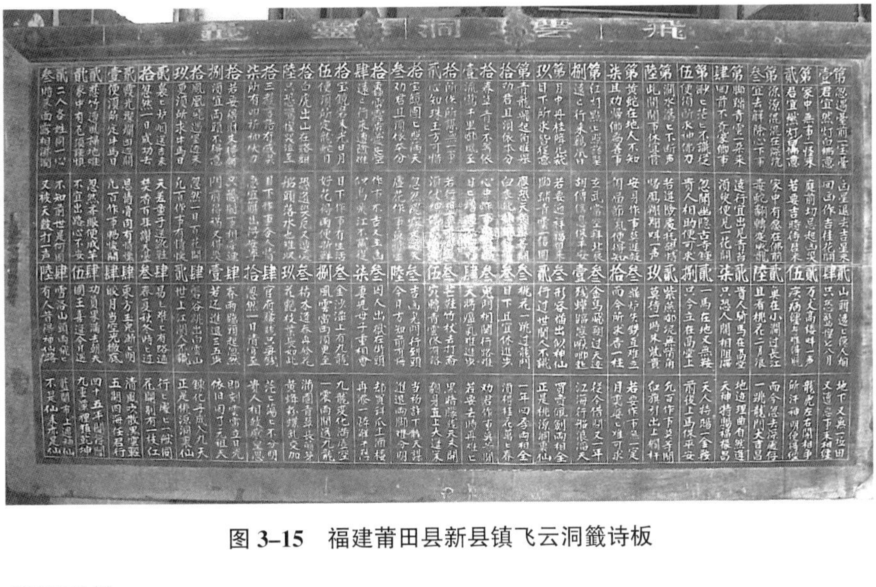

图 3–15　福建莆田县新县镇飞云洞籤诗板

籤板即是。

由于书写、刻写于木牌上的籤谱，除了经济实惠、方便信众外，还可长时间保存。笔者在福建民间看到近二十块清代的籤诗板，最早的为福建罗源飞竹镇大善宫康熙二十年籤诗板（图 3–18），虽然字迹模糊不清，但非常

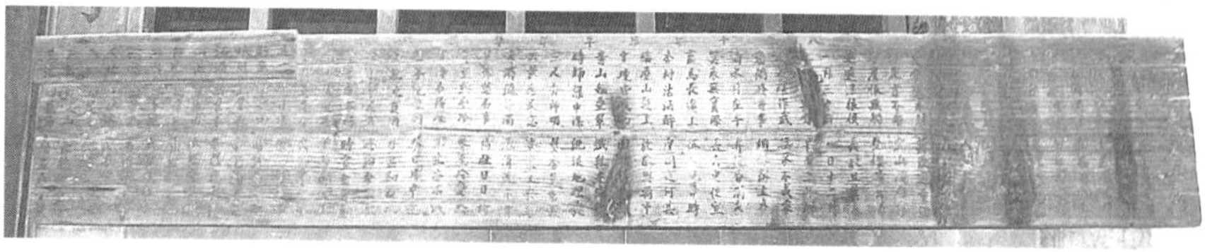

图 3–16　屏南县千乘桥头的光绪二十六年三圣夫人庙籤诗板

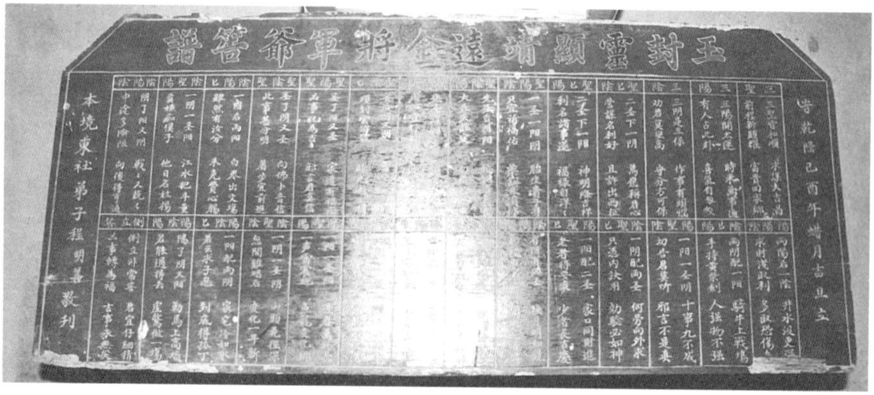

图 3–17　福州鼓山镇远洋长寿境金将军庙乾隆三十年籤诗板

图 3–18　福建罗源飞竹镇大善宫康熙二十年籤诗板

珍贵。

（四）抄写在墙壁上的籤谱

一些寺庙宫观直接把籤诗抄写在墙壁上，供善男信女核对。这种做法至迟在元代就出现，时人姚桐寿在《乐郊私语》中记载，他在浙江海盐的鲁公祠旁边的思鲁桥的墙壁上看到籤谱：

余始至州，舟过鹿苑废刹，时方深秋，红树扶疏，隐映败椽破壁。大足供客中吟眺，因维梢登览，读壁间旧记，有鲁简肃公"罗汉见梦事，括苍吴思齐"。题其旁曰："是法本平等，无怠亦无敬。如何证无生，却来见参政。"余谓阿罗汉自敬正人，不敬参政，简肃风范凛凛，载在史册，每一翻诵未尝不想见其为人。及入城，谒所谓鲁公祠，祠旁有思鲁桥，壁端有卜筊词，州民有疑，辄问凶吉如响。公之精灵不昧，更有如此者。柱上有联云：舄去古祠留乌翼，名从青史识鱼头。是县令蒋行简所书。①

闽浙山区，宋元明清建有大量的廊桥，廊桥上往往有神龛（有的神庙建在桥头或桥尾），供行人礼拜。由于山区的人口较少，神庙中往往没有专人看管，所以就在廊桥的神龛旁边，或桥头桥尾的神庙墙壁上，抄写籤谱，以方便行人占卜。这种做法，至今在闽浙地区的廊桥上仍可见到（图 3–19）。姚桐寿在思鲁桥的墙壁上看到籤谱，大概就是这种情况。

图 3–19　闽浙地区廊桥上抄写籤谱方便百姓占卜

① 陶宗仪：《说郛》卷十八下。

在福建，在孤魂野鬼庙的墙壁上也抄写籤谱，供善男信女使用（图 3–20）。

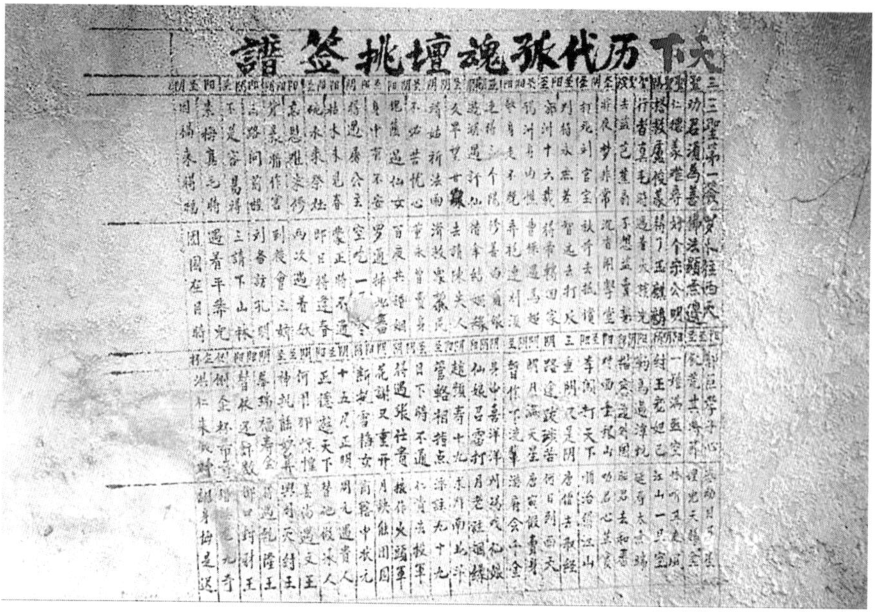

图 3–20　孤魂野鬼庙的墙壁上也抄写籤谱

（五）凿刻于石碑上的籤谱

书写于木牌上的籤谱虽然比用大纸张抄写籤谱经久耐用，但最终还会腐烂，少数宫庙为了一劳永逸，就把籤诗凿刻在石碑上。据郑振满和丁荷生编纂的《福建宗教碑铭汇编》（兴化府分册）第 437 条介绍，仙游县榜头镇塘坡宫至今仍保存着民国七年凿刻的司马圣王籤碑，共 66 首，首诗首句为“天子赦条宽”，末诗末句为“公侯万世长”。泉州南门公婆巷浯浦境天王府宫，也有一方嘉庆甲戌年间的石刻籤诗碑（图 3–21）。

（六）烧制在瓷砖上的籤谱

自古以来，福建的陶瓷业相当发达，有些地方把籤谱烧制在瓷砖上，然后贴在宫庙的墙壁上，供抽籤者查对。如晋江市金井镇湖厝村下宫 100 首籤诗分别烧制在若干白瓷砖上，闽清县云龙乡五显帝庙则把 100 首籤诗分别烧制在 50 块白瓷砖上（图 3–22）。

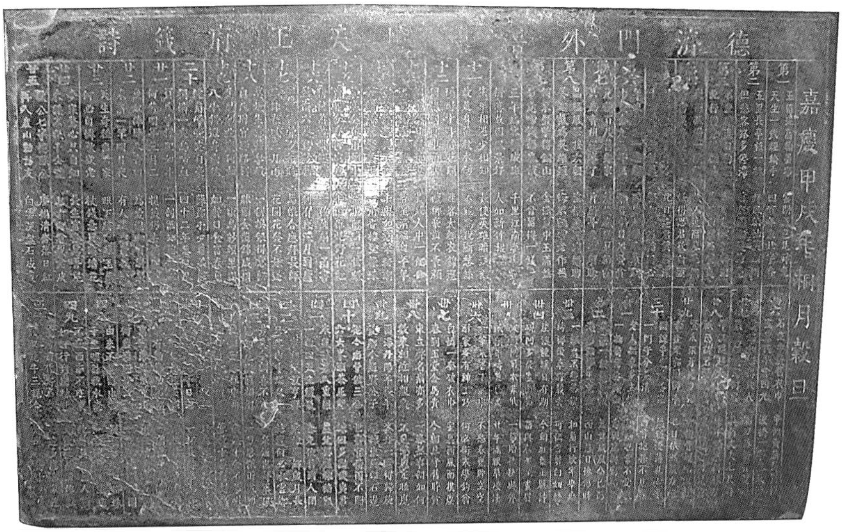

图 3-21　泉州南门公婆巷浯浦境天王府宫的石刻籤谱

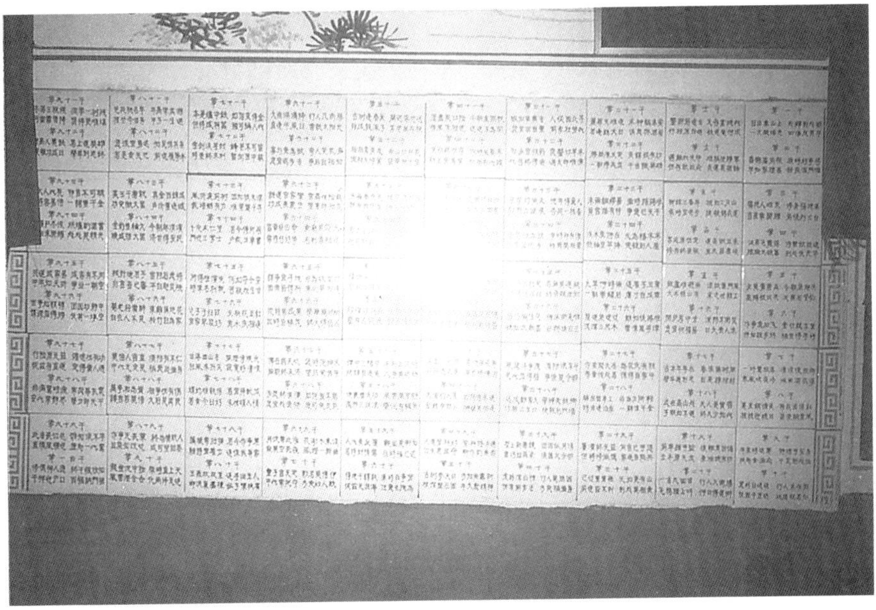

图 3-22　福建闽清县云龙乡五显帝庙瓷砖籤谱

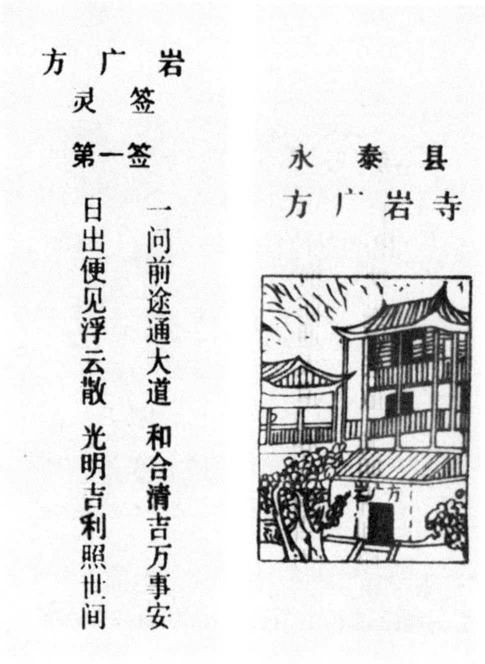

图 3–23　福建永泰方广岩塑料制成的籤谱

（七）印制在塑料上的籤谱

近年来，随着塑料工业的发展，福建闽清县南庙等宫庙用塑料纸来印制籤诗，正面印刷庙名、庙貌、神灵的封号，反面印刷籤诗，相当精致。福建永泰名胜方广岩的籤谱也是用塑料做成，便于保存（图 3–23）。

（八）刻录在光盘上的籤谱

随着计算机的普及，一些公司把籤谱刻录在光盘上销售。占取籤诗的方法简单，鼠标随意点击不断摇晃的籤筒，籤筒中就会跳出一支竹简，并很快切换成籤诗画面。近年来，出现大量籤占的网站，抽籤的形式既模仿传统又有所创新。

综上所述，从籤谱的物质形态看，最早的籤谱是书写或刻写在竹简上的，后来，逐渐被书写在纸张上的籤谱所取代，并成为最常见的形式。在历史上，还出现了刻写在木牌上、墙壁上，或凿刻在石头上的籤谱。近年来，不但有烧制在瓷砖上的籤谱，而且有用塑料纸制成的籤谱、刻成光盘的籤谱等。籤谱的物质形态的变化，也在一定程度上反映了社会的变迁。

第二节　籤头、籤尾、籤王、罚籤

一、籤　　头

又称“头籤”、“首籤”等。在中国传统文化中，非常注重好的开端，认为有好的开端就意味着有好的结局，“有始有终”则等同于圆满。籤谱的编写者也受此传统文化的影响，第一籤和最后一籤往往比较吉利。如宋代的《江东王籤》（即后世《关帝灵籤》）的第一首就是上上籤，其籤诗也体现出第一籤的重要性：“巍巍独步向云间，玉殿千官第一班。富贵荣华天付汝，福如东海寿如山。”末籤的籤诗中更加明确指出：“抽得终籤百事宜。”[①] 籤占时，能抽得头籤和尾籤的，一般都感到幸运，高兴不已，当然也有例外，有人认为头籤和末籤的籤句太佳，常人无法消受此福气，如康熙年间，海宁陈徵君循惯例为儿子参加科举考试而“卜于关庙，得第一籤：‘巍巍独步向云间，玉殿千官第一班，富贵荣华天付汝，福如东海寿如山。’复祝曰：‘援例事小，籤句太佳，惧不克当。’又卜得第一百籤：‘我本天仙雷雨师，吉凶祸福我先知，至诚祷祝皆灵应，抽得终籤百事宜。’悟曰：‘有始有终，祥莫大焉。’意遂决。康熙戊午乡举第二，乙丑成进士，殿试第二，历官中外，至文渊阁大学士。雍正十一年，年八十二，予告归，赠徵君如其官，太夫人一品。乾隆元年八月，薨于第。子孙繁昌，官显于朝。咸谓徵

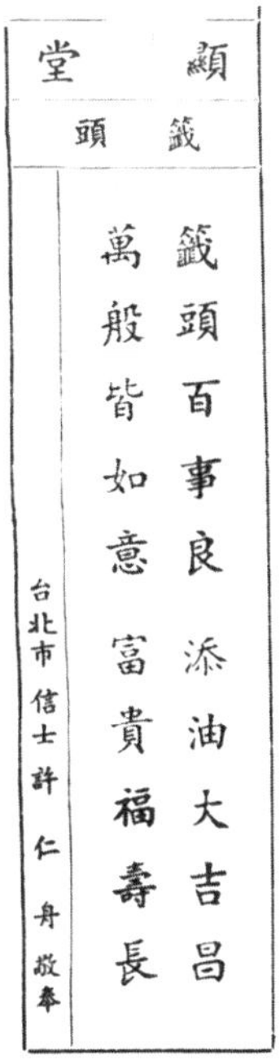

图 3–24　福州于山九仙观显灵堂头籤

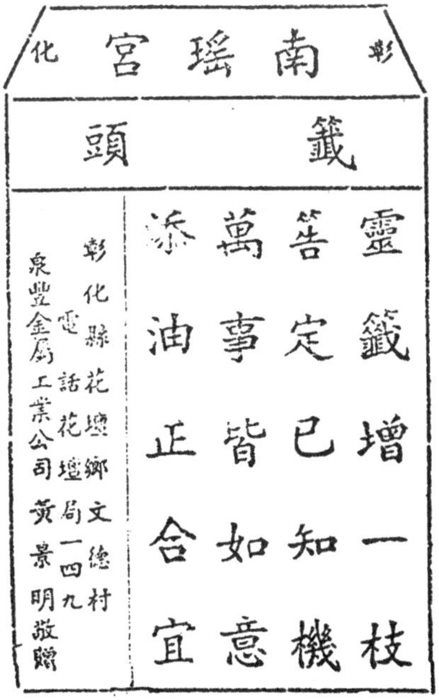

图 3–25　台湾彰化南瑶里南瑶宫头籤

① 也有极个别籤谱的末籤为下籤，如台湾艋舺《龙山寺观世音灵籤》第一百首虽未注明上中下等级，但在“解”中写道：“此籤及百祈之未然，营谋用事费力流量，此籤未定之象，外虚少实。”“圣意”：“此是满籤，诸事不利。大作福力，可保平安。”显然，该籤谱的末籤为下籤。

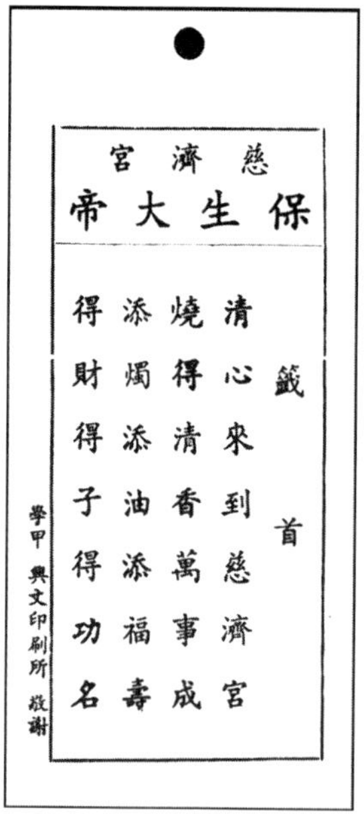

图 3–26 台南学甲慈济宫首籤

图 3–27 台南市天坛首籤

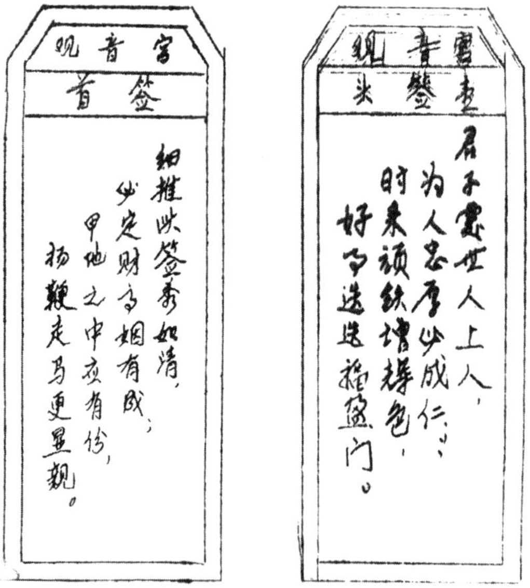

图 3–28 福建上杭县仙师庙观音宫头籤和首籤

君善行积累，故基福于僧，以徵吉梦，预告于神，若操左券云。”①

明代中期之后，为了博取前来占籤的善男信女的欢心，一些籤谱在第一首籤诗之前又增加一首籤诗，称为“籤头”、“首籤”、“头一籤”、“头籤”等。籤头均特别吉利，为上上籤（有的籤谱直接标上“上上籤”为籤头），因此善男信女特别希望能抽得籤头（图 3–26、3–37）。

少数籤谱的头籤有时不止一首，如福建上杭县仙师庙中有两种籤谱，均为 50 首，其中标明“观音籤”的籤谱之前增加“首籤”、“头籤壹”两首籤诗（图 3–28），另一种籤谱则增加“首籤”、“上上籤”、“头一籤”3 首（图 3–29）。

有的籤谱虽然没有标明“籤头”或“头籤”，但用红色纸张印刷，有别于其他

① 《盛谦阴骘文新编》，转引世界关氏宗亲总会第九届恳亲大会筹委会编印：《关公文化资料丛书》第五册，华夏出版社 2007 年版，第 321—322 页。

籤诗，如福建建宁县里心镇禅福寺籤谱的头籤和尾籤都是用大红纸张印制，表示大吉大利（图 3–30）。当然，抽到大吉大利的头籤或末籤，也免不了要添油进香来感谢神明的庇佑。

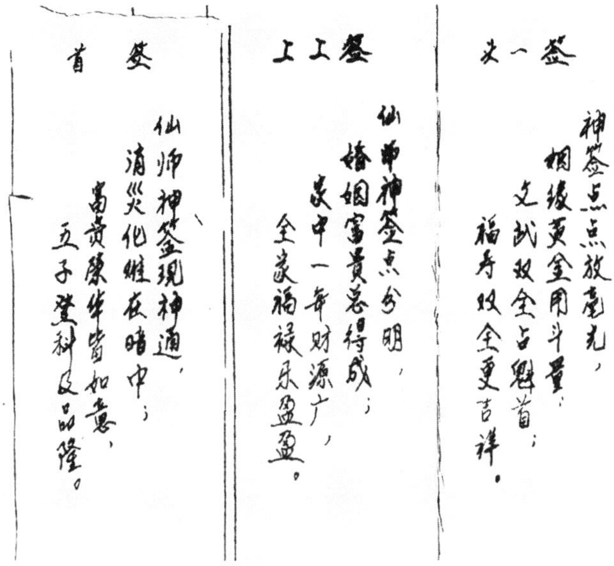

图 3–29　福建上杭县仙师庙的首籤和上上籤、头一籤

籤头绝大多数为大吉大利，极少数为不吉籤，如台湾澎湖县马公镇的福善堂的籤头，就是“前运不辰，现运未达”，因此需要在神前发愿，添油进香，虔诚礼拜，祈求神佛保佑，消灾去难（图 3–31）。

二、籤　　尾

又称“尾籤”。“籤尾”是指在籤谱末了所增加的籤诗，一般标以序号，而不标明“籤尾”字样，由于被置于籤谱的末了，故民间称之为“籤尾”。有“籤头”的籤谱，不一定有“籤尾”与之对应，相对于“籤头”而言，“籤尾”较少。“籤尾”的内容有两种：一是与“籤头”一样为上上籤，诗句

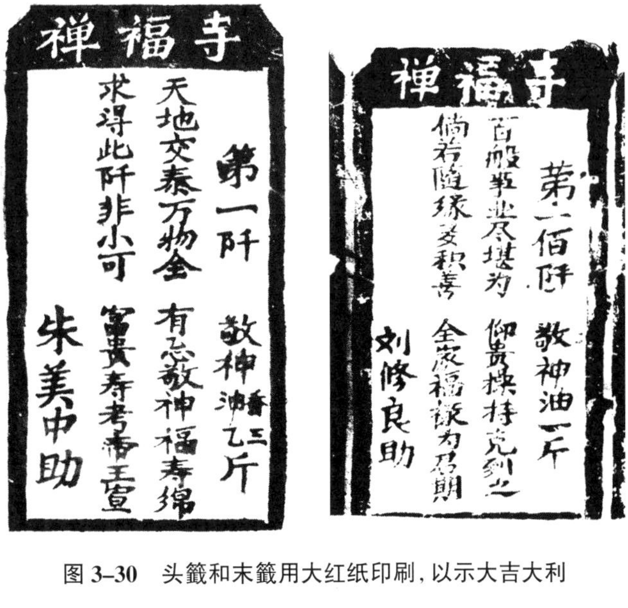

图 3–30　头籤和末籤用大红纸印刷，以示大吉大利

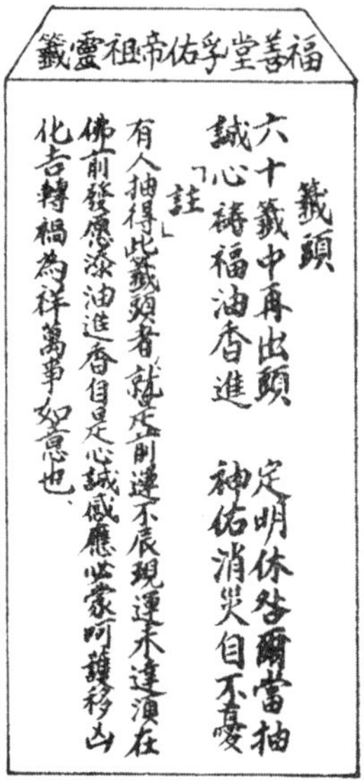
福善堂孚佑帝祖靈籤

籤頭

六十籤中再出頭　定明休咎爾當抽
誠心祷福油香進　神佑消災自不憂

「註」

有人抽得此籤頭者，誠恐前運不良現運未達，須在佛前發願添油進香，自是心誠感應必蒙呵護，移凶化吉轉禍為祥萬事如意也。

图 3–31　台湾澎湖县马公镇福善堂的籤头

内容为大吉大利，如福建龙岩登高坛天王宫籤谱的最后加二首“甲籤”和“大吉籤”，要求信徒添油进香（图 3–32）、台湾新竹义民庙的籤尾均属此类型（图 3–33）；二是用来谴责善男信女对神明不够尊敬，抽籤时不够虔诚。如福建福鼎前歧晏公庙籤谱的末籤即是（图 3–34）。

三、籤　王

“籤王”的出现应在籤头和籤尾之后，至迟在清代就出现了，《湄州屿志》、《妈祖图志》等收入的《天上圣母籤谱》（27 首）的前头有“都魁”籤和“亚魁”籤，香港《天后圣母古本籤谱》、澳门《妈祖阁籤谱》中也有

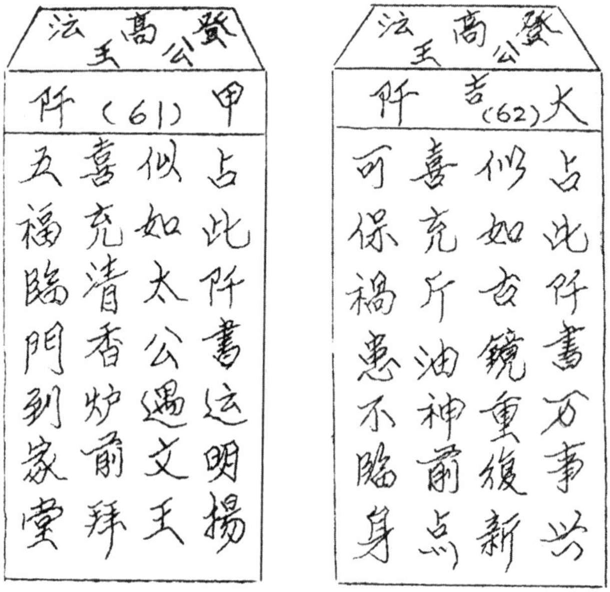
登高坛公王

甲（61）阡

占此阡書运明揚
似如太公遇文王
喜充清香炉前拜
五福臨門到家堂

登高坛公王

大吉（62）阡

占此阡書万事兴
似如古鏡重復新
喜充斤油神前点
可保禍患不臨身

图 3–32　福建龙岩登高坛天王宫籤尾

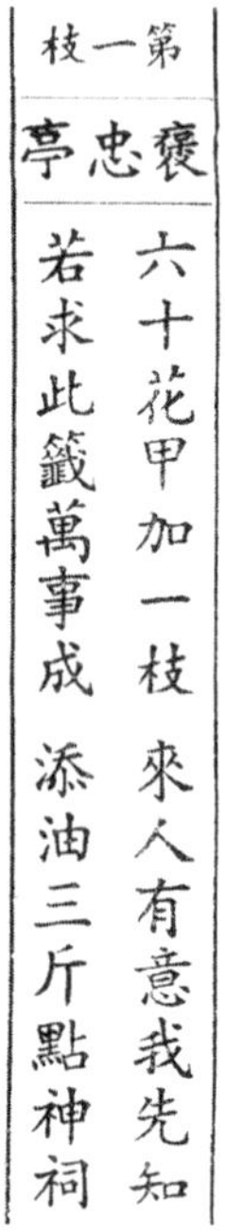
第一枝

褒忠亭

六十花甲加一枝　來人有意我先知
若求此籤萬事成　添油三斤點神祠

图 3–33　台湾新竹义民庙籤尾

“都魁”、“亚魁”、“顶魁”籤，可以说，这些都是“籤王”的滥觞（图 3–35）。福建政和县外屯乡洋后桥头某寺庙的籤谱之前增加的“状元竿”、“榜眼竿”、“探花竿”，有异曲同工之妙。

“籤王”大多居于籤谱之首（极个别置于籤谱的末了），诗句的内容以大吉大利为主。① 一套籤谱的籤王多为一首，也有少数不止一首籤王的籤谱，如台北县淡水镇清水岩籤谱之前增加两首“籤王”，分别明确标明“籤王总吉”、“籤王大吉”（图 3–36）。

信徒抽到“籤王”，自然高兴，少不了要添油添香，“籤王”的籤诗中往往也有明确要求，如台湾宜兰震安宫籤王（图 3–37）、宜兰玉尊宫籤王即是（图 3–38）。

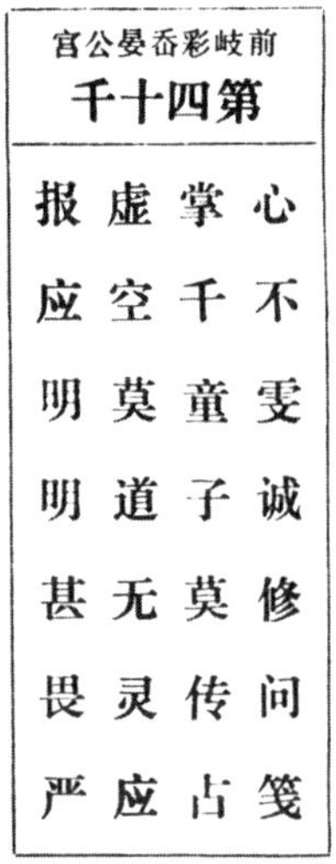

图 3–34　福鼎前岐晏公庙灵籤

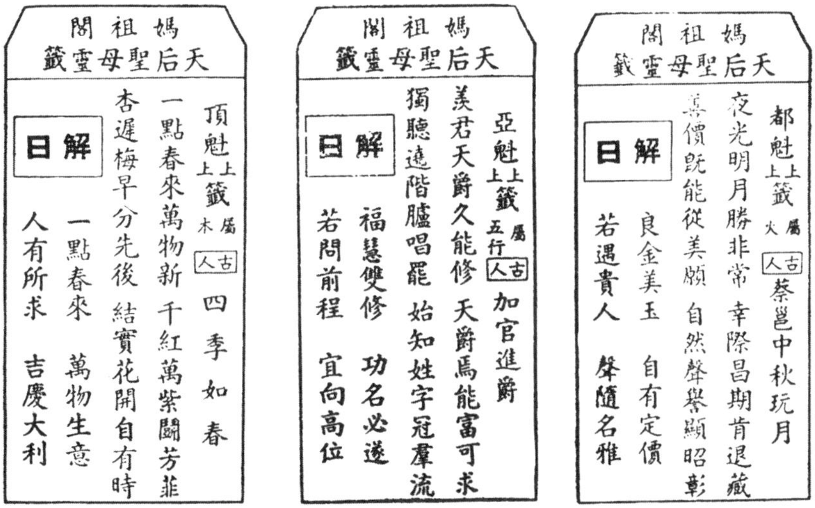

图 3–35　澳门妈祖阁籤谱中的“都魁”、“亚魁”、“顶魁”籤

① 在台湾，俗信抽到籤王者，一定要捐献香油钱，否则会倒大霉的。另外，抽到籤王者，多数人都喜欢带回家珍藏，或随身带。

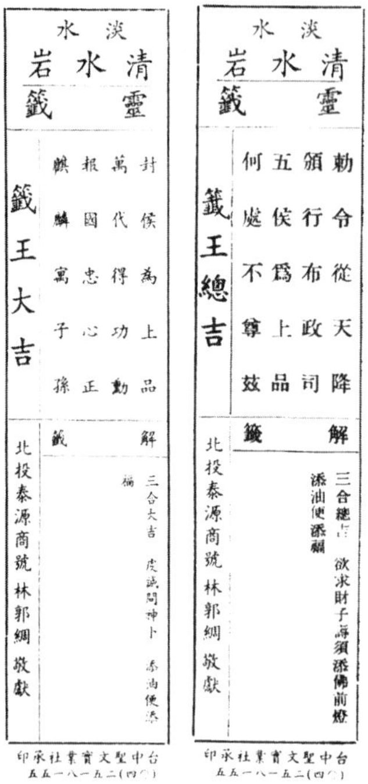

图 3–36　台北淡水镇清水岩籤王

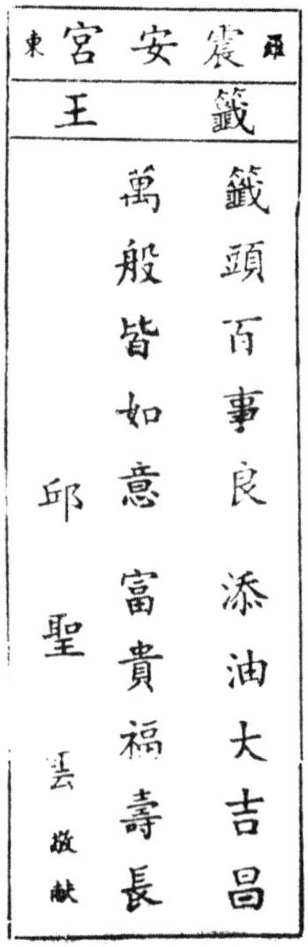

图 3–37　台湾宜兰震安宫籤王

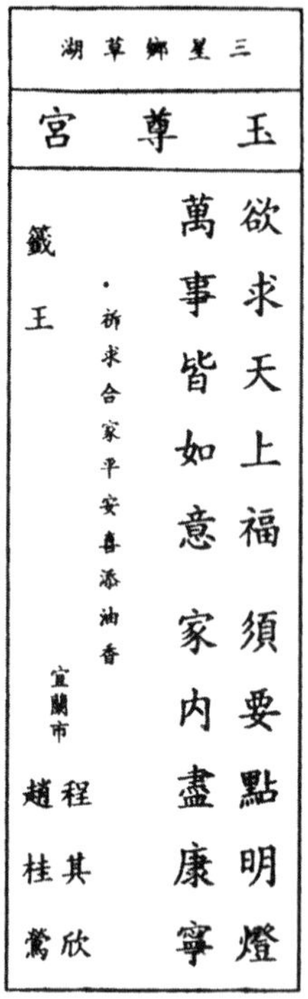

图 3–38　台湾宜兰玉尊宫籤王

四、罚　籤

罚籤包括罚油籤、罚香籤、来意不诚籤、再求籤等，即在籤谱中设置若干对“不虔诚”信徒带有惩罚性质的籤诗，或直接称之“罚籤”、“罚油籤”、“添油籤”、“罚香籤”、“添金籤”（“金”是指纸钱）、“来意不诚籤”等，或在籤诗中明确写明受罚的物资和数量。少数罚籤并不对善男信女进行香油之类的物品惩罚，而是把他们认为不够虔诚的信徒叱责一通，要求信徒斋戒沐浴之后，再来求籤，称之“再求籤”。“罚籤”至迟在明代就出现，时人郑仲夔《冷赏》：“又一人本无意求籤，偶从庙前过，入问经营事业，连发‘来意不专’籤三次，其人不悟，将此籤另置，祈请不已，乃发一籤云：‘今日何

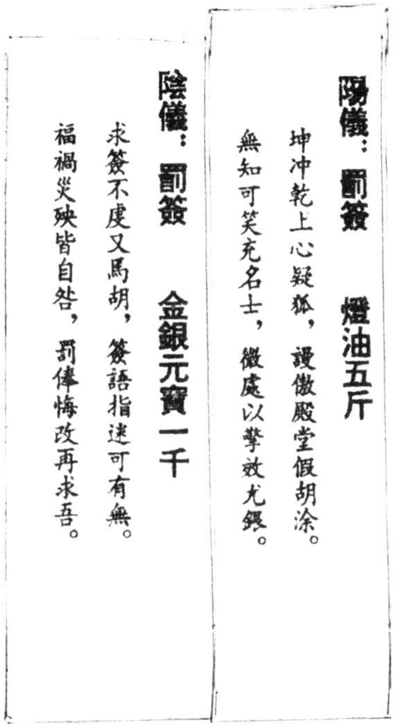

图 3–39　福州晋安区岳峰镇东岳观罚籤

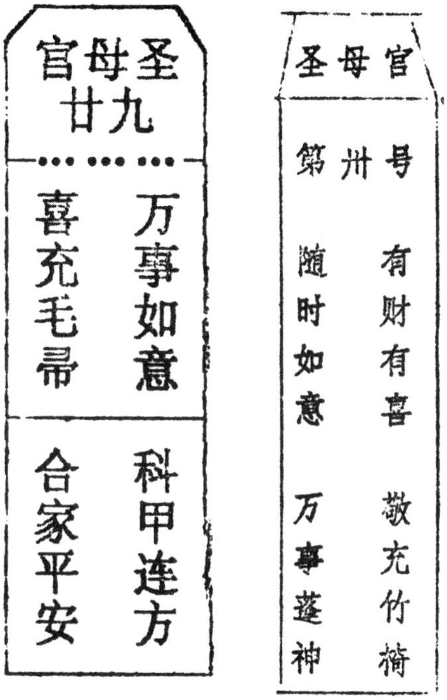

图 3–40　福建龙岩龙门镇圣母宫罚籤

须再四祷，神前那许弄机关。’其人因恐惧拜伏。”[①] 这里提到的“来意不专”籤，虽然没有说明籤占者是否受到香油之类的物品惩罚，但与后世的罚籤显然有着密切的关系。

罚籤多数置于籤谱的最后，因此，有的籤谱的“籤尾”径称“罚籤”。如福州晋安区东岳庙的籤谱有 2 首罚籤，分别罚油 5 斤和金元宝 1 千（图 3–39）。

有些籤谱的罚籤无规则地分布于籤谱之中，并把所罚的物品嵌入籤诗中。如福建龙岩龙门镇圣母宫籤谱（图 3–40）、福安赛岐象环亭籤谱中的若干籤诗就是此类型。

① 郑仲夔：《冷赏》卷三，转引钱南扬《籤诗小考》，杭州中国民俗学会编《民俗学集镌》第二辑，1932 年版，第 138 页。

当然，在百姓看来，神明都是宽宏大量的，如弥勒佛就“能容天下难容之事”，所以对神明不够恭敬虔诚的善男信女们，只要接受惩罚，多添油、多烧香、多磕头，不但可以得到神明的宽恕，而且还可以得到神明的赐福，如福建石狮双龙寺籤谱末了就有“罚油籤”、“添金籤”、“全福籤”（图 3–41）。

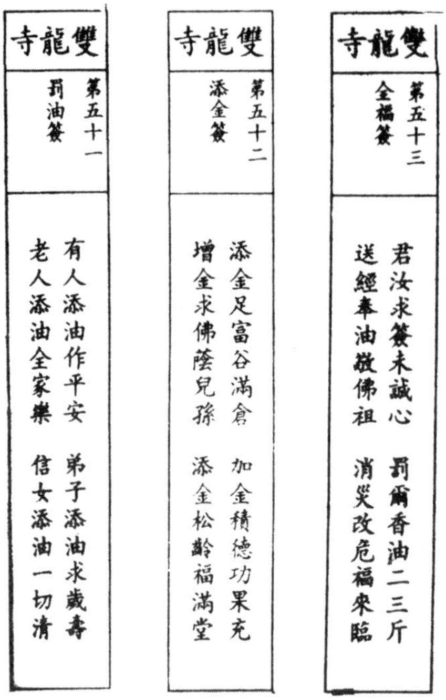

图 3–41　福建石狮双龙寺罚籤

有的罚籤在籤诗之前或之后直接注明抽籤者应该捐献什么物品，如福建建阳城关清莲寺籤谱的第一、九、十三、二十一、三十四、四十二、五十、五十五、六十一、六十八、七十三、八十六、九十、九十一、九十二、九十六首的诗句之前注明“助油一斤”或“助油二斤”、“助油三斤”、“助油五斤”等，第八、十一、十二、十四、二十、四十三、四十五、四十七、四十八、五十三、八十、八十五、八十九首的诗句之前注明“助款十元”。松溪县渭田镇筊杯寺的籤谱要求信徒捐助的物品更多，第一、十九、二十、二十三、三十、三十五、四十一、五十三、六十三首均“助茶油一斤”，第二、五十四、六十一首要求“助茶一斤”，第三、四十八首要求“助大香一把”或“助香三把”，第五、九、六十四首要求“助寿烛一对”或“助寿烛一斤”，第十一、四十四要求“助灯笼”一对，第十六、五十八首“助席一床”，第二十五首“助千响一对”（鞭炮），第二十八首“助檀香四两”，第二十七、三十九首要求“助碗一筒”。武夷山市星村白云寺的籤谱，共 36 首（缺第三十五首）每一首都要求抽籤者捐献若干物品，如第一、二、八、十、十三、十九、二十七、三十六首要求“助檀香二两”，第三、七、九、十一、十二、十四、十五、二十、二十一、二十二、二十三、二十五、二十六、三十、三十一、三十二、三十三、三十四首助油一至三斤不等，第四、

六、十六、十八、二十四、二十八首要求“助米十斤”，第五、十七、二十九首要求“助扫帚二把”，等等。类似的籤谱很多，有的寺庙为了募捐修建经费，就在籤谱上做文章，如福建省龙岩江山乡香林庙，在100首的籤诗中，有23首注明“祝君好运，敢请您为建庙量力捐献”。

综上所述，籤头、籤尾、籤王以及罚籤的现象在中国南方特别是闽台地区比较常见，与这个地区宗教信仰的实用功利性特别突出有密切关系。在籤谱中增加籤头、籤尾、籤王和罚籤等，虽然具有迎合善男信女趋吉避凶宗教信仰的基本心态和增加抽籤的趣味等用意，但其真正的目的是促使信徒慷慨解囊，以增加宫庙的收入。然而，实际效果往往与初衷不相吻合。在经济不太发达的闽西、闽北的一些宫观寺庙，由于没有像闽南、台湾等地的宫观寺庙经常有大宗的捐款，其宫观寺庙的运转很大程度上靠抽籤者的捐助，所以籤谱中要求抽籤者捐助物品的比例相对高于其他地区，如上面提到的福建建阳城关清莲寺籤谱、松溪县渭田镇筊杯寺籤谱、武夷山市星村白云寺籤谱中的罚籤所占比例高达30%以上，有的达到惊人的50%以上。但在实际的操作中，未必都能达到增加寺庙宫观收入的初衷，因为罚籤太多了，有时会引起抽籤者的反感（虽然以神明的名义罚你，但毕竟带有强制的色彩），不愿意再去那里抽籤了，寺庙宫观的财源也就断了。我们发现，罚籤较多的宫观寺庙的香火一般不是那么旺盛，而那些宣称抽籤、解籤不收分文，由抽籤者自愿题缘的寺庙，香火反而比较旺盛，因为善男信女在神灵面前一般不会太吝啬，这些寺庙的实际收入反而增加了。所以，一套籤谱的籤头、籤尾、籤王、罚籤的总数量恐怕不宜超过两首，否则，往往会适得其反。

第三节　特殊的籤谱

一、图文合一的籤谱

图文合一的籤谱至迟在宋代的时候就已出现，前面多次提到的《天竺灵籤》即是其典型代表。该籤谱为宋嘉定间刊本，1930年前后郑振铎从民

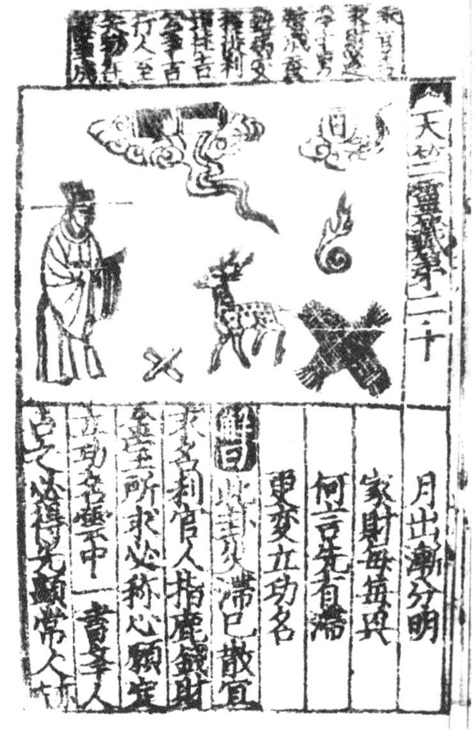

图 3–42　南宋《天竺灵籤》

间购得，乃某寺的“僧侣们所‘钩取’出售”①，这是目前见到的最早刊本的籤谱，十分珍贵。《天竺灵籤》原来为 100 首，现存为残本，基本完好的有 90 首，2 首残缺，8 首佚失。该籤谱有籤名、籤序、籤诗、籤解和图画等，图画所占的篇幅将近籤诗条的一半，其意象与籤诗的内容相辅相成，构成一个整体（图 3–42）。

《天竺灵籤》的图画具有很强的象征意义，最常见的梅花鹿、文书、官员的图像，而且三者经常同时出现在一个图案中（如第八首、十四首、十六首、十八首、二十首、二十五首、二十七首、三十三首、三十四首、三十八首、四十三首、四十五首、四十七首、五十首、五十三首、六十二首、七十八首、八十一首、八十六首、八十九首、九十一首、九十二首等），“鹿”与“禄”谐音，象征官运亨通，文书和官员也与官场有关，凡是同一个图案中同时出现梅花鹿、文书、官员图像的，必定是上籤，兆示官运亨通或有贵人帮助；籤诗图案中出现太阳（如第十八首、二十首、二十一首）、月亮（如第二十七首、三十四首、三十八首、四十三首、五十五首、八十三首）的也多为吉籤或中上籤，兆示前途光明；籤诗图案中出现文人垂钓的图案（如第三十一首、三十四首、五十七首、七十三首等），取材于姜太公钓鱼遇文王的故事，寓意有贵人提携或等待时机；如果籤诗图案中出现“改”字（如第三十七首、五十四首、八十一首等）则多为中籤，暗示不要守旧，要求变，

① 郑振铎：《天竺灵籤 · 天竺灵籤跋》，古典文学出版社 1958 年版。

先忧后吉；而籤诗图案中出现蛇（如第四十六首、五十二首、五十八首、六十四首、七十四首等）、老虎（如第五首、十九首、七十四首等）、刀枪（如第二十六首、二十八首、三十首等）、鬼怪（如第六首、十七首等）、雷电乌云（如第五首、七首、四十六首、四十八首、五十九首、七十首）等，则多为凶籤，兆示灾难即将降临。这些图像的象征符号，当事人一看便明白，即使文盲也能猜出几分，真实地反映了宋人的审美观和民俗文化（图3–43）。

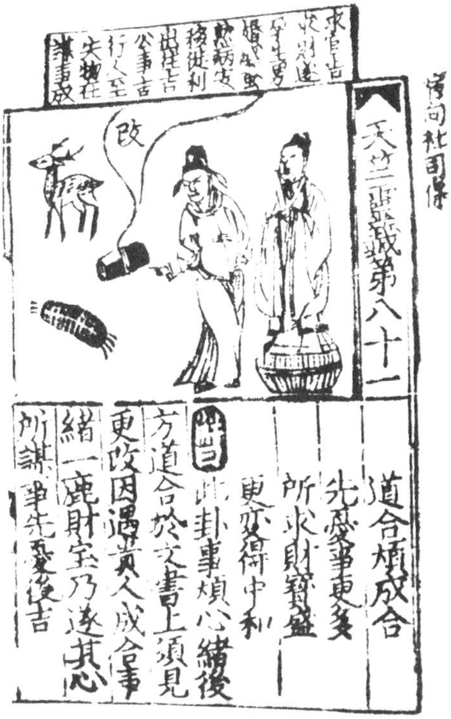

图3–43《天竺灵籤》中的图画具有很强的象征意义

《天竺灵籤》内容丰富，特色鲜明，对后世籤占影响很大，其籤诗至今仍在中国民间流传，还流传到日本等地，并影响日本籤诗的基本格式。

至今在民间流传的图文合一的籤谱，虽然不多见，但并非绝无仅有，福州裴仙宫的《仙爷灵籤》也是图文合一籤谱，并具有自己的特色。

相传裴仙宫创建于北宋英宗年间（1046—1067），主神为裴仙师。据《紫霞裴宗师宝经》说，他原是一名幕僚，后来，“皈依道教，恩泽下土，德遍闽疆。”死后被奉为神仙，建宫祭祀。裴仙师在明清时有一定的影响，每逢仙师诞辰，福州居民“自朔至晦，庆祝不绝，铺张杨厉，举市若狂”。时人郑丽生《福州风土诗·仙爷诞》描写道：“人道公门号修行，且看小吏亦成神。唱伬做戏讲评话，排日为君作寿辰。”①

《仙爷籤谱》共160籤，每首有四言诗两句（少数四言四句和五言二句），图画一幅，诗歌与图画相对应，类似于谜语，旁边还有用来点明诗歌和图画

① 转引何敦华：《福州裴仙宫》，《福州道教》2003年第1期。

的含义的文字，类似于谜底。

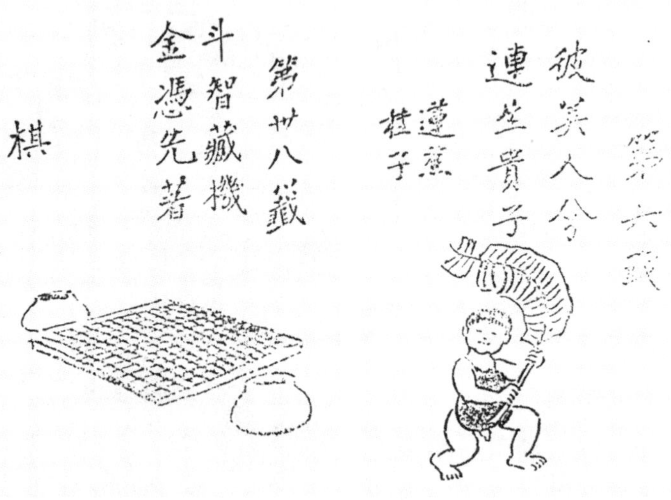

图 3–44　福州的《仙爷籤谱》描绘的多是日常用品

图 3–45　《仙爷籤谱》中画有“乾隆通宝”和清朝的帽子

《仙爷籤谱》最大的特色是诗画所描述的多是日常用品，或者是常见动植物、或人物、或事象，按其顺序分别是：如意、吉庆、金冠、带子、福田、银锭、针线、法器、玉佩、盒子、墨斗、枕头、镜子、鼎、符、椅子、蝉、玉璧、金钗、顺风、山上山、钱、七星北斗、木梳、冰、井、山、龟、青梅、平安书、鱼、螳螂、钟、画眉笼、棋、文房四宝、数珠、裤、狗、鞋、月、纸煤筒、厨刀、竹、剑、苏武牧羊、扇打蚊被、鸡、朝靴、马、藕、天秤、樵夫遇虎、春蚕食叶、燕寻巢、月满云遮、剪刀、米斗、笛、烛、花瓶、车轮、婴子倚亲、水到渠成、宜男花、桃子、石榴莲房、梳、箭、凉帽、云、菱、锄、火炮、萍、大船、金簪、一片冰心、鸳鸯、时宪书、水月、冰上人、臼杵、琴、蜻蜓、猪、风雨归舟、桥、金鱼缸、笔、火、灯台、鲤鱼、瓜棚、女双鞋、衣、囚人遇赦、渔翁得利、百合、松、宝剑、道旁屋宇、蜘蛛网、稻谷、爵、锯、火把、大伞、草团、云梯、美人拈花、浴盆、鹤、缄口铜人、寒雀、失足凳、草、玉杯、消息、风箱、扇、大砚、菊花、簪、日、喜子、钓竿、兰花、蚁附叆骨、烟袋、叶落归根、鬼、官帽和灯笼、拜吉、和尚、猫、船、老树、人、喜鹊、雄鸡报晓、竹子、马、笋、灵芝草、桥、剑、猫、船等（图 3–44）。

值得注意的是，《仙爷籤谱》的第七十三籤画的凉帽是一顶清朝的帽子，和第二十四籤画的钱是一枚写有“乾隆通宝”字样的钱币（图 3–45），说明此籤谱是乾隆以后的作品。清代的笔记小说对此籤谱特点也有记载，《壶天录》载：

闽浙督属花园，有大仙楼，联额如林，灵应如响，每月朔望，洞启园门，外人始得瞻拜。每籤上刻一器皿，系以四字诗一首，始多阴晦难解，事后则历历不爽，人皆信之。①

《闽杂记补遗》也记载：

闽中宫署多祀大仙，或楼或阁，不设座像，其仙亦无姓名。□统督署仙楼，独设小座，塑白须老人像，褐巾蓝袍，神采翩然，绝异尘俗。侧壁间嵌前幕友虞某所泐碑纪，言尝梦见仙，自称简洁老人。故栋匾楹联或题简洁大仙，或题简洁大仙师。有画页籤数百卷，每卷径周方一寸，所画人物器用之类，各比一事，旁题四言二句，颇多灵验。②

现存的《仙爷灵籤》为抄本，据该宫主持陈道长说，他见过《仙爷灵籤》原刻本，“文化大革命”时失传了。现存的籤谱是几位老人，根据回忆整理出来的。

无独有偶，台湾北港朝天宫早年印行的《圣籤图》，即以金乌（太阳）、玉兔（月亮）、铁锁、宝镜等图画配合文字解说，让不识字的善男信女也能一目了然，太阳寓意光明，即为吉利，铁锁象征牢狱，即知不吉，等等。③

在福建晋江的镇海宫，籤诗以壁画的形式表达出来，每首一图，图的右

---

① 百一居士：《壶天录》卷下，《笔记小说大观》第二十二册，江苏广陵古籍刻印社 1984 年版，第 158 页。

② 《闽杂记补遗》，抄本，福建省图书馆藏。

③ 陈香琪：《台湾通行籤诗之文学性研究》，高雄师范大学国文学系研究所 2005 年硕士学位论文。

图 3–46　福建晋江镇海宫籤诗图

侧为籤序、典故等，上方为籤诗，这样既方便百姓抽籤时对照，又比较生动活泼（图 3–46）。

在浙江温州、苍南一带，广泛流传着一种称为“牌籤”的籤谱，这种籤谱以图画为主，文字为辅（其中极个别的为文字籤）（图 3–47）。牌籤何时出现，文献没有记载，据一位年近八旬的老人回忆，他儿时就有牌籤，据此推算，至迟在民国初期就有牌籤了。一套牌籤的张数多为 24 张，大小如扑克牌，其主题多为历史典故、民间传说故事、戏曲故事、吉祥物等，如沉香救母、东吴招亲、张仙送子、狄青取旗、金元宝、苏武回朝、唐僧取经、牛郎织女相会、空城计、太公遇文王、伍子胥过关、一本万利、全家福、鲤鱼化龙、麒麟送子、桃园结义、红太阳、武松打虎、五子登科、点石成金、哑巴吃黄连、尧访舜、萧何追韩信、摇钱树、韩信放风筝、宋太祖登基、观音佛、朱洪武登

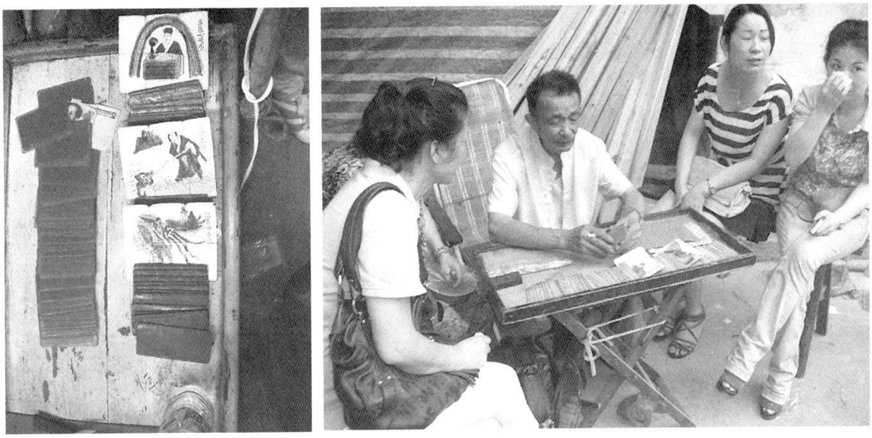

图 3–47 浙江省苍南的牌籤

基、孟宗哭竹、王祥卧冰、郭子仪拜寿、貂蝉拜月、管鲍分金、苏秦求官、三笑姻缘、姜太公钓鱼、穆桂英挂帅、梁山伯与祝英台等。[①]

图文合一籤谱的出现并一直延续至今,根本原因是图像要比诗句形象,容易理解,特别适合文化程度低下者或者文盲的需要,因此具有顽强的生命力。笔者曾经在苍南鲸头杨府殿调研时,特意体验了一回,抽到了寿星、观音佛和朱洪武登基三张牌籤,当时解籤人正好不在场,而坐在旁边的几位中年妇女对笔者所抽的牌籤,解释起来头头是道,显示出牌籤通俗易懂的魅力。但是,由于图文合一的籤谱制作起来比较费工费钱,因此也很难在民间普及。

二、专门占卜姻缘的籤谱

在中国民间,流传着姻缘前世注定的说法,月下老人为婚姻之神,传说其用红绳撮合一对对前世注定姻缘的男女,从不出现差错,因此早在唐代的民间就流传着拴红线的婚姻习俗。在中国,月下老人祠也不少。杭州月下老人祠又称白云庵,据《两浙史丛考》和《武林坊巷志》记

① 参见侍迎春:《鲸头杨府庙牌摊与解牌仪式调查报告》,2011 年《温州杨府侯王信俗文化学术研讨会论文集》(下),第 417—429 页。

图 3–48　杭州月老祠及其月老塑像

载，月下老人祠始建于杭州孤山南麓虹桥西头，后倾圮。至清光绪年间，由杭州著名的藏书家，“八千卷楼”的主人丁松生，重建于西湖南峰白云庵中。祠中塑了一尊月下老人像，像前备有籤谱，供青年男女占卜（图 3–48）。其籤谱 99 首，据说其中 55 首为俞曲园所集，其余 44 首为俞的门人所增。

关于杭州月下老人祠籤谱，五十多年前，金庸曾有文字记述，颇为风趣，兹摘录如下：

> 杭州有座月下老人祠堂，那是在白云庵旁，祠堂极小，但为风雅之士与情侣们所必到，可惜战时被炮火夷为平地，战后虽然重建，情调却已与以前大不相同。……
>
> 杭州月下老人的籤词恐怕是全国任何庙宇所不及的，不但风雅，而且幽默，全部集自经书和著名的诗文。据说其中五十五条是俞曲园所集，此外四十四条是俞的门人所增，一共是九十九条。……
>
> 第一条是“关关雄鸠（应是‘雎鸠’之误），在河之洲，窈窕淑女，君子好逑”。这是理所当然的。此外兆头吉利的有“永老无别离，万古常团聚。愿天下有情人，都成眷属”、“落霞与孤鹜齐飞，秋水共长天一色”、“可以托六尺之孤，可以寄百里之命”（原来是曾子的话，这里当指这男子很靠得住，可以嫁）等等。求籤而得到这些，倒自是心中窃喜，无法形容了。
>
> 有一条是“逾东家墙而搂其处子则得妻，不搂则不得妻”。《孟子》

这两句话，本是反语，但这里变成了鼓励男子去大胆追求。有一条是《诗经·庸风·桑中》的三句："期我乎桑中，要我乎上宫，送我乎淇之上矣。"这在《诗经》中原本是最著名的大胆之作，所谓"桑间濮上"的男女幽期密约，这一籤当也是鼓励情人放胆进行。"求则得之，舍则失之"、"不愧于天，不畏于人。"这两籤都含有强烈的鼓励性：追呀，追呀，怕什么？

还有一些籤文含有规劝和指示，如"德者本也，财者末也"。叫人不要为钱而结婚。如"斯是陋室，惟吾德馨"。指此人虽穷，人品却好，可以嫁得。如"不有祝鮀之佞，而有宋朝之美"。照《论语》中原来的解释，是这男人嘴头甜甜的会讨人喜欢，相貌又漂亮，然而是头色狼，绝对靠不住。"可妻也。"这句话也出自《论语》，孔夫子说公冶长虽然被关进了牢狱，但他是冤枉的，结果还是招了他做女婿。"仍；日贯，如之何？何必改作？"这句本来是闵子塞的话，这里大概是说，别三心两意了，还是追求你那旧情人吧。另一条籤词中引用孔子的话，恰恰与之相反："后生可畏，焉知来者之不如今也？"好的人有的是，你哪里知道将来的没有现在的好？这个人放弃了算啦。这大概是安慰失恋者的口吻吧。"故好而知其恶，恶而知其美者。"你爱他，要了解他的缺点，你恨他，也得想到他的好处。"其所厚者薄，其所薄者厚。"她虽然对小王很亲热，对你很冷淡，其实她内心真正爱的却是你呢。"其孰从而求之？甚矣，人之好怪也。"这家伙有什么地方值得你这么颠倒呢？唉，连这种丑八怪也要！

另外一些籤条是悲剧性的。"谁谓荼苦，其甘如荠。燕尔新婚，如兄如弟。"照余冠英的译法是："谁说那苦菜味儿太苦，比起我的苦就是甜荠。瞧你们新婚如胶似漆，那亲哥亲妹也不能比。"有一籤是"斯人也，而有斯疾也！斯人也，而有斯疾也"！虽不一定如孔子的弟子冉伯牛那样患上了麻风病，但总之此人是大有毛病。"则父母国人皆贱之"，"两世一身，形单影只"（出韩愈《祭十二郎文》）；"条其歗矣，遇人之不淑矣"（出《诗经·王风·中谷有蓷》），这些籤都是令人很沮丧的。

"风弄竹声，只道金佩响；月移花影，疑是玉人来。"那是《西厢记》中张生空等半夜，结果被崔莺莺教训一顿。"夜静冰寒鱼不饵，满船空载月明归。"那是《琵琶记》中蔡伯锴不顾父母饿死，被人痛斥。求到这些籤文的人，只怕有点儿自作多情。最令王老五啼笑皆非的，大概是求到这一籤了：“或十年，或七八年，或五六年，或三四年！”①

当然，籤诗的兆象比较模糊，同一首籤诗可以做不同理解，因此，《月下老人祠籤谱》也可以用来占卜科举等其他事项。清代汪道鼎《坐花志果·果报录》记载这样一件趣事：

吾杭湖上白云庵，祀月下老人。其籤诗多集经史成语，下至词曲佳句；凡求科名婚姻者，灵应如响。以故省试前后，士子祈籤者麇至。钱庠某生，恃才放诞。辛卯场前与友人游湖上，酣饮既醉，乘兴至老人祠求籤，语颇不佳。生笑曰：“岂有某而不中者？”因复求，仍如故。生怒曰：“所问非所对，尚言灵耶？”因指神祠谩骂，语多秽亵。既而曰：“我再缴一籤，若仍不合，当毁尔像！”遂抽得一籤，其词曰：“休休休，似春

图 3–49　月老也出国为华人华侨牵红线（马来西亚雪峩天后宫前的月老）

① 金庸：《月下老人祠的籤词》，见《三剑楼随笔》（电子版）。www.nease.net/~jerrybai*.

蚕作茧，到死把丝抽。”同行友大惊，知其干神怒也，咸劝之出。是秋，生入试至三场，因如厕，若有所遇，号叫而出。回号坐定，号军闻其寂无声，掀帘视之，死矣！虽不知是何因果，然观其敢于侮慢神明，则平日之狂荡可知。而月下老人之灵异，亦可畏哉！①

笔者小女在路摊上购得籤筒上标明“恋爱大仙”、“祈求恋爱”的籤谱，共18首，号称“此书为东瀛远古之遗传”，地地道道是为现代青年男女恋爱时占取的，诗句也是用现代青年人喜欢的语言，显得诙谐风趣（图3–50）。如：

第一卦　上上籤　有“信”才有爱，写啦！

第二卦　中籤　为何相逢恨太晚，唯有开心玩一晚。

第三卦　上上籤　既然你好人缘，必能左右逢源。

第四卦　上上籤　爱神到，真命天子出现。

第五籤　下籤　感情缺乏情趣，关系好易破碎。

第六卦　上上籤　恭喜、恭喜，你终于有喜！

第七卦　上上籤　有心栽花花不香，无心插柳柳成荫。

第八卦　上上籤　有异性在默默支持你。

第九卦　上上籤　朋友变成恋人。

第十卦　下籤　得一想二两头空。

图3–50　专门供青年男女恋爱占卜的籤谱

① 汪道鼎：《坐花志果·果报录》下《白云庵》。

第十一卦　上上籤　相信他(她)能给你幸福。

第十二卦　上上籤　近日有桃花。

第十三卦　下籤　情敌就在你身边。

第十四卦　下籤　恋爱大过天,小心遇老千。

第十五卦　中籤　朋友已达,恋人未满。

第十六卦　上上籤　日日买百合,百年会好合。

第十七卦　上上籤　爱会踢走细菌与困难。

第十八卦　上上籤　今日恋事多。

在网络上,也有不少为青年男女占卜恋爱婚姻的籤谱,如时启网在线测算的籤谱分为非常灵籤系列和传统灵籤系列,各有9种籤谱。其中非常灵籤系列的9种籤谱中,《月下老人结良缘灵籤》、《月下老人牵红线灵籤》、《丘比特求爱灵籤》、《桃花仙求爱灵籤》、《喜鹊爱情运灵籤》均属于恋爱籤谱。[①]

三、专门为求嗣、生育而设的籤谱

古人对子孙繁衍的重视程度远远超过对婚姻爱情,《礼记·婚义》曰:"婚姻者,合两姓之好,上以事宗庙,下以继后世。"就是说,通过联姻的手段,来达到"上以事宗庙,下以继后世"的目的。而无论是"上以事宗庙",还是"下以继后世",前提条件是生养儿子,保证家族的薪传不绝,故孟子有所谓"不孝有三,无后为大"之说,特别强调传宗接代的重要性。

上古社会,人类不了解生育繁衍的奥秘,以为是母体吃了什么特别的果实或受自然界特异现象感应才怀胎生育的。同时,人类又往往把生育的奥秘与生殖器官联系起来,产生了生殖器的崇拜。生殖崇拜一直流传下来,至今遗风犹存。进入文明社会后,随着医学的发展,人类对生育奥秘的了解逐渐增多,朦朦胧胧地触及人类生育的某些奥秘,中医理论以为生育是男女两性之间阴阳二气交感的结果。但这一理论并不能解释生育的所有奥秘,特别是以下两个问题使人类长期困惑不解,即:为什么有的人会生育而

① http://sunfate.aqioo.com/H/20.asp.

有的人则不会生育呢？为什么有时生男而有时是生女的？所以，大多数古人还是认为生育是由某种超自然的力量所决定的，并且逐渐把这种超自然力量人格神化，塑造出专门执掌怀孕、生产、襁幼之神——注生娘娘。每年旧历三月二十为注生娘娘的生日，是日，妇女们成群结队到注生娘娘庙祭祀。祈子者竞先到神前供花，簪插发辫；有子者祈祷孩子健康成长，若孩子多病多灾，辄乞求神坛上的小绣鞋，挂于病儿的脖子上。或将“锁牌”、“锁线”绕冥香数圈后再挂于病儿胸前，以驱邪避凶。

不同地区信仰的注生娘娘也不一样，北京民间注生娘娘是由碧霞元君及送子、催生、眼光、乳母、斑疹、引蒙、培姑、子孙等九位娘娘组成，各有所司。天津天后宫的注生娘娘则由天后圣母妈祖及其化身千子、眼光、耳光、乳母、引母、斑疹、子孙等娘娘组成。天津也信奉碧霞元君，其属下的送生娘娘被塑成两面人，正面慈悲善良，背面凶恶吓人，传说这位娘娘担心在送小孩到人世间时，孩子依恋不舍，所以送生时，先是善良，然后转过头来，露出恶脸，孩子一害怕，就降生了。广东人信仰的是金花夫人，神庙为金花庙，除供奉金花夫人外，还有与生育有关的二十奶娘神像等，如送子夫人、养育夫人、保胎夫人、教饮夫人、教食夫人等。旧时，妇女到庙里求子，必须在二十奶娘神像前各插一炷香，周而复始，插完一束为止。如果最后一炷香正好插在抱子奶娘塑像之前，则预兆得子；如果插在空手奶娘塑像之前，只能等到下次再来求神保佑了。胡朴安《中华全国风俗志》记载：“广东金花

图 3–51　闽台民间信奉的护子养育之神七娘夫人图

夫人庙最多，其说不一。或曰：金花者神之讳也，本巫女，五月观竞渡，溺于湖，尸旁有香木偶，宛肖神像，因礼之月泉侧，名其湖曰仙湖。或曰神本处女，有巡按夫人方娩，数日不下，几殆。梦神告曰：'请金花女至，则产矣！'密访得之。甫至署，果诞子。由此无敢婚神者，神羞之，遂投湖死。粤人肖像以祀，呼金花小娘。后以能佑人生子不当在处女之列，故改称夫人云。神诞为四月十七日，画舫笙歌，祷赛极盛云。"①

对于久婚未孕的妇女而言，倘能如愿以偿而怀上孩子，固然是一大喜事，但小生命是男还是女？是顺产还是难产？诸如此类的忧虑也伴随而至，困扰着孕妇。在古人看来，生男生女并非受孕的那一刻就决定了，而是与祖宗的阴德、家族的风水、家庭的行善积德等有密切关系，通过祈禳以及行善积德等方法，就可以得到神佛的保佑，如愿以偿。而在重男轻女、多子多福的古代社会，人们往往把传宗接代的希望寄托于神灵，所以，到宫庙烧香磕头也是很自然的事。特别是在医学比较落后的古代社会，妇女生育充满生命危险，俗语有生孩子是一脚踩在阳间，另一脚在踩在阴间。一些籤诗对妇女生育的危险也做了描写，如福建漳浦威惠庙籤第十三首：

女子怀孕最堪忧，战战兢兢十月周。

大几先凶然后吉，所求之事且迟留。

台湾彰化鹿港凤山寺籤第七十七首也写道：

孕妇怀胎半死生，经持十月重非轻。

也须禳谢多祈福，灾难消磨无恐惊。

所以，注生娘娘以及观音菩萨、碧霞元君、土地婆婆、后土娘娘等神灵除了具有注生的职能外，还往往有救产扶胎的功能，甚至创造出以救产扶胎为主要职责的神灵，如福建、台湾、浙江南部等地信奉临水夫人即是。

临水夫人又称临水奶、房里奶、南国助国夫人、临水陈太后、天仙圣母、顺天圣母、慈济夫人、陈夫人妈等，福州下渡人，俗名陈靖姑，生于唐大历二年（767），自幼习巫，传说十七岁时入闾山学法，尽得徐真人的招鬼驱电、

---

① 胡朴安：《中华全国风俗志》下篇卷七《广东之金花夫人》，中州古籍出版社 1990 年影印版，第 24 页。

呼风唤雨、缩地腾云、移山倒海、斩妖捉鬼、退病除瘟诸法术。后来嫁给古田县临水乡刘某为妻，怀孕数月，遇到大旱，百姓苦不堪言，陈靖姑挺身而出，脱胎祈雨，因劳累过度，于贞元六年（790）去世，年仅二十四岁。相传，陈靖姑临终前，遗言“吾死后不救人产难，不神也”[①]。后来，陈靖姑果然灵魂重生，赴闾山专门学习救产扶胎之术，成为产妇保护神。陈靖姑去世后不久，百姓便在古田县临水洞建造宫庙，奉祀陈靖姑。起初，临水夫人的影响并不大，明清时期其影响迅速扩大，《闽都别记》写道：“各处之人家或患邪或得病，皆去临水宫请香火。即无事之家，亦去请香灰装入小袋内供奉，以保平安。路上来往不绝，龙源庙内日夜喧腾，拥挤不开。恃强先请，至于口角打架，无日不争。”[②] 特别是妇女，信仰者不但众多，而且非常虔诚，《闽杂记》载：“陈夫人亦称临水夫人，闽中各郡县皆有庙，妇人奉祀尤谨。”[③] 明清时，其信仰超出福州方言区，福建许多地方有临水夫人庙和信仰者，所谓：“八闽人多祀之。”还传播到台湾、浙江南部和东南亚一些国家和地区。[④]

图 3–52　福建古田临水夫人宫为临水夫人的祖庙

① 民国《古田县志》卷二十三《祠祀志》。

② 《闽都别记》上册第一二八回《六娘法网收镇野鬼，玉真梦魂夺救痧童》，福建人民出版社 1987 年版，第 656—657 页。

③ 《闽杂记》卷五《陈夫人》。

④ 参见林国平、彭文宇：《福建民间信仰》，福建人民出版社 1992 年版，第 162—179 页。

古人对子嗣与生育的观念，也反映在籤诗上，许多籤诗涉及求嗣及占卜生男生女问题，还出现专门为求嗣和生育而设的籤谱，《正统道藏》收入两种，即《大慈好生九天卫房圣母元君灵应宝籤》和《灵济真君注生堂灵籤》，前者共99首，后者共64首，籤谱的内容基本相同，包含求嗣、占卜男女、祈求孕妇临盆顺利等，所不同的是，《大慈好生九天卫房圣母元君灵应宝籤》侧重于祈求孕妇临盆顺利，而《灵济真君注生堂灵籤》侧重于求嗣和占卜男女。关于这两种籤谱，我们将在“籤占与宗教信仰”章详细介绍。

四、与十二时辰和周天三百六十五度结合的籤谱

古人将一天二十四小时分为子丑寅卯辰巳午未申酉戌亥等十二时辰，每个时辰两个小时。又以为天体以地球为中心，每天运行一周，共三百六十度，称为周天。明代《正统道藏》收入的《玄真灵应宝籤》3卷就是依据上述天文学的理论而设计的。此籤谱产生于北京双松寺，编写于元代或明初，由7个人共同创作而成，《玄真灵应宝籤》另一特点是常常用类似于骈文的文体来解释籤诗，文字相当优美。关于此籤谱的详细情况，我们将在“籤占与宗教信仰”章予以探讨。

五、嵌入春夏秋冬和二十四节气的籤谱

（一）与春、夏、秋、冬结合的籤谱

古人把一年分为春、夏、秋、冬四季，称之四时，并认为四时寒暑冷暖的变化由阴阳五行所决定。春为木，阴气渐衰，阳气渐盛；夏属火，阳气最盛；秋为金，阳气渐衰，阴气渐盛；冬为水，阴气最盛。万物随阳生而生，阳盛而壮，阳衰而收，阴盛而藏，故四时之事为春生夏长，秋收冬藏。由于季节的变换与人们的生产、生活的关系极为密切，古人以为四时各有神主持，形成与之有关的种种祭祀活动，甚至帝王也参与。如立春之日，天子要迎春于东郊，祭祀青帝句芒；立夏之日，天子迎夏于南郊，祭祀赤帝祝融；立秋前十八天，天子要迎黄帝于中兆，祭祀黄帝后土；立秋之日，天子迎秋于西郊，祭祀白帝蓐收；立冬之日，天子迎冬于北郊，祭祀黑帝玄冥。

福建省福清县《金芝宫籤谱》的前四籤就是按照春夏秋冬的顺序排列，如：

第一首

春到梅开松竹青，满山苍翠亦呈香。
游客踏青相告语，今年冬胜去年春。

第二首

夏日炎炎石榴花，红白分来结子中。
劝君莫问前途事，石榴多子又多花。

第三首

秋菊篱边白紫红，陶公培养是奇功。
飘然雪下花枝落，拜岁留藏献帝王。

第四首

冬天百草俱凋零，松竹傲雪志气江。
君今且守三春俊，梅花结子得平安。

（二）与二十四节气结合的籤谱

福建闽侯县清园寺的籤谱共50首，前24首嵌入二十四节气的名称，如首籤：

第一占立春，辅佐徐茂公。
瓦岗韧起义，威隋建奇功。

又如：

第二十四占大寒，管辂知赵颜。
指引长生路，酒脯进仙岩。

福建古田县《北极真武玄武上帝庙廿四节气灵籤》则以二十四节气为籤序，这在第二章中已经做了介绍。

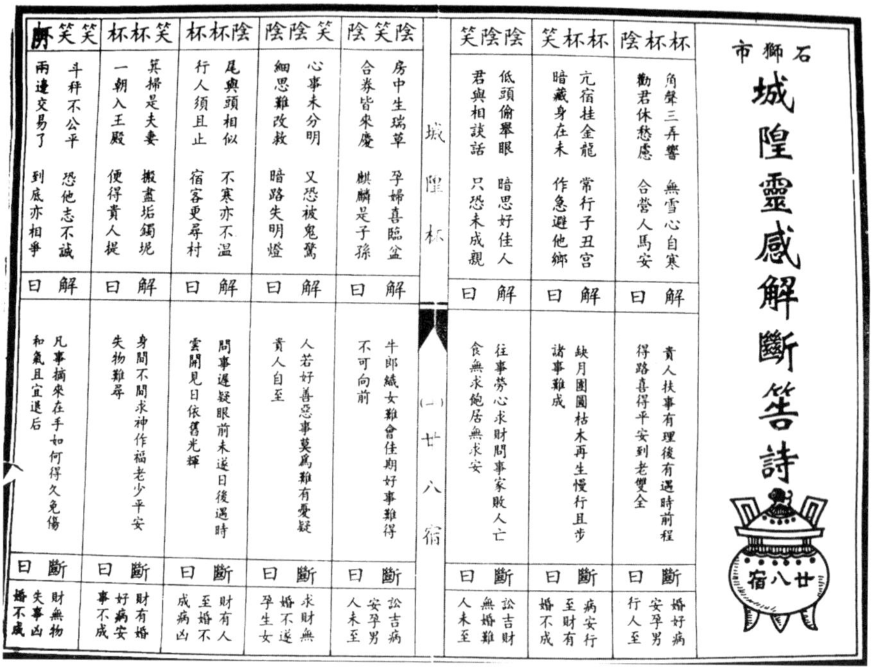

图 3–53　福建省石狮城隍庙籤谱

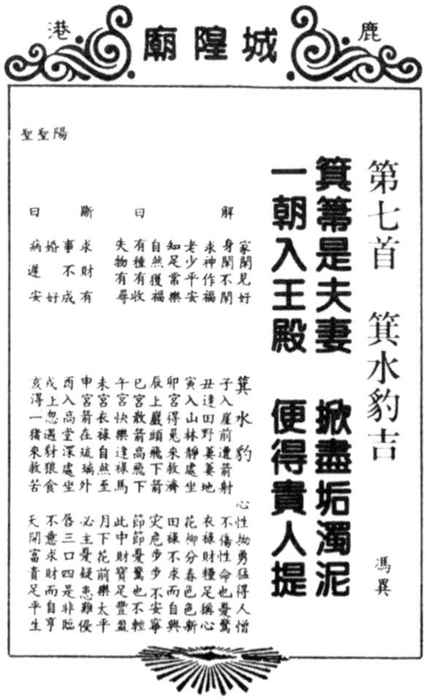

图 3–54　台湾鹿港城隍庙籤谱

六、嵌入二十八宿的籤谱

此类籤谱将角、亢、氐、房、心、尾、箕、斗、牛、女、虚、危、室、壁、奎、娄、胃、昴、毕、觜、参、井、鬼、柳、星、张、翼、轸分别作为每首籤诗的开头，顺序排列，共二十八首。如首籤首句是“角声三弄响”，第二籤首句是“亢宿属金龙”，第三籤首句是“低头偷举眼”，第四籤首句是“房中生瑞草”，……末籤首句是“轸当念八宿”。由于二十八宿中个别星宿的名称比较偏僻，给籤诗的创作带来很大的困难，所以有些诗句不太通顺，如第六首“尾与头相似”、第十三首“室家事已成”、第十九首“毕竟西风起”等，有的字也只好用同音字代替，如“低”代替“氐”，“嘴”代替“觜”。籤诗的内容与二十八宿信仰没有太大的关系，实际上成为一种文字游戏。但这种籤谱在民间有一定的影响，如福建省同安的梵天寺、同安二十八宿庙、南安的洋尾宫、南安的福安殿、惠安的仙宫山、安溪的半岭宫、安溪的福安殿、安溪的碧灵宫、安溪东岳观城隍庙、永春的关帝庙、平和的侯山宫、漳浦雨霁顶庙、莆田的正极殿、石狮城隍庙（图 3–53）、台湾鹿港城隍庙（图 3–54）、台北的晋德宫、马来西亚诗巫永安亭等均采用这种籤谱。①

福建连江县南山境《金狮公籤谱》，与上述籤谱一样，首句首字也是分别嵌入二十八宿的名称，但作者与上述籤谱的作者不是一个人，所以籤诗完全不同。如首籤首句是“角木向阳春”，第二籤首句是“亢龙伏在田”，第三籤首句是“氐土吉非凶”，第四籤首句是“房兔日初升”，……末籤首句是“轸水跃龙门”。籤诗中提到许多《三国演义》的故事，如“曹瞒原是鬼，台上锁双娇”、“关公曾破壁”、“需祈赤壁风”等，说明此籤谱的编写在《三

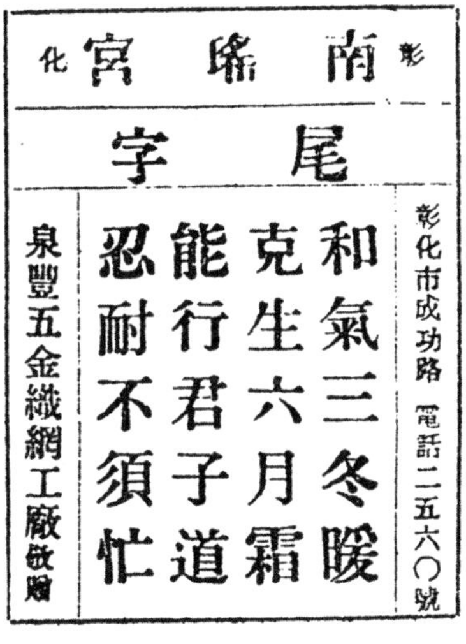

图 3–55　彰化南瑤宫籤谱

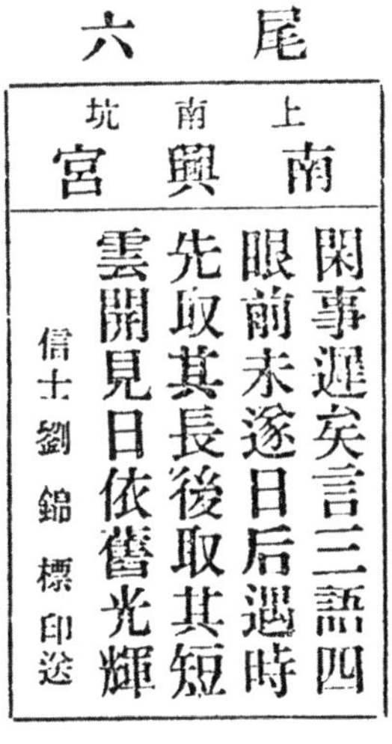

图 3–56　台中南兴宫籤谱

① 林修澈《宜兰县内庙的运籤》中提到，澎湖县和宜兰县分别有 13 座和 8 座宫庙使用二十八宿籤，《宜兰研究》，2004 年第三届学术研讨会论文集。

国演义》之后。

浙江省苍南《鲸头杨府庙灵籤》在籤诗之前的典故的下面注明二十八宿名称，如第一首：

一、尧召舜为婿

（角星值日）

玉烛生辉满洞房，

龙光闪闪度春光。

朝鸣玉佩瑶皆响，

万载人民共得康。

其余各籤分别贯以“亢星值日”、“氐星值日”等。

有的籤谱虽然没有把二十八宿的名称嵌入籤诗，但在籤诗的前头标明二十八宿的名称，以示扩展兆象，如彰化南瑶宫（图 3–55）、台中南兴宫籤谱（图 3–56）即是。

七、嵌入十二生肖的籤谱

十二生肖又称“十二属相”、“十二相属”、“十二属”、“十二肖”等。古人以十二种动物配十二地支，以人之生年，定其所属动物，如子鼠、丑牛、寅虎、卯兔、辰龙……十二生肖起源于春秋战国，汉代时基本成形。术士常常以十二生肖附会人事，推算吉凶，特别是在男女婚配时，忌讳属相不和，有所谓“生肖相冲”、“生肖相害”之说。

福建仙游县美峰宫《圣祖妈大显神通有效籤诗》不但以十二地支为籤序，而且将生肖的动物名称嵌入诗句中，独具特色。如：第一首至第三首：

子

子生子险，虽险亦愈，三五出后，身体发肤。

鼠入仓廒，米粟消磨，莫贪三里，贪恋自祸。

丑

牛郎织女，难赴佳期，七夕相会，后来相离。

铁牛铜角，任君开剥，只怕东西，不怕南北。

寅

虎啸一声，玉马来迎，贵人未至，速到便行。

猛虎出林，惊动世人，病者难好，失物难寻。

其余9首在格式上完全相同。另外，此籤谱抄在木制的籤牌上，每首籤诗分两行，“丑”、“寅”、“卯”、“巳”、“戌”籤的头二字还分别隐含“铁牛”、“猛虎”、“玉兔”、“龟蛇”、“猎犬”等十二生肖名称。

福建永春县东关桥为廊桥，经过此桥的行人很多，桥上有神龛，供奉观音，旁边有一块民国四年（1915）的东关桥观音佛祖炉前灵感籤诗板，其中的籤诗也是十二生肖籤谱（图3–57），其籤诗与福建仙游县美峰宫《圣祖妈大显神通有效籤诗》不同。如：

子：子纤端的，家道进益。光显门闾，荣华吉利。

丑：铁牛铜角，任君间剥。不怕东西，只怕南北。

寅：虎叫一声，禄马来迎。无常进作，速到便行。

……

亥：亥时横直，有进有益。圆通灵纤，最圣端的。

图3–57 民国四年福建省永春县东关桥观音佛祖灵籤板（十二生肖籤谱）

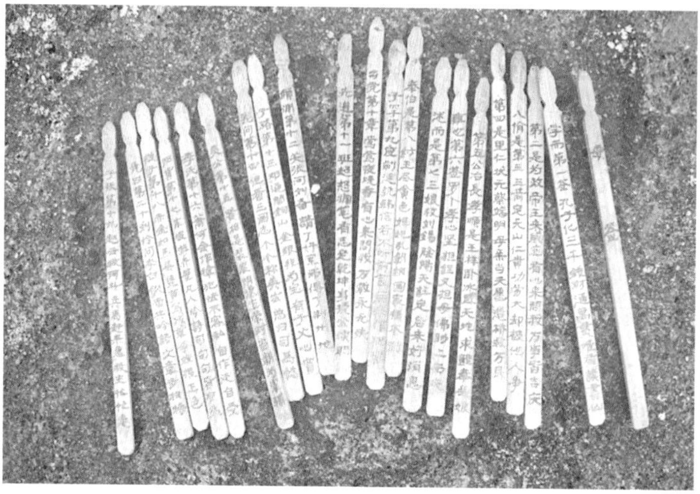

图 3–58　福建永泰姬岩白马尊王庙论语籤谱

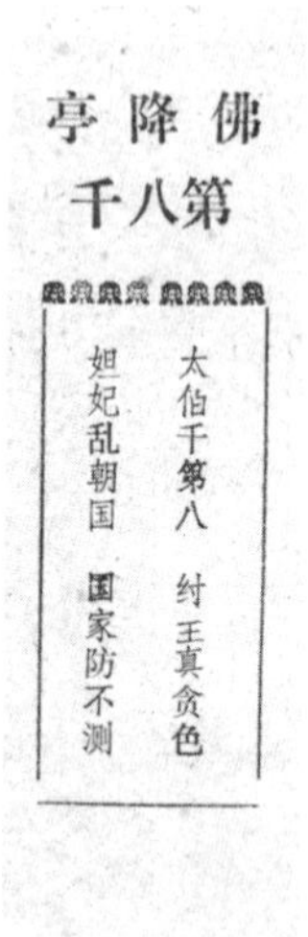

图 3–59　福建连江县丹阳镇佛降亭籤谱

八、嵌入《论语》篇目的籤谱

古代有“半部《论语》治天下”之说，这种说法对《论语》的历史作用固然有夸大溢美之词，但也反映了《论语》在古人心目中的地位是至高无上的。有的文人也把对《论语》的崇敬之情，移植到籤诗的创作上，以增加其神圣性。前面提到的仍保留竹简规制的永泰姬岩白马尊王庙籤谱（图 3–58）和福建连江县丹阳镇佛降亭籤谱（图 3–59）、桃源境的籤谱，均为 20 首，从“学而”到“尧曰”，将《论语》的篇目分别嵌入籤诗的首句之中。如：

学而第一千，孔子化三千。钱财通万贯，惟有读书仙。

第二是为政，帝王来感应。有心来问我，万事皆吉庆。

八佾是第三，三箭定天山。仁贵功劳大，却被他人争。

第四是里仁，状元蔡端明。母亲当天愿，造桥救万民。

……

尧曰第二十，刘伶问李白。饮酒共吟诗，文章步独特。

九、与《周易》相结合的籤谱

《周易》素有“占卜之母”之称，籤谱在许多方面也不可避免受到《周易》的影响，诸如不少籤谱的首数模仿《周易》卦数为 64 首，或在籤诗之首贯以《周易》的卦象，或在籤诗中渗透《周易》的思想，或在籤解中借用《周易》来阐发籤诗的寓意，等等。台北市大同区黄帝神宫的籤谱明确标明为“黄帝归藏易占”，每一首籤诗之前又“占卦”项，含卦名、卦象等，籤诗和籤解都充斥易经的色彩（图 3–60）。

又如台湾宜兰市碧霞宫的籤谱中以“乾”、“坎”、“艮”、“震”、“巽”、“离”、“坤”、“兑”等八卦为籤序，每卦 8 首，组成 64 首（图 3–61）。

在受《周易》影响较大的籤谱中，福建晋江石鼓庙《顺正大王籤谱》最具特色（图 3–62）。据道光《晋江县志・寺庙志》记载：“石鼓庙，在二十七都青阳山，宋嘉定间建，祀宋潮阳王志。明永乐间，敕封顺正王。”顺天大

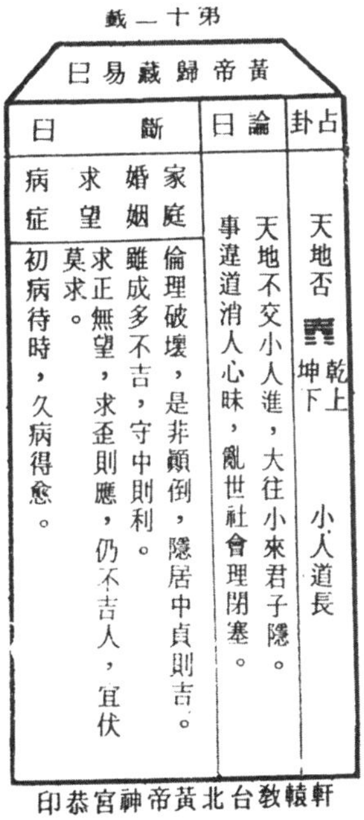
第十一籤
黃帝歸藏易曰
占卦：天地否 乾上坤下 小人道長
論曰：天地不交小人進，大往小來君子隱。事違道消人心昧，亂世社會理閉塞。
斷曰：
家庭：倫理破壞，是非顛倒，隱居中貞則吉。
婚姻：雖成多不吉，守中則利。
求望：求正無望，求歪則應，仍不吉人，宜伏莫求。
病症：初病待時，久病得愈。
軒轅教台北黃帝神宮恭印

图 3–60　台北市大同区黄帝神宫的籤谱

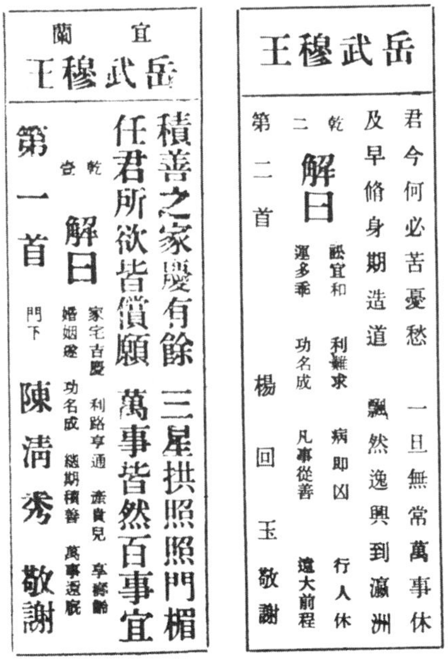

图 3–61　台湾宜兰岳武穆王籤谱

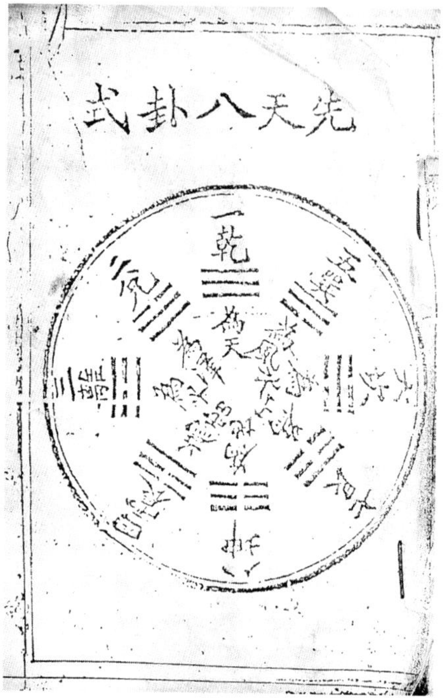

图 3–62 《顺正大王籤谱》中先天八卦图

王为福建泉州地区的神灵，其分灵庙达九十余座，还分灵到台湾和东南亚一些国家。神俗称本官公，本名黄志（一说王志），宋代人，“宋孝宗丙午年九月初五圣诞。为本里人蔡宝漠封君次傅公门客，掌簿籍。有道术，能驱瓦瓮自行，养鹅食草不越界限。宋宁宗嘉定庚辰正月初四化于庙，塑像雕木为神。辛巳显化助国，封殿前太尉。恭宗德祐乙亥复助国有功，封江夏护国清远上将军。至明永乐间，命内监三保大人征琉球，战舰几危，永宁卒佩神香火，显应纵火烧夷。凯旋奏上，神灵敕封慈济显应威烈明王、顺正大王，仍赐帽袍靴带剑印，以旌殊勋。”①

石鼓庙的《顺正大王籤谱》为清光绪年间重印本，篇首的《顺正大王序》记载此籤谱的来历，略云：

吾泉青阳市石鼓庙顺正大王台前，旧有诗籤，其数适符六十四卦，其灵远迈乎义繇，自缙绅大夫，以逮妇孺走卒，无不虔诚叩祝，概多奇验。但其诗词虽备，意义注解犹未一一注其详，玉恐逆意妄猜者，反乖神意。爰是不揣鄙陋，按诗阐发意思，以俾抒写汇集一册，有解明，有疑事，有王意，有注解，释义、占验诸类具备，以付剞劂，体制一如圣帝诗谱。

从《顺正大王籤谱序》可知，石鼓庙很早就有籤谱，但除了 64 首籤诗齐备外，注解还不够通俗明了，大概只有“卦象”和“文庄公题”，即所谓“诗

① 转引自粘良图:《青阳石鼓庙》,《泉州道教文化》1994 年第 6 期。

词虽备，意义注解犹未一一注其详”。直到清末，才模仿关帝籤，增加典故、上中下兆象、云霄注、解曰、释义、卦德等注解，使之更加通俗明了，以避免善男信女因籤诗晦涩，“逆意妄猜者，反乖神意”。

《顺正大王籤谱》的卦象、籤诗、文庄公题、云霄注及卦德等部分，与《周易》的关系相当密切。另外，序言之前有“先天八卦式”（图 3–62）和六十四卦名称等，表明此籤谱与《周易》的不同寻常的关系。特别值得注意的是，籤诗的首句和云霄注的开头分别嵌入六十四卦卦名，如首籤的卦象为“乾为天”，籤诗为“乾天刚健四时行，泽润人间万物生。仰尔弥高穷愈远，巍巍荡荡莫能名”。云霄注“乾天变化有时灵，地润往来诸事成。仰高远望捷发荣，巍巍极位观前程”。第五十二首的卦象为“地天泰”，籤诗为“泰久夫妻两姓欢，百年和合喜亨通。四时花果东风露，自有清明墓节端”。云霄注“地天泰来天地交，万物通往上下较。八节草木皆得露，一年富贵财子到”。末籤的卦象为“雷泽归妹”，籤诗为“归妹婚姻正及时，婚姻凑合以秋期。卜云其吉成佳偶，造化推排更不移”。云霄注“雷泽归妹未及时，婚姻拟定中秋期。百年偕老成终始，二姓合婚诞贵儿”。其余各籤的格式基本相同。

籤谱中的“文庄公题”，是指《易》学大师蔡清。蔡清，字介夫，号虚斋，福建晋江人，生于明景泰四年（1452），卒于正德三年（1508）。死后，追敕文庄公，清雍正二年（1724）从祀孔庙。蔡清是明代著名的理学家，著作有《易学蒙引》、《四书蒙引》、《蔡文庄公集》、《需斋文集》、《蔡虚斋粹言》、《太极图解》、《河洛私见》等。最著名的著作为《易学蒙引》。在蔡清的推动下，福建的《易学》研究闻名全国，成为《易学》研究中心，仅晋江一地，著名的《易学》专家就有数十人，著述多达八九十种。至于《顺正大王籤谱》中的“文庄公解”是不是真的由蔡清撰写，不可考。不过，与《周易》结合如此密切的《顺正大王籤谱》，出现在《易学》十分发达的福建晋江，并非偶然。

十、与罗汉结合的籤谱

罗汉是阿罗汉的简称，相传十八罗汉是释迦牟尼的弟子，其修行已经达到小乘佛教的最高果位。佛经中最初称释迦牟尼派遣四大罗汉住世弘法，

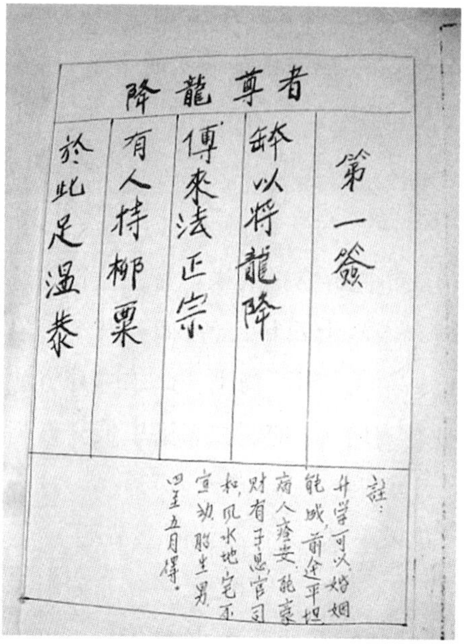

图 3–63　福建惠安县科山寺罗汉籤谱

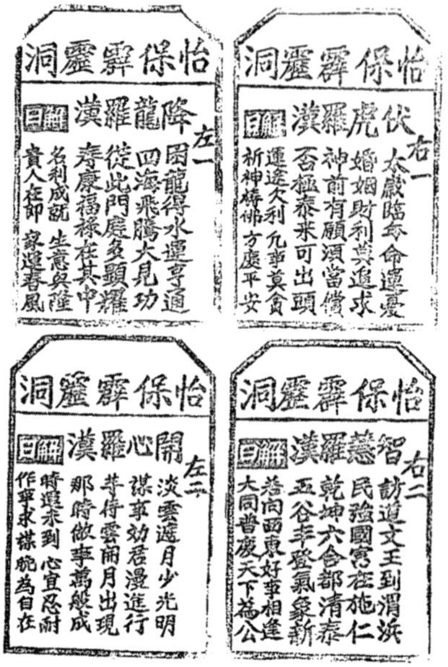

图 3–64　马来西亚怡保霹雳洞籤谱

唐代时增加到十六罗汉，五代又增至十八罗汉，甚至五百罗汉。十八罗汉的画像生动活泼，个性鲜明，所以很受百姓的喜爱。

福建惠安县科山寺罗汉籤谱（图 3–63）和马来西亚怡保霹雳洞籤谱（图 3–64），与十八罗汉有密切的关系。前者不但在籤诗之上贯以罗汉的名称，而且诗句也是描写罗汉的传说故事。而后者仅在籤诗之上冠以罗汉名称。值得注意的是，无论是福建惠安县科山寺《罗汉籤谱》，还是马来西亚怡保霹雳洞籤谱，采用的是民间通行的十八罗汉的名称。佛经的十八罗汉的名称都是音译，不容易记忆，而民间则根据罗汉的造型给他们取名，比较容易记忆。如佛经中的迦里迦阇（又有宾度罗跋罗惰、阿氏多尊者等译名），其塑像的最大特征是白发长眉，民间称之为“长眉罗汉”，而长眉又象征长寿，故又称“长寿罗汉”。特别是籤谱中的一些罗汉并不是佛经中的十八罗汉，而是民间百姓信奉的十八罗汉，如济公罗汉、达摩罗汉、托塔罗汉、施财罗汉、多闻罗汉、献香罗汉、献果罗汉、目连罗汉等，体现了佛教的中国化和世俗化的历史。

十一、根据信徒的抽籤目的相应分门别类的籤谱

根据信徒的抽籤目的相应分门别类的籤谱大概出现于明代以后，是籤诗简易化和通俗化的重要表现之一。《正统道藏》收入的《玄天上帝感应灵籤》就是按照信徒的抽籤目的分为“谋望”、“家宅”、“婚姻”、“失物”、“官事”、“行人”、“占病”等项目，使灵籤更具有针对性。清代，《北方真武上帝灵籤》，在明万历《玄天上帝感应灵籤》的基础上，又增加了“总曰”、“岁君”、“生意”、“六畜”、“六甲”、“求财”、“功名”、“移徙”、“自身”、“祖山”、“菁草”、“子息”、“命理”、“阳基”、“置货”、“行舟”、“田蚕”、“合伙”等项目，并有注解，更加通俗化。关于以上两种籤谱，我们将在“籤占与宗教信仰”章中深入研讨。

根据信徒的抽籤目的相应分门别类的籤谱至今在闽西地区还比较常见，如明溪《惠利夫人籤谱》。惠利夫人，俗名莘七娘，五代时人，籍贯不详。据方志记载：南宋时，有一位过路客人在明溪巡检司驿馆借宿，夜深时从莘七娘的墓地传来一女子悲凄哀怨的吟诗声，侧耳静听，只听到一女子吟诵诗歌，倾诉自己的身世：

妾身本来良家女，幼习女工及书史；笄年父母常爱怜，遂使良人作鸳侣。

五季乱离多寇盗，良人被命事征讨；因随奔逐道途间，忽染山气命丧夭。

军令严肃行紧急，良人命没难收拾；独将骸骨葬明溪，数尺孤坟空寂寂。

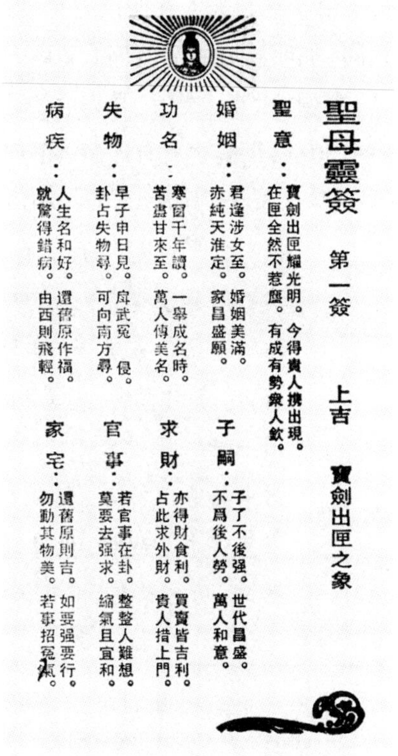
聖母靈簽　第一簽　上吉　寶劍出匣之象
聖意：寶劍出匣耀光明。今得貴人携出現。在匣全然不惹塵。有成有勢衆人欽。
婚姻：君逢涉女至。婚姻美滿。赤純天淮定。家昌盛願。
功名：寒窗千年讀。一舉成名時。苦盡甘來至。萬人傳美名。
失物：早子申日見。戽武冤　侵。卦占失物尋。可向南方尋。
病疾：人生名和好。還舊原作福。就驚得錯病。由西則飛輕。
子嗣：子了不後强。世代昌盛。不爲後人勢。萬人和意。
求財：亦得財食利。買賣皆吉利。占此求外財。貴人措上門。
官事：若官事在卦。整整人難想。莫要去强求。縮氣且宜和。
家宅：還舊原則吉。如要强要行。勿動其物美。若事招冤氣。

图 3–65　台南圣母庙籤谱

屈指经今二百年，四时绝祀长萧然；未能超脱红尘路，妄心积恨生云烟。[1]

这位客人不但将听到的诗歌书写在墙壁，而且告诉当地百姓，百姓信以为真，建庙祭祀。另据民间传说，惠利夫人是江西人，知书达理，又精通医术，随丈夫出征福建，转战明溪雪峰镇（今城关）时，丈夫不幸病亡，她寓居雪峰镇，以便看护丈夫坟墓。当时，明溪贫困落后，缺医少药，惠利夫人治愈了无数病人，成为当地神医。惠利夫人去世后，当地百姓建庙祭祀。南宋时期，惠利夫人成为明溪最有影响的神灵，"凡潦旱疾疫禳祈皆应"[2]，并受朝廷的敕封，封号有"惠利夫人"和"福顺夫人"。受敕封后，惠利夫人的影响日益扩大，北面向宁化、清流、建宁传播，西南向长汀、连城拓展，还流播到江西的赣州。[3]

由于惠利夫人在明溪等地的影响较大，不同的庙宇使用的籤谱也不尽相同，如明溪城关显应庙（又称夫人庙）的籤谱，分为总曰、本身、功名、生意、失物、六畜、疾病、求寿、官司、出门、移居、求喜、家运、风水等14项，每项20籤，每籤之后有注解，由于印刷质量差，恕不附图。以第一籤"总曰"、"功名"、"本身"为例，其余的相仿：

第一仟[4]　总　曰

诚心敬神富贵齐，财丁兴旺诸事宜。

招财进宝千万贯，诸事所谋诸事宜。

解曰：家门吉庆，财喜相连。满堂金玉，诸事皆宜。

第一仟　功　名

君来祷告问功名，太白文章传你身。

求官得志名利顺，投考得中第一名。

解曰：功名有定，求官得中。去考成功，得中头名。

---

① 道光《重纂福建通志》卷二十七《坛庙》。

② 《临汀汇考》卷四《山鬼淫祠》。

③ 同上。

④ 在福建方言中，"千""仟""芊"字与"籤"字同音，为了简便，故籤谱中经常见到用"千"或"仟""芊"代替"籤"字。

第一仟　本　身

身中吉庆喜洋洋，积善忠良大吉昌。

天地感应人安乐，乌鸦变作似凤凰。

解曰：栽花得花，喜事洋洋。神明庇佑，可保安康。

明溪县城关太夫人庙的籤谱也分为总曰、本身、婚姻、功名、生意、求寿、出门、移居、求嗣、家运、风水、求寿等12项，内容、格式与惠利夫人庙籤谱相同。武平县黄吐庵籤谱分为功名、婚姻、求财、六甲、失物、疾病、寿庚、家运、风水、口角、日课等11项，每项共36籤，第三十七籤为添油籤。其中“口角”一项最有特色。“口角”的籤诗围绕着如何处理人世间的各种纠纷以及人与人之间的关系展开，主旨是要求人们不要搬弄是非，不要因小事而争吵，不要兴讼，和为贵，忍为上。如第十首：

说是说非本小人，休听片言假成真。

若然不忍好兴讼，自惹黄蜂毒己身。

有的诗句劝人不要倚势欺人，如第四首：

有势有威莫乱为，恶人横逆上天亏。

且看黄雀螳螂事，残害循环定不逮。

还有的诗句对官府的腐败做了揭露，如第十四首：

衙门莫作间门开，有理无钱莫进来。

速托贵人和解释，离危远祸是高才。

十二、籤诗数量最少和最多的籤谱

籤谱的首数一般不超过100首，大多在30—64首之间，首数最少的籤谱是前面已经专门介绍过的嵌入十二生肖的籤谱，仅12首。福建德化祖龙宫籤谱也只有12首，首籤是“当时志气逞英雄，鱼在池中运来通；一日风云烟雾起，翻身一跳化成龙”。第十二首是：“朱雀原来自在垅，如今飞上九重天；幸喜得遇神仙客，注定功名世代传。”祖龙宫位于德化县宝美村境内，始建于宋，原名玄女宫，因供奉窑神虞圣大帝及玄女真仙而得名。明代林朝景募修后易名白沙宫，清咸丰六年（1856）重修又易名下尾宫，清同治年间扩建后改名祖龙宫。该庙主神被当地从事陶瓷业的善男信女所崇拜，

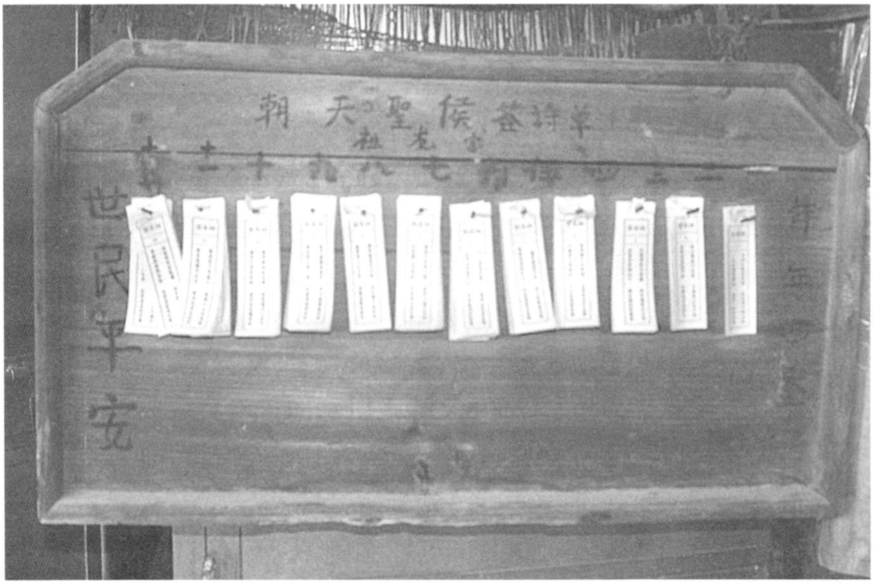

图 3–66　福建省德化县祖龙宫籤诗牌

图 3–67　民国三十三年仙游县朱阳宫黄大使籤板

每逢农历五月十六窑坊公诞辰之日，都要在祖龙宫举行盛大奉祀活动。

《祖龙宫籤谱》十分简单，仅有籤名、籤序和籤诗三个要素（图 3–66）。

福建仙游朱阳宫黄大使灵籤也是 12 首（图 3–67），第一首"飞龙直出大江河，超出禹门起风波。若得风云来相会，君子求名便登科。"第十二首："春来万物尽生芽，枯木逢春在发花。得时不用人计较，到底求财入吾家。"

籤谱首数最多的是八仙灵籤和五百罗汉籤。八仙是指道教八位神仙，有汉代八仙、唐代八仙、宋元八仙等诸多说法，影响最大的八仙之名为：铁拐李、汉钟离、张果老、蓝采和、何仙姑、吕洞宾、韩湘子、曹国舅。八仙的传说故事在民间广为流传，其中八仙过海的故事最为脍炙人口，妇孺皆知。由于八仙均为凡人得道，个性与百姓较为接近，因此，深得百姓的喜爱，甚至成为崇拜的偶像，其中吕洞宾拥有最多的信徒。笔者有一套陕西宝鸡韩拴功居士赠送的源自台湾修缘行宫的《八仙灵籤》，多达 560 首，第一首："蓬莱东阙玉桃香，顺水行舟仙赐方。宜南正好图全计，不必他方卜地长。吕仙解：蓬莱仙境在东土，玉桃去土去点为'一'，顺水行舟，以川为顺，暗示'川'，本爻数理为'一'与'三'，最后一句'不必他方卜地长'，要卜者心诚无须再去他处求问，否则不灵。"第五百六十首："春风风和丽，清明逢故里。大吉。圆融之象。占得此籤者，酌予消减官司或逆蹇。勉励积极行善立德，以祛祸显福，趋吉避凶。"

另外，《五百罗汉籤谱》也多达 500 首，仅次于《八仙灵籤》。在佛教

图 3–68　八仙砖雕（兰州白云观）

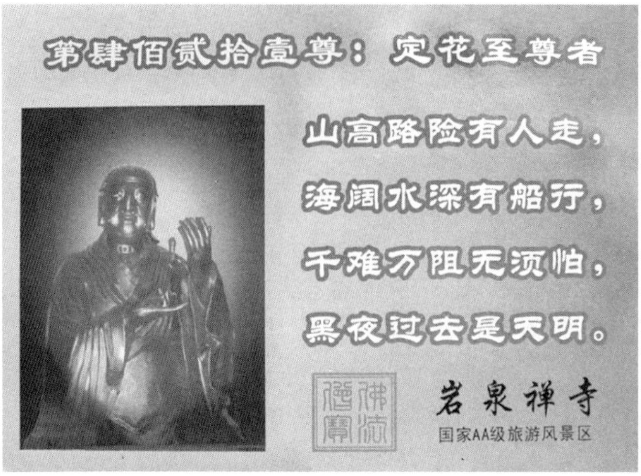

图 3–69　云南省岩泉寺五百罗汉籤谱

经典中，经常出现五百比丘、五百弟子、五百阿罗汉等说法，随着中国十八罗汉的崇奉，五百罗汉像也在五代时期见于绘画和雕塑，不久便有许多寺庙建立了五百罗汉堂，后人又附会地列举五百罗汉的名字，各种传说故事流传于世。最著名的是河南少林寺千佛殿的五百罗汉壁画，壁画绘制在大殿三面山墙上，高7.5米，长42米，面积约320平方米。画中五百个罗汉，围绕殿内所奉毗卢佛，有合掌，有捻珠，有托钵，有扛铲，有挠痒，有赏画，有降龙，有伏虎，千姿百态，栩栩如生。五百罗汉分为35组，每组表达一个佛教故事。另外，苏州西园寺、昆明筇竹寺都有五百罗汉图册，它们都是我国艺术宝库中的珍品。

有的五百罗汉堂备有籤谱供善男信女占卜，如武汉归元寺五百罗汉堂、云南宜良县城西伏狮山麓的岩泉禅寺都使用五百罗汉籤谱（图 3–69）。这里还流传着“数罗汉”的习俗，即每个走进罗汉堂的人，闭着眼睛随意选定一个罗汉，然后睁开，按个人的年龄数以男左女右的方向朝下数，数到个人年龄数的那个罗汉，据说就是自己的保护神，再根据这个罗汉对应的数字，到后堂领取相应的籤诗。

2005 年，台湾嘉义县梅山玉虚宫在举行隆重的祭典的同时也举办籤诗大展，除了展示宫内保存有百年前拓印籤诗的木印版外，还有六十甲子籤诗手写本、五百罗汉籤、十八罗汉籤等，吸引不少喜爱宗教文物的信众参观。

十三、流传最广的籤谱

与观音在民间最受百姓信仰相适应，至今在民间流传最广的籤谱，恐怕也要算是《观音籤谱》了。在民间流传的《观音籤谱》版本很多，一种是60首的，俗称《六十甲子籤诗》，首籤首句是“日出便见风云散”；另一种是100首的，首籤首句是“开天开地作良缘”。还有24首的，首籤首句是“宝马盈门吉庆多”；28首的，首籤首句是“福如东海寿南山”等。当然，影响最大是《六十甲子籤诗》。许多非观音寺庙也采用观音籤谱，只不过把名称改换一下，台湾诸多妈祖庙使用的《天上圣母六十甲子灵籤》，实际上就是《六十甲子籤诗》，福建古田临水宫使用100首的观音籤，把它改名为《太保籤》，类似的例子很多。笔者在闽台民间调研时，最常见到的就是《六十甲子籤诗》，虽然没有进行统计分析，但大致估算，《六十甲子籤诗》被民间宫庙所使用的比例，至少占1/3。台湾学者林修澈对宜兰、新竹和澎湖的810座宫庙的籤占进行调查，其中有559座宫庙备有籤谱，使用《天上圣母六十甲子籤》（即观音的《六十甲子籤诗》）的宫庙多达226座（宜兰县144座、新竹县54座、澎湖县28座），占40.43%。[①] 台湾铭传大学汪娟曾调研台湾三级古迹以上的佛教寺庙的籤占状况，其中有26所寺庙备有籤筒和籤诗，供善男信女占卜。这些寺庙中，奉祀观音的多达19座，其他的供奉地藏佛、清水祖师、显应祖师、定光古佛等。在这19座备有观音灵籤的寺庙中，采用百首观音灵籤的只有4座：彰化鹿港龙山寺、台北艋舺龙山寺、高雄凤山龙山寺、新竹金山寺；而使用《六十甲子籤

图3–70　观音籤谱流传最广、影响最大

① 林修澈：《宜兰县内庙的运籤》，《宜兰研究》，2004年第三届学术研讨会论文集。

诗》的多达15座：台北县五股乡的西云寺、台北淡水镇龙山寺、桃园县龟山乡寿山岩观音寺、桃园县大溪镇斋明寺、莲座山观音寺、彰化县芬园乡宝藏寺、彰化县花坛乡虎山岩、嘉义县番路乡半天岩紫云寺、嘉义县民雄乡大土地爷庙、台南市白河镇大仙寺、台南市大观音亭、开元寺、择贤堂、法华寺、澎湖县马公市观音亭。使用《六十甲子籤诗》的寺庙比例高达57.69%。[①]台湾宗教人士陈清河走访过台湾902座宫庙，其中有277座使用《六十甲子籤诗》，约占30.71%。[②]

继流传最广的籤谱《六十甲子籤诗》之后，排名第二的是《关帝灵籤》100首，首籤首句是："巍巍独步向云间。"《关帝灵籤》历史悠久，南宋时期就出现，当时称《江东王籤》，明代时被关帝庙借用，并冒名顶替，成为《关帝灵籤》。明清时期，在统治阶级的扶持下，关帝信仰得到迅速发展，成为全国影响最大的神灵之一。《关帝灵籤》不但被数以万计的关帝庙所使用，还被许多供奉其他神明的宫庙借用。笔者在闽台民间调研时，《关帝灵籤》也是经常见到的，大致估算，其被民间宫庙所使用的比例，大约也有1/3。前面提到的台湾学者林修澈对宜兰、新竹和澎湖宫庙籤占的调查结果也印证了我的直观感觉，在宜兰、新竹和澎湖的559座宫庙中，使用《关帝灵籤》的宫庙多达215座（宜兰县149座、新竹县40座、澎湖县26座），占38.46%。[③]台湾陈锦云收集235座寺庙籤谱，其中使用《六十甲子籤诗》多达120座（桃园36座、新竹57座、苗栗27座），占51.06%，居第一位；使用《关帝灵籤》85座（桃园19座、新竹37座、苗栗29座），占36.17%，居第二位。另据台湾刘玉龙调查统计，《六十甲子籤诗》的使用率占六成以上。[④]然而，台湾学者丁煌则认为："目前，台南寺庙的《关帝灵籤》百首最为风行，我在台湾南部地区调查所得，亦以此种籤流通最多。"又说："参考酒井忠夫教授及WernerBanck的调查收入，可以断定其为台湾或中国现存

① 汪娟：《百首观音灵籤之籤题析论——以艋舺龙山寺为例》，《中国俗文化研究》第三辑，巴蜀书社2005年版，第2页。

② 陈清河：《谈籤诗说八卦》，蔡宗勋2003年版，第1页。

③ 林修澈：《宜兰县内庙的运籤》，《宜兰研究》，2004年第三届学术研讨会论文集。

④ 陈锦云：《台湾六十甲子圣母诗籤研究——以桃竹苗地区为中心》，中国文化大学中国文学研究所2008年版，第7页。

最多的一种籤。”[①]

实际上，籤谱的使用具有地域色彩，台南地区的关帝信仰影响大，也许《关帝灵籤》的流传就比较广。而台中、台北、台东、澎湖等地，妈祖和观音影响大，《六十甲子籤诗》流传就广一些。不过，就台湾省乃至中国、华人华侨聚居地来看，《六十甲子籤诗》应该是流传最广的籤谱吧。

综上所述，由于中国地域辽阔，各地的历史条件和文化背景存在某些差异，形成了许多独特的籤谱。透过这些独特籤谱，既可以在许多方面观察到悠久的中国传统文化的丰富内涵，也可以在一定程度上了解到地方文化的特色。

---

① 丁煌：《台南旧庙运籤的初步研究》，文载李丰楙、朱荣贵主编《仪式·庙会与社区》，“中研院”文哲所1996年版，第389页。

第四章　籤占的方法与仪式

仪式是宗教信仰的重要组成部分，其主要目的是使信众对其崇拜的偶像产生敬畏感，进而巩固宗教信仰感情，因此，任何宗教信仰都特别注重仪式。籤占虽然谈不上是严格意义上的宗教，但无疑也是宗教信仰活动，除了必须的籤占工具外，还有籤占方法和必不可少的籤占仪式，这些籤占工具、方法、仪式，既是历史的遗存，也是现实生活的组成部分。

第一节　籤占的工具

一、籤　筒

籤筒就是置放籤枝的容器，多为竹制的中空器皿，类似于笔筒，但比笔筒大些。有些宫庙的籤筒直接用大的竹子做成，也有用樟木、梧桐木等做成的籤筒。籤筒多为管状形，也有少数六角形、八角形的。近年来，有的寺庙宫观使用铜铁、大理石或水泥等材料做成的固定式的大型籤筒。在外观上，多数籤筒不进行任何雕饰，少数籤筒外形刻绘花鸟图案，或标明是运籤筒还是药籤筒。

关于籤筒的最早记载，见于五代，时人卢多逊在云阳道观读书，看到“废坛上有古籤一筒，竞为抽取为戏”[①]。显然，当时的籤枝是放在一个“筒”

① 释文莹：《玉壶清话》卷三。

图 **4-1**　宫庙寺院备有各种籤筒和籤枝供善男信女占卜

图 **4-2**　大型籤筒

状的器具中，“筒”即竹制的管状器物，也就是后世籤筒的基本形状。因此可以说，籤筒与籤占大概是同时产生的。籤筒的大小没有硬性规定，小的像笔筒，大的有 1 米多高，多是铜铁、大理石或水泥等材料做成的固定式的籤筒。一般的籤筒大小以双手可以握住为宜，以便于摇晃占取。至于在路边摆摊设点的占卜师使用的籤筒，则小巧玲珑，便于携带。

在一些香火比较旺盛、经济比较富裕的宫庙寺院，籤筒的造型相当考究，其外形上刻绘花鸟图案，涂上各种颜色，简直就是一个艺术品。

一座宫庙寺院一般设置一个籤筒，放在神案上，便于善男信女使用。有的香火旺盛的宫庙寺院，准备的籤筒不止一个，香港黄大仙庙的籤筒少说也有二三十个，以方便信众占籤。

二、籤　　枝

籤枝为细长条的薄竹片制成，一头削成葫芦形或半圆形等，上端写上籤序，涂上桐油或油漆，数十支或上百支为一套（与籤谱对应）。籤枝的长度、宽度也没有硬性规定，要根据籤筒的大小而定，一般说来，籤枝放入籤筒，约 1/3 的籤枝要露出籤筒，以便善男信女占取。信徒占取籤枝后，根据籤枝上的籤序，对照籤谱，索取相应的籤条。除了通过卜筊杯取得籤诗外，绝大多数提供籤占的宫庙寺院都有籤筒和籤枝。

绝大多数籤枝是用竹片制成的，籤枝有时也会遗失或损坏、虫蛀等，因此，每年年终送神仪式举行后，要将籤筒用红布等封存起来，检查籤枝的损毁情况，及时补足，待年初举行迎神仪式后使用。

三、杯　　筊

杯筊又称杯珓、盃珓、柸筊、珓杯、筊杯、筊、箁等，闽台方言直接称之为“杯”。杯筊是一种占卜工具，形状似半月，外突内平，外称阳，内称阴。占卜时先将杯筊合拢，捧至胸前，默祷一番后，抛空掷地，视其俯仰，以定吉凶，称之为卜杯、卜筊、掷筊、杯角、杯教、杯校等。《康熙字典》：

> 珓，《广韵》古孝切，音教。杯珓，古者以玉为之，《类篇》：巫以占吉凶者。《演繁露》：杯珓用两蚌壳，或用竹根。又或作“教”。《荆楚岁

图 4–3　籤枝

时记》：秋社，拟教于神。注：教，言教令也。又或作“筊”。《石林燕语》：高辛庙有竹杯筊，以一俯一仰为圣筊。

《辞海》（合订本）“杯珓”条：

占卜吉凶的用具，用两片蚌壳（或以竹、木制成其形）投空掷于地，视其俯仰，以定吉凶，称为卜珓或掷珓。也作“盃珓”、“杯筊”。

关于杯筊的产生和演变，宋朝的程大昌《演繁露》做了详尽的考证：

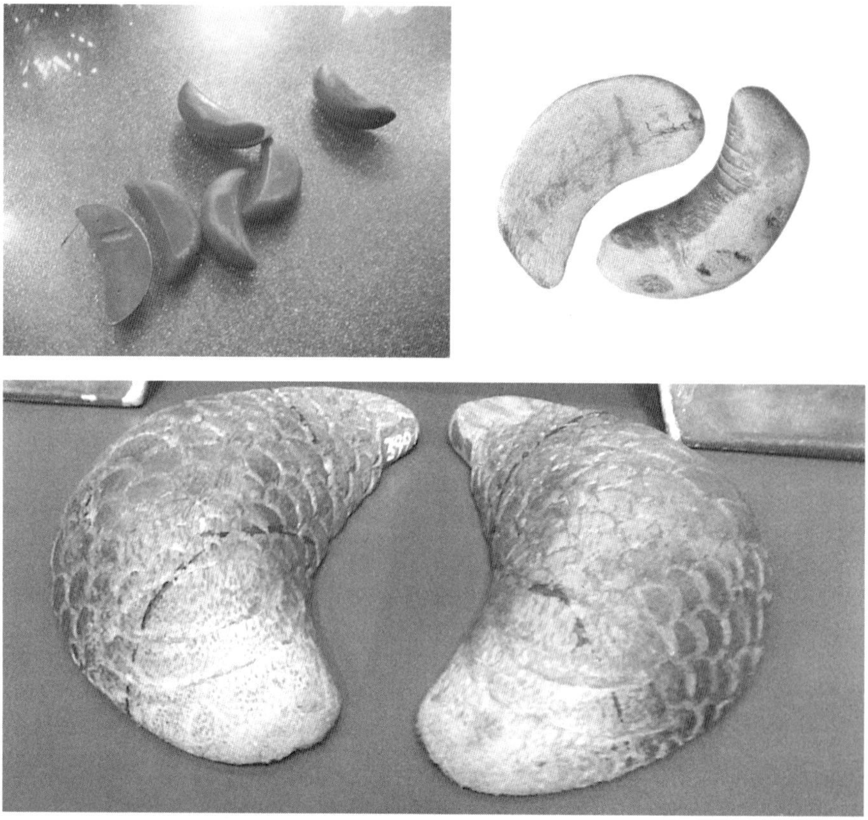

图 4-4　大小不一的杯筊

卜教：后世问卜于神，有器名盃珓者，以两蚌壳投空掷地，观其俯仰，以断休咎。自有此制后，后人不专用蛤壳矣。或以竹，或以木。略斫削使如蛤形，而中分为二。有仰有俯，故亦名盃珓。盃者，言蛤壳中空，可以受盛，其状如盃也。珓者，本合为教，言神所告教，现于此之俯仰也。后人见其质之为木也，则书以为“校”字。《义山杂纂》曰：“殢神掷校是也。”校，亦音珓也。今野庙之荒凉无资者，止破厚竹根为之。俗书“竹下安教”者是也。至《唐韵》效部所收则为珓。其说曰：“珓者，盃珓也，以玉为之。”《说文》、《玉篇》皆无珓字也。案许氏《说文》作于后汉，顾野王《玉篇》作于梁世。孙愐加字，则在上元间。而《广韵》之成，则在天宝十载。然则自汉至梁，皆未有此珓字，知必出于后世意撰也。……至其谓以玉为之，决非真玉。玉虽坚，不可飏掷，兼野庙之巫，未必力能用玉也。当是择蚌壳莹白者为之。而人因附玉以为之名。凡今珠玑琲珕，字虽从玉，其实蚌属也。夫惟珓校，既无明据，又无理致，皆所未安。予故独取宗懔之说也。懔之《荆楚岁时记》曰："秋社拟教于神，以占来岁丰俭。"其字无所附并，乃独书为教，犹言神所告，于飏掷乎见之也。此说最为明迳也。又《岁时记》注文曰："教以桐为之，形如小蛤。"言教，教令也。其掷法则以半俯半仰者为吉也。此其所以为教也。①

近代美国传教士卢公明在福州传教时，接触到盃珓，他在《中国人的社会生活》一书中写道：

这种器具如果是家用的，是木头做的；如果是庙用的，用竹根制作。取一根直径两三寸、长四五寸的材料，削成一头大、一头小的梨状，再对剖成同样大小的两块，每一块都是一面平，一面圆凸的形状。……每一个庙里都至少有一副珓杯供进香者使用。许多家庭自己也置备一副在神灵牌位前使用。珓杯也可以用在家中祖宗牌位前或祠堂里，向去世的亲人询问意见。②

图 4–5　籤筒和杯筊经常放在一起，方便信徒使用

① 程大昌：《演繁露》卷三，纪昀等总纂，景印文渊阁《四库全书》第八五二册，台湾商务印书馆 1983 年版，第 87—88 页。

② 卢公明：《中国人的社会生活》，陈泽平译，福建人民出版社 2009 年版，第 286—287 页。

综观上述资料，我们对杯筊大致可以做这样的理解：

第一，杯筊是一种非常古老的占卜工具，最初是用两个蚌壳做成，因蚌壳形状像杯子，故称杯珓。

第二，杯筊卜是中国最简易的占卜术，其法是把两个蚌壳掷向空中，自然落地，视其俯仰以断休咎，一仰一俯为“圣”（“胜”），两俯为“阴”，两仰为“阳”，掷三次而成一卦。

第三，杯筊卜是中国流传最广的占卜术，其历史悠久，至迟在南朝时就开始流行，不但生活方面要进行杯筊卜，农业丰歉也求助于杯筊卜，故当时称之为“教”。近代以来，不但宫庙中使用杯筊卜，祠堂和寻常百姓家中也经常备有杯筊，供善男信女占卜。

第四，以蚌壳为材料的杯筊容易破碎，至迟在隋代就出现以桐木做成的杯筊，唐代出现竹制（主要是竹根）的杯筊，且很快取代蚌壳为材料的杯筊，成为主流。木制的杯筊称为“校”、竹制的称为“筊”或“筶”。宋代魏野有《咏竹杯珓子》诗：“谁知破�根，还同一气分。吉凶终在我，翻覆谩劳君。酒欲祈先酹，香临掷更焚。吾尝学丘祷，懒把祝云云。”

图 4–6　卜筊是最简单且影响最大的占卜形式

值得一提的是，籤筒、籤枝和杯珓多使用竹制品，除了竹子容易拿到、坚固耐用等原因外，还与中国文化中对竹子的崇拜有密切关系。远古时代，巴蜀先民奉竹为图腾，考古发掘发现了大量与竹子有关的文物。[①] 许多少数民族以竹来占卜，如傈僳

① 参见屈小强：《巴蜀竹崇拜透视》，《社会科学研究》1992 年第 5 期。

族中有竹年卦，把27根竹子分为3份，实行两根一数的排列组合，以累次排列组合后的余数来窥视“神灵”启示。① 傈僳族在狩猎时，经常以抽籤来卜定出猎的方向，其《猎歌·抽籤调》直截了当地唱道：“籤啊，籤！请你告诉我，野兽躲在什么地方；让我今天打猎啊，一去就射着野兽！让我今天撵山啊，一去就捕到动物！”② 布朗族村落选举头目“达曼”的方式与后世抽籤相仿，具体做法如下：全村落成年男子跪着依次抽九根竹籤，其中一根写有“当选达曼”字样。不管中籤与否，抽出的籤重新放回，让下一个人抽籤，每个人抽籤概率相等。凡中籤者站立一边，进入第二轮抽籤，经多次淘汰，最后的两人抽两根竹籤，仍中籤者“当选”。③ 台湾高山族流传着竹占，许国良、曾思奇《高山族风俗志》记载：“竹占主要流行于台湾南部，通常由长老或巫师主卜。制作卜具的竹子，必须是指定的竹林里的青竹，占卜前派遣专人砍伐来的，大约一至二尺长，首尾两端，一端有节，一端无节。剖开削成竹板，供奉粟糕、醇酒，祭祀之后涂上牛血，据认为，这样的竹子就具有降兆示知的法力。占卜前，先念咒语向神提出决疑的问题，祈请赐知。念毕，将竹节拿在火上炙烤，根据加热后的竹节爆裂的痕迹判断吉凶。另一种方法是：将竹子无节的一端切细、削薄，在一边凿一个三角洞，一边念咒语，一边用手把竹折断，根据断口的形状与裂纹来判断吉凶。”④ 唐代益州乌蛮族有一名叫闭珊居集的术士，用49根细竹枝来占卜吉凶祸福，也可视为后世抽籤的滥觞。⑤

汉族对竹子也情有独钟，竹与松、梅合称“岁寒三友”，赋予崇高的道德文化内涵。竹子也被汉族用于占卜，《说文解字》除了释“籤”为“验”外，还有“一曰锐也，贯也”。《玉篇》进而解释曰：“籤，竹签以卜者。”可见，至迟在汉代，汉族就有以竹签来占卜的习俗。《荆楚岁时记》载：社祭时，折竹以卜，以占来岁丰俭。旧时在江南一带，流传有竹姑占，每逢元宵节，便

---

① 乌丙安：《民俗学丛话》，上海文艺出版社1983年版。

② 参见王亚南：《古远的巫风——传统民族的口承文化与巫术祭祀》，文载姜彬主编《中国民间文化——民间神秘文化研究》，学林出版社1993年版，第94页。

③ 《布朗族社会历史调查》（二），云南人民出版社1982年版，第18—19页。

④ 陈永正主编：《中国方术大辞典》，中山大学出版社1991年版，第147页。

⑤ 蔡美意：《金门城隍庙籤诗之研究》，铭传大学2005年硕士学位论文。

有人将小竹子剖为两篦，由两人对持其两端如抬轿状，然后燃楮木向神祈祷。谓神至则双篦中合，相互敲击。凡有卜问，以敲击次数多寡为验。[①] 至今，竹子在百姓眼里，还是一种吉祥的植物，南方花鸟市场中，有一种盆栽竹子，称“平安竹”；还有一种用一节一节竹子札成宝塔形状的盆栽，称“富贵竹塔”。此外，年夜饭有一种以竹笋为主要食材做成的菜肴，称“竹报平安”，春联有“竹报三多”（多子、多福、多寿）等，百姓赋予竹子以特别的文化内涵。

第二节　籤占的方法

一、摇晃籤筒法

图 4–7　最常见的摇晃籤筒求籤法

摇晃籤筒法是最常见的求籤方法。抽籤者烧香礼拜、祷告一番后，双手捧住籤筒，稍将籤筒倾斜，再轻轻地上下不停晃动，由于竹简互相摩擦，其中有一支竹简会从籤丛中露出头来，甚至从籤筒中跳出来，此竹简经过卜筊确认后，即认定是神灵赐予的灵籤。有些地方求籤时不必非要把竹简摇晃出来，而只要将籤筒轻轻一摇或数摇，然后抽籤者随意从籤筒中抽取一支即可。

摇晃籤筒求籤法也许是最古老的求籤法，明代小说《明珠缘》第一回“朱工部筑堤焚蛇穴　碧霞君显

① 陈永正主编:《中国方术大辞典》，中山大学出版社 1991 年版，第 147 页。

降灵籤”就有描写工部侍郎朱衡摇晃籤筒求籤的文字：“朱公同众官至（泰山）庙前下轿，礼生引导至大殿盥手焚香。拜毕，见香案上有四个籤筒，遂命道士取过来。朱公屏退从人，焚香默祝道：‘弟子工部侍郎朱衡，奉旨治水修筑河堤，上保陵寝，中保漕运，下护生民，皆赖神功默助，侥幸成功。未知此堤可能日后常保无虞否？乞发一籤明示。’说罢将籤筒摇了几摇，一枝籤落在地下。从人拾起，道士接过籤筒，朱公看时，乃是八十一籤中吉。”

在中国民间，庙宇是越盖越大，神像也越塑越大，至于籤筒，也有越来越大的趋势。有的籤筒虽然为木制，但形制较大，双手无法捧起摇晃。少数宫庙的籤筒用花岗岩石头或钢铁做成，固定在神案前。抽籤者不是摇晃籤筒，而是双手抱住竹筒，用力左右旋动数次，其中哪一支从籤枝露得最高，抽出后再经过卜筊确认，即认定为神灵赐予的灵籤（图 4–8）。

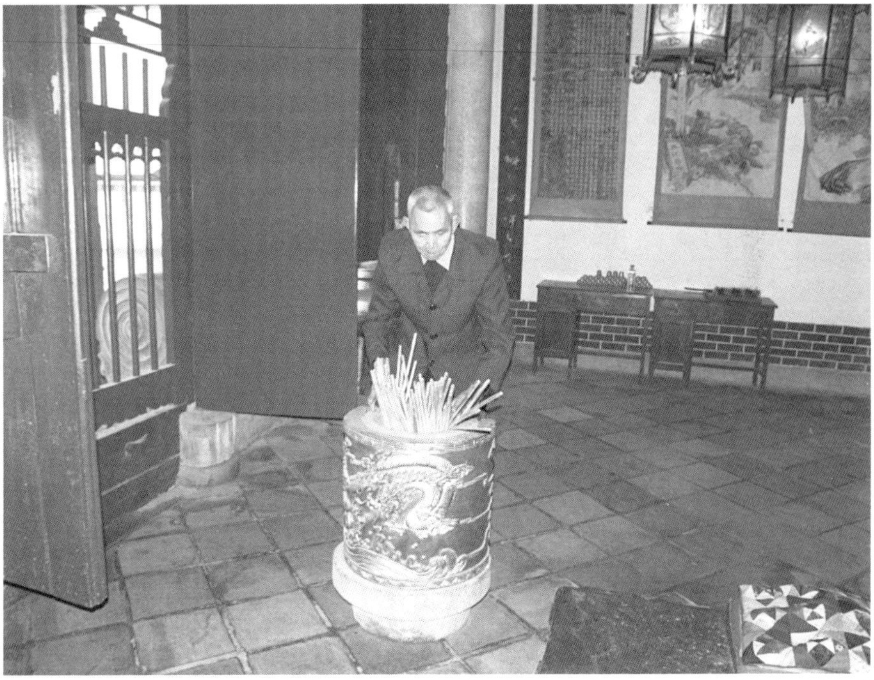

图 4–8　由于籤筒太大，无法摇晃，只能通过旋转竹筒占取籤枝

二、杯筊籤占法

大概在明中叶之后，通过抛掷杯筊来占取籤诗的方法才出现，有两掷杯筊法，有三掷杯筊法，而以三掷杯筊法为多。其占卜仪式如下：先将杯筊合拢，捧至胸前，默默祈祷后将杯筊抛掷于地下，观其俯仰，连续3次，形成卦象。三掷杯筊法通过排列组合，形成27种不同的杯筊象，以《湄洲屿志》卷四收入的《天后盃图》（27首）为例，其杯筊象的排列顺序和上中下吉凶断语如下：

表4–1 《天后盃图》中杯筊象与上中下吉凶断语

籤　序	上中下吉凶断语	籤　序	上中下吉凶断语	籤　序	上中下吉凶断语	籤　序	上中下吉凶断语
三圣	大吉	圣圣阴	中下	圣圣阳	上吉	圣阴圣	下下
圣阳阴	中平	圣阳圣	上上	圣阴阳	上上	圣阳阳	上上
圣阴阴	大吉	三阳	中平	阳阴圣	下下	阳阳圣	上上
阳圣阳	大吉	阳阴阴	下下	阳圣阴	大吉	阳阴阳	中下
阳阳阴	下下	阳圣圣	大吉	三阴	大吉	阴阳阳	中平
阴圣阴	中吉	阴圣圣	下吉	阴阴阳	中平	阴阳圣	中吉
阴阴圣	中下	阴阳阴	下下	阴圣阳	上吉		

从表4–1可以看出，杯筊象与上中下吉凶断语之间存在着某种联系，在12首为“大吉”、“上上”、“上吉”的籤诗中，有11首出现“圣杯”，而在9首为“中平”、“中吉”、“中下”的籤诗中，出现“圣杯”的才5首，在6首为“下下”、“下吉”的籤诗中，出现“圣杯”仅3首，比例最低。

据民俗专家毛述先说，杯筊的圣（一俯视一仰）、阳（两仰）、阴（两阴）的三种兆象，体现了天、人、地的组合，杯筊兆象的组合、排列、吉凶都有一定规律可循。从筊序看，27筊象可分为“天筊组”、“人筊组”和“地筊组”，“天筊组”从“三阳筊”开始，“人筊组”从“三圣筊”开始，“地筊组”从“三阴筊”开始，根据气从下向上流动的原理，各组依次从第三筊往上变化，先变地筊，再变人筊，返回地筊、人筊同变，每组形成9个阴阳变化的筊象，列表如下：

表 4–2　筊象与天地人及阴阳关系

筊序	1	2	3	4	5	6	7	8	9
天筊组	阳阳阳	阳阳圣	阳阳阴	阳圣阳	阳阴阳	阳圣圣	阳阴阴	阳圣阴	阳阴圣
筊序	10	11	12	13	14	15	16	17	18
地筊组	圣圣圣	圣圣阳	圣圣阴	圣阳圣	圣阴圣	圣阳阳	圣阴阴	圣阳阴	圣阴阳
筊序	19	20	21	22	23	24	25	26	27
人筊组	阴阴阴	阴阴圣	阴阴阳	阴圣阴	阴阳阴	阴圣圣	阴阳阳	阴圣阳	阴阳圣

根据阴阳平衡等原理形成不同筊象，有一定规律可寻。凡在“天、人、地”筊位出现“圣”的筊象的均为“上”等；凡“阳”的筊象出现在“天筊”位、“阴”的筊象出现在“地筊”位，“阴”、“阳”筊象出现在“人筊”位的，均为“中”等；如果“天筊”位出现“阴”筊象，“地筊”位出现“阳”筊象，则为“下”等。根据“从势”、“平衡”、“消长”的筊理，将27个筊象分为上上、上、中、下、下下五个兆象等级，列表如下：

表 4–3　筊象与上中下吉凶关系

筊序	1	2	3	4	5	6	7	8	9
筊位等级	中中下	中中上	中中中	中上下	中中下	中上上	中中中	中上中	中中上
筊兆	下	上	中	中	下	上上	中	上	上
筊序	10	11	12	13	14	15	16	17	18
筊位等级	上上上	上上下	上上中	上中上	上中上	上中下	上中中	上中中	上中下
筊兆	上上	上	上上	上上	上上	中	上	上	中
筊序	19	20	21	22	23	24	25	26	27
筊位等级	下中中	下中上	下中下	下上中	下中中	下上上	下中下	下上下	下中上
筊兆	下	中	下下	中	下	上	下下	下	中

抽籤者连续3次抛掷杯筊，将所得到的杯筊象对照籤谱（或称杯筊

图 4-9　道光二年福建闽清县金沙堂的籤谱采用的是杯筊籤占法

辞、筶判书等），即可获得灵籤。有些宫庙备有籤筒和杯筊辞，供信徒自由选择。①

值得一提的是，在通过抛掷杯筊占取灵籤的籤谱中，籤诗的首数往往不止 27 首，而是 28 首，所增加的那一首的杯筊象称为“三奇杯”或“三竖杯”、“侧立杯”、“立杯”、“冲天筶”等，就是所抛掷的杯筊落地后，杯筊没有呈现俯仰状，而是直立或侧立。这种现象虽然极为少见，但还是存在一定的概率的，不同地方的人对此奇特的杯筊象所传达的吉凶信息有着截然不同的理解，如福建石狮城隍籤谱、南安丰州桃源宫籤谱分别称之为“三奇杯”和“三竖杯”，均认为此杯筊象兆示不吉，诗句基本相同：“嘴占昆山玉，凡人知吉凶。劝君急退步，恐久堕坑中。”福建古田松台乡崇圣宫籤谱“侧杯”曰：“立耳立耳，忽听鸦鸣。闲事莫管，自好消息。”有些地方的籤谱则认为此杯筊象兆示“吉”，如福州盖山八部元帅庙籤谱“侧立筶”诗曰：“侧

① 详见汀州天后宫第四届理事会编：《天后灵珓注解》，汀州天后宫 2005 年印行。

立之筶筶最奇，从今作事不须疑。田园家宅皆如意，还有麻祯在此时。”福建长汀县濯田镇翠梅山寺籤谱末首“冲天筶”的总体定性兆象为“上”，籤诗曰：“企墙上告判，得知心事详。功名荣显耀，六甲生男女。病者又有安，神鬼来作福。婚姻定和合，家里必昌隆。为善积福田，长者福绵绵。积福存阴功，代代子孙贤。”

杯珓籤占法也方便于在家中使用，流传于台湾的《求筶神杯灵籤》在每一首籤诗前画有杯珓象，以便善男信女参照（图 4–10）。

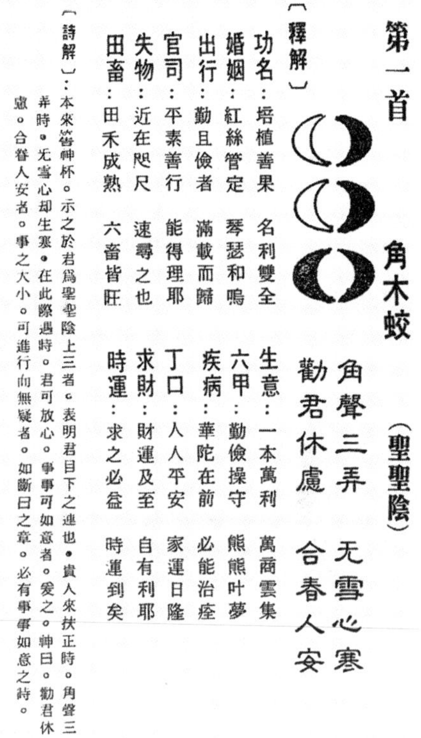

第一首 角木蛟 （聖聖陰）
角聲三弄 无雪心寒
勸君休慮 合春人安
〔釋解〕
功名：培植善果 名利雙全
婚姻：紅絲管定 琴瑟和鳴
出行：勤且儉者 滿載而歸
官司：平素善行 能得理耶
失物：近在咫尺 速尋之也
田畜：田禾成熟 六畜皆旺
生意：一本萬利 萬商雲集
六甲：勤儉操守 熊熊叶夢
疾病：華陀在前 必能治痊
丁口：人人平安 家運日隆
求財：財運及至 自有利耶
時運：求之必益 時運到矣
〔詩解〕：本來筶神杯。示之於君爲聖聖陰上三者。表明君目下之運也。貴人來扶正時。角聲三弄時。无雪心却生寒。在此際遇時。君可放心。事事可如意者。愛之。神曰。勸君休慮。合春人安者。事之大小。可進行向無疑者。如斷曰之章。必有事事如意之時。

图 4–10　籤诗前画有杯筊兆象便于善男信女参照使用

《求筶神杯灵籤》的籤谱前还有这样一段文字，介绍如何在家使用杯珓籤占：

君尔在家中之事，凡婚姻、时运、求财、六甲、疾病、出行、功名、生意、丁口、官司等，如有疑问，无法自我决行时，可在家中奉祀家神，及香火。

向堂中列位正神，以杯筊通天地之方式为之，见三次，圣阴阳之不同，可卜吉凶，事之可行者否。

乞求者，先汝吾身洗净，衣襟理正，两掌中捧圣筊为之。求神祝告词文如左，曰：

伏以相筊通天地，家神能知家内事，拜请本家奉祀香火，堂中列位正神，弟子某某人某年某月日，为某某事，吉凶未卜，忧疑未决，伏请家中列位尊神，请以圣杯三掷，指示分明。

祝告后将圣杯筊掷地三次，视其出者为圣阴阳之何者，而后对照下列圣断，即可知吉凶。吉之时可行之，凶之时宜止之，以免生灾遭殃。①

三、金钱占取法

金钱占取法源于金钱卜。唐代时，出现抛掷金钱来预测吉凶的方法，常见的是将六枚制钱放入竹筒内，焚香祷告后，摇动竹筒数下，再倒出制钱，使之排成长行，根据背字两面及排列次序取兆象断吉凶。后世进一步简便其法，取制钱 3 枚，随手抛掷，两背一面为少阴，两面一背为少阳，3 枚皆面为老阴，3 枚皆背为老阳，这样连续抛掷 6 次，组成六爻，然后对照《周易》的卦辞、爻辞来断吉凶。籤占的金钱占取法主要供信徒旅途中或在家中使用，常见的金钱占取法有多种：

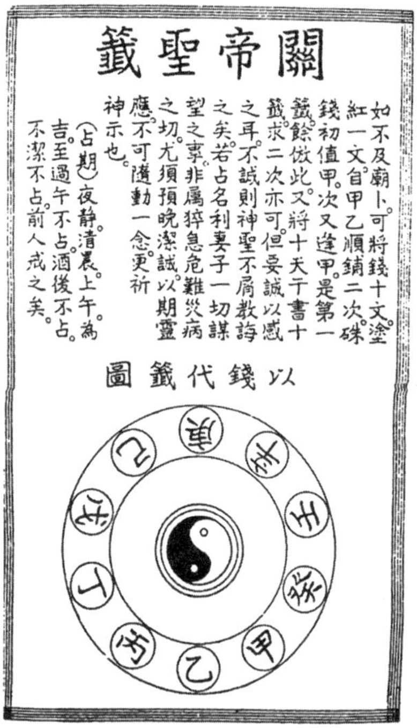

图 4–11　以钱代籤图

一种是用十枚铜钱，其中 1 枚涂上红色作为标志，将 10 枚铜钱放入竹筒内，焚香祷告后，摇动竹筒数下，再倒出铜钱，依十天干顺序排列，连续两次，就可以组成甲甲、甲乙、甲丙……100 种组合中的一种。以关帝籤谱为例，假设第一次排列铜钱，有红色标志的铜钱在“甲”处，第二次排列铜钱，有红色标志的铜钱还是在“甲”处，那么就组成“甲甲”，查对籤谱为第一籤。再假设第一次排列铜钱，有红色标志的铜钱在“甲”处，第二次排列铜钱，有红色标志的铜钱在“乙”处，查对籤谱“甲乙”为第十一籤。其余以此类推。《关帝明圣经全集 · 灵籤》对此法有描述，并附有“以

① 道成居士编著、草庐主人主修：《全台寺庙灵籤注解》卷三，正海出版社 2010 年版，第 309—310 页。

钱代籤图”（图 4–11）。其文字说明如下：

如不及庙卜，可将钱十文，涂红一文，自甲乙顺铺二次，朱钱初值甲，次又逢甲，是第一籤，余仿此。又将十天干书十籤，求二次亦可，但要诚以感之耳，不诚则神圣不屑教诲之矣。若占名利、妻子、一切谋望之事，非属猝急危难灾病之切，尤须预晚洁诚，以期灵应。不可随动一念，更祈神示也。

（占期）夜静、清晨、上午，为吉，过午不占，酒后不占，不洁不占，前人戒之矣。①

《妈祖图志》卷二也附有“钱代籤卜图”（图4–12），并有详尽的文字说明：

舟车旅次之中，不及庙卜，可以铜钱十文代之。将一文用朱或墨点作记号，覆下，照依图中样式，自甲循乙，错综顺铺，逐文翻起，视点处所值何字之位，即为上字。仍依法再铺一次，即为下字。假如初次在甲，二次又逢甲，是为第一籤。初值乙，次值甲，即为十一籤。查阅文内，便知吉凶矣。余仿此。

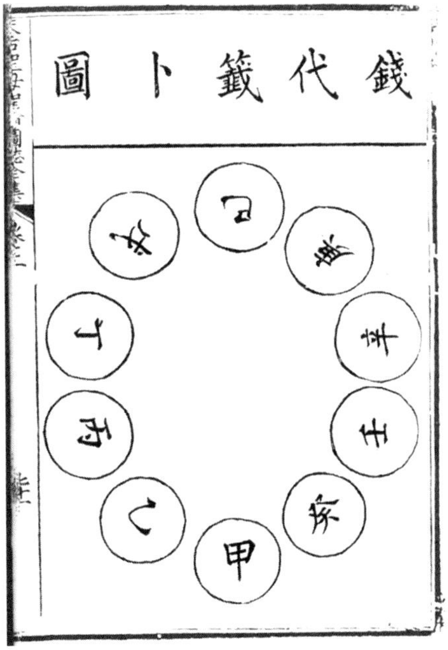

图 4–12　钱代籤卜图

如果籤谱的扩展兆象是《周易》六十四卦象，则用铜钱八文，占取灵籤的方法与上述相似，据福建晋江《顺正大王籤谱》记载：

凡出外舟车旅寓，不能庙卜，代之以钱。其用八文，内将一文涂朱为记，然后焚香默祝。祝毕，将钱用手扯乱，信手拈下，循乾一兑二离三震四排去，看朱钱所值何位，得甚卦名，然后再铺第二次如初

① 《藏外道书》第四册《关帝明圣经全集·灵籤》，巴蜀书社 1992 年版。

法，看得何卦名。如前得乾，次仍是乾，乃系第一籤乾为天之卦；若初次得乾，次得巽，乃系第二籤天风垢之卦，余仿此。[1]

另一种金钱占取法是用铜钱五枚（或六枚），两手握住，高举过头，连摇数摇，顺手排为一行，根据铜钱的字面顺序不同的标记，对照籤谱，即可找出所要抽的灵籤。以《观音神课三十二卦》为例，如五枚铜钱的排列顺序为字面面字面，查籤谱为第十首：遂心卦中平，籤诗曰："时融逢和气，哀残物再兴。更逢微雨细，喜色又逢生。"解曰："求官得位，谋事大吉，讼可和，病人愈，求财十分，婚姻成就，交易和，家宅安。"又以《观音六十四卦图说》为例，此籤谱以六枚铜钱占卜，如铜钱的顺序是"面字字字字面"，查籤谱是第三十九首：渭水访贤上吉，籤诗曰："太公独钓渭水河，手执丝竿忧愁多。时来又遇文王访，自此永不受折磨。文王访贤在渭滨，谋望求才皆遂心。交易出门方如意，疾病口舌可离身。"解曰："渭水访贤，大吉大利。"其余以此类推。《济公应验灵籤占法》说明："用具：铜元五枚，一枚贴红纸作为记号（无铜元代以相宜之物亦可），香一支；时间：晨六七时间；手续：净手焚香，将铜元五枚置两手间，默祷济祖曰：弟子某县人、居某地，因求目前财运有无，伏乞神明指示。祷毕，合掌摇铜元数次，然后随意置于金木水火土圆圈上，视贴有红纸在某字，即所求之第一字。再摇再置，得第二字。三摇三置，得第三字。然后以此三字检查书中，即得所求之语。"[2]（图 4–13）

图 4–13　济公应验灵籤数图

① 《顺正大王籤谱・用钱卜图式》。

② 道成居士编著、草庐主人主修：《全台寺庙灵籤注解》卷二，正海出版社 2010 年版，第 151—152 页。

第三种金钱占取法是焚香 3 支，口中念念有词，向神明通报姓名、所求何事等，用铜钱两枚，两手握住，高举过头，连摇数摇，然后顺手排列，先后 3 次，再根据 3 次铜钱的字面顺序不同的标记（两枚均为字面的称为“字”，两枚均为反面的称为“和”，一枚字面一枚反面的称为“合”），对照籤谱前附录的对应表，即可找出所要抽的灵籤，台湾的“观世音二十四首占法”即采用此法。①

第四种金钱占取法最为简单，即籤谱总共多少首籤诗，就备多少枚钱币，将其中的一枚涂上颜色，祷告后，双手握住钱币，连摇数摇，顺手排列，如有颜色的钱币在第十，所抽的籤诗即为第十首，以此类推。②

时至今日，金钱占取法已不流行，但也还没有完全退出历史舞台，台湾的《简便关帝城隍百首灵籤占卜卦法》写道：

> 抽取灵籤方法甚为简单，请备一元银币十枚，在其中一枚，两面贴上小红纸，或用黑墨点一记号，与其他九枚合在一起，这十枚银币，就称为抽籤工具，另取白纸一张，将甲、乙、丙、丁、戊、己、庚、辛、壬、癸十个字，环列作一圆形（图 4–14）。
>
> 抽籤之时，应该将双手洗净，择一清净地点，备一小香炉，点香祝告天地神明，请赐灵籤，将香插入炉中，就桌旁端坐，写有十天干的白纸即铺放桌上，双手合拢，将十个银币握在双手中，频频摇动，这时即有一枚银币，由双手握中漏

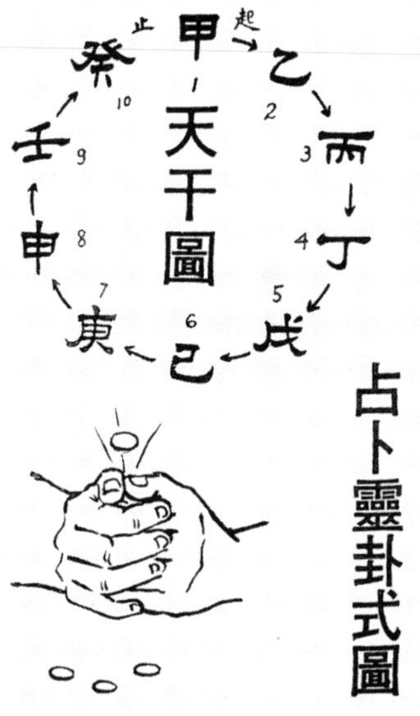

图 4–14　占卜灵卦式图

① 道成居士编著、草庐主人主修：《全台寺庙灵籤注解》卷二，正海出版社 2010 年版，第 109—110 页。

② 同上书，第 109 页。

出，如第一次摇出是有记号的银币，即为甲，仍将十枚银币握入双手中，开始再摇，视这枚有记号的银币摇出在第几次，如在第三次摇出，即为丙，即你这次所求的灵籤，当是甲丙籤，即可翻看本书第三籤，内中自有很详细的指示。总之求籤之法，是分为两次，每次以记号银币摇出的次序为准。①

四、计数占取法

计数占取法见于《诸葛384灵籤》、《吕祖仙师太极阴阳生生神数》等籤谱中。求籤时，先随意报出3个字，第一个字的笔画为百数，第二个为十数，第三个为个数，若恰为10笔、20笔、30笔的按1笔计算，超过10笔的减去10。3个字的笔画超过384，应减去384，仍然超出，再减之，直至不超过384为止。如报出“求财运”3字，这3字的繁体字分别是7笔、10笔和16笔，10笔按1笔计算，16笔应减去10笔，按6笔计算，这样，“求财运”的计数是716，因此数多于384，故要减去384，得余数是332。籤诗的后面有一万二千七百多字的字表，按所得到的数字查阅。查字表332为“○”，按规则逢“○”须加384，得716，查字表716为“时”字。然后再加384，得1100，查字表1100为“运”字。再加384，得1484，查字表1484为“多”字。以下仿此递加递查，直至“○”时，即告结束。“求财运”3字按《诸葛384灵籤》的计数占取法，最后组成籤诗是：“时运多艰，战战兢兢，戒谨恐惧，如履薄冰。须认前程危与险，一笼风里一笼灯。”

上述求籤方法虽然有趣，但毕竟太繁琐，要组成一首籤诗需要花费不少时间，还不能有任何的计算错误。后来，有人又发明简捷计数占取法，即随意报出3个字，求出少于384的数，此数即是第几首籤诗，如“求财运”3字是的计数是716减去384，得余数是332，查第332首籤诗即可。如查《吕祖仙师太极阴阳生生神数》第三百三十二首籤诗：“闻鸡起舞，击楫中流，恢复有余力，谈笑觅封侯。”

---

① 道成居士编著、草庐主人主修：《全台寺庙灵籤注解》，正海出版社2004年版，第11—12页。

此类求籤法也可以用掷骰的方法来计数占取。以两枚骰子分 3 次掷出，第一次为百数，第二次为十数，第三次为个数，每对骰的点数之和要减去 2，以余数为准。若余数为 10，按 1 计算，总数大于 384，应减去 384。如第一次掷出的骰子分别为 6 点和 2 点，它们的和减去 2 得 6，为 600。第二次掷出的骰子分别为 4 点和 5 点，它们的和减去 2 得 7，为 70。第三次掷出的骰子分别为 5 点和 1 点，它们的和减去 2 为 4。三次掷骰得到的数字是 674，因大于 384，须减去此数，得余数 290，查第二百九十首籤诗，曰："走走走，遇一狗，急思寻，可长久。"①

无论是《诸葛 384 灵籤》（又称《秘传诸葛神数》）、还是《吕祖仙师太极阴阳生生神数》，都是模仿《易经》三百八十四爻，编写 384 首籤诗（籤诗长短不规则），然后再把这些籤诗打乱，每个字嵌入一定的数上，共设 12700 字（实际上只有几千字，其中大量以"○"为记的空格），通过一定的计算数字的方法，恢复原来的诗歌。实际上，这种计数占取籤诗的方法是一种文字游戏，多数人不明了其中的奥秘，感到神奇，虽然繁琐但通过计算数字来拼凑籤诗也有一定的乐趣，所以，在读书人中还是有一定市场的。

五、其他籤占方法

在温州、苍南一带，常见的籤占虽然是传统的摇晃籤筒法，但摇晃籤筒的不是占卜者本人，而是庙祝或者宫庙中的解籤者。算命先生经常利用籤占来招徕顾客。一般说来，算命先生的籤筒较小，籤枝也较少，籤诗比较简单，甚至没有籤诗，如算命先生常用的 16 首籤谱是：上上第一、上上第二、上上第三、中平第一、中平第二、中平第三、下下第一、下下第二、下下第三、三皇、贵神、喜神、太岁、青龙、白虎。② 其籤占方法也是由算命先生摇晃籤筒后，被算命者随意从籤筒抽出一支籤枝。有的算命者训练一种翠绿的小鸟，能根据主人的指令从长长的纸牌中叼出一张纸牌（据说纸牌的一端浸泡米浆，另一端没有浸泡米浆，此种小鸟喜欢米浆味道，算命先生在洗牌时，把

① 详见有闲居士：《万事问灵籤》，中州古籍出版社 1996 年版。

② 转引徐洪兴：《籤占》，中华书局 2006 年再版，第 66 页。

图 4–15　近代传教士眼中的啄鸟卦[①]

其中浸泡过米浆的一张朝向小鸟，小鸟就会去叼这张纸牌)，纸牌上画有图案和写有籤诗(图4–15)。近代美国传教士卢公明在《中国人的社会生活》中记述了晚晴福州的“啄鸟卦”的情形：“这一类算命者也是走街串巷寻找生意机会。一只手上拿着一个几寸长的牛角尖和一根竹片，二者相叩，发出一种特别的声响。这是他们这一行特殊的叫卖信号。另一只手上拿一个鸟笼，里面有一只小雀鸟。他还要带上 64 张一套的纸籤，每一张都有一个鸟兽或人物图案，另外还有一首四句七言诗。籤是折起来的，打开才能看见内容。如果有人要算命，他就把籤摊在桌面上，然后打开鸟笼，雀鸟会跳出来，啄起一张籤。算命先生就打开，根据籤的内容，联系顾客的问题颇为深奥地解说一通。与此同时，他会赏给雀鸟一粒谷子，

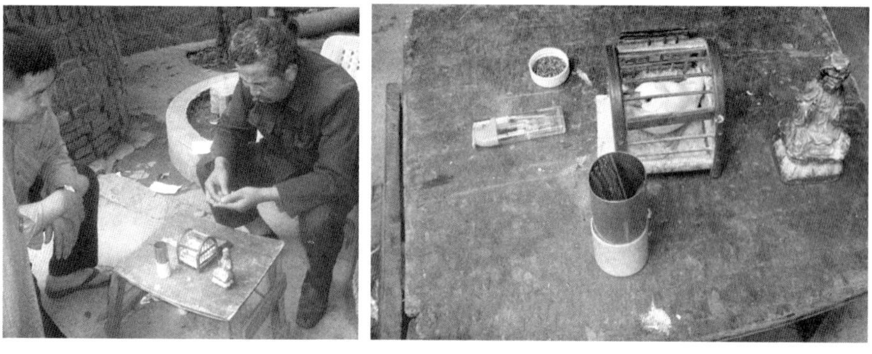

图 4–16　“啄鸟卦”至今仍在民间流传

① 卢公明:《中国人的社会生活》，陈泽平译，福建人民出版社 2009 年版。

它就跳回笼里去了。啄鸟卦的顾客主要是妇女和下层阶级的居民。”①

笔者在福建晋江安海龙山寺看到一种盲人使用的特殊籤占法，即铁片上刻有籤序，分别挂在一个圆形的铁架上，铁架可以转动，抽籤者随意抓住转动铁架下的刻有籤序的铁片，盲人解籤人用手一摸铁片地方的籤序，就知道是第几首，随口念出籤诗，再解释一番（图 4–17）。

图 4–17　一种罕见的籤占形式

前面提到的温州、苍南一带盛行的牌籤，其占取方法更加简单。籤牌如同扑克牌放在一起，洗牌后盖住，不让籤占者看到图案。抽籤时，籤占者直接从诸多的籤牌中随意抽取 3 张即可。这种直接抽牌法，比较随意，宗教色彩略为淡薄。至于籤占方法与当代科技结合起来，出现机器人籤占法、计算机籤占法等，我们将在“籤占与当代社会”章中介绍。

第三节　籤占的仪式

籤占者大多相信有超自然力量的神灵存在，屈服于大自然和社会的巨大压力，无法掌握自己的命运，所以才拜倒在神灵的脚下，希望通过籤占来窥视“天机”，趋吉避凶，祈福禳灾。与此相适应，籤诗的制作者为了使百

① 卢公明：《中国人的社会生活》，陈泽平译，福建人民出版社 2009 年版，第 405 页。

姓相信命运，往往编造种种神话故事，大肆宣扬籤诗是神灵所赐，是神的意志的体现，蕴含着决定信徒命运的“天机”。早在宋代，就有人开始对籤诗的来源大做文章，《祠山事要》云：

祠山籤语一百二十八首，绍兴十一年郡人勇枢经从毗陵之无锡，遥见山巅有祠宇甚丽，指问路人，云张王庙，勇因致敬，得此籤语，已而下山，回顾既无所有，归写置祠山，此祠山张王之籤也。①

《正统道藏》收入的《大慈好生九天卫房圣母元君灵应宝籤》的作者也鼓吹此籤谱是大慈好生九天卫房圣母元君“为恐有情忘正念，故垂籤语指群迷”。并在《大慈好生九天卫房圣母元君灵应宝籤序》中写道：

今幸钦承敕命，颁降宝籤九十九道，九则妙理，无穷玄机，深奥昭天。省赏善之条，明雷府伐恶之令，怒责邪凶，劝其仁孝，露未萌之灾福，阐大道之慈悲，彰其善恶，示以吉凶。欲化人民，咸行善道，勿堕邪非。自女人及于苦爽，蒙于元君恩命，方始生成。鉴今奉命告下九天监生司，帅将神祇，依上遵行，外人间之信善至诚。恭奉圣母香灯，以祈福佑，切勿轻慢，自招罪责。帅将威灵不可轻祀，敬之者万灾不干，神明护佑。轻之者生遭疾厄，死受风刀，可不敬欤？②

为了能够参悟籤诗中的“天机”，籤诗的制作者和庙祝特别强调信徒籤占时务必要虔诚，所谓“诚则灵，不诚则不灵”。鼓吹只有十分虔诚，才能与神灵发生感应，感悟蕴藏在籤诗中的神灵旨意，趋吉避凶。相反，不够虔诚，就不能与神灵发生感应，自然也就无法参透“天机”，如果亵渎神灵，还会受到神灵的惩罚。在他们看来，籤占的准不准，决定于籤占者是否虔诚，即所谓“神明感格，一诚可通，而籤其显然者也。信之者谓实有可凭，疑之者谓虚而无据，要皆其机之先动，吉凶预乎其中焉，特视乎人之诚不诚耳”③。所以他们除了要求抽籤前须斋戒沐浴外，还要默诵祝词，以示恭敬虔

① 转引郭立诚：《中国人的鬼神观》，台视文化公司 1992 年版。

② 《大慈好生九天卫房圣母元君灵应宝籤·序》，详见张继禹主编：《中华道藏》第三十二册，华夏出版社 2004 年版，第 123 页。

③ 百一居士：《壶天录》卷下《笔记小说大观》第二十二册，江苏广陵古籍刻印社 1984 年版，第 158 页。

诚。不同籤谱的祝词有所差异，如《四圣真君灵籤》籤谱要求："凡祷之时，先念乡贯某处，某人为某事上启，天蓬大元帅真君、天猷副元帅真君、翊圣保德真君、真武灵应真君、天地神祇，万物皆知。吾今卜课，善恶扶持，凶应凶兆，吉应吉期，判断生死，决定无疑。"[①]而《玄天上帝感应灵籤》规定"凡欲祈籤，必须诚心洁身，清晨神爽之时，恭诣圣前，焚香祝告"。其"祈籤祝文"更加详尽：

天蓬大元帅，天猷副元帅，翊圣保德真君，真武灵应大帝，北天大道四十九位灵应天尊，左右侍从官军，殿庭香火，应感真灵。向伸启告，俯垂鉴听。某乡贯某处居住某人，今为某事，祈求圣籤。伏望明彰报应，指示愚迷。所祈所愿，大赐显灵，下情无任，虔祷之至。[②]

籤占时，还要诵念祝文曰：

天地神祇，万物皆知。吾今下课，善恶扶持。凶应凶兆，吉应吉时。判断生死，决定无疑。[③]

清代，籤占祝文大同小异，在闽台流传的关帝籤谱的"求籤祝词"是：

伏以阴阳叵测，知几者惟神常变，咸宜达化者，惟圣自来。神圣之道，感而遂通，谨以清香虔诚拜祷，伏望神慈俯垂鉴纳。

今有　某省　某县　某都　某乡　某铺　某境

某信官（某道家、某沙门、某居士、某信妇某小民）

某年　某岁　为　某事　云云，敬露愚衷，仰祈高听，事有吉凶，难逃洞察。伏乞恩赐灵籤，大彰显应，谨具疏以闻。

天运岁次　年　月　日信　谨疏

（未成年者称信童、信女，不嫁者称贞女，出嫁者称信妇，丧偶者称节妇，望门寡者称贞妇，一般称信者、信士、道家、沙门等，昔时台南武

① 《四圣真君灵籤》，详见张继禹主编：《中华道藏》第三十二册，华夏出版社2004年版，第72页。

② 《玄天上帝百字圣号》，详见张继禹主编：《中华道藏》第三十册，华夏出版社2004年版，第617页。

③ 同上书，第617页。

庙备有此版印疏文纸单，信徒要先烧化此疏文方可求籤）。①

《关帝明圣经全集・灵籤》的“求籤祝词”是：

伏以阴阳不测谓之神，变化无穷谓之圣，神圣之道，感而遂通。谨炷清香，虔诚拜启，恭望神慈俯垂鉴纳。今有某处某人为某事，谨布愚衷，仰干高听，事有吉凶，莫逃洞鉴。明赐灵籤，大彰报应。②

晋江《顺正大王籤谱》的“求籤祝词”与上述基本相同：

伏以阴阳不测谓之神，变化无穷谓之圣，神圣之道，感而遂通。谨炷名香，虔诚拜启，恭望神慈俯垂鉴纳。今有大清国　　　府　　　县住居　　　乡，奉神信士　　　为　　　事，谨布愚衷，仰干高听，事有吉凶，莫逃洞鉴。明赐灵籤，大彰报应。

《妈祖图志・祈籤祝词》与《关帝明圣经全集・灵籤》的“求籤祝词”大同小异：

伏以阴阳不测谓之神，变化无穷谓之圣，神圣之道，感而遂通。今有大清国某省某府某县某乡贯住居信士某人，谨炷名香，虔诚拜启，兹因某事云云，疑难不决，敢露愚衷，仰干圣听，恭望神慈俯垂鉴纳。事之吉凶，莫逃洞鉴。伏祈圣母恩赐灵籤判示，大彰报应，谨告。④

图 4–18　近代传教士眼中的籤占仪式③

① 参见吴树：《台南的寺庙籤诗》，《台湾风物》1968 年第 18 卷 2 期。另参见《惠安县东园保生大帝假借关圣子籤谱》。

② 《关帝明圣经全集・灵籤》，详见《藏外道书》，巴蜀书社 1992 年版。

③ 卢公明：《中国人的社会生活》，陈泽平译，福建人民出版社 2009 年版。

④ 《妈祖图志》卷三。

当然，上述这一套有些文绉绉的求籤祝文只有在一些文人士大夫或特别虔诚的信徒中被采用，一般的平民百姓诵念不来，文盲更不理会这一套，仪式比较简单。美国传教士卢公明在《中国人的社会生活》中记载了晚清福州人的籤占仪式："求籤者跪在神像前，磕几个头，然后自报姓名地址，说明所问事项，是自己问还是替别人问。然后取过竹筒倾斜地轻轻摇动，直到有一个竹签滑出掉落地下。然后起身拾起竹签，插在神像前的香炉内。插的时候要注意把竹签上写着数字号码的一面对着神像，好让神灵看见。然后取杯珓，按上节描述的做法请求神谕。如果杯珓落地一正一反，说明神灵认为这个号码是正确的。如果否定了，就要把竹签放回筒中重新来过。直到神灵通过杯珓表示认可竹签号码。然后按号码查对挂在墙上的诗句，从诗句的内容了解神灵的旨意。"①

时至今日，籤占仪式与一百多年前卢公明看到的基本相同，常见的籤占的整个过程是这样的：信徒到宫庙后，购买一束香，点燃后，在主神前礼拜一番，随后在所有神像前的香炉插香，常见的插香顺序是：天地——主神——副神，每炉插香 3 支（也有天地、主神 3 支，副神 1 支，并无严格的规定，带有一定的随意性），若有剩余，全部插在最后一个香炉上。接着，来到主神的塑像前，跪拜三叩头，口中念念有词，不外报上自家姓名、住处、求籤事由、祈求神明指点迷津等，然后捧起籤筒，轻轻摇晃，待籤枝跳出籤筒，持籤枝到神灵前卜筊，若得"圣杯"，此籤即为神赐，根据竹条上的号码向庙祝对照籤谱或索取籤诗条，若有疑惑，还可请庙祝（或解籤人）解释。不用说，信众籤占后往往要向宫庙捐献若干钱财，俗称"香火钱"，作为对神灵指点迷津的报答。

由于文化背景和习俗的差异，各地的籤占仪式也不尽相同，甚至因人因庙而不同。有些宫庙的籤占仪式十分简单，若不懂得摇晃籤筒，只要闭上眼睛随意从籤筒中抽出一枝即可；有的宫庙的庙祝越俎代庖，替那些不知道如何抽籤的人籤占；还有的宫庙籤占后，不必要再经过卜杯筊来确认。有些宫庙的籤占仪式稍微繁琐些，如福建永安市安砂镇一带，宫庙大门备

① 卢公明：《中国人的社会生活》，陈泽平译，福建人民出版社 2009 年版，第 287 页。

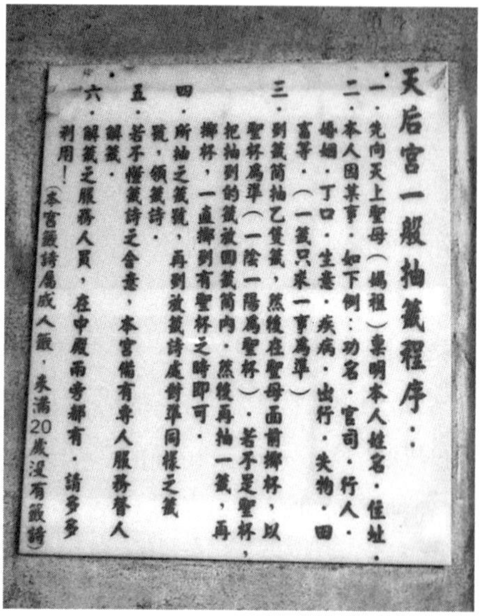

图 4–19 闽台宫庙的籤占程序

有所谓“圣水”，供信徒洗手漱口，以示恭敬虔诚。罗源县西门先锋庙，籤占之前要先放鞭炮，然后烧香礼拜，再放鞭炮，才抽籤占卜。在漳州，民间广泛流传平和县三平寺的籤诗特别灵验，所以三平寺虽然地处偏僻山区，但香客络绎不绝，到那里籤占也有一套不成文的规矩。籤占前一天，要吃素戒荤。出门前往三平寺时，要在自家门口烧一炷香，并燃放鞭炮。出门后，不能折回头，路上不能口出秽言，更不要说亵渎神灵的话。籤占时，除了要进行烧香磕头等与其他地方相似的仪式外，还要供上祭品，烧纸钱，放鞭炮等。籤占后，许多香客要抓一把香灰装入香灰袋，带回家去。回到家时，还要燃放鞭炮，才进家门。

在台湾，籤占方法也相当简单。善男信女自备牲礼、四果，甚至空手，只带纸钱和香，到庙中焚香礼拜后，报上自己的姓名、住所、年龄等，再向神明说明籤占的目的（每次只能占卜一个问题），然后掷杯珓获得神明同意赐予籤诗后，开始摇晃籤筒，抽取最突起的籤枝（或掉在地上的籤枝），再掷杯珓确认此籤枝即为神赐，叩谢神明后，即持此籤枝或根据籤枝上端的籤序，查对籤诗，或请解籤人解释，籤占过程便算完成。

浙江苍南县杨府爷信仰影响较大，来鲸山杨府殿籤占的人云集，这里有专门为信众摇籤的人，还有不少专门的解籤人。籤占者只要跪在神坛前虔诚礼拜，抽籤和卜筊等均由摇籤者代劳（当然不是免费的）。有的信众口中会诵念祷告词："再求再恳再圣再灵，花再开月再明，杨府上圣脚踏云头眼观九州，知三百年前五百年后，弟子某某，现年多少岁，居住在某某乡某某村，今日诚心诚意焚香点烛，来到炉前……求杨府上圣，判知近年运气如何？您左手盘右手算，算得准算得灵，若是运气好者，赐上上灵籤。若运气不好者，赐下下籤诗。"当然更多的信众在籤占时只是简单地向神明表明自己的身份、住址、为何求籤等。有趣的是，与别的地方不同，这里籤占要抽两首，而不是一首。①

中国人宗教信仰的态度带有比较明显的实用功利性的特征，一般是"无事不登三宝殿"，"平时不烧香，临时抱佛脚"。百姓到宫庙籤占，大多也

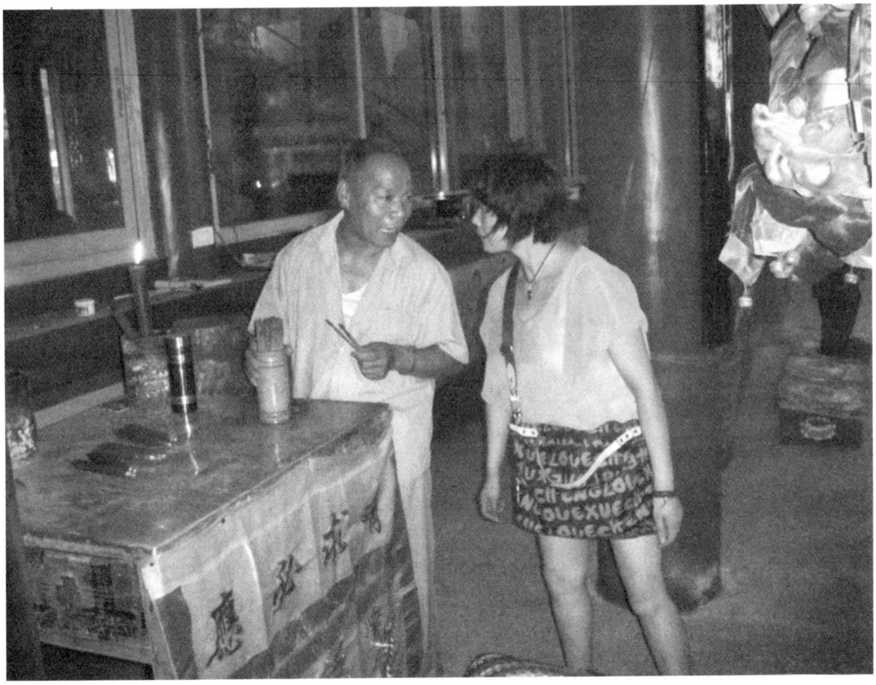

图 4–20　浙江苍南等地抽籤和卜筊均由摇籤者代劳，且每次要占取两首籤诗

① 参见许则銮、林子周：《鲸头杨府殿的籤信俗》，2011 年《温州杨府侯王信俗文化学术研讨会论文集》（下），第 309—310 页。

是遇到了疑难问题，才去宫庙抽籤占卜，求助神灵指点迷津。但也有几种特殊情况：一是正月初一到十五，百姓喜欢到宫庙籤占。俗信在这期间所抽的籤诗特别灵验，大多数宫庙在正月期间接待了众多前来抽籤的信徒，有的宫庙人山人海。这种习俗恐怕还与正月期间百姓比较空闲，新年伊始，百姓想通过抽籤来预测新年的运气有密切关系吧！二是农历每月的初一和十五，和宫庙的神诞日等节庆，百姓前往籤占的人也较多，俗信在这期间所抽的籤诗也特别灵验。三是旅游参观时顺便抽籤。

由于受到趋吉避凶的宗教心理的驱使，信徒抽到不吉利的籤诗时，往往要抽第二次甚至第三次、第四次，直到满意为止，这在明清小说中经常见到。如《韩湘子全传》第二十一回“问吉凶庙中求卜　解饥渴茅屋安身”就有韩愈在土谷神祠躲避风雪，顺便多次籤占的情节：

> 张千道：“香案有一籤筒，定是往来的人在此求籤，老爷也求一籤，卜此去吉凶何如?”退之依言，撮土为香，对神祝告道：“明神在上，我韩愈贬谪潮阳，一路里受了许多磨折，今到蓝关秦岭，不知离潮阳还有多少路程？若是此去吉多凶少，愿神灵赐一个上上的籤；若是凶多吉少，愿赐一个下下的籤。”捧着籤筒摇了半日，求得一个下籤。连求三籤，都是下下。退之看了道：“可怜，可怜！我连求三个下籤，想是我命合休于此。”①

《欢喜冤家》第五回“日宜园九月牡丹开”则有多次籤占寻找亲人的故事：

> 且说刘玉在家，着人满城叫了一夜。次早写了几十张招纸，各处遍贴。一连寻几日，并无踪影。那刘玉素重关帝，他诚心斋沐，敬叩灵宫。跪下把心事细诉一番道：“若得重逢，乞赐上上灵籤。”求得第七十一籤，诗曰：“喜雀檐前报好音，知君千里欲归心；绣阁重结鸳鸯带，叶落霜飞寒色侵。”想道：“诗意像个重逢的。乞再赐一籤，以决弟子之疑。”跪下又求得第十五籤。诗曰：“两个家门各相当，不是姻缘莫较量；直待春风好消息，却调琴瑟向兰房”。看罢，一发疑了，道：“两家门户是

① 杨尔曾：《韩湘子全传》（中），《明清善本小说丛刊初编》第四辑，天一出版社1985年版。

混的，不免再求一籤。”跪在神前，诉道：“弟子愚人，一时难解，如后得回来，诗中竟赐一回字。”又把籤筒摇个不住，双双的两枝在地。拾起来看，一是第四十三籤，一是七十四籤。那四十三籤诗意儿：“一纸文书火速催，扁舟速下泪如雷；虽然目下多惊恐，保汝平安去复回”。见一回字，道好了。又看第七十四籤的诗意道：“崔巍崔巍复崔巍，履险如夷去复来。身似菩提心似镜，长安一道放春回”。刘玉见两枝籤俱有“回”字，“去复回”三字，明明道矣。拜下道：“若得夫妇重回，双双到殿，重新庙宇，再换金身。”许罢，出了殿门。①

类似的故事很多，虽然均为小说家者言，但他们绝非凭空杜撰，多次籤占的情节来源于现实生活，真实地反映了时人的宗教观。

有的人虽然不在同一座宫庙同时多次抽籤占卜同一件事，却经常在不同的宫庙多次抽籤占卜同一件事，此庙抽到的籤诗不吉利，就到别的宫庙再抽，直到心满意足为止。前面提到清代颜元为了寻找失踪的父亲，就先后到过关帝庙、东岳庙、城隍庙等 7 座不同的宫庙抽籤。《壶天录》也有类似的记载：

苏州文复明瓦店，居鸿园弄口，屡遭回禄，文姓多方禳灾，焚香郡庙，得一籤云：“一春万事苦忧煎，夏日营求始贴然。记否秋成冬至后，曾经骑鹤复腰缠。”文姓疑惧，复至圣帝庙求一籤云：“始谋恰是贪求计，到底应知力枉劳。百事未谐成画饼，不如舍此别图高。”又乞籤于蒋庙云：“前途陷阱设何深，不是天然是自寻。要脱须知脱不得，从今埋没水沈沈。”语意愈显，合之大仙殿籤所云：“从前作事总徒劳，才见新春难已遭。百计营求难得意，何如守己莫心高。”乃益疑惧，因思别徙，又于蒋庙乞籤，其辞曰：“天之正数莫能逃，宇宙萧萧气宇高。向夜月明凄惨处，一泓寒碧锁澄寥。”文姓乃不敢复问诸神有何隐匿，人莫知之，神乃如出一口，奇矣！②

当然，民间也流传有“头籤最为灵验”的说法，福建省平和县九峰镇城

① 西湖渔隐人：《欢喜冤家》，大众文艺出版社 1999 年版，第 102—103 页。

② 百一居士：《壶天录》卷下，《笔记小说大观》第二十二册，江苏广陵古籍刻印社 1984 年版，第 158 页。

图 4–21　籤占不但要求虔诚，而且规定一事一籤

隍庙籤谱第三十五首中有“一念诚心求一念，叩求再复不分明”句，但大多数百姓并不以为然，遇到不吉利的籤诗，连续再占取几首籤诗的现象时常可见，庙祝也不加阻拦。笔者在田野调查时，曾见过连续占取六次籤诗的事。有些籤谱对此也持宽容的态度，《关帝明圣经全集·灵籤》在谈及金钱占取法时允许占取两次，说：“又将十天干书十籤，求二次亦可，但要诚以感之耳，不诚则神圣不屑教诲之矣。”① 笔者在福建顺昌某宫庙见到一个八角形的籤筒，籤筒的每一方都用毛笔写上四个字，分别是“观音灵籤，有求必应。清手点香，诚心礼拜。一事一籤，能解分明。两事一籤，好坏难明”。这里，不但要求“一事一籤”，还不允许“两事一籤”（图 4–21）。

温州和苍南一带的牌籤，却要抽 3 张，并认为第一张预兆近期，第二张预兆中期，第三张预兆远期。不过，可能受易经的《易经·蒙卦》的“初筮告，再三渎，渎则不告”的影响，一般情况下也是一回抽籤不超过 3 首，超过 3 首往往会被认为不够虔诚，所抽的籤也就不灵验了。

籤占一般要到宫庙中去求，也有到算命先生处抽籤。在福州，旧时有挑着临水夫人神像和籤筒，走村串巷，为百姓籤占提供便利的行当，俗称“挑夫人担”。徐天胎在《福建神道迷信》（征求意见稿）中写道：

福州地方上过去不参加劳动的妇女无事极少外出，更以随便进入神庙为不宜，祀神为业的人为适应家居妇女的需要，将神像及香火等装在

① 《关帝明圣经全集·灵籤》，详见《藏外道书》，巴蜀书社 1992 年版。

> 特制的竹筐内，并附以神庙中所备的小籤筒、竹签及籤谱等，挑之上街，口唤“夫人奶抽籤”，以引妇女注意。向神求籤者予以小额钱文，告以所欲祈求的事，由此挑筐上街的人代为在神像祷告，并为代抽。后将所抽得的籤谱中的文字以告，并作简略的说明。抽籤一事，自佛教、道教，以至神道都有，惟将神像挑上街并为人代抽只限于此处所说的夫人奶，事起于何时，无人能言，民国初年仍至盛。

实际上，这一习俗至迟在清代就已经出现，《闽都别记》记载有“挑夫人担”的习俗，故事梗概是：有个人丢失包袱，内有银票一千两，那人着急万分，以为早就被他人拾走，正在计穷路绝准备投河自尽之际，恰好遇到挑夫人担的前来，见失主愁眉苦脸，问曰：“何事如此，何不求籤指示?”答曰：“因银失落。”又曰：“求籤指示，或银还在亦未可知。”遂代抽一籤，乃十三籤，籤诗曰：“事虽至险不为凶，物纵遗失不落空。暗里有人相保护，平安两字在其中。”挑夫人担的念完籤诗，并解释道：“事险不凶，失物仍在，有

图 4–22　流传于苍南、温州的唱龙船儿

图 4-23　流动的占卜算命抽籤摊位

人暗里保护，不致被人拾去。”失主半信半疑，沿来路寻去，果然在城门边拾回失物。众人以为是陈靖姑使神在此看守，要失主“将此谢礼办仪，去临水宫答谢鸿恩可也”①。

《闽都别记》还对此习俗的产生原因作出这样的解释：

各处之人家或患邪或得病，皆去临水宫请香火。即无事之家，亦去请香灰装入小袋内供奉，以保平安。路上来往不绝，龙源庙内日夜喧腾，拥挤不开。恃强先请，至于口角打架，无日不争，致打一二案人命，累及地方。通乡会议禁止，外作栅门拦截，不许人进请香火，庙遂寂静矣。庙祝无了出息，暗恨乡人。遂生一计，把陈大奶之木像，小身的供龛中，送上门来，与人请香火，并请籤问圣。请香灰五分银子，求一条籤三分银子。一日只进一乡，犹不能去远，各处之人望之如渴，因此又加三四担，仍不能走遍远方。②

据叶明生说，至今在闽东的一些偏僻乡村，仍保存着“挑夫人担”的习俗，又称“挑佛子担”，佛子担设有供奉观音或临水夫人的小神龛和籤筒，走家串户，颂唱观音或临水夫人生平的小曲或咒语，俗称“唱诗”，提供抽

① 《闽都别记》上册，第一三一回“玉真暗保路上失物，姜梁现报妻妾偷情”，福建人民出版社 1987 年版，第 675 页。

② 《闽都别记》上册，第一二八回“六娘法网收镇野鬼，玉真梦魂夺救疹童”，福建人民出版社 1987 年版，第 656—657 页。

籤占卜服务。在浙南的瑞安、平阳也有类似的风俗，当地人称之为“唱龙船儿”，它有两种形式，一是“扁担龙”，二是“娘娘龙”。其特点是以求助、求食形式串街走巷、穿村挨户来演唱，演唱艺人都是男性，用双槌敲打锣鼓，奏、唱均由一人来完成。演唱词文大多是“折书儿”、“段头儿”、“单本词”，唱词长于抒情、善于叙事；句子多俚语，通俗易懂，并带有丰富的群众语汇和民间谚语；有时还会穿插一些山歌、小调之类，使人听起来更觉风趣盎然。① 如果有人要抽籤占卜，业者便将神龛靠在大厅的桌子旁，诵念经咒（多为奶娘夫人经），然后请信众烧香占籤，并对所占籤诗加以解释。籤占答疑毕，信众则以一酒盅大米酬谢。

在漳州，旧时还有这样的习俗，即乞丐“肩挂月琴，琴上附籤条，按人家抽出籤题弹琴唱调，或为人卜占吉凶，事毕得赏”②。台湾也有类似的风俗，有“抽籤仔”、“尪仔卦”、“乞食籤仔”等形式。所谓抽籤仔“就是盲人占卜者所用的方法，他们不使用八卦名，而是刻有花纹的竹签，让问卜人把每一根抽出三次，藉以占卜事业的成败与吉凶祸福”。所谓尪仔卦，“就是不用前项所说的竹签，改用十二张或十六张或二十一张动物卡片，让问卜人随便抽出三张，藉以判断吉凶祸福，占卜者多半是盲人”。所谓乞食籤仔，“就是在乞丐所用的鼓上，拴十六条飘带，每一条上都书有八卦名。问卜者只要随便抽

图 4–24　在闽台民间，盲人从事解籤、算命职业的也不少

① 何克识：《漫话“唱龙船儿”》，《温州日报》2008 年 9 月 4 日第 11 版。

② 林嘉书：《闽台风俗》，陕西人民出版社 1991 年版，第 270 页。

图 4–25　在日本，把籤诗叠成四方形，放入箱子中，便于信徒占取

出其中三条，乞丐就能判断出吉凶祸福与成败得失”①。

泉州通淮关岳庙香火鼎盛，占卜抽籤者络绎不绝。与此相适应，一些自由流动的职业解籤人也聚集于此，甚至一度堵塞庙门，影响正常的祭拜活动。清咸丰七年（1857）六月，该庙制定规章，准许若干名职业解籤人在庙内解籤，禁止那些自由流动的“猜详籤诗者”“擅入庙门解籤”。这些自由流动的解籤人委曲求全，便在关岳庙外面为善男信女服务，这一现象延续至今。他们设立简单的摊位，一张矮小的桌子，上面摆着关帝的神像、香炉、籤筒、籤诗等，以解籤为主，但还兼及算命、合八字、看风水、占鸟卦等。

当然，随着现代社会生活节奏的加快和科技的发展，许多地方发明了籤占机器人，只要投入一定的钱币，就会滚出一个圆形塑料球，球中有籤诗。这在日本的神社、宫庙相当普遍，称之“自动灵籤舍”，其形状多为房舍造型。在日本、美国的一些宫庙，考虑到善男信女不懂得摇晃籤筒，为了方便他们抽籤，就把籤诗叠成四方形，放入箱子中，籤占者自觉缴纳若干钱（100 日元或 1 美元），便可随意从箱子中占取（图 4–25）。还有在网络上有专门的籤占网站，只要按照其提示，轻轻动几下指头，不需要任何仪式，就可得到所需要的籤诗。

① ［日］铃木清一郎：《台湾旧惯习俗信仰》，高贤治、冯作民编译，众文图书公司 1978 年印行，第 94—95 页。

第五章　籤诗的兆象

所谓籤诗兆象，是指籤诗所蕴含的征兆或迹象。诗歌原来是一种高雅的文学形式，当诗歌中所描写的物象或意境被作为传达事情发生前的征兆或迹象的信息载体，并用于占卜吉凶祸福活动时，诗歌就演变为籤诗了。对于占卜者来说，籤诗艺术性的高低无关紧要，他们关心的是籤诗包含的兆象是凶还是吉。从符号学的角度看，籤诗兆象是一种人工符号，也包含着符号学上的所谓“能指”和“所指”两部分，籤诗中所描写的物象或意境就是“能指”，而这些物象或意境所预示的征兆或迹象就是“所指”，从诗歌的“能指”转化为籤诗的“所指”，有神论和宿命论是其桥梁和动力。抽籤者大多相信有超自然的力量存在，相信任何事情发生前都有与之相应的征兆或迹象，籤诗就是这些征兆或迹象的信息载体，通过虔诚地占卜灵籤，用心揣测灵籤中的兆象，就有可能窥视“天机”，趋吉避灾。

第一节　籤诗兆象的主要形式

籤诗的种类繁多，体现在籤诗中的兆象也是千奇百怪，几乎无所不有，十分复杂，大致可以归结为原初兆象、扩展兆象和定性兆象三种形式。

一、原初兆象

原初兆象是与籤诗同时产生的，每首籤诗固有的最初形态的兆象，无论籤诗的制作者是否有意去编造灵籤兆象，但抽籤者则把籤诗所描写的种种物象视为兆象。由于原初兆象包含在诗句中，他与扩展兆象、定性兆象相比，比较朦胧，不容易判断。如福建福安市下白石《林公忠平王宫籤谱》第三首：

长长短短短长长，吉吉凶凶凶吉吉。

下下高高高下下，来来去去去变亭。

此籤诗简直是一种文字游戏，尽管“来来去去”读了好多遍，但还是怎么也弄不明白其中的奥秘。又如福建漳浦县《三王公庙籤谱》的第三首：

卯木原属震，方位是正东。

戌来成六合，壬癸贵人宫。

此籤诗将天干地支、易经的卦象以及方位、十二宫等揉为一体，也很难看出其主兆象是什么。又如:《诸葛384灵籤》第六首：

非玄非奥，非浅非深。

一个妙道，着意搜寻。

此籤诗很像禅语，给人以高深莫测的感觉，尽管“着意搜寻”了，其兆象也未必能找到。再如香港新界青松观《吕祖灵籤》第五十九首：

去的去，来的来。

东南一方，自迩遂依。

切莫又猜疑。

第六十首：

苦而甘，甘而苦。

一子一午，送喜不送忧。

也要自裁生。

相信大多数人读了上述两首籤诗，如堕五里雾中，不能不使人又产生种种的“猜疑”，确实分不清是“甘”还是“苦”。类似的例子可以举出很多很多。

通常，一首籤诗描写的物象是一种，所以其包含的原初兆象也只有一种。但也有相当多籤诗描写的物象不止一种，其所包含的原初兆象也就有多种。以香港《青山古寺斗姥籤》为例，第五首：

暖风和气艳阳天，桃李芬菲柳自妍。

更放一舟随绿水，满船风月乐安然。

这首籤诗描写的物象有和煦的春风，有艳阳天，有桃李芬菲，有柳叶青青，还有一叶扁舟在绿波荡漾的江湖中悠然自得地漂流，从占卜的角度看，这些物象有可能共同构成一种兆象，那就是春意盎然，但也有可能各自传达某种兆象。再如第二十八首：

鹏程西风志欲坚，扶摇直上九重天。

沙溪雁叫芦花白，明月沧江下钓船。

这首籤诗至少描写五种物象，一是大鹏鸟乘风扶摇直上九重天；二是沙溪旁一片白茫茫的芦花；三是一群大雁从沙溪上空飞过，发出鸣叫声；四是一轮明月高挂在天空上；五是沧江中有只垂钓的小船。这些物象是共同构成一种兆象，还是各有所主？在诸多的兆象中哪一种是主兆象（或称中心兆象），哪一种（或几种）是辅兆象（或称关联兆象）？主兆象与辅兆象之间是怎样的一种关系？诸如此类的问题都不容易作出判断。类似的例子随处可见，在籤诗中带有某种普遍性。

有一部分籤诗是以典故或传奇故事、历史演义故事、神话传说等等作为原初兆象，常见的形式有两种，一种是在诗句中描写故事情节，有时还点明主人翁，如福建省《长汀县城隍庙籤》末首：

周郎用计假招亲，
要害刘备命归阴。
幸得孔明巧施计，
龙凤妙配假成真。

此籤诗的诗句比较通俗明白，源于《三国演义》中的刘备东吴招亲的故事，大多数人都知道其故事梗概。另一种以典故或传奇故事、历史演义故事、神话传说等等作为原初兆象的籤诗却不那么直白，甚至相当隐晦，如同样是以刘备东吴招亲的故事为

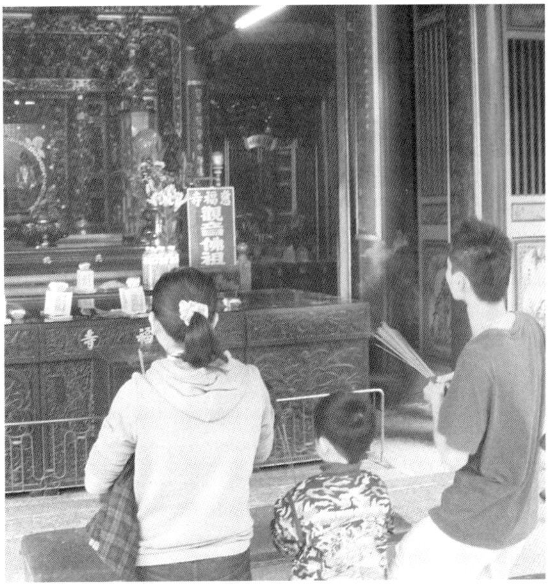

图 5–1　祈求神明指点迷津

原初兆象,《福州东岳庙的籤谱》第十首这样描写：

栋梁材栋梁，大器非寻常。

栽培需雨露，龙凤巧姻缘。

就总体而言，原初兆象比较隐晦，不容易看清楚，特别是在主兆象与辅兆象并存的籤诗中，更不容易分辨，所以有些籤谱用一定的文字点明原初兆象中的主兆象，如在民间流传很广的《观世音灵籤》(100首)、《玄天上帝籤谱》、《八卦六十四灵籤》以及福州盖山八部《元帅庙籤谱》、安溪威镇庙《广泽尊王籤谱》等均属于此类型。如《观世音灵籤》第三首：

临风冒雨去还归，正是其身似燕儿。

衔得泥来欲作垒，到头垒坏复还泥。

诗句还算通畅明白，描写的是为燕子筑巢而在风雨中来回穿梭，忙忙碌碌，最后巢穴毁坏，空忙一场的情景，其象征意义可以根据不同的人所占卜不同的事项作出许许多多不同的解释，该籤谱明确注明其主兆象是："此卦燕子衔泥之象，凡事劳心劳力也。"又如福州盖山《八部元帅庙籤谱》的首籤：

有道明君乐自然，德全世治感苍天。

财阜民庶时丰稔，感荷风调雨顺年。

籤诗之后有"此卦风调雨顺之象"。《安溪威镇庙籤谱》第七首：

老来得意甚从容，如在春风鼓舞中。

幸遇群花秋后发，莫嫌斜日照残红。

籤诗之后注明："此籤老树开花之象。"

当然，不同的人对同一首籤诗所包含的主兆象有不同的理解，如《玄天上帝感应灵籤》与《北帝灵籤》籤谱的作者对主兆象的理解就有很大的不同，列表如下：

表 5-1 《玄天上帝感应灵籤》与《北帝灵籤》主兆象比较

籤诗序号	玄天上帝感应灵籤的主兆象	北帝灵籤的主兆象	籤诗序号	玄天上帝感应灵籤的主兆象	北帝灵籤的主兆象
1	飞龙在天	吉胜无疑	27	家舍惶惶	泥中取禽
2	虎出大林	凶而复吉	28	贵人接引	谋望遂心

续表

籤诗序号	玄天上帝感应灵籤的主兆象	北帝灵籤的主兆象	籤诗序号	玄天上帝感应灵籤的主兆象	北帝灵籤的主兆象
3	否极泰来	灾去终吉	29	阴阳道合	春来花发
4	劳心劳力	借风行舟	30	月被云遮	玉镜尘埃
5	行船风顺	心动意和	31	心事重重	四路逢险
6	鸳鸯分飞	称意未遂	32	众星侵月	日薄西山
7	枯木逢春	暗中有喜	33	龙剑出匣	宝剑出匣
8	渔舟上滩	破舟上滩	34	病龙行雨	宝鼎折足
9	春兰秋菊	时秋晚节	35	鹤鸣九霄	金鸡啣赦
10	游蜂作蜜	虚而即行	36	鱼翻桃浪	凿石见玉
11	囚人出狱	久病逢医	37	渡水无船	行舟失楫
12	风卷杨花	小船出海	38	红日当天	大器晚成
13	开花结子	万物逢春	39	入山迷路	久客他乡
14	龙蛇混杂	谋望待时	40	鸿鹄摩天	剑射牛斗
15	一轮明月	谋为果决	41	落花流水	螳螂捕蝉
16	浊油点灯	重囚望赦	42	游鱼戏水	囚人遇赦
17	当忧不忧	一牛二尾	43	日出扶桑	蛟龙得雨
18	笼开鹤去	蟾宫捉兔	44	乌云遮月	沙里淘金
19	云行雨施	万物逢春	45	风雷鼓舞	蟾宫折桂
20	有舟无楫	破舟下滩	46	腾蛇入梦	新月朦胧
21	鲲化为鹏	鸾凤冲霄	47	密云不雨	雨湿桃腮
22	凤凰出林	将军得胜	48	宝剑新磨	九转丹成
23	花开遭风	话梅止渴	49	群鸦集噪	柳絮遭风
24	明月当空	风云际会	50	禅门出法	
25	求谋未遂	铁镜重磨	51	逢凶化吉	
26	安居兴旺	安居兴旺			

二、扩展兆象

扩展兆象是指对籤诗的原初兆象加以扩展使之更加明晰的兆象。前面说过，原初兆象比较朦胧，一般人不容易看清楚其中的奥妙，因此后世的宗教家或文人特意对某些籤谱进行再加工，在原初兆象的基础上增加一些新的兆象，以帮助人们更好地理解原初兆象。当然，也有些籤谱自古以来一直保留着最初的原型，并没有对原初兆象进行任何的扩展，所以，与原初兆象不同，扩展兆象只有部分籤谱具备。由于灵籤产生后，一直沿着世俗化和简易化的方向演化，所以籤诗扩展兆象的形式很多，常见的有：

（一）增加若干组诗歌作为扩展兆象

通常，一首籤诗只有一首诗歌，但也有一首籤诗由多组诗歌构成的情况，其中，有的诗歌是传达原初兆象的，有的则是属于扩展兆象的。以香港新界青松观《吕祖灵籤》为例，该籤谱的每籤有三组甚至四组籤诗，第一组籤诗传达原初兆象，第二、三、四组籤诗描写的是扩展兆象，如第二十籤由三组籤诗组成，第一组籤诗是：

猪鼠相合，卯酉相同。

满船满载，载载不空。

得心应手，只在三四五成功。

第二组籤诗是：

欲行还又止，徘徊不已时。

动摇莫强求，得止宜且止。

第三组籤诗是：

寅午戌年多阻滞，亥子丑月渐亨通。

更逢玉兔金鸡会，枯木逢春自放花。

又如第四十四籤由四组籤诗组成，第一组籤诗是：

莫狐疑，事在可疑。

有可疑，不疾不徐。

自有出头日子，当看金花一二枝。

第二组籤诗是：

月掩云间，昏迷道路。

云散月明，渐宜进步。

第三组籤诗是：

得失分明形影随，眼前消息尽堪知。

平阳有路无人问，直到水穷山尽时。

第四组籤诗是：

下著占先机，迂回路转迷。

目前只宜守，且免是和非。

一般说来，第一组籤诗所传达的原初兆象比较朦胧，而传达扩展兆象的其他各组籤诗所描写的物象相对来说比较清晰。

（二）借用《易经》卦象作为扩展兆象

图 5–2　年轻人在一起揣摩籤诗兆象

由于《易经》卦象也是一种人工符号系统，与籤诗兆象的符号系统有某种相通之处，所以经常被宗教家借用来作为籤诗扩展兆象的重要材料。在民间流传的籤谱中，《易经》卦象的影子随处可见，有的籤诗与卦象的结合相当密切，如福建晋江青阳《顺正大王籤谱》和台湾台北黄帝神宫的《黄帝归藏易占》均为 64 首，在每首籤诗之前，均有卦名或卦象。但《顺正大王籤谱》和《黄帝归藏易占》的卦名排列顺序不同，列表如下：

表 5–2　《顺正大王籤谱》与《黄帝归藏易占》的卦名比较

籤诗序号	顺正大王籤谱卦名	黄帝归藏易占卦名	籤诗序号	顺正大王籤谱卦名	黄帝归藏易占卦名
1	乾为天	坤为地	33	巽为风	天山遁
2	天风垢	乾为天	34	风天小畜	雷天大壮
3	天山遁	云雷屯	35	风火家人	火地晋
4	天地否	山水蒙	36	风雷益	地火明夷
5	风地观	云天需	37	天雷无妄	风火家人
6	山地剥	天水讼	38	火雷噬嗑	火泽暌
7	火地晋	地水师	39	山雷颐	水火蹇
8	火天大有	水地比	40	山风蛊	雷雨解
9	坎为水	风天小畜	41	离为火	山泽损

续表

籤诗序号	顺正大王籤谱卦名	黄帝归藏易占卦名	籤诗序号	顺正大王籤谱卦名	黄帝归藏易占卦名
10	水泽节	天泽履	42	火山旅	风雷益
11	水雷屯	地天泰	43	火风鼎	泽天夬
12	水火既济	天地否	44	水火未济	天风垢
13	泽火革	天火同人	45	山水蒙	泽地萃
14	雷火丰	火天大有	46	风水涣	地风升
15	地火明夷	地山谦	47	天水讼	泽水困
16	地水师	雷地豫	48	天火同人	水风井
17	艮为山	泽雷随	49	坤为地	泽水革
18	山火贲	山风蛊	50	地雷复	火木鼎
19	山天大畜	池泽临	51	地泽临	存雷震
20	山泽损	风地观	52	地火泰	兼山艮
21	火泽睽	火雷噬嗑	53	雷天大壮	风山渐
22	天泽履	山火贲	54	泽天夬	雷泽归妹
23	风泽中孚	山地剥	55	水天需	雷火丰
24	风山渐	地雷复	56	水地比	火山旅
25	震为雷	天雷无妄	57	兑为泽	随风巽
26	雷地豫	山天大畜	58	泽水困	丽泽兑
27	雷水解	山雷颐	59	泽地萃	风水涣
28	雷风恒	泽木大过	60	泽山咸	水泽节
29	地风升	水存习坎	61	水中蹇	风泽中孚
30	水风井	重明离	62	地山谦	雷山小过
31	泽风大过	泽山咸	63	雷山小过	水火既济
32	泽雷随	雷风恒	64	雷泽归妹	水火未济

显然,《顺正大王籤谱》的卦象是依据所谓“八宫卦次图”排列,而《黄帝归藏易占》卦象的排列顺序除了第一籤和第二籤对调外,其余的与通常卦象排列顺序无差异。《黄帝归藏易占》在卦名之后还画有卦象,并标明上下卦的名称,如首籤“坤为地”之后有“䷁”卦象和“坤上坤下”等说明。《顺正大王籤谱》在每首籤诗之后增设有“卦德”一项,对卦象作进一步的解释,

如首籤的“卦德”对“乾”卦作这样的解释：“乾者，健也，纯阳之象，刚强之义。此百阳之卦，乾命之学，行健而用刚道也。修健之道如御龙也，变化不测，各随其时，能隐能显，能上能下，能大能小，见群龙无首者吉。”在理解原初兆象时，应该结合《易经》卦象，易言之，扩展兆象与原初兆象的关系相当密切。

（三）借用五行作为扩展兆象

五行学说产生于周代，认为金木水火土五种基本物质是构成世界万物的基本要素，是一种朴素的唯物主义思想。后世术数家利用五行特性、五行生克的关系，并进一步编造出五行反悔、五行旺相休囚死等来推算人生休咎。术数家认为，五行的特性各自不同，“木”有生发、条达的特性，“火”有炎热、向上的特性，“土”有长养、化育的特性，“金”有清静、收杀的特性，“水”有寒冷、向下的特性，术数家采取取象类比的办法，把世界中具有相同或相似属性的事物或现象分别归纳到五行之中。

五行生克，是指五行相生相克的规律。五行相生即木生火，火生土，土生金，金生水，水生木；五行相克即木克土，土克水，水克火，火克金，金克木。

五行反悔，是指在五行生克中，不一定都是顺克，有时还有逆克。如旺克衰，强克弱，有时也会出现衰克旺，弱克强的现象。又如金衰火旺，水受火克，依此类推，有时会有土克木、水克土、金克火、木克金的情况发生。

五行旺相休囚死，是把五行与春夏秋冬四季神秘地结合起来，得出旺相休囚死五种情况。“旺”表示五行在此季节处于最旺盛的状态，“相”即处于较旺盛的状态，“休”即处于衰微状态，“囚”即处于困境，“死”即处于死亡状态。具体搭配：春木旺，火相，土死，金囚，水休；夏火旺，土相，金死，水囚，木休；秋金旺，木相，木死，火囚，土休；冬水旺，木相，火死，土囚，金休。

一些籤谱借用五行学说作为扩展兆象，如澳门妈祖阁籤谱100首（缺第27、28首），加上顶魁、亚魁、都魁，共101首，每首都标明此籤在五行中属于哪一行，其顺序是木、火、土、金、木、水、木、木、木、木、木、金、水、水、土、水、木、土、木、水、火、土、土、木、木、木、金、火、土、土、土、土、土、水、水、金、土、土、火、土、木、水、木、水、土、金、水、水、土、金、金、土、木、火、土、土、金、金、金、木、木、土、水、水、土、金、土、木、金、火、木、水、木、木、水、木、土、木、金、金、土、水、水、火、土、水、土、土、木、水、土、土、木、土、金、土、木、土、金、水。从排列的先后次序看，没有什么规律，带有明显的随意性。从出现的次数统计来看，除了亚魁籤为“五行”外，在100首中，金木水火土出现的次数并不相等，依次数多寡排列如下：“土”出现31次，“木”出现26次，“水”出现20次，“金”出现16次，“火”出现7次，似乎也看不出是有意这样安排的。

（四）借用天干地支作为扩展兆象

天干地支简称干支，即甲、乙、丙、丁、戊、己、庚、辛、壬、癸十干，和子、丑、寅、卯、辰、巳、午、未、申、酉、戌、亥十二支，天干和地支依次配合，循环一次俗称“六十甲子”，周而复始。天干地支最初用来纪年，后来又被古人用来纪月日。天干地支取义于树木，术数家把它与阴阳学说相附会，所谓“干”犹如树干，属于阳，象征刚强；“枝”犹如树枝，象征柔弱，属于阴。并认为每种具体的天干地支都有自己的特性，如“甲”象征草木破土而萌，阳在内而被阴包裹之状；“乙”象征草木初生，枝叶柔软屈曲之状；“丙”者炳也，如赫赫太阳，炎炎火光，象征万物皆炳然著见而明；“丁”象征草木成长壮实，犹如人得成丁；“戊”者茂也，象征草木茂盛；“己”者起也，纪也，万物抑屈而起，有形可纪；“庚”者更也，象征秋收而待来春；“辛”者新也，万物秀实新成；“壬”者妊也，阳气潜伏，万物怀妊；“癸”者揆也，万物闭藏，揆然萌芽。十二地支的含义与十天干相似，其变化规律也是从萌生经过成长、开花、结果等阶段，直到凋零、灭绝。如“子”者孳也，草木种子吸收土中水分，开始一阳萌生的进程；“丑”象征草木萌芽，即将破土而出；“寅”者演也，津也，草木迎着春晖成长；“卯”者茂也，日照东方，万物茂盛；“辰”者震也，万物震起而长，阳盛阴衰；“巳”者起也，纯阳无阴；“午”象征万物丰满，阳气充盛，阴气也开始萌生；“未”者味也，果实成熟，滋味美妙；“申”者身也，万物都已长成；“酉”象征万物萎缩收敛；“戌”者灭也，草木凋零，生气灭绝；“亥”者劾也，阴气劾杀万物。术数家把天干地支的这些特性与人生相联系，以此来推测人生的吉凶祸福。

在民间流传的籤谱中，把天干地支作为扩展兆象占有相当大的比例，特别是60首的籤谱更普遍与六十甲子相联系。不仅如此，一些籤谱还把六十甲子纳音取象作为扩展兆象。所谓六十甲子纳音取象是以六十甲子分属五行，再按阴阳、盛衰、轻重，分别取物以象之。古人将律分为六律六吕，共十二律，每律五音，共六十音。把五音与五行相配，就形成六十音与六十甲子相配，从而使五行与天干地支相配。值得注意的是，五行的正常顺序是木火土金水，称之“正五行”，而纳音五行的顺序相反，为金木水火土，称之“逆五行”。术数家为了便于记忆，编成“六十甲子纳音歌”：

甲子乙丑海中金，丙寅丁卯炉中火。
戊辰己巳大林木，庚午辛未路旁土。
壬申癸酉剑峰金，甲戌乙亥山头水。
丙子丁丑涧下水，戊寅己卯城头土。
庚辰辛巳白蜡金，壬午癸未杨柳木。
甲申乙酉井泉水，丙戌丁亥屋上土。
戊子己丑霹雳火，庚寅辛卯松柏木。
壬辰癸巳长流水，甲午乙未沙中金。
丙申丁酉山下火，戊戌己亥平地木。
庚子辛丑壁上土，壬寅癸卯金箔金。
甲辰乙巳覆灯火，丙午丁未天河水。
戊申己丑大驿土，庚戌辛亥钗钏金。
壬子癸丑桑柘木，甲寅乙卯大溪水。
丙辰丁巳沙中土，戊午己未天上火。
庚申辛酉石榴木，壬戌癸亥大海水。

福建云霄县碧湖岩、平和县大溪镇灵通岩所使用的是《六十甲子观音籤》，就是把六十甲子纳音取象作成扩展兆象。现将其六十甲子纳音取象及五行生克关系列表如下：

表 5–3　六十甲子纳音取象与五行关系

干　支	纳音取象	五行关系	干　支	纳音取象	五行关系
甲子	海中金	金生水土生金 金克木火克金	己丑	霹雳火	火生土木生火 火克金水克火
甲寅	大溪水	水生木金生水 水克火土克水	乙卯	城头土	土生金火生土 土克水木克土
甲辰	覆灯火	火生土木生火 火克金水克火	己巳	大林木	木生火水生木 木克土金克木
甲午	沙中金	金生水土生金 金克木火克金	己未	天上火	火生土木生火 火克金水克火
甲申	井泉水	水生木金生水 水克火土克水	己酉	大驿土	土生金火生土 土克水木克土
甲戌	山头火	火生土木生火 火克金水克火	己亥	平地木	木生火水生木 木克土金克木
乙丑	海中金	金生水土生金 金克木火克金	庚子	壁上土	土生金火生土 土克水木克土
乙卯	大溪水	水生木金生水 火克金水克火	庚寅	松柏木	木生火水生木 木克土金克木
乙巳	覆灯火	火生土木生火 火克金水克火	庚辰	白蜡金	金生水土生金 金克木火克金
乙未	沙中金	金生水土生金 金克木火克金	庚午	路边土	土生金金生水 土克水木克土
乙酉	井泉水	水生木金生水 水克火土克水	庚申	石榴木	木生火水生木 木克土金克木
乙亥	山头火	火生土木生火 火克金水克火	庚戌	钗钏金	金生水土生金 金克木火克金
丙子	涧下水	水生木金生水 水克火土克水	辛丑	壁上土	土生金火生土 土克水木克土
丙寅	炉中火	火生土木生火 火克金水克火	辛卯	松柏木	木生火水生木 木克土金克木
丙辰	沙中土	土生金火生土 土克水木克土	辛巳	白蜡金	金生水土生金 金克木火克金
丙午	天河水	水生木金生水 水克火土克水	辛未	路边土	土生金火生土 土克水木克土

续表

干 支	纳音取象	五行关系	干 支	纳音取象	五行关系
丙申	山下火	火生土木生火 火克金水克火	辛酉	石榴木	木生火水生木 木克土金克木
丙戌	屋上土	土生金火生土 土克水木克土	辛亥	钗钏金	金生水土生金 金克木火克金
丁丑	涧下水	水生木金生水 水克火土克水	壬子	桑柘木	木生火水生木 木克土金克木
丁卯	炉中火	火生土木生火 火克金水克火	壬寅	金箔金	金生水土生金 金克木火克金
丁巳	沙中土	土生金火生土 土克水水克土	壬辰	长流水	水生木金生水 水克火土克水
丁未	天河水	水生木金生水 水克火土克水	壬午	杨柳木	木生火水生木 木克土金克木
丁酉	山下火	火生土木生火 火克金水克火	壬申	剑锋金	金生水土生金 金克木火克金
丁亥	屋上土	土生金火生土 土克水木克土	壬戌	大海水	水生木金生水 水克火土克水
戊子	霹雳火	火生土木生火 火克金水克火	癸丑	桑柘木	木生火水生木 木克土金克木
戊寅	城头土	土生金火生土 土克水木克土	癸卯	金箔金	金生水土生金 土克水木克土
戊辰	大林木	木生火水生木 木克土金克木	癸巳	长流水	水生木金生水 水克火土克水
戊午	天上火	火生土木生火 火克金水克火	癸未	杨柳木	木生火水生木 木克土金克木
戊申	大驿土	土生金火生土 土克水木克土	癸酉	剑锋金	金生水土生金 金克木火克金
戊戌	平地木	木生火水生木 木克土金克木	癸亥	大海水	水生木金生水 水克火土克水

（五）借用典故等作为扩展兆象

历史故事、传奇故事、历史演义故事、神话传说、戏剧故事、宗教故事、民间故事等不但被作为籤诗的原初兆象，而且更广泛地被作为扩展兆象。

在《正统道藏》收入的籤谱中，还没有发现以历史故事、传奇故事、历史演义故事、神话传说、戏剧故事、宗教故事、民间故事等作为扩展兆象，说明这种现象大概出现在明代中期之后。当时，随着资本主义萌芽的出现，市民文学勃兴，小说、戏剧等文学创作非常繁荣，在民间广为流传。为了吸引更多的信仰者，同时也为了使籤诗更加通俗，一些籤诗的制作者或庙祝开始把百姓熟悉的和喜闻乐见的历史故事、传奇故事、历史演义故事、神话传说、戏剧故事、宗教故事、民间故事等引入籤诗中，至今在民间流传的籤谱中，相当多是借用典故等作为扩展兆象。

作为扩展兆象的历史故事、传奇故事、历史演义故事、神话传说、戏剧故事、宗教故事、民间故事等，一般是以精炼的语言高度概括成短语，置于诗句之前，每首籤诗歌配以一个故事。如《观世音灵籤》（100 首）的第一首的典故是“钟离成道”，源于《八仙故事》，第二首“苏秦不第”，源于《金印记》传奇，等等。也有每首籤诗配以两个故事的籤谱，如福建平和县《三平寺籤谱》的第一、二籤的典故分别是“姜太公在天水宫学道，姜太公在渭水河钓鱼”、“苏东

图 5-3　解籤人为籤占者答疑解惑

坡赤壁游舟，韩信钩丁城下"；台湾台南市西区《海安宫籤谱》的第一、二籤的典故分别是"包公请雷惊仁宗，包公极审张世真"、"包公暗访白袍将，尉迟恭挂帅"。福建仙游县枫亭镇《会元寺籤谱》的典故是以四句诗的形式出现，如第一、二首分别是："龙图忠义救仁宗，陈林救主大有功，打风得遇李俊臣，尽忠报国八贤王"；"狄青取珠旗，奸臣谋害伊，定贵路认错，公主结亲期"。莆田城郊《石室岩籤谱》类似于仙游枫亭会元寺，典故不但以诗歌形式出现，诗歌前还有短语加以点明，如第一首："洪将收五德，陈高产麟儿：陈家世代有善心，喜哉天赐玉麒麟，夫妻庭前祈祷祝，五福自然庆来临。"第二首："陈琳救主：释迦出世牟尼心，老君抱送玉麒麟，仁宗祈祷生太子，两月逃难求神明。"①

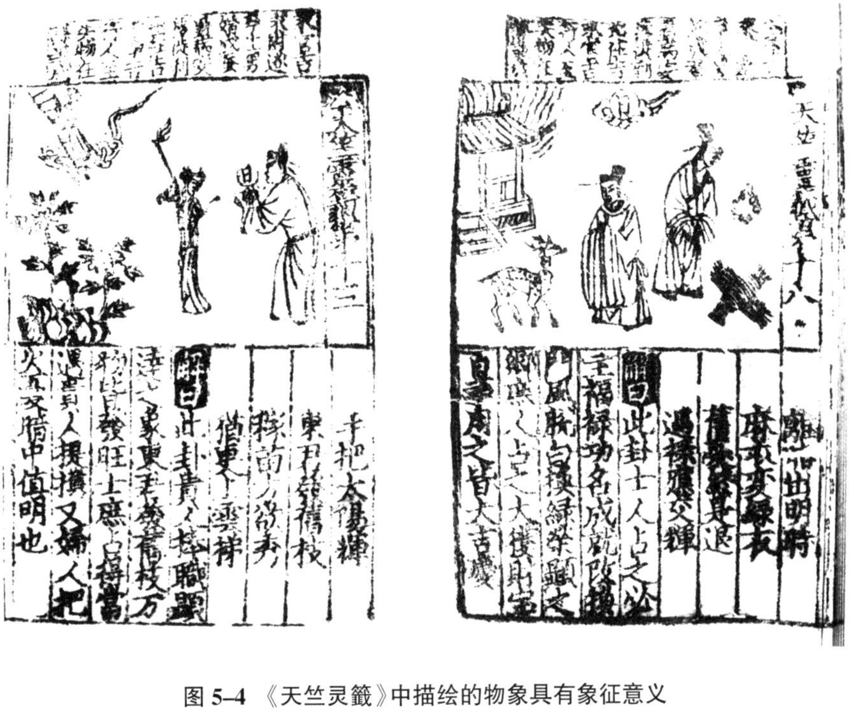

图 5-4 《天竺灵籤》中描绘的物象具有象征意义

① 关于籤诗中戏剧故事的来由，广东省陆丰县碣石镇《元山祖庙籤谱》第五十一首的戏文简介："碣石玄武山寺明朝古戏台，旧时自农历三月十二日起即开棚演戏，碣石卫中士农工商争捐戏金，故数月连演，数月不辍。所演多三国故事，为连续提纲戏，间或串演正杂剧。而各地礼佛求籤者也多为戏迷，故详籤者投其所好，详籤时兴之所至，每就其含义相通者，将之互为串讲入解，如此反复再三，竟至约定俗成，此即籤解中戏文之来历是也。"

（六）以图画作为扩展兆象

我们不止一次提到《天竺灵籤》，这本籤谱不但历史悠久，而且很有特色，在扩展兆象方面，也独具一格。对照籤诗描写的内容与图画描绘的物象，图画描绘的物象除了用来诠释籤诗外，往往还增加了若干兆象。如第十三首的籤诗歌曰："手把太阳辉，东君发几枝。稼苗方欲秀，犹更上云梯。"图画描绘的物象有：右侧一文人手捧"职"字，"职"字上方有"日"字，表示官运显达之象；左下角有棵鲜花盛开，左上角有一梯子直上云霄，表现"东君发几枝，稼苗方欲秀，犹更上云梯"的兆象。图案中间有一妇女，手持燃烧的火把，暗示黑暗中见光明，当遇贵人提携。显然，图案中包含着若干籤诗所没有的扩展兆象。又如第十八首，籤诗曰："离暗出明时，麻衣变绿衣。旧忧终是退，遇禄应交辉。"图画描绘的物象有：太阳高照，一人穿麻衣，一人穿官服，左下角有一只梅花鹿，这些物象均用来诠释籤诗的原初兆象。图案还增加了财宝、燃烧的火球、闪耀光芒的房屋等扩展兆象。这种状况在《天竺灵籤》中带有普遍性。

《天竺灵籤》中所描绘的物象，象征意义十分强烈，而且还有一定的规律可循。画面上经常出现梅花鹿、蛇、鸟、鱼、书籍、文书、财宝、火球、花木、车子、太阳、月亮、云、水、船等，各自表现一定的兆象，如梅花鹿表示吉祥，"鹿"与"禄"同音，往往预示官运亨通。如果梅花鹿断头缺腿，预示仕途坎坷。又如图案中有两本文书交叉摆放，兆示运途不好。如果是单本文书摆放在地上或升在半空中，则兆示要交好运。画有蛇的图案兆示家宅不宁，画有车子的图案表示变化无常，画有火球的兆示蒸蒸日上，画有财宝的兆示财运亨通，画有鲜花的兆示运途好……从中反映出南宋的一些俗文化。

（七）利用方位、数字作为扩展兆象

中国古代术数家几乎可以赋予任何事物以各种神秘的意义，方位、数字也不例外，吴慧颖对中国的数字所传达的神秘符号做了全面而深刻的研究，写出了洋洋四十多万言的《中国数文化》一书。[①] 方位和数字作为神秘的符号也被引入籤诗中，如《扶天广圣如意灵籤》按照九宫八卦理论[②]，把

① 吴慧颖：《中国数文化》，岳麓书社 1995 年版。

② 参见钟兆鹏：《谶纬论略》，辽宁教育出版社 1995 年版，第 184—185 页。

方位、数字等作为扩展兆象，每籤的末了有“巳（以）上大吉利，应一、五、七数及亥卯未年月日时，方位正东”。或“巳（以）上先凶后吉，应二、四、八数及寅午戌年月日时，方位西南”等字样。此籤谱共 120 首，数字与地支及方位之间的关系有如下的规律：

表 5-4 《扶天广圣如意灵籤》中数字与地支及方位关系

数　字	地　支	方　位
一、五、七	亥、卯、未	正东、东北
二、四、八	寅、午、戌	正南、西南
三、六、九	已、酉、丑 申、子、辰	正西、正北 东南、西北

（八）利用星宿等作为扩展兆象

籤诗的扩展兆象除了前面提到的二十八宿外，还特别借助北斗星宿。北斗星宿与先民的生活密切相关，所以先民注意观察北斗星宿的变化，把北斗七星想象成为古代舀酒的斗形，天枢、天璇、天玑、天权组成斗身，称“斗魁”，又称“璇玑”；玉衡、开阳、摇光组成为斗柄，称“斗柄”，又称“玉衡”。后来，把北斗七星神格化，并且各有职掌，《上清经》云：北斗七星，第一天枢宫，为司命星君；第二天璇宫，为司禄星君；第三天玑宫，为禄存星君；第四天权宫，为延寿星君；第五玉衡宫，为益算星君；第六开阳宫，为度厄星君；第七摇光宫，为慈母星君，总称七司星君。专门奉祀北斗星君的庙宇称北斗星君庙。因北斗专掌生存，故民间又称为“延寿司”，流行“北斗主生，南斗主死”的说法。

《正统道藏》收入的《四圣真君灵籤》在序号之前有“魁”、“魒”之类的符号，共有七个字：魁魒魓魋魌魓魑，以两个字进行组合，形成四十九个符号。排列的规律是：第一个周期的首字以“魁魒魓魋魌魓魑”开始，连续七次为一个周期，其余六个周期的首字顺序为：魒魓魋魌魓魑。第二字均按“魁魒魓魋魌魓魑”顺序分别与“魁”组合，形成“魁魒”、“魁魁”、“魁魓”、“魁魋”、“魁魌”、“魁魓”、“魁魑”等符号，第二至第七周期的顺序依此类推。这种符号看似道教的符字，实际上就是北斗星君名号的变体。

三、定 性 兆 象

定性兆象是在原初兆象、扩展兆象的基础上产生的，从产生的时间上说要稍迟一些。定性兆象就是对籤诗的吉凶兆象进行定性，即对某一籤诗所包含的兆象是吉还是凶作出明确或比较明确的判断。常见的有两种形式：

（一）总体定性兆象

总体定性兆象就是对籤诗的吉凶作总体判断，常见的总体定性兆象是以吉、凶或上、中、下不同等级来表示，吉有时又分为大吉、吉、中吉、小吉、不吉等，上、中、下有时又分为上上、上中、上下、中上、中中、中下、下上、下中、下下等九个等级。籤谱在标明总体定性兆象时以上、中、下三级制最为常见，也有吉凶和上中下交叉使用的籤谱，如《四圣真君灵籤》分大吉、上上、中平、下下四个等级，《观音神课三十二卦》分大吉、上吉、吉、平吉、中吉、不吉、上上、上平、中平、小平、下中、下下、凶、下凶等十四等级。为了研究方便，我们将不同的等级的总体定性兆象归结为上中下三个等级，如大吉、上吉、吉、上上、上平归入上，平吉、中、中平、小平等归入中，不吉、下中、下下、凶、下凶归入下。

（二）具体定性兆象

具体定性兆象是指对具体占卜事项的吉凶作出判断，籤谱中往往称之为“断曰”或“解曰”，其主要特点是定性用语明确，毫不含糊。具体定性兆象至迟在南宋的籤谱中就出现，《天竺灵籤》的图案上方就有“求官迟、公事宜”和“求财无、孕生女、婚不成、蚕损、忌移动出往、不利行人”这样的断语，即具体定性兆象。宋代以后，籤谱增设具体定性兆象已经相当普遍，其具体内容涵盖人类生产、生活的各个方面。

第二节　籤诗兆象之间的关系

从原初兆象到扩展兆象以及定性兆象的发展演变，集中地反映了籤诗的不断简明通俗的演化进程。在籤诗的兆象体系中，原初兆象、扩展兆象、定性兆象的关系是结构性的，即后一种兆象形式的产生，并不是否定前一

图 5–5　善男信女依赖解籤人窥视籤诗的兆象

种兆象形式，而是与前一种兆象形式一道构成更为丰富、更加清晰的兆象。特别是定性兆象，既是籤诗通俗化的最终形态，也可以看做是术数家对原初兆象所蕴藏的“天机”的“破解”。

原初兆象是每一首籤诗都具备的，而扩展兆象、定性兆象并不一定每一首籤诗都有，一首籤诗有多少种扩展兆象、多少种定性兆象与之相配，也无定规。在原初兆象、扩展兆象、定性兆象俱全的籤谱中，三者之间的关系相当复杂，或密切相连，或若即若离，或毫不相干。仍以《观世音灵籤》（100 首）为例：

第六十九中籤　　古人：梅开二度		
诗曰：	冬来岭上一枝梅，叶落枝枯总不摧。 但得阳春消息至，依然还我作花魁。	辰宫
解曰：	一箭射空，当空不空。 待等春来，彩在其中。	此卦梅花占魁之象 凡事宜迟则吉也。
此籤家宅欠利，自身作福，求财谨慎，交易待时，婚姻迟成，行人迟至，六甲春实秋虚，寻人见，田蚕六畜旺，讼亏，失物东方，病虚惊，坟宜改。		

第六十九籤的原初兆象的主兆象是所谓“梅花占魁”，扩展兆象包括“梅开二度”的传奇故事和“解曰”的内容及“辰宫”等，定性兆象包括“中籤”和最后的“此籤家宅……”两部分。

让我们先来看看扩展兆象与原初兆象的关系。“梅开二度”的故事源于《二度梅》传奇，故事梗概是：唐代，梅魁被奸臣害死，其子梅良玉获救，改名换姓，住在梅魁生前好友陈日升家。一日，梅花盛开，陈公借祭梅花来祭祀梅魁，祈求上天保佑梅家的后代能报仇雪恨。不料，当晚，梅花被暴风雨打得七零八落。陈公和女儿杏元及梅良玉以为预兆不好，报仇恐怕没有多大希望，十分伤心。遂对天许愿：若日后真能报仇雪恨，老天爷就让一片狼藉的梅花再一次盛开。不久，果然梅开二度，成为千古佳话。后来，梅良玉考取状元，报了家仇，并与陈杏元结为连理。显然，“梅开二度”的故事与原初兆象的“梅花占魁之象”有比较密切的联系。“解曰”增加了“一箭射空，当空不空”的兆象，在这里也是属于扩展兆象，比较含蓄，但“待到春来，彩在其中”的兆象与原初兆象的“但得阳春消息至，依然还我作花魁”相似，所以，二者还是有一定内在联系的。至于“辰宫”，相对独立，对家宅、自身、求财、交易、婚姻、六甲、行人、田蚕、六畜、寻人、公讼、移徙、失物、疾病、山坟等的吉凶兆象又有详细的解释，与原初兆象没有太大的联系。

其次，看看定性兆象与原初兆象的关系，原初兆象是先凶后吉，与之相适应，总体定性兆象为“中”，具体定性兆象也打上“中”的烙印。

在以历史故事、传奇故事、历史演义故事、章回小说、神话传说、戏剧故事、宗教故事、民间故事等为扩展兆象的籤谱中，原初兆象与扩展兆象之间的关系，有的相互呼应，有的却毫不相干。原初兆象与扩展兆象相互呼应的，均是把历史故事、传奇故事、历史演义故事、章回小说、神话传说、戏剧故事、宗教故事、民间故事等化解在诗句中描述，同时又在籤诗之前明确点明典故的名称（也可以视之为原初兆象的主兆象的点明），二者浑然一体，如福建永定县下洋镇《西觉寺籤谱》：

第九　上仟　　郭巨埋儿

郭巨本是忠孝人，孝母埋儿慈天神。

舍得埋儿救活母，哪知得着天赐金。

第十　下仟　　霸王别姬

大战垓下韩信阵，霸王四面楚歌声。

难免帐下与姬别，乌江自刎了一生。

至于原初兆象与扩展兆象毫不相干的籤谱也常见，如福建石狮《双龙寺籤谱》：

第十九　　唐僧取经

云行雨施正春深，谋望求财总遂心。

事讼见官皆得理，贵人喜庆自相寻。

第廿六　　董永槐阴相会

安居旺相进田财，天上生云地生雷。

禄位高迁光显达，荣华富贵入门庭。

最值得注意的是，不同的庙宇虽然使用同一种籤诗，但与籤诗相对应的历史故事、传奇故事、历史演义故事、章回小说、神话传说、戏剧故事、宗教故事、民间故事等却往往不尽相同，甚至完全不同，说明作为原初兆象的籤诗与作为扩展兆象的历史故事、传奇故事、历史演义故事、章回小说、神话传说、戏剧故事、宗教故事、民间故事之间的关系，带有一定的随意性，是由籤谱的编造者的知识结构和所在地区的文化传统所决定的。以福建罗源县港尾下妈祖奶庙、仙游枫亭措斗会元寺、台湾省台南市西区西罗里海安宫的籤谱为例，这三种籤谱的籤诗完全相同，但相对应的历史故事、传奇故事、历史演义故事、章回小说、神话传说、戏剧故事、宗教故事、民间故事等却大不相同，列表比较如下：

表 5-5　相同的籤谱与不同的典故比较

序号	仙游会元寺籤谱	罗源妈祖奶庙籤谱	台南海安宫籤谱
1	龙图忠义救仁宗，陈林救主大有功。 打风得遇李俊臣，尽忠报国八贤王。	唐代盛世人民观欢	包公请雷惊仁宗 包公极审张世真
2	狄青取珠旗，奸臣谋害伊。 定贵路认错，公主结亲期。	鸾娇戏弄叶台山	包公暗访白袍将 尉迟恭挂帅

续表

序号	仙游会元寺籤谱	罗源妈祖奶庙籤谱	台南海安宫籤谱
3	仁贵投军真惨期，士贵定伊要灭名。 营中当是马头军，得运救驾李世民。	康华瑞得妻发财	桃园三结义 曹公赐云长马袍赠金银
4	次服读书是惹人，周氏织锦行孝道。 七国争雄无归定，六国丞相人扬名。	汉高祖退归西蜀	孙悟空大难水灾 薛丁山着飞刀
5	海瑞功劳大如天，可恨严嵩太不明。 无意辞官归家邦，太子登位在高升。	范仲淹疏财仗义	胡完救文氏母女 崔文德请胡凤娇
6	刘备结义在桃园，兄弟关张大英雄。 三请高隆得孔明，天下三分得四川。	薛平贵跨海征东	铜银买纸靴 刘备入东吴回荆州
7	郭璞先师真出奇，寻出水风世间稀。 国公出有十三代，头个先出郭子仪。	程咬金封九千岁	三元会葛其量夫妻相会 三元会葛其奇蔡坤买书
8	匡胤是帝身，义弟名郑恩。 招军又买马，兄弟为君臣。	孟丽君暂别皇甫	江中立钦赐状元 江中立遇永乐君
9	叶里娘女中丈夫，段士道乱奏不明。 叶里娘代夫受刑，杜太后赦罪免刑。	王俊生子得金银	苏秦夫妻相会 苏秦回家假不第
10	武当上帝有真灵，海瑞进香实虔诚。 寸皮不可去入殿，罚伊金砖人扬名。	熊襄天赐两金来	皇都市上有神仙 老鼠精闹宋朝
11	赵氏心不明，随嫁似他人。 买臣后出事，由命不由人。	卞和抱璞反成灾	乌精乱宋朝 刘智远战瓜精
12	打劫王贡程咬金，镇守瓦岗真有名。 结义兄弟秦叔宝，二人同事李世民。	宋康王泥马渡江	智远战瓜精 桃花女流勿太岁
13	孔明祭灯是天数，魏延军马回届厝。 姜维本是军师将，杀退军马十万五。	汉苏武牧羊西番	撑渡伯行船遇太岁 三藏被红孩儿烧
14	吴汉事母真孝心，孝贤公主是玉英。 依哥乞仔事刘秀，公主自尽介送身。	雇时夫被迫退婚	红孩儿截住路头 范丹妻未出身杀九夫
15	益春必有心，陈三必有情。 假意镜打破，无钱来卖身。	缺	范丹洗浴遇良妻 薛丁山破飞刀
16	曹操受惊心，陈宫计谋深。 汉阳遇吕布，差险难脱身。	赵匡胤独进高平关	龙虎交会 刘备入东吴进赘
17	王子登山去求仙，父母在家心骇然。 不觉山中有七日，回家世上已千年。	建高台文帝求仙	杨文广困柳州城 孔夫子小儿答
18	三藏取经到西天，路上妖精皆变化。 猪八戒贪心浪费，好得猴行者成精。	伯宁割席充华佗	孔夫子遇番逢小儿 薛仁贵固白虎关父子不相

续表

序号	仙游会元寺籤谱	罗源妈祖奶庙籤谱	台南海安宫籤谱
19	四郎回国喜不胜，一家相见泪淋淋。 三更探母五更回，失误军机自丧身。	罗状元弃官念佛	薛仁贵回家遇丁山 上帝公收龟蛇
20	正德君游遍天下，刘景在朝尽弄权。 司礼晏称为千岁，忠臣岂肯许双全。	王莽篡送谋皇位	白蛇精诈言往南海遇汉文 袁达入昭国关
21	蒙正本是文曲星，住在破窑真惨情。 月娥小姐真贤德，后中状元人扬名。	李世民魂游十殿	王剪战袁达 韩文公过秦岭遇霜雪冻
22	大帝赴会介单身，东吴用计害此人。 先除鲁肃伊性命，好得周仓随身边。	苏三脱罪作天人	韩文公过秦岭湘子扫霜雪 高求杨戬当权
23	薛刚真忙郎，再争鲁仁王。 两番去借兵，千古人名扬。	鲍叔与知音管仲	杨管醉玉同坐马 秦叔宝救李渊搬家
24	苏武真忠义，牧羊受干身。 寄书见故主，回朝人扬名。	纣王女娲亩行香	秦叔宝救李渊 孟良焦赞救宗保
25	郭华假卖胭脂□，玉英娘仔貌清奇。 姻缘暗□相国寺，酒醉魂迷睡不知。	刘邦灭楚得天下	凤娇观音庵问籤中奸臣计 胡凤娇观音寺行香求忏
26	永乐是帝身，镇守在燕京。 时来兼运至，起兵取南京。	张子房扶汉成功	孟姜女招亲 董永皇都市仙女送孩儿
27	江氏抽籤喜洋洋，不须求名禄自安。 母子亭中同聚会，花开苍苍似牡丹。	刘备布衣得关张	三请卧龙先生
28	文广心胆寒，逃官不是蛮。 教子有义方，后来归南闽。	毛瑞借贷受侮辱	洪益春留伞爱陈三
29	女将是公主，帅印再掌起。 合兵取花木，回朝来复旨。	曹操遭遇马辰超	赵玄郎河东大战龙虎关 宋朝赵匡胤困河东
30	王祥真孝心，求鲤卧寒冰。 神仙来扶救，雪拥喜不胜。	唐僧往西天取经	白蛇精遇许汉文 庞涓孙膑学法
31	孔明用计得姜维，姜母贤德世间稀。 押仔亲身事刘备，忠孝两全真可奇。	林云祥航海来归	卢龙王次子招亲 赵云重围救阿斗
32	女贤德送寒衣，秦始王无道太不明。 万里送衣夫不见，哭倒长城数千里。	陶渊明辞官归梓	岳飞掠秦桧 奉吟受灾
33	文帝真孝心，陆执家寒贫。 两家母得病，一同求神明。	吕蒙正穷途落魄	薛刚大闹花灯 踢死太子惊死圣驾
34	仁贵有难运未通，怨恨奸贼是道宗。 徐程国公齐保秦，挂帅征西真威风。	小芳乡唱道姑家	周玉姐可遇陈春生 姜子牙送饭为武吉掩卦

续表

序号	仙游会元寺籤谱	罗源妈祖奶庙籤谱	台南海安宫籤谱
35	元贵挑水上大街，路上遇着夫人爹。 骗他入府去成亲，关禁牢中受苦惨。	韩信弃楚投刘邦	猪哥遇柿山 薛丁山三请樊梨花
36	李世民落海，难□□□□。 □□□□□□□，□□□□。	梁颢晚年占金魁	薛仁贵救驾 李世民落海滩
37	庞氏真孝心，讨水在江边。 蛟龙来作乱，得遇神仙人。	徐茂公辅佐江山	正德君看呼绿牡丹开 正德君戏李凤姐
38	蔡石开中了状元，麦太师请旨主婚。 麦小姐三从四德，石开嫂嫂泪纷纷。	杨四郎探母回朝	偶才母子井边相会 三婶报喜苏秦回家假不第
39	郭巨家寒贫，夫妇齐同心。 天怜伊孝顺，埋儿得黄金。	尤俊达弃邪归正	小儿路遇恶鬼 小儿遇三煞
40	丁兰孝思亲，克咸父母身。 事死如事生，休妻孝扬名。	隋杨广沉迷酒色	杨戬得病在西轩
41	梁山忠义五才子，吴用军师计智好。 宋江欲收卢俊义，兄弟时迁顾大嫂。	秦琼犯罪念姑娘	朱德武入寺相分明 崔文德胡凤娇到家空成婚
42	王潜本学道，下山投秦国。 入营叫客达，以免相觉悟。	赵匡胤独进高平关	龙虎相会
43	街亭来保守，马速谡失守。 王平画地图，此人命不久。	甘国宝背五折进京	李世民游地府
44	太公卦命真有名，打死妖怪枇杷精。 纣王封伊为大夫，后归周朝军师人。	孔明下山为汉相	周文王为太公拖车
45	三娘推磨真惨伤，智勇投军未归乡。 咬财打猪相见面，拆犹押父归故里。	建成暗害小秦王 玄武门兵变	关云长斩蔡阳
46	朱环真孝心，公主结婚姻。 天怜伊孝顺，回朝见母亲。	樊桧鸿门路逞能	吴汉杀妻为母救主
47	御驾亲征李世民，番将认作程咬金。 马落土坑真危险，单骑救驾仁贵名。	孙悟空过火焰山	姜女送寒衣哭倒万里长城
48	西蜀起军兵，东吴祸不轻。 谁知是天意，陆逊计谋深。	岳飞报国无功劳	蜻蜓误入蜘蛛网
49	明朝尾帝崇祯君，李闯谋反乱纷纷。 北京打回吴三桂，座位安稳顺治君。	魏征不密喜启奏	佛印艄婆答歌诗 苏小妹答佛印
50	子龙本事大有名，保驾刘备去就亲。 军师辅伊被竹筒，救出阿斗是帝身。	梁山伯与祝英台	郭华醉酒误佳期 玉堂春求佛嫁良缘

续表

序号	仙游会元寺籤谱	罗源妈祖奶庙籤谱	台南海安宫籤谱
51	孟道心不仁，陆氏有孝心。 中途休妻去，往京求功名。	陆文龙反金归汉	陈东初祭梅赵子龙救阿斗 薛蛟薛癸旁州遇采楼得绣
52	太子朱元璋，布鼓打有声。 官子齐辅佐，回亏挂大明。	韩世忠告老还乡	薛仁贵回家 朱并回家
53	太公钓鱼在江边，马氏送饭给伊充。 无路欲飞无路去，后遇文王正出身。	姜尚渭水遇文王	姜尚渭水遇文王 渭水河钓鱼武吉挑柴打死
54	佛祖行化大有灵，万化寺中去修行。 出家还俗中状元，后去成佛上西天。	华岳三娘儿破洞	朱寿昌寻母在长亭 朱寿昌辞官寻母
55	项王起贪心，义弟名刘邦。 两家各相争，后死乌龙江。	林冲受罪灾充军	李存孝打虎 石存孝遇李克用收为义子
56	王莽国父贼□□，伊姑太后两重□。 毒药暗害汉平帝，天位乞坐十八年。	忽必烈中原称帝	曹操关潼（潼关）遇马超
57	玄德过江去就亲，国丈看见喜不胜。 周瑜用计来谋害，孙权伊人真孝心。	陶三春桃园巧配	王小姐为色事到祸审英月 掩鸡拖木屐山伯探英台
58	杨文广困在长州城，睡醒心中大惊醒。 敢得神仙来扶救，一半欢喜一半惊。	刘玄德东吴入赘	刘永做官荫妻儿 李三娘井边会
59	关公真有义，搬嫂寻刘备。 古城事相会，后来再起义。	苏秦长夜苦读书	念月英相国寺 小姐求佛嫁良缘
60	樊梨花道法实在高，杨凡转世名薛刚。 看灯踢死七太子，桂□□□□□□。	海瑞扳倒张居正	薛刚踢死太子惊崩圣驾 杨六郎斩子

如果说原初兆象与扩展兆象的关系既有相互呼应也有完全分离的话，那么，以历史故事、传奇故事、历史演义故事、章回小说、神话传说、戏剧故事、宗教故事、民间故事等为扩展兆象与总体定性兆象之间的关系总的说来是相吻合，“上”、“中”、“下”的定性兆象通常与故事情节的结局好、中、坏相对应。如“苏秦六国封相”的典故出现于许多籤谱中，其总体定性兆象均为“上”或“上上”。当然也有一些例外，如同样是“桃园结义”的典故，在福建长汀城关城隍庙、莆田城东石室岩、仙游城关承三书院、龙海县镇海城隍庙、清水祖师庙、建瓯县芝城黄花山庙的籤谱中，总体定性兆象为“上”或“上上”，而在仙游枫亭会元寺、福州盖山八部元帅庙、南靖县山城碧阳

宫的籤谱中则为“中”或“中中”、“平平”，类似的例子很多。

第三节　籤诗兆象的取象来源

籤诗的兆象并非籤诗的制造者凭空捏造出来的，而是客观世界在他们头脑中的反映。仍以《观世音灵籤》（100首）为例，其原初兆象的主兆象如下表所示：

表 5–6 《观世音灵籤》主兆象一览表

籤诗序号	观世音灵籤主兆象	籤诗序号	观世音灵籤主兆象	籤诗序号	观世音灵籤主兆象	籤诗序号	观世音灵籤主兆象
1	盘古初开天地	26	虚名之象	51	人人愁热	76	鱼龙未变
2	鲸鱼未变	27	屋好墙壁	52	贪求费力	77	梦中得宝
3	燕子衔泥	28	月被云遮	53	龙吟虎啸	78	兼善用事
4	古镜重圆	29	宝剑出匣	54	梦中得宝	79	信实莫信虚
5	锥地求泉	30	安分守己	55	接竹引泉	80	贵人接引
6	投岩铜鸟	31	守旧安然	56	船行小滩	81	梧桐落叶
7	拖泥带水	32	剖石见玉	57	孩儿见母	82	火里生莲
8	松柏茂林	33	藏玉外觅	58	守常待时	83	月缺未圆
9	皓月当空	34	红日当空	59	守旧安分	84	寒鱼离水
10	持灯觅火	35	衣冠重整	60	抱薪救火	85	春尽花开
11	因祸得福	36	猿猴脱锁	61	守旧安分	86	上朝见帝
12	祸中有福	37	风摇灯烛	62	神佛暗佑	87	淘沙见金
13	龙门得遇	38	云雾遮月	63	海中寻针	88	木虎有威
14	仙鹤离笼	39	守常安静	64	鱼遭罗网	89	石藏珍宝
15	乌鹊巢林	40	阴长阳消	65	割肉成疮	90	功名成就
16	阴阳和合	41	认贼作子	66	船破下滩	91	前途显达
17	画饼充饥	42	天垂恩泽	67	心平正直	92	自小为商
18	阴阳消长	43	天地交泰	68	春梦百花	93	凤凰被雨

续表

籤诗序号	观世音灵籤主兆象	籤诗序号	观世音灵籤主兆象	籤诗序号	观世音灵籤主兆象	籤诗序号	观世音灵籤主兆象
19	船行急滩	44	棋逢敌手	69	梅花占魁	94	要逢知己
20	要逢知己	45	积善温柔	70	蜜蜂采花	95	志气功名
21	阴阳和合	46	枯木生花	71	一弓架两箭	96	福德现身
22	旱逢甘雨	47	锦上添花	72	养蜂采蜜	97	当风点灯
23	手扳仙桂	48	鲲鹏闪变	73	雷发百虫	98	守旧随缘
24	疾人道塞	49	水结成冰	74	似鹄投水	99	半忧半喜
25	古井逢泉	50	顺风撑船	75	抱虎过山	100	守常勿动

从上表可以看出，籤诗原初兆象对客观事物的选择十分广泛，主要包括这样几个方面：一是神话传说故事，如首籤“盘古初开天地”等；二是典故，如第十七首“画饼充饥”等；三是日常生活情形，如第十首“持灯觅火”等；四是植物，如第八首“松柏茂林”等；五是动物，如第二首“鲸鱼未变”等；六是自然现象，如第二十首“久雨初晴”等；七是人与自然的关系，如第五十首“顺风撑船”等；八是人与人之间的关系，如第四十三首“棋逢敌手”等；九是劝诫格言，如末首“守常勿动”等；十是神佛，如第六十二首“神佛保佑”等。

扩展兆象对客观事物的选择面与原初兆象相比有过之而无不及，如历史故事、传奇故事、历史演义故事、章回小说、神话传说、戏剧故事、宗教故事、民间故事等不但被作为籤诗的原初兆象，而且更广泛地被作为扩展兆象，内容十分丰富。在一种籤谱中，所涉及的各种故事往往要数十个甚至上百个，这些故事都是百姓熟悉的且喜闻乐见的，大多数来源于戏剧小说和传奇故事。就所有籤谱而言，籤诗兆象所描述的物象几乎是无所不包的，而对于具体籤谱而言，籤诗兆象的取象范围则要受到某些限制。这些限制主要来自三方面：

一是受当地自然条件和社会历史条件的限制。如产生于沿海地区的籤谱，所描述的物象自然以大海、行舟为多，而内陆山区的籤谱则多描述山林野兽，商业比较发达的地区涉及经商贸易的相对多些，而文化比较发达的地区则多以官运科举为描写对象。以台湾彰化南瑶宫籤谱为例，该籤谱共28首，其中以海洋行舟为描写物象的至少有8首，如“箕字”籤（第五首）：“潮生自有时，帆起即如飞。风送舟行便，无云月正辉。”“毕字”籤（第十九首）：“行舟莫嫌迟，风急对头时。举棹应难得，扬帆云雾迷。”如果不是生活在沿海的话，是很难编写出这样内容的籤诗。又如闽西山区建阳里心镇禅福寺籤谱，描写山区物象就相对多些，如第十首描述山区人民劳动场面十分形象，实际就是一幅风俗画：“山上层层李桃花，人间烟火是人家。银剑金钗来车水，长刀短笠去烧畲。”

二是受籤诗编造者知识结构的制约。上一章提到的福州裴仙宫的《仙爷灵籤》多取象于日常生活、生产用品，每一首籤诗实际上也是一首谜语，如第七籤：“指挥如意，舒卷三军。”谜底为“令箭。”第七十六首：“与水浮沉，不折其角。”谜底为“菱。”第七十九首“逐浪随波，命也如何。”谜底为“萍。”第一百零七首：“满腹经纶，用之不穷。”谜底为“蜘蛛网。”显然作者精于谜语之道（图5–6）。又如晋江县《顺正大王籤谱》借用《易经》卦象，其作者

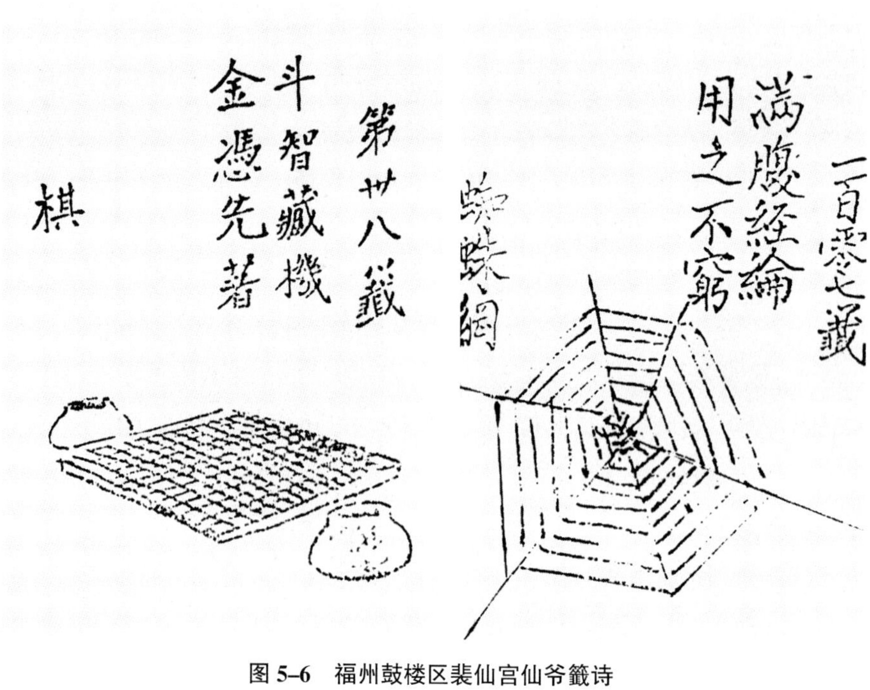

图5–6　福州鼓楼区裴仙宫仙爷籤诗

自然是精于《易经》之道。

三是受宫庙神灵的职能的限制。在百姓看来，神灵是无所不能的，所有的神灵都有满足百姓日常生产和生活需要的具体职能，诸如祈福消灾、御盗弭寇、镇妖降魔、驱邪治病、祈求风调雨顺、祈求平安、祈求子嗣、祈求升官发财，等等。与此相适应，籤诗的兆象无所不包，传递神灵旨意的灵籤自然能满足信仰者的各个方面的要求。但另一方面，每个神灵又往往有一种主要职能，同时兼掌其他多种职能，因此有的籤诗是根据神灵的主要职能来编写的，带有专业化的色彩。如上一章介绍过的《大慈好生九天卫房圣母元君灵应宝籤》和《灵济真君注生堂灵籤》就是专门为求嗣、生育而设的。又如在闽台很有影响的保生大帝被百姓奉为医神，其宫庙往往备有药籤，供百姓占取治病（关于药籤问题，将另文探讨）。再如，临水夫人陈靖姑信仰在福州、闽东、浙南等地有较大的影响，她的主要职能除了是妇女儿童保护神之外，祈雨也是其主要职能之一，所以在这一带流传的籤谱中，常常见到有关这方面的描述，长乐县文岭镇九天府籤谱第二十一首："靖姑为兄祈甘霖，滂沱大雨救万民。可恨白蛇长坑鬼，残灰磨上见分明。"长乐县玉田镇永瑞寺籤谱第十八首："久旱望甘霖，去请陈夫人。靖姑祛法雨，救济众黎民。"

第四节　籤诗兆象的主要特征

一、朦　胧　性

籤诗的朦胧性特征在籤诗的原初兆象中体现得比较突出。原初兆象通常是以诗歌的形式作为载体的，诗歌的创作基本要求是语言精炼，意境深远，含而不露，这就为籤诗的朦胧性特征的形成提供了可能。而从宗教信仰的角度来说，籤诗是神灵对祈求者的"应答"和"点化"，传达的是至高无上的神灵的"旨意"和不可泄漏的神秘的"天机"，所以只有用精微玄妙甚至晦涩朦胧语言才能体现神灵"旨意"玄妙。

关于籤诗的朦胧性特征，我们在本章的第一节的"原初兆象"中曾举出数首籤诗予以说明，指出形成原初兆象朦胧性特征的原因除了籤诗所使用的语言往往精微玄妙甚至晦涩朦胧外，还有一个重要原因是一首籤诗描写多种物象，不容易找出主兆象，也很难看清楚主兆象与辅兆象之间的关系。现在，我们换一个角度，从文献记载中的一些相关传说故事来观察籤诗的朦胧性特征。

故事一：

长洲韩慕庐宗伯未第时，尝祈籤于灵岩山寺，有“功名须到五门知”之句，不解所谓。后入乡闱，第三场，与一友同号舍，宗伯戏将策题五“问”字，俱书作“门”，以试其友，友夸其条对之详明，议论之剀切，赞叹不绝。而题中误字，曾不加察。宗伯亦遂忘之，缴卷而出。是科领乡荐，癸丑会状联元。历官至礼部尚书，颇存纶阁之想。会直省解乡试卷至部，见各举子策论，多抄袭陈腐，不知己作何状，召书吏检阅，见策题五“门”字，不觉汗流浃背。回忆籤语，知官阶已止于此，不复望宰辅矣。①

故事二：

秦状元大士，将散馆，求关庙籤，得“静来好把此心扪”之句，意郁郁不乐，以为神嗤其有亏心事也。已而试《松柏有心赋》，限“心”字为韵，终篇忘点“心”字，阅卷者仍以高等上。上阅之，问心字韵何以不明押？秦俯首谢罪，而阅卷者亦俱拜谢。上笑曰：“状元有无心之赋，主司无有眼之人。”②

---

① 陆长春：《香饮楼宾谈》卷一《笔记小说大观》第十八册，江苏广陵古籍刻印社 1983 年版，第 382 页。徐珂编撰《清稗类钞 · 方伎类》也有类似记载：“长州韩文懿公未第时，尝祈籤于苏州之灵岩山寺，有‘功名须到五门知’句，不解所谓。及乡试，策题之‘问’字，皆误作‘门’，自不觉也。是科中式。康熙癸丑，成进士，魁天下，历官至礼部尚书，颇存纶阁之想。会直省解乡试卷至，阅所对策，率多芜滥。私念少时闱作，将毋类比，因命吏检视，见五‘门’字，不禁哑然，且悟籤语，无远志矣。”

② 袁枚：《子不语》卷二十一《笔记小说大观》第二十册，江苏广陵古籍刻印社 1983 年版，第 138 页。徐珂编撰《清稗类钞 · 方伎类》也有类似的记载：“秦涧泉殿撰大士将散馆时，求关帝籤，得‘静来好把此心扪’之句，意郁郁不乐，以为神嗤其有亏心事也。已而试‘松柏有心’赋，限‘心’字为韵，终篇忘点‘心’字，阅卷者仍以高等上。高宗阅之，问‘心’字韵何以不明压押，秦俯首谢罪，而阅卷者亦俱拜谢。上笑曰：‘状元有无心之赋，主司无有眼之人。’”

故事三：

李若农侍郎文田，当咸丰己未科，来京会试，祷于正阳门关帝庙。籤语有“名在孙山外”，自以为此次必落第耳。及发榜，中进士高第，此籤实不灵验。至殿试，状元为孙家鼐，榜眼名孙念祖，李氏得探花，实列二孙之后，与籤语真巧合也。①

故事四：

钱塘张惕斋太守兴仁款慧娟学，道光辛丑成进士，入词垣。改刑部，擢御史，出典广东乡试。京察一等，授建昌守。履任半载，以缴照迟延，部议镌级。大吏奏留，以劳绩复官，檄摄袁郡。将之任，病殁，年五十有九。惕斋于散馆前，在正阳门关帝庙求籤，有云：“常把他人比自己，管须日后胜今朝。”以为可留馆也。及改刑部主事，始悟“常把他人”，盖庶常属他人，刑为比部，属诸己也。编检七品，而主事则六品，“胜今朝”亦验矣。②

故事五：

族阮一士根，辛卯元日占籤于村中神祠云：“做尽平生恶，必定见阎君！”人为忧之，一士自若也。是年秋赋，侨于杭，忽抱患，人更忧之，而一士抱病入闱仍自若也。试毕，其严君文学又源兄宗涛见闱吏手一纸，列分校官姓名，则有诗经房长兴县知县阎姓者，喜曰：“吾儿中式于阎君矣！”果然。此一士为予言。③

类似的故事还有很多很多，这些传说故事有一个共同点，即抽籤者对抽到的籤诗所要传达的“天机”感到惘然，不知作何解释或解释错误。往往要等到事情过后，才恍然大悟。对于这些传说故事所宣传的“应验”性，我们不一定信以为真，但透过这些传说故事，我们也许可以窥视到籤诗兆象的朦胧性特征。

---

① 崇彝：《道咸以来朝野杂记》，北京古籍出版社 1982 年版，第 109 页。

② 徐珂编撰：《清稗类钞 · 方伎类》第十册，中华书局 1986 年版，第 4667 页。

③ 金埴撰：《不下带编 · 巾箱说》，中华书局 1982 年版，第 86 页。

二、不确定性

籤诗的不确定性与籤诗的朦胧性是相辅相成的。如果说籤诗的朦胧性特征在原初兆象中体现得比较明显的话，那么，籤诗的不确定特征则不但在原初兆象中有所反映，在扩展兆象中也随处可见。

籤诗的不确定性特征在原初兆象中主要表现为充分利用汉文字所特有的双关、多义、歧义、拆字、隐语等，使籤诗更加扑朔迷离，既为籤诗披上神秘的外衣，也为日后解释附会籤诗的应验性创造广阔的回旋空间。如《关帝籤谱》中大量运用歧义、双关、拆字、隐语等手法，尽可能使原初兆象难以确定。如第十首中："病患时时命蹇衰，何须打瓦共钻龟。直教重见一阳复，始可求神仗佛持。""一阳"是十一月，籤诗中"重见一阳复"可以理解为"等到十一月才会病愈"，也可以理解为"要重复见到十一月（即二十二个月时间）才会病愈"，还可以理解为"要等到阳气重新恢复之后才会病愈"。又如第十二首中有"直遇清江贵公子，一生活计始安全"句，既可以理解为"要一直等到遇上名叫清江的贵公子，才能使自己的一生平安"，也可以理解为"要一直等到遇上住在清江这个地方的贵公子，才能使自己的一生平安"，还可以理解为"要一直等到遇上住在清澈江水边的贵公子，才能使自己的一生平安"。再如第九十八首首句为"五十功名心已灰"，既可以理解为"到了五十岁，追求功名富贵已经心灰意冷"，也可以理解为"五十岁虽然取得功名，但却病故了（心已灰）"，还可以结合第二句"那知富贵逼人来"，解释为"到了五十岁，追求功名富贵之心虽然已经丧失，哪知道荣华富贵接踵而来"，等等。

类似的例子在许多籤谱中都可以见到，各个宫庙都有许多与之相关的传说故事，透过这些传说故事也能看出籤诗的不确定性特征，我们仍以在古代有较大影响的关帝籤的传说故事为例：

《关帝籤谱》第十三首："君今庚甲未亨通，且向江头作钓翁。玉兔重生应发迹，万人头上逞英雄。"清代王世祯曾抽得此籤，"尔时殊不解。是年十月，得扬州推官，以明年庚子春之任。在广陵五年，以甲辰十月，内迁礼部郎。

所谓庚甲者，盖合始终而言之。”[①] 在这里，“庚甲” 被理解取 “庚子” 和 “甲辰” 的头两个字结合而成。又如清初宁波史大成，乡赋杭州，于万安桥西之关帝庙抽得上述籤诗，“心怏怏，谓一第今无分耳。是科为顺治甲午，榜发中举人。明年乙未，大魁天下，始解神言谓 ‘亨通在甲、未’ 也。”[②] 无独有偶，康熙甲午年，慈溪殷玉琏，七十一岁时亦在正阳门关帝庙求得此籤，遂中举，“明年乙未联捷，读中秘书”[③]。《关圣帝君灵籤诗集》“应验” 项记载：“一生甲午年入秋闱，断曰：‘必中，今年甲午必连捷。’ 后果如其言。应在 ‘甲、未亨通’ 四字。” 在这里，“君今庚甲未亨通” 均被断句成 “君今庚，甲、未亨通”，“甲” 被作为 “甲午” 年，“未” 被作为 “乙未” 年理解。再如，毕秋帆于乾隆庚辰会试前，诣正阳门关帝庙求得此籤后，“颇不悦，然竟以第一人及第。盖 ‘君今庚甲’ 四字，已示先机也”[④]。当然，由于籤诗可以作出不同解释，所以抽到此籤的人不都是交好运。《关圣帝君灵籤诗集》还记载这样一件事：有一举人参加会试前占得此籤，解籤人断曰：“‘不获大喜，必遭奇祸，以万人头上决之。’ 已而就试，人众挤倒仆，践而死。”

《关帝籤谱》第六十三首：“曩时败北且图南，筋力虽衰尚一堪。欲识生前君大数，前三三与后三三。” 籤诗中的 “前三三与后三三” 句，其数字可以单独使用，也可以前后一起使用，可以进行相加、相乘、相除等等多种运算，有许多解释。清代鄷小山为诸生时，“尝祈得之。乾隆癸卯乡试，中三名。阅十年，为癸丑，会试，中九名。毛养梧主政绣虎亦于嘉庆己酉乡试祈得之，是科中三十三名。道光壬午会试中式，亦三十三名。未几，殁于京邸，年三十三。又一士子祈得是籤，则中六十六名。”[⑤]《关圣帝君灵籤诗集》“应验” 也有类似的记载：“一贡生家事逗留十年，赴京适遇试期，亲友劝其应试，求得此籤。乃复温习应试，中六十六名，应 ‘前三三与后三三’ 之数。旋即就

① 王世祯：《池北偶谈》卷二十二《笔记小说大观》第十六册，江苏广陵古籍刻印社 1983 年版，第 208 页。赵翼《檐曝杂记》卷五引清王士祯《居易录》，徐珂编撰《清稗类钞 · 方伎类》也有类似记载。

② 金埴撰：《不下带编 · 巾箱说》，中华书局 1982 年版，第 86 页。

③ 同上。

④ 徐珂编撰：《清稗类钞 · 方伎类》第十册，中华书局 1986 年版，第 4667 页。

⑤ 同上。

官，授辰州节准，一任而罢，应至‘一堪’”。这里所说的“一勘”被理解为“磨勘”。

《关帝籤谱》第二十首：“一生心事向谁论，十八滩头说与君。世事尽从流水去，功名富贵等浮云。”其中“十八滩头”既可以理解为地名，也可理解为第十八个滩头，还可理解为第十、八滩头，若是使用拆字法，“十八”还可以拼成“木”字等，历史上有人却理解为“李”字。据文献记载：“湖南有巡抚某，平时敬奉关帝，每元旦，先赴关庙行香求籤，问本年休咎，无不应验。一年元旦求籤，得‘十八滩头说与君’之句，因有戒心。是年，虽遇浅水平流，亦必舍舟而轿。秋间，为候七一案，星使按临，欲舟行，某不可，乃以关庙籤语告之，星使勉从而心不喜。未几，贵州铅厂事发，有某受赃事，某不承认，而司阍之李奴必欲扳其主人。时李已受刑，两足委顿，主仆方争辩不休，星使厉声曰：“‘十八滩头’之神籤验矣，‘李’字‘十八’也，委顿于地，滩也。据供此银送与主人，是送与君也，关帝早知有此劫数，公何辩焉？”某始悚然款服，案遂定。某为吾乡大吏，甚有能声，所惜者近利耳，余尚及见其人也。”①

《关帝籤谱》第七十四首：“崔巍崔巍复崔巍，履险如夷去复来。身似菩提心似镜，长安一道放春回。”“崔巍”乃“崔嵬”之误，原意是有石头的土山，引申为高大状。“崔巍崔巍复崔巍”在籤诗中的原意显然是指雄伟高大的山峰，但也有人作别的解释，如“湖郡崔解元懋炯，嘉庆庚申科乡闱前，至武圣庙祈籤，有‘崔巍崔巍复崔巍’之语，心知其吉，然未敢以第一人自期也。榜发领首荐，同科江南解元崔暄，荆溪人。辛酉解元崔锡华，宜兴人。皆与崔同宗，始悟三崔巍之验。”②

在《关帝籤谱》中，收入类似的应验故事有数十个，在其他籤谱中也可以找到很多这样的例子，带有一定的普遍性。因兆象的不确定性导致了对籤诗有许多不同的解释，而五花八门的解释又强化了籤诗兆象的不确定性。

① 梁恭辰：《北东园笔录初编》卷二《关庙灵兆》，《笔记小说大观》第二十九册，江苏广陵古籍刻印社1983年版，第230页。

② 陆长春：《香饮楼宾谈》卷二《笔记小说大观》第十八册，江苏广陵古籍刻印社1983年版，第390页。

籤诗兆象的不确定性在扩展兆象中表现为多种相互矛盾的兆象处于同一首籤诗中。以福建平和《三平寺籤谱》为例，第四首的籤诗曰："投神告佛想难医，疾病缠身有许时。喜得平安痊愈日，春风桃李又生枝。"从字面上理解，籤诗所描写的物象是疾病缠身多时，求医不治，求神不应，已经无望了，意想不到突然解除病痛，犹如桃李遇到春风，又发新枝芽。籤诗所传达的原初兆象大概是先凶后吉，先难后易，要等待时机，这个时机是在春天。其扩展兆象的典故，一是杨文广得病回宋朝，二是杨宗保得病在三关。这两个典故均出自历史演义小说《杨家将》，情节基本相同，即在战役的紧要关头，主帅患重病，不能指挥战斗，情况非常危急。显然，扩展兆象比原初兆象消极得多，应该说不太吉利。但是总体定性兆象却为"中平"。具体定性兆象很多，如有"春发为上，冬凋为下"之说，这虽然与"春风桃李又生枝"相呼应，但同时又有"正月中平，二月上中，三月下下"和"十月上中，十一月上中，十二月上上"断语，显然又与"春发为上，冬凋为下"相矛盾。在正月到三月的断语之下还有"不如守旧，方得自在"注解，十月至十二月之下的注解是"逍遥自在，无往不利"，也与"春发为上，冬凋为下"的断语不一致。另外，在四至六月之下分别标有下下、下下、中下的断语和"诸事不顺，反防灾祸"的注解，在七至九月之下分别标有上中、上上、上中的断语和"百事如意，大吉大利"的注解，这又与总体定性兆象"中平"不相吻合。类似的例子随处可见。

三、趋　吉　性

中国传统文化具有乐观的精神，《易经》"否极泰来"是其理论基础，中国古人总是能以乐观豁达的态度来对待人生旅途中所遇到的种种困难，并且对前途总是充满着希望和信心，其最经常使用的格言是"山重水复疑无路，柳暗花明又一村"，因此西方有学者认为中国文化是"乐感"文化，不无道理。受此文化心态影响，善男信女到宫庙抽籤占卜，一般都希望能抽到吉利的籤诗，从中寻找某种慰藉，而不愿碰到凶籤，带来不安。自古以来，趋吉避凶是抽籤占卜者的共同的宗教信仰心理，福建罗源县城关先锋庙的籤谱第三十首说得十分明白："求籤总想得吉籤，福寿双全财喜兼。"

清代颜元《习斋记余》卷二《寻父神应记》记载了他为了寻找父亲多次到宫庙抽籤占卜的情况，略云：

> 康熙甲子正月元日，夙兴祭先祠，筮寻父，得小畜之四，爻曰：有孚血去惕，出无咎。乃吊死辞生。四月八日，告先祠启行。初九日路祷关侯祠，求籤得中平，谱曰："高祖遇丁公。"五月十八日逾永平东岭，野有关侯祠，入祷，得籤仍如前，不已异乎。……（六月）十五日，祷城隍庙求籤，曰大吉。再求则凶。七月初一日祷东岳庙求籤，曰大吉，有"行人西北方上去，有人说与事根缘"及"云开见日"之语。八月朔，祷城隍庙求籤，亦曰大吉，谱曰："好事将来。"……及乙丑元日复祷城隍求冥中感应籤，谱有"团圆十五光明"之句。……还至海州，祷城隍求籤，谱又云大吉，词曰："望渠消息向长安，好把绫花仔细看，见说文书将入境，今朝喜气上眉端。"①

从上述记载可以看出，颜元前后抽了7次灵籤，最初的两次求籤于关帝庙，所抽到籤诗是"中平"，与其趋吉避凶的宗教信仰心理不相吻合，所以不愿意再去关帝庙求籤。后来5次抽籤，1次在东岳庙，4次在城隍庙。他之所以多次去城隍庙抽籤，根本原因是他在城隍庙所抽的籤诗，均为"吉"籤（其中有一次是先吉后凶，按照多次抽籤以头籤最为灵验传统说法，基本上还是满意的），符合其趋吉避凶的宗教信仰心理。

宫庙的庙祝长期与善男信女打交道，对他们的宗教信仰心理有十分透彻的了解，所以为了迎合善男信女的这种宗教信仰心理的需要，就在籤诗的总体定性兆象上做文章，逐渐形成了趋吉性的特征。

如果把总体定性分为上、中、下三个等级的话，从概率的角度来说，上、中、下应该是各占33.3%，明中期之前的籤谱，上、中、下的比例比较接近这样的比例，在《正统道藏》收入的籤谱中，标明总体定性兆象的籤谱有6种，共711首，其中有两首籤诗未标明总体定性兆象，尚有709首的上、中、下的比例如下表：

---

① 颜元：《习斋记余（一）》卷二《寻父神应记》，王云五主编《丛书集成初编》，商务印书馆1936年版，第21—22页。

表 5–7 《道藏》收入籤谱中总体定性兆象比例

	合　计	上	中	下
总首数	709	245	239	225
百分比	100	34.56	33.71	31.73

明代中期之后，籤谱中的上、中、下比例发生了重要变化，即上、中的比例均超过 33.3%，而下籤的比例远远低于 33.3%。我们对 113 种不同籤谱的上、中、下总体兆象做了统计。在被统计 6177 首籤诗中，减去 108 首属于“缺”（包括不标名上、中、下或缺少此籤诗），尚有 6069 首，上、中、下所占比例列表如下：

表 5–8 明中期之后籤谱中总体定性兆象比例

	合　计	上	中	下
总首数	6069	2275	2389	1405
百分比	100	37.49	39.36	23.15

籤诗总体兆象的这种比例构成，绝对不是偶然的，而是迎合善男信女的趋吉避灾的宗教信仰心理需要的必然结果，是经过漫长的历史演变和总结以后才形成的。从另外两组统计数字，也可以得出同样的结论。在我们统计的完整无缺的 82 种不同籤谱中，下籤在 33.33% 以下的籤谱有 67 种，占籤谱总数的 81.71%；下籤占 33.33% 的籤谱有 7 种，占籤谱总数的 8.54%；而下籤在 33.33% 以上的籤谱有 8 种，占籤谱总数的 9.76%。相反，在 82 种完整无缺的籤谱中，上籤在 33.33% 以上的有 56 种，占被统计籤谱总数的 68.29%，其中上籤占 50% 以上（含 50%）的籤谱有 13 种（下籤占 50% 以上的籤谱连 1 种也没有），上籤占 40%—49% 有 27 种。①

有的籤谱为了避免“下”籤字样给善男信女带来心情不快，只标明“上”

① 台湾和港澳东南亚的籤谱中籤诗的定性兆象与福建相似，台湾：上籤 35%，中籤 41%，下籤 24%；港澳东南亚：上籤 44%，中籤 33%，下籤 23%。

和“中”籤，如福建建阳桥南宝山庙、宝山清莲寺籤谱就不出现“下”籤字样。福州市西洋新村积善堂除第三首标明为“下”籤外，其余都不标出。台湾鹿港龙山寺和艋舺龙山寺的籤谱，只有“上”、“中”籤的标识，也没有“下”籤的标识。

我们还注意到，籤谱的“上”、“中”籤比例较高，“下”籤比例较小的宫庙，善男信女就比较愿意到那里抽籤，并以为那里的籤占特别灵验。如浙江省香火最盛的方岩籤谱，共100首，其中“上”籤有58首，“中”籤有28首，“下”籤才14首，上、中、下籤的比例分别是58%、28%、14%。号称最为灵验的福建平和三平寺籤谱，共75首，其中“上”籤和“中”籤各有30首，而“下”籤才有15首，上、中、下籤的比例分别是40%、40%、20%。与此相反，“下”籤比例较大的籤谱，所在宫庙的香火就不那么旺盛，籤谱也不容易流传开来。

为了满足信徒趋吉避凶的心理需求，笔者发现有的宫庙甚至不惜在籤

图5-7　香港黄大仙庙香火鼎盛，籤占者云集

枝上做文章，如籤枝长短不一，较长一些的为“上籤”或“中籤”，较短的为“下籤”，这样在晃动籤筒时，较长的籤枝即“上籤”或“中籤”就比较容易掉出，人们也就更容易抽到“好籤”了。

值得一提的是，籤谱中的“上”、“中”、“下”顺序排列绝大多数是无规律可循。目前见到的“上”、“中”、“下”排列有周期性的籤谱，仅有收入《正统道藏》的《扶天广圣如意灵籤》一种，此籤谱共 120 籤，从第 1 至 105 籤的“上”、“中”、“下”排列规律是“以七为纪”，即按照上上、中平、中平、中平、下下、下下、下下的顺序排列，循环往复。第 106 至 120 籤只有“中平”、“下下”籤，无“上上”籤，排列顺序也无规则。另外，受传统的“善始善终”的观念的影响，籤谱的首籤和末籤绝大多数是“上”籤。

籤诗的趋吉性特征，很巧妙地与求籤者的趋吉避凶的心理接轨，既能满足求籤者趋吉避凶的心理需求，又能在一定程度上对怀着不安或恐惧心理的求籤者产生宽慰作用，百姓特别喜欢抽籤占卜的原因恐怕也在于此吧！

第六章　解籤人与解籤方法

籤诗出现后，就随之产生了如何理解籤诗中所包含的神秘兆象，以便窥视“天机”，趋吉避凶的问题。对于文人士大夫而言，求籤后自然不愁对籤诗中隐晦文字的推敲理解。但在古代，抽籤占卜的主体是平民百姓，在这个阶层中文盲占绝大多数，他们到寺庙宫观抽了籤诗，除了由于文字障碍无法解释外，还受到宗教观念的制约，即在他们看来，凡夫俗子是不可能参透“天机”的，而只有与神灵特别亲近的巫觋庙祝或有学问的文人，才能猜测神灵的旨意，所以不得不求助于这些人，解籤人扮演着神人（天人）交流的媒介，在民众日常生活中起着不可低估的作用。另外，为了尽量吸引更多的信徒来宫庙抽籤占卜，增加宫庙的经济收入，解籤人也要不断提升解籤水平，尽可能满足善男信女答疑解惑、祈福禳灾的需要。解籤人的解籤方法是否得当，解籤人的水平高低，在一定程度上决定所在宫庙寺院香火的兴衰。

第一节　解　籤　人

一、古代解籤人

自古以来，解籤人不但在百姓心目中具有较高的威望，而且其解籤水平的高低往往决定着寺庙香火的旺盛与否。然而解籤人何时出现？具体的成分构成状况如何？不同时代的解籤人有哪些变化？诸如此类的问题，古文献记载寥寥无几，笔者仅见以下几条：

第一，元朝傅若金（1303—1342）在诗集中写道："柳州刺史爱罗池，庙食千秋年傍水涯。隔坐桄榔风瑟瑟，近檐橄榄露垂垂。唐碑载事班前史，楚曲迎神叶古词。欲借题籤卜行役，只惭巫祝强知诗。"[①] 这首诗描写的是柳州罗池的柳侯祠周边的自然景观和人文景观，最后两句"欲借题籤卜行役，只惭巫祝强知诗"，提到作者曾在这里抽籤占卜未来的前程，巫祝为之解籤的经过。显然，这位巫祝的文化水平不高，对籤诗的兆象似懂非懂，因此傅若金说他是"强知诗"。巫祝的解籤水平高低并不重要，重要的是我们通过这条资料可以知道元代的罗池柳侯祠内的巫祝兼有解籤的职能。

第二，《金瓶梅》第五十三回《吴月娘承欢求子息　李瓶儿酬愿保儿童》中有西门庆、李瓶儿等人为医治官哥病情，请来各路神仙驱邪，后来似乎有所好转，就备办猪羊、冠带等祭品到庙里谢土地神，"西门庆冠带拜了，求了籤，教道士解说。道士接了籤，送茶毕，即便说：'籤是中吉。解曰：病者即愈，只防反复。须宜保重些。'西门庆打发香钱归来了。"在这里，主持宫庙的道士兼任解籤职责。

第三，江日升《台湾外志》卷五记载：郑成功收复台湾后，其部将蔡禄、郭义等人驻扎福建东山，准备投降清廷，但犹豫不决，尚未下定决心。"六月初一清晨，（蔡）禄往（福建东山）关帝庙求籤，得（第）十七首，诗曰：'田园价贵好商量，事到公庭彼此伤。纵使机关图得胜，定为后世子孙殃。'即唤庙祝张初向前，谕曰：'本镇欲夺一寨，不知此籤诗意，胜负如何？尔可解一解。'初接诗，看完，复曰：'依此籤意，随去即得。稍迟，则有备，无济矣。'禄闻之，传陈华、罗栋并钟瑞等率众哄说许龙兵上山，（郭）义、（蔡）禄分据四门，劫张进衙。"[②] 可见，东山关帝庙的庙祝张初兼任解籤职能，且威望很高，他对籤诗的解释就直接影响蔡禄投靠清朝的行动。

第四，《明清民歌时调集·挂枝儿·想部三》"求籤"歌描述了少女抽籤占卜情人何时归的情形，歌词唱道："对神灵，拈香罢，（忙把）双膝跪，千

---

① 傅若金：《傅与砺诗集》卷五，纪昀等总纂，景印文渊阁《四库全书》第一二一三册，台湾商务印书馆1983年版。

② 江日升：《台湾外志》，齐鲁书社2004年版，第167页。

图 6–1 福建东山关帝庙

祝告，万祝告，（保佑我）情人早归，大红袍一领（还有）猪羊祭，（求得条）上上的籤在手，道人（与我）细细推，果应得灵籤也，道人，（我也做件）皂袍儿相谢你。”这里，也是道士兼任解籤职责，而且解籤是有一定的报酬的，不但送香油钱，有时还送道袍。

第五，《狄青演义》第五回“小英雄受困求籤　两好汉怜贫结义”，则讲述和尚为人解籤索取报酬的故事：

> 却说当下狄青一路上逢人便问相国寺的去处。一到寺前，果见来往参神之人，十分拥闹。公子等候一回，俟人少些，即忙进内，放下衣囊。只见有僧人在此，便呼道：“和尚，吾要参神，求问灵籤。”僧人听了应诺，即引公子到了中殿，炷上名香，跪于蒲团之上，稽首默祷，诉明来意。告罢起来，到神案上籤筒里，伸手拈起竹签一枝。公子一看，其签上有绝句诗道：“古木连年花未开，至今长出嫩枝来，月缺月圆周复始，原人何必费疑猜。”狄公子看罢，持签对僧人道：“和尚，吾请问你，我要寻访一人，来知可得会晤否？”和尚接着籤诗看罢，问道：“你寻访之人，未知是亲戚还是朋友？”公子道：“是亲戚。”和尚道：“据贫僧看来，此位亲人分离日久的了。”公子道：“何以见是久不会的？”和尚道：“首言

‘古木连年’，岂不是日久不会之意。”公子说：“不差。”和尚又道：“‘至今长出’这句，是与你至亲至切，同脉而来，他是尊辈，你是幼辈之意。其人必然得以相会，日期不远。”公子想来一脉亲人，必然吾母亲无疑了。又问：“应于何时相会？”和尚道：“‘月缺月圆’，即在此一二天可以相会了。但今日虽是月圆之夜，据贫僧推详起来，即此七月还未得相会。”公子道：“缘何还有一月间隔？”和尚道：“‘周复始’三字，还要过了此月，待至下月中旬中秋节，定得亲人叙会无疑了。”公子听罢，复又倒身下跪，叩谢神祇，又拱手再谢过僧人。正要走出，僧人上前与公子讨籤资，公子微笑道：“和尚，小子是个初到汴京贫客，实无钱钞，今动劳于你，实不该当，待改日多送双倍香资便了。”岂知出家人最是势利，钱财上岂肯放得分文？听了狄青之言，即上前扯牢，怒道：“万般闲物，可以赊脱得，惟有神明的求神问卜之资，难以拖欠。你这人真是可恶，动劳贫僧一番，分文不与的么？你真不拿出钱钞来，休想拿出此包囊。”说未了，将包囊抢下。当时公子大怒，喝声：“休走！”抢上拉住僧人，一手按住。这僧人十分疼痛，挣扭不脱，高声嚷救。

第六，《薛刚反唐》第四十四回“马迪倚势强求亲　胡完挺身救主母”，讲述尼姑解籤的故事：

话说文氏与女儿，到了次日，雇了两乘轿，母女坐下，轿夫抬到观音庵门首，下轿入庵。二尼忙忙出迎。母女二人到了大殿，点起香烛，深深礼拜。凤娇默视道：“大悲观音菩萨，弟子胡氏凤娇，幼年丧父，与寡母文氏托身胞叔胡发家中，受尽千般苦楚。因神人分付，比合朱砂记，母亲将弟子许与马隐为妻，即名进兴。自从有五人前来接他往边庭叔父处去，几月杳无音信，纷纷谣言为盗死在牢中，托亲陈进查访，已知其诈，但不知丈夫在边庭平安否，日后还有相逢之日否，求大士赐一灵籤，以辨吉凶。”祝毕起身，抽出一籤，将籤经一看，上写道：“因龙伏爪在深潭，时未来时名未扬。直待春雷一声响，腾空飞上九重天。”文氏便问：“李师傅，这籤问行人在外，可平安否？”李尼道：“小尼不会详解籤语，当家张师兄详得最准，说一句应一句，人都称他张半仙。只是今早施主人家请去吃斋，尚未回来，少坐片时，他就回来。”……日夕，张尼方回，李尼道："胡大安人与小姐，在此等你详解籤语哩！"张尼稽首道："小尼躲避了，不知籤语是那四句？"文氏道："是'困龙伏爪在深潭'这四句，问行人在外平安否。"张尼双眉一皱道："不好，不好！头一个是'困'字，分明这人坐在牢内了。'伏爪在深潭'，这人手足带了刑具，囚在牢中。后面这两句，一发不好，'飞上九重天'，分明已死上天，有何好处！这是不祥之籤。"

第七，梁恭辰《劝戒续录》卷二记载着文人参与解籤的故事：

余《前录》载徐辛庵侍郎与其族兄科名互换事，时浦城令郭少汾邑侯与侍郎为儿女亲家，尚未知有此事，颇以为疑。兹余复从福州闻浙人述侍郎事，情状又异，因并录之，其足为劝则一也。浙人云：今少司空徐辛庵先生，嘉庆戊寅科浙省解元也。秋闱前，偶与族兄游城隍山，适有妇人入庙求籤，以籤文求道士指示，道士令请教先生。先生询其所问何事？妇人曰："余夫病重，医言须服人参，方有转机。予家贫，不得不重息称贷，以为参价计。夫病能挽回，偿债自易，否则累上加累，身实难当，故决之于神，相公为我剖之。"先生以好言慰之而去。其族兄忽于神案旁检得一布包，解之，有银约二十余两，笑向先生曰："今夕不患无酒资矣。"先生曰："此必顷妇人所遗，汝既闻其言币，忍取之乎？"族兄以为迂谈，竟自携去。须臾，妇人踉跄复至，寻觅不见银包，号啕大哭曰："予此物遗失，与吾夫性命俱休矣。"先生解之曰："物已落他人手，不可复得。汝向告予言，予深知汝苦，予不能力止人之携去，是予劣也。今愿代赔，故在此候汝。汝可告我姓氏住址，我下山为汝设措，下午当如数送至汝家。"妇人始不肯信，后思无可如何，只得先回。侍郎立向各亲友借凑成数，亲送其家付之。是科发解，次年己卯会试连捷，入词林，跻九列。壬午科主试江南，本年又作会试总裁、江南学政，不可谓非厚德之报也。①

这里，梁恭辰记述的故事相当生动，其目的是为了劝诫，宣扬善有善报恶有恶报的观念。我们感兴趣的是故事中的"适有妇人入庙求籤，以籤文求道

① 梁恭辰：《劝戒续录》卷二《借银代偿》。

士指示，道士令请教先生”的这段话，说明城隍山的道士兼任解籤的职责，否则这位妇人就不会“以籤文求道士指示”。也许这位道士文化程度不高，也许他在文人徐辛庵面前表示谦逊，就叫这位妇人请徐辛庵解籤。而徐辛庵也不客气，对籤诗解释了一番，并“以好言慰之而去”。可见，当时的文人并不忌讳参与解籤。

第八，清咸丰七年立于泉州通淮关岳庙内的《立看守字碑》中也有记载解籤人的一小段文字：“近有猜详籤诗者，只听在庙外静候，不得擅入庙门解籤，致令堵塞。”① （图6–2）这里所说的“猜详籤诗者”，就是职业解籤者。明代以来，泉州通淮关岳庙香火鼎盛，烧香拜神抽籤者很多，虽然资料中没有说明职业解籤者的人数，但从如果容许他们“擅入庙门解籤，致令堵塞”记载来看，应不是个别现象，且生意繁忙。

第九，北京正阳门关帝庙香火鼎盛，相关的籤占应验故事很多且流传很广，特别是科举考试的传说故事更是神乎其神，引来了大批善男信女。“每个朔望，香火极盛，求福求寿者，求子嗣者，求功名者，络绎不绝。……清

图6–2　泉州通淮关岳庙《立看守字碑》

① 吴幼雄、李少园主编：《通淮关岳庙志》，中国社会科学出版社2008年版，第57页。

末民初时，每于开庙时，庙里庙外，坐满了道士，手抱籤筒，接待香客者不下百余摊。"①这些"手抱籤筒"的道士，无疑是职业解籤人。

另外，我们在"求籤仪式与方法"章介绍福州一带"挑夫人担"的人和漳州一带根据人家抽出籤题来弹琴唱调占卜吉凶的乞丐，浙南的瑞安、平阳的"唱龙船儿"，实际上就兼任解籤的职能。

总之，关于古代解籤人的记载虽然很少，但我们从上述资料中也大致了解了解籤人基本情况，一是他们的身份相当复杂，有庙祝、巫师、道士、和尚、尼姑、文人甚至乞丐等；二是他们深受善男信女的信赖，直接影响着善男信女的行为；三是为人解籤可以获得一定的报酬。值得特别指出的是，解籤人出现的时间要早于上述资料记载的元代，我们从《天竺灵籤》中出现的"解曰"等文字，可以推定至迟在宋代就有兼职的解籤人了。

二、当代的解籤人

关于当代的解籤人的状况，1997年笔者在学生的帮助下，曾对福建省内近三百座宫庙的344位解籤人进行问卷调查，一些统计数据不但可以对当今社会的解籤人有一个比较全面的认识，而且以此来反观古代解籤人的状况也有所裨益。

图6–3 女性解籤者人数不多，但备受崇敬

在调查的344位的解籤人中，家住在城市（包括县城）的有71人，居住在乡村的有273人，分别占20.64%和79.36%。

在性别比例方面，男性282人，占81.98%；女性62人，占18.02%。在年龄

① 常人春：《老北京的风俗》，北京燕山出版社1990年版，第45页。

结构方面,20—39岁的有19人,仅占5.52%;40—59岁的有128人,占37.21%;60岁以上的有197人,占57.27%。

在文化程度方面,文盲55人,占15.99%;小学(包括私塾、自学、扫盲班等)179人,占52.03%;初中81人,占23.55%;高中(包括中专,下同)28人,占8.14%;大学1人,占0.29%。

在解籤技能是通过何种渠道获得的问题上,回答无师自通(自学)的有205人,占59.59%;拜师的有99人,占28.78%;祖传的有40人,占11.63%。

在从事解籤职业的时间方面,超过10年的有164人,占47.67%;5—10年的有101人,占29.36%;5年以下的79人,占22.97%。

在解籤的职业化程度方面,专职的有164人,占47.67%;兼职的有114人,占33.14%;临时性的有66人,占19.19%。

在解籤人过去和现在主要从事何种职业的问题上,统计数据表明,解籤人过去主要从事的职业虽然五花八门,但农民和工人占绝大多数。而解籤人现在主要从事的职业除了解籤外,还兼任庙祝、农民以及退休干部、教师等,列表如下:

表6-1　解籤人职业一览表

过去职业	统计人数	百分比	现在职业	统计人数	百分比
农民	209	60.76	解籤	178	51.74
工人(职员)	30	8.72	庙祝	66	19.19
干部	18	5.23	农民	59	17.15
解籤	15	4.36	退休干部(教师)	17	4.94
庙祝(主持)	14	4.07	经商	6	1.74
家务	14	4.07	家务	5	1.45
教师	13	3.78	工人	4	1.16
经商	11	3.20	卖香烛	4	1.16
手工业者	7	2.03	其他	5	1.45
其他	13	3.78			
合计	344	100	合计	344	100

从上面统计数据和其他数据分析，可以看出以下几点：

第一，解籤人的文化程度是文盲和小学的共234人，竟占总数的68.02%，中学以上的110人，占31.98%，文化水平之低大大出乎意料。

第二，对比解籤技能的获得途径与文化程度高低两组数据，小学以下文化水平通过拜师获得解籤技能的有68人，占29.06%；无师自通或自学的137人，占58.55%；中学以上文化水平通过拜师获得解籤技能的有31人，占28.18%；无师自通或自学的68人，占61.82%；两组的百分比几乎相同，可以看出解籤技能的获得途径与文化程度高低似乎没有必然的联系。而无师自通或自学获得解籤技能的比例远远高于通过拜师而获得解籤技能，这充分说明是生活经验而不是文化知识在解籤中起主导作用。

第三，解籤的历史长短与解籤人的职业化程度成正比，也就是说解籤的历史越长的人，以解籤作为职业的比例越高，相反则越低。

表6–2　解籤人的从业年限与职业化关系

解籤历史	总数（人）	专职（人）	百分比	兼职（人）	百分比	临时（人）	百分比
10年以上	164	103	62.8	49	29.88	12	7.32
6—10年	101	43	42.57	34	33.66	24	23.76
5年以下	79	18	22.78	31	39.24	30	37.97

第四，在解籤人中，过去主要从事农业生产的占62.76%，说明现在活跃于宫庙的解籤人主要是从农民演化而来的。另外，一些干部和教师加入到解籤的行列也是值得注意的社会现象。

实际上，解籤人在宫庙中占据着重要的地位，其解籤水平高低，在相当大的程度上直接影响到宫庙寺院的香火。1938年梁汉耀曾经调查了广东悦城龙母庙的龙母诞辰庙会，五月初八为龙母生日，初一到初十之间为贺诞期，期间，售出的籤条就有五万多张，每张收费一角，约五千多元。解籤语的随缘乐助，共收入四百多元。捐籤香油的约收入五万多元。三项相加约六万元，占总收入十四万多元的42.86%。①

图 6–4　解籤人在当今社会仍然扮演重要角色

浙江的“方岩以解籤为业者，总数不下百数十人。他们大多粗通文墨，对于方岩籤诗及其典故更是烂熟于心，加之年纪较大，老于世故，又善于揣摩求解者的心理，因此总是能够把顾客哄得团团转，哪怕求到的下下籤，也会丧气而来满意而去”②。浙

图 6–5　香港黄大仙庙设立 161 处解籤处为善男信女服务

① 转引自梁伯超、廖燎：《悦城龙母庙》，广东省政协文史资料研究委员会编《广东风情录》，广东人民出版社 1987 年版，第 4—5 页。

② 胡国钧：《胡公大帝信仰与方岩庙会——浙江省永康县方岩胡公庙会调查》，姜彬主编《中国民间文化——民间文艺研究》，学术出版社 1991 年版，第 220 页。

图 6–6　满足善男信女解籤需求的职业解籤人

江省瑞安东风村杨府殿的解籤人郑林森（68 岁）已有 8 年的解籤经验，他认为：人靠佛，佛靠人。佛、神的显灵是靠人解读和传播的。佛、神的显灵就是要靠求籤，通过解籤，才能体现出来。解籤先生的水平高，解得到位、准确，来求籤的人就多。来的多了，香火就盛了。解籤先生决定一个庙的香火。①

那么，合格的解籤人应该具备哪些基本条件：笔者认识一位解籤人，他有半个世纪的解籤经历，具有极其丰富的解籤经验，特别是这位老先生具有钻研精神，他曾把数十年的解籤经验整理成文字（未刊），基本内容包括“解籤的根据”、“籤诗的内容和分类”、“出籤时间的几个重要阶段”、“籤诗性质的概定”、“籤诗的灵活性”、“神与人之间的信息关系”、“论籤诗的吉与凶”等，其中关于解籤人知识结构、基本素质、道德修养方面的论述，对于我们深入了解当代解籤人应具备的基本条件，颇有裨益。

关于解籤人的知识结构，他认为至少必须具备两方面的基本知识：一是时间和自然知识；二是历史名人的知识。关于前者，他认为籤诗的吉凶与世间万物一样，并非一成不变，而是随着大自然气象的变化、随着时间的变动而改变，因此，解籤时，要充分考虑到抽籤的不同季节、不同时间、不同气候等要素的影响，甚至认为“解籤诗主要的决定因素是时间”②。“按出籤的不同时间、不同内容，而判断吉凶，是一个基本原则。”③ “掌握时间，观察天时的变化现象，变化过程，观察万物的演变程度，这一系列的基本知

① 林良爽：《瑞安市地方神杨府爷信仰调查》，见 2011 年《温州杨府侯王信俗文化学术研讨会论文集》上，第 130 页。

② 赖国增：《云山太史公籤诗基本知识》（手抄本），第 10 页。

③ 同上。

图 6–7　经验丰富的解籤人

识，是解籤人必须掌握的问题。同时，也是检验解籤人水准的第一个基本课程。"[①] 关于后者，他认为中国历史悠久，出现了无数的历史人物，这些历史名人，大大丰富了籤诗的内容，也是籤诗的主要组成部分，因此，"解籤人对历代名人的了解和认识，是必定具备的知识能力"[②]。

关于解籤人的职责和基本素质，他认为解籤人是神与人的中介，是神的助手，是神意的传达者，"籤诗是神发出的吉凶信息，必须通过解籤人'引经据典'翻译解答，判断未来事情的吉凶情况。因此，解籤人便成为神的有力助手，神的籤诗离不开解籤人——合格的解籤人。"[③] "籤诗的吉凶现象，是神的信息反应发射出来，通过解籤人的翻译，使善男信女们在疑难的问题上，得到了思维的启发，逢凶化吉，从苦海中脱出困境，排除了苦难，引向光明。"[④] "解籤人代表神为广大的善男信女们解开困惑，神的信息，是善男信女心中的意愿，拜托在解籤人的身上，带来快乐和幸福。"[⑤] 因此，解籤人责任重大，"解籤人要长期培育，在实践中长期学习，锻炼成长，积累知识，总结经验，吸取教训，逐步扩充，不断地充实自己。年久月深，成为'名符其实'合格的解籤人。"[⑥] "作为解籤人，手里要搜集有很多的历史典故，要有充足的有关籤诗

① 赖国增:《云山太史公籤诗基本知识》(手抄本)，第 14 页。
② 同上书，第 16 页。
③ 同上书，第 97 页。
④ 同上书，第 99—100 页。
⑤ 同上书，第 100 页。
⑥ 同上书，第 98 页。

图 6-8　泉州关岳庙前的解籤人多为老年人，其社会地位并不高

内容的资料，有丰富的理论知识，有足够的实践经验，掌握自然界万物变化的规律……条件为基础，才是一个有能力、水平，有素质，'名符其实'的合格解籤人。"[①] 所以，他认为，解籤人本应该在社会上享有很高的名望，应该受到人们的尊敬，但实际上并非如此，当今的解籤人社会地位很低，被看做是"底层的下等人"，对此他感到悲哀。

关于解籤人道德修养要求，他认为"解籤人是神的物质基础——神的主要经济命脉"，甚至是寺院庙宇的"最重要的掌舵人。"[②] 因此，一名合格的解籤人，对其道德修养要有较高的要求。他认为"道德修养包括知识修养和思想品德修养二方面，知识修养也包括理论知识和实践知识"。具备者两种基本修养，才是"名符其实"的解籤人。[③] 在知识修养方面，他认为，"解籤人要谦虚，认真苦学，寻找有关的历史资料、历史典故，平时多问、多了解、多认识、多探讨、多研究，时刻搜集有关的籤诗资料，充实自己，弥补不足。在实践中不断地吸取教训，总结经验，摸索规律，抓住基本要点。在香客中多问、多听、多观察，细心做社会调查，耐心坚持，不松不懈。"在思想品德修养方面，他认为解籤人的思想品德修养非常重要，"它是建立在知识修养的基础上，更上一层楼，没有文化素质的修养，根本谈不上思想品德的修养。"在思想品德修养方面，有两个基本原则：一是"要注意神的威信、名誉不受损失，并保持或发扬神的威信、名誉、地位，从而扩大社会影

① 赖国增：《云山太史公籤诗基本知识》（手抄本），第 101 页。

② 同上书，第 115 页。

③ 同上书，第 116 页。

响”。二是“要注意广大的善男信女的切身利益不受损失和伤害”①。他认为,“香客的吉凶祸福与解籤人的道德修养程度是密切相关的。”②

图 6–9　为信徒解籤可以得到 1—5 元的报酬

当然,这位解籤人心目中的合格解籤人的标准似乎高了一些,在现实中不易见到。不过,台湾一些宫庙的领导层已经充分认识到解籤人的水平对所在宫庙香火的重大影响,聘请的解籤人要经过考试,学历、年龄等都有严格的要求。如台北行天宫从2002年开始就对外招考,规定学历要大学毕业以上。应考者踊跃,2006年12月招考15人,报考者多达一千多人。据该宫负责人介绍,要成为执事(含解籤人),最重要的是人品、个性与是否有服务信众的热忱。即使符合条件,培训结束,最后还得在关帝圣君神像前卜得圣筊,才算最后录取。因此,成为执事,也是一种缘分。台湾行天宫负责解籤的李楚华说:其实解籤是传达天理给信众,指引人生正确的方向;通常都会给信众说,只要行为正确,道德好,一定会时来运转的。由于解籤人的水平相对高些,因此来此求籤的人云集,平时,解籤人每人每天要解籤150—200首,假日要解籤2500—4000首。③ 其他一些宫庙也纷纷效仿,如屏东县车城乡福安宫招考解籤员的资格限高中、职业中学文化程度以上,60岁以下。考试采取笔试等,考题含天干地支、易经、阴阳五行、廿四节气、诗经等,有的以解籤实例为考题,如考题有:“诗籤‘汉武帝陷昆阳’,问连续几夜梦见被蛇、狮、狗等恶兽咬,但都被我打死,何兆?该宫只招收两名解籤员,报考的人多达50名,最远

① 赖国增:《云山太史公籤诗基本知识》(手抄本),第118—119页。

② 同上书,第119页。

③ 杨正敏:《行天宫执事解籤有口碑》,《联合报》2007年1月16日A9版。

的来自台中。其中有退休教师、电台主持人等。① 显然，台湾某些庙宇高标准招聘解籤人的做法，代表着一种趋势，在不久的将来，大陆的一些宫庙寺院必将跟进，将对未来的籤占乃至宗教信仰产生重要的影响，值得关注。

总之，在当今社会中，解籤人的身份比较复杂，解籤水平参差不齐、良莠不分，总体素质偏低。根据笔者的调查和观察，解籤人特别是粗通文字的带有专业性质的解籤人，他们一般具备三方面的素质：

一是十分熟悉所在宫庙的籤谱，甚至倒背如流，并对每一首籤诗进行了反复的琢磨，对籤诗中所包含的各种兆象及其与人事的对应关系可以说是了如指掌，运用在解籤实践中可以做到左右逢源，应付自如。2000 年，罗红光在调研陕西黑龙潭的求籤、解籤仪式后，曾经做了这样的假设："一个解籤高手，他应该是可以用黑龙庙的一百支籤中的任何一支解释一个参拜者的一个具体的问题意识；反过来，同样他也能用一支籤来解释无数参拜者多样的问题意识。"② 其实这不是假设，现实中的解籤人就是这样，籤诗中的历史典故之类的文化知识，成为解籤人解开求籤人各种疑惑进而指点迷津的重要依据或演绎的素材。

图 6-10　解籤人对某种籤谱都能倒背如流

二是粗通阴阳五行学说、《周易》八卦等与解籤有密切关系的理论，可以借助这些被百姓神化了的传统文化，来装点自己。在善男信女看来，解籤人不但是神意的传递者，也是中国文化的诠释者。自古以来，中国人特别是乡民对知识分子极其尊重，甚至有时带有

① 宋耀光：《解籤员招考没三两下不行》，《联合报》2004 年 5 月 1 日 B4 版。

② 罗红光：《围绕历史资源的非线性实践——从黑龙潭人的仪礼活动看历史与现实的"对话"》，郭于华主编《仪式与社会变迁》，社会科学文献出版社 2000 年版，第 82 页。

某种崇拜的因素，而被百姓看做是“文化人”的解籤者备受善男信女的尊敬也是合情合理的，他们对籤诗的解释无论是否正确，在被看做是神意的同时，也包含着对“文化人”的信任。台湾著名人类学家李亦园指出：这种偏重于文字诗辞的籤占，也凸显了文字与占卜结合的“对等功能”，使占卜在超自然的信仰外，更浓厚地带上文字的魔力，显示对知识的尊重，具有社会人文意义。通俗的诗歌、浅显的文字释义，使得文化价值观在正规教育传承之外，得以无形而有效地传递下去；而位于不同层级的士人庶民，也得以在相当程度内沟通，共同保有基本价值观。籤卜确实是我国占卜的一大特色。①

三是有丰富的生活经验，头脑机灵，口才好，善于察言观色，随机应变。解籤人在当地多是小有名气的人物，文化程度虽然不高，但绝非等闲之辈，他们对社会的了解相当深刻，对百姓的喜怒哀乐感同身受，能较好地把握善男信女所思所想所求，能用自己的丰富人生阅历来帮助求籤者排忧解难。因此，相对于前两方面基本素质，第三方面的素质对于解籤人来说更加重要，甚至起决定性的作用。台湾艋舺龙山寺的解籤人黄种煌在介绍其解籤技巧时说，他总是告诉求籤者：“凡事存乎一心，只要坚定信心，努力以赴，神明自然会予保佑。”逢人来求籤，他看了所求的籤后，先问对方：“你求什么。”如果对方求的是下下籤，特别是问疾病的，不必看籤诗解，他一定请对方宽心，并向他说道：“吉人自有天相。”他觉得自己像个

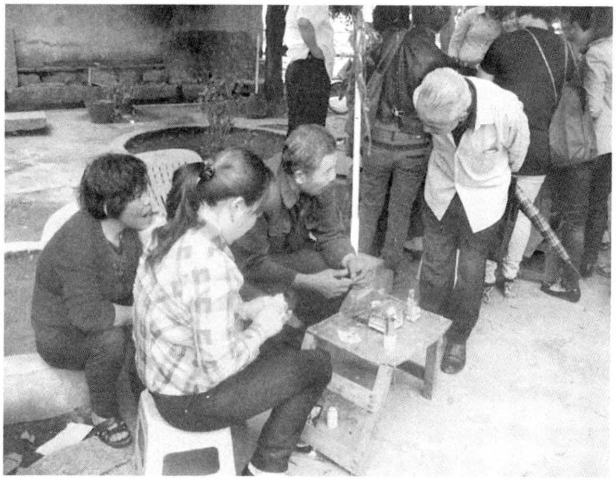

图 6–11　解籤人多粗通五行八卦

① 参见李亦园：《说占卜——一个民族学的考察》，《中华文化复兴月刊》1978 年第 11 卷第 6 期。

图 6–12　解籤人一般都能言善辩、随机应变

苦口婆心的老师，解答籤诗，除了根据诗解外，最重要的是要参酌个人特性、生活背景做评析。他说："对于彷徨无措的青年，我一定劝他立定方向，悬的以趋；对于婚姻失和的夫妇，我总是劝和不劝离；对于经商失败或考场落第者，我便勉励他们，有志者事竟成。"他认为，解籤者必须具备爱心、耐心，还要能倾听对方心声，多为其设想，尤其避免涉入自我角色，以达到安抚民众心灵，建立和谐社会的境地。[①] 从某种意义上说，像黄种煌这样的解籤人，也是一个社会学家或者是心理学家，丰富的社会阅历为其较好地完成解籤职责提供坚实的基础。

第二节　解 籤 方 法

在信徒的眼里，解籤人非等闲之辈，他们能够参透蕴藏在籤诗中的"天机"，帮助抽籤人祈福禳灾，趋吉避凶，所以受到信徒的尊敬甚至崇拜也在情理之中。而解籤人也无一不欣然接受百姓在他们头上戴上神圣的光环，乐意看到信徒把他们的话奉为真理，言听计从，不敢有半点的违逆。还有不少解籤人自己给自己的脸上贴金，标榜自己是"半仙"，自吹自擂解籤是如何如何地神准，编造出许多神乎其神的解籤故事。但是，解籤人心中比谁都清楚，籤

① 乐晴：《人和神沟通有道：上庙求籤说籤诗》，《中央月刊》1994 年第 27 卷第 6 期。

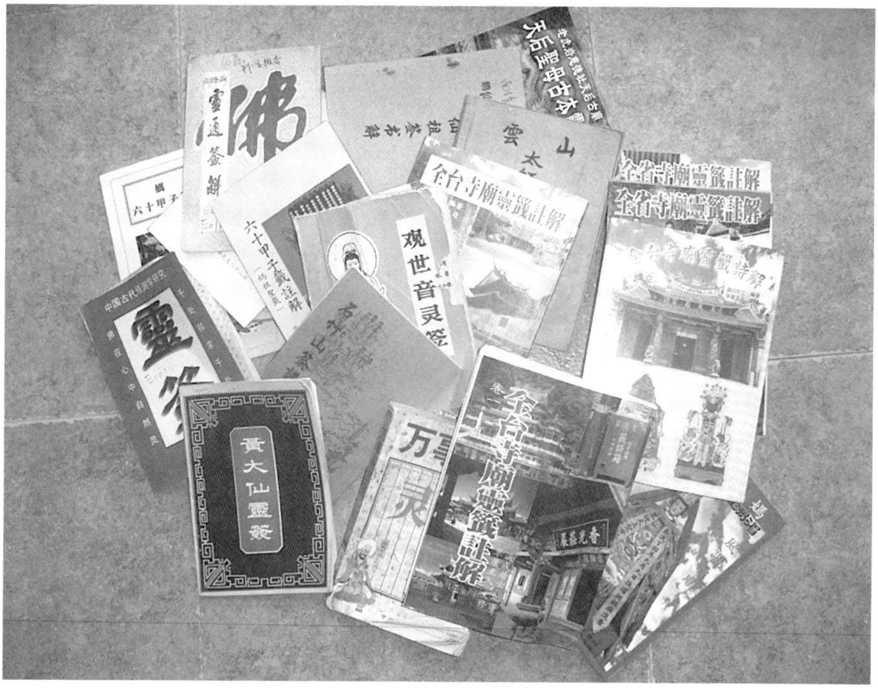

图 6–13 今人的解籤著作

诗之所以能取信于百姓，并不是籤诗内真的蕴藏着决定每个信徒命运的“天机”，更不是因为他们真的会参悟什么“天机”，预测什么人生的“命运”，而靠的是他们长年累月与众多的信众打交道积累的极为丰富的经验，靠的是他们对不同抽籤者心理的准确揣摩，靠的是他们的三寸不烂之舌。

近年来，大陆和台湾的一些出版社以及一些宫庙出版不少灵籤注解的书，诸如中州古籍出版社出版的《万事问灵籤：诸葛灵籤百话破译》、《黄大仙灵籤》、《神籤》，台湾满庭芳出版社出版的《灵籤详解》、台湾大正书局出版的《六十甲子籤注解》、台湾正海出版社出版的《全台寺庙灵籤注解》6卷，还有各种寺院宫庙印刷的《观世音灵籤》、《灵通籤解》、《关帝灵籤》、《妈祖六十甲子圣籤注解》、《天后古本灵籤》、《太师公籤诗典源 · 释义》、《石竹山籤谱详解》、《鹅湖洞九鲤飞真寺仙祖籤书解》等，对我们了解宫庙寺院的解籤方法提供重要的资料。

虽然解籤的方法因人而异，但也有一些共同点，根据这些籤解著作和笔者在田野调查时对解籤人的观察，解籤方法主要有：

（一）折中调和，不把话说绝

一个高明的解籤人在解籤时，说话不紧不慢，遣词造句谨慎小心，尽可能做到八面玲珑，滴水不漏，无论在任何情况下，都不会把话说绝，都会给自己留下很大的回旋余地，在某种意义上说，解籤也是一门折中调和的语言艺术。

求籤者一般是无事不登三宝殿，就灵籤的总体定性兆象而言，他们所求的灵籤不外为上籤、中籤、下籤三个档次。上籤的基本模式是万事吉祥如意，前途一片光明，福禄寿喜临门。中籤的基本模式是眼前虽然时运不济，但只要诚心礼佛，耐心等待，再经过自己努力或遇到贵人的帮助，不久便可时来运转，心想事成。下籤的基本模式是灾厄临头，屋漏偏逢连夜雨，但天无绝人之路。

解籤人对于抽籤者抽到的“上籤”，除了重复籤诗的内容说一些让抽籤者心花怒放的大吉大利的奉承话之外，往往少不了要提醒抽籤者几句，诸如“籤诗是上上籤，大吉大利，但要有福的人才能承载得了”。“要沉得住气，不要太高兴了，要注意物极必反。”或者说：“好籤要好心与其相配，要多行善积德。”做到左右逢源，滴水不漏。既要使抽籤者感觉到荣华富贵就在眼前，但并不会马上从天上掉下来，还需要一定的条件才能实现。同时也为自己日后可能被抽籤人指责“不灵验”而准备了随时可以溜之大吉的方便之门。《天坛灵籤序言》：“惟灵籤之指示，如示之曰大吉，固然可喜，亦不宜放松精神，否则带来凶兆。”①《云山太师公籤诗基本知识》：“籤诗是万物变化最灵活的一门玄学，吉中有凶，凶中有吉；优中有劣，劣中有优。”② “籤诗没有绝对的吉，也没有绝对凶，吉与凶的信息每首籤诗均有存储，吉与凶也是每首籤诗的必经之道。”③ 以《万事问灵籤——诸葛384灵籤白话破译》第一百三十九首为例，该籤的总体定性兆象为“上上籤”，籤诗曰：“奇奇奇，地利与天时，灯花传信后，动静总相宜。”作

① 引自道成居士编著、草庐主人主修：《全台寺庙灵籤注解》卷一，正海出版社2010年版，第9页。

② 赖国增：《云山太史公籤诗基本知识》（手抄本），第102页。

③ 同上。

者在“籤释”中写道：

> 这是一支特别吉利的籤，无论任何事情的占问都有一个顺利吉祥的结局，相当圆满，令人兴奋。你目前设想的方法也是对头的，照着去办就是。籤诗的回答是奇，一连串地说大大的可以，符合天时地利的规律，没有什么偏差和不妥的。
>
> 其中还特别指出了一个关键的时间条件，那便是“灯花传信后”。
>
> 古人多以油灯用于夜间照明，灯芯在燃点过程中常会噼啪一声，跃出一小团灯花来，该剔拨灯芯了。古人认为灯花的出现，报导了出门在外的人即将归来的喜信，按照五行学说，甲辰乙巳为灯盏之火，甲乙为天干之数，1994、1995年为甲乙之年，到2000及2001年又逢地支中的辰和巳，说到辰巳的月份则为农历三月和四月。这里所说的幸运时刻当在三四月之后，便诸事如意，动静相宜了。
>
> 所以，不要轻信各种类型的谣传及无益处的建议。①

解籤人在解释信徒所抽到的中籤时，最为方便，他们只要顺着中籤固有的模式，适当地发挥一通，即可使抽籤者若有所得，满意而归。以《万事问灵籤——诸葛384灵籤白话破译》第121首为例，该籤的总体定性兆象为“中籤”，籤诗曰：“虚名虚位久沉沉，禄马当求未见真。一片彩云秋后至，去年风物一时新。”作者在“籤释”中写道：

> 只有久困的英雄，才会抽中这支籤。真是好汉莫提当年勇，提起来感慨万端，不堪回首。总之是今非昔比了。
>
> 英名赫赫，已成遥远的过去。如今空占着这虚有的名声和名分，没有实际的权利。这种沉闷的格局，何时才是个头呢？
>
> 禄马，即为钱财奔波忙碌的意思。有求财的机会，有得财的可能却又幻灭成泡影，难以成为实际的结局。
>
> 难道背运永无终结吗？对朋友，你的好运终于在秋尽冬初时分来临了。你曾经干过的事业中传来了崭新的信息，你可以凭借昔日的经验

---

① 有闲居士：《万事问灵籤——诸葛384灵籤白话破译》，中州古籍出版社1996年版，第141页。

图 6–14　解籤人深受善男信女的信赖

和名声，去大展鸿图，再起东山。

……

你要看好西北方向，千万不要坐失良机哟！[1]

解籤人也绝不会让抽到下籤的人完全绝望的，他们总要安慰抽籤人一番，并指出禳解的方法或逢凶化吉的途径，轻而易举地把抽籤者从“山重水复疑无路”的绝望境地，引导到“柳暗花明又一村”的希望之路。[2] 仍以《万事问灵籤——诸葛 384 灵籤白话破译》第 114 首为例，该籤的总体定性兆象为“下籤”，籤诗曰：“易非易，难非难，忽地起波澜，欢笑两三番。”作者在“籤释”中写道：

此事为何非易非难呢？因为易中有难，难中有易。顺利和阻逆是相互转换的，过渡的。所以，不论处于顺境和逆风中，都要认清形势，加强应变的心理准备和能力。这些变化来得都很突然，出人意外，风波平地而起，反反覆覆，几起几落，几上几下，方能达到“欢笑”的境界。

世间一蹴而就的事业毕竟不多，一帆风顺也只是一个良好的祝愿。失败，振作，挫折，再振奋，一而再，再而三，这样反复拼搏，便是成功之道。平地波澜，有惊无险，能冷静待之，必可化险为夷。[3]

① 有闲居士：《万事问灵籤——诸葛 384 灵籤白话破译》，中州古籍出版社 1996 年版，第 123 页。

② 《天坛灵籤序言》：“至于灵籤示之曰‘凶’者，千万不能垂头丧气。古人曰：黎明前之黑夜，即是：此关过去，一定有光明的前途等着。因之，凶之示者，不宜心灰意懒，万念俱灰，以为可了解自己，爱之，必须为开拓前途宜努力，必有曙光照射之一刻。”引自道成居士编著、草庐主人主修：《全台寺庙灵籤注解》卷一，正海出版社 2010 年版，第 10 页。

③ 有闲居士：《万事问灵籤——诸葛 384 灵籤白话破译》，中州古籍出版社 1996 年版，第 116 页。

（二）故弄玄虚，让信众捉摸不透，诚心折服

解籤人为了取得抽籤人的信任，常常故弄玄虚，把一知半解的《易经》八卦、五行、术数等古代占卜术结合到解籤中去，任意演绎，解籤时往往喜欢说出一连串诸如卦爻、天干地支之类的使抽籤者听起来似懂非懂的名词术语，以显示自己的“高明”，表面上是要把籤诗解释明白，实际上反而把问题复杂化，真正的用意是使抽籤者深感“天机”的玄妙，难以捉摸，同时也能很好地弥补解籤过程中或日后可能出现的种种纰漏。如《三平祖师籤诗解》的“前言”对如何准确地解释籤诗提出这样的要求：

> 祖师灵感显赫，驰名中外，泽及万民，受万民朝拜，香火不断，出籤指迷，十分灵验，占事分毫无差。但以卜籤者水平限制，卜解谬误，或专以注解卜断，未臻准确，殊不知应以原注解为基本依据，同时必须按下列各条结合，方能准确。
>
> 一、时间、地点。二、季节、昼夜。三、家庭人口、男女、年龄、家主年龄。四、月光、月暗、涨潮、退潮。五、气象、和风旭日、阴雨、风向。六、行业。

云霄县《碧湖岩观音佛祖籤诗解》的“前言”也说：“（解籤）须注意者，年分四季，月别朔望，日定阴晴、昼夜，配合甲子、纳音、生、克、刑、冲、合等，进行分析推断，使下解准确率高。”《灵通籤解》的“前言”也有类似的说法：“诗句虽然中肯和显明，但它毕竟是戏言，包言玄理，理所难免。请究六十花甲纳书歌，详查相生或相克，而判断更为灵验。”

《云山太史公籤诗基本知识》在“论籤诗的吉与凶”中说得更玄，认为籤诗的吉凶变化“是时间变动的缘故，是大自然事物演变所影响”。主要受季节、月份变动的影响。自然景象变动的影响、植物生态与水的涨退的影响、日子与时辰的影响、月光与月暗的影响、持久性和突然性的影响、形势变动的影响，以及解籤人的影响等，所以要多方面的权衡考虑。[1]

再以《万事问灵籤——诸葛 384 灵籤白话破译》第一首为例，该籤的总体定性兆象为“上籤”，籤诗曰：“天门一卦榜，预定夺标人。马嘶芒草地，

---

① 赖国增：《云山太史公籤诗基本知识》（手抄本），第 121—130 页。

秋高听鹿鸣。”解籤人在指出此籤确是大吉大利，预示着不论是升学、评职称、谋事、事业等，都将给你带来升迁的机会之后，又故弄玄虚，写道：

这里有两处小地方可不能忽视：马，善于奔跑，在易经八卦里属于乾。乾相对应的方位是西北，相对应的季节是秋冬之际，五行中属金。同时，马在十二生肖中也独占一席，壬午、甲午、丙午、戊午、庚午分别代表1942、1954、1966、1978、1990年。午也决定了马的月份是农历六月。你能联系自己找到更多答案的。①

从表面上看，解籤人上知天文，下知地理，中知社会人事，解释籤诗竟然参照如此之多的客观因素，神秘符号之间的转换演绎使人眼花缭乱，可谓是博学多才，高深莫测。实际上多数解籤者是以其昏昏，使人昭昭。

（三）模棱两可或含糊其辞，强调天机不可泄露

解籤人经常利用籤诗的朦胧性和不确定性特征，解籤时也模棱两可或含糊其词。以《万事问灵籤——诸葛384灵籤白话破译》第四十五首为例，该籤的籤诗曰：“不用忙不用慌，自有驻足乡。鸣鼓响钟地，三宝见门墙。”作者在“籤释”中写道：

面对着大千世界，茫茫尘世，你慌慌张张，不知所归。长叹之余，茫然问道：“我安身立命的根据地，我的归宿呵，你在哪里？”

你听，空中传来了钟鼓悠扬的仙乐。循声寻去，接近“众妙之门”，宛然出现了三件宝贝，你去领悟这份礼物中的奥妙吧。

图6–15　解籤经常与算命等相结合

对于三宝的说法，孟

① 有闲居士：《万事问灵籤——诸葛384灵籤白话破译》，中州古籍出版社1996年版，第3页。

子、老子、佛家、道家各有不同。孟子说:“诸侯之宝三,土地人民政事。”老子认为:“我有三宝,持而保之。一曰慈,二曰俭,三曰不敢为天下先。”佛家则以佛、法、僧为三宝。佛说法,僧保守之,得永以济世度人,故皆为宝。道家之宝的理论有内外之分,都是与人自身精神、身体之修养有关。内三宝是元精、元气、元神,外三宝指耳、口、目三种器官。

你拥有三宝,也就有了依托,就有了自己的根据地。①

“籤释”对三宝做了比较全面的解释,但在最关键的问题上含糊其辞,即在诸多的“三宝”中(其实佛教还有四种三宝说、六种三宝说、外道三宝说等),应该以哪种三宝为“依托”呢?如果有人对此提出疑问,解籤人也许会用其口头禅“信则灵,不信则不灵”。“信不信由你,准不准看你的造化”之类的话语来打发他,这些极为圆滑的话,既可以掩讷藏拙,又可以虚张声势,转守为攻,很容易打消求籤者的疑问。还有的解籤者强调灵籤“天机”的不可知性,经常以“天机不可泄漏”来搪塞,以此来虚张声势,给籤诗涂上一层神圣的光环,台北县新庄镇广福宫籤谱“壬午”籤写道:“籤寓玄机最显明,任人猜断任人评。事前未必通吾意,过后方知语独精。”真是一语中的,点明了籤诗的要害。

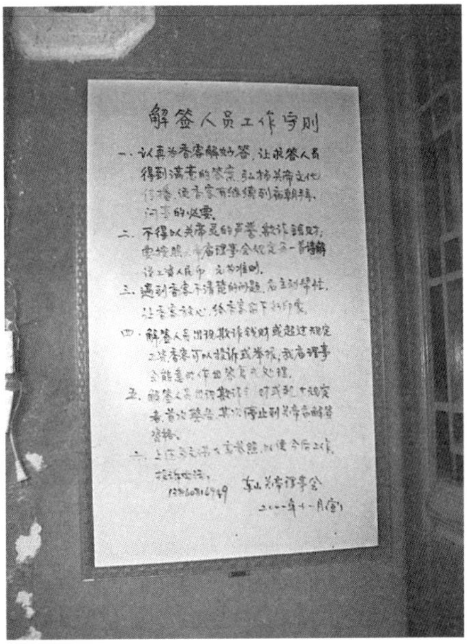

图 6-16　福建省东山铜陵关帝庙解籤人员工作守则

值得关注的是,在一些规模较大、香火旺盛、管理比较规范的宫庙,对解籤人员进行一些必要的资格审查和适当的考核,并制定若干“工作守则”,力求把解籤人员纳入宫庙管理轨道,明码标价,要求解籤人员严格按照规定收取解籤报

① 有闲居士:《万事问灵籤——诸葛384灵籤白话破译》,中州古籍出版社1996年版,第47页。

酬。有的宫庙还要求解籤人宣传政府的政策法规,疏导善男信女的思想情绪,如善男信女卜问生男生女,要求解籤人一律不予明确回答,并结合籤诗宣传优生优育、生男生女都一样等观念。如善男信女卜问生意,要求解籤人结合籤诗宣传合法经营。如善男信女卜问疾病,除了心理安慰外,则多建议他们到医院看病,等等。巧妙地把解籤与为社会服务紧密结合起来,做到寓教于解籤中,往往取得意想不到的社会效益,值得倡导。

第七章　籤占与宗教信仰

籤占从孕育到产生、发展，自始至终与中国传统的佛教、道教、民间宗教信仰联系在一起。一方面，籤占的产生和发展，离不开中国宗教文化的土壤。另一方面，籤占的发展也渗透到佛教、道教和民间宗教信仰，并对中国的宗教信仰产生一定的影响。籤占与佛教、道教和民间宗教信仰，不但反映了中国古代宗教文化的互相融合的关系，也反映了作为民间文化的籤占具有很强的渗透力和生命力。

第一节　籤占与佛教

一、佛教的世俗化与占卜术的结合

印度与中国均为世界文明古国，均为东方体系的文化，但二者属于完全不同的文化系统，印度文化注重冥想，宗教文化色彩浓厚，中国文化关注社会人生，纲常伦理色彩浓厚。产生于印度的佛教从两汉之际传入中国内地后，面对的是一个自成体系的具有顽强生命力的中国文化，在这样的文化环境下如何生存并很快地成长起来，就成为佛教要解决的最重大的问题。相对于其他外来宗教而言，佛教在解决这个问题上是比较成功的，因此成为中国影响最大的宗教。

自从佛教传入中国之后，佛教界一直采取的是两个方向齐头并进的传播策略：一是为了吸引上层人士包括最高统治者的信仰，在保持印度佛教核心价值观的基础上，与中国的儒家、道家、道教等雅文化的结合，积极主动地寻找印度佛教与中国雅文化的契合点，形成具有特色的中国佛教理论和诸宗派（魏晋般若学和隋唐时期诸宗派）。[①] 二是为了吸引平民百姓的信仰，扩大信仰的基础和影响力，佛教又与中国俗文化相结合，不断地世俗化和简易化，形成了中国俗文化色彩浓厚的民间佛教。

关于中国的民间佛教，有必要稍做追溯。我们知道，中国固然为文明古国，但中国自古就是一个农耕社会，分散的自给自足的小农经济是其封建社会的经济基础，占人口绝大多数的农民没有机会接受基本的学校教育，文盲程度极高。在这样的文化背景下，具有浓郁思辨哲理色彩的佛学，很难得到平民百姓的理解，更不容易被接受。而佛教传入中国之初两汉之际，正当巫术、谶纬、祥瑞灾异迷信盛行之时，佛教也不可避免要接触这些俗文化，某些僧侣接受或者利用这些俗文化，来弘扬佛教，吸引平民百姓信仰佛教。早在佛教传入中国之初，时人把佛教看做是道教的一支，一些印度僧人也用种种"神通"来吸引信众，"他们有的能解鸟语，有的能使钵中生莲花，有的能预知海舶从印度驰赴中国"[②]。魏晋南北朝时期，僧人运用神通的相当普遍，梁朝慧皎《高僧传·神异传》记载的汉代到梁朝的有神异事迹的高僧多达32人（立传的20人，间接述及的12人）。[③] 在僧人的"神通"中，还伴随着巫术、咒语等，如《高僧传》记载安世高在庐山遇到蛇妖作怪，危害行人，"高向之梵语数番，赞呗数契，蟒悲泪如雨，须臾还隐，高即取绢物，辞别而去。……于是庙神歇末，无复灵验"。又如说佛图澄："善诵神咒，能役使鬼物。以麻油杂胭脂涂掌，千里外事皆彻见掌中，如对面焉，亦能令洁斋者见。又，听铃音以言事，无不劾验。"[④]

在佛教吸收巫术咒语之类的中国俗文化中，占卜术也是深受青睐的一

① 详见赖永海：《中国佛教文化论》，中国人民大学出版社2007年版。

② 魏承思：《中国佛教文化论稿》，上海人民出版社1999年版，第10页。

③ 恒毓：《佛教与神通》，《香港佛教》2000年第3、4期。

④ 慧皎：《高僧传》卷一《安清》、卷九《竺佛图澄》，中华电子佛典协会（CBETA）电子佛典《大正藏经录·史传部》第五十册，No.2059，p0323c、p0383b。

种。前面说过，占卜术在中国源远流长，五花八门，影响巨大。印度佛教并不提倡占卜，但传入中国后，也不能不受到盛行于世的占卜术的影响，甚至利用占卜术来吸引善男信女，推动佛教的传播。东晋天竺三藏帛尸梨蜜多罗译的《梵天神策经》（又称《灌顶梵天神策经》），把印度佛教的占卜术介绍到中国来，其基本做法是：把100首佛教偈语（佛经中的带有对人生体悟的哲理颂词，类似于玄言诗）分别抄写在竹帛上，放入五色的绢袋中，占卜者从袋中随意取出一枚，以决疑问。《梵天神策经》记载："一时佛在因沙崛山中，与千二百五十比丘俱菩萨三万人，佛为天龙八部说法，人民鬼神各随业缘得道不同。说法既竟，于是梵王从座而起，长跪合掌而白佛言：'世尊我于众生，有微因缘多归依者。又见人民悉受苦恼，心中疑惑不能决了，今欲承佛威神之力，出梵天结愿一百偈颂以为神策，惟愿世尊许可此事。'复作是言：'我常见诸异道辈九十五种，各有杂术为人决疑。而今世尊正觉最上更无此法，是故启问唯愿听许。'佛言：'梵王善哉善哉！汝能为未来五浊恶世，像法众生多诸疑惑，信邪倒见不识真正。汝既慈悲欲为说者，嘉也梵王我助汝喜，善也梵王随意演说。'梵王闻佛赞叹策经，欢喜踊跃。即于众中语四辈言：'今我梵王承佛威神，演说卜经一百偈颂以示万姓，决了狐疑，知人吉凶。'"①

《梵天神策经》的百首偈语虽然也涉及俗世的仕途、财宝、和合、子孙、疾病等内容，占卜时要漱口，不能吃不洁食物等，占卜方法也与后世的籤占相似。所谓"佛告阿难梵天大王等：'若四辈弟子欲为人行此神策法时，当以竹帛书此上偈，以五色彩作囊盛之。若欲卜时探取三策，至于七策审定无疑。澡漱口齿，莫食酒肉及噉五辛，出策之法不得过七人，后设探者众事不中不护人也'"②。虽然有人直接称之为"梵天籤"③，但我认为还不能说就是严格意义上的籤占，只能把它看做是籤占的滥觞。理由有三：一是《梵天神策经》主要用于诵念而不是占卜；二是其内容主要围绕着天堂、净土、地

① 帛尸梨蜜多罗译：《佛说灌顶经》卷十《佛说灌顶梵天神策经》。

② 同上书，第0528c。

③ 如如吉祥：《梵天籤》，《地藏缘主论坛》2009年11月11日。http://www.folou.com/thread-182302-1-1.html.

狱、三宝、沙门、正觉、解脱、功德等佛教教义展开；三是占卜的主要目的是解决信众信仰佛教过程中的种种疑惑，而不是占卜吉凶祸福。所谓：“佛语梵天大王：‘汝今以为一切人民，说此神策竟，利益一切功德不少，令诸疑惑各得开解。我今当演善神灌顶章句以为劝助，若有人民闻策之者，或信不信令得正念，使一切魔不得破坏生嫉恶心，设有恶意自然消灭。’说是语竟，梵王请佛唯愿说之。于是世尊即说灌顶无上偈颂。”① 另外，唐初释静泰《众经目录》把《梵天神策经》列入伪经行列，认为此经与其他的52种经书，“并号乖真，或首掠金言而末申谣谶，或论世术后托法词，或引阴阳吉凶，或明神鬼祸福，诸如此比伪妄灼然，今宜秘寝以救世患”②。《梵天神策经》的真伪问题姑且不论，但有一条是肯定的，魏晋南北朝时期，佛教开始与中国占卜术结合起来。

隋朝，出现了菩提灯翻译的《占察善恶业报经》，二卷，又称《占察经》、《地藏菩萨业报经》、《地藏菩萨经》、《大乘实义经》等，上卷阐明使用木轮相占察善恶宿世业、现世苦乐吉凶等事的方法。并说若有恶业、苦果、凶事出现，礼忏地藏菩萨，便能灭罪除障，所以又称木轮占察法。所谓木轮，系由木片雕刻而成，八角形，直径一寸许。若欲占察宿世所作善恶业种的差别，须在十轮上书写十善十恶之名，称“十轮法”。若欲占察宿世集业的久近所作，与强弱大小的差别，须在三轮书身口意之名及长短深浅粗细之笔画，称“三轮法”。若欲占察三世中受报的差别，则须在六轮书一乃至十八之数，称“六轮法”。占卜时，敬礼供养三宝，念地藏菩萨，投木轮于净物上。依照木轮上的文字所示，对照业报经中的189个卦象，可知其吉凶善恶等差别。应该指出，《占察善恶业报经》中的占卜目的，主要是用来强化信徒的宗教信仰。

唐朝，占卜之风盛行，佛教进一步与占卜术结合，不少高僧擅长易占等占卜术，还精通风水、算命等，佛教谶语满天飞，影响到社会安定，以至于朝廷下令禁止僧道卜筮。如唐文宗《禁僧道卜筮制》云：“敕：左道疑众，

① 帛尸梨蜜多罗译：《佛说灌顶经》卷十《佛说灌顶梵天神策经》。

② 释静泰：《众经目录》卷四《众经伪妄》。

王制无赦；妖言蠹时，国朝犹禁。且缁黄之教，本以少思寡欲也；阴阳者流，所以敬授人时也。而有学非而辨，性挟于邪，辄窥天道之远，妄验国家之事。仍又讬于卜筮，假说灾祥，岂直闾阎之内，恣其诳惑，兼亦衣冠之家，多有厌胜。将恐寖成其俗，以生祸乱之萌。……宜令所司，举旧条处分。"[①]

二、佛教何时引入籤占

关于隋唐佛教与籤占的密切关系，严耀中有专论，他提出"隋唐时期，二者的结合除了强化了原有的诸形式之外，还增添了新的内容，即主要体现在佛教将业力因果说系统地注入占卜中，并且逐渐将作用凸显到佛寺中流行的卜籤上，形成了有特色的中国佛教占卜"[②] 的观点。对于严耀中的上述观点，笔者基本同意。但严耀中根据《宋高僧传》卷第十四《唐百济国金山寺真表传》相关记载，认为唐代"寺院内求卜问籤普遍化"的观点，笔者则不敢苟同。请看《唐百济国金山寺真表传》：

> 慈氏躬授三法衣、瓦钵，复赐名曰真表。又于膝下出二物，非牙非玉，乃籤检之制也。一题曰九者，一题曰八者，各二字，付度表云："若人求戒，当先悔罪，罪福则持犯性也。"更加一百八籤，籤上署百八烦恼名目，如求戒人，或九十日。或四十日，或三七日行忏，苦到精进，期满限终，将九、八二籤参合百八者，佛前望空而掷，其籤堕地，以验罪灭不灭之相。若百八籤飞逗四畔，唯八、九二籤卓然坛心而立者，即得上上品戒焉。若众籤虽远，或一二来触九、八籤，拈观是何烦恼名，抑令前人重复忏悔已，止将重悔烦恼籤和九、八者，掷其烦恼籤，去者名中品戒焉。若众籤埋覆九、八者，则罪不灭。不得戒也。设加忏悔过九十日，得下品戒焉。慈氏重告诲云："八者新熏也，九者本有焉。"嘱累已，大仗既回，山川云霁。[③]

上述资料中提到的占卜方法，虽然接近后世的籤占，但实际上还不是籤占，

① 宋敏求编：《唐大诏令集》卷一一三，商务印书馆1959年版，第590页。

② 严耀中：《论占卜与隋唐佛教的结合》，《世界宗教研究》2002年第4期。

③ 赞宁撰、范祥雍点校：《宋高僧传》上册卷第十四，中华书局1987年版，第339页。

理由如下：

首先，其占卜方法是“佛前望空而掷，其籤堕地，以验罪灭不灭之相”。也就是说把分别题写108个烦恼名目的竹简（或木简）望空抛掷①，根据这些竹简（或木简）中最接近写有“九者”、“八者”的那一支上面所标明的烦恼名称，来决定占卜者应进行哪一品级的戒律，显然，这种占卜方法与后世的摇晃籤筒的籤占不同。

其次，竹简（或木简）上书写的是108个烦恼名目，占卜的目的是加持戒律的时间长短、品级高低等，而不是籤占的预测吉凶祸福。

第三，上述占卜只限于佛寺的僧人中使用，一般百姓是否也用此来占卜吉凶，资料中只字未提。

基于以上认识，笔者以为严耀中的“求籤问卜”在唐代寺庙中已经“普遍化”的结论恐怕很难成立。

那么，佛教到底在什么时代开始使用籤占？我们在第一章中所列举的宋代的14条籤占的资料中，有4条涉及佛教的籤占，即《上天竺观音籤》、《天竺百籤》、《银瓶娘子籤》、《定光佛籤》，这些与佛教密切相关的籤谱均见于南宋时期的文献，最早的是出现在绍兴二年的《上天竺观音籤》。因此，根据目前掌握的这些文献资料，我们只能说宋代佛教寺院才开始使用籤占来吸引善男信女，当时佛教寺院引入籤占的并不是太多，远没有达到“寺院内求卜问籤普遍化”的程度。

三、影响最大的籤谱——《观音籤谱》

相对于道教来说，佛教寺院利用籤占的时间可能会迟一些，但佛教籤占的影响一点也不逊于道教。其中，《观音籤谱》的影响最大，最具有代表性。

---

① 其占具模仿“籤检之制”。所谓“籤检之制”是指官府使用的签牌之类的东西，用竹简（或木简）制作而成，作为拘传犯人、执行公务的凭证。签牌分为不同等级，最高级为火签，吴敬梓《儒林外史》第五十一回：“祁太爷立即拈了一枝火签，差原差立拿凤鸣歧，当堂回话。”《唐百济国金山寺真表传》没有明确说明占具是用什么做成的，只是说最重要的“八者”、“九者”两签为“非牙非玉”之物，其他的书写108种烦恼的签牌，估计是竹简（或木简）制作而成。

观音，亦称观音菩萨、观音大士，原称观世音、观自在等，因唐代避太宗李世民之讳而去掉“世”字，佛经说，观音的名号是“大慈大悲救苦救难灵感观世音菩萨”。佛教认为，能给予众生快乐称“大慈”，能去除众生苦难为“大悲”，观音具有大慈大悲的道行，她能用眼睛观察声音，芸芸众生中一旦有人患难，只要诵念她的名号，观音就会循声前去救助。在佛教世界，佛是最高品位，具备自觉、觉他、觉行圆满方可成佛。而观音尚缺“觉行圆满”这一项，故品位为菩萨，仅次于佛，其职责是协助佛普度众生到极乐世界。

观音信仰随着佛教传入中国，最初影响很小，到了魏晋南北朝时期其影响才开始逐渐显现。唐宋时期观音信仰普及并盛行于世，明清时期观音崇拜已进入家家户户，成为影响最广、信仰者最多的佛教神灵了。谢肇淛说过，天下崇拜观音、关羽等四神最为普遍，“遐陬荒谷，无不尸而祝之者。凡妇人女子，语以周公、孔夫子，或未必知，而敬信四神，无敢有心非巷议者，行且与天地俱悠久矣”[①]。不要说在汉民族中以观音为名的，或以供奉观音为主的寺、庙、阁、堂、庵、楼，不可胜数，即使在我国的满、蒙古、羌、彝、白、傣、水、壮、瑶、毛南、畲、藏等少数民族中，观音也有众多的信仰者，特别在妇女中，观音的影响甚至超过佛祖释迦牟尼，所以古人有“佛殿何必深山求，处处观音处处有”的描述，又有“家家弥陀佛，户户观世音”俗谚。

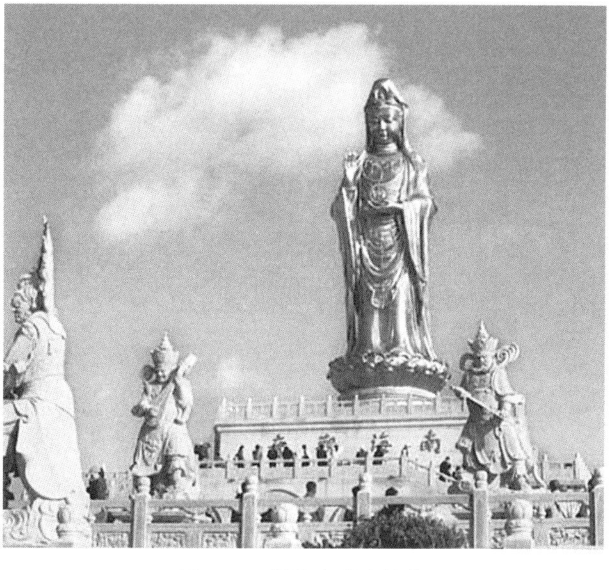

图 7–1　普陀山观音神像

与观音信仰在民间的

① 谢肇淛:《五杂俎》卷十五《事部三》。

巨大影响相适应,《观音籤谱》也应运而生且影响巨大。早在南宋时期,《观音籤谱》有《上天竺观音籤》和《天竺百籤》两种版本。元朝,《天竺百籤》还在民间流传,时人任士林记载,当时松江府治西南的超果寺,“实白衣大士瑞光示现之地,众敬趋凑,慈感如觌,事有吉凶祸福,其颂百三十置籤以卜之,谛信之,归者亦多矣”①。至大年间(1308—1311),浙东道宣慰副使曹梦炎以疾病籤占于此,应验不爽,后来又多次到这里籤占,且屡屡应验。为酬谢观音的佑护,曹氏“自大德五年讫九年,施财若干贯,米若干石,田若干,荡若干亩。今住持北山文胜师,以所施田岁入五百亩补斋粥,二百亩备修建,百亩举期忏,且岁以正月集千僧诵经典,固将彰大士之道,俊曹氏之施而久之也”②。此籤谱至今在福建、台湾等地仍可见到(如福建永春乌髻岩和台湾台北妙心寺),只是保留诗文等文字,删除了图画。而在日本的江户时代,大量的寺庙采用此籤谱,至今犹然,这个问题我们将在“籤占在海外的传播与影响”中加以探讨。

明清以来,号称《观音籤谱》的版本很多,如有24首的《观世音菩萨灵杯图》,首籤为:“杯得三圣,有事宜成,孕必生男,病安讼胜。”(图7-2)有28首的《观音籤谱》,首籤为:“宝马盈门吉庆多,官司有理劝调和。万般得利称全福,一箭红星定中科。”(图7-3)还有32首的《观世音菩萨感应灵课》,首籤为:“彩凤鸣丹门,麟儿载弄璋。万般福泽至,喜气自洋洋。”③由于观音最受女性的崇拜,观音籤自然也备受女性的青睐,如上海的保安司徒庙,建于明代,原来供奉土地神,后改为供奉观音和关帝,“每逢朔望,祈籤者云集”。其中女性信徒居多,李默庵《申江杂咏》“司徒庙”写道:“香烛些些费莫猜,非关祈子乃求财。鬓边黄纸籤条插,知向司徒庙里来。”上海的沉香阁也是信女们祈求观音籤的重要去处,竹

① 任士林:《松乡集》卷二《曹氏舍田记》。

② 同上。

③ 《观世音菩萨三十二感应课偈》:“昔日唐三藏诣西天取经,值观世音菩萨曰:‘汝往西天求教,道途凶险。缘汝能辨,吾助汝三十二感应灵通之卦。’日传一课,便见当日前途吉凶。祸福无不应者。欲叩焚香祝祷,用净钱五文于香烟上度过,手内擎摇祝祷偈曰:‘紫金化身千百亿,白衣妙相三十二,稽首圆通自在尊,沙界咸称大悲王。’”《观世音菩萨感应灵课》,台北:世桦印刷企业有限公司1986年版。

枝词："沉香阁内去烧香，大士灵籤仔细详。菩萨慈悲人尽仰，吴姬粤妹往来忙。"①

目前，在华人社会中流传最广的观音籤谱主要有两种，一种是 100 首的《观世音灵籤》，另一种是 60 首的《六十甲子灵籤》，分别介绍如下：

（一）《六十甲子灵籤》

《六十甲子灵籤》产生于何时，何人编写，文献没有明确记载。据台湾陈易传说，此籤谱原名《观音佛祖灵感籤诗》，收入在《幼学须知杂字采珍大全》一书中，早在乾隆五十一年就在台湾诸罗县流传，最初为观音佛祖庙所使用，后来为妈祖庙和其他相关庙宇沿用至今且广为流传。他

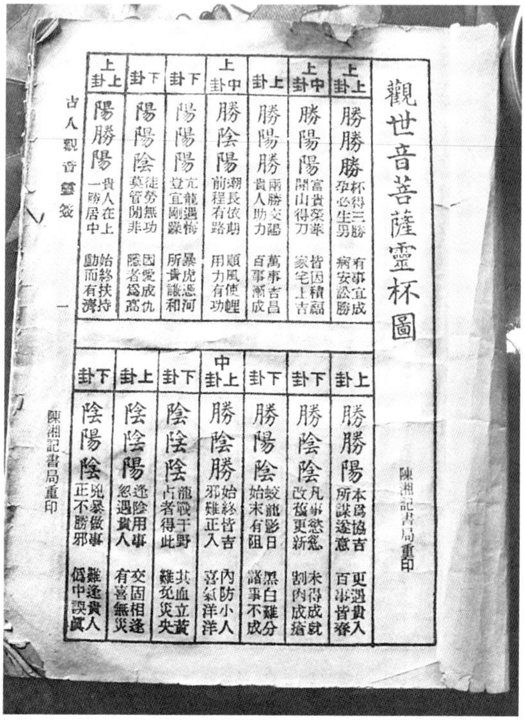
观世音菩薩靈杯圖
古人觀音靈籤
陳湘記書局重印

图 7–2　观世音籤谱

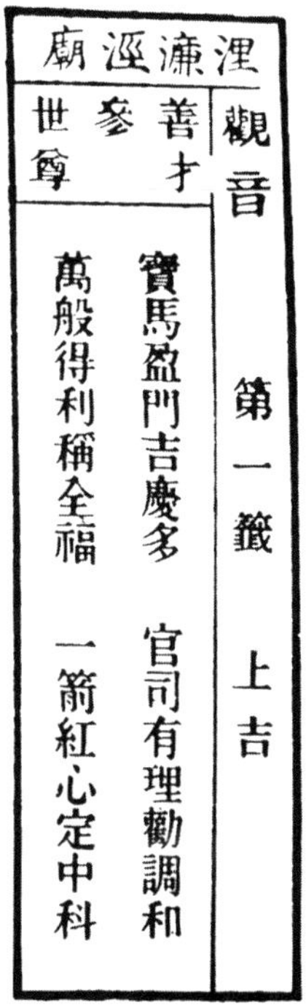
浬濂涇廟
觀音
善才　參　世尊
第一籤　上吉
寶馬盈門吉慶多　官司有理勸調和
萬般得利稱全福　一箭紅心定中科

图 7–3　观音灵籤

① 范荧：《上海民间信仰研究》，上海人民出版社 2006 年版，第 95 页。

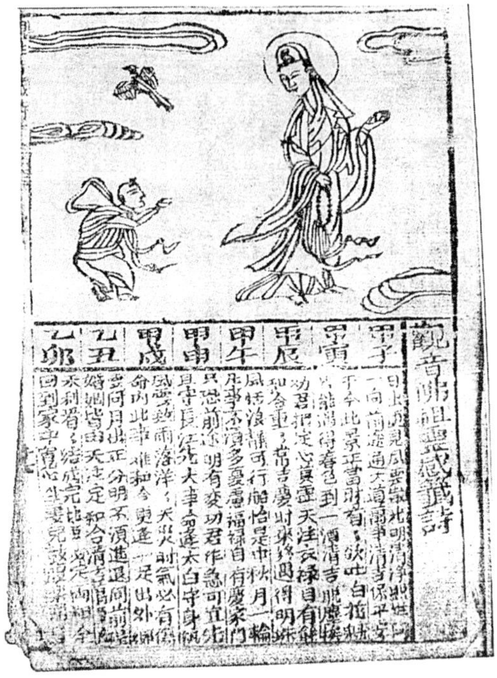

图 7–4 《六十甲子灵籤》被印在通书中，广为流传

还收藏其木刻版的《六十甲子灵籤》一本。[①] 实际上，籤谱与通书之类的民俗杂书结合在一起，至迟在明代中期就出现了，对于籤占的广泛流传和影响的扩大，产生不可低估的影响。台湾大规模开发较迟，《六十甲子灵籤》是随着闽人大批入台才传入台湾的，在众多的籤谱中，移民之所以选择《六十甲子灵籤》带去台湾，显然是由于此籤谱在大陆影响较大且认为比较灵验的缘故，因此可以断定，陈易传先生收藏的乾隆版的《六十甲子灵籤》不是最早的版本。根据《六十甲子灵籤》的典故中没有发生在清代的故事，且称明武宗朱厚照为“正德君”等来推测，该籤谱大约定型于明代中后期。

关于《六十甲子灵籤》，我们在第二章第三节特殊的籤谱曾经做了初步的介绍，指出这是目前流传最广的籤谱，在闽台乃至华人聚居地，有1/3以上的宫庙寺院使用此籤谱。值得注意的是，使用《六十甲子灵籤》的并不都是供奉观音菩萨的寺院宫庙，以台湾桃园、新竹、苗栗为例，在126座使用《六十甲子灵籤》的寺院宫庙中，以观音为主神的一共只有20座，仅占15.87%，列表如下：

---

① 参见陈锦云：《台湾六十甲子圣母诗籤研究——以桃、竹、苗地区为中心》，中国文化大学中国文学研究所2008年印行，第15页。

表 7-1　台湾桃园、新竹、苗栗《六十甲子灵籤》分布

庙宇名称	供奉主神	地点	庙宇名称	供奉主神	地点	庙宇名称	供奉主神	地点
莲花寺	观音	桃园市	观音宫	观音	头份	显圣宫	妈祖	湖口—溪南
慈济宫	观音	桃园市	慈裕宫	妈祖	竹南—中港	德后宫	妈祖	湖口
竹林寺	观音	芦竹乡—南坎	龙凤宫—1	妈祖	竹南—龙凤里	五和宫	妈祖	穹林—鹿寮坑
观音寺	观音	大溪—莲座山	龙凤宫—1	妈祖	竹南—中港	慈天宫	妈祖	北埔
甘泉寺	观音	观音乡	慈圣宫	妈祖	苗栗—造桥	玄天宫—3	妈祖	新丰—松柏林
玄天宫—2	观音	中坜	慈惠宫	妈祖	通宵	天后宫	妈祖	新丰—坡头村
紫竹林观音寺	观音	内坜	受天宫	妈祖	通宵—乌眉	天后宫	妈祖	香山
慈护宫	妈祖	桃园市	顺天宫	妈祖	苑里—房里	龙正宫	妈祖	香山
妈祖堂	妈祖	桃园市	慈和宫	妈祖	苑里	受天宫	玄天上帝	新竹市内
天后宫	妈祖（二妈）	八德乡	天后宫	妈祖	三义	天王宫	玄天上帝	新竹市内
福安宫	妈祖	大溪—三层	天后宫	妈祖	铜锣	玄武宫	玄天上帝	宝山乡
保障宫	妈祖	观音乡—草螺	五龙宫	妈祖	西湖—三湖	镇安宫	三府王爷	新竹—仙水里
天后宫	妈祖	新屋—笨港	永春宫	关帝	苗栗—头屋明德	元亨宫	池府王爷	新竹市
仁海宫	妈祖	中坜	东龙宫	关帝	通宵	普元宫	三清王爷	新丰—红毛港
三元宫	三官大帝	八德乡—八德市	福德宫	福德正神	竹南—中港	池王庙	池府王爷	新丰—红毛港
崇德宫	三官大帝	中坜—大崙	三圣宫	延平郡王	竹南—中港	长兴宫	三府王爷	香山—盐水港

续表

庙宇名称	供奉主神	地点	庙宇名称	供奉主神	地点	庙宇名称	供奉主神	地点
三崇宫	三官大帝	中坜	德圣宫	三府王爷	竹南—中港	南宁宫	南府坤鯓	新竹—浸水庄
赐福宫—2楼	三官大帝	杨梅	光德宫	王爷	竹南—港墘	立善寺	三宝佛	关西
三元宫	三官大帝	龙潭	明德宫	三皇太子	竹南—海口	乐善堂	佛祖	横山—大山背
永福宫	三官大帝	龙潭—三坑子	朝云宫	玄天上帝	通宵	如来寺	佛祖	横山—大山背
三元宫	三官大帝	杨梅	五谷宫	神农氏	头份	东宁寺庙	地藏王菩萨	新竹市内
明德宫	福德正神	桃园市	大化宫	三山国王	头份—斗换秤	九天玄女庙	九天玄女	新竹—古奇峰
福德宫	福德正神	芦竹乡—田心	清泉寺	佛祖	谈文	慈云案	清水祖师	新竹—埔顶
福成宫	福德正神	八德乡—大湳	舍利洞	瑶池金母	狮头山	吉良宫	姑娘妈	新竹市
玄天宫—1	玄天上帝	中坜	竹莲寺	观音	新竹市内	青山宫	灵尊天王	新竹市
北靖宫	玄天上帝	龙潭	浸水灵隐寺	观音	新竹—浸水乡	威灵宫	杨府千岁	新竹市
宋天宫	杨六使	桃园市	法莲寺	观音	新竹市	太白宫	太白金星	竹北
镇抚宫	广泽尊王	桃园市	明莲寺	观音	新竹市	广和宫	三山国王	新埔
寿山岩观音寺	佛祖	龟山乡	玉虚宫	观音	新竹市	北极殿	保生大帝	关西
五福宫	玄坛元帅	芦竹乡—南坎	莲花寺	观音	竹北	三元宫	三官大帝	湖口—老街
福海宫	辅信王宫	芦竹乡—竹园	莲华寺	观音	六家—犁头山	注生宫	注生娘	湖口—祥喜

续表

庙宇名称	供奉主神	地点	庙宇名称	供奉主神	地点	庙宇名称	供奉主神	地点
福元宫	三府三王宫	芦竹乡—海口	杨柳堂	观音	新丰	无为天宫—1	十二仙女	横山—大山背
隆凤宫	中坛元帅	八德乡	种德堂	观音	竹东	义民庙	义民	关西
仁寿宫	感天大帝	大园	长和宫	妈祖	新竹市内	褒忠亭	义民	新埔
昭灵宫	七夫人	观音乡—蚵壳港	天后宫—内妈	妈祖	新竹市内	永宁宫	玉皇大帝	新丰
妙法道场	三宝佛	杨梅	慈圣宫	妈祖	新竹—南寮	福农宫	神农大帝	新丰
龙元宫	神农大帝	龙潭	圣母庙	妈祖	新竹—水源	天德宫	无形古佛	新丰
指玄宫	孚佑大帝	八德乡—大湳	天后宫	妈祖	竹北	五华宫	包青天	竹东
褒忠祠	义民军	平镇	保安宫	妈祖	竹北	明烈宫	七夫人	香山—大庄
明永堂	观音	苗栗—头屋明德	北和宫	妈祖	竹北	保安宫	保生大帝	香山—美山
慈云寺	观音	通宵	与天宫	妈祖	新埔	关帝庙	孚佑帝君	新竹市—后殿
莲座宫	观音	大湖	云天宫	妈祖	新埔	万善祠	无主众生	新竹—穹林

注：上表据陈锦云《台湾六十甲子圣母诗籤研究——以桃、竹、苗地区为中心》（中国文化大学中国文学研究所 2008 年印行）第 8—14 页的相关表格制作。

从上表可以看出，在使用《六十甲子灵籤》的寺院宫庙中，供奉观音主神的，桃园地区才 7 座，新竹地区有 9 座，苗栗地区仅 4 座，其他的 106 座使用《六十甲子灵籤》的寺院宫庙则供奉着各路神仙佛祖，包括民间神祇。

图 7–5 俗信“观音灵籤，有求必应”，故寺庙多备有《观音籤谱》

那么，为什么如此众多的不是供奉观音主神的寺院宫庙会选择《六十甲子灵籤》而不是其他籤谱呢？笔者认为，除了观音信仰的巨大影响力的惯性效应外，与《六十甲子灵籤》能够满足善男信女基本诉求有密切的关系。

首先，《六十甲子灵籤》流传很广，版本众多，但其籤诗则基本一致，说明是经过长期修订参详后形成的，体现了观音信众的集体智慧。一般说来，籤诗比较晦涩难懂，其兆象也较朦胧，难以参透。而《六十甲子灵籤》的籤诗则不然，读来朗朗上口，内容浅显，比较通俗易懂。以甲子、甲寅、甲辰、甲午、甲申、甲戌为例：

表 7–2 《六十甲子灵籤》前五首籤诗

籤序	籤　　诗
甲子	日出便见风云散，光明清净照世间。一向前途通大道，万事清吉保平安。
甲寅	于今此景正当时，看看欲吐百花蕊。若能遇得春色到，一洒清吉脱尘埃。
甲辰	劝君把定心莫虚，天注衣禄自有余。和合重重常吉庆，时来终遇得明珠。
甲午	风恬浪静可行船，恰似中秋月一轮。凡事不须多忧虑，福禄自有庆家门。
甲申	只恐前途明有变，劝君作急可宜先。且守长江无大事，命逢太白守身边。
甲戌	风云致雨落洋洋，天灾时气必有殃。命内此事难和合，更逢一足出外乡。

其次，《六十甲子灵籤》流传的地区不同，在具体定性兆象方面有较大的差异，但总体而言，其具体定性兆象的项目较多（多在 20 项以上），涉及

百姓生产、生活的方方面面，能够满足当地百姓籤占的基本诉求。以福建省平和县灵通岩、云霄县碧湖岩、龙岩市莲山寺、台湾省台南市海安宫的《六十甲子灵籤》为例，列表如下：

表 7–3　闽台《六十甲子灵籤》首籤具体定性兆象比较

籤谱所在地	首籤的具体定性兆象
平和县灵通岩（23 项）	孕男　移居不好　月令不顺　作事月光成　婚姻难成　求财先有后无　功名有　灶君好　回家月光到月暗无　岁君好　讼先凶后吉　大命男重妻少安　失子寻物月光在月暗无　来人月光到月暗无　在家好　耕作好　学艺难成　出外淡淡　生意月光好　前途有　尾景好　病人先难后安　合家安吉
云霄县碧湖岩（26 项）	家宅平平下神　岁君平安　尾景平安　月令不好　婚姻不好　六甲生男过月生女　求财八分　生理小心　交易称吉　谋事小心　灶位好　灶君差　移居大吉　年冬丰收　雨水□□　六畜□□　求官失财　考试徒劳　占讼和吉　占病劳烦　寻人相逢　寻物近见　风水□□　厝地□□　大命重夫妻不畏长子不畏
龙岩市莲山寺（21 项）	六甲高贵生男　月令先吉后凶　婚姻吉成　出外平安　五谷丰登　花喜有吉　岁君平安　求财吉利　作事好成　官事拖延　来人迟到　六畜平安　厝地平安　根基壮大　大命清吉　家门平安　功名无望　生理得利　病人随起　灶君平安　尾景富贵
台南市海安宫（26 项）	讨海渐渐得利　作塭大吉利　鱼苗不畏　求财先大进后小利　耕作甚得利　经商如意　月令不遂　六甲头胎男二胎女　婚姻可合　家运平安大吉　失物在东急寻能还　寻人得回　远信速至　六畜好　筑室清吉光明　移居大吉　坟墓地穴大吉　出外平安　行舟有大财　凡事大吉昌　治病未日痊安　作事难成成者大吉　功名望后科得进　官事理断分明　家事无忧　求儿大吉

第三，《六十甲子灵籤》的典故多取材于小说、戏曲之类的民间文化，为百姓喜闻乐见，便于参透籤诗中的神意。以福建省龙岩市莲山寺（平和县灵通岩、云霄县碧湖岩籤谱的典故与之基本相同）、台湾省台南市海安宫的

《六十甲子灵籤》为例，其典故列表如下：

表 7-4 闽台《六十甲子灵籤》典故比较

籤序	平和县灵通岩籤谱	台南市海安宫籤谱
甲子	宋仁宗不认母包公请五雷	包公请五雷惊仁宗、包公极审张世真
甲寅	薛蛟祈抛绣球	陈东初祭梅赵子龙救阿斗、薛蛟、薛癸旁州遇彩楼得绣球
甲辰	周德武入庙认妻	周德武入寺相分明、崔文德胡凤娇到家空成婚
甲午	大舜耕田	庐龙王次子招亲、赵云重围救阿斗
甲申	逃生避难昭国关	王剪占袁达、韩文公过秦岭遇霜雪冻
甲戌	乌精乱宋朝	乌精乱宋朝、刘智远战瓜精
乙丑	五国公暗察仁贵	包公暗访白袍将，尉迟恭挂帅
乙卯	薛仁贵回家，认妻相见	薛仁贵回家、朱并回家
乙巳	河东大战，龙飞虎斗	龙虎相会
乙未	尽过信铁草	岳飞掠秦桧、奉吟受灾
乙酉	韩文公过秦岭，白虎拦路，湘子扫雪	韩文公过秦岭湘子扫霜雪、高俅杨戬当权
乙亥	刘智远战狐精	智远战瓜精、桃花女流勿太岁
丙子	刘孛太岁船上山	撑渡百行船遇太岁、三藏被红孩儿烧
丙寅	桃园三结义定天下	桃园三结义、曹公赐云长马袍赠金银
丙辰	姜太公渭水河钓鱼	渭水河太公钓鱼、渭水河钓鱼武吉挑柴打死人
丙午	李世民灾难游地府	李世民游地府
丙申	姜尚卜文王卦分吉凶	薛刚大闹花灯跌死太子惊死圣驾
丙戌	翠玉英近遇贵人	杨广翠玉同坐马、秦叔宝救李渊搬家
丁丑	红孩儿过火焰山	红孩儿捷生路头、范丹妻未出身杀九夫
丁卯	往西天大难火星	孙悟空大难水灾、薛丁山着飞刀
丁巳	朱寿昌长亭寻母	朱寿昌寻母在长亭、朱寿昌辞官寻母
丁未	周文王请姜太公	周文王为太公拖车
丁酉	姜太公渭水钓鱼，老婆送饭	周玉姐可遇陈春生、姜子牙送饭为武吉掩卦
丁亥	隋杨广追小奴，新福寺生太子	缺

续表

籤序	平和县灵通岩籤谱	台南市海安宫籤谱
戊子	风娇入庙迪奸计	风娇观音庵问籤中奸臣计、胡凤娇观音寺行香求仟
戊寅	范丹富贵得妻儿	范丹洗浴遇贤妻、薛丁山破收飞刀
戊辰	胡宪救凤娇母女身离	胡宪救文氏母女、崔文德请胡凤娇
戊午	五龙会石存李克用	李存孝打虎、石存孝遇李克用收为谊子
戊申	关公古城会	关云长斩蔡阳
戊戌	猪八戒崎西山	猪哥遇柿山、薛丁山三请樊梨花
己丑	狄仁杰婚事送妆	缺
己卯	九里山韩信埋伏阵	龙虎交会、刘备入东吴进赘
己巳	洛阳桥卖菜提观音	铜银买纸靴、刘备入东吴回荆州
己未	曹操潼关遇马超	曹操潼关遇马超
己酉	吴汉杀妻	吴汉杀妻为母救主
己亥	李世民落海滩，应梦贤臣救驾	薛仁贵救驾、李世民落海滩
庚子	正德君新正立红牡丹	正德君看呼绿牡丹开、正德君戏李凤姐
庚寅	刘备三请孔明	三请卧龙先生
庚辰	杨文广被困杨柳城	杨文广被困柳州城、孔夫子小儿答
庚午	三元会	三元会葛其量夫妻相会、三元会葛奇蔡坤买书
庚申	包公审月英	王小姐为色事到祸审月英、阉鸡拖木屐三伯探英台
庚戌	孟姜女送寒衣	孟姜女送寒衣哭倒万里长城
辛丑	井边会金娘赶羊，逼父归家	偶才母女井边相会、三婶报喜苏秦回家假不第
辛卯	洪益春留伞	洪益春留伞爱陈三
辛巳	孔子小儿论	孔夫子遇番逢小儿、薛仁贵固白虎关父子不相逢
辛未	江中立得妻	江中立钦赐状元、江中立遇永乐君
辛酉	刘永做官	刘永做官荫妻儿、李三娘井边会
辛亥	蜻蜓飞入蜘蛛网	蜻蜓误入蜘蛛网
壬子	佛印艄婆答诗	佛印艄婆答歌诗、苏小妹答佛印

续表

籤序	平和县灵通岩籤谱	台南市海安宫籤谱
壬寅	训商辂周爱玉小姐得看陈春生	小儿路遇恶儿、小儿遇三煞
壬辰	宋太祖赵匡胤困河东	赵玄郎河东大战宋太祖赵匡胤困河东大战龙虎关
壬午	白虎关薛仁贵归仙	薛仁贵回家遇丁山、上帝公收龟蛇
壬申	苏秦六国拜相回家	苏秦夫妻相会、苏秦回家假不第
壬戌	月英私约相国寺	念月英相国寺、小姐求佛嫁良缘
癸丑	月英酒醉误佳期	郭华醉酒误佳期、玉堂春求佛嫁良缘
癸卯	杨广得病在西所	杨戬得病在西轩
癸巳	孙彪求仙遇大虫	白蛇精遇许汉文、庞涓孙膑学法
癸未	白蛇诈言到南海	白蛇精诈言往南海遇汉文、袁达入昭国关
癸酉	董永皇都市，仙女送孩儿	皇都市上有神仙、老鼠精闹宋朝
癸亥	薛刚踢死太子	薛刚踢死太子惊崩圣驾、杨六郎斩子

第四，《六十甲子灵籤》多数籤谱不标明上中下之类的总体定性兆象，如上面提到的福建省平和县灵通岩、云霄县碧湖岩、龙岩市莲山寺、台湾省台南市海安宫的4种《六十甲子灵籤》中，只有龙岩市莲山寺的籤谱有标明上中下之类的总体定性兆象，这样在客观上为解籤人留下巨大的解释空间，可左右逢源。一些标明上中下之类的总体定性兆象的《六十甲子灵籤》也迎合善男信女趋吉性的籤占心理，上、中籤的比例较高。以龙岩市莲山寺的《六十甲子灵籤》为例，其上籤和中籤共45首，下籤仅15首，下籤的比例仅占25%。无独有偶，福建省南靖县山城镇碧阳宫、上杭县东峰宫、仙游县枫亭镇会元寺的《六十甲子灵籤》的上中下籤与龙岩市莲山寺的《六十甲子灵籤》完全相同。

值得注意的是，在闽台相当多的妈祖庙中所使用的籤谱也是《六十甲子灵籤》，甚至把《六十甲子灵籤》改名为《妈祖圣籤》或《天上圣母六十甲子灵籤》、《妈祖六十甲子圣籤》等。前面提到，在桃园、苗栗和新竹的126座使用《六十甲子灵籤》的寺院宫庙中，以观音为主神的一共只有20座，而以妈祖为主神的则多达35座（桃园7座、苗栗11座、新竹17座）。为什么众多的妈祖庙不使用《天上圣母籤》而使用《六十甲子灵籤》？关于这个问题，我们将在本章的第三节加以探讨。

（二）百首《观世音灵籤》

100首的《观世音灵籤》的影响虽然不如《六十甲子灵籤》和《关帝灵籤》，但其影响也不小，居第三位。由于流传广，其版本很多，籤诗部分差异不大，籤解部分因地区的生产生活环境不同而往往有较大的差异。我们选择通行大陆的《观世音灵籤》（福建南平市明翠阁乙亥年印，下称“明翠本”）和台湾台北艋舺龙山寺《观世音灵籤》（下称“龙山本”），做简要的介绍。

籤诗部分，明翠本和龙山本的所有籤诗的一些遣词造句有所不同，但差异不大，总的意思不变。以前五首为例：

表7–5 闽台《观世音灵籤》（100首）前5首籤诗比较

籤序	明翠本	龙山本
1	开天开地作良缘，吉日良时万物全；如得此籤非小可，人行忠正帝王宣。	天开地辟结良缘，日吉时良万物全；若得此籤非小可，人行中正帝王宣。
2	鲸鱼未变守江河，不可升腾更望闻；异日峥嵘身变化，许君一跃跳龙门。	鲸鱼未化守江河，未许升腾离碧波；异日峥嵘身变态，从教一跃禹门过。
3	临风冒雨去还乡，正史其身似燕儿；衔得泥来欲作垒，到头垒坏复还泥。	冲风冒雨去还归，役役劳身似燕儿；啣得泥来成垒后，到头垒坏复成泥。
4	千年古镜复重圆，女再求夫男再婚；自此门庭重改换，更添福禄在儿孙。	菱花镜破复重圆，女再求夫男再婚；自此门闾重改换，更添福禄与儿孙。
5	一锥卓地要求泉，努力求之得最难；无意偶然遇知己，相逢携手上青天。	一锄掘地要求泉，努力求之得最先；无意俄然遇知己，相逢携手上青天。

显然，流传于闽台地区的百首《观世音灵籤》的源头都是一样的，只是在辗转抄写的过程中，籤诗的个别文字发生变化，有的是庙祝或解籤人根据自己的理解对原来的籤诗进行一些修改，只是有的地方改得更雅俗共赏，有的地方则不那么合理，不好说谁是谁非。同一种籤谱在传播过程中，出现上述情况，带有一定的普遍性，应该说是很正常的。据台湾薛皓文研

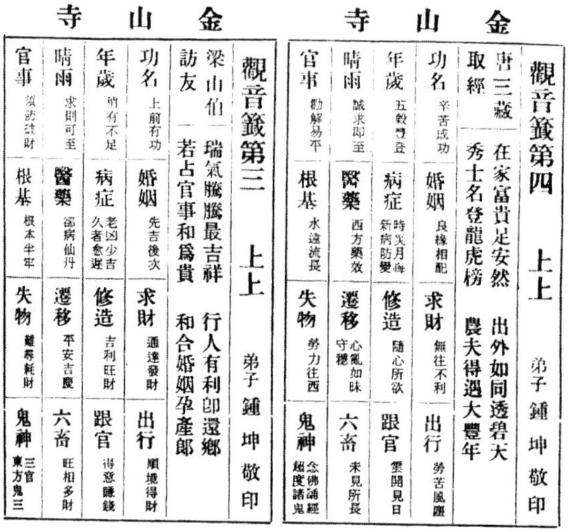
金山寺
觀音籤第三 上上
弟子鍾坤敬印
梁山伯訪友
瑞氣騰騰最吉祥 行人有利即還鄉
若占官事和爲貴 和合婚姻孕產郎
功名 上前有功 婚姻 先吉後次 求財 通達發財 出行 順境得財
年歲 稍有不足 病症 老凶少吉 久者愈遲 修造 吉利旺財 跟官 得意賺錢
晴雨 求則可至 醫藥 卻病仙丹 遷移 平安吉慶 六畜 旺相多財
官事 須防破財 根基 根本牢牢 失物 離尋耗財 鬼神 三官 東方鬼三

金山寺
觀音籤第四 上上
弟子鍾坤敬印
唐三藏取經
在家富貴足安然 出外如同透碧天
秀士名登龍虎榜 農夫得遇大豐年
功名 辛苦成功 婚姻 良緣相配 求財 無往不利 出行 勞苦風塵
年歲 五穀豐登 病症 時災月悔 新病防變 修造 隨心所欲 跟官 雲開見日
晴雨 誠求即至 醫藥 西方藥效 遷移 心亂如昧 守穩 六畜 未見所長
官事 勸解易平 根基 水遠流長 失物 勞力往西 鬼神 念佛誦經 超度諸鬼

图 7–6　台湾台中县金山寺《观世音灵籤》

究，龙山本的籤诗在原初兆象方面有一定的规律可循，其拟兆意象主要有几类：一是天文现象，诸如天地、日月、云雨等，《观世音灵籤》中出现“天地”、“日”意象的，几乎全是吉兆；出现“月”圆时为吉兆，反之则为凶兆；出现“云”意象通常象征晦暗不明，寓意耐心等待；出现“风雨”意象象征逆境挫折；出现“天降甘霖”之类的则为吉兆。二是自然现象，如“水”、“山”等，水的变化无常，江海湖泊又多茫然，故《观世音灵籤》中出现与“水”有关的籤诗多预示困难重重；而“山”通常象征障碍、目标等，因此《观世音灵籤》中与“山”有关的籤诗多兆示艰难险阻和欲突破的目标。三是动物之象，如籤诗中出现“龙”、“凤”的多为吉兆，出现“虎”的多为凶兆，出现“鸟”类的多为陷入罗网或劳碌空忙。四是植物之象，如籤诗中出现“松柏”、“梅花”、“莲花”的多为吉兆，出现“落花”、“残花”、“叶落”、“荆棘”的多为凶兆。五是器物之象，籤诗种出现“玉石”、“财宝”的多为吉兆，出现封闭器物如箱子、匣子、椟、锁、罗网等多为凶兆，出现船只的则吉凶参半，满载财物而归的自然为吉兆，遇到风浪或迷航的为凶兆。六是人事之象，籤诗中出现“贵人”、“高人”、“知己”、“功名”之类的多为吉兆，出现“梦”的多为凶兆。①

对籤诗的原初兆象进行解读的“解曰”部分，明翠本和龙山本也基本相

① 薛皓文：《台湾艋舺龙山寺籤诗及其文学性研究》，台湾师范大学国文学系 2008 年硕士学位论文。

同，仍以前五籤为例：

表 7–6　闽台《观世音灵籤》(100 首)前 5 首“解曰”比较

籤序	明翠本	龙山本
1	急速非速，年未值时，观音降笔，先报君知。此卦盘古初开天地之象，诸事皆吉也。	急速非速，言来时值，观音降事，报与君知。此籤天开地辟之象，凡是皆吉也。
2	得忍且忍，得耐且耐，须待时至，功名还在。此卦鲸鱼未变之象，凡事忍耐待时也。	得忍且忍，得耐且耐，身不用忙，功名自在。此籤鲸鱼未变之象，凡事进退待时。
3	千般用计，晨昏不停，谁知此事，到底劳心。此卦燕子衔泥之象，凡事劳心劳力也。	千般用计，晨昏不停，谁知此事，到底无成。此籤燕子啣泥之象，凡事空心劳力。
4	淘沙见金，骑龙踏虎，虽是劳心，于中无补。此卦古镜重圆之象，凡事劳心有贵也。	五五念五，骑龙跨虎，事虽劳心，于破有补。此籤破镜重圆之象，凡事成就则吉。
5	欲望心事，西方可求，不如英动，立地可谋。此卦锥地求泉之象，凡事先难后易也。	望中心事，今可方求，百事营谋，立地堪求。此籤掘地求泉之象，凡事劳心成就。

图 7–7　福建南平明翠阁

图 7–8　台湾鹿港龙山寺

值得注意的是，无论是明翠本还是龙山本，“解曰”部分充满智慧，特别是最后的“此卦……”或“此籤……”的结论，耐人寻味，对于籤诗而言大有画龙点睛之妙。关于这个问题，我们将在后面详细讨论。

在具体定性兆象等方面，明翠本和龙山本虽然存在一些差异，但基本部分是相同的，仍以前五籤为例：

表 7-7 闽台《观世音灵籤》（100 首）前 5 首具体定性兆象比较

籤序	明翠本	龙山本
1	家宅祈福 自身求财 秋冬大利 交易、婚姻成 六甲生男 行人至 田蚕六畜好 寻人见 讼事吉 失物在东北 病没送山坟吉	交易成交 婚姻成合 求财秋冬 自身秋冬吉 家宅祈保 六畜兴旺 田蚕良好 寻人得见 行人得至 六甲生男 山坟向吉 讼词吉利 疾病送医 失物东方 移徙吉昌
2	家宅不安 自身还愿 求财欠利 婚姻难 六甲作福 行人平安 田蚕吉 六畜不利 寻人见 讼和 移徙吉 失物东南 病祈保 山坟吉	交易无利 婚姻难合 求财欠利 自身还愿 家宅不安 六畜不利 田蚕吉利 寻人见 行人平安 六甲求福 山坟吉 讼词和 疾病祈保 失物东方 移徙吉
3	家宅先凶后吉 自身谨防 求财有 交易成 婚姻不合 行人吉 六甲生男 蚕畜利 讼有理 寻人见 失物见 病还愿 山坟吉	交易成 婚姻不成 求财秋冬有利 自身谨防 家宅先凶后吉 六畜有利 田蚕有利 寻人见 行人吉 六甲生男 山坟向吉 讼词有理 疾病还愿 失物见 移徙平安
4	家宅欠利 自身求财秋冬旺 交易允 婚姻成 行人至 六甲祈保 蚕畜可食 讼不利 移徙守旧 失物迟见 病祈福 山坟吉	交易成允 婚姻成 求财秋冬旺 自身秋冬 家宅欠利 六畜养 田蚕可养 寻人见 行人至 六甲祈保 山坟吉 讼词不利 疾病祈福 失物迟见 移徙守旧
5	家宅祈福 自身求财利 交易、婚姻合 六甲安 行人迟 寻人见 田蚕宜早种六畜损 讼宜和 移徙吉 失物不见 病禳星 山坟吉	交易好 婚姻合 求财有 自身安 家宅祈保 六畜损 田蚕宜早种 寻人见 行人迟 六甲安 山坟吉 讼词早合 疾病祭星 失物不见 移徙迁好吉

值得注意的是，两种籤谱在具体定性兆象上涉及家宅、自身、婚姻、六甲、疾病、失物、诉讼、行人、迁徙、风水、财运、交易、田蚕、六畜等内容，包含着民间生活、生产的主要方面，能满足善男信女的基本需要。还要特

别指出的是，这两种籤谱的具体定性兆象中没有包含许多籤谱经常见到的"功名"项，也许是籤谱的制作者为了面向下层百姓而有意这样安排的。

然而，在典故和总体兆象方面，明翠本和龙山本则有较大的不同，列表如下：

表 7–8　闽台《观世音灵籤》（100 首）典故与总体定性兆象比较

籤序	典故（明翠本）	典故（龙山本）	总体定性兆象（明翠本）	总体定性兆象（龙山本）
1	钟离成道	宋太祖黄袍加身	上	上上
2	苏秦不第	姜太公渭水钓鱼	下	中
3	董永遇仙	燕将独守聊城	下	
4	玉莲会十朋	长乐老历相五代	上	中中
5	刘晨遇县	燕昭王为郭隗筑黄金台	中	中平
6	仁贵遇主	蔺相如完璧归赵	中	中平
7	苏娘走难	廉将军思用赵人	下	
8	裴度还带	范文公断齑画粥	上	上上
9	孔明点将	赵韩王半部论语定天下	上	上上
10	庞涓观阵	秦昭王连城求赵璧	中	
11	书荐姜维	刘先生入赘东吴	上	上上
12	武吉遇师	包胥九顿泣秦庭	上	上上
13	罗通拜师	信陵君存赵辞封	中	上上
14	子牙弃官	管仲三熏三沐见齐桓	中	大吉
15	苏秦得志	商君不听赵良言	中	
16	叶梦熊朝帝	明神宗要活海瑞	中	中上
17	曹操话梅止渴	李斯遗药杀韩非	中	中
18	曹国舅为仙	鬼谷子演课	上	上上
19	子仪封王	杨雄仕新为莽大夫	中	中
20	姜太公遇文王	苏武援官典属国	中	上上
21	李旦龙凤配合	邵康节定阴阳	上	上吉
22	六郎逢救	王孝先为民祈祷	中	上吉
23	怀德招亲	孙策以玺借袁兵	中	上平
24	殷郊遇师	文种不听范少伯	下	

续表

籤序	典故（明翠本）	典故（龙山本）	总体定性兆象（明翠本）	总体定性兆象（龙山本）
25	李广机智	伍子胥过昭关	中	上中
26	钟馗得道	恒温得殷浩书	中	平
27	刘基谏主	李邺侯白衣宰相	中	中中
28	李后寻包公	孟尝君鸡鸣度关	中	上上
29	赵子龙救阿斗	百里奚食牛入相		大吉
30	棋盘大会	楚怀王入秦武关	中	
31	佛印会东坡	达摩面壁	中	
32	刘备求贤	常何荐马周	中	
33	咬金聘仁贵	鲍叔进管仲	中	中中
34	桃园结义	文中子上太平策	中	上上
35	唐僧取经	刘关张古城相会	中	上上
36	湘子遇宾	刘先主进葭萌关	中	上上
37	李靖归山	管公明避隐辽东	中	平平
38	何文秀遇难	淮阴侯背楚归汉	下	中平
39	姜女寻夫	曹操遣祢衡投黄祖	下	下下
40	武则天登位	马援女为皇后	中	平中
41	董卓收吕布	董卓冒郿藏金	中	
42	目连救母	温公入相除新法	上	上
43	行者得道	泗水亭长作太子	上	大吉
44	姜维邓艾阵	周郎赤壁败曹兵	中	中中
45	仁宗认母	张良受书圯上老人	上	上上
46	渭水钓鱼	赵韩王为村学究	中	上平
47	梁灏登科	高远夫五十得名	上	上上
48	韩信挂帅	班超万里封侯	中	大吉
49	王祥求鲤	太子丹尊事荆轲	中	
50	陶铸归五湖	三宝太监下西洋	中	大吉
51	孔明入川	诸葛公隆中高卧	上	上平
52	李太白醉捞明月	李太白醉中捉月	中	
53	刘备招亲	王景略扪虱谈兵	中	上上

续表

籤序	典故（明翠本）	典故（龙山本）	总体定性兆象（明翠本）	总体定性兆象（龙山本）
54	马超追曹	吕仙枕黄粱未熟	下	
55	周武王登位	郭暧尚公主	中	大吉
56	禄山谋反	范少伯泛舟五湖	中	中平
57	董仲寻亲	宁戚饭牛叩角	中	上中
58	文王问卜	罗隐归咎越王	中	中中
59	张良隐山	李德裕贬崖州	中	中平
60	古人赤壁金兵	先主连营	下	
61	苏小妹难夫	厮养卒走燕取归赵王	中	大吉
62	唐僧得道	吕蒙正破窑守困	中	中中
63	女娲氏炼石	黄孝子万里寻亲	中	
64	马前覆水	石崇被害	下	
65	孙膑困庞涓	越王勾践栖会稽山	下	
66	霸王被困	楚霸王阴陵失道	下	
67	金星试窦儿	管仲相齐	上	上上
68	郭汾阳祝寿	李吉甫三代为相	中	上上
69	梅开二度	程婴匿孤存赵	中	中上
70	李密反唐	诸葛与关公说亲	下	
71	文君访相如	貂蝉从王司徒计	中	上上
72	王莽求贤	刘智远打磨房	中	中吉
73	陈桥兵变	萧何月下追韩信	上	上上
74	秦败擒三将	韩非入秦被害	下	
75	伍员夜出昭关	伍子胥中流得兰桨	中	中
76	洪武看牛	孙叔敖隐处海滨	中	上上
77	捧璧归赵	范雎相秦	中	
78	临潼救驾	秦泌屈张温	上	上中
79	暗扶倒铜旗	魏颗得老人结草	中	上中
80	智远投军	郭令公免胄见吐蕃	上	上上
81	风送滕王阁	风送滕王阁	上	中中
82	火烧葫芦翁	吕纯阳重生梓树	中	中中

续表

籤序	典故（明翠本）	典故（龙山本）	总体定性兆象（明翠本）	总体定性兆象（龙山本）
83	李渊登位	马周入都投旅店	中	中上
84	庄子试妻	李广霸陵夜猎	下	
85	韩文公遇雪	苏秦抵掌华屋	中	上上
86	商辂中三元	西王母献益地图	中	大吉
87	咬金探地穴	魏武帝羊肠失落	中	中平
88	庞洪畏包公	张子房误中副车	中	
89	智服姜维	姜太公渭水遇文王	上	上上
90	章丹遇仙	刘先主如鱼得水	上	上上
91	三战吕布	宗悫长风破浪	中	上上
92	蔡卿报恩	李固言柳汁染衣	上	上上
93	高君保投亲	卫懿公赐鹤乘轩	中	中中
94	伯牙访友	王君公避世墙东	下	中中
95	曹丕称帝	刘太尉闻鸡起舞	中	上上
96	宝燕山积善	汾阳王七夕天孙	上	上上
97	六出祁山	邓通铜铸钱	中	
98	吉平遇难	陶渊明三径关门	下	
99	陶三春挂帅	塞翁失马	下	中平
100	三教谈道	楚襄王阳台梦醒	下	

从上表列举的明翠本和龙山本的典故来看，明翠本多取材于小说、戏剧和传说故事，诸如《八仙故事》、《封神榜》、《薛仁贵征东》、《薛丁山征西》、《罗通扫北》、《杨家将》、《西游记》、《东周列国志》、《二度梅》、《说唐》、《宋太祖征打南唐》、《今古奇观》、《烂柯山》、《善庆缘》、《金印记》、《天仙配》、《荆钗记》、《玉钗记》、《浣纱记》、《长生乐》、《还带记》、《龙剑记》、《金丸记》、《三元记》、《河东记》、《全德记》等，仅出自《三国演义》的故事就多达16籤（第九、十一、十七、二十九、四十一、四十四、五十一、五十三、五十四、六十、八十二、八十九、九十一、九十五、九十七、九十八首），显然作者比较熟悉民间文化，所选取的故事也是百姓耳熟能详、喜闻乐见的。而龙山本

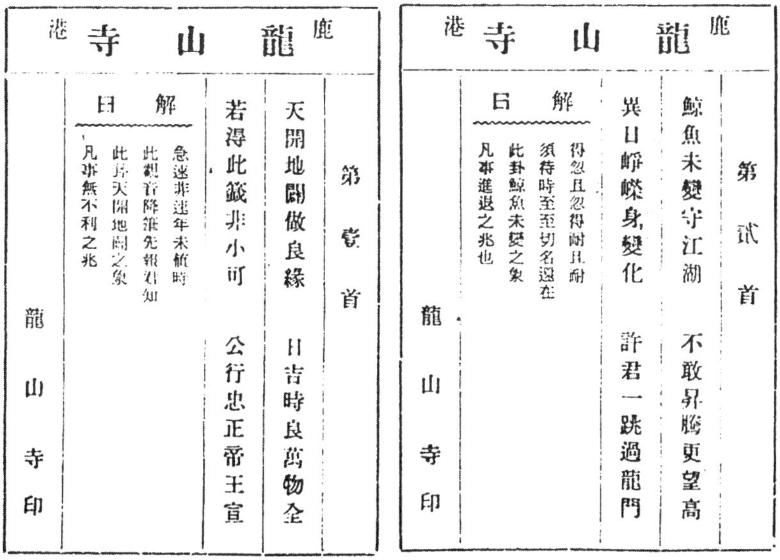

鹿港 龍山寺

第壹首

天開地闢做良緣　日吉時良萬物全

若得此籤非小可　公行忠正帝王宣

解曰

急速非遲年未值時

此觀音降籤先報君知

此簽天開地闢之象

凡事無不利之兆

龍山寺印

鹿港 龍山寺

第貳首

鯨魚未變守江湖　不敢昇騰更望高

異日崢嶸身變化　許君一跳過龍門

解曰

得忽且忽得耐且耐

須待時至至切名還在

此卦鯨魚未變之象

凡事進退之兆也

龍山寺印

图 7–9　鹿港龙山寺籤诗

的典故与明翠本有所不同，据台湾汪娟考证，该籤谱的籤题（典故）“则绝大部分皆为历史人物的典故与传说，其中又以出自正史者居多，事迹斑斑可考。从时代加以分类，属于先秦的有 33 首（西周有 2 首、春秋有 15 首、战国有 16 首），属于汉魏六朝的有 36 首（汉有 14 首、三国 15 首、晋有 5 首、南北朝有 2 首），属于隋唐五代的有 16 首（隋有 1 首、唐有 12 首、五代有 3 首），属于宋明的有 11 首（宋有 9 首，明有 2 首），而传说人物的典故却只有 4 首；虽说有的正史人物也成为后世戏曲小说的取材来源，毕竟从比例上来说，和一般寺庙的籤题偏重于取材通俗的戏曲小说有显著不同。究其原因，可能与艋舺龙山寺的历史沿革和特殊地位有关”①。作者认为：“从艋舺龙山寺的文风鼎盛，同时成为上层知识分子与基层百姓共同的信仰中心，则籤题中能够兼容并蓄典雅艰深的典故和通俗易晓的故事，呈现出雅文化和俗文化的交融，也就不言而喻了。”②

① 汪娟：《百首观音灵籤之籤题析论——以艋舺龙山寺为例》，《中国俗文化研究》2005 年第三辑，第 23 页。

② 同上书，第 24 页。

从总体定性兆象来看，明翠本和龙山本也有较大的不同。明翠本：上籤22首，中籤59首，下籤18首，未注明1首；龙山本：上籤47首（大吉8首，上吉2首，上上29首，上中4首，上平3首，上1首），中籤28首（中吉1首，中上3首，中中10首，中平7首，中4首，平中1首，平平1首，平1首），下籤25首（下1首，无标识24首）。显然，明翠本的作者比较谨小慎微，把上籤和下籤的比例控制在20%左右，而中籤则多达59%。而龙山本的作者则迎合善男信女趋吉性的籤占心理，上籤的比例多达47%。对于下籤，则讳莫如深，明确标明的只有1首，其他的24首采取不明确标识总体定性兆象的做法，以免引起善男信女的不快。

从具体的籤诗看，明翠本和龙山本的总体定性兆象不同的多达44首（籤序为2、4、10、13、14、15、20、22、23、25、28、29、30、31、32、34、35、36、38、41、46、48、49、50、52、53、55、57、61、63、68、71、76、77、79、81、85、86、88、91、94、95、97、99），产生这一差异的原因除了对籤诗的原初兆象的理解不同外，最主要的原因是籤诗的典故不同造成的。即使同一种籤诗、同一典故，两种籤谱的作者所作出的吉凶判断也大不相同，如第五十二首的典故和第八十一首的典故完全相同，但明翠本的总体定性兆象为“中”和“上”，而龙山本的总体定性兆象为无标识和“中中”。

当然，明翠本和龙山本的总体定性兆象也有相同的，那就是上中籤和下籤的比例基本接近，前者的上中籤共81首，下籤19首，后者上中籤共75首，下籤25首。下籤的比例均大大少于33.3%，趋吉性的特点相当突出，因此，深受善男信女的喜爱而成为影响最大的籤谱之一。

明翠本和龙山本何时产生，文献没有记载。不过，从籤谱的整体上看，“籤诗”大约在宋代就产生了。“籤解”和“具体定性兆象”是在“籤诗”的基础上编写的，三者的思路基本上一致，很可能是同一作者完成的，也不排除稍后于“籤诗”产生。至于“典故”和“总体定性兆象”，与“籤诗”基本脱离，可以断定与“籤诗”的作者不是同一时代、同一个人。籤谱典故所发生的时代最迟的是明代中期，称朱元璋为“洪武”（明翠本第七十六首“洪武看牛”）、称朱翊钧为“神宗”（龙山本第十六首“明神宗要活海瑞”），还采用了“三宝太监下西洋”的典故（龙山本第五十首），由此可以作出初步判定，这两种籤谱都定型于明代中后期。

综上所述，印度佛教传入中国后，必然要与中华文化特别是俗文化相适应，才能在中国大地上扎下根来，进而开花结果，因此佛教的世俗化不可避免且愈演愈烈，其中佛教与中国的占卜的结合就是其世俗化的具体表现。佛教利用籤占来扩大影响至迟出现在宋代，明清时期，绝大多数寺院都备有籤谱，供善男信女占卜。也许有高僧大德和佛教信徒想借用籤占来开导民众，将佛教的基本理念融入籤诗，引导善男信女皈依佛教，如明翠本的"前言"中还有如此说法："戏言是通过神灵和佛菩萨的慈悲精神，开导迷惑的众生，指点迷津，超度苦海，以达到心理治疗的功能，进而圆落的觉证到宇宙真理，充实人生。"但在实践中恐怕只能是良好的愿望而已。以《观世音灵籤》为代表的宋代及其宋代之后出现的佛教籤谱，并没有出现严耀中所说的隋唐时期的"佛教将业力因果说系统地注入占卜中，并且逐渐将作用凸显到佛寺中流行的卜籤上，形成了有特色的中国佛教占卜"[①]的情形，实际上，《观世音灵籤》与其他籤谱并没有本质上的差异，甚至更加通俗、更加世俗，因此更加受到百姓的热烈吹捧和崇信。

第二节　籤占与道教

一、《道藏》中的籤谱

道教是中国土生土长的宗教，具有浓厚的中国文化的色彩。道教的思想来源多元，"杂而多端"是其特点，其中，原始社会的鬼神信仰、先秦的方术、巫术等为道教所吸收，一直传承下来，并不断发展。占卜术作为中国传统文化的重要组成部分，不但形式众多，而且影响大，道教在创立和发展过程中，自然不会置之占卜术而不顾，五斗米教和太平道都有不少利用占卜术来吸引信众的记载。此后，道教与占卜活动密不可分，相关记载连篇累牍，

① 严耀中：《论占卜与隋唐佛教的结合》，《世界宗教研究》2002年第4期。

占卜术在道教文化中得到丰富和发展，而道教也借助占卜术以扩大其影响。

然而，道教与籤占何时结缘？据南宋著名道士白玉蟾《续真君传》记载，西晋道士许逊飞升后，其族孙许简把许逊的120首遗诗写在竹简上，供人占取，名为圣籤。我们在第一章曾对此问题做了分析，对籤占出现在西晋提出质疑。但从目前所掌握的文献资料看，道教与籤占结缘应该比较早。我们多次引用的卢多逊求籤诗的故事，就发生在五代时期的“云阳道观”，而且他所抽的籤诗“身出中书堂，须因天水白。登仙五十二，终为蓬莱客”，也充满道教神仙信仰的色彩。

宋代，道教编造大量籤谱，放在道观供信徒占卜。台湾学者萧登福指出：“道教兴起后，以籤诗来占卜，便自然的转移到道教之观庙来。”① 又说：“由于道教徒常以灵籤来问取神明的意向，以决行止。道教庙宇也成为民间抽籤问吉凶的必然场所。”② 宋代，连苏东坡这样的大文人也对道教的籤诗情有独钟，他先后两次在浙江和海南岛抽籤，都在道观中进行，且深信不疑。《东坡志林》载：“冲妙先生季君思聪所制观妙法象，居士以忧患之余，稽首洗心，归命真寂，自惟尘缘深重，恐此志未遂，敢以籤卜，得吴真君第三籤，云：‘平生常无患，见善其何乐。执心既坚固，见善勤修学。’敬再拜受教，书《庄子·养生》一篇，致自励之意，不敢废坠，真圣验之。绍圣元年（1094）八月二十一日，东坡居士南迁过虔，与王岩翁同谒祥符宫，拜九天使者堂下，观之妙象，实同此言。”③ 又载：“东坡居士迁于海南，忧患之余，戊寅（1098）九月晦，游天庆观，谒北极真圣，探灵籤，以决余生之祸福吉凶。其辞曰：‘道以信为合，法以智为先。二者不离析，寿命不得延。’览之悚然，若有所得，书而藏之，以无忘信道法智二者不相离之意。”④

佛教寺院虽然也备有籤谱供人占卜，《观世音灵籤》影响之大也非道教的某种籤谱所能比拟，但佛教界上层并不太认同籤占，最多只是把籤占看做是吸引信众拜佛的权宜之策，因此，《大藏经》之类的佛教经典很少收入

① 萧登福：《道教与密宗》，新文丰出版股份有限公司1993年版，第401页。

② 同上书，第402页。

③ 苏东坡：《东坡志林》卷三《记真君籤》，中华书局1981年版，第63页。

④ 苏东坡：《东坡志林》卷三《值道智法说》，中华书局1981年版，第63—64页。

佛教的相关籤谱。而道教界则不同，他们对籤谱基本上是持肯定的态度，不少道士参与籤诗的编写、在道观为信众解释籤诗等，还把一些籤谱收入《道藏》之中。

《道藏》是道教经典、论集、科介、符图、法术、斋仪、赞颂、宫观山志、神仙谱录和道教人物传记等道书的总集，其内容庞杂，还包括诸子百家、医药养生、内外丹、天文历法方面的著作等。道书之正式结集成“藏”，始于唐开元（713—741）间，《开元道藏》是中国历史上的第一部正式的、完整的道藏。宋代，曾先后五次收集整理道经，重修《道藏》，其中《政和万寿道藏》最为有名，为道藏的木刻本的开始。金、元、明诸朝皆有编修《道藏》，金朝编刻《大金玄都宝藏》，元朝编刻《大元玄都宝藏》，明朝编刻《正统道藏》和《万历续道藏》。除明代《正统道藏》和《万历续道藏》外，其他《道藏》均毁于兵火。

《正统道藏》编修于明成祖永乐四年，由第四十三代天师张宇初及其弟张宇清奉诏主持编修，通妙真人邵以正校正增补，于正统十年刊版事竣，共计 5305 卷。明神宗万历三十五年，又命第五十代天师张国祥主编成《续道藏》，凡 32 函，180 卷。正续《道藏》共收入各类道书 1476 种，5485 卷。《正统道藏》收入的籤谱有 7 种：

1.《大慈好生九天卫房圣母元君灵应宝籤》99 首；

2.《洪恩灵济真君灵籤》53 首；

3.《灵济真君注生堂灵籤》64 首；

4.《扶天广圣如意灵籤》120 首；

5.《四圣真君灵籤》49 首；

6.《玄真灵应宝籤》365 首；

7.《护国嘉济江东王灵籤》100 首。

《万历续道藏》的籤谱有 3 种：

1.《洪恩灵济宫真君灵籤》64 首；

2.《注生堂感应灵籤》64 首；

3.《玄天上帝感应灵籤》49 首。

在《正统道藏》和《万历续道藏》收入的籤谱中，《正统道藏》的《灵济真君注生堂灵籤》64 首和《万历续道藏》的《注生堂感应灵籤》64 首，除了个别文字不同外，可视为同一籤谱。《正统道藏》的《洪恩灵济真君灵籤》53首和《万历续道藏》的《洪恩灵济宫真君灵籤》64首也基本相同，只不过《万历续道藏》多了第五十四至六十四首灵籤。因此，《道藏》实际收入的籤谱只有8种，其中《护国嘉济江东王灵籤》在第一章已经做了详细介绍，不再赘述，其他的籤谱逐一考释如下：

（一）《大慈好生九天卫房圣母元君灵应宝籤》

籤谱之前有《大慈好生九天卫房圣母元君灵应宝籤序》，序言的第一段引用《九天玉枢宝经》说：

> 世人夫妇，其于婚合，或犯咸池，或犯天狗。三刑六害，隔角交加，孤阴寡阳，天罗地网，艰于嗣息，多是孤独。若欲求男，即诵此经，当有九天监生大神，招神摄风，遂生贤子。于其生产之时，太乙在门，司命在庭。或有冤愆，或有鬼魅，或有禁忌，或有凶厄，致令难产，请诵此经，即有九天卫房圣母默与报送，故能临盆有庆，坐草无虞。①

道教认为，天上有九天监圣司，居住着诸多神灵，主宰人的生死寿夭，诸如九天监生大神、九天卫房圣母、九天定生大神、九天感化大神、九天定胎大神、九天易胎大神、九天助生君、九天顺生君、九天速生君、九天全生君、六甲符吏催生童子、保生童子、速生童子、南昌分胎功曹、南昌主产功曹、九天掌胞胎魂魄脏腑鼓景神圣众等②，其中九天卫房圣母元君即大慈好生九天卫房圣母元君的神格很高，她"高居九天之上，总职三界之中，宣太上好生之圣德，敕阴阳生成之号令，上自后妃，下及民妇，俱蒙敕命，人物生成，录人间之善恶，察女子之贞邪。有德者奏闻玉京，敕神祇而获佑，书名仙籍，益筭延年；有过者申告三官，付五雷斩勘之司，照依玉律施行刑，遭疾苦困危，魂系酆都，常沉苦海，永失真道。善者赐其贤子贤孙，不善者世遭苦厄，多诸忧恼。……"③显然，九天卫房圣母元君的具体职责是记录每个人的善

---

① 《大慈好生九天卫房圣母元君灵应宝籤》，张继禹主编：《中华道藏》第三十二册，华夏出版社2004年版，第123页。

② 参见《灵宝领教济度金书》卷五七、卷二三九。

③ 《大慈好生九天卫房圣母元君灵应宝籤》，张继禹主编《中华道藏》第三十二册，华夏出版社2004年版，第123页。

图 7–10　北京东岳庙广嗣殿供奉九天卫房圣母元君和九天监生明素元君

恶，定时奏闻上帝，予以赏罚，同时还职掌赐子和妇女的生产，类似于注生娘娘。重庆大足南山圣母窟中的主像据说就是九天卫房圣母元君，左、右二圣母，当为护胎圣母、保胎圣母。

《大慈好生九天卫房圣母元君灵应宝籤序》还给此籤谱的来历及功用披上神秘的外衣，略云："今幸钦承敕命，颁降宝籤九十九道，九则妙理，无穷玄机，深奥昭天。省赏善之条，明雷府伐恶之令，怒责邪凶，劝其仁孝，露未萌之灾福，阐大道之慈悲，彰其善恶，示以吉凶。欲化人民，咸行善道，勿堕邪非……"并有《三天圣师敬赞》："妙哉灵应九十九，玄奥真诠广圣慈。为恐有情忘正念，故垂籤语指群迷。万君生民俱有幸，千般巧计总为非。人还肯信行忠孝，吾当亲奏宝鸾墀。"①

籤谱中也多次提到《玉枢经》，如第八十五首"更宜看颂玉枢章"句，第九十一首中有"更宜广颂玉枢经"句，第九十六首中有"颂礼玉枢经"

① 《大慈好生九天卫房圣母元君灵应宝籤》，张继禹主编：《中华道藏》第三十二册，华夏出版社 2004 年版，第 123 页。

句。查《九天玉枢宝经》全称《九天应元雷声普化天尊玉枢宝经》，成书于北宋末或南宋时期，所以此籤谱的出现时间大概在南宋之后、明万历之前。

《大慈好生九天卫房圣母元君灵应宝籤》第九十八首提到“拴娃娃”的习俗：

人间个个要求儿，休坏吾前宝殿儿。

你能妆画儿童喜，他自争来作你儿。

解曰：不可损扼宝殿小儿，宜添塑造，精巧妆严，引接小儿，自有喜庆。

“拴娃娃”的祈子习俗最初流传于京津等地，不少庙宇中的神座和注生娘娘、送子娘娘的身上放着许多泥塑小男娃娃，婚后不育的年轻妇女，由婆婆或姑姨等长辈陪同，到注生娘娘等神像前，烧香磕头，默祷一番后，从神座上偷偷拿一个小泥娃娃，揣于怀中，默念：“跟妈妈回家”，头也不回地直往奔家，藏于卧室。若真的凑巧得子，必到神庙还愿，并买数个泥娃娃送回原处，供后来者拴去。由此可见，《大慈好生九天卫房圣母元君灵应宝籤》产生于北方。

图 7-11　杨柳青版画《天后宫内拴娃娃》

图 7–12　活泼可爱的泥娃娃

《大慈好生九天卫房圣母元君灵应宝籤》共99首，其中第四、六、十五、十八、二十四、三十三、三十七、四十六、四十七、五十二、五十五、五十六、五十八、七十二、七十三、七十五、九十六首为五言四句诗，第九十五首为四言四句诗，其余的为七言七句诗，诗后有简明扼要的“解曰”。如首籤：

天尊有敕救人民，帅将钦承阐圣灵。

幸喜庆缘逢道化，须当作善保全生。

解曰：天恩大降，普救人民。神明钦奉，道阐兴行。早宜作福，子母团圆。

第六首：

好笑你悭悭，不信有神明。

口强心自硬，只怕汝难生。

解曰：速宜忏罪，庶免凶忧。

第九十五首：

人身难得，中土难生。

假使得生，正法难遇。

解曰：厄难临身，急早告斗。大作善福，预告天尊。

值得注意的是，在《大慈好生九天卫房圣母元君灵应宝籤》中，除极少数籤诗为求子外，绝大多数籤诗是关于孕妇生产和保胎的，其基本观念是，能顺产者是因为敬神明、积善积德、孝顺父母公婆的缘故，难产者，则是不敬神明、作恶多端、不孝顺父母公婆的缘故，第九首籤诗集中体现籤诗编写者的理念：“敬吾大道敬神明，恭奉堂亲及奉经。日常善果今当应，天人着意保全生。”当然，抽到难产之类的下籤者，也不必害怕，《大慈好生九天卫房圣母元君灵应宝籤》会给抽籤者指出禳解方法，诸如举行忏罪、告斗、作福、诵经等仪式，或修善、服保胎符等。如果抽到顺产之类的上籤，也要谢天酬神还愿等。

还值得一提的是，《大慈好生九天卫房圣母元君灵应宝籤》中的一些籤诗写得相当优美，读来朗朗上口，甚至风趣幽默，如第三十一首："公公长叹问婆婆，皓首飘然怎奈何。我等孤身谁送老，邻家儿女又嫌多。"把一位白发苍苍的孤独老人的悲凉心态刻画得淋漓尽致，读后令人心酸。

（二）《灵济真君注生堂灵籤》（《注生堂感应灵籤》）

"灵济真君"又称二徐真人、徐仙、灵济真人、洪恩真人、洪恩真君等，即徐知证和徐知谔兄弟。二徐实有其人，他们是南唐王朝的权臣，被封为江王和饶王。相传后晋开运二年（945），应闽主的请求，二徐奉南唐主之命率兵入闽平定叛乱，大军经过青布（今福建闽侯青口）时，当地乡民请求大军前去剿灭盘踞在鳌峰上的为非作歹的残兵败将，二徐的军队在整个军事行动中，秋毫无犯。大军离开青布时，百姓依依不舍，极力挽留，并在山上建生祠祭祀。二徐深受感动，对乡民说："我明年当脱离凡世，来这里保佑你们。"翌年，二徐去世，托梦给青布乡民，说他们已成为神灵，降临于鳌峰。百姓遂奉他们为神，"岁时伏腊，祀事罔缺"①。宋代，二徐真人被当地人奉为保护神，影响不大。到了明代，二徐真人信仰在明王朝的扶植下，迅速发展，达到鼎盛。据《御制洪恩灵济宫碑》、《御制灵宝天尊说洪恩灵济真君妙经序》、《明实录》等记载，明成祖朱棣病重，多方治疗，不见好转，后来二徐真人显灵为明成祖治病，转危为安。明成祖因此极力推崇二徐真人，永乐十五年（1417），敕封徐知证、徐知谔以"真人"称号，翌年，升格为"真君"。下令大规模重建福建闽侯的洪恩灵济宫，并在北京城建造洪恩灵济宫，占地八十亩，"雄伟轩敞，不下宫掖"，被列为"京师九庙"之一，朝廷定时祭祀。②

---

① 《徐仙翰藻》卷一，详见《正统道藏》第五十四册，台湾艺文印书馆 1977 年精装缩印本。

② 参见林国平、彭文宇：《福建民间信仰》，福建人民出版社 1992 年版，第 204—216 页。

二徐真人被敕封为“真君”是在永乐十六年，成化二十二年(1486)二徐真人进一步升格为“上帝”，而籤谱贯以“灵济真君”的封号，据此可以断定，《灵济真君注生堂灵籤》当在永乐十六年之后至成化二十二年之前这段时间内形成。《灵济真君注生堂灵籤》在《正统道藏》中独立成卷，又被收入《徐仙真录》卷二中，名为《注生堂感应灵籤》。

图 7–13 福建闽侯灵济宫的御碑记录二徐真人显灵治愈永乐帝疾病的故事

《灵济真君注生堂灵籤》和《注生堂感应灵籤》均为64首，同一版本，基本内容相同，但在传抄的过程中，有27首籤诗的一些文字产生差异，列表如下：

表 7–9 《灵济真君注生堂灵籤》与《注生堂感应灵籤》比较

籤序	《灵济真君注生堂灵籤》	《注生堂感应灵籤》	注释
1	夜来吉梦叶熊罴，嘉庆**盈门**立可期。 孔子释氏亲报送，定是天上**麒麟儿**。	夜来吉梦叶熊罴，嘉庆**充闾**立可期。 孔子释氏亲报送，定是天上**石麒麟**。	意思相近
3	君家瓜瓞远绵绵，祚胤由来降自天。 只恐临盆生阻滞，更须作福保**安然**。	君家瓜瓞远绵绵，祚胤由来降自天。 只恐临盆生阻滞，更须作福保**安全**。	意思相近
4	风雨冥冥花倦开，开花未久点苍苔。 何须更佩宜男草，**此事**皆从前定来。	风雨冥冥花倦开，开花未久点苍苔。 何须更佩宜男草，**凡事**皆从前定来。	意思相近

续表

籤序	《灵济真君注生堂灵籤》	《注生堂感应灵籤》	注释
5	**奕叶**流芳世泽长，双飞玉燕叶休祥。日来**会听**喤喤泣，早挂桑弧射四方。	**奕业**流芳世泽长，双飞玉燕叶休祥。日来**贪听**喤喤泣，早挂桑弧射四方。	“奕业”、“贪听”为错讹
9	六甲蹉跎期已至，晨昏当见充闾气。临盆坐草两**无虞**，**玉果**犀钱须早备。	六甲蹉跎期已至，晨昏当见充闾气。临盆坐草两**知虞**，**三果**犀钱须早备。	“知虞”、“三果”为错讹
14	万事悠悠属大钧，也须盥濯问**明神**。分明说与中秋后，云散瑶空月一轮。	万事悠悠属大钧，也须盥濯问**神明**。分明说与中秋后，云散瑶空月一轮。	意思相近
15	**玉鷰**分明飞入怀，凡情何必更疑猜。亲朋**早辩黄金**贺，好个文章冠世材。	**玉燕**分明飞入怀，凡情何必更疑猜。亲朋**早办金钱**贺，好个文章冠世材。	“早辨”为错讹
16	郁葱佳气溢门庭，吉梦曾符太白星。异日**必然**生贵子，**莫言**寒舍又添丁。	郁葱佳气溢门庭，吉梦曾符太白星。异日**分明**生贵子，**莫嫌**寒舍又添丁。	意思相近
17	赋命由来有疾徐，何须计较实和虚。**为应**记得先贤语，缘木求鱼不得鱼。	赋命由来有疾徐，何须计较实和虚。分明记得先贤语，**缘本**求鱼不得鱼。	“缘本”为错讹
20	片云遮月**已朦冥**，花落寒风子不成。乌鹊共栖仍共噪，吉凶全未见分明。	片云遮月**夜冥冥**，花落寒风子不成。乌鹊共栖仍共噪，吉凶全未见分明。	意思相近
26	彩凤**一雏**日载阳，羽毛渐次备文章。算来此事非容易，因是君家世泽长。	彩凤**生雏**日载阳，羽毛渐次备文章。算来此事非容易，应是君家世泽长。	“一雏”为错讹
28	积善之家庆有余，果然入海得明珠。**但防**好事多修阻，力向神天作福扶。	积善之家庆有余，果然入海得明珠。**但将**好事多修阻，力向神天作福扶。	“但将”为错讹
29	昨梦红花插满身，今朝到此卜休祯。分明为决狐疑意，**在蓐**由来帚畔人。	昨梦红花插满身，今朝到此卜休祯。分明为决狐疑意，**在簿**由来帚畔人。	“在簿”为错讹
30	晨昏何必太悬悬，只合悠悠信自然。入海求珠珠未得，**更逢**川火石皮连。	晨昏何必太悬悬，只合悠悠信自然。入海求珠珠未得，**更防**川火石皮连。	“更防”为错讹
32	一轮明月照深闺，**欲梦**熊罴梦转迷。莫叹所求非所愿，更须阴力**默扶持**。	一轮明月照深闺，**欲叶**熊罴梦转迷。莫叹所求非所愿，更须阴力**暗提携**。	“欲梦”为错讹
39	三虫食血事多端，阴害**相连**未得安。纵使开花能结实，他时采摘不堪餐。	三虫食血事多端，阴害**相侵**未得安。纵使开花能结实，他时采摘不堪餐。	“相侵”为错讹
40	阳乌展翅正南离，这事分明不用疑。**投鷰**悬铃双应瑞，也须祈祷保**忧虞**。	阳乌展翅正南离，这事分明不用疑。**投燕**悬铃双应瑞，也须祈祷保**忧危**。	“忧危”为错讹

续表

籤序	《灵济真君注生堂灵籤》	《注生堂感应灵籤》	注释
44	东君取次布阳和，景物芳菲入兴多。须向明神求保佑，**免教**平地起风波。	东君取次布阳和，景物芳菲入兴多。须向明神求保佑，**免交**平地起风波。	"免交"为错讹
46	古来阴极复阳生，君子于今喜**渐升**。梦断黄龟吟未就，已闻在蓐**喤喤声**。	古来阴极复阳生，君子于今喜**道长**。梦断黄龟吟未就，已闻在蓐**泣喤喤**。	"道长"为错讹
48	好事分明在眼前，安排玉果与犀钱。过门谁敢题凡鸟，**头玉**硗硗信可怜。	好事分明在眼前，安排玉果与犀钱。过门谁敢题凡鸟，**头角**硗硗信可伶。	"头角"为错讹
49	消息微茫未有期，却来此处**十狐疑**。分明不是东林桂，**月映**荼蘼花一枝。	消息微茫未有期，却来此处**卜狐疑**。分明不是东林桂，**月照**荼蘼花一枝。	"十狐疑"为错讹
52	梨实分开见赤蛇，神灵降瑞到君家。他时头玉硗硗长，裕后光前**信可夸**。	梨实分开见赤蛇，神灵降瑞到君家。他时头玉硗硗长，裕后光前**胜可夸**。	"胜可夸"为错讹
55	**累裀**列鼎居华屋，不如有子万事足。最好昆山一片玉，**得来**但看祖宗福。	**累茵**列鼎居华屋，不如有子万事足。最好昆山一片玉，**到头**但看祖宗福。	意思相近
58	朝来**乾鹊**噪前楹，报道阶前玉树生。更赖阴功相护祐，免教坐蓐喜还惊。	朝来**乾乌**噪前楹，报道阶前玉树生。更赖阴功相护祐，免教坐蓐喜还惊。	"乾乌"为错讹
60	事在心头君自知，祖宗阴骘暗相随。鸠巢**问说**生佳鹞，虎穴宁无产豹儿。	事在心头君自知，祖宗阴骘暗相随。鸠巢**闻说**生佳鹞，虎穴宁无产豹儿。	"问说"为错讹
61	**路上**崎岖未坦平，濛濛烟雨晦前程。为言速走多颠踬，何事优优缓步行。	**迷路**崎岖未坦平，濛濛烟雨晦前程。为言速走多颠踬，何事优优缓步行。	意思相近
63	帘帏高卷迓阳春，争奈阳春未属人。石上栽莲空望藕，**劳心劳力又劳神**。	帘帏高卷迓阳春，争奈阳春未属人。石上栽莲空望藕，**枉劳心力枉劳神**。	意思相近

从上表可以看出，在27首的籤诗中，有9首籤诗的文字虽然有所不同，但意思相近。18首籤诗因文字错讹导致籤诗的含义发生某些变化，其中《灵济真君注生堂灵籤》只有3首，而《注生堂感应灵籤》多达15首。显然，《注生堂感应灵籤》的版本不如《灵济真君注生堂灵籤》好，也就说《注生堂感应灵籤》在抄写过程中，出现较多的错讹。

《灵济真君注生堂灵籤》(《注生堂感应灵籤》)的内容与《大慈好生九天卫房圣母元君灵应宝籤》基本相同，包含求嗣、占卜男女、祈求孕妇临盆顺利等，所不同的是，《大慈好生九天卫房圣母元君灵应宝籤》侧重于祈求

图 7-14 福建闽侯灵济宫前的牌坊

孕妇临盆顺利，而《灵济真君注生堂灵籤》侧重于求嗣和占卜男女。值得特别注意的是，《灵济真君注生堂灵籤》重男并不轻女，如第二首曰：

莫言弄瓦不堪夸，吉梦分明叶虺蛇。

异日结缡应显贵，沉香亭北一丛花。

又如第二十二首：

为问胞胎事有因，虺蛇已叶梦中频。

他时会见鱼轩贵，非是寻常箕箒人。

再如第四十五首：

下筦上簟睡朦胧，梦里分明蛇作龙。

此兆必然生贵女，鱼轩大后淑人封。①

（三）《洪恩灵济真君灵籤》（《洪恩灵济宫真君灵籤》）

"洪恩灵济真君"即上面介绍的灵济真君，《洪恩灵济真君灵籤》与《灵济真君注生堂灵籤》同时产生，即编成于永乐十六年至成化二十二年之间。《洪恩灵济真君灵籤》53 首，七言四句，如：

第一籤　上吉

龙韬豹略韫奇谋，若遇明时即献筹。

世道风波多勇猛，好从静处细沉浮。

《洪恩灵济宫真君灵籤》稍后形成，也是抄录自《洪恩灵济真君灵籤》，

① 《灵济真君注生堂灵籤》，张继禹主编：《中华道藏》第三十二册，华夏出版社 2004 年版，第 150—152 页。

但从原来53首增加到64首。在53首籤诗中有10首籤诗的文字也有差异，列表如下：

表7–10 《洪恩灵济真君灵籤》与《洪恩灵济宫真君灵籤》比较

籤序	《洪恩灵济真君灵籤》	《洪恩灵济宫真君灵籤》	注释
4	蛮触相伤万事虚，彼仁**礼义**却还初。邹阳系狱沉消息，谁上缇萦女子书。	蛮触相伤万事虚，彼仁**我义**却还初。邹阳系狱沉消息，谁上缇萦女子书。	“我义”为错讹
8	丧牛失马不堪忧，世事**何须较赘疣**。若遇春初冬末后，佳人休向道傍谋。	丧牛失马不堪忧，世事**何思较赘求**。若遇春初冬末后，佳人休向道傍谋。	“何思较赘求”为错讹
9	薄云残雾未**扫空**，东西南北未亨通。人从生处且投下，一叶秋来雁过鸿。	薄云残雾未**控门**，东西南北未亨通。人从生处且投下，一叶秋来雁过鸿。	“控门”为错讹
17	朱雀当权属丙方，**不须**来问子孙殃。风波静处堪移步，蜂虿伤人莫自伤。	朱雀当权属丙方，**不思**来问子孙殃。风波静处堪移步，蜂虿伤人莫自伤。	“不思”为错讹
22	车马游人任往来，闲花冷蕊苦相催。不蒙一点东风力，**偷向**墙头半夜开。	车马游人任往来，闲花冷蕊苦相催。不蒙一点东风力，**偷得**墙头半夜开。	“偷得”为错讹
26	情欢意合两谐和，玉烛杨明荐瑞多。却喜门庭无**盗跖**，**三星**在户夕如何。	情欢意合两谐和，玉烛杨明荐瑞多。却喜门庭无**盗路**，**一星**在户夕如何。	“盗路”、“一星”为错讹
41	**一枝**红紫**间芳菲**，片片闲花逐水飞。莺巢燕子宁无意，休向人间说是非。	**几枝**红紫**斗芳菲**，片片闲花逐水飞。莺巢燕子宁无意，休向人间说是非。	“一枝”、“间芳菲”为错讹
47	出岫浓云未得闲，淹留何日见青山。一蛮一触空相敌，**惹得**虚名在世间。	出岫浓云未得闲，淹留何日见青山。一蛮一触空相敌，**得惹**虚名在世间。	“得惹”为错讹
49	田家无岁不丰年，时变相将问老天。玉烛扬明**鱼吐梦**，秋来得价利千千。	田家无岁不丰年，时变相将问老天。玉烛扬明**鱼叶梦**，秋来得价利千千。	“鱼吐梦”为错讹
50	江头少立避风波，天意从人**果若何**。直待**万门**春浪暖，乘槎一直到天河。	江头少立避风波，天意从人**奈若何**。直待**禹门**春浪暖，乘槎一直到天河。	“果若何”、“万门”为错讹

在存在文字差讹的10首籤诗中，有两首出自《洪恩灵济真君灵籤》，8首出自《洪恩灵济宫真君灵籤》。无论是《洪恩灵济真君灵籤》还是《洪恩灵济宫真君灵籤》都是卜事籤，从《洪恩灵济真君灵籤》的遣词造句和用典

等分析，其作者可能与《灵济真君注生堂灵籤》相同。《洪恩灵济宫真君灵籤》比《洪恩灵济真君灵籤》多了11首，是编修《正统道藏》时缺漏，还是后来增加上去的，不得而知。不过，从数字符号学的角度看，"五十三"没有特别的含义，而"六十四"与八卦有着密切的关系，具有某种特殊的意义，不少籤谱也喜欢采用此数。因此，笔者以为，《洪恩灵济真君灵籤》少了11首，编修《正统道藏》时缺漏的可能性较大。

（四）《玄真灵应宝籤》

古人将一天二十四小时分为子丑寅卯辰巳午未申酉戌亥十二时辰，每个时辰两个小时。又以为天体以地球为中心，每天运行一周，共三百六十度，称为周天。《玄真灵应宝籤》3卷就是依据上述天文学的理论而设计的，共365首。

《玄真灵应宝籤》篇首有《九天开化主宰文昌帝君宝诰》。文昌帝君是主宰人世间功名利禄之神，源于古代的星宿崇拜。古人称斗魁六星为"文昌"，又名"文曲星"、"文星"，由于其形状屈曲相钩，似文字之画，故其主文章，主大贵。元代时，文昌与梓潼神合二为一，仁宗延祐三年（1316）封梓潼神为"辅元开化文昌司禄宏仁帝君"，遂有"文昌帝君"之名。由"文昌帝君"的封号可以推断，《玄真灵应宝籤》出于元代或明初。

篇首还有《玄真灵应宝籤》序，序言以"文昌帝君"的口吻，写道：

> 始吾庙食剑岭所降，清河内传，落笔双松，凡所祷者，竟以梦应。然未尝以籤行于世，今正殿及家庆楼庙吏，率借佗籤为苟且计，如《十二真君籤》，即《青城丈人观籤》，如易卦在家庆，尤无所证。况夫川蜀行祠，祇作《朱真人内外籤》耳。今吾亲考较妙用，上自天文，下至地理，与夫运数之向背，物情之离合者，委嗣子等七人，巧譬善谕，以上中下各作成一百二十籤，以十二时，每时各三十籤，又以五行金木水火土辏成三百六十五籤，以按周天三百六十五度之数，庶几士之向信者，随其愿力而各有所得焉。九天开化主宰灵应帝君序。

据序言可知：① 此籤谱产生于北京。文中提到的"始吾庙食剑岭所降"，查《中国古今地名大辞典》，无"剑岭"条。不过，序言中又提到"清河内传，落笔双松"，这里所说的"清河"，在今天的北京；"双松"即北京广安门的双松寺，始建于辽，因院内有两棵怪异的松树而得名。② 最初该庙主要是祈梦的场所，后来庙祝借用其他宫庙的籤诗。③ 籤谱由 7 个人共同创作，按照子丑寅卯辰巳午未申酉戌亥十二时辰顺序，每个时辰有籤诗 30 首，共 360 首，末了加上金木水火土 5 首，总计 365 首，象征周天三百六十五度。

《玄真灵应宝籤》另一特点是常常用类似于骈文的文体来解释籤诗，文字相当优美，如第一首：

子时　第一　风云庆会　上上

喜遇升平日，加官诰命封。

前程无限好，仙女跨飞龙。

筑黄金之台座，纳士招贤；拜丹诏之勋封，酬功受爵；

攀龙附凤，稳升碧汉之中；云集风生，庆会紫霄之上。

第二首：

子时　第二　胜达有望　上上

青年人物好，智识胜萧何。

谋事深如意，眉濡喜色多。

车书混一，文章礼乐俱兴；道德无疆，仁义忠信悉备；

去天尺五，拜丹诏于金阶；不次之除，受皇恩于玉陛。

末了 5 首，以金、木、水、火、土顺序排列，如末籤：

土行　脱白得绿　上上

官封三品位，名姓播天池。

远近人钦仰，天公也自知。

龙门一跃，全无点额之忧；名播四方，乃有震雷之势；

脱白麻而披绿绶，金榜名高；入紫微而掌伪钧，玉堂位显。①

（五）《扶天广圣如意灵籤》

《扶天广圣如意灵籤》共 120 首，此籤谱颇有特色，以首籤和末籤为例：

---

① 《玄真灵应宝籤》，张继禹主编：《中华道藏》第三十二册，华夏出版社 2004 年版，第 89—122 页。

第一　上上

乾德之建，元亨利贞。

君子体焉，陈纪立经。

占阴晴晴，田蚕大收。坟葬吉利，六畜大旺。

行人立至，求谋大遂。求财大利，婚姻大成。

官事大吉，谒见遇贵。出行大通，修造清吉。

疾病即愈，走失即见。生产有喜，捕盗便获。

祷祀获福，怪异无咎。移徙获吉，家宅大安。

文书有就。

已上大吉，应一、五、七数，及亥卯未年月日时，方位正东。

第一百二十　下下

兽落陷阱，鸟坠网罗。

既昧先知，哀如之何。

占阴晴晴，田蚕不收。坟葬败家，六畜灾损。

行人不回，求谋大不遂。求财大不利，婚姻大不成。

官事大凶，谒见不遇。出行不宜，修造不利。

疾病危笃，走失不见。生产见凶，捕盗休寻。

祷祀招祸，怪异官事。移徙官非，家宅大不安。

文书不遂。

已上全凶，应二、四、八数，及寅午戌年月日时，方位在南。①

首先，此籤谱的籤诗为四言诗，文字比较古朴，这在籤谱中比较少见，其出现时间可能较早，不排除借用前人诗歌的可能性。我们前面多次提到，晋代有西山十二真君的诗歌被后世人借用为籤诗，号称《西山十二真君籤谱》，共120首。《西山十二真君籤谱》后来失传了，而《扶天广圣如意灵籤》刚好也是共120首，且为四言诗，诗歌内容又多涉及道教的回归自然、修身养性、羽化成仙等理念，也许二者有某种联系，当然这只是一

① 《扶天广圣如意灵籤》，张继禹主编：《中华道藏》第三十二册，华夏出版社2004年版，第50—71页。

种猜测而已。

其次，籤解部分与籤诗往往没有多少关系，各说各的，估计籤解是后来增加上去的。值得注意的是，籤解部分把农业、桑蚕、六畜、风水等摆在前面，突出其重要性，没有设置商业贸易的项目，曲折地反映了此籤解的编写者重农轻商的价值取向。籤解的最后还涉及数字、地支、年月日时、方位等，可能受《河图》、《洛书》的影响。

第三，此籤谱号称《扶天广圣如意灵籤》，"扶天广圣"为清微派对财神赵公明（赵玄坛）的尊称，如民间流传的"召玄坛咒"中就有"扶天广圣赵真君"的名号，即赵公明。赵公明的传说起源很早，魏晋南北朝为冥神、瘟神之一，干宝《搜神记》谓赵公明为上帝属下将军，职能是督促鬼到阳间取人命。唐代之后，赵公明被列为五瘟神之一。元代，赵公明从瘟神演化为执法之神，职掌雷部星宿、驱除瘟疫，兼有财神职能，被封为正一玄坛元帅，其形象也才定性为戴铁冠、执铁鞭、骑黑虎，黑面浓须。明代之后，随着《封神演义》的问世，赵公明才逐渐成为中国影响最大的财神。虽然籤解中有"求财"项目，但籤诗中则基本上不涉及财运之类的话题，由此也可推断籤诗要早于宋代或在宋代出现，而籤解则可能在元代以后出现。

（六）《四圣真君灵籤》

《四圣真君灵籤》的所谓"四圣真君"，是指天蓬大元帅真君、天猷副元帅真君、诩圣保德将军、真武灵应真君，这在《四圣真君灵籤》前的祷文中已经写明："凡祷之时，先念乡贯某处，某人为某事上启，天蓬大元帅真君，天猷副元帅真君，诩圣保德真君，真武灵应真君、天地神祇，万物皆知。吾今卜课，善恶扶持，凶应凶兆，吉应吉期，判断生死，决定无疑。"[①]

"天蓬"本为星宿神之称，为北斗九宸之首辅，主四时八节、阴阳造化之政。在道教中，天蓬大元帅又称北极天蓬大元帅，其威仪是"三头六臂，赤发，绯衣，赤甲，跣足；左一手结天蓬印，右一手撼帝钟；又左一手执斧钺，右一手结印擎七星；左一手提索，右一手仗剑，领兵吏三十六万骑，雷公电母，风伯雨师，仙童玉女，羽衣赫赫，各持金剑，乘北方太玄煞气、黑气，气

① 《四圣真君灵籤》，张继禹主编：《中华道藏》第三十二册，华夏出版社2004年版，第72页。

中有五色气，从空降坛"[1]。后来演变成为道教神系中的第一护法，天蓬咒、天蓬符、天蓬印、天蓬钟、天蓬神尺、天蓬大法在民间广为流传。

天猷元帅位居"妙有天中通明殿右，领天罡之次帅，列下土之诸侯"。其威仪是："肩生四臂，项长三头，身披金甲，手执戈矛。"其职能是："逢妖即斩，遇鬼皆收，人遭尤善，祟遇无休，降临福气，涤荡无忧。"[2]

诩圣保德将军，又称诩圣元帅，亦名黑杀元帅。《太上九天延祥涤厄四妙经》说他"天庭位列，总三洞五雷之号令，掌八天九地之权衡，悯造化之枢机，僚真仙之将吏，无邪不断，何鬼敢当。摄大力之妖魔，逐流星之芒怪，光华日月，威震乾坤"。其黑杀咒、黑杀符等在民间颇有影响。

真武灵应真君即在民间拥有众多信徒的玄武大帝。中国古代用二十八宿测候法，东西南北各七宿，分别以东方青龙、西方白虎、南方朱雀、北方玄武来命名，称四灵。至迟在战国时期，玄武和四灵之名就见于文献记载。汉代之后，玄武被术士所利用，逐渐演化成道教的尊神，其形象也从天象演化为龟蛇，到宋代进一步人格化。北宋真宗时，为了避天尊圣祖赵玄朗之讳，改玄武为真武。《太上九天延祥涤厄四圣妙经》谓他"虚危分宿，壬癸孕灵，化身自金阙之尊，居位极玉虚之奥。玄妙极致，奚止于辅正除邪；正一所生，岂但于消魔护国。保劫终而制劫始，护群品而掌群仙，勇果全才，威神备德"。随着民间对真武崇拜的日益普及与高涨，真武元帅后来又升格为玄武大帝、玄天上帝，成为与紫微大帝同格的大神。

四圣真君信仰始于隋唐，宋代才定型，四圣真君亦称"北极四圣"、"北方四元帅"，为北极紫微大帝的四大护卫，成为道教守护神。朱熹曾经说过："道家乃以玄武为真圣，作真龟蛇于下，而又增天蓬、天猷、诩圣真君作四圣。"[3] 从朱熹的记载来看，《四圣真君灵籤》的出现应在南宋之后。

《四圣真君灵籤》除了序言外，还有《降灵劝世格言》：

> 矫妄求荣，名誉不扬。克剥致富，子孙受殃。行思布德，福禄来翔，寡欲薄私，专命尔长。毋欺暗室，毋昧三光。正直无私，赤心忠良。天

---

① 《道法会元》卷二一七。

② 《太上九天延祥条厄四圣妙经》。

③ 《朱子语类》卷一二五《老氏》。

地介祉，神明卫旁。延生度厄。必济时康。我言能依，百病消洋。

《四圣真君灵籤》共49首，其籤诗、籤解等均有特色，以第四十三籤为例，格式如下：

魒魁　第四十三　中平　应天

役役人生七十稀，阴阳淫疾速求医。
天曹修短皆前定，不与尘凡取次知。

日出扶桑万里明，贵人喜庆自通亨。
求财谋望从心意，若问来官定得名。

自古人才志气高，于中有事不交爻。
机关不漏一些子，顷刻成名耀大曹。

圣意云：老者悲伤，少者无疑。宜作善福，庶保怡怡。
公事平稳，谋望稽迟。动作平平，莫特巧机。

占财，轻置货好，脱货好，种田薄收。出行，少者安，老者危，行人至。迁移，快吉。病，老者重，少者有天曹并善愿早还无妨，痘疮主尖。交易，宜快。初婚不吉，重婚宜快吉。公讼，宜快和，文书迟成。田宅、人口、头足俱不利，借钱无多。谋事，成事宜快成。产孕，平稳，宜保佑吉。兴贩，快利。家宅人口，老者危，少者安。托人用事，吉，求官升职名分成。脱事，宜快迟难。走失难寻。

西山日渐落，无色似黄昏。屈指伤悲处，图谋空断魂。

籤序之后除了常见的上中下总体定性兆象外，还有“守旧”、“否极泰来”、“谨守”、“否蹇守旧”、“勤持动用”、“随缘”、“守分”等断语，充满生活的智慧。

一般籤谱每籤只有1首诗，而《四圣真君灵籤》则有3首，最后又以一首五绝作为扩展兆象，颇有特色。籤诗的文学色彩较浓，甚至借用名人诗歌作为籤诗，如第十首中的“不论平地与山尖，无限春光总被沽。采得百华成蜜后，为谁辛苦为谁甜。”出自唐代罗隐之手。

籤解方面，《四圣真君灵籤》的“圣意”言简意赅，不但涉及吉凶祸福的判断，还指出应对或禳解的方法。“圣意”之后的籤解，涉及生活的方方面面，远比“圣意”详尽，其中有“置货”、“脱货”、“借贷”、“交易”、“买卖”、“兴货”等项目，说明籤解作者所在地的商品经济比较发达。该籤谱还根据季节、日期、年龄等不同作出不同的吉凶祸福判断，而且比较含蓄，往往不把话说死，诸如“病，老者重，少者有天曹并善愿早还无妨，痘疮主尖”。“病宜作福，老者难，少者或好或恶，服药有阻，痘疮不稳”、“烦事小心”等。

（七）《玄天上帝感应灵籤》

朱棣发动“靖难之变”时，以真武显圣来鼓舞军心。登上皇帝宝座时，极力推崇真武帝，封其为“北极镇天真武玄天上帝”，真武信仰迅速在全国传播。此后明代历朝皇帝无不信奉玄天上帝，各地庙宇林立，香火鼎盛。大概在明永乐之后，《四圣真君灵籤》逐渐被《玄天上帝感应灵籤》所取代，虽然抽籤之前的祷文仍然要诵读祝文，但祈求对象天蓬大元帅真君、天猷副元帅真君、翊圣保德真君没有变化，而“真武灵应真君”却变成的“真武灵应大帝”了。籤谱之前还附有“玄天上帝百字圣号”，即“混元六天传法教主修真悟道济度群迷普为众生消除灾障八十二化三教祖师大慈大悲救苦救难三元都总管九天游奕使左天罡北极右垣大将军镇天助顺真武灵应福德衍庆仁慈正烈协运真君治世福神玉

图 7–15　玄天上帝塑像

虚师相玄天上帝金阙化身荡魔天尊”。并有明仁宗朱高炽的御赞《镇天真武长生福神》：“万物之祖，盛德可委，精贯玄天，灵光有炜，兴益之宗，保合大同，香火瞻敬，五福攸从。”因此，籤谱的名称《四圣真君灵籤》也变成了《玄天上帝感应灵籤》，其影响迅速扩大，明顾起元《客座赘语》卷七《玄帝灵籤》记载：“北门桥有玄帝庙，相传圣像乃南唐北城门楼上所供者，后移像于今庙。庙有籤，灵验不可胜纪。人竭诚祈之，往往洞人心腹之隐与祸福之应，如面语者。余生平凡有祈，靡不奇中。乙酉，余一四岁女偶病，祈之，报云：‘小口阴人多病厄，定归骸骨到荒丘。’已而果殇（义同殁）。庚子余病，三月祈之，报以‘宜勿药候时’。四月祈之，报云‘病宜增，骨瘦且如柴’，已而果然。五月祈之，报云‘而今渐有佳消息’，是月病果小减。六月祈之，报云‘枯木重荣’，此月肌肉果腹生，骎骎向平善矣。余尝谓帝之报我，其应如响，迄今不敢忘冥祐也。它友人祈者，尤多奇应。”①

《玄天上帝感应灵籤》49首，按照信徒的抽籤目的相应分为“谋望”、“家宅”、“婚姻”、“失物”、“官事”、“行人”、“占病”等项目，每个项目都有一首相对应的籤诗，这样使抽籤占卜更具有针对性，以第四十三籤为例：

第四十三籤　上吉　日出扶桑

圣意：日出扶桑万里明，贵人喜气自亨通。
　　　求财谋望称心意，若问求官定有名。

谋望：几番辛苦起二更，只为平生利与名。
　　　喜得太阳东海出，光明无处不亨通。

家宅：福星高照汝家门，些小忧危不必论。
　　　人口田蚕思欲稳，神前多把好香焚。

婚姻：如今喜得自投机，正好成婚过礼仪。
　　　两下相求别无虑，休题年长与年抵。

失物：东西古路旧林前，失去踪由在里边。
　　　死物依然生活物，不须怨怅把人冤。

官事：是非无故陷平人，何用忧心怯杖刑。

① 陆粲、顾起元：《庚巳编客座赘语》，中华书局1987年版，第232—233页。

自有贵人来喝散，终无囚狱不须惊。

行人：故人久去在天涯，万水千山未到家。

今日雁传音信至，平安报到免咨嗟。

占病：平安无事不烧香，直待临危告上苍。

汝病欲求痊可日，除非舍去世间脏。

解曰：占家宅人口平安，自身有喜，失物不失，病者不妨，求财大利，行人有信，官事有理，求官得位，婚姻可成，六甲生男，田蚕大熟，六畜兴旺。①

虽然《玄天上帝感应灵籤》的格式与《四圣真君灵籤》不同，但二者还是存在着某种联系，最重要的证据是《玄天上帝感应灵籤》的每一首“圣意”籤诗均出自《四圣真君灵籤》相对应的籤诗的第二首，只是个别文字做了若干修订而已。籤谱末了还有注明：“大明万历三十五年岁次丁未上元吉旦，正一嗣教凝诚志道阐玄弘教大真人掌天下道教事张国祥奉旨校梓。”从常理上说，张国祥肯定会利用《四圣真君灵籤》来校对《玄天上帝感应灵籤》，对照两种籤谱，《玄天上帝感应灵籤》确实也订正了《四圣真君灵籤》中一些籤诗的错讹文字。至于这两种籤谱是否存在着传承关系？谢金良认为：“没有明显的传承关系，也很难推断究竟是哪种先出现，如果把它们当作一原始籤本的两种不同流行系统，相较其文本格式和内容的明显差异而言，是比较合理的说法，也可以此对《万历续道藏》重辑《玄》本的做法做出合理的解释。”② 此说不无道理。

综上所述，《道藏》所收入的 8 种籤谱，在格式上、结构上以及内容上都相当完备和成熟，成为后世编撰籤谱的基本范式。

从籤诗的基本格式上看，《护国嘉济江东王灵籤》、《玄天上帝感应灵籤》、《四圣真君灵籤》、《洪恩灵济宫真君灵籤》、《注生堂感应灵籤》为七言诗，《大慈好生九天卫房圣母元君感应宝籤》多数为七言诗，少数为五言诗，个别为四言诗，《玄真灵应宝籤》为五言诗，《扶天广圣如意灵籤》为四言诗，

---

① 张继禹主编：《中华道藏》第三十册，华夏出版社 2004 年版，第 631 页。

② 谢金良：《论籤占语言的通俗文学化和宗教神学化——以〈北帝灵籤〉文学演变为例》，《道韵》（四），台北：中华大道出版社 1999 年版，第 219 页。

这些籤诗的基本格式也是至今在民间流传最广的籤诗的格式。

从籤谱结构上看，所有的籤谱都蕴含着不止一种的兆象。如《洪恩灵济宫真君灵籤》、《注生堂感应灵籤》由原初兆象和总体定性兆象构成，《大慈好生九天卫房圣母元君灵应宝籤》由原初兆象和具体定性兆象构成，《护国嘉济江东王灵籤》由原初兆象、扩展兆象构成，《扶天广圣如意灵籤》、《玄天上帝感应灵籤》、《四圣真君灵籤》、《玄真灵应宝籤》由原初兆象、扩展兆象和定性兆象构成。可见，明代的籤谱已经相当成熟，而且基本完成其通俗化的进程。

从籤谱的内容上看，涉及古代百姓生产和生活的方方面面，包括阴晴、田蚕、坟葬、六畜、行人、求谋、求财、婚姻、官事、谒见、出行、修造、疾病、走失、生产、捕盗、祷祀、怖异、移徙、家宅、文书等等，几乎事无巨细均可占卜于灵籤。籤谱除了用于占卜吉凶外，还渗透着中国传统文化的伦理观、价值观、道德准则和宗教观等，寓劝惩人心于其中。宋濂明确指出：宋代莆田傅烨编写的江东王籤谱，“俾人占之，其响答吉凶，往往如神面语之者，此亦阴翊治化之一端也”①。

最值得注意是，《道藏》收入的籤谱虽然不完全是道士编写的，但都是经过编纂《道藏》的道士认可的，有的是经过道士修订的，如《玄天上帝感应灵籤》就是万历三十五年由“正一嗣教凝诚志道阐玄弘教大真人掌天下道教事张国祥奉旨校梓”的，因此，有些籤谱包含着道教的理念，具有比较浓厚的道教色彩。以《扶天广圣如意灵籤》为例，道法自然、退守静处、逍遥自得、修炼成仙的思想随处可见，如第三十一首：“安于自然，乐天知命。无毁无誉，唯以静胜。”第四十首：“桧楫松舟，啸歌中流。冲风蹴浪，载沉载浮。”第五十九首：“进退有节，动静以时。消息从道，君子是宜。”第七十五首：“朝采三秀，远入名山。云深路暗，莫知所还。”第七十九首：“否极泰生，阴消阳续。天道好还，靡往不复。”第八十首：“大智若愚，大巧若拙。庸德之行，实曰明哲。”第一百首：“欲累未澄，劳苦身形。精修妙道，乃得长生。”第一百零六首：“登山无车，涉水无梁。忽蹑青云，万里翱翔。”第一百零七首：“宠辱不加，理乱不闻。抱道而居，与善为伦。”第一百十五首：“知足不辱，知止

① 宋濂：《赣州圣济庙灵迹碑》，《正统道藏》第五十四册，台湾艺文印书馆1977年精装缩印本。

不殆。”等等。又如《大慈好生九天卫房圣母元君灵应宝籤》则贯穿着善有善报，恶有恶报和积善之家必有余庆，积恶之家必有余殃的思想，序言：“有德者奏闻玉京，敕神祇而护佑，书名仙籍，益算延年。有过者申告三官，付五雷斩勘之司，照依玉律施行刑，遭疾苦困危，魂系酆都，常沉苦海，永失真道。善者赐其贤子贤孙，不善者世遭苦厄，多诸忧恼。”籤谱除了要求人们要行善积德外，特别强调要信奉神明，皈依道法，要经常诵经，烧香礼拜，早还心愿，答谢神灵，《大慈好生九天卫房圣母元君灵应宝籤》的籤诗中包含此类内容的约占一半。再如《玄真灵应宝籤》365首象征周天三百六十五度，体现道教的道法自然的思想。另外，在《道藏》的8种籤谱中，专门为女性求嗣、生育而设的籤谱就有《大慈好生九天卫房圣母元君感应宝籤》和《灵济真君注生堂灵籤》两种，这可能与道教的生命观及对女性的态度有关。在道教看来，人兼天地万物之禀受，所以最灵而独贵，其孕育到诞生的整个过程，都是非常庄严神圣的。因此，道教把保护生命、监生护胎作为重要的使命，从而设立了九天监生司这一神灵机构，主管生育保胎之事。《灵济真君注生堂灵籤》重男并不轻女，也反映了道教的阴阳平衡、阴阳和谐的理念。

二、道教籤占与民间信仰的合流

明代中叶以后，统治阶级在利用道教的同时，对道教也采取抑制的政策。清代，道教作为汉族的宗教被朝廷贬降，其宗教首领的地位一落千丈，道教走向衰微。[①] 然而，道教孕育于民间文化，其命运自始至终与民间社会紧密结合在一起，因此，当官方道教走向衰微的同时，民间道教就兴旺发达起来。在中国的广大地方，正一道与民间信仰逐渐合流，有时很难把二者区分开来。在籤占方面，道教的籤占逐渐减少道教理念，增加与百姓生活密切相关的内容，以适应善男信女的需要。我们以明代的《玄天上帝感应灵籤》发展演变为例，可窥视道教籤占与民间信仰合流的概况。

关于《玄天上帝感应灵籤》，收入《万历续道藏》，上一节已经介绍，在《道藏》收入的8种籤谱中，《玄天上帝感应灵籤》中的占问事项最多，包含

① 参见卿希泰主编：《中国道教史》（修订本）第四卷，四川人民出版社1996年版。

圣意、谋望、家宅、婚姻、失物、官事、行人、占病等内容，其“解曰”还有自身、求财、求官、六甲、田蚕、六畜等，应该说与民众生活比较紧密地结合在一起了。到了清代，随着官方道教的衰微，民间道教为了吸引更多的信众顶礼膜拜，遂根据百姓的需要对《玄天上帝感应灵籤》进行修订和补充，更名为《玄天上帝籤》，俗称《北方真武上帝灵籤》，简称《北帝灵籤》，此籤谱在明万历《玄天上帝感应灵籤》的基础上，又增加了“总曰”、“岁君”、“生意”、“六畜”、“六甲”、“求财”、“功名”、“移徙”、“自身”、“祖山”、“菁草”、“子息”、“命理”、“阳基”、“置货”、“行舟”、“田蚕”、“合伙”等项目，并有注解，更加通俗化。清代，仍以第四十三籤为例：

第四十三　上上籤　仙姬送子　蛟龙得雨之兆

总曰：日出扶桑万里明，贵人喜气自通亨。

求财谋望称心意，若问求官定得名。

诗曰：捷报已占魁，皇都得意回。

青云今得路，黄菊应开时。

家宅：福星高照汝家门，些小忧疑不必论。

欲安稳时财禄足，神前多把好香焚。

卜吉宅人口可得喜和财，但防小疾口舌。又嫌门高受杀，宜立八卦抵挡，并求佛祖天地保平安。早晚拜本境老爷改化，或张元帅爷。安宅修灶，吊门灯，初一十五诚心敬神。

岁君：日出扶桑万处明，贵人喜庆事皆亨。

求财谋望皆如意，若问求官定得名。

太阳高照，身主无灾。老者防冲跳高跌之危，少者男女自有福星照耀。得婚配，得贵子。妇女勿出外，小儿可读书，一、二、三岁做疹豆平安。

失物：东西失落山林前，失去东寻在里边。

此物分明是活物，不须仇恨在忧煎。

失物为活物，不须劳心，找之在也，必向东而寻。

生意：初时劳心要吃苦，夏季也得小财利。

有胆货物暂留下，交冬出售也得利。

卜现年生意要用苦力，不可偷闲。有胆智置货者交，立冬有贵人扶持，可得厚利也。

行人：故人走去在天涯，万水千山未得来。

今日雁书传信至，平安二字不挂怀。

卜此行人在外平安，不用挂怀或在近时回乡，或信已发出。

谋望：几年辛苦三更起，已为生平名利中。

喜得太阳东海出，光明无处不亨通。

卜谋因几年劳累，现年万事亨通，所谋得成。

婚姻：平生喜得自投机，正好成婚送聘仪。

相爱相求别无事，勿言贫富及高低。

自古婚姻由天定，贫富也是命里生，劝人莫为势利眼。贫富不宜言，只求两相投，此时可成礼，共庆百年缘。

官讼：是非不讲事难平，何用忧心怕杖刑。

自有贵人来喝散，必无牢狱不须惊。

是非须摆清，不用怕杖刑，冤情可昭雪，自有贵人来，有贵到和无事。

六畜：起初生灾不由人，至切劳苦用心力。

自是灾星退去日，秋后养之遂心意。

卜饲猪初有阻勿贪养，候下夏劳苦用心，勤养有财利可得，牛羊定得厚利。

占病：平安无事不烧香，直待临危告上苍。

　　汝病欲求痊可日，除非舍去世间脏。

卜老年之病防冲跳，是风痰火盛臭；少壮男妇是阴火，又要出汗，求太阳公或佛祖保平安。

六甲：临盆有庆总无虞，万灾消去百难除。

　　记得古人曾有语，积善之家庆有余。

卜此胎六甲生男，但求佛祖或太阳公保佑之后，胎更有弄璋之庆也，皇都得子之卦。

求财：执得黄铜变成金，千年古镜复重新。

　　人逢喜事精神爽，到处蟾光到处明。

正财大得利财，几年辛苦换来今日之甜，但上春还是小利，八月起自得大利，偏财有阻，惟龙肖者得大利也顺也。

功名：几番辛苦起三更，只为平生名利中。

　　蓬莱红日东海出，光明无处不亨通。

卜现科文武功名，早年时运未通，今可中也。肖龙之人得中魁首，名标金榜，光宗耀祖，封妻荫子，捐纳也，可成就。

移徙：回到中天万里明，劝君得地好安身。

　　恐有忧疑及暗昧，直待云开月更明。

移居平安，吉居可移，财丁兴旺。

自身：天喜临身不用忧，高车裘马任君游。

　　无行顺道滔滔水，一生富贵近公侯。

卜自身天喜随身做事顺景。

祖山：卜祖山，有结穴，气脉足旺，但嫌青龙畔不朝，点穴太抵或青龙过案，白虎畔空野不朝。坐向有利，宜修葬高三五尺，沉阳做并填青龙畔朝护，又兜唇之吉，或修整白虎畔朝护，财丁旺。

菁草：此地横龙结穴，气脉足旺，青龙过案，但嫌白虎畔空野，宜沉阳兜唇葬之，可兴旺也。葬此有些小口舌，宜忍而葬之。

子息：卜子息，若行善事，香灯有传，子孙满堂且贵也。若作恶，辈有子也，不长久终绝。

命理：卜命理，先苦后大吉，终身到尾大吉。财有子贵，然为恶者只是一时侥幸。

阳基：卜起造，初有口舌，宜忍而起建，吉。老阳宅水字不美，且门太高，改过居住，吉也。

置货：卜置货，初有阻，但立胆智置之，暂且停留，候交冬月振价发售，得大利也。肖龙者更可得厚利也。

行舟：行舟几年辛苦奔波，今朝顺风得利。

田蚕：田蚕早失晚吉，四季雨水顺吉也。

作福：问事宜作太岁福，但求籤年头好，宜用仙衣七件、绣袱一条、红白二条、花姑帽一件，向神前作福。

显而易见，《玄天上帝籤》不但占问的内容大大增加，籤解也更加详细了，而且，增加的“命理”、“祖山”、“菁草”、“阳基”、“作福”等算命、风水和祈福禳灾的籤占项目，与民间信仰的关系更加密切了。

清末民国时期，在《玄天上帝籤》的基础上，又出现《上帝灵籤详解》（图 7–16），与《玄天上帝籤》相比，所占卜的项目基本相同，但在“诗曰”下增加“内兆”和生肖，在“岁君”的“解曰”中增加了性别和从 1—3、4—7、

8—12、13—15、16—17、18—29、30—55、56—69、70岁以上不同年龄段的运途预测，进一步与民间信仰合流。

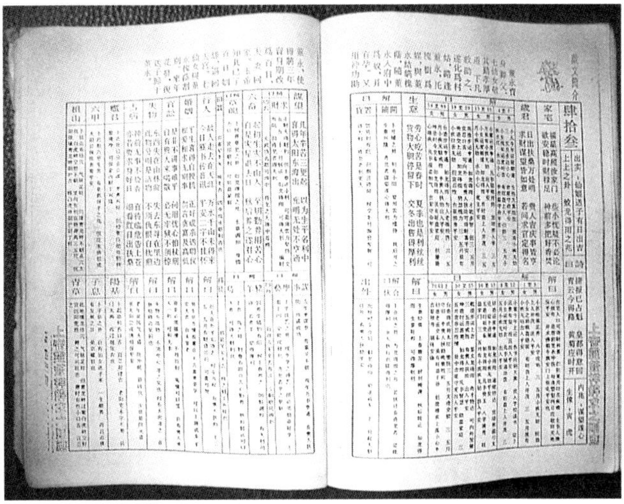

图7-16 《上帝灵籤详解》书影

仍以第四十三首为例：

戏文简介：董永卖身葬父，七仙女敬其勤孝厚道，下凡救助之，遂化为村姑，路逢董永，托槐树为媒，与董永结缡槐阴，随董永入府中为奴，并有孕。又用神功助董永，使得将三年卖身期改为百日，夫妻回家。玉帝知其已了百日姻缘，逼回天宫。七仙女与董永槐阴割别，来年花发，复送子归于董永。

肆拾三籤　出实　仙姬送子　有日出吉

上上之卦　蛟龙得雨之兆

诗曰：捷报已占魁，皇都得意回。

青云今得路，黄菊应开时。

内兆：谋望遂心

生像：寅虎

家宅：福星高照汝家门，些小忧疑不必论。

欲安稳时财禄足，神前多把好香焚。

解曰：吉宅人口可得财和喜，但防夏月口舌疾难。主事人操心烦劳，是厝前受杀冲伤。每逢朔望两日应拜天地保平安，并求佛祖令旗安门上祭化平安也。

岁君：日出扶桑万处明，贵人喜庆事皆亨。

求财谋望皆如意，若问求官定得名。

解曰：

1至3

男：小孩根基足养，八字成格，三、五月小疾无妨，旺益上人并茂出入平安。

女：小女之卦根苗稳固，有旺益上人并茂，三、五月虽有小疾无妨出入平安。

4至7

男：小儿今年运限顺遂，生性天真活泼，虽有小疾无妨，三、五月水边小心，吉星守命平安。

女：小女现年运度叶吉，有旺益上人，但防三、五月小疾，水厄，水边小心，幸吉星守命平安。

8至12

男：小童今年上运，各事伶俐天真，宜入学校读书，定卜远景色有望，而且出入平安。

女：小女运度叶吉，凡事精通活泼，有旺益上人并茂，三、五月虽有小疾无妨出入平安。

13至15

男：小童运度亨通，凡事聪明开窍，宜培养入学，三、五月虽有小疾无妨出入平安。

女：小女运度顺遂，如龙得雨，有旺益上人并茂，三、五月虽有小疾无妨，水边小心，底主平安。

16至17

男：祥造运度亨通，如龙得雨，通能特达，宜培养温习文化，定卜进展，虽有小疾无妨平安。

女：玉造行运交泰，如龙得雨，凡事贤玉，八字清秀，旺益家门，三、五月虽有小疾无妨出入平安。

18至29

男：英造步运亨通，如龙得雨，才能多智，但三、五月宜忍口舌，可向外，有贵人扶助可得财喜平安。

女：美造交上运，如龙得雨，贤惠魄力，三、五月虽有小疾口舌无妨，但宜忍性，吉星照身平安。

30 至 55

男：乾造步运上吉，籤文龙得雨，奇才特达，可向外发展，三、五月宜戒性，有贵人扶助，出入平安。

女：坤造行运甚美，如龙得雨，凡事智慧，助益家庭，三、五月宜吞忍性情，卦中吉星守度出入平安。

56 至 69

男：台造步运亨通，如龙得雨，为人老练经济，三、五月小疾无妨戒性，幸贵人扶助出入平安。

女：坤造时令交泰，如龙得雨，虽有旺益家庭，但嫌操心暗疾，凡事温柔和气，吉星守命平安。

70 以上

男：台造得此卦太旺，惟防三、五月灾难交脱，三、五月守旧，幸贵人扶助晚景胜前。

女：妇造老运交泰，虽有旺益子孙，但防暗疾上落小心。幸吉星照身，福体安康。

生意：劳心吃苦是春时，夏季也是利丝丝。

货物大胆停留下，交冬出售得厚利。

解曰：生意经营，上春磨苦，财利稀薄，秋后转运，如龙得雨，生意旺相，可得厚财利。

开铺：卜开铺之卦，初有小阻，要用苦力维持，秋后开之，生意兴隆，肖龙者谋望遂心得大利。

合伙：卜合伙之卦，为龙得雨之兆，若伙计有肖虎者，定能得厚利，余人秋后也能得利也。

置货：置货初有阻，但渐且停留，俟交冬月振价发售，可得大利，肖龙者利更大。

出外：出外时令合局，似龙得雨，前途远大，于三月起大胆往外，有贵人扶助平安。

谋望：几年辛苦三更起，以为生平名利中。

喜得太阳东海出，光明无处不亨通。

解曰：

谋事：几年来谋事，劳累又不就。现年万事亨通，有贵人扶助，所谋成功。

求财：正财大得财利，但上春还小利，可是须苦力坚持，交五、九、十一月转运，似龙得遇，可得大利。偏财有阻，但肖龙者得大利。

学艺：卜学技艺之卦，现年学之得艺。但必须勤奋好学，不羞下问，定能成才也，肖龙者学之更妙。

功名：文武功名都可得中，肖龙之人得中首榜。

行舟：行舟几年辛苦奔波，今朝顺风得利。

六畜：起初生灾不由人，至切勤养用苦心。

自是灾星退去日，秋后养之遂君心。

解曰：

猪羊：饲养生猪初有阻，候下春养之。饲料调和，有大利可得。若养羊，定得厚利。

三鸟：卜养三鸟之卦，初春有阻，宜苦心勤养。秋后转运，可以大养，可得大财利也。

田蚕：田蚕早冬失，晚冬吉，四季雨水顺利吉也。

移徙：移徙平安大吉，移之财丁兴旺也。

行人：故人走去在天涯，万水千山未得来。

今日雁书传音讯，平安二字不挂怀。

解曰：行人在外平安得志，时令当权，有贵人相助，于三、五、九月有财信回归，可喜可贺。

婚姻：平生喜得自投机，正好成婚送聘仪。
相爱相求别无事，勿言贫富及高低。

解曰：男女双方情投意合，不言富贵荣华，可以下聘成亲，平安大吉，白头偕老。

官讼：是非不讲事难平，何用忧心怕杖刑。
自有贵人来喝散，必无牢狱不须惊。

解曰：是非必须播清，不用怕杖刑，冤情可以雪，自有贵人，贵人一到，可和无事。

失物：东西失在山林前，失去东寻在里边。
此物分明是活物，不须仇恨自忧煎。

解曰：失物为活物，不须劳心，寻之见也。向东方向寻之，在林前路边见回也。

占病：神前无事不烧香，直待临危告上苍。
亦若要求身好日，须看红日出扶桑。

解曰：老年是风气火盛，防冲跳，恐凶也。是风痰火盛臭；少壮是阴火盛，求太阳公或佛祖保平安。

灶君：卜此灶位分金合课，烹煮兴旺，但经常应把灶前修整清净，可保家内财丁兴旺。

阳基：卜起造，初有口舌，宜忍而起建，吉。老阳宅水字不美，且门太高，改过居住，吉也。

六甲：卜此胎六甲生男，有皇都得子之兆，但应求佛祖或太阳公保佑，养育平安。

子息：卜子息之卦，自有仙女送子来，一生顺养，而且近贵，有发展之日，荣宗耀祖也。

祖山：卜祖山，有结穴，气脉足旺，但嫌青龙畔不朝，点穴太抵，白虎畔空野不朝。坐向有利，宜修葬高三五尺，沉阳做并填青龙畔朝护，吉。移白虎畔朝护，财丁旺。

菁草：此地横龙结穴，气脉足旺，但青龙畔过案，白虎畔空野，宜沉阳兜唇葬之，可兴旺也。葬时有些小口舌，宜忍之。

综上所述，从明代中叶之后，为了生存和发展，道教籤占进一步与民间信仰合流，有的籤谱几乎成为百姓的宗教信仰的百科书，诸如命理、风水、灶君、作福等民间常见的信仰内容都可以从籤谱中找到，易言之，宫庙寺观只要有这样的一本籤谱在手，就能化解善男信女的所有困惑，满足信众的祈福禳灾的各种需求。从明代的《玄天上帝感应灵籤》发展为清代的《玄天上帝灵籤》，再演化为清末民国时期的《上帝灵籤详解》，虽然具有一定的典型性，但在一定程度上反映了明代中叶以来道教籤占发展的大势。

第三节　籤占与民间宗教信仰

一、籤占与民间宗教

民间宗教是指具有严密宗教组织和较完备宗教制度的、在民间自发或秘密流传的、不被政府承认的宗教，诸如白莲教、罗教、斋教、弘阳教、黄天教、大乘教、八卦教等。民间宗教与正统宗教没有不可逾越的鸿沟，如原始道教的五斗米教、太平道实际上就是民间宗教，后来经过改造，上升为官方道教，而摩尼教在唐代一度得到政府的承认，唐末又转化为民间宗教。由于民间宗教长期处于被政府镇压的处境中，因此，其宗教活动往往处在秘密或半秘密的状态，故又称之民间秘密宗教。①

民间宗教在教义上的主要特点之一是三教融合，因此，对于籤占等占卜活动不但不反对，还把它作为传播宗教的重要手段。民间宗教的籤谱多是转抄于其他宫庙，如王见川、林万传主编《明清民间宗教经卷文献》第十册收入两种籤谱②，一种是《佛祖灵籤应验》，为清光绪二十五年抄本，共42首，其蓝本是《玄天上帝感应灵籤》，其扉页有《玄帝应验籤序》，第一首籤诗中又有"玄天上帝有感应吉籤赐予求籤人"，均透露了这一信息。另一种籤谱为《敕封景佑真君太子尊神感应灵籤》，共100首，道光十四年抄本，从籤谱的名称来看，"敕封景佑真君太子尊神"指的是民间信仰中的张巡，显然此也是源自祭祀张巡的景佑真君庙。

少数民间宗教自己编写籤谱，或者借用其他宫庙的籤谱，把该宗教的主张渗透到籤诗中，兹以摩尼教、三一教、罗教、轩辕教为例：

（一）摩尼教

摩尼教产生于公元3世纪的波斯，创始人为摩尼，基本教义是"二宗三际论"，认为世界上有光明（善）和黑暗（恶）两大对立势力，初际未有天地，明暗各殊，势均力敌；中际暗来侵明，明暗展开斗争；末期明暗各归本原，天下太平。"二宗三际"说的核心是光明必然战胜黑暗，正义必然战胜邪恶，善人死后进天堂，恶人死后入地狱。

摩尼教大约在公元7世纪末传入中国，唐政府最初只允许摩尼教在侨民中传播，影响不大。安史之乱后，摩尼教传入回鹘，成为国教。由于在镇压安史之乱时唐政府与回鹘建立了特殊关系，为了照顾回鹘侨民，公元768年，同意在长安建造大云光明寺和在荆、扬、洪、越、洛阳、太原等地建造摩尼寺，影响逐渐扩大。会昌二年（842），唐政府下令禁止摩尼教，摩尼教失

① 详见马西沙、韩秉方：《中国民间宗教史》，上海人民出版社1992年版。

② 王见川、林万传主编：《明清民间宗教经卷文献》第十册，新文丰出版公司1999年版。

去合法的地位，成为民间宗教，在北方逐渐湮没无闻。而在南方的福建民间则继续流传，并演变为明教乃至民间信仰。其中，福建晋江县罗山乡苏内村华表山麓的草庵，是我国唯一保留至今的元代摩尼寺，被列为福建省重点文物保护单位。[①] 除晋江外，在福建莆田也发现3块刻有“劝念：清净光明大力智慧，无上至真摩尼光佛”字样的石刻和摩尼教神台一个。近年，在福建霞浦发现不少遗址和文物，使摩尼教在福建的传播历史有改写的必要，发现人之一的中国社会科学院世界宗教研究所陈进国认为，晚唐以来入闽摩尼教的传播路线图，当以福州地区为中心，顺沿着滨海区域，向南北两翼地区传播和扩散，从而形成了环闽浙滨海地区的明教“信仰扇”。一是经莆仙而南下进入泉州地区，诸如莆田涵江发现的元代明教十六字石刻，晋江草庵元代的明教十六字石刻等文物史迹；二是经闽东（霞浦）北上进入浙东的路线。[②]

关于摩尼教与籤占的关系，林悟殊最早予以关注，他敏锐地推测“按唐代汉译摩尼教经，今仅剩三篇残经；而宋代流传的诸多摩尼经今则不传。上揭籤诗的摩尼教成分只是与少量残存的经典比较而已，实际的情况很可能不止这些。我们目前不能排斥一种可能性，即现存的籤诗原本是糅合当时流行的明教赞诗而成……总之，本属摩尼教的草庵，至迟在明末清初时便已出现籤诗求卜活动，这从外表的行为方式看，实与当地其他宗教或民间信仰并无二致，但从籤诗中的具体内容而言，却明显保持着本教的理念和习惯用语，尤其是教主摩尼明暗二宗的基本义理。”[③] 此后，粘良图发现，为了避免被政府打击，摩尼教（明教）信徒“只好采取‘瞒天过海’的对策，将宗教活动转入地下，借用民间信仰常用的籤诗形式，将世代诵读的经文不露痕迹地嵌入在诗句中，以便公开地面对世人，使其教义得以继续传承”。草庵的籤谱共81首，最后一首是现代才增加上去的，实际是80首。籤诗中多达17首包含着明教对日月光明的崇拜，对黑暗邪魔的摒弃以及光明

① 参见吴幼雄：《泉州宗教文化》，鹭江出版社1993年版。

② 陈进国：《福建霞浦县摩尼教史迹辨析》。http://www.nanchens.com/ch/c-nc14/c-nc14125.htm. 参见樊丽沙、杨富学：《霞浦摩尼教文献及其重要性》，《世界宗教研究》2011年第6期。

③ 林悟殊：《泉州新发现摩尼教遗迹辨析》，《华学》2006年第九辑。

图 7–17　福建晋江草庵和摩尼神像

与黑暗斗争的基本教义，如“新月如弓在，看看挂镜台”、“明来降伏暗”、“日出群阴伏”、“明蟾挂碧霄”、“劝君行好事，正色在天高”、“天高正色苍”、“愁云风捲尽，红日挂天中”、“佛日镇长明”、“明月满松�”、“黑云捲尽生明月，回首江山万里晴”、“几年明月挂松杉”、“月落高峰云自收”、“高台冰镜分明在”、“明月当空绝点尘，团圆宝镜照佳人”、“太阳正照群阴伏，万里民心喜气多”、“正好楼前望明月，无端数阵黑云行，何如点起银台灼，自有光辉满室生”等。也有除邪扶正、善必胜恶的教义，如“护法佑明徒”、“善神扶我背，剿绝暗魔军”、“消除灾疫障，福力佑群生”、“保护有真经，覩来运未亨；时来防劫曜，身泰自康宁”、“护卫诸正教，除邪奉正宗；坚心能尊习，福临祸必藏”、“礼拜勤求功得力，须存方寸觅前程”、“助法善神当拥护，持刀宝剑剉邪魔”、“圣力加持佑汝身”、“法令严行遍天下，鬼神钦服自潜藏；雷鸣震地张威势，大展神通圣化功”，以真经、正教、圣力、善神与暗魔、邪魔等词汇和意境，以寓明教与黑暗邪魔的对立。还有“暗魔”（经文“赞夷数文第二迭”有“莫被魔军却抄将”句）、“加被”（经文“叹明界文”有“内外常加被”句）、“勇健”（经文叹五明文有“又作勇健诸伎能”、“各作勇健智船主”句）等摩尼教术语。

粘良图还发现，把这 80 首籤诗的首籤首字（个别前两字）连缀起来，所组成诗句，源自摩尼教的科仪本，暗含着摩尼教的教义，组成诗句如下：

清新喜庆大欢娱，

愿从无上明尊降。
加被天仙善神背，
在此殿堂居住地。
勤加踊跃相冥卫，
一切灾祸永消除。
内外安宁无障碍，
广见欢荣新庆乐。
敬礼及称嗟，
勇健诸明使。
助法尊神背，
扶持正法仁。
土地诸灵相，
加勤相保护。
土地诸灵相，
加勤相保护。

上述诗句与2009年在霞浦收集的摩尼教手抄本《兴福祖庆诞科》中两段经文基本相同，一段是“清净喜庆大欢娱，愿从无上明尊降。加被天仙尊神辈，在此殿堂居处者。勤加踊跃相冥卫，一切灾祸永消除。内外安宁无障碍，广现欢荣新庆乐”。另一段是“敬礼及称赞，勇健诸明使。助善尊神辈，护持正法者。土地诸灵相，加动相保扶。护法威灵相，加动相保护”。与《兴福祖庆诞科》两段经文相比照，仅有“善神背（尊神辈）”、“居住地（居处者）”、“称嗟（称赞）”、“正法仁（正法人）”、“加勤（加动）”这几个词语有些差别，其中有的是谐音字或近义词，如“背（辈）”、“仁（人）”、“居住（居处）”、“称嗟（称赞）”。至如“加勤”一词，《兴福祖庆诞科》本作“加动”，是抄写的笔误。[1]

（二）三一教

三一教又称“三教”、“夏教”等，是一种创立于明代中期，发展于明末清初，至今仍在福建莆仙等地和台湾、东南亚等地流传的民间宗教，其基本

① 粘良图：《泉州晋江草庵籤诗解读》（未刊稿）。

教义是三教合一，宗孔归儒，创始人为林兆恩（1517—1598），信徒尊称为三一教主。[1]

图 7-18　三一教教主林兆恩画像

林兆恩在世时，就撰写《三纲卦》，供信徒占卜。《三纲卦》以易经为基本理论，以三纲为基本价值取向，共 16 卦，卦象也很简单，如第一卦："先乾后坤卦：纯阳纯阴，三纲既明。"第二卦："先坤后阳卦：纯阴纯阳，三纲既张。"末卦："先月后乾卦：阴变纯阳，阳德方享。"之所以名为"三纲卦"，与林兆恩的"宗孔归儒"的基本主张相一致。林兆恩认为："易以道性命也，纲以明人伦也。性命之微，非有上智，不可得而知也。人伦之大，虽有至愚，亦可得而由也。噫，占者能明乎纲之理，则君臣以义，父子以仁，夫妇以别，邦乃其昌，家用以宁，而唐虞三代之盛复见于后世也。若占者复忝诸易，则性命之微亦思过半矣。但人伦之大，尤切于民生日用之常，而为趋吉避凶之路者，不能违也。"[2] 在他看来，吉凶祸福取决于是否遵循儒家的人伦纲常。违背了人伦纲常，则阴阳失调，灾祸必然降临。相反，遵循人伦纲常，其福自然来到你的身边。他说："故循之三纲而行之，未有不吉者，逆三纲而行之，未有不凶者。由是观之，吉凶无常，亦惟在三纲之循逆，而非他也，故以三纲名卦。"[3]

林兆恩在世时，《三纲卦》用于占卜，其占卜基本方式是用三枚钱币抛掷，根据俯仰来定卦象，核对卦辞，与籤占不同，且因其卦象没有进一步解

① 林国平：《林兆恩与三一教》，福建人民出版社 1992 年版。

② 林兆恩：《林子三教正宗统论》第五册《三纲卦》。

③ 同上。

释，过于简单，因此影响并不大。林兆恩去世后，三一教开始借用其他宫庙的籤谱，并把三一教的理念渗透其中。如在莆田三一教祖祠使用的《三教先生宝籤》，共84首，其中不少籤诗宣扬三一教的主张，第一首："我有回天力，人无信道心。起死回生诀，难传不悟人。"第二首："口里真人诀，书中古圣心。精专与理遇，有道天人钦。"第三十三首："大道在当前，都由一贯成。一心能了悟，默会三门真。"第七十七首："佛在心头里，何须别处求。志心皈命礼，三序一朝酬。"第八十三首："苦海纵无边，回头便是岸。劝君上法船，一齐到天汉。"最后一首："诸恶既莫作，众善又奉行，志心皈三圣，名列大罗天。"这些籤诗很少涉及祸福之类的预测，而是极力规劝信众虔诚皈依三一教，参悟教义，多行善事，争取早日脱离苦海，宗教色彩要比占卜色彩浓厚得多。又如，仙游县城关东门承三书院也是一座影响较大的三一教堂，其籤谱32首，每首籤诗有一首七言四句的籤诗和五言四句卦辞以及故事、解曰、上中下兆象等构成，其中也有不少籤诗和卦辞与三一教的教义、历史、传说等有关，体现了三一教的特色。如第一首典故是"三教先生收弟子金玉齿亲兄弟"，籤诗："东山气象自然新，乌石天生现麒麟。道高流传深四海，福禄自有受玉峰。"卦辞："三圣东山气象新，乌石现麒麟。道高明满堂，福禄降玉峰。"第五首籤诗："夏午注定无二心，三教度世事同等。此物原来本是铁，也能变化得成金。"第十首的典故："卢文辉入宫救皇后，修行正气成仙果"，卦辞："三教瑞气多，夏午启英豪。天巧开龙穴，地灵出凤毛。"第十九首卦辞："夏午经相传，道宝保平安。三门通一贯，正气照英雄。"第二十首卦辞："儒教通释教，凡修即佛修。休想高头满，停步下丹田。"上引籤诗和卦辞、典故等，或根据三一教传说故事编写，或渗透三一教教义。

民国时期，三一教信徒杨通化[①] 撰写《圣训格言三纲卦用法》，该书把三一教的占卜术汇集在一起，包括三纲卦、举爻法、杯籤注解卦式、六壬课评诀、十二时辰断卦、八卦论述等内容，其中与籤占直接相关的是第四章"杯籤注解卦式"。"杯籤注解卦式"实际上就是籤谱，共28首，第一首籤诗

① 杨通化生平及其对三一教的贡献，参见林国平、毛元林：《杨通化与仙游、惠安三一教的复兴》，《福建宗教》2008年第1期。

是："一树芹花，芳菲烂漫，未能结实，可以赏玩。"末首籤诗是："汝心勿疑，天上皆知，即是祈祷，莫问是非。"此籤谱在福建的一些宫庙中也能见到，所不同的是，杨通化对籤诗进行改造，增加了故事、批曰、彖曰、六十四卦卦象、评曰等内容，使之与易经的联系更加紧密了（图 7–19）。

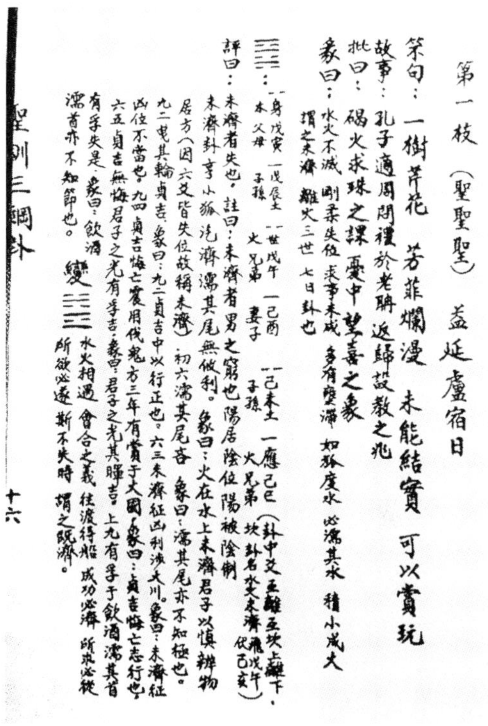
第一枝（聖聖聖） 益延盧宿日
笨句：一樹芹花 芳菲爛漫 未能結實 可以賞玩
故事：孔子適周問禮於老聃 返歸設教之兆
批曰：碣火求珠之課 憂中望喜之象
彖曰：水火不滅 剛柔失位 求事未成 多有癡滯 如狐度水 必濡其水 積小成大
謂之未濟 離火三世 七日卦也
身戊寅 木父母 一戊辰土 子孫 一世戊午 火兄弟 一己酉 妻子 一己未土 子孫 一應己巳 火兄弟（卦中爻五離至坎上離下。坎卦名水火未濟 飛戊午 伏己亥）
評曰：未濟者失也。註曰：未濟者男之窮也 陽居陰位 陽被陰倒
未濟卦亨小狐汔濟濡其尾無攸利。象曰：火在水上未濟 君子以慎辨物
居方（因六爻皆失位故稱未濟）。初六濡其尾吝 象曰：濡其尾亦不知極也。
九二曳其輪貞吉。象曰：九二貞吉中以行正也。六三未濟征凶利涉大川。象曰：未濟征
凶位不當也。九四貞吉悔亡震用伐鬼方三年有賞于大國。象曰：貞吉悔亡志行也。
六五貞吉無悔君子之光有孚吉。象曰：君子之光其暉吉。上九有孚于飲酒濡其首
有孚失是。象曰：飲酒濡首亦不知節也。
變 水火相遇 會合之義 往渡得船 成功必濟 所求必從
所欲必遂 斯不失時 謂之既濟。
聖訓三綱卦
十六

图 7–19 三一教"杯籤注解卦式"书影

改革开放以来，三一教在莆田等地得到恢复，并出现复兴的趋向，福建省现有三一教堂一千六百多座，信徒十多万。随着三一教的复兴，三一教也加快民间信仰化的进程，绝大多数三一教祠堂承担民间信仰的职能，甚至取代"社"、"境主庙"职能，百姓日常生活中的祈子、儿童过关、读书、就业、婚丧喜庆等，几乎事无巨细，都要到三一教祠堂祈祷礼拜。多数三一教祠堂内备有籤谱、杯筶，供百姓占卜吉凶；不少三一教祠堂还建有戏台，与民间信仰一样，经常演习酬神；还有一些三一教祠堂举行扶乩活动，吸引群众参加。① 因此，三一教堂的籤谱也逐渐多样化，许多三一教堂借用其他宫庙的籤谱，以满足善男信女的占卜需要，其籤占也逐渐与民间信仰合流。

（三）罗教

罗教又称无为教、罗祖教等，是产生于明代，至今仍在中国东南沿海地

① 参见拙作《当代民间宗教的复兴与转型——以福建三一教为例》，《东南学术》2011 年第 6 期。

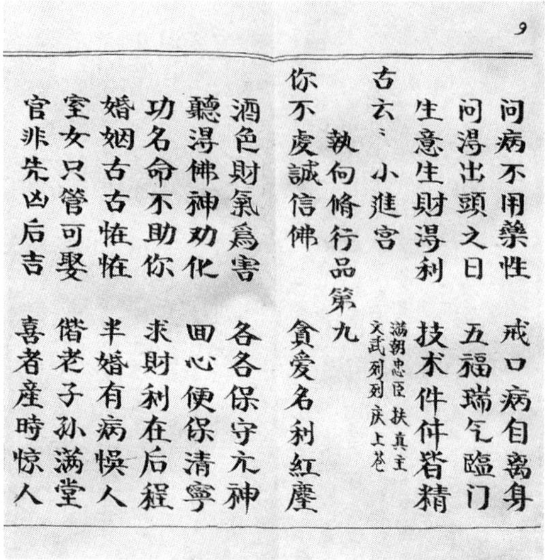

9

问病不用藥性　戒口病自离身
问渴出头之日　五福瑞气临门
生意生財渴利　技术件件皆精
古云：小進宮　滿朝忠臣扶真主　文武列列庆上苍
執向脩行品第九
你不虔誠信佛　貪爱名利紅塵
酒色財氣爲害　各各保守元神
聽渴佛神劝化　回心便保清寧
功名命不助你　求財利在后程
婚姻古古恠恠　半婚有病悮人
室女只管可娶　偕老子孙滿堂
官非先凶后吉　喜者產時惊人

图 7–20　罗教的《解经本》书影

区流传的民间宗教，创始人为山东即墨罗梦鸿，创始时间大约在成化十八年（1482）。其基本教义融合佛教、道教、儒家而成，主张“心造一切”，世界是从真空家乡中而来的，所有人都应该虚静无为，以便回归“真空家乡”的“无生父母”身边，享受“天堂胜景，无生无灭，安然快乐”①。其重要经书是五部经卷：《苦功悟道卷》、《叹世无为卷》、《破邪显正钥匙卷》、《正信除疑无修正自在宝卷》和《巍巍不动泰山深根结果宝卷》，对后世民间教派影响巨大。在明代后期，罗教被朝廷列为“邪教”，遭到严厉禁止。但由于其群众基础雄厚，屡禁不止，并演化成无为教、青帮、老官斋教等不同教派，在民间广为流传，成为清代影响最大的民间教派之一。②

在修行途径方面，罗教分为二十五品，每品有不同名称和要求，诸如“皇王品第一”、“叹人生品第二”、“往生净土品第三”、“尚众类品第四”、“无极化现品第五”、“化贤人度众生品第六”、“饮酒退道品第七”、“盖古人错答一字品第八”、“执向修行品第九”、“虚空架住品第十”、“舍身发愿品第十一”、“先天大道品第十二”、“布施品第十三”、“快乐西方品第十四”、“报恩品第十五”、“本无婴儿见娘品第十六”、“本无一物性在前品第十七”、“拜日月邪法品第十八”、“破弥勒邪教品第十九”、“迷人不知品第二十”、“不执有无品第二十一”、“不当重意品第二十二”、“行杂法品第二十三”、“安心品第廿四”、“明心见性品第廿五”等，为了强化信徒的修行，罗教把

① 《巍巍不动泰山深根结果宝卷·不知家乡无边好事退道品第二十》。

② 参见马西沙、韩秉方：《中国民间宗教史》，上海人民出版社 1992 年版，第 242—405 页。

二十五品的品名与籤占结合起来，编写《解经本》[1]，供信徒占取。其前言写道："老祖大乘经品，龙牌御旨颁行。当今传扬天下，开化普度众生，万民诚心朝拜，问我求首经文。正信二十五分，分分解曰分明。婚姻功名财喜，求嗣寿年根基。出行屋场风水，失物问病皈依。生意出头习艺，吉凶否泰批清。还有世事未载，提醒久困英雄。指引迷人去路，譬如上朝吉人。后人方知祸福，犯着许愿修因。知道听信我语，异日方知神灵。若有不信经文，日后灾祸临身。……"显然，《解经本》涉及百姓日常生活的方方面面，除了渗透罗教的一些教义外，与其他籤谱没有太大的差异。如第一首：

古云：桃园结义

且遇能人三忠友，同兴汉室一流年。

皇王品第一

功名必然难求，问财多受艰难。

喜事一场忧虑，生产血光灾临。

婚姻却然莫取，官非牢缠狱囚。

空心来问喜事，画饼充饥哄人。

命运多愁颠倒，求寿灾去遂来。

根基盘中插柳，出行去吉凶归。

屋场必然不盛，地坟半点俱无。

移屋徙去皆吉，失物一去难寻。

行人久远不转，问病有药不灵。

皈依心无善路，出头唐僧取经。

最后一首：

古云：唐三藏取经

前行经过几多难，苦行跋涉步步难。

明心见性品第廿五

① 该书流传于闽西一带，由中国社会科学院世界宗教研究所李志鸿提供。

功名韩信受辱，求财枉劳心思。
贫富不必计较，折本三气周瑜。
婚姻采桑之女，后日未得到头。
官非有理莫进，宁可忍让三分。
从来官非不见，破财晦气劳神。
问喜难过实信，方知音信休名。
神前多许大愿，求嗣一点存心。
时运眉下不济，提防失跤灾临。
谨防毛才小口，快快许愿倚神。
命中多犯关煞，病方大人老成。
出行秋冬皆吉，问屋移过别兴。
风水劝君莫葬，失物了了难寻。
行人起身回转，病体范郎进身。
因筑城墙之事，失身无处寻人。
若问人家走路，头尾落在近村。
逢着经品中处，远路有信无音。
吃斋中尾可度，出头异日有兴。
生意得财平利，习艺投师能成。
出军可免敌战，死绝无处逃身。
离乡别井头用，中尾不敢离村。

（四）轩辕教

轩辕教为新兴民间宗教，主要流传于台湾等地。该教创立于1957年，由王寒生发起创立，王寒生曾经担任中国国民党长春市党部的主任委员、国民参政会参政员、制宪“国大代表”、“立法委员”等职。1949年随国民党当局撤到台湾。王寒生到台湾后将国民党在大陆的失败原因归结为“民族精神的崩溃”，并认为“欲提高民族精神，必须复兴民族文化，宗教是中国文化的基础，所以当速重整中国固有的宗教”。轩辕教奉中华民族的祖先轩辕为教主，故名。基本教义是以“继轩辕黄帝道统，恢复中国固有宗教”、“启发中华民族魂”为宗旨，以“尊天法祖”为基本信条，“儒、墨、道三家同源”为理论基础，以“天人合一”为最高境界，以“光大民族文化，净化现实生活，提高精神生活境界”为实务。① 轩辕教的创立和发展，具有浓厚的政治色彩，成为官方承认的“七大宗教之一”。2000 年，该教有 21 个宗社，教务人员 150 人，信徒 15 万人，对台湾政治产生一定的影响。②

为了吸引更多的信众，同时也为了满足善男信女的需要，轩辕教编写了《黄帝归藏易占》籤谱，共64首。所谓《归藏》，相传为黄帝所做，与《连山》、《周易》合成“三易”，《周礼·春官》曰：“太卜掌三易之法，一曰连山，二曰归藏，三曰周易。其经卦皆八，其别皆六十有四。”《归藏》与《周易》不同，以“坤”为卦象的开始，八卦以逆时针方向排列，卦画取象比较具体。《归藏》在魏晋以后失传，民间有诸多的猜测。1993 年 3 月，湖北江陵王家台 15 号秦墓中出土了秦简《归藏》，引发研究《归藏》的热潮。但也有不同看法，或认为是《归藏》易中的《郑母经》。由于轩辕教信奉黄帝为教主，因此，就以传说中的《归藏》为理论基础，以儒家的纲常伦理为价值取向，编写《黄帝归藏易占》籤谱。

首先，该籤谱的排列顺序以“坤”卦为首籤，按照传说中的《归藏》的顺序排列籤诗，每一首籤诗都有相应的卦象作为籤诗的兆象，并有与卦象紧密结合的断语，如第一首卦象是“坤为地”，断语为“万物资生”。第二首卦象是“乾为天”，断语是“万物资始”。籤诗也与卦象配合，进一步诠释卦象。如第一首：“地中有地归藏存，

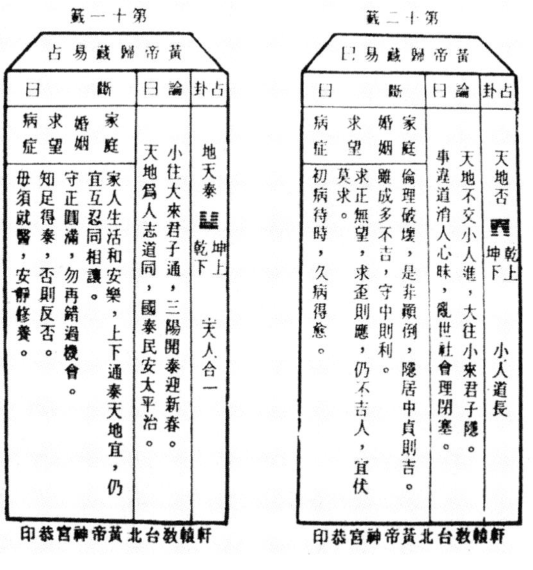

图 7–21　轩辕教的《黄帝归藏易占》

① 王见川、李世伟：《战后台湾新兴宗教研究——以轩辕教为考察对象》，《台湾风物》第 48 卷第 3 期。

② 参见林国平主编：《当代台湾宗教信仰与政治关系》，福建人民出版社 2006 年版。

柔顺厚生利牝马。用六用贞静则清，先迷后得觉元亨。”第二首：“天外有天乘六龙，乾元用九天下治。大哉乾元亨利贞，万事进步达大同。”

其次，该籤谱的“断曰”栏目只有“家庭”、“婚姻”、“求望”、“病症”四项，其中“家庭”和“婚姻”排在第一、二项，断语的内容也自始至终贯穿着儒家的伦理纲常，体现了中国传统文化价值观。以前五首的“家庭”项的断语为例：第一首：“亲慈夫诚先被迷，后觉得道敬祖先，伦理复常和乐吉。”第二首：“生活忙碌勿紧张，勤俭健行可久大。”第三首：“敬祖孝亲，努力克难，先苦后福。”第四首：“发蒙以持家，养正以克家，启蒙以兴家。”第五首：“尊天敬祖孝亲，天人皆正，风调雨顺，国兴家兴隆。”

综上所述，由于民间宗教得不到官方的认可，长期处于秘密流传的状态，因此，其籤占活动外界知之甚少，同样带有神秘色彩。从摩尼教、三一教、罗教和轩辕教的籤谱来看，民间宗教多强调本宗教的特色，力图保留本宗教的特性，因此，在编写籤谱时，也会把本宗教的教义和主要理念渗透到籤谱中，这也许是民间宗教在籤占活动时体现出来的特色。

二、籤占与民间信仰

所谓民间信仰是指信仰并崇拜某种或某些超自然的力量（以万物有灵为基础，以鬼神信仰为主体），以祈福禳灾等现实利益为基本祈求，自发在民间流传的、非制度化的、非组织化的准宗教。由于民间信仰产生于民间，发展于民间，与百姓日常生活息息相关，因此，民间信仰具有自发性、功利性、任意性、庞杂性、融合性、民俗性、区域性、草根性、顽强性等显著特征。[①] 在历史上，民间信仰不但不被政府重视和扶植，而且经常处于被压制甚至禁止的状态，经历了各种各样的政治磨难，但至今仍然在民间顽强地生存下来，并得到广大民众的崇信，用“野火烧不尽，春风吹又生”来形容民间信仰的顽强生命力，似不为过。

民间信仰之所以具有如此顽强的生命力，原因是多方面的，其中与民

---

① 关于民间信仰的定义和特征，众说纷纭，参见拙作《关于中国民间信仰研究的几个问题》，《民俗研究》2007年第1期。

间信仰的开放包容的特性有着极为密切的关系。我们知道，一般说来，宗教具有排他性，往往会产生宗教之间的矛盾，甚至宗教战争，影响宗教的发展。而中国民间信仰对其他宗教信仰所采取的态度不但不具有排他性，相反，以开放包容的态度加以接纳和融合，这样既避免了宗教之间的矛盾冲突，也可以最大程度吸收各种宗教的优点为己所用，增强本身的生命力。对于籤占这样简便易行深受善男信女喜爱的占卜形式，具有开放融合特性的民间信仰采取的态度自然是大力地吸收和利用，早在宋代，一些供奉民间俗神的宫庙如护国嘉济江东王庙、陆使君庙、吴山庙、张亚子庙等都有自己的籤谱，张王庙、太学忠文庙借用其他宗教的籤谱（参见本书第一章），为民间信仰与籤占的关系定下基本调子。

宋代以后，民间信仰实际上成为推动籤占发展演变的主要力量。一方面，民间宫庙参与籤谱的编写，现存的籤谱中，多数为民间宫庙编写，绝大多数籤谱都或多或少地打上民间信仰的烙印；另一方面，民间宫庙大力推行籤占活动，稍大一些的民间宫庙都备有一种或多种籤谱，供善男信女占卜。兹以妈祖信仰为例，分析民间信仰与籤占的关系。

（一）最早的妈祖籤谱

妈祖，又称天妃、天后、天上圣母等，福建莆田湄洲屿人，原名林默娘，相传生于宋建隆元年（960），卒于雍熙四年（987）。据现存最早的有关文献《圣墩祖庙重建顺济庙记》及黄公度的题顺济庙诗记载，妈祖生前是一位“预知人祸福”的女巫，死后被当地人奉为神灵，建庙祭祀。由于湄洲岛上的百姓多是渔民，所以妈祖一开始成为神灵就具备海上保护神的职能，不过最初的影响仅限于湄洲岛。妈祖去世后约一百年，其信仰逐渐扩大。南宋时期，妈祖信仰得到统治阶级的大力扶植，先后赐封给各种封号达 14 次之多，封号的等级也从“夫人”一直晋升为“妃”，各地的妈祖庙纷纷建立，到绍定二年（1229），妈祖庙不但在莆田有很多，而且“闽、广、江、浙、淮甸皆祠也”[①]。元时，妈祖成为漕运的保护神，而且“护海运有奇应”[②]，因此得

① 咸淳:《临安志》卷三十三《顺济圣妃庙》。

② 《元史》卷七十六《祭祀五》。

图 7–22　福建莆田湄洲妈祖祖庙

到朝廷的大力扶植,成为中国影响最大的海神。明代,妈祖除了庇护海上遇险的渔船、商船外,还常常有为朝廷的使节(如郑和下西洋和册封琉球使)和水师等航海者护航。至今,妈祖信仰遍布世界五大洲,妈祖庙有五千多座,信众两亿多人。①

妈祖信仰中何时引入籤占,文献没有明确记载。目前见到的与妈祖信仰有关的籤占活动的文献记载,最早的是在明代中期。高澄《天妃灵应记》载:

> 嘉靖乙酉季夏,余以府庠弟子员同友周应龙、王仲锦、高进小试于通州。试毕,暇日相与游戏于天妃庙,见有跪而祈籤者。周曰:"吾将决吾侪中否?"俟其籤出桶中,遂紾其臂而夺之观,乃第十六籤也。籤诗曰:"久困鸡窗下,于今始一鸣。不过三月内,虎榜看联名。"是秋,余等四人果侥幸。九月,往谢之,又祈籤以卜来春之事。其籤诗曰:"开花虽共日,结果自殊时。寄语乘桴客,危当为汝持。"然不知所谓。岁己丑,余三人俱登进士,仲锦除知州,进除知县,余除行人。独应龙不第,乃以举人选太原通判,结果似殊矣。然后二句之意,犹不可晓。②

① 参见拙著《闽台民间信仰源流》,人民出版社 2013 年版。

② 萧崇业:《使琉球录》卷上《天妃灵异记》。褚人获的《坚瓠七集》卷一《天妃籤》也有类似的记载。

后来，在嘉靖十一年高澄出使琉球时，遇到台风，逃过一劫，完成出使琉球的使命，他归功于神明的庇佑，并认为嘉靖五年所抽的籤诗后两句“寄语乘桴客，危当为汝持”，就是兆示此次出使经历，“籤诗后意，似乎为余发也”。①

从上述记载可知，嘉靖五年（1525）的通州天妃庙备有籤谱，供善男信女占取，由于抽籤的人还不少，才引起高澄等人的注意，并加入到抽籤的行列。高澄等人的第一次抽籤得到灵应，当年九月去天妃庙酬谢天妃，又抽了一首籤诗，嘉靖十一年也都得到验证。查对高澄等人所抽的籤诗，与后世湄洲妈祖庙使用的妈祖籤诗不同，显然另有所自。

从籤占的发展史和妈祖信仰的发展史来看，妈祖庙备有籤谱供善男信女占取，肯定是在明代中期之前，至迟在元代就有了籤占活动，只不过文献没有记载而已。明清时期，随着妈祖信仰的发展和籤占的普及，各种版本的妈祖籤谱也被编造出来，现存最早的妈祖籤谱应该是《莆田妈祖天后灵籤》，该籤谱公布于台湾善书网，收入刘福铸辑纂的《妈祖文献史料汇刊》第三辑《经籤卷·籤诗编》。其序言：“此籤六十首，得于蒲田县民之家。籤

图 7–23　清代妈祖画像

图 7–24　台湾北港朝天宫清代籤诗版

① 萧崇业：《使琉球录》卷上《天妃灵异记》。

语浅白，决疑应验如神，故印之以广流传。西樵山逸民罗炳志。”[1]

《莆田妈祖天后灵籤》编写于何时，没有明确记载，刘福铸认定为清代作品，并说：“此籤谱每首籤诗五言四句，然用词不够雅驯，亦多不押韵，显系文化水平较低的下层文人之作。”[2] 对于刘福铸的观点，有些地方值得商榷。

首先是《莆田妈祖天后灵籤》编写时间。我认为此籤谱虽然名为《莆田妈祖天后灵籤》，但编写时间应该在明代。理由是：籤诗中有歌颂明朝的诗句，如第七首：“帝子问神灵，永乐列太平。道藏清虚事，如意吉祥呈。”这里的“永乐列太平”显然是对明朝永乐皇帝的颂扬，如果是清朝编写的籤谱，恐怕会有所忌讳的。第十六首：“善业玄武称，坛社入世平。只此家庭座，万世作良医。”这里提到“玄武”（玄天上帝）信仰，我们知道，玄武信仰在永乐皇帝时才上升为明朝保护神，影响巨大，清代时，玄武信仰受到清廷的压制，走向衰微，因此，如果《莆田妈祖天后灵籤》编写于清代，作者恐怕不敢如此大胆公开鼓吹玄武信仰的。另外，籤谱的名称为《莆田妈祖天后灵籤》，这是何时命名的，籤谱的收集者没有说明。一般说来，籤谱的名称往往与宫庙名称或神灵名称联系在一起，以“莆田”这样大的行政区域命名籤谱，极为罕见，大概是当代籤谱的收集者给予命名的，而不是编写籤谱时的名称。值得特别注意的是，虽然籤谱冠以“天后”封号，但籤诗中称呼妈祖不用“天后”，而用“天妃”或“妃子”，如第九首：“板风游天地，骑龙入四州。观音白莲座，天妃黄金台。”第五十五首：“船沉风大劲，楫坏帆亦拆，求妃子求符，镇船又镇宅。”我们知道，妈祖在康熙二十年才被敕封为“天后”，显然，此籤谱是在康熙二十年以前编写的，结合第一条理由，我们推断此籤谱编写于明代的可能性极大。如果这个推断成立，那么，《莆田妈祖天后灵籤》恐怕就是目前见到的最早的妈祖籤谱了。

其次是编写《莆田妈祖天后灵籤》的作者身份问题。刘福铸认为该籤谱的文字“不够雅驯，亦多不押韵”，是“文化水平较低的下层文人之作”，我基本同意这一判断。我要补充的是，籤谱中保存着大量与道教理论有关

① 文中的“蒲田”即“莆田”。

② 刘福铸辑纂：《妈祖文献史料汇刊》第三辑《经籤卷·籤诗编》，海风出版社 2011 年版，第 426 页。

的籤诗，具有浓厚的道教文化色彩，如第四首："凤集凤朝处，龟吐蛇髓精，丹池汞投铅，煤心筑基见。"第二十九首："翻起五尺浪，吐纳千春波。明君贤士有，贤臣事明君。"第五十二首："乡间有人行，高山天地穴。若常观无有，妙窍同玄玄。"这些籤诗谈的都是道教的内丹理论和内丹修炼方法等。又如第四十首："道藏陈符箓，无师未可通。虽然夙根厚，亦拜两口人。"第四十二首："道法无书载，八百是葫芦。两口即此意，别有吕道人。"第五十六首："悬挂桃木剑，镇煞八面神。五龙五土作，四方四隅立。"这些籤诗谈的是吕洞宾信仰和道教的各种法术。从这些籤诗的内容看，《莆田妈祖天后灵籤》的作者恐怕还不仅仅是"文化水平较低的下层文人"，而是一名对道教颇有研究的下层文人，或者就是道士。

第三，关于《莆田妈祖天后灵籤》作者的籍贯问题。从籤诗的写作技巧看，不但不押韵，而且也与莆仙方言的韵脚不合，显然作者不是莆田人。但籤诗中多次提到福建的地名，如第二首"莆田入泉州"，第三十二首"莆田生贞洁"，第五十一首"贞女莆田县"，说明作者对福建的地理比较熟悉，很有可能是福建人或者流寓福建的外省人。另外，籤谱中多次提到"籤语"、"籤言"而不用"籤诗"，如第四十一首"籤语幻又幻"，第五十首"王侯籤语降"，第五十三首"籤语世人行"，第四十八首"籤言多韵意"，这也许是作者所在地习惯的用法，对于探讨作者籍贯是一条重要的线索，值得注意。

（二）清代妈祖籤谱的主要类型

清代，妈祖得到迅速发展，成为中国沿海地区影响最大的海神。随着妈祖庙的大量建造和妈祖信仰活动的频繁开展，籤占也成为妈祖信仰不可或缺的重要组成部分，以妈祖、天后、天上圣母、天后圣母、天后元君或各地天后宫命名的籤谱大量涌现，主要有以下几个类型：

1.《天后圣母籤谱》100首

此籤谱共102首，其中100首为正式籤诗，首籤为"千尺浮屠宝砌成，高峰顶上且停停。时人莫作寻常看，不是仙人谁解登。"末籤为"问利求名事总宜，守株待兔未为迟。片时若得西方便，到底还他遇贵人。"末了增加两首类似于后世"籤王"或"籤尾"的籤诗，称"都魁"、"亚魁"。"都魁"籤为上吉，籤诗："夜光明月胜非常，幸际昌期肯退藏。善价既能从美愿，自然多誉显昭彰。""亚魁"籤也为上吉，籤诗是："羡君天爵久能修，人爵应能副此求。独听瑶阶胪唱罢，始听姓字冠群流。"

现存的《天后圣母籤谱》刊刻于清道光年间，收入道光二十九年（1849）的《天后圣迹全集》、同治四年（1865）的《天后圣母圣迹图志全集》、光绪十四年（1882）《湄洲屿志略》等文献中。实际上此籤谱编成的时间要大大早于道光，翟昌文《粤行记事》卷一记载：

> 顺治六年己丑四月，自泉州石井关访高州告籴信。……十六日，天气晴朗，收泊芷芋镇，宿文昌阁，祭天妃。安海祈天妃籤兆，有"为君六月换清风"句。

翟昌文为江苏人，永历时为翰林院检讨，曾被清廷擒拿，后逃脱。顺治六年，路过福建晋江县的安海，到天妃宫抽籤。查《天后圣母籤谱》，翟昌文所抽的籤诗是该籤谱的第九首，全首籤诗是："青山上下一株松，为栋为梁恐未中。且合厅前听驱使，为君六月换清风。"从上述资料记载可以断定，《天后圣母籤谱》出现的时间要早于顺治六年，极有可能在明代就问世了。安海天妃宫建于万历二年（1574），所以，该宫庙使用《天后圣母籤谱》也不会早于这个时间。

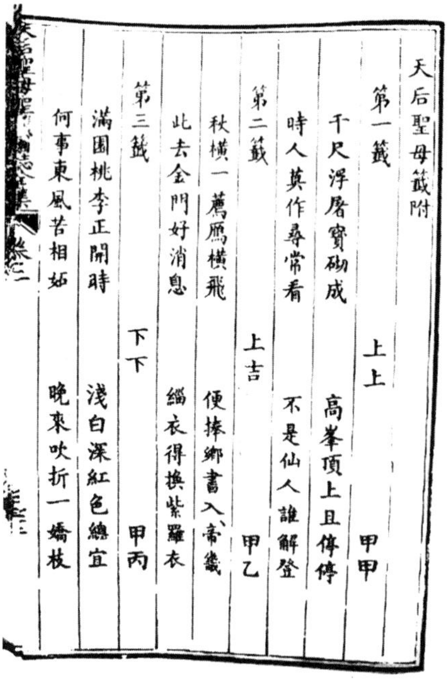
天后聖母籤附
第一籤 上上 甲甲
千尺浮屠寶砌成 高峯頂上且停停
時人莫作尋常看 不是仙人誰解登
第二籤 上吉 甲乙
秋橫一薦鴈橫飛 便捧鄉書入帝畿
此去金門好消息 緇衣得換紫羅衣
第三籤 下下 甲丙
滿園桃李正開時 淺白深紅色總宜
何事東風苦相妬 晚來吹折一嬌枝

图 7–25 《天后圣母籤谱》书影

从现存的资料判断，《天后圣母籤谱》很可能是湄洲祖庙最早使用的籤谱，所以其流播甚广。清康熙二十三年（1684）四月十七日，两江总督于成龙突然病重，"遣人往天后宫卜之以籤。籤云：'过尽风波险浪灾，此身方许脱尘埃。一声霹雳生头角，直上青云跨九垓。'是明示以骑箕之兆也。至十八日，宴然而卒。守省将军，闻讣单骑驰入署中，检其簏中，惟白金三两，制钱千余文及缎一匹，敝衣数事而已，此外一无所有”[①]。查《天后圣母籤谱》，于成龙抽的是该籤谱的第三十一首：“过尽重山坦路来，此身今已脱尘埃。一声霹雳生头角，直上云霄跨九垓。”个别文字不同，但属于同一籤谱是确定无疑的，说明当时的南京天后宫也使用《天后圣母籤谱》。

无独有偶，光绪十五年（1889）九月十五日，翁同龢乘船到上海。次日清晨：“虔祷天后宫卜籤，籤语不吉，第三句‘夜静月明天籁息’。余曰：‘无风之兆也’。”[②] 查《天后圣母籤谱》，第二十四首有此诗句，全诗是：“父分子别归离夫，满腹煎熬亲也疏。深夜月明天籁息，那知绕树有啼乌。”可见，那时的上海天后宫也使用此籤谱。

另外，由于《天后圣母籤谱》被收入《天后圣迹全集》、《天后圣母圣迹图志全集》、《湄洲屿志略》等文献，说明此籤谱一度得到湄洲祖庙和妈祖信众的认可，因此，一些妈祖宫庙也采用此籤谱。如福建漳浦乌石天后宫、绥安慈后宫、澳门妈祖阁、香港老虎岩慈德社天后古庙等至今仍在使用此籤谱。台湾北港朝天宫发现此籤谱的古老籤版，说明在清代朝天宫也曾经使用此籤谱。[③] 清代广东佛山近文堂和近代香港荃湾忠义堂分别以《天后元君灵籤》和《天后灵籤》刊印此籤谱，所以流传较广。

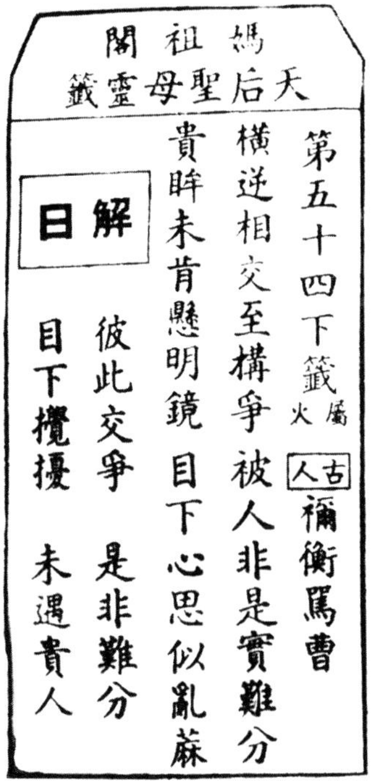

图 7-26　澳门妈祖阁籤诗

当然，与其他籤谱一样，《天后圣母籤谱》在流传的过程中也发生一些变化，主要有两点：一是在“都魁”、“亚魁”籤的基础上，又增加了“顶魁”籤：“一点春

① 叶梦珠：《阅世篇》卷四。

② 翁同龢：《翁同龢日记》，中华书局2006年版。

③ 参见姚文崎：《闽台妈祖古庙运籤的主要类型》，《台湾研究集刊》2006年第3期。

来万物新，千红万紫斗芳菲。杏迟梅早何先后，结实花开自有时。”漳浦乌石天后宫籤谱还增加“油籤”：“来意不诚心，罚你添油香。万事既如意，财源大广进。”二是增加一些扩展兆象和具体定性兆象。如澳门妈祖阁的籤谱增加了典故、五行和解曰，以第五十首为例：

第五十　上籤　属金

古人　苏武脱难

平原秋兔正当肥，常胜将军挂猎归。

谁把帛书传雁足，果然一箭中双飞。

解曰　书传雁足，一箭双飞。

若遇秋月，吉庆大利。

香港老虎岩慈德社天后古庙的籤谱更加详尽，仍以第五十首为例，该籤谱前半部分与澳门妈祖阁相同，在“解曰”之后，增加了苏武的生平简介和具体兆象的断语，转录如下：

苏武，汉代的一位忠臣也。武帝派他出使匈奴，被番王单于扣留，威迫利诱，要他变节投降，苏武不从，被放逐到北海牧羊。所牧者皆公羊也，番王下令，除非投降或公羊生子，才能获释放。日月如梭，苏武饮雪吃草籽十九年，不食粮粟。番王不信诏见之，见苏武鹤发童颜，容光满面，曰：“神也！是人岂能十九年食雪与草而生?”送武回国，后获宣帝封爵为“关内侯”。

家宅：安。

自身：凡事忍耐，多做善业，功德作福，自有吉庆。

谋望：大器晚成，勿急功，秋后大利。

婚姻：少年且待之，青年找到好伴侣，秋后成双对。

六甲：迟，秋后有好消息。

流年：本年运气较好，宜把握时机，秋冬较易发展。

事学业：不要三心两意，尽力而为之。

求财：财来自由方，无须刻意求。

健康：会得良医，旧病可愈。

移居：有搬迁移民机会，往南方较北方为佳。

2. 天上圣母杯珓辞

通过卜筊（俗称“卜杯”）来占取籤诗的妈祖籤谱不止一种，名称也不尽相同，权且称之为“天上圣母杯珓辞”。此类的杯珓辞，来源比较复杂，有的是妈祖庙原有的，有的则是从其他宫庙借用的，很难做出明确判断。主要有以下几种：

（1）《天上圣母杯珓辞》27 首。

此籤谱与《天后圣母籤谱》一道被收入《天后圣迹全集》、《天后圣母圣迹图志全集》、《湄洲屿志略》等文献，其在妈祖信仰中的地位也与《天后圣母籤谱》相当，得到湄洲祖庙和妈祖信众的认可。该籤谱以卜杯的方式占取，共 27 首，籤诗为五言四句，有上中下总体定性兆象。如：

第一杯　三圣　大吉

天赐麒麟儿，翩翩降玉墀。

君家久种德，特产壮门楣。

第二十七杯　阴　圣阳　上吉

躬耕在南阳，先生名字香。

汉家兴国祚，更喜福绵长。

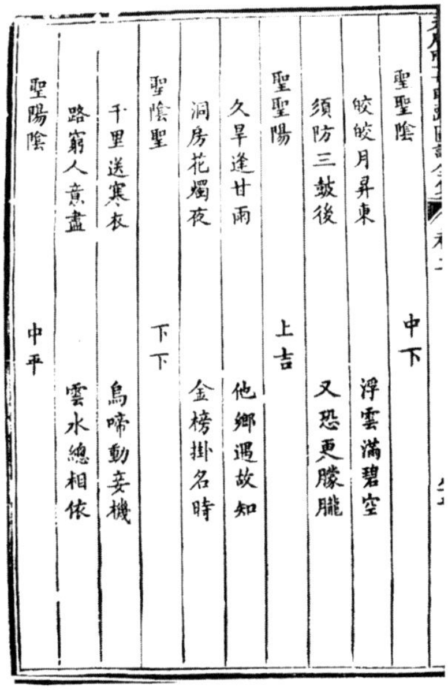
聖聖陰　中下
皎皎月昇東　浮雲滿碧空
須防三鼓後　又恐更朦朧
聖聖陽　上吉
久旱逢甘雨　他鄉遇故知
洞房花燭夜　金榜掛名時
聖陰聖　下下
千里送寒衣　烏啼動妾機
路窮人意盡　雲水總相依
聖陽陰　中平

图 7–27　《天上圣母杯珓辞》书影

该籤谱编写于何时，没有明确记载。从第二十七首的籤诗的内容看，讲的是诸葛亮兴汉的故事，第二十三首：“钦差出阳关，历遍万重山。此志虽无二，回朝发已斑。”此籤诗讲的是苏武保持民族气节的故事，在大兴文字狱的清朝，撰写此类诗歌恐怕有所忌讳，所以，该籤谱有可能要早于清代产生。此籤谱与《天后圣母籤谱》一样，编写于明代的可能性较大，虽然与《天后圣母籤谱》一道被收入《天后圣迹全集》、《天后圣母圣迹图志全集》、《湄洲屿志略》等文献，但流传不广，至今连湄洲祖庙也不用此籤谱了。

（2）《天上圣母杯籤》27 首。

此籤谱安放于莆田湄洲祖庙的寝殿，籤诗为七言四句，有杯象、上中下总体定性兆象和解曰，如：

第一枝　圣圣圣　中上

福如东海寿如山，君汝何须问中间。

荣华富贵天注定，太白贵人保平安。

解曰：功名至，福禄有，讼事安，生意兴，婚姻好，胎望男，风水吉，行人到，病人运深，小儿平安，老人小心。

第二十七枝　阴阳　阴下

昔日螳螂去捕蝉，谁知孔（黄）雀在身边。

莫信世人直中取，须防其中人不仁。

解曰：功名无，福禄空，讼事凶，生意失，婚不可，胎细心，风水下，行人难，病人亲眷鬼，小儿前生父母。

此籤谱的母本为手抄本，封面上边有自右向左横写“湄洲祖庙”字样，中间自上而下书写“天上圣母杯籤”字样。值得注意的是，此籤谱未收入《天后圣迹全集》、《天后圣母圣迹图志全集》、《湄洲屿志略》等文献，说明在道光至同治年间湄洲祖庙尚未使用。至于湄洲祖庙何时使用此籤谱，不得而知，大概在民国时期甚至更迟。但此籤谱在民间流传较广，莆田贤良港天后祖祠、莆田荔城清风岭天后宫、莆田荔城东山文峰宫、莆田东山祖祠、莆田涵江顺济庙、莆田黄石福安社、仙游龙华德明堂、仙游城关荔山社、惠安涂岭乌石宫、惠安后龙清净庵、惠安平山寺、南安金淘镇尖山宫、永春湖洋湖桥殿、永春龙山岩、永春龙山宫、安溪凤城东岳宫、安溪官桥半岭宫、晋江市安海草庵、石狮金沙庵、厦门天界寺醴泉洞、福州广应白马尊王庙、上杭中都云霄阁、连城冠豸山灵芝庵、台湾北极殿玄天上帝庙、台湾澎湖北极殿等都使用《天上圣母杯籤》，其中多数宫庙不是供奉妈祖。种种迹象表明，莆田湄洲祖庙的寝殿所使用的《天上圣母杯籤》很可能是借用其他宫庙的籤谱。

（3）《天上圣母灵籤》27 首。

此籤谱藏于福建仙游县度尾镇潭边村龙井宫，该宫建于南宋绍兴七年

(1137),清代雍正赐“神昭海表”匾,分别悬挂于各地有影响的妈祖庙,龙井宫也在此列,至今保留此匾,说明清代龙井宫在妈祖信仰中的地位。《天上圣母灵籤》在民国十七年(1928)被镌刻在籤版上,首题:“龙井宫天上圣母灵籤图。”末题:“民国戊辰拾柒年王春造。”

虽然籤版上明确记录是民国十七年雕版,但籤谱出现的时间应该较早,刘福铸认为此籤谱“出现时间应在清代”①,我同意这一判断。

(4)《天后元君灵籤》23首。

此籤谱在清代曾被广东佛山著名书坊“近文堂”刊刻,可见在当时的广东等地,《天后元君灵籤》还是有较大影响的,否则“近文堂”是不会选择此籤谱刊行于世的,反过来看,该籤谱在“近文堂”刊行后,其影响也必然扩大。

卜筊辞之类的籤谱,一般是27首,但不知何故,《天后元君灵籤》只有23首,少了4首。与仙游度尾龙井宫天上圣母灵籤相比,在籤诗之后增加

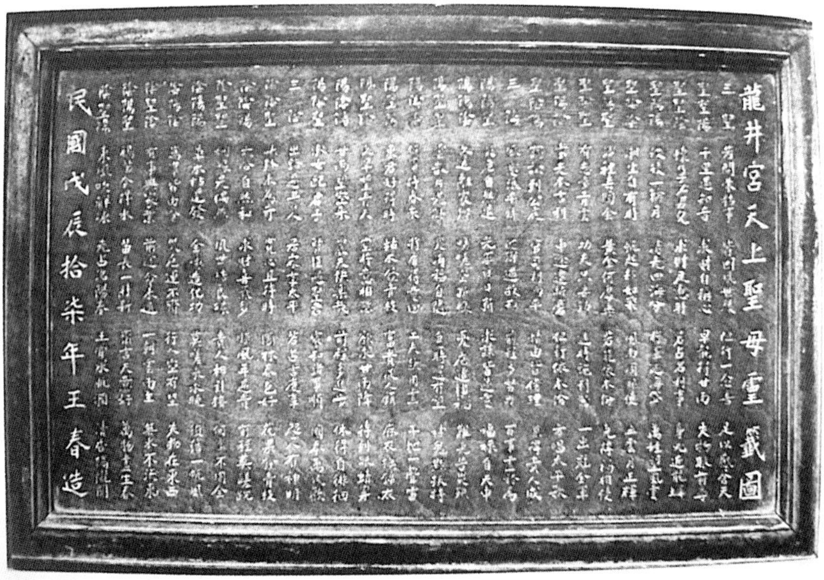

图 7–28　福建仙游县龙井宫天上圣母籤板

① 刘福铸辑纂:《妈祖文献史料汇刊》第三辑《经籤卷·籤诗编》,海风出版社2011年版,第511页。

了断语，如：

第一杯　胜胜胜

千里遇知音，求财自称心。

占龙待甘雨，失物眼前寻。

上上大吉

第二十三杯　阴阳胜

飓母未成急，惊危在眼前。

忧心非安妥，始终不安然。

大而不利

值得注意的是，《天后元君灵籤》中有九首籤诗与仙游龙井宫《天上圣母灵籤》相同，说明二者存在着某种联系。另外，汕头放鸡山《天后庙杯籤》27首的籤诗，绝大多数与《天后元君灵籤》相同，只不过排列的顺序不同而已，进一步说明《天后元君灵籤》在当时是有一定影响的。①

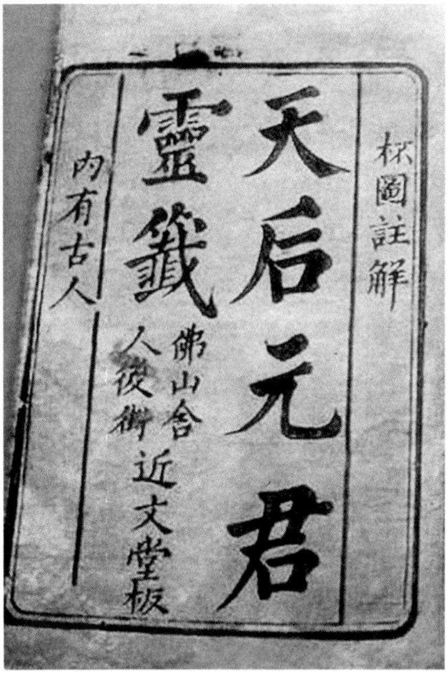

图 7–29 《天后元君灵籤》扉页

（5）《天后灵珓注解》27首。

此籤谱藏于福建长汀汀州天后宫，2005年由汀州天后宫理事会顾问毛述先“依照民俗史记，查阅多处寺庙珓（籤）文，进行校对修订，依理编排，以古人典故为题，作出‘珓占’的吉凶之注解，专供汀州天后宫信士体会‘卜珓’心灵感应之效，得以求福保安”。汀州天后宫的《天后灵珓注解》何时出现，不得而知，乡老说从古代传下来。该籤谱包含珓序、珓象、珓兆、珓题、珓诗、典故事例、求卜事

① 详见刘福铸辑纂：《妈祖文献史料汇刊》第三辑《经籤卷 · 籤诗编》，海风出版社2011年版，第502—512、526—530页。

项、备注等。以第一珓为例：

<table>
<tr><td>珓序</td><td>1</td><td>珓象</td><td>阳阳阳</td><td>珓兆</td><td>下</td></tr>
<tr><td>珓题</td><td colspan="5">吕布授计诛杀董卓</td></tr>
<tr><td>珓诗</td><td colspan="5">有勇无谋妄为人，认贼作父害自身。
残暴定会遭报应，两败俱伤无前程。</td></tr>
<tr><td>典故事例</td><td colspan="5">（东汉）董卓残忍暴戾，独断独行，杀人不眨眼，在长安自称太师，搜刮民财，强取豪夺，寻欢作乐，民怨官恨。吕布武艺高强，有勇无谋，原是并州刺史丁原部下，董卓用大量财物收买吕布，吕布杀死丁原投靠董卓，董卓认吕布为义子，作随身保镖。司徒王允决心除掉董卓，利用吕布说话顶撞董卓，被董卓戟伤和吕布在凤仪亭调戏董卓爱妾貂蝉，两人结怨的机会，将打算杀掉董卓之事授计吕布。汉献帝在未央宫召见大臣时，吕布心腹勇士戟刺董卓，将董卓刺死。但不久，董卓的部将李傕、郭汜打进长安，杀死王允，赶跑吕布。</td></tr>
<tr><td rowspan="7">求卜事项</td><td>根基</td><td colspan="2">浅</td><td>婚姻</td><td>不合</td></tr>
<tr><td>风水</td><td colspan="2">平</td><td>孕育</td><td>惊</td></tr>
<tr><td>家宅</td><td colspan="2">不安</td><td>行人</td><td>至</td></tr>
<tr><td>人缘</td><td colspan="2">争斗</td><td>疾病</td><td>求医</td></tr>
<tr><td>功名</td><td colspan="2">烦</td><td>失物</td><td>无</td></tr>
<tr><td>钱财</td><td colspan="2">守待</td><td>诉讼</td><td>宜和解</td></tr>
<tr><td>交易</td><td colspan="2">难</td><td>出外</td><td>不顺</td></tr>
<tr><td>备注</td><td colspan="5">不忠不孝之象，凡事遵规守矩也。</td></tr>
</table>

显然，此籤谱的“典故事例”是毛述先根据《三国演义》的故事情节增加进去的，目的不外是使籤诗更具有趣味性，也给解籤者提供素材。在提供给善男信女的籤条时，往往把“典故事例”的内容去掉，使籤条更加简约。笔者2012年收集到的汀州天后宫的另外一套籤谱，也是27首，但籤诗的内容与《天后灵珓注解》完全不同，第一籤是：

天后宫

圣阳阴（孙膑刖足）

神灵鬼叫有谁知，七七灾厄定下期。

不信先生嘱咐语，含冤刖足痛伤悲。

下答：功名无求财轻六甲凶

风水无　病久缠　失物在

诸事不利　祈赖神佑可也

3.《天后圣母籤》100 首

原刻本称《天后圣母百枝籤》，藏于福建莆田城内文峰天后宫，为木刻版印制，每页两首籤诗，籤诗上方为“天后圣母”字样，下方右侧为籤序和“丙午年桃月”字样，中间为七言四句籤诗，左下方有“三韩弟子郭文鹏敬刊”字样。关于该籤谱刊刻时间，刘福铸认为“丙午岁”必为清代丙午年，而“丙午”岁在清代分别是乾隆五十一年（1786）、道光二十六年（1846）和光绪三十二年（1906），刘福铸认为：“‘天后圣母’之称始于乾隆、嘉庆年间，至道光、咸丰年间，民间则习惯称妈祖为‘天上圣母’。因此，本籤谱刻于乾隆五十一年（1786）的可能性大一些。另外，衡之刻本中使用有大量民间使用的简体字，其中同音替代的民间简体字明显源于闽语，如‘圭犬’实即‘鸡犬’的方言同音字，由此可证籤谱应刻于闽地，可能就是刻于莆仙当地。”[①] 笔者基本同意上述观点。

该籤谱共 100 首，第一首：“晓日瞳瞳万象融，河清海晏庆年丰，生逢盛世真欢乐，好把心田答化工。”末首：“此籤一百最难逢，气象巍巍实不同。识得谦冲持满意，万人头上趁英雄。”此籤谱虽然流传不广，但值得注意的是一些古老的妈祖庙，如泉州天后宫、泉州法石美山天妃宫、台南大天后官、安平天后宫、朝兴宫、温陵庙、朝南宫、彰化鹿港天后宫、澎湖马公天后宫、台北关渡宫等仍然使用此籤谱。当然，此籤谱在流传的过程中，不但有了不同称呼，如泉州天后宫称之《泉州天后宫灵籤》，台湾鹿港天后宫称之《湄洲天上圣母圣籤》或《鹿港湄洲天上圣母籤诗》、《天后圣母籤》等，澎湖天后宫称之《澎湖妈祖灵籤》等，而且在籤解的项目和内容方面也因地域社会文化生活的差异方面而相应地发生一些变化，兹以泉州天后宫、鹿港天后

① 刘福铸辑纂：《妈祖文献史料汇刊》第三辑《经籤卷 · 籤诗编》，海风出版社 2011 年版，第 146 页。

宫、澎湖马公天后宫的第一籤为例，比较如下：

表 7-11　闽台妈祖籤诗比较

宫庙名称	籤诗	占解（释解）	诗解
泉州天后宫	晓日瞳瞳万象融， 河清海晏庆年丰。 生逢盛世真欢乐， 好把心田答化工。	功名：器宇清高，事事称心。 生意：财源利路，万事如意。 六甲：麟儿延降，裕后光明。 疾病：灾患已除，福履绥之。 婚姻：夫妻偕老，福寿双全。 出行：只在四方，无处不利。 丁口：家庭和乐，人口安宁。 求财：利路亨通，黄金满赢。 时运：贵人扶持，黄金满贯。	
鹿港天后宫	晓日瞳瞳万象融， 河清海晏庆年丰。 生逢盛世真欢乐， 好把心田答化工。	功名：水到渠成，扶摇直上。 行人：相逢知己，近在目前。 婚姻：天定良缘，夫荣子贵。 官司：贵人扶持，有理者胜。 丁口：喜信频来，合家吉庆。 生意：动作有利，一本万利。 疾病：枯木逢春，欣欣向荣。 出行：顺风扬帆，利有攸往。 失物：重寻有获，只在东南。 田畜：田园多利，生息繁荣。	是大吉之灵籤。晨曦化成旭日东升，汝之盛年已来到，亦即使河清海晏之时。凡事称心如意，不必烦恼之运势，甚至有不劳而成者。惟如有得到贵人来扶持时，更能加速效率无疑。君亦可趁此东风，前往蓬莱仙岛，享有天伦之乐者。彼时已届，可拭目以待，尔自有欢乐之盛世矣。
澎湖马公天后宫	晓日瞳瞳万象融， 河清海晏庆年丰。 生逢盛世真欢乐， 好把心田答化工。	功名：器宇清高，事事称心。 六甲：麟儿延降，裕后光明。 婚姻：夫妻偕老，福寿双全。 丁口：家庭和乐，人口安宁。 时运：贵人扶持，黄金满贯。 耕作：田禾丰盛，五谷大收。 生意：财源利路，万事如意。 疾病：灾患已除，福履绥之。 出行：只在四方，无处不利。 求财：利路亨通，黄金满赢。 失物：财帛守座，永无疏失。 官司：贵人扶持，万事顺适。	

显然,《泉州天后宫灵籤》与《澎湖妈祖灵籤》基本相同(《泉州天后宫灵籤》在“占解”部分少了“耕作”、“失物”、“官司”项),二者有着密切的渊源关系。鹿港《天后圣母籤》除了“占解”外,还有“诗解”,是当代人增添上去的,反映了其保存传统的同时,具有与时俱进的特点。

三、妈祖庙大量借用观音《六十甲子灵籤》的原因

《六十甲子灵籤》原为观音籤谱,在闽台乃至华人聚居地,有 1/3 以上的宫庙寺院使用此籤谱,是流传最广、影响最大的籤谱。值得注意的是,在诸多的妈祖庙中(含莆田湄洲祖庙圣母祠、观音殿),也使用《六十甲子灵籤》,台湾的一些妈祖庙甚至把《六十甲子灵籤》改名为《妈祖圣籤》或《天上圣母六十甲子灵籤》、《妈祖六十甲子圣籤》等。[①] 如在桃园、苗栗和新竹 126 座使用《六十甲子灵籤》的寺院宫庙中,以观音为主神的一共只有 20 座,而以妈祖为主神的则多达 35 座(桃园 7 座、苗栗 11 座、新竹 17 座)。[②] 那么,为什么众多的妈祖庙(包括现在的湄洲妈祖庙)不使用固有的《天上圣母籤谱》(首籤首句“千尺浮屠宝砌成”)、《天上圣母杯珓辞》(首籤首句“天赐麒麟儿”),而使用从其他宫庙借用来的《六十甲子灵籤》? 笔者以为,只要比对这两种籤谱,就可以找到答案。

首先,《天上圣母籤谱》的籤诗比《六十甲子灵籤》晦涩难懂,以前六首籤诗为例:

---

① 台湾的妈祖庙何时开始普遍使用《六十甲子灵籤》,是一个非常复杂的问题。据台湾学者姚文崎调查,清代的北港朝天宫使用的籤谱是《天上圣母籤》籤诗,至今其仓房中还保存有古老的木刻籤板为证。至迟到宣统三年(1911),朝天宫开始铅印出版《六十甲子灵籤》,广为传赠、传阅,1972 年出版《灵籤解说》,封面标明“北港朝天宫天上圣母”,被信众称为天上圣母籤。由于北港朝天宫在台湾的妈祖庙中影响大,加上《六十甲子灵籤》详备又通俗实用,因此“被冠上天上圣母之名风行于世”。详见《闽台妈祖古庙运籤的类型》,《台湾研究集刊》2006 年第 3 期。

② 陈锦云:《台湾六十甲子圣母诗籤研究——以桃、竹、苗地区为中心》,中国文化大学中国文学研究所 2008 年硕士学位论文。

表 7–12 《天上圣母籤》与《六十甲子灵籤》籤诗比较

籤序	《天上圣母籤》籤诗	籤序	《六十甲子灵籤》籤诗
第一籤	千尺浮屠宝砌成，高峰顶上且停停。时人莫作寻常看，不是仙人谁解登。	甲子	日出便见风云散，光明清净照世间。一向前途通大道，万事清吉保平安。
第二籤	秋横一荐雁横飞，便捧乡书入帝畿。此去金门好消息，缁衣得换紫罗衣。	甲寅	于今此景正当时，看看欲吐百花蕊。若能遇得春色到，一洒清吉脱尘埃。
第三籤	满园桃李正开时，浅白深红色总宜。何事东风若相妒，晚来吹折一娇枝。	甲辰	劝君把定心莫虚，天注衣禄自有余。和合重重常吉庆，时来终遇得明珠。
第四籤	百年风雨半忧愁，万事无过且逐流。昨夜灯花虚报喜，徒然为我转眉头。	甲午	风恬浪静可行船，恰似中秋月一轮。凡事不须多忧虑，福禄自有庆家门。
第五籤	翩翩鸿鹄欲凌空，整刷翎毛趁晚风。万里扶摇虽有志，怎知人欲暗张弓。	甲申	只恐前途明有变，劝君作急可宜先。且守长江无大事，命逢太白守身边。
第六籤	风云际会即荣华，利路名场信有涯。试向盆中争一掷，呼卢惊座满盘花。	甲戌	风云致雨落洋洋，天灾时气必有殃。命内此事难和合，更逢一足出外乡。

稍加比较就会发现，《天上圣母籤谱》的籤诗虽然不能说是晦涩难懂，但也谈不上通俗易懂，其用词比较生僻，诸如“浮屠”、“帝畿”、“缁衣”、“紫罗衣”、“鸿鹄”等名词，非一般百姓所熟知。又如“秋横一荐雁横飞，便捧乡书入帝畿”、“何事东风若相妒，晚来吹折一娇枝”、“昨夜灯花虚报喜，徒然为我转眉头”、“翩翩鸿鹄欲凌空，整刷翎毛趁晚风”、“试向盆中争一掷，呼卢惊座满盘花”等诗句，颇有文学色彩，甚至可以说相当优美，但对大多数文化程度不高的善男信女就未必能看得懂了。相对而言，《六十甲子灵籤》的遣词造句都比较通俗，一般人都能大致明白其中的意思，因此也就更容易接受《六十甲子灵籤》了。

其次，《天上圣母籤谱》和《天上圣母杯珓辞》没有具体定性兆象，虽然后来一些妈祖信众发现了这一不足，对《天上圣母籤谱》进行补充，增加了“解曰”的内容，但还是比较简单。如澳门妈祖阁《天后圣母灵籤》的第一籤的“解曰”:“福不期得,富不期骄,知满知足,诸祸潜消。”第一百籤的“解曰”:“求官贤达,求财得利,问信即回,舟性满载。”甚至在“解曰”之后再增加一段解释,但都稍嫌简单,不能满足善男信女籤占的基本诉求。而《六十甲子灵籤》的具体定性兆象的项目多在20项以上,能满足善男信女籤占的基本诉求。

第三,《天上圣母籤谱》和《天上圣母杯珓辞》都没有典故[①],《天上圣母籤谱》的上中籤的比例只占66%,下籤比例高达34%。而《六十甲子灵籤的》典故也多取材于戏曲小说之类的百姓喜闻乐见的民间文化,其上中籤的比例达75%,相对下籤只占25%,形成强烈的反差,《天上圣母籤谱》的中籤少、下籤多的结构,不符合善男信女趋吉避凶的占卜心态,其客观效果也就不利于该籤谱的流传。至今仍在民间流传的《天上圣母籤》的上中下籤比例,也没有改变,如澳门妈祖阁的《天后圣母灵籤》的下籤仍然维持34%,香港老虎岩慈德社《天上圣母古本灵籤》则增加到36%,至于目前湄洲妈祖祖庙使用的《天上圣母杯籤》的下籤则高达44.4%(27首中有12首下籤)。显然,这种状况难以满足百姓的趋吉性的宗教文化心理需求,严重影响原有的妈祖籤谱的传播。

总之,民间信仰具有很强的包容性和实用功利性,对于任何有利于自身发展的宗教形式,都会毫不迟疑地大胆引入,为己所用。早在宋代,民间信仰就引入籤占,以迎合善男信女的占卜需求。虽然一些民间信仰的宫庙也组织人员编写本宫庙的籤谱,但更多的宫庙是借用其他宫庙乃至其他宗教的籤谱,因此,出现了同一个主神的宫庙使用的籤谱不尽相同,哪种籤谱受到善男信女的欢迎,就使用这一种,不受任何限制的奇特现象。有的宫庙甚至不惜放弃固有的籤谱,转而使用其他的更受信众欢迎的籤谱,其包容性和实用功利性的特点显露无遗,妈祖籤占的历史也印证了这一点。宋代之后,民间信仰成为籤占活动的主力军,有力地促进了籤占的发展,而籤占也给民间信仰注入了新的活力,反过来也推动了民间信仰的发展,二者

① 后世有的妈祖籤增加了典故,如澳门妈祖阁籤谱、香港老虎岩慈德社籤谱都有典故,但取材都没有《六十甲子灵籤》那样平民化。

的关系是相辅相成的。

籤占是妈祖信俗的重要组成部分，明清以来，几乎所有的妈祖庙都备有籤谱，供善男信女占取，因此，妈祖的籤谱也呈现出多样性的特点。至于某座妈祖庙选择使用哪种籤谱，似乎带有很大的随意性，而实际上是与该妈祖庙所在地的社会历史文化和生产生活密切相关，有其内在的关联性。如湄洲妈祖庙等诸多妈祖庙最终选择了观音的《六十甲子灵籤》，除了《六十甲子灵籤》通俗易懂、具体兆象的项目多、上中籤比例较高等籤谱的本身优点外，还与该籤谱的内容具有大众化的特点，能最大程度满足前来顶礼膜拜的多数信众诉求有密切关系。又如，泉州天后宫、泉州法石美山天妃宫、台南大天后官、安平天后宫、朝兴宫、温陵庙、朝南宫、彰化鹿港天后宫、澎湖马公天后宫、台北关渡宫等古老的妈祖庙选用《天后圣母籤》100 首的籤谱，则与这些妈祖庙所在地多为港口码头，航海业、商业比较发达有关，因为该籤谱中涉及航海、商业的籤诗所占比例较高（如《天后圣母籤谱》100 首籤诗中，只有 4 首与航海经商直接相关。而《天后圣母籤》100 首籤诗中，有二十余首与航海经商相关），能更好地满足航海者、商人等信众的占卜诉求。

第八章　籤占与古代上层社会

所谓上层社会，一般是指在社会上掌握政治权力、物质资源、文化资源的达官贵人、社会精英等组成的具有统治力的社会团体。在中国古代，上层社会主要包括帝王将相、达官贵族、文人士大夫等。当然，上层社会和下层社会并没有不可逾越的鸿沟，也无法截然区分开来，为了讨论方便，我们权且作这样的界定。

中国古代上层社会所受的教育较高，虽然有一部分人对鬼神迷信等经常采取将信将疑的态度，但其中不少人对鬼神迷信还是坚信不疑的。对于占卜的态度，中国古代上层社会更是兴趣盎然，从殷商的甲骨占卜到周代的筮占、易占，再到后世的灵棋经等五花八门的占卜术，帝王将相、达官贵族、文人士大夫都经常参与其中。

相对而言，籤占中的籤诗具有一定的文学性，可供籤占者玩味，看起来没有像卜筊之类的占卜术那么简单和俗气，因此，对于籤占，上层社会还是可以接受的，不少人还乐在其中，不但参与籤占，还亲自动手编写籤诗，推动了籤占的发展。

第一节　籤占与政治

籤占最早与政治发生关系的是五代的王衍。王衍（899—926），字化源，前蜀后主，公元918—925年在位，共七年。他不理朝政，好游山玩水，日夜饮酒，营建宫殿，荒淫无度。太后、太妃卖官鬻爵，臣僚也贿赂成风，政治十分腐朽。同光三年（925），后唐魏王李继岌、郭崇韬率大兵攻蜀，边境告急，王衍不但不发兵援救，反而兴师动众往秦州游玩。其大队人马行至梓潼，忽然大风骤起，巨石卷空，树木拔根，众人以为凶兆，王衍亲自到张恶子庙抽籤占卜吉凶。这件事，张唐英《蜀梼杌》云："（王）衍离成都日，天地冥晦，兵不成列，有群鸦泊于旗杆上，其鸣甚哀。次梓潼，大风暴起，发屋拔木。知星者赵廷乂言曰：'此贪狼风，千里外必有破军杀将之凶。'衍亲祷张恶子庙抽籤，得'逆天者殃'四字，不悦。"①《幸蜀记》也载："王衍祷于张亚子庙，抽籤，得'逆天者殃'四字。"② 尽管籤诗的兆象不吉，王衍也感到"不悦"，但游兴正浓，顾不了许多了，他还是继续前行，游山玩水去了。游兴是满足了，国家却灭亡了，命也没了，被杀时才 28 岁。这件事正史没有记载，但也不能断定是虚构的，因为五代

图 8–1　四川绵阳市梓潼县七曲山大庙，旧称"文昌宫"，是张亚子的专庙

① 张唐英撰、冉旭校点：《蜀梼杌》卷上，傅璇琮、徐海荣、徐吉军主编《五代史书汇编拾》，九州出版社 2004 年版，第 6084 页。

② 转引陈永正主编：《中国方术大辞典》，中山大学出版社 1991 年版，第 155 页。

时籤占已经产生，张亚子信仰在当时影响很大，张亚子庙中备有籤诗也是极有可能的。

有关古代帝王抽籤的记载还有一例，《坚瓠六集》记载：“高皇初起兵渡江，偶尔桅折。见江东庙神（石固，秦人），有木可伐，将伐之，庙祝言神籤颇灵，可问之。高皇从其请，得籤曰：‘世间万物皆有主，非义一毫君莫取。总然豪杰自天生，也须步步循规矩。’遂不伐。《明朝小史》云：高皇怒其不许，乃取其诀本，送关圣掌之，至今关帝江东籤，比本籤诀更灵。”① 这一故事的真实性，同样无从考证。但查阅《泉郡通淮关夫子灵籤》，第二十七首确有此籤诗，籤诗之后的“占验”写道：“江东神庙有大树一株，明太祖皇帝欲伐之，初占此籤，犹为偶然，复占得此籤，遂惊叹以为神异而置之。”② 显然，《坚瓠六集》的记载比较全面，而《泉郡通淮关夫子灵籤》的记载则更有戏剧色彩。大家知道，朱元璋是靠农民起义起家，他在夺取政权，最后坐上皇帝宝座过程中，亲身体会到“义气”在农民起义军中的巨大作用，而关公信仰的核心在于“忠义”，百姓对关公的崇拜，从某种意义上说对其统治是一种威胁。因此，朱元璋即位后，不但没有把关羽列入国家祀典，还把关羽塑像从武庙中赶出去，去除“义勇武安王”封号，恢复原来的“寿亭侯”的封号。《坚瓠六集》引用的《明朝小史》所说的朱元璋对江东庙神不同意其砍伐树木感到愤怒，就把其籤谱送给关公庙掌管，带有

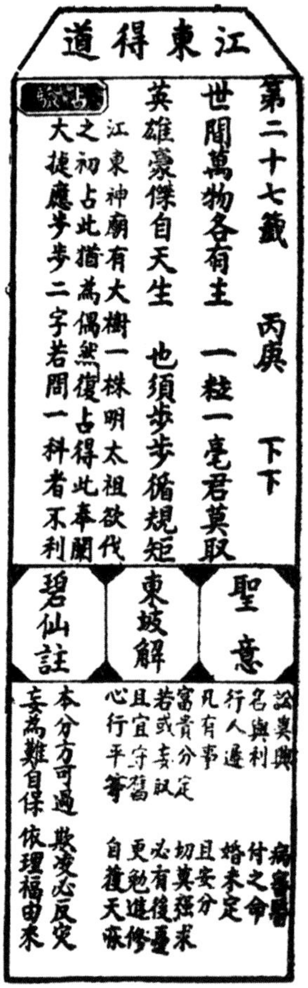
江東得道
第二十七籤 丙庚 下下
世間萬物各有主 一粒一毫君莫取
英雄豪傑自天生 也須步步循規矩
占驗
江東神廟有大樹一株明太祖欲伐之初占此籤猶為偶然復占得此奉關大捷應步步二字若問一科者不利
聖意
訟莫興 病[illegible] 名與利 付之命 行人遲 婚未定 凡有事 且安分 富貴分定 切莫強求 若或妄取 必有後憂 且宜守舊 更勉進修 心行平等 自獲天庥
東坡解
碧仙註
本分方可過 欺凌必反究 妄為難自保 依理福由來

图 8–2 《泉郡通淮关夫子灵籤》第二十七首

① 褚人获：《坚瓠六集》卷四《笔记小说大观》第十五册《江东籤》，江苏广陵古籍刻印社 1983 年版，第 203 页。

② 吴幼雄、李少园主编：《通淮关岳庙志》，中国社会科学出版社 2008 年版，第 363 页。

贬低江东王的意味，从这个角度看，朱元璋到江东王庙抽籤的故事并非空穴来风。

自南朝萧梁开始，帝王的活动虽有“实录”记载，但这种记载也并非事无巨细囊括其中，像占卜之类的可能有损于帝王形象的活动，在“实录”中很少见到。历代帝王在宫中是否抽籤，正史和“实录”都没有记载，但不等于没有参与。在北京故宫博物院中，至今还保存两种籤谱和籤占器具，供当时的帝王和后宫使用。关于清宫内遗存的灵籤，笔者曾专程探访，仍无缘见到。不过，在故宫博物院工作的李中路曾撰写《清宫遗存“灵籤”两种》一文，有详细介绍，摘录如下：

清宫遗存的“真武灵籤”陈设于御花园钦安殿内。钦安殿初建于明永乐十八年（1420），嘉靖十四年（1535）重建，供奉玄天上帝，为宫内的道教道场之一。《真武灵籤》共 49 首，籤枝由两片略带弧形的竹片对粘而成，长 117 厘米，上宽 3.5 厘米，下宽 2.5 厘米，外涂红漆，再以金漆书写籤号、籤文和吉凶。如第一籤：

“《真武灵籤》第一飞龙在天上大吉。”最后一籤：“《真武灵籤》第四十九群鸦集噪下。”这些灵籤存放在深 87 厘米，内径 22 厘米的莲花形座朱漆籤筒内。与《真武灵籤》相对应的有摺页形的汉文本和满文本《真武感应灵籤》籤谱，每首籤包括总概、谋望、家宅、婚姻、失物、官事、行人、占病等，并以七言诗的形式分别作解，之后再对其八个方面的诗言作总解释。清宫遗存“关羽灵籤”供

图 8–3 清宫中籤筒与关帝籤谱[①]

① 杨启樵：《明清皇室与方术》，上海世纪出版集团 2010 年版，第 142 页。

设于养心殿佛堂，共100首，均为楠木制作，每支长25厘米，宽0.8厘米，以金漆书写籤号。抽籤后，备有《关圣帝君灵籤全谱》对照，该书除了籤诗外，还有“圣意”、“东坡解”、“碧仙注”、“解曰”、“释义”、“占验”等。[①]

关于清宫遗存的真武灵籤的设置年代，李中路认为：“若从钦安殿的建筑年代、明帝对道教的崇信程度以及钦安殿内保存许多明代遗物等方面推测，灵籤很可能设于明代。从《真武感应灵籤》一书的汉文本中，也可以找到明代痕迹：该书前所绘真武帝像呈庄严、和谐之像，其神态和相貌与殿内正中供奉的明代真武帝极为相像。再将汉、满两种文本中的真武帝像对照比较，发现满文本在很大程度上是临摹汉文本，而满文本的制作又不晚于雍、乾年间。由此推断，真武灵籤在明代已设置。清朝发源于北方，真武帝又为北方之神，因此被视为灵佑，于宫内继续供奉，灵籤也就保留了下来。”[②]

笔者基本同意李中路先生的看法。实际上，不仅仅是《真武感应灵籤》，《关帝灵籤》恐怕也在明代的皇宫中供设。大家知道，洪武之后的明代皇帝均推崇关羽，特别是明代后期，关羽的封号不断增加，明万历四十二年（1594）封关羽为“三界伏魔大帝神威远镇天尊关圣帝君”，关帝取代姜太公，成为武庙崇祀的主神，与孔庙并列，为武圣人。北京城内外的关帝庙约有一百座左右，皇宫内也有关帝庙，《藤阴杂记》卷五：“天启时宫中塑关圣像二尊，一大一小。有日者推算小者福寿绵长，香火百倍；大者不及。熹宗遂以小者弃置正阳门右侧小庙，而供大像于后宫，增其祭品，以穷日者之言。未几闯贼入宫，毁像，而前门香火极盛。”以此推论，《关帝灵籤》供设在明朝皇宫内也是完全有可能。毋庸置疑，皇宫内供设籤谱是供人占取的，能够有资格和有条件占取籤诗的只能是生活在皇宫中的帝王和后宫的嫔妃太子爷等王公贵族了。明清时期的皇帝是否参与抽籤活动，史书没有记载，不敢妄断，但籤占受到王公贵族的青睐则是客观事实，清宫中遗存籤谱、籤占器具便有力证明了这一点。

籤占也被政治斗争所利用。明代万历初年，同为内阁首辅张居正和高

① 详见李中路：《清宫遗存“灵籤”两种》，《紫禁城》1996年第2期。

② 同上。

拱的矛盾继续激化，张居正与太监冯保联手，准备给予高拱致命一击。万历元年正月十九日，早朝时搜出一个假冒的内史，自称王大臣。张居正认为可以利用这件事大做文章，急忙派人密告冯保，建议对假内史施以酷刑和利诱，追究背后主使之人，借此诛杀高拱。冯保亲自到东厂审讯，密语假内史，只要说是高拱指使他来刺杀皇帝，事后给他高官做，永享荣华富贵。消息传出，“朝官及闾巷小民莫不汹汹骇愕”。张居正对此举能否成功也没有把握，满怀疑虑来到午门关帝庙求籤。经过上香祷告，双手抱起籤筒摇晃许久，跳出一籤枝，一看是第六十七首，急忙查阅籤谱，籤诗：“才发君心天已知，何须问我决狐疑；愿子改图从孝悌，不愁家室不相宜。”东坡解：“所谋未善，何必祷神，宜决于心，改过自新”云云。读罢籤诗和东坡解，张居正隐隐感到有些不妙，但箭在弦上，不得不发，仍令锦衣卫朱希孝入东厂会审此案。据说，开庭这天，天高云淡，阳光明媚，当朱希孝一进入东厂，“忽风沙大作，黑雾四塞，人对面不相识。众皆震栗，大臣已喑不能言，高遂得免”[①]。

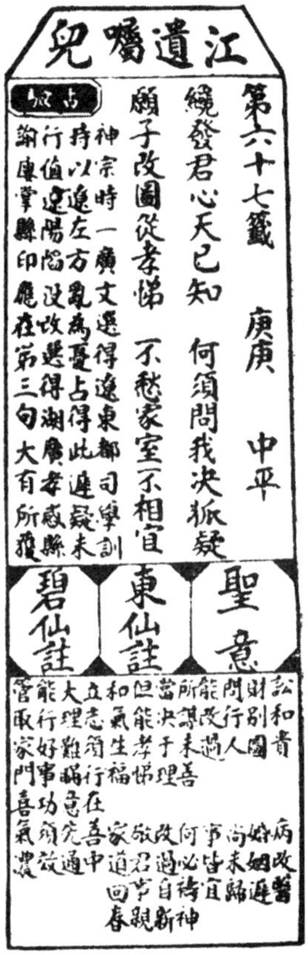

图 8-4 《泉郡通淮关夫子灵籤》第六十七首

另一起涉及籤占与政治斗争的事件也与张居正有关系。万历初年，张居正实行改革，整顿吏治等，触动了一些权贵的利益，激烈反对改革。万历五年十月，天象家报告有星孛西南，历箕尾，光芒亘天，状若练，气成白虹。对这一异常天象，星占家说法不一，反对改革派利用星变阻止改革。这时，恰好张居正的父亲去世，按照明朝典制，张居正必须辞官回家奔丧，反对改革派满心

① 参见张鹏翮辑：《关夫子志》，穆氏编辑《关帝历代显圣志传》（又名《关帝英烈神武志传》）卷三《沮张相奸谋高阁老》。关于这一历史事件始末，《病榻遗言》有更加详尽生动的记载，可参见。

欢喜，以为可以趁张居正奔丧之机将改革扼杀在摇篮中。没曾想到，张居正竟然“不奔丧，请留京守制”。这下，惹恼了反对改革派，编修吴中行、检讨赵用贤、学士王锡爵和刑部员外郎艾穆、沈思孝等纷纷上疏，声讨张居正“夺情”，并把“星变”与“夺情”联系起来，搞得京城沸沸扬扬。据《星变志》记载，吴中行、赵用贤上疏谏，知有不测祸。吴中行在上疏前一日，到关帝庙上香祭拜，并抽籤占卜吉凶，得籤云：“一生心事向谁论，十八滩头说与君，世事尽从流水去，功名富贵等浮云。”学士王锡爵，也斋戒沐浴，到关帝庙抽籤，得籤诗云：“三千法律八千文，此事如何说与君，善恶两途君自作，一生祸福此中分。”查《关圣帝君籤谱》，吴中行抽得是第二十首，为下下籤；王锡爵抽得是第七十六首，为中平籤。后来，上疏的大臣均被杖刑，吴家和赵家先后到关帝庙为父亲祈祷并抽籤占卜吉凶，无巧不成书，吴家又抽得第二十首，而赵家则抽的第七十六首。直到张居正去世后，吴中行、赵用贤等才官复原位。①

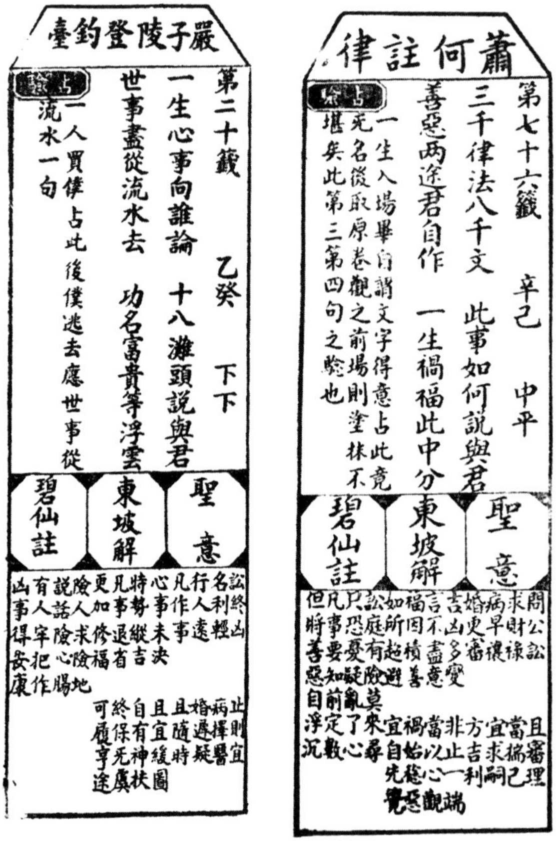

图 8–5 《泉郡通淮关夫子灵籤》第二十首和第七十六首

1644 年，清朝的军队在明朝将领吴三桂的带引下大举进入山海关内、攻占京师后，大举南下，虽然遭到顽强抵抗，但明王朝大势已去，其灭亡成为事实。在福建，对于满清的

① 详见抱甓外史：《星变志》。

抵抗最为顽强，直到1662年郑成功军队退踞台湾岛，福建的反清斗争才告一段落。当时，有人利用籤占为清廷统治大造舆论，宣称曾在福建有较大影响的张圣君庙抽得一首籤诗："梅花树下镇君王，万子万孙一扫光。日月不光人不见，清风吹入水页台。"① 张圣君又称法主公，为闽台影响较大的神祇，此籤诗中的"日月不光人不见，清风吹入水页台"，暗示明朝气数已尽，清朝取代明朝乃天意，劝告汉人放弃抵抗。

第二节　籤占与军事

籤占与军事活动发生关系，始于宋代。《泉郡通淮关圣夫子灵籤》第五十三首"应验"记载："宋绍兴中，闽人施宜生陷贼中，百计得脱避淮上，占此（关帝籤第五十三首：艰难险阻路蹊跷，南鸟孤飞依北巢。今日贵人曾识面，相逢却在夏秋交。），入金献策，金主擢居上第，累官尚书左丞。以出使至宋，泄漏军情，获罪。此'南鸟北巢'之验。"② 这里所说的施宜生，在历史上确有此人，原名逵，字必达；后改名宜生，字明望，晚号三住老人，福建邵武人（又有浦城人之说）。生年不详，约卒于金海陵王正隆五年（1160）。施宜生有着传奇般的人生，《金史》称："博闻强记，未冠，由乡贡入太学。"但屡举不第，宋政和四年（1114）后，擢上舍第，试学官，为颍州教授。金兵入汴，施宜生投靠刘豫。1130年又参加范汝为首为义军，兵败被捕。逃脱后又北上仕伪齐，旋复入金，官至翰林讲学士。正隆四年（1159），为宋国正旦使。施宜生以为本是宋朝罪人，逃亡江北，耻见宋人，力辞，不许。宋臣张焘以"狐死首丘"的典故讽刺他，施宜生内心受到触动，说道："今日北风甚劲"，又以笔敲打桌几道："笔来，笔来！"以隐语泄露金兵必来南侵的军机，于是宋始警备。回金国后，其副使向完颜亮汇报施宜生言行，金人将之烹死。③ 施宜生是否真的抽籤，正史没有

① 俞黎媛：《福建张圣君信仰研究》，福建师范大学2006年博士学位论文。

② 吴幼雄、李少园主编：《通淮关岳庙志》，中国社会科学出版社2008年版，第389页。

③ 《金史》卷七十九《列传第十七》。

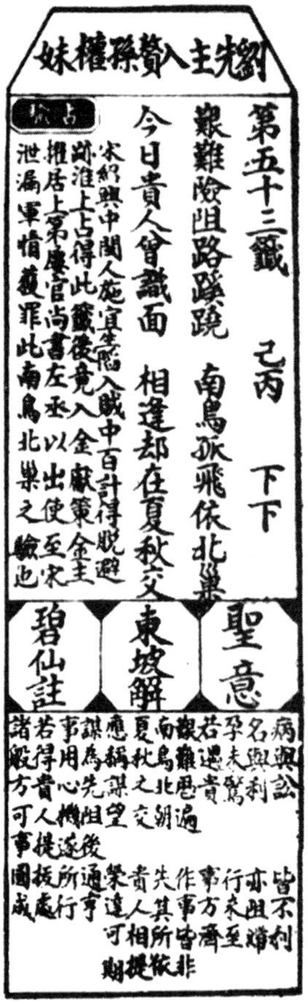

图 8–6 《泉郡通淮关夫子灵籤》第五十三首

记载，但民间传说却言之凿凿，甚至编成戏剧，籤诗与施宜生的生平结合得天衣无缝，成为宣扬宿命论的很好素材，因此《泉郡通淮关圣夫子灵籤》第五十三首“应验”故事取材于此，有其必然性。

战争是非常残酷的，所谓“争地以战，杀人盈野，争城以战，杀人盈城”。对将军们来说，带兵打仗充满着各种危险和不确定因素，在有神论盛行的古代，将军们求助神灵保佑打胜仗也不足为怪，而通俗简易的籤占自然是将军们的选择之一，甚至连海盗也对籤占兴趣盎然。相传宋代开庆元年（1259），海盗陈长五兄弟经常在福建东南沿海，烧杀掠夺，闹得这些地方鸡犬不宁，民不安生。理宗皇帝即命宁使王镕率兵限期剿灭。但海盗来去无踪，经常扑空，官兵疲于奔命。时间过了八个月，眼看朝廷的期限就要到了。这一天，宁使王镕带着随从，亲自到湄洲妈祖庙烧香拜祷，祈求妈祖助战灭寇。再说海贼陈长五因作恶多端，夜里常被噩梦惊醒，心里惶恐不安，也想求得妈祖的保佑。有一天，海盗陈长五带几个贼兄弟悄悄到妈祖庙抽籤卜卦，一行人所求均为下下籤。海盗们恼羞成怒，一气之下便把神器统统摔在地上，并脱光了衣服，躺在神案上呼呼大睡，有意亵渎神灵。半夜，庙里突然起火，火势直扑众贼，众贼狼狈逃回船上。第二天早晨，陈长五一伙在睡梦中被轰鸣声惊醒。他们向四周看去，见无数官船已把他们团团围住。众贼拼命抵抗，终不是王镕的对手，贼首陈长五被生擒，贼众慌了手脚，四散逃命。王镕率兵追至兴化莆禧，再擒贼首陈长六。官兵乘胜追击，又在福清俘获陈长七。王镕回到京都，向理宗皇帝启奏妈祖圣迹。理宗皇帝敕封妈祖为“显济妃”，并拨银万两，重修

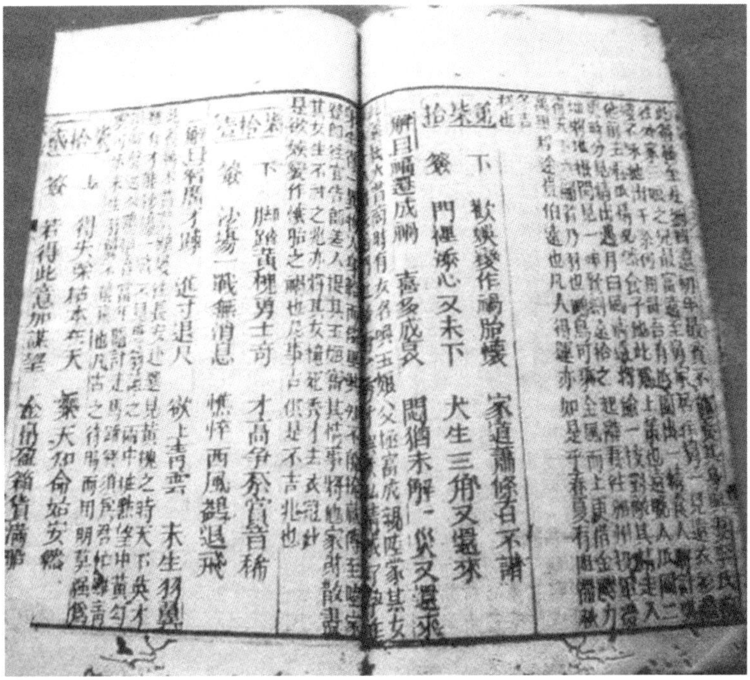

图 8-7 《天后元君灵籤》书影

湄洲妈祖庙。[1]

明清时期，籤占与军事联系在一起的故事越来越多，而且多与战神关帝籤有关。如万历年间发生的重大战役播州之役就与籤占有关系。播州位于四川、贵州、湖北间，山川险要，广袤千里。自唐杨端之后，杨氏世代统治此地，接受中央皇朝任命。明初，杨铿内附，明任命其为播州宣慰司使。万历初杨应龙为播州宣慰司使，骄横跋扈，作恶多端，并于万历十七年公开作乱。明廷对杨应龙之乱未采取有力对策，叛乱延续十余年。万历二十七年（1599），贵州巡抚江东之令都司杨国柱率军三千进剿，失利，杨国柱被杀。明廷罢免江东之，以郭子章代之。又起用前都御史李化龙兼兵部侍郎，节制川、湖、贵三省兵事，并调刘綎及麻贵、陈璘、董一元等南征。二十八年，征兵大集，二月，在总督李化龙指挥下，

① 黄晨淳主编：《妈祖的故事》，好读出版有限公司 2005 年版，第 81—82 页。

明军分兵八路进发，每路约三万人。刘綎进兵綦江，连破楠木山、羊简台、三峒天险。又败杨应龙之子朝栋所统苗军。其他几路明军也取得胜利。三月底，刘綎攻占娄山关，四月，杨应龙率诸苗决死战，又败。刘綎进占杨应龙所依天险之地龙爪、海云，至海龙囤（今遵义西北），与诸路军合围之。六月，刘綎又破大城。杨应龙知大势已去，与二妾自缢，子朝栋等被执，明军入城，最终平定播州之乱。后分其地为遵义、平越二府，分属四川、贵州。[1] 据《神武传》记载，万历二十七年，郭子章奉命征讨播州之乱时，梦见关王曰："来年六月二十一日，当平播。今年八月，西山崩，地涌，可验也。公且勿泄，我自助公。"翌年正月，郭子章驻贵阳，集各路文武官于重庆之关王祠盟神。二月十二日，分道并发，每路兵三万。刘綎自东溪入播，尽峻岭茂箐，内有楠木峒最险，有叛兵盘踞把守。十五日，刘綎"驱兵上高岭，蚕从鸟道，心甚惶惑，马上默叩王佑，以所带关王籤卜之，得籤云：'新来换得好规模，何用随他步与趋，只听耳边消息到，崎岖历尽见亨衢。'刘綎大喜，获乡人引路，直抵楠木峒，穆照迎敌，照见綎俨若关王，骇曰'天神'也，败走。遂破楠木峒、山羊峒、兰台峒"[2]。穆氏编辑《关帝历代显圣志传》（又名《关帝英烈神武志传》）卷四《西昌告郭中丞平播》也有类似的记载：将军刘綎出兵前到关帝庙占卜，得第四十籤："新来换得好规模，何用随他步与趋。只听耳边消息到，崎岖历尽见亨衢。""众军私谓曰：籤所云：'崎岖历尽见亨衢'之言验矣。且今日将军出战，面貌俨如关圣，闻昔年护老都督，

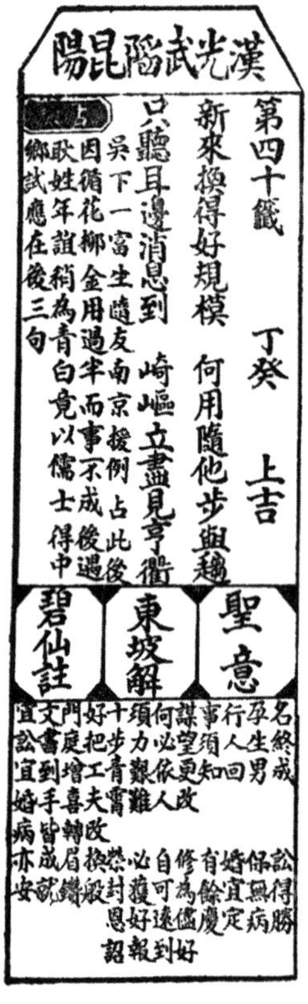

图 8-8 《泉郡通淮关夫子灵籤》第四十首

① 张贵淮、雷昌蛟：《播州杨氏兴亡与平播之役》，《贵州文史丛刊》2001 年第 2 期。

② 世界关氏宗亲总会第九届恳亲大会筹委会编印：《关公文化资料丛书》第五册，华夏出版社 2007 年版，第 333 页。

今复赐灵助主帅爷。”后驱兵上山，果然在半山浮现关王庙宇指引道路。[1]上述记载具有很浓厚的传奇色彩，值得注意是，刘綎随身带着关帝籤谱，占卜的方法虽然没有记载，但一定是简便易行的金钱占卜法，他占取的是关帝籤第四十首，有案可查。

如果说以上介绍的籤占与军事的故事或为民间传说，或为他人记述，其真实性一时还难以确定的话，那么，明末冒起宗自述的籤占故事的可信度应该就比较高了。冒起宗，字宗起，江苏省如皋人，崇祯戊辰进士，官至湖广布政使参议。他十分信仰关帝，“生平严事帝，屡有神会，范金为像，出入奉之”[2]。崇祯七年（1634），曹濮等地盗匪横行，流寇频频骚扰雍州、豫州。冒起宗时任曹濮观察使，奉皇帝之命，进行讨伐，屡建战功。翌年春，流寇来犯汝阳，形势危急，冒起宗一边“督数道之师，设防于曹单上下三百里，黄河顺流之北岸”，一边抽籤占卜胜败，所谓：“先是元旦，予卜籤于帝，有‘百千人面虎狼心，赖汝干戈用力深’之句，时已阴有所指，然风鹤杳无音如也。”后来，“仰藉神庥出奇获丑，收舰缉奸，贼侦其有备也，引而去”。冒氏感念关帝庇佑，“因藉云间名手顾君公彦，重勒于石以传，且以见万古忠灵，与奔走御侮之臣，无时不相昭格云”[3]。

清代，台湾问题成为关注的焦点之一，清初有郑成功驱逐荷兰殖民者收复台湾的壮举、康熙年间有施琅统一台湾、清代中后期又有多次平定叛乱，这些可歌可泣的历史事件，在籤占中也得到一定的体现。

传说，明永历三年（清顺治五年，1648），郑成功屯兵福建的铜山（今东山县），铜山与金门、厦门、南澳等沿海诸岛成为郑成功抗清复明的重要据地。有一天，郑成功闻其麾下中书铜山人陈骏音等言铜陵关帝圣灵显赫，便择日斋沐更服，从龙潭山营帐徒步入城，谒庙晋香并抽籤占卜反清复明大业的前程。先问眼下抗清时局，抽得第七十四首《崔武求官》：“崔巍崔

① 刘海燕：《从民间到经典——关羽形象与关羽崇拜的生成演变史论》，上海三联书店 2004 年版，第 190—191 页。

② 《冒起宗摹勒圣像碑记》，转引世界关氏宗亲总会第九届恳亲大会筹委会编印《关公文化资料丛书》第五册，华夏出版社 2007 年版，第 340 页。

③ 同上。

巍复崔巍，履险如夷去复来；身似菩提心似镜，长安一道放春回。”籤诗兆示其抗清斗争会艰难反复。紧接着，郑成功又抽一籤，以卜复明事业前途，得第九十九道上上籤《百里奚投秦》：“贵人遭遇水云乡，冷淡交情滋味长；黄阁开时延故客，骅骝应得聚康庄。”“碧仙注”：“如鸿鹄乘风，众随下水中，得人轻助力，任意过西东。”籤诗兆示郑成功未来退离大陆，据守沿海诸岛，最后征复台湾，“得聚康庄”的结果。关帝灵籤总共 100 首，此籤虽为“上上”之籤，但为临末之籤，兆示时运将尽矣。当时郑成功已明籤意几分，故于 1661 年力排异议，决意率师征台，翌年收复台湾，但建立“东都明京”于“水云乡”才一年，即抱病而逝，此为后话。① 实际上，郑成功反清复明的失败和为何收复台湾，有着非常复杂的政治、经济和军事上的原因②，绝非传

图 8-9　福建东山铜陵关帝文化节

① 参见刘小龙编著：《海峡圣灵——东山（铜陵）关帝庙志览》，中国文史出版社 2007 年版，第 18—19 页。

② 毛佩琦：《郑成功评传》，广西教育出版社 1995 年版。

说那样早已为天定，但民间却经常把非常复杂的历史事件的发生归结于天意或宿命，进而编造各种富有神话色彩的故事，广为传播，其影响之大远远超过正史的记载。

无独有偶，民间传说施琅统一台湾也到过东山关帝庙抽籤，得到关帝的保佑。清康熙二十二年(1683)初，施琅奉旨征台，屯兵东山，准备择日乘西南风攻台。其麾下军士夜宿铜陵关帝庙，梦见关帝显灵，于空中疾呼"选大纛五十杆，助施将军破贼"。军士将此梦境向施琅报告。施琅知道是关帝显灵，心中暗喜，即沐浴更服，亲自到铜陵关帝庙晋谒圣灵，并祈求灵籤赐佑，得第一首："巍巍独步向云间，玉殿千官第一班。富贵荣华天付汝，福如东海寿如山。"施琅大喜。又卜问出师吉时。依据神灵兆示，择于六月十三日于铜山湾举行祭江仪式，十四日早上辰时起锚出发，乘强劲西南风直逼澎湖。两军交战正酣，突然，海空中出现数十面大旗飞扬呼啸似神兵天将直扑郑氏舰队，结果郑军惊慌失措，仓惶溃退，出师告捷，顺利攻克澎湖，使台湾归于统一。施琅统一台湾后，为感谢关帝显灵助战，在清军驻扎铜陵的营地龙潭山下五里亭建造关帝庙，又在台澎兴建多座关帝庙。[①] 又传，康熙二十二年夏，施琅率水兵统一台湾，船队路过泉州蟳埔时，施琅到天后宫求籤，占卜战事，抽得第三籤："皎皎一轮月，清风四海分；将军巡海岛，群盗望前奔。"此为上上籤，施琅心中一阵狂喜，下令先攻打澎湖，再打台湾。统一台湾后，施琅为了答谢妈祖庇佑之功，重修蟳埔顺济宫，敬奉"靖海清光"匾额。[②] 类似的传说还有一些，均把施琅统一台湾与本宫庙奉祀的神灵显灵联系在一起，以彰显神灵的灵应。施琅是否真的抽籤占卜统一台湾的战事，不好断言。但在康熙二十二年之前，他先后两次出师东征，均因风向不利，无功而返，士气不免低落。在这种情况下，施琅再次借助在军队中影响较大的关帝、妈祖信仰来鼓舞士气，是完全可能的，也不能不说是一个明智的选择，其效果恐怕要比任何

---

① 参见刘小龙编著：《海峡圣灵——东山(铜陵)关帝庙志览》，中国文史出版社2007年版，第20—21页。

② 详见泉州老子研究会道教委、东海蟳埔顺济宫理事会编：《蟳埔顺济宫·施琅将军平台求籤》，第47—50页。

精彩的誓师演说好百倍！①

乾隆五十一年（1786），台湾天地会林爽文发动大规模起义，朝野震动。翌年，陕甘总督嘉勇侯福康安奉命率兵入台平定，大军屯驻东山。九月，出兵前，到铜陵关帝庙祈求灵籤，因不够虔诚而求不到籤，便按己意出兵，途

① 施琅在征台中，曾多次利用妈祖信仰来鼓舞士气，《天妃显圣录·灵应》记载“涌泉给师”、“灯光引护舟人”、“澎湖神助得捷”等故事。“涌泉给师”：“靖海将军侯施于康熙二十一年十月奉命征剿，大师云屯于平海。此地斥卤，樵汲维艰。只有神宫前小井一口，甚浅，当炎天旱候，尤易枯竭；数万军取给炊爨，弗继。将军侯乃祝诸神，以大师札住，愿藉神力，俾源源可足军需。祷毕，而泉水沸溢，真不异耿恭拜井之奇。因是千万军取用不竭。爰勒石额之曰‘师泉’，并作‘师泉志’以着神庥。”为此，施琅还撰写《师泉井记》：“今上御极之二十一载壬戌孟冬，予以奉命统率舟师，徂征台湾。貔虎之校，犀甲之士，简阅而从者三万有余。众驻集平海之澳，俟长风，破巨浪，以靖扫鲛窟。爰际天时旸亢，泉流殚竭，军中取汲之道，遥遥难致。而平澳迁徙之壤，介在海陬，昔之井廛，尽成堙废。始得一井于天妃行宫之前，距海不盈数十武，渍卤浸润，厥味咸苦。原夫未达广源，其流亦复易罄。询诸土人，咸称是井曩仅可供百家之需，至隆冬泽愆水涸，用益不赡。允若兹，则三军之士所藉以朝饔夕餐者果奚恃欤？予乃殚摅诚悃，祈吁神聪。拜祷之余，不崇朝而泉流斯溢，味转甘和。绠汲挹取之声，昼夜靡间，歕涌滋溉，略不显其亏盈之迹。凡三万之众，咸资饮沃，而无呼癸之虑焉。自非灵光幽赞，佐佑戎师，歼殄妖氛，翼卫王室，未有弘阐嘉祥，湛泽汪濊，若斯之渥者也。因镌石纪异，名曰师泉，昭神贶也。在易，地中有水曰师。师之行于天下，犹水之行于地中；既着容民畜众之义，必协行险而顺之德。是知师以众正，乃克副大君讨贰抚顺、怀柔万邦之命。而扬旌海外，发轫涯涘，神异初彰，闿惠覃布，诞惟圣天子赫濯之威，以致百灵效顺，山海征奇，亶其然乎！昔贰师剑刺大宛之山，而流水溢出；耿恭拜祷疏勒之井，而飞泉奔涌；并能拯军士于渴乏，着万里之奇功。乃今井养不穷，三军获福，予之不敏，曷以答兹鸿嘉之赐哉！是用勒之贞珉，以志不朽云。”（《天后显录·记志》）“灯光引护舟人”：“将军侯施于康熙二十一年十月舟次平海。因谋进取，于十二月二十六夜开船。一宵一日，仅到乌坵洋，因无风不得行，令驾回平海。未到澳而大风倏起，浪涌滔天，战舰上下，随涛浮漾外洋，天水淼茫，十无一存之势。次早风定，差船寻觅。及到湄州澳中，见人船无恙。且喜且骇曰：‘似此风波，安得两全？’答曰：‘昨夜波浪中，我意为鱼腹中物矣！不意昏暗之中，恍见船头有灯笼，火光晶晶，似人挽厥缆而径流至此。’众曰：‘此皆天妃默佑！’即棹回报上。将军侯因于康熙二十二年正月初四早，率各镇营将领赴湄致谢，遍观庙宇，捐金山藻榱，题遂吊，各匠估价买料，重兴梳妆楼、朝天阁，以显灵惠。”“澎湖神助得捷”：“康熙二十二年六月内，将军侯奉命征剿台湾。洋洋大海，澎湖系台湾中道之冲，萑苻窃踞，出没要津，难以径渡。侯于是整奋大师，严饬号令。士卒舟中，咸谓恍见神妃如在左右，遂皆贾勇前进。敌大发火炮，我舟中亦发大炮，喊声震天，烟雾迷海。战舰衔尾而进，左冲右突，凛凛神威震慑，一战而杀伤彼众，并淹没者不计其数。其头目尚踞别屿，我舟放炮攻击，遂伏堵驶舟而遁。澎湖自是肃清。先是，未克澎湖之时，署左营千总刘春梦天妃告之曰：‘二十一日必得澎湖，七月可得台湾。’果于二十二日澎湖克捷，其应如响。又是日方进战之顷，平海乡人入天妃宫，咸见天妃衣袍透湿，其左右二神将两手起泡，观者如市。及报是日澎湖得捷，方知此时即神灵阴中默助之功。将军侯因大感神力默相，奏请敕封，并议加封。奉旨：神妃已经敕封，即差礼部郎中雅虎等赍御香、御帛到湄，诣庙致祭。时将军侯到湄陪祭，见佛殿僧房尚未克竣，随即捐金二百两凑建。”

中被狂风大浪所阻，无功而返。不日，福康安再次到关帝庙求籤，抽得第六十二首，遂根据籤诗所暗示的时间，十月举师东渡，果然顺风顺水，大获全胜。平台告捷班师回京时，福康安再到东山叩谢圣恩，并奉题了颂文匾，上题福康安撰写的《关圣帝君颂文》，详细记载其抽籤占卜的经过：

图 8–10　施琅塑像

> 大清乾隆五十二年，余奉圣命提兵平台，屯师铜山。其时军威炽盛，兵骄将勇，自诩旗开之日，必荡寇平魔。尝闻铜山关圣帝君威灵丕振，上安社稷，下庇黎民，灵籤神妙，有求必应，未深信也。余拟于九月发兵，叩关帝，求灵籤，数卜不得杯。遂按己意出兵，果出师不利，风浪阻遏于中途，无功而返。始警而惕，关帝圣明，罔欺也。复诚敬再谒圣庙，得籤六十二首："百人千面虎狼心，赖尔干戈用力深；得胜回时秋渐老，虎头城里喜相寻。"籤语奥妙，中藏玄机，难明其意。依关帝示，十月再次举师，果顺水顺风。登鹿港，决敌斗六门，解诸罗之围。大里杙告捷，小半天歼敌。占凤山，驱琅峤，斩敌克地。胜虽胜矣，争战酷烈，始料之未及也。乾隆五十三年十月，余奉召回京，夜航迷雾弥空，船触虎头山，顿悟关帝籤语，一丝不爽，即回舟铜山，趋圣庙，再叩再谢。关帝圣明，余深铭感。特颂文镌匾，志其事，传示后人。①

咸丰四年（1854），太平天国军攻破广东韶关城，百姓四处逃难，情况危急。前署南雄州孙福谦到女神练氏夫人庙祈祷，求籤占问"御敌之兆"，得到的籤诗中有"往前更佳"句，"遂督兵进剿，在柴塘与贼接仗，枪炮交轰，

① 刘小龙编著：《海峡圣灵——东山（铜陵）关帝庙志览》，中国文史出版社 2007 年版，第 85 页。

有白鹤从神庙飞出，狂风直扑贼阵，因大败，我军无一伤损，全境获安”①。

当然，历史上也不是所有与籤占有关的军事行动都取得胜利。同治三年（1864），太平天国军攻破福建漳州城，清廷派遣陆提林率兵进剿，他到泉州关帝庙抽籤，抽得第五十四首：“万人丛里逞英豪，便欲飞腾霄汉高。争奈承流风未便，青灯黄卷且勤劳。”结果，大败而归，据说是应了籤诗的第三句。②

因籤占而吃败仗的最著名的例子莫过于清末奕经的“以虎吃羊”的滑稽剧。1841年，杨芳曾用粪桶来对付英国殖民者的战舰大炮，“以邪制邪”，结果大败，英舰长驱直入。10月，英军抵达浙江海面，连陷定海、宁波、镇海三城，形势危急，道光皇帝急命皇侄奕经为“扬威将军”，赴浙江主持军务。奕经不懂军事，又和杨芳一样迷信鬼神，大敌压境，他放下军务不管，却跑去杭州西湖的关帝庙求籤，抽到第四十八籤，中有“登山涉水正天寒，兄弟姻亲那得安，幸遇虎头人一叹，全家遂保汝重欢”。奕经大喜，他认为，洋人是“羊”，虎能吃羊，只要属虎的人出阵，就可以灭掉洋人。而1842年恰好又是农历壬寅年（虎年），以为这是神的启示。因此，奕经不顾敌我双方的客观情况，更不管什么战术、战机，决定“四寅期”即寅年、寅月、寅日、寅时反攻，把进兵的时间定为道光二十二年正月二十九日四更，并选出一名属虎的将官统兵指挥，以求“五虎制敌”。当然，神遣的“寅虎”是不存在的，也帮不了奕经和清军，更不可能战胜英国侵略者，结果必然是清军大败，非但没有收复三城，反而丢了慈溪。奕经狼狈逃往杭州，不久便被以误国殃民罪革职，留下千古笑柄。

第三节　籤占与科举

隋代，开始推行科举制度，鼓励公开竞争，通过集中考试，择优选拔人

① 《章氏会谱德庆初编》卷十八《表疏》。

② 吴幼雄、李少园主编：《通淮关岳志》，中国社会科学出版社2008年版，第390页。

才，为封建国家输送了大批后备官僚。科举制度不讲家世、资历，全凭考试成绩，与以前的选举制度相比较为公正，为士子入仕开辟了一条最重要的途径。但是，科举考试又是一纸定终身，千军万马过独木桥，寒窗苦读十年，金榜题名者固然有之，而名落孙山者更多，所以，对每个士子而言，科举考试都是一场极为严峻的考验。临考之前，士人往往要通过各种占卜形式（包括抽籤）来预测应试结果，有诗歌描写道："出闱自命躡云梯，看相求籤日夜迷，直到满街人乱报，犹然占课问高低。"① 因此，与古代文献极少记载有关平民百姓抽籤占卜情况相反，有关士人为科举考试而到寺庙抽籤占卜的记载却很多，有些籤谱在"解曰"专门设"科甲"项目，以满足士人籤占的需要。

士人为科举考试而到寺庙抽籤占卜的文献记载始于宋代，我们发现三条相关资料：一是洪迈的《夷坚志·夷坚丙志》记载的绍兴四年湖州谈谊与周元特等人应漕司举考试，一起上天竺观音寺求籤占卜应试结果，"谊先抽籤，三返而三不吉。余以次请祷。……明晨入寺，谊所启三籤果不吉，余或吉或不吉"②。二是《夷坚志·夷坚支戊》记载的湖州安吉人金堪，原名谷，南宋淳熙年间曾做梦，神示以要他改名才能中举，金氏将信将疑，未改名，只改字，结果名落孙山。癸卯年再次参加科举考试，特地往祷祠山庙求籤，籤曰："因借吹嘘送上天，縻官荣爵验前缘。音书千里无邀阻，那更相逢八月天。"遂改名"堪"，结果金榜题名。③ 三是周密（1232—1298）《癸辛杂识》云："太学忠文庙，相传为岳武穆王并祠。所谓银瓶娘子者，其籤文与天竺一，同如门里心肝卦，私试得之必中，盖私试摘卦于中门内故也。如'飞鸿落羽毛'，解试得之者必中，以鸿中箭则羽毛落。"④ 这里所说的"私试"和"解试"都是指科举时不同等级的考试。

① 《都门竹枝词》，转引李家瑞《北平风俗类征》下册《祠祀及禁忌》，上海文艺出版社 1985 年影印，第 447 页。

② 洪迈撰、何卓点校：《夷坚志》第二册《夷坚丙志》卷第九，中华书局 1981 年版，第 437 页。

③ 洪迈撰、何卓点校：《夷坚志》第三册《夷坚支戊》卷第十，中华书局 1981 年版，第 1129 页。

④ 周密撰、吴企明点校：《唐宋史料笔记丛刊·癸辛杂识》续集下《银瓶娘子籤》，中华书局 1988 年版，第 172 页。

图 8–11 杭州上天竺观音寺

明清时期，科举考试竞争愈发激烈，特别是成化之后，实行八股取士，每篇八股文由破题、承题、起讲、入题、出题、起股、中股、后股、束股、落下十个部分组成，格式愈益严格，文章越发空虚，考试结果也愈发难以预料，因此，有关士人因科举考试而到寺庙抽籤占卜的记载越来越多，笔者见到的相关记载多达百余条，主要围绕着以下方面展开：

一、籤占考题

科举考试是一纸定终身，倘能在考前得到或猜到考题，那么金榜题名、荣华富贵也就自然唾手可得了，因此，每当科考之际，一些考生便透过各种方式诸如扶乩、祈梦等来猜题、押题，碰碰运气，籤占也是他们的选择之一。纪昀《阅微草堂笔记》记载，乾隆十七年（1742），江南乡试，一士子在三月初一日，吃斋沐浴祈祷，请求关羽指示试题，得一籤曰："阴里相看怪尔曹，舟中敌国笑中刀。藩篱剖破浑无事，一种天生惜羽毛。"是科《孟子》题为"曹交问曰：'人皆可以为尧舜'"至"汤九尺"，应首句也；《论语》题为"夫子莞尔而笑曰：'割鸡焉用牛刀'"，应第二句也；《中庸》题为"故天之生物，必因其材而笃焉"，应第四句也。

是真不可测矣。[①] 无独有偶，“壬申乡试，有人求籤问题”，也得到同一首籤诗，籤占者“茫然未喻”，进入考场后，才发现“首题乃‘夫子莞尔而笑’二句，次题‘故天之生物’二句，三题‘交闻文王十尺’三句，方验”[②]。

有清一代，籤占考题最著名的故事是状元秦大士。秦大士，字鲁一，又字鉴泉，号涧泉，又号秋田老人，江宁（今南京）人。自幼聪明好学，10岁便能写诗作文，少年时书法就小有名气，以至所得润笔能养活家人。23岁时在江南贡院考中举人。38岁进京赶考，大魁天下，成为乾隆十七年（1752）的文武双科状元，官至侍读学士。秦大士名儒硕德，名重一时，诗、字、画称三绝。书法直逼欧、柳，又工篆、隶。据袁枚《子不语》“神籤预兆”记载：

> 秦状元大士将散馆，求关庙籤，得“静来好把此心扪”之句，意郁郁不乐，以为神嗤其有亏心事也。已而，试《松柏有心赋》，限“心”字为韵，终篇忘点“心”字，阅卷者仍以高等上。上阅之，问：“‘心’字韵何以不明押？”秦俯首谢罪，而阅卷者亦俱拜谢。上笑曰：“状元有无心之赋，主司无有眼之人。”[③]

由于秦大士本身就是名人，加上这个故事又富有传奇色彩，因此，成为人们茶余饭后的谈资，传播甚广，《清稗类钞》“迷信类”则以“秦涧泉求籤”为题全文转录。类似的例子还有一些，如“嘉庆甲子科江南乡试，长洲蒋广文景曾于关帝庙祈得一籤，有云：‘自南自北自西东。’及入场，首题为‘谨权量至四方之政行焉’，文后比即用此句，下股对‘无党无偏无反侧’。主考戴可亭先生以经语现成，密圈批中。”[④]

二、籤占能否中举、何时中举、中第几名

参加科举考试，最关心的自然是能否中举、何时中举、能中第几名等结果，因此，这方面的记载也最多，故事也最为生动。笔者收集65个籤占能

① 纪昀：《阅微草堂笔记》卷六《滦阳消夏录六》，上海古籍出版社1980年版，第120—121页。
② 戴璐：《藤阴杂记》卷五。
③ 袁枚：《子不语》卷十三《随园戏编》。
④ 钱泳：《履园丛话》中《丛话十三・科第》。

否中举、何时中举、中第几名的故事，其中，可考籤占时间、地点、籤占人、占取籤诗、验证结果的有43个，明代13个，清代30个，籤占时间和籤占人不可考的故事有22个，列表如下：

表8–1　籤占与科举考试

籤占时间	籤占地点	籤占人	占取首数及籤诗	验证结果	资料出处
正德十四年	豫章丰城县海慧寺	本地士子	多次籤占，均兆示全城无人能中。	因京城动乱，废除省试	《青箱余正集》
正德年间	苏州江东神行祠	周景良	第一首：巍巍独步向云间，玉殿千官第一班。富贵荣华天付汝，福如东海寿如山。	自以为高中无疑，后落第，被黜为松江府吏	陆粲《庚巳编》卷七
弘治年间	苏州江东神行祠	陶麟	第二十三首：花开花谢在春风，贵贱穷通百岁中。羡子荣华今已矣，到头万事总成空。	正德二年中进士	陆粲《庚巳编》卷七
嘉靖中	关庙	雷礼	第八十二首：彼亦俦中一辈贤，劝君特达与周旋。此时宾主欢相会，他日王侯却并肩。	是科落第，下科中第，前一名王宗本，后一名侯岳牧，应王侯并肩	《灵籤占验》
隆庆年间	关庙	丁改亭	第一百首：我本天仙雷雨师，吉凶祸福我先知。至诚祷祝皆灵应，抽得终籤百事宜。	中第三百名	《灵籤占验》
万历十四年	关庙	张九法	第六十二首：百千人面虎狼心，赖汝干戈用力深。得胜回时秋渐老，虎头城里喜相寻。	万历二十五年中武举人、翌年，中武进士	《张九法梦徵自记》
万历年间	北京正阳门关帝庙	楚中士人	第八十八首：从前作事总徒劳，才见新春时渐遭。百计营求都得意，更须守己莫心高。	中进士	《灵籤谱》
天启二年	关庙	解夔	第九十七首：五十功名心已灰，那知富贵逼人来。更行好事存方寸，寿比冈陵位鼎台。	中三百六十六名	《神籤偶录》

续表

籤占时间	籤占地点	籤占人	占取首数及籤诗	验证结果	资料出处
天启四年	关庙	山东士子三人	第三十二首：劳心汩汩竟何归，疾病兼多是与非。事到头来浑似梦，何如休要用心机。	同时占得此籤，以为俱不中，结果俱登科	《灵籤占验》
崇祯元年	关庙	李清、李长倩、李嗣京、李长似	第十六首：官事悠悠难辨明，不如息了且归耕。傍人煽惑君休信，此事当谋亲弟兄。	李嗣京登第，其他落选	《神籤偶录》
崇祯元年	关庙	李清等九人	第八十七首：阴里详看怪尔曹，舟中敌图笑中刀。藩篱剖破浑无事，一种天生惜羽毛。	孙曰绍是科中进士，李清崇祯四年中进士，其余落第	《神籤偶录》
崇祯元年	关庙	李清	第九十七首：五十功名心已灰，那知富贵逼人来。更行好事存方寸，寿比冈陵位鼎台。	中乙榜十九名	《神籤偶录》
崇祯元年	关庙	贺王盛	第一百首：我本天仙雷雨师，吉凶祸福我先知。至诚祷祝皆灵应，抽得终籤百事宜。	中进士，官翰林	《神籤偶录》
崇祯四年	关庙	李清	第九十二首：今年禾谷不如前，物价喧腾倍百年。灾数流行多疫疠，一阳复后始安全。	中进士	《神籤偶录》
崇祯四年	关庙	许晋	第三十五首：一山如画对清江，门里团圆事事双。谁料半途分折去，空帏无语对银缸。	同邑韩如愈中进士	《神籤偶录》
崇祯十六年	关庙	吕文成	第九十九首：贵人遭遇水云乡，冷淡交情滋味长。黄阁开时延故客，骅骝应得骤康庄。	顺治四年中状元	《识小类》
顺治十一年	杭州万安桥西关庙	史大成	第十三首：君今庚甲未亨通，且向江头作钓翁。玉兔重生应发迹，万人头上逞英雄。	当年中举人，翌年中状元	《不下带编》

续表

籤占时间	籤占地点	籤占人	占取首数及籤诗	验证结果	资料出处
顺治十七年	北京正阳门关帝庙	恽元佳、恽元京	第六十首：羡君兄弟好名声，只管谦撝莫自矜。丹诏槐黄相逼近，巍巍科甲两同登。	是年恽元佳下第，明年恽元京中进士。至己酉、庚戌，恽元佳才中进士	《识小类》
康熙十一年	苏州灵岩山寺	韩菼	有“功名须到五门知”句。	十年后中举人，翌年中状元	《清代名人轶事》
康熙十七年	关庙	陈征君	第一首：巍巍独步向云间，玉殿千官第一班，富贵荣华天付汝，福如东海寿如山。第一百首：我本天仙雷雨师，吉凶祸福我先知，至诚祷祝皆灵应，抽得终籤百事宜。	其子康熙十七年乡举第二，二十四年进士，殿试第二，官至文渊阁大学士	《盛谦阴骘文新编》
康熙四十五年	关庙	王云锦	第九十七首：五十功名心已灰，那知富贵逼人来。更行好事存方寸，寿比冈陵位鼎台。	当年中状元	《清代名人轶事》
康熙五十年	村中神祠	阮一士	做尽平生恶，必定见阎君。	中举	《不下带编》
康熙五十三年	北京正阳门关帝庙	殷玉琏	第十三首：君今庚甲未亨通，且向江头作钓翁。玉兔重生应发迹，万人头上逞英雄。	当年中举人，翌年中进士	《不下带编》
康熙五十四年	大乘庵	徐逸少	今日杏园沉醉后，声声报道状元归。	以为必登大魁，但仅中进士，授庶吉士	《清稗类钞》“迷信类”
乾隆九年	关庙	宁邑应童子试者	第六十三首：曩时败北且图南，筋力虽衰尚一堪，欲识生前君大数，前三三与后三三。	九人榜上有名	《关帝事迹征信编》
乾隆二十五年	北京正阳门关帝庙	毕沅	第十三首：君今庚甲未亨通，且向江头作钓翁。玉兔重生应发迹，万人头上逞英雄。	中状元	蔡东洲、文廷海《关帝崇拜研究》

续表

籤占时间	籤占地点	籤占人	占取首数及籤诗	验证结果	资料出处
乾隆三十三年	关庙	周广业	四十年前须报应，功圆行满育馨儿。	乾隆四十八年中举	《关帝事迹征信编》
乾隆四十二年	北京正阳门关帝庙	张景运	第九十五首：知君袖里有骊珠，生不逢辰亦强图。可叹头颅已如许，而今方得贵人扶。	中进士	《秋坪新语》
乾隆四十八年	关庙	丰小山	第六十三首：昔时征北且图南，筋力虽衰尚一堪。欲识生前君大数，前三三与后三三。	乾隆四十八年乡试中三名，乾隆五十八年会试中九名	《履园丛话》
乾隆五十一年	北京正阳门关帝庙	方比部	第四十六首：君是山中万户侯，信知骑马胜骑牛。今朝马上看山色，争似骑牛得自由？	中第十八名，十九名牛姓也	乐钧《耳食录》
乾隆五十七年	北京正阳门关帝庙	袁廷极、陈超曾	第六十六首：耕耘只可在乡邦，何用求谋向外方。见说今年新运好，门阑喜气事双双。	当年未中。乾隆五十九年陈超曾中进士，袁廷极名列副榜	《敬信编》
乾隆间	福建光泽某庙	一生	有“空空如也”句。	考题为“我叩其两端而竭焉”。中举	光绪《重纂光泽县志》卷二十九
嘉庆三年	浙江至大寺	王端履	万年日月耀青光，惟有文章压四方。三级浪中龙献爪，九霄云外凤呈祥	中九十五名	《重论文斋笔录》
嘉庆三年	关庙	蒋竹浦	第五十四首：万人丛中逞英豪，便欲飞腾霄汉高，争奈承流风未便，青灯黄卷且勤劳。	为其子蒋泰阶求籤，是科中式第四名，已巳捷南宫	《熙朝新语》
嘉庆六年	福建光泽某庙	何金鱼等二人	顿尔开胸，明月清风，白衣送酒，喜事相逢。	一人中举，一人死亡	光绪《重纂光泽县志》卷二十九

续表

籤占时间	籤占地点	籤占人	占取首数及籤诗	验证结果	资料出处
嘉庆十三年	关庙	蒋竹浦	第六十首：羡君兄弟好名声，只管谦撝莫自矜。丹诏槐黄相逼近，巍巍科甲两同登。	是科乡试其仲子庆均与堂弟庭芝同榜。六年后，甲戌会试，庆均又与堂兄元封同榜	《熙朝新语》
嘉庆十九年	吕祖庙	蒋竹浦	有“衣冠身惹御炉香”句。	中进士	《熙朝新语》
嘉庆十九年	北京正阳门关帝庙	蒋庆均	第六首：何劳鼓瑟更吹笙，寸步如登万里程。彼此怀疑不相信，休将私意忆浓情。	中进士	《熙朝新语》
嘉庆二十四年	关庙	毛养梧	第六十三首：昔时征北且图南，筋力虽衰尚一堪。欲识生前君大数，前三三与后三三。	是科中三十三名，道光二年会试亦中三十三名，未几殁于京邸，年三十三岁	蔡东洲、文廷海《关帝崇拜研究》
咸丰九年	北京正阳门关帝庙	李文田	名在孙山外。	中探花	《道咸以来朝野杂记》
光绪十五年	北京正阳门关帝庙	李海初	第五十六首：心头理曲强词遮，直欲欺官行路斜。一旦丑形临月镜，身投宪网莫咨嗟。	中状元	《梦圆丛说》
光绪十八年	关庙	方慎斋	第二十三首：花开花谢在春风，贵贱穷通百岁中。羡子荣华今已矣，到头万事总成空。	中举人	《梦圆丛说》
道光六年	关庙	汇淙等同乡18人	第十六首：官事悠悠难辨明，不如息了且归耕。傍人煽惑君休信，此事当谋亲弟兄。	仅刘成诗一人中举	《灵籤占验》

续表

籤占时间	籤占地点	籤占人	占取首数及籤诗	验证结果	资料出处
道光十九年	北京正阳门关帝庙	方浚颐	第七十九首：乾亥来龙子细看，坎居午向自当安，若移丑艮阴阳逆，门户凋零家道难。	中举人	《梦园丛说》
道光十九年	北京正阳门关帝庙	方子健	第五十九首：门衰户冷苦伶仃，自叹祈求不一灵。幸有祖宗阴骘在，香烟未断续螟蛉。	中举人	《梦园丛说》
光绪二十一年	关庙	罗一清	第四十一首：自南自北自东西，欲到天涯谁作梯？遇鼠逢牛三弄笛，好将名姓榜头题。	光绪辛丑中举人	《关帝神运》
道光二十一年	北京正阳门关帝庙	张兴仁	第八十六首：一舟行货好招邀，积少成多自富饶。常把他人比自己，管须日后胜今朝。	中进士，授刑部主事	《清稗类钞》
道光二十四年	北京正阳门关帝庙	方浚颐	第三十六首：功名富贵自能为，偶著仙鞭莫问伊。万里鹏程君有分，吴山顶上好钻龟。	中进士	《梦园丛说》
	关庙	士子	第一首：巍巍独步向云间，玉殿千官第一班，富贵荣华天付汝，福如东海寿如山。	自谓非会即状，久而始第	《灵籤占验》
	关庙	士子	第十首：病患时时命蹇衰，何须打瓦共钻龟。直教重见一阳复，始可求神仗佛持。	中二十二名	《灵籤占验》
	关庙	士子	第十三首：君今庚甲未亨通，且向江头作钓翁。玉兔重生应发迹，万人头上逞英雄。	中进士	《灵籤占验》
	关庙	三士子同行	第十三首：君今庚甲未亨通，且向江头作钓翁。玉兔重生应发迹，万人头上逞英雄。	一人中会元，一人中低名，一人考前暴死	《刊传明圣经附籤占验》
	关庙	士子	第二十二首：碧玉池中开白莲，庄严色相自天然，生来骨骼超凡俗，正是人间第一仙。	考中秀才	《灵籤占验》

续表

籤占时间	籤占地点	籤占人	占取首数及籤诗	验证结果	资料出处
	关庙	士子	第二十三首：花开花谢在春风，贵贱穷通百岁中。羡子荣华今已矣，到头万事总成空。	自谓无发达之日，后入场坐“空”字号，遂得中榜	《灵籤占验》
	关庙	新科举人	第二十七首：世间万物各有主，一粒一毫君莫取。英雄豪杰自天生，也须步步循规矩。	春闱联捷	《灵籤占验》
	南京关庙	吴下士子	第四十首：新来换得好规模，何用随他步与趋。只听耳边消息到，崎岖历尽见亨衢。	以儒士得中乡试	《灵籤占验》
	文昌祠、关帝庙	王中尧	文昌祠籤：铨选群仙立广庭，钧天深处五云凝。阴功道行无如汝，玉帝新除第一名。关帝籤第四十二首：我曾许汝事和谐，谁料修为汝自乖，但把心田莫依旧，营谋应得称心怀。	因欺神获谴，以违式被黜，困顿二十余年	《宝训图说》
	关庙	士子	第四十四首：汝是人中最吉人，误为误作损精神。坚牢一念酬香愿，富贵荣华萃汝身。	因不孝父母，屡试不中，后改过自新，遂中举人	《灵籤谱》
	关庙	江南某生	第四十五首：好将心地力耕耘，彼此山头总是坟。阴地不如心地好，修为到底却输君。	回原籍应试，中举	《灵籤谱》
	韦驮神	黄淑人	怀孕生男已有期，后来金榜挂名时。	曾炘、曾煌兄弟俱中甲乙科	《履园丛话》
	北京正阳门关帝庙	贡士	第六十三首：曩时败北且图南，筋力虽衰尚一堪。欲识生前君大数，前三三与后三三。	中六十六名	《灵籤占验》
	关庙	郑絅庵	第六十三首：曩时败北且图南，筋力虽衰尚一堪。欲识生前君大数，前三三与后三三。	中进士	《广新闻》

续表

籤占时间	籤占地点	籤占人	占取首数及籤诗	验证结果	资料出处
	关庙	士子	第六十三首：曩时征北且图南，筋力虽衰尚一堪。欲识生前君大数，前三三与后三三。	中六十六名	《灵籤占验》
	关庙	士子	第七十首：雷雨风云各有司，至诚祷告莫生疑。与君定约为霖日，正是蕴隆中伏时。	中进士	《灵籤占验》
	关庙	士子	第七十六首：三千法律八千文，此事何如说与君。善恶两途君自作，一生祸福此中分。	是年县试第三，府试第八	《广新闻》
	关庙	士子	第七十六首：三千法律八千文，此事何如说与君。善恶两途君自作，一生祸福此中分。	是年中乡试第二十四名	《广新闻》
	关庙	士子	第八十首：一朝无事忽遭官，也是门衰坟未安。改换阴阳移祸福，劝君莫作等闲看。	中武进士	《灵籤占验》
	关庙	士子	第八十三首：随分堂前赴粥饘，何须妄想苦忧煎。主张门户诚难事，百岁安闲得几年。	列优等补廪	《灵籤占验》
	关庙	林生	第八十四首：一般器用与人同，巧斫轮舆梓匠工。凡事有缘且随分，秋冬万遇主人翁。	屡试未遇，值宗师金姓者，始取	《神籤偶录》
	关庙	陈大士	第八十九首：樽前无事且高歌，时未来时奈若何。白马渡江嘶日暮，虎头城里看嵯峨。	五十七岁始中乡科	《灵籤谱》
	关庙	士子	第九十九首：贵人遭遇水云乡，冷淡交情滋味长。黄阁开时延故客，骅骝应得骤康庄。	久不第，直至座师拜相，作总裁时，始第	《灵籤占验》

上表参考世界关氏宗亲总会第九届恳亲大会筹委会编印《关公文化资料丛书》第五册《关帝神运》（2008 年 10 月）等制作。

从表 8–1 列举的资料看，与其他占卜记载一样，籤占科举的案例绝大多数都很灵验，即使有个别案例与籤占者的理解不相吻合，但时人认为那也不是籤诗的问题，而是籤占者对籤诗兆象的错误理解所致。在社会上流

图 8–12　五子登科版画[1]

传的籤占科举的故事,大多十分神奇。如:金埴《不下带编》卷五记载了这样几个故事:故事一,顺治十一年,宁波士子史大成,到杭州参加乡试,占籤于万安桥西之关庙,抽到第十三首,籤诗的头两句是“君今庚申未亨通,且向江头作钓翁”。乍看起来,籤诗不祥,他感到失望,心中怏怏,认为是科“今无分耳”。榜发,大出意料之外,中举人。翌年,为乙未年,结果,又“大魁天下”。对于出现这样与预想完全相反的结果,作者是这样的解释,原来籤诗中的神意是说“亨通在甲、未也”。故事二,康熙甲午年(五十三年),慈溪裘庶常殷玉琏,以 71 岁的高龄到京都参加会试,也在正阳门关帝庙祈祷籤占,也抽得第十三首,结果中了进士。“乙未年联捷,独中秘书。”作者还做了如下说明:“裘中三甲第一,其次则姓江名济,所谓‘江头’也,抑更异矣!”故事三,阮一士在康熙五十年元日占籤于村中神祠,籤诗中有“做尽平生恶,必定见阎君”。大家都感到此乃下下籤,为阮一士的命运担忧,但

① 吕胜中编著:《中国民间木刻版画》,河南美术出版社 1990 年版,第 26 页。

一士则坦然自若也。当年秋试，阮一士到杭州应试，忽然患病，大家更加担忧，以为厄运即将降临。而阮一士抱病参加考试，仍泰然自若。考试结束后，其父亲看见监考官的名册中“有诗经房长兴县知县阎姓者，喜曰：‘吾儿中式于阎君矣！’”果然中举。类似的故事很多，形成一定的模式，且越传越奇，似乎令人不能不信。

必须指出，我们并不排除籤占科举的“灵验”概率，更不排除其偶然性和巧合，同时也不排除其中的一些故事是后人有意编造的可能性。如《道咸以来朝野杂记》载：“李若农侍郎文田当咸丰己未科，来京会试，祷于正阳门关帝庙。籤语有‘名在孙山外’，自以为此次必落第耳。及发榜，中进士高第，此籤实不灵验。至殿试，状元为孙家鼐，榜眼名孙念祖，李氏得探花实列二孙之后，与籤语真巧合也。”这个故事在清代民国时期流传甚广，经常作为籤占灵验的重要例证被引用，但我们查阅《关帝籤谱》，并无“名在孙山外”的籤诗，这就不能不使我们对其故事的真实性产生某些怀疑，类似的例子还可找出一些。

三、关帝灵籤与明清科举

从上表中我们还注意到另外一个有趣的现象，即明清的士子籤占科举，既不是求助于士子的祖师爷孔夫子，也不是求助于掌管士子功名禄位之神的文昌帝君，而是多求助于关圣帝君，90% 以上的士子到关庙抽籤占卜，其中相当一部分人是到北京正阳门关帝庙抽籤的。之所以产生这一现象，有其一定的必然性。

我们知道，明太祖之后，关羽的地位逐渐提升，一方面祭典次数增加到一年 25 次，祭祀规格也大大提高。关羽的封号不断增加，明万历四十二年（1594）封关羽为“三界伏魔大帝神威远镇天尊关圣帝君”，达到封神的最高等级，关帝取代姜太公，成为武庙崇祀的主神，与孔庙并列，为武圣人。在统治阶级的大力扶植下和《三国演义》小说的推动下，明清时期“关帝庙祀遍天下”。明代福州谢肇淛说：“今天下神祠，香火之盛，莫过于关壮缪。”①

① 《五杂俎》卷十五《事部三》。

泉州李光缙在《汉前将军汉亭侯庙记》中也写道："今天下祠汉寿亭侯者，遍郡国而是，其在吾泉，建宫毋虑百数。……上自监司守令居是邦者，迨郡缙绅学士，红女婴孺，亡不人人奔走，祷靡不应，应靡不神。"[①] 关帝虽然作为"武圣"，但其核心精神则是儒家的仁义礼智信，关帝的形象往往是手捧《春秋》，总之，儒家把关帝塑造成儒将，文人士子视之为同伍，并加以崇拜。至于士子为何特别喜欢到北京正阳门关帝庙抽籤，也有一定的偶然性。明永乐帝迁都北京后，会试的考场自然也设在京城了，当时的北京正阳门关帝庙，虽然庙宇的规模不大，但深受明成祖、明世宗、明万历等帝王的推崇，香火最为旺盛，文献记载："正阳门右侧有关帝庙，殿宇窄迫，自明时最著灵应。……至今拈香祈愿，抽籤决疑者无虚日。"科举考试时，士子进入考场，要经过正阳门关帝庙，一些士子便顺便进去祭拜和抽籤占卜，也是很自然的事了。

清代，由于朝廷要求所有州县都要建造关帝庙，所以在清帝国版图内，几乎每个角落都有关帝庙，甚至连西藏、新疆、蒙古等少数民族地区也建有关帝庙，普及程度大大超过明代，韩国人权复仁在《天游稿燕行集》描述清末中国北方的关帝信仰时写道："所过辽蓟燕数千里，家家祭关帝。十家之聚，必有一庙。州县及大都，庙貌极雄丽。"[②] 薛福成《庸庵笔记》也说："天下关帝庙，奚啻一万余处？"[③] 此说毫不夸张。在数以万计的关帝庙中，关帝籤因通俗易懂被许多宫庙所使用，成为吸引民众信仰的重要因素，清代翟灏《通俗编》卷五指出："按诸籤解最家喻户晓者莫如关帝籤。"其中，传说京师前门（正阳门）的关帝籤最受百姓的信仰，俗语有"灵籤第一推关庙，更去前门庙里求"。一年 365 天，从黎明到天黑，正阳门关帝庙人头攒动，摇晃籤筒的声音不绝于耳。时人纪昀颇有感慨地说：

> 神祠率有籤，而莫灵于关帝；关帝之籤，莫灵于正阳门侧之祠。盖一岁中，自元旦至除夕，一日中，自昧爽至黄昏，摇筒者恒琅琅然。一筒不给，置数筒焉。杂遝纷纭，倏忽万状，非惟无暇于检核，亦并不容

① 李光缙：《景璧集》卷八《碑记》。

② 权复仁：《天游稿燕行诗》，韩国林中基编《燕行录全集》卷九十四，东国大学校出版部 2001 年版。

③ 薛福成：《庸庵笔记》卷五《亡兵享关庙血食》。

于思议。虽千手千目，亦不能遍应也。[1]

如果遇到会考，前来抽籤占卜的士人络绎不绝，前门关帝庙更是人山

图 8–13　北京正阳门及关帝庙

① 纪昀：《阅微草堂笔记》卷六《滦阳消夏录六》，上海古籍出版社 1980 年版，第 120 页。

人海。士人之所以特别喜欢到京师前门关帝庙求籤，一方面是因为明清时期关帝在民间的影响很大，对士人也产生了某种吸引力。周广业《关帝事迹征信编》记载："前门百籤，郡邑祠宇，亦尊奉之。"民间传说其籤诗特别"灵验"，所谓"京师前门关帝庙籤，夙称奇验"[①]。有关籤诗灵验的传说故事也越来越多，越传越奇，来抽籤占卜的士人也就更多了。一些传说故事作为应验故事被写入《关帝籤谱》中，影响也就越来越大。如《关圣帝君灵籤》的每一首籤诗都设"占验"项目，讲述与此籤诗有关的灵验故事，在一百首的籤诗"占验"中，有一半以上是以士人抽籤占卜科举考试为例子的。如前十首中就有这样一些与科举考试有关的"应验"例子：首籤："一士人问功名，占此，即谓非会即状。久而始第，会试、殿试两榜序齿皆第一，分发山东，以知县用，自州府、司道以至抚台皆不离山东，应在末句。"第三首："一生赴考遗才，占得此，收录，应在'衣食自然生处有'一句。"第五首："一生县试，占此，居三等，验在'三般不自由'之句。又有一生科举，占此，县府院三处皆取，应'子有三般'。"第八首："一生岁考，占此，案居三等，应'太平无事'四句，盖三等乃平过地位也。一生类考，占此，案居一等，因起复候禀，应'有秋'一句。"第十首："一生考遗才，占此不取，应在'何须打瓦'一句。一生场后占此，中二十二名。'一阳'十一月，'重现'者二十二名也。"另一方面，前门关帝籤之所以受到士人的特别青睐，还与前门关帝庙的地理位置有关。前门关帝庙坐落于皇城的正阳门的月城之内，紧挨着六部衙门，是进出皇宫和中央政府的必经之地，无论是进京赶考的士子还是进京办事的官员，经常要经过此地，顺便进庙烧香拜神抽籤也是很自然的事了。加上民间对前门关帝籤的种种神化，相关的士人科举考试籤占"灵验"故事广为流传，使不少士人的头脑中早已有了"先入之见"，遇到科考需要籤占，首选的一定是前门关帝庙了，并逐渐形成风气。《都门杂咏·关帝庙》描写道："来往人皆动拜瞻，香逢朔望倍多添，京中几万关夫子，难道前门许问籤。"[②]

① 王世祯：《池北偶谈》卷二十二《笔记小说大观》第十六册，江苏广陵古籍刻印社1985年版，第208页。

② 《都门杂咏·关帝庙》，转引自李家瑞：《北平风俗类征》下册《祠祀及禁忌》，上海文艺出版社1985年影印，第453页。

实际上，关帝籤在京师之外也同样有很大的影响，如上海旧邑城西北隅的大境关帝庙，清代香火极盛，竹枝词：“西门关帝庙嵯峨，朔望烧香巨室多；有事求籤灵最著，一方士女沐恩波。”[①] 其中，前去占卜婚嫁者最多。又称大境关帝庙为月下老人庙，青年男女前去抽籤占卜的也络绎不绝，竹枝词写道：“西城月老最称灵，牵合红丝到水萍；注定姻缘休错过，纷纷儿女问籤经。”[②]

总之，籤占与科举关系极为密切，既反映了宋代以来特别是明清时期科场竞争之惨烈，也体现了官本位文化的进一步强化。籤占应验的故事的情节虽然相当精彩，想象力非常丰富，但读后不免令人产生狐疑。我们并不否认故事中的某些人或事的真实性，但由于解籤者的牵强附会和断章取义的解释，使籤占应验故事的真实性大大打了折扣。籤占应验故事的广泛传播，在客观上也助长了一些读书人投机取巧、撞大运的心理，给社会带来消极的影响。

第四节　籤占与官场

自古以来，中国就是一个官本位的国家，在传统中国人的心目中，只有“入朝为官”，才是实现人生价值的最佳途径，因此，以官为本，一切为了做官、升官，并以官职大小、官阶高低来衡量人们社会地位和人生价值。在古代，官吏的选拔有一整套制度，特别是科举制度出现后，选官制度逐渐完备。但是，在实际生活中，能否当官、何时升官，往往与个人才干无关，而是有着非常复杂的不确定因素，似乎冥冥之中有一种力量在主宰着个人的官运，因此，不少人相信“功名富贵”是命里注定的，运用各种占卜方式，希望能从中窥视自己的官运是否亨通。

籤占虽然只是诸多占卜形式中的一种，但由于籤诗、典故等带有浓厚

① 颐安主人：《沪江商业市景词》卷一《大境关帝庙》。

② 沈酒舲辑：《广沪上竹枝词》，雷梦水等编《中华竹枝词》第二册，北京古籍出版社 1997 年版，第 1069 页。参见范荧：《上海民间信仰研究》，上海人民出版社 2006 年版，第 94—95 页。

的文学色彩，显得不那么粗俗，因此，作为上层社会精英的官员们一般不排斥籤占，连理学家朱熹也认为籤占的原理与易占相似。他在回答吴必大的“何以得爻辞与所占之事相应”问题时说道：“自有此道理，如今抽籤者，亦多与占意相契，若爻辞与占意相契，即用爻辞断。”① 又说：“愚按一卦变六十四卦，自汉儒焦贡始发其义。然焦贡所作《易林》之书，每卦之变为六十四辞以断之，如神庙籤语相似，……”②

籤谱的作者多为受过教育的文人或道士、僧侣，有的官员也参与籤谱的编写，他们对官场的情况有所了解，对士子、官员的心态有所把握，因此，在籤谱中也有针对性地加入了功名富贵的内容。一方面，不少籤谱设有“功名”、“福禄”、“谋望”、“科甲”、“朝觐”、“遇贵”等与官运有关的事项，以满足籤占功名的信徒的需要。笔者统计了 87 种籤谱中“功名”事项的出现次数为 2699 次，其中的“功名” 1908 次、“福禄” 143 次、“谋望” 458 次、“科甲” 158 次、“朝觐” 32 次、“遇贵” 102 次，位居婚姻生育、运势、风水居住、出行、疾病事项的出现次数之后，占 9.3%。值得注意的是，“功名”事项出现的次数比该类的“福禄”、“谋望”、“科甲”、“朝觐”、“遇贵”等事项出现的次数的总和还多，约占该项总数的 70.1%。在百姓的观念中，“功名”是一个内涵十分丰富的范畴，除了功绩、名声外，还包括中举、升官等等。在古代，不知有多少人为了取得“功名”皓首穷经，而一旦取得“功名”，“富贵”也就随之而来，所以“功名富贵”经常被连起来使用。但不少信徒相信，“功名富贵”是命里注定的，单单靠勤奋是无法取得的，所以希望通过抽籤来预测前途命运。籤谱的作者有见于此，不但在籤谱中设置“功名”的事项，还编造大量与功名富贵有关的诗句，以满足信徒的占卜功名的需要。这些诗句大都鼓吹功名富贵乃前世修得，命里注定，如明溪城关太夫人庙籤谱“功名”类第二首：“富贵荣华前生修，大元及第天生定。天下题名选文才，也是前生修得来。”第四首：“锦绣文章且盖世，命里安排不用求。功名亦是前生修，花落江中水上流。”一些籤谱和笔记小说记录和编造了一些与官场有

① 《周易启蒙翼传》下篇。

② 胡广等撰：《周易传义大全・易说纲领》。

关的籤占故事，以扩大籤占的影响。

关于官员参与籤占活动，可以分为因私籤占和因公籤占两类：

一、因私籤占

所谓因私籤占，是指官员因个人的官运等困惑而借助籤占来释疑的行为，包括求官、到哪里当官、当什么官、担任此官职的吉凶祸福等。

（一）籤占求官

求官者多为士子，古代虽然有“学而优则仕”的传统，但现实中却经常出现“学优不得仕”，因此，在祈求神灵保佑官运亨通的同时，也通过籤占来窥视自己的官运如何？明代东林党代表人物高攀龙在《高子遗书》中讲述自己的籤占求官经历，万历二十年（1592）春，他守丧期满除服，准备回到北京复职，自以为会在京城任职，便到关庙求籤占卜，抽得第二十首：“一生心事向谁论，十八滩头说与君。世事尽从流水去，功名富贵等浮云。”而对籤诗中的前两句“一生心事向谁论，十八滩头说与君”，无法破解其中含义。到了京城，原来的制度突然变更，高攀龙仅授行人官职，大失所望，倍感扫兴。不久，因上《君相同心惜才远佞以臻至治疏》，对神宗无故罢免大臣深表不满，并对王锡爵为泄私愤而斥逐异己的行为进行了严厉批评。结果激怒了王锡爵，也得罪了神宗，高攀龙被贬为广东揭阳典史，由水路从家乡前往广东就任。“途中偶检路程图，见由江右至潮，当经十八滩，霍然而惊。已又遍询之，知从闽道为径，则不必过江右矣。比至崇安，逆旅主人云：‘路出三山甚迂，宜取清流便，且从省而东，更无水道，劳费非计。’余欣然从之，不虞有所谓九龙十八滩也。至是舟人始以告余，乃知人生分定如此，世情可笑破矣。”[①]《敬信编》也记载这样一个离奇的故事：“帝君灵籤，祈无不验。而祈必以诚，如祈预知，则机必隐而后验，倘事关两歧，而祈以释惑者，则必显然指示也。如予于乾隆庚子岁，占功名迟速，籤示云：‘自南自北自东西，欲到天边谁作梯，遇鼠逢牛三弄笛，好将名姓榜头题。’彼时不能解悟，

① 转引世界关氏宗亲总会第九届恳亲大会筹委会编印：《关公文化资料丛书》第五册，华夏出版社2007年版，第328页。

亦姑置之。予官运蹭蹬，历壬子后，始擢刑部郎中，嘉庆甲子岁，奉命总理七省漕务、户部坐粮厅，钦颁坐名，勒书，始悟‘遇鼠’及‘题名’二句。徵验于二十余年之后也。”[①] 另据《神籤偶录》记载：“松江张元始考选，求关籤，得‘可叹头颅已如许’句，元始曰余必工科，盖同邑许誉卿先授工科，以‘如许’二字卜之耳，果然。”[②]

（二）籤占为官

当上了官，既可荣宗耀祖，也可高人一等，衣食无忧，自然值得庆贺，但人的欲望总是无穷的，有了官职，还想到更好的地方当官，当更大的官。历史上，有不少官员通过籤占来窥视神意。清初王士祯在《池北偶谈》记载自己的亲身经历：

> 京师前门关帝庙籤，夙称奇验。予顺治己亥谒选往祈，初得籤云：“今君庚甲未亨通，且向江头作钓翁。玉兔重生应发迹，万人头上逞英雄。”又云：“玉兔重生当得意，恰如枯木再逢春。”尔时殊不解。是年十月，得扬州推官，以明年庚子春之任。在广陵五年，以甲辰十月内迁礼部郎。所谓庚甲者，盖合始终而言之。扬郡濒江，故曰江头也。然终未悟后二句所指。至庚申年八月置闰，而予以崇祯甲戌生，实在闰八月，过闰中秋四阅月，遂蒙圣恩擢拜国子祭酒。于是乃悟玉兔重生之义。谚云：饮啄皆前定。讵不信夫？[③]

新乡人畅子熊为雍正二年进士，雍正九年被朝廷召到京城听候任命。他到达京师后，听说“正阳门关庙，香火最盛，籤兆隐谜，休咎每立验”，就前去占卜自己将被派往何处任职。得第二十七首，籤诗写道：“世间万物各有主，一粒一毫君莫取。英雄豪杰自天生，也须步步循规矩。”他一时不明白是什么意思，询问他人，亦多不解。这一年的秋天，他被选派到黄州作黄冈县令，城北即赤壁古迹，忽然想起宋朝文学家苏东坡前赤壁赋中有“且夫天地之间，物各有主，苟非吾之所有，虽一毫而莫取”

① 转引世界关氏宗亲总会第九届恳亲大会筹委会编印：《关公文化资料丛书》第五册，华夏出版社 2007 年版，第 334 页。

② 同上书，第 352 页。

③ 王士祯：《池北偶谈》卷二十二《谈异三》“籤验”，中华书局 1982 年版，第 528 页。

的话，此时，他才恍然大悟，关帝的籤诗极其灵准，早已告知他将来为官之地。①

类似的例子很多，如：元末，刘伯温曾到帝君祠求籤，得籤诗云："百千人面虎狼心，赖汝干戈用力深，得胜回时秋渐老，虎头城里喜相寻。"后来辅助明太祖兴王业后，急流勇退，隐居山林。"盖'秋渐老'三字，喻盛名之下难久居也。归隐处州，'虎头城'也。"②明嘉靖年间，"羽士陶仲文，占得'仙风道骨本天生，又遇仙宗为主盟，指日丹成谢岩谷，一朝引领向天行'一首后，以方技遭际，历官礼部尚书，封恭安伯"③。明万历末年，"太常少卿解学龙，求转某省巡抚不得，乃卜之关籤，有'白马渡江嘶日暮'之句，后以太仆卿擢江西巡抚"④。清乾隆十七年，"汤萼棠将选知府，求籤得'君是山中万户侯，那知骑马胜骑牛。今朝马上看山色，争似骑牛得自由。'及选，得南安。同年饮饯，首演《杜宝劝农》，正吟此绝。杜乃南安太守也。汤后终南昌守"⑤。清嘉庆十三年六月，袁廷极奉差入都，再次到京师关帝庙占籤，祈问食禄何处，籤诗有"一山如画对清江，门里团圆事事双"之句。"越明年署篆，辰郡依山面江，首句吻合，自祈籤至署篆之日，举一男一女，庚午复理辰篆，其门里圜园事事双之句，昭然若揭。"⑥至于无名氏抽籤占卜多，如"一人谒选，占得'恰如骑鹤与腰缠'句，谓必得扬州为官矣，乃选得河南信阳州知州，阳与扬同音，恰如二字之验。"⑦"一士问终身，占籤云：'公侯将相本无种，好把勤劳契上天，人事尽从天理见，才高岂得困林泉。'后习武不利，捐纳

① 《新乡县志》，转引世界关氏宗亲总会第九届恳亲大会筹委会编印：《关公文化资料丛书》第五册，华夏出版社 2007 年版，第 334 页。

② 《灵籤谱》，转引世界关氏宗亲总会第九届恳亲大会筹委会编印：《关公文化资料丛书》第五册，华夏出版社 2007 年版，第 339 页。

③ 《灵籤占验》，转引世界关氏宗亲总会第九届恳亲大会筹委会编印：《关公文化资料丛书》第五册，华夏出版社 2007 年版，第 323 页。

④ 《神籤偶录》，转引世界关氏宗亲总会第九届恳亲大会筹委会编印：《关公文化资料丛书》第五册，华夏出版社 2007 年版，第 350 页。

⑤ 戴璐：《藤阴杂记》卷五。

⑥ 《敬信编》，转引世界关氏宗亲总会第九届恳亲大会筹委会编印：《关公文化资料丛书》第五册，华夏出版社 2007 年版，第 342—343 页。

⑦ 《灵籤占验》，转引世界关氏宗亲总会第九届恳亲大会筹委会编印：《关公文化资料丛书》第五册，华夏出版社 2007 年版，第 350 页。

为泉州府佐，终于任。”①

值得一提的是，明代后期，政治腐败，吏部在铨选官吏上遇到了各种权贵的干扰，诸如托关系、批条子、走后门、立门户等，吏部的正常工作难以进行。万历二十二年，吏部尚书孙丕扬发明了“掣籤法”，即把要派遣和升迁的官员名字和派遣的地点等，分别写在竹签上，放入竹筒中，由吏部官员用抽籤的方法来决定，以示公平。据说，发明“掣籤法”的灵感源于正阳门关帝庙的籤占方法。②

（三）籤占官场去留

俗语云：官场如战场。官场虽无刀光剑影、枪林弹雨，但充满尔虞我诈、你争我夺，其险恶程度并不亚于战场，因此，生活在官场上的官员们，精神经常处于高度紧张之中，提心吊胆，害怕一旦站错了派系，丢了乌纱帽还算幸运，弄不好是要抄家灭族的。在这种政治生态下，一些官员遇到政治上的疑难问题，拿不定主意，就到宫庙寺院抽籤占卜，祈求神明指点迷津。《灵籤谱》记载这样两个故事，具有一定的代表性。一是：“万历时，楚中士人某，会试，谒前门外帝庙，求籤云：从前作事总徒劳，才见新春时渐遭。百计营求都得意，更须守已莫心高。遂中式，同年友谓曰，张江陵当权，以子才华，若拜门下为师，鼎甲可图也。不应，遂殿三甲末。友人谓日亟求张相，词林可选也，又不应，仅得外县。未几江陵没，凡附张者俱败，某擢京秩。乃‘守已莫心高’之验也。”③二是：“天启间有一台谏，不顺阉宦，恐有他祸，祷帝庙籤云：家道丰腴自饱温，也须胸里立乾坤。财多害己君当省，福有胚胎祸有门。乃休官散财，安居林下，后权阉势败，台谏复超擢，此自省祸福之验。”④上述两个故事的真实性无法验证，但却真实地反映了明代中后期政治斗争的残酷性和政治生态的险恶。

还有一些官员奉命出使或出征，对自己的前途和命运极为担忧，也到

---

① 《灵籤占验》，转引世界关氏宗亲总会第九届恳亲大会筹委会编印：《关公文化资料丛书》第五册，华夏出版社 2007 年版，第 331 页。

② 详见胡小伟：《护国佑民——明清关羽崇拜》，科华图书出版公司 2005 年版，第 352—354 页。

③ 转引世界关氏宗亲总会第九届恳亲大会筹委会编印：《关公文化资料丛书》第五册，华夏出版社 2007 年版，第 348 页。

④ 同上书，第 346 页。

宫庙抽籤占卜，祈求神明指示。嘉靖九年（1530），高澄奉命出使琉球，当时出使琉球的航路充满生命危险，大家都为高澄的安危担心。而高澄却坦然处之，一方面认真准备船只，招聘船员等，另一方面则祈祷海神天妃保佑。他在嘉靖四年曾经在通州天妃庙抽到一首籤诗，其诗曰："开花虽共日，结果自殊时。寄语乘桴客，危当为汝持。"他认为，后两句是为他这次出使琉球而发的，所谓"籤诗后意，似乎为余发也。然余陋劣，岂能致此！良由圣明在上，百神效灵；故皇恩得以覃下国，而微躯得以返中原也。敢不仗忠义而为上为德、为下为民，以答神贶于万一哉！"① 无独有偶，康熙二十二年（1683）元旦，汪楫同其三郎，到北京前门关帝庙卜籤，同时抽到第四十三首，籤诗是："一纸官书火急催，轻舟东下浪如雷，虽然目下多惊险，保汝平安去复回。"当时，父子两人"骇而不解"。几个月后，诏命汪楫出使琉球。凑巧得很，副使林石莱也在元旦到关庙抽到与汪楫同一首籤诗，两人谈起此事，"互相叹异"，唏嘘不已，认为"事有前定"。出使琉球途中则一帆风顺，但回国时，则遇到台风，"波涛万状，旷日迟久，然有乌鸦千余，夜绕樯帆，船破数尺，又有巨鱼塞其缺处，不漏"。结果转危为安，汪楫的三郎亦随父渡海归。②

清末，邓恩铭出抚安徽，临行，求籤于正阳门关帝庙，得第八十七首，其中有"舟中敌国笑中刀"句。邓恩铭在揣摩籤诗兆象时，忽然想起叶名琛督粤时，亦得此籤诗，结果兵败被英军俘虏，客死他乡的事。乃曰："吾其死于疆场乎？"1907 年，被徐锡麟枪杀。"锡麟为恩之属吏，是舟中敌国也。锡麟夙为恩所契，事恩惟谨，是笑中刀也。"③

二、因公籤占

官员作为国家公职人员，担负着守土保民等职责，他们在处理公务的过程中，会遇到各种社会问题，其中有些问题难以解决，困扰着当权者，有

① 萧崇业：《使琉球录》卷上。

② 《啸虹笔记》，转引世界关氏宗亲总会第九届恳亲大会筹委会编印：《关公文化资料丛书》第五册，华夏出版社 2007 年版，第 335 页。

③ 《清稗类钞・迷信类 2》。

些官员便求助于神灵，希望得到神灵的庇佑。这种因公务而进行的籤占活动，最早可以追溯到北宋。郭祥正（1035—1113），北宋诗人，他在诗歌中描述宋代官府除了举行隆重的祈雨仪式外，也抽籤占卜："六月赤日方炎炎，云不行天龙遁潜。阴阳失职帝怒赫，地下万物遭炮焊。农夫争陂数斗死，驱沙掷土唯飞廉。湖南本钱二十有四万，岁望何以安黎黔？府官惶惶使台恐，祀坛祷岳惟精严。君驰副车职其事，秘文在板香盈奁。镮刀割牲荐肴酒，夜半奠玉抽灵籤。星河收光倏元吉，阴晦雷声群群来。……"[①] 其中，"镮刀割牲荐肴酒，夜半奠玉抽灵籤"，说的就是半夜抽籤占卜何时下雨的情形。

因公籤占经常被用于诉讼神判上。如明代郑仲夔《冷赏》卷三记载两个与神判有关的故事：

> 余邻近三坊有朝宗祠，特祀唐刺史刘将军，神为宋朝敕封，殊彰灵应，求籤者，尤极灵验。芗溪桂文学家被人盗马，已获赃而贼反诬陷平民告，文学与其弟来祈籤，得下下云："济恶不悛徒有及，弄乖逞险竟何如？"其弟疑为不吉，文学喜曰："据神意讼当得大理。"……又余族偶有忿争者，且讼矣，余力为解纷，往祈籤，得诗曰："亲族谐和邻里欢，总无非意得和干。更添一段逍遥处，不诣公廷不识官。"竟和解。[②]

清代梁恭辰《劝戒近录》记载籤占与神判故事最为精彩：湖南某巡抚，平时十分敬奉关帝，每逢元旦都要到关庙行香求籤，占卜当年的吉凶祸福，无不应验。乾隆三十二年元旦，他又去求籤，得到第二十首，其中有"十八滩头说与君"之句，他不知道什么意思，但怀有戒心，当年不走水路，只走陆路，"虽遇浅水平流亦必舍舟而轿"。这一年的秋天，湖南发生侯七案，皇帝派钦差大臣前去视察，巡抚自然要陪同前往处理。途中遇到一湖泊，船渡比较近且快捷，钦差自然选择乘船，而巡抚则牢记籤诗的告诫，坚持走既远且慢的陆路，并以籤诗相告。钦差无奈，只好勉强同意走陆路，但心中非常不爽。侯七案还没有办好，贵州铅厂案又爆发，其中涉及到巡抚贪污受赃的事情。公文传到湖南，由正在办理侯七案的钦差大人一起查办。开始

---

① 郭祥正：《青山集》卷九《祀南岳喜雨呈李倅》。

② 转引钱南扬：《籤诗小考》，钟敬文、娄子匡主编《民俗学集镌》第二辑，中国民俗出版社1932年版，第137—138页。

的时候，巡抚拒不承认，但他们家的李姓奴才指证巡抚确实贪污了，坚持说是他把银子送给巡抚的。公堂之上，李姓奴才遭严刑逼供，两腿都被夹断，仍坚持指证，主奴二人在堂上争辩不休。这时，钦差大人突然厉声说道："'十八滩头'之神籤验矣。'李'字，'十八'也，'委顿于地'，'滩'也，据供此银送与主人，是送与君也，关帝早知有此劫数，公何辩焉？"巡抚听罢，"始悚然疑服，案遂定"。①

总之，官员参与籤占，虽然多数是因求官职、问官运、询去留、占吉凶等个人诉求，在今天看来似乎有些幼稚可笑，但反映了当时的官场生态和一些官员的价值观。与行贿买官等相比，籤占官运也并无大的不妥，如果把这种行为看作是某些不愿行贿买官的官员的无奈之举。至于因公籤占，在客观上不会给百姓带来实实在在的好处（如籤占雨晴），也许还带有官员作秀的成分，但也反映了一些官员的职业操守，反映了当时官场文化。至于将籤占与诉讼判案等联系起来，有些故事也许具有某种程度上的真实性和偶然性，但无论如何都显得愚昧落后了，不但没有理由用这些案例来炫耀籤占的灵验性，相反要引以为鉴，判案要以证据为准则，而不能靠揣摩神意而妄下结论，草菅人命。

① 梁恭辰：《劝戒近录》卷二《关庙籤兆》。

第九章　籤占与古代民间社会

灵籤产生后，很快被一般民众所接受，用来占卜吉凶。随着灵籤的逐渐通俗化和简易化，抽籤占卜也成为百姓最主要的占卜形式，在古代种类繁多的占卜术中，影响最大的恐怕要算是抽籤占卜了。然而在古代文献中，却极少记载有关平民百姓抽籤占卜的情况，但抽籤占卜的主体是平民百姓，这是不争的事实，对此，庙祝或解籤人最清楚不过了。他们为了吸引更多的信徒来抽籤占卜，便根据自己平常所接触的信徒抽籤情况，把信徒最经常占卜的事项作为具体定性兆象增补进籤谱中，以方便信徒占卜。籤谱中具体定性兆象的事项在客观上给我们今天了解籤占对古代社会的影响提供了宝贵的资料。

第一节　籤占与百姓的生产活动

人类社会不外由生产和生活两方面组成，我们把 87 种籤谱中所出现的具体定性兆象的事项，分为“生产”和“生活”两方面，在“生产”中，再分为“农业”、“副业”、“商业”、“渔业”、“手工业”和“其他”等类别出现的频次统计如下：

表 9-1　具体定性兆象中“生产”类出现频次

类别	农业	副业	商业	渔业	手工业	其他	合计
次数	887	1175	1160	184	3	5	3414

从上表的统计数字来看，有关生产方面的事项出现的总次数共为 3414 次，与下一节要探讨的有关生活方面的事项出现的总次数的 29029 次相比，相差甚大，后者是前者的 8.5 倍，足以说明灵籤对百姓日常生活的影响远远超过对生产的影响。之所以出现这种状况，一方面是随着时代的进步，人类对大自然奥秘的认识在逐渐加深，生产领域中不可知的因素逐渐减少，易言之，人类征服自然的能力不断加强，对神灵的“依赖性”逐渐降低，不再需要像上古社会那样，生产的全过程都要求助于神灵。而另一方面，随着时代的进步，社会生活越来越丰富多彩，同时也越来越复杂，人类在日常生活中的不可知的因素似乎不是在减少，而是在不断地增多，所以，人们在日常生活中会经常遇到靠自己和亲友的力量无法解决的诸多问题，这时，往往就转而求助于万能的神灵。

表 9–1 统计数字显示，农业类有关事项出现的次数共 887 次，副业类和商业类有关事项出现的次数分别是 1175 次和 1160 次，均多于农业类有关事项出现的次数。显然，这组统计数字与中国古代以农立国，农业生产在国民经济中占据着举足轻重的地位很不相称。应该怎样解释这种现象呢？笔者认为，其根本原因是，在古代农业技术和水利设施比较落后的历史条件下，农作物收成的好坏，很大程度上是由旱涝等气候决定的，而受旱涝等自然灾害影响的往往是一个地区的数以万计甚至百万计的民众，并非一家一户的事情，易言之，风调雨顺，则家家五谷丰登，旱涝频繁，则户户遭灾，所以，信徒到寺庙抽籤占卜农业收成好坏相对就少一些。而副业和商业活动往往是个人的行为，所涉及的利害关系也是一家一户的事情，所以到寺庙抽籤占卜副业和商业的人也就相对多一些。①

值得注意的是，副业类中，“六畜”事项出现的次数多达 823 次，占该类的 70%，这并不是偶然的，因为“六畜”在农家经济中的地位仅次于“五谷”。古代农村的畜医极少，像牛、马、猪、羊这样在小农经济中占重要地位的家畜一旦生病，只能求助于神灵，许多籤诗反映了这一点，如《北帝灵籤》

① 在籤谱中，重农轻商的观念随处可见，如《关帝籤谱》第五十五首：“勤耕力作莫蹉跎，衣食随时安分过。纵使经商收倍利，不如逐岁廪米多。”

的第四首:“操心劳力弄一场,今年有阻猪牛羊,好香求神来相佑,秋冬亦有利可收。”第二十三首:“六畜有阻枉用心,用尽机谋事不成,若要保留猪牛羊,宜求地头老爷保。”如果家中蓄养的六畜得了瘟病而死亡殆尽(这种情况时有发生),有时会导致十分脆弱的小农经济破产,所以百姓比较关心“六畜”是否“兴旺”也在情理之中。

在商业类中,“买卖”事项的出现次数有1122次,竟占该类的96.7%,这是因为买卖的风险性相对于农作物耕作来说要大得多,信徒关心买卖能否获利自然甚于农业收成好坏。这种客观现实反映在籤谱中,就出现副业、商业类有关事项出现的次数多于农业类有关事项出现的次数这种看起来是不可理解的现象。

虽然对生产活动的相对轻视在籤占活动中带有一定的普遍性,但在一些经济比较发达的地区,生产活动还是会受到应有的关注,这种现实反映到当地的籤谱中则表现为涉及生产类的事项增多且具体。如台南市海安宫,坐落于台南市西区西罗里长乐街,该庙初创于乾隆元年(1736),由当时著名的台湾郊商金水顺、苏万利、李胜兴等倡建,得到三郊会员的热烈响应,捐金五千圆助建。① 庙址选在西定坊港口海边,庙额上长年点着一盏红色大天灯,成为入港船只辨识方位的标记。相传清朝福康安将军奉派来台平定林爽文之乱,大军船队到达台江内海时,远远就看到了这盏红灯,便以红灯为方位,顺着潮水登陆。乾隆五十三年(1788)平定叛乱后,福康安以“蒙天后神佑”为由奏请朝廷封号赐额,扩建海安宫为天后庙。② 由于雍乾年间,新镇渡头形成,台南三郊等商帮利用淤积的港汊,开辟了五条港道,利用运河与鹿耳门港道相连接,有力地促进了商贸和交通的发展,使得台南府城成为台湾的经济中心。海安宫周边的百姓虽然有一些从事着传统的农业生产,但更多的人从事着渔业、滩涂养殖业、商业、海上贸易等,呈现出一派

① 台湾郊商主要从事与福建的对渡贸易,兴起于雍正初年,发展于乾嘉年间,至咸丰年间掌握着台湾贸易大权。同治后,因港湾淤塞、外国资本的侵入,逐渐式微,日据台湾时退出历史舞台。详见卓克华:《清代台湾行郊研究》,福建人民出版社2006年版。

② 《台湾通史》卷二十二《宗教志》:“海安宫在大西门外,滨海西向,乾隆五十三年,大将军福康安建,祀天后。”

繁荣的景象。为了满足百姓籤占的需要，该庙采用流传最广的观音的《六十甲子灵籤》，但在“解曰”栏目上则设置了26个具体兆象的项目，其中涉及生产领域的有“讨海”、“作堰”、“鱼苗”、“耕作”、“六畜”、“经商”、“行舟”等7个项目，并有相应的籤解，列表如下：

表9–2　台南《海安宫籤谱》具体定性兆象

籤序	讨海	作堰	鱼苗	耕作	经商	六畜	行舟	备注
甲子	渐渐得利	大吉利	不畏	甚得利	如意	好	有大财	
乙丑	合和吉不和凶	须防风水	月中吉	有收	成者大吉	家中和者兴旺	须当先防	“须防风水”的“风水”是指台风和潮水
丙寅	月光过大吉	先微后有大利	大利	早晚有收成	渐得	可当兴旺	下冬好	台湾水稻一年二熟，“早晚有收成”的“早晚”是指早稻和晚稻；“下冬好”的“下冬”指晚稻
丁卯	有阴公作祟	命运蹉跎无望	失了资本	难收	不就	不合	失利	“有阴公作祟”的“阴公”泛指孤魂野鬼
戊辰	先无后有	免介意有利得	先微后得	早冬微晚冬好	获如意后大利	兴旺	先平安后大进	“早冬微晚冬好”的“早冬”指早稻，“晚冬”指“晚稻”
己巳	得财	渐渐得财	好	有收成	安分待时	小吉	恐防未日风波	
庚午	后必大利	有大利	大利	平平后半年好	万商云集	有利可喜	清吉有利	
辛未	月半过渐得利	可得财利	利路亨通	有收成	利市三倍	平安	可喜吉利	
壬申	可得大进	满载而归	有大利	有大利	万金可得	可纳平安	大吉利	

续表

籤序	讨海	作塭	鱼苗	耕作	经商	六畜	行舟	备注
癸酉	先失后得	有利可得	且慢可得利	有收成	先呆后有利	平平小利	顺利	“先呆后有利”的“呆”为闽南语，意为“坏”、“不好”等
甲戌	邪祟不利	失利	失利了钱	无收	财本耗散	不佳	不好	“失利了钱”的“了”为闽南语，意为“白白浪费”
乙亥	微利后有	渐得如意	中有利	平平	大吉	可纳	大吉	
丙子	不好无财失利	防风水失亏本	待机可以	小收不利	失运	不佳	不顺	
丁丑	运微不逢时	守运心亦亏本	应月明	不可依旧	难如意守待时	不可	平平	
戊寅	春有冬无	逢春利外微利	三月吉四小吉	早冬好下冬呆	逢春发无穷	可纳	财利平平	
己卯	徒劳	失运亏本	不可	不可失利	了钱	损失	无利了工	
庚辰	先不利后小利	先失利后有利	失在前利在后	依旧好半利路	先平平后有利	不好	小利平平	
辛巳	先无后有	后可得利	有利可求	晚者好	旧业俊发后呆	昌盛	先平平后有财	
壬午	得财在三日过	有大利	此近日得大财	有收成	万商云集	平平有利	有利可得	
癸未	可得小利	无财利	不可采买	不可	无利可求	无财利	无利益	
甲申	邪病先轻后好	先难后得	先无后有	空思妄想	先利后遇贵人	不瑞	出外有风波灾	
乙酉	前呆后微	小收微利	小利	半收	经营不就后利	纳之可也	不可	
丙戌	和者得大财	获利三倍	大利	有收	大进利市	有望可也	得财	

续表

籤序	讨海	作埕	鱼苗	耕作	经商	六畜	行舟	备注
丁亥	无大财阴作祟	途中防水微利	先微后有	小收成	无利进未遂	可纳	财经平平	
戊子	和者好不和呆	只求微利	小利	只半收无大利	新业差旧业平	不可	财轻微利	
己丑	财发万金	黄金万贯可喜	见春可喜	有大利	大发资财	纳之可也	多逢大财	
庚寅	下半年有利	可喜有利	五日内买得利	有收可以	后有大财	有利可得	平平有利	
辛卯	可能得利	有获大利	有利可得	有利可得	大吉利市	可纳	大吉	
壬辰	无大财	自守可也	小利益	早晚有收	在家好	平安	不好	
癸巳	有利入手	有利可得	有大利	平平有收	永发其财	平平有财	平平有财利	
甲午	有大财	有望	月光好	有收	大吉利	兴盛	大吉	
乙未	全无不好	无望蚀本	得失	半收	不好了钱	纳必失	谨慎无害	
丙申	微利运不辰	运不合求小利	微利	平平小利	平平忠直能得	纳者不可	平平财轻	
丁酉	运途不佳	防鱼失求微利	后日可得小利	不合时运微利	颠倒	不可纳	晚运有	
戊戌	了工无利	枉费徒劳失利	无望	了工后半年好	经营不就	不佳	无利	“了工后半年好”的“了工”意为白白浪费工时
己亥	有大财	神指示得大财	大利	早晚有收	万商云集	大兴旺	大好大呆	
庚子	和大利渐得利	渐得利	渐好	平平有收	峻发日新	适宜吉昌	有利可得	
辛丑	月半过大进	后有大利	月半过有利	小收成	先无后有	缓日即好	小利益	
壬寅	伙计和者大吉	先呆后有大利	后有大财	晚有收	先平平后大吉	平安大进	早晚平安	

续表

籤序	讨海	作塭	鱼苗	耕作	经商	六畜	行舟	备注
癸卯	无利益	失利无望	无利了钱	无半收	多劳辛苦	无全成	无财利	
甲辰	晚有大利	和者必获大利	后有大利	下冬好	先利平后大财	可纳	渐得大财	
乙巳	有犯邪祟	了工蚀本	了钱	无收了工	了钱	不可纳	不可	
丙午	有阴鬼难得	难如意要忍耐	失利难如意	无收	难就了钱	不可纳	不如意惹失	
丁未	先无后利	晚者大利	有利可得	晚者好收	有利益	纳有利	有贵人携得利	
戊申	依旧吉新不利	返原运暗无利	春有利夏失利	无利半收	须守安命不可	不全美	无可利得	
己酉	鬼作祟后微利	鬼作怪后得利	先失时后得宜	先无收后有利	难得如意	颠倒	先失后得	
庚戌	有大利可得	犯风水了钱	蚀本	不可无收	难得成就	不佳	防险	
辛亥	有鬼作祟	难得利	多端失利	只半收	多端无财	不可养	了无利	
壬子	春夏不佳冬平	先无利后有望	有利入手	早冬平晚冬好	伙不和者无利	无利	先吊后吉	
癸丑	费了工	了资本	蚀本	大不好	伤自己了钱	了工无利	无利益	
甲寅	春有冬无	可庆获利	大利	春季如意	大吉利市	兴旺大利	有大财	
乙卯	好	允收	大利	下半年有收成	有利必得	大吉	得财	“允收”为闽南语，意为“稳收”
丙辰	无财和者吉	无望	且守慢至	无收	渐且候时	渐且退步	不如意有事	
丁巳	先微后有大利	有利可得	慢则有财	平平晚收	先难后吉	纳之可喜	无大利	
戊午	无利可得	克口舌忍耐好	不利	半收	呆人欺难如意	不安	了财帛	

续表

籤序	讨海	作塭	鱼苗	耕作	经商	六畜	行舟	备注
乙未	春平平多有财	有利	慢即有	平平有收	后有大财	小利	渐渐有利可得	
庚申	无利待时	微利平平	不好	平平小利	财迟至有利	不好	无财可得	
辛酉	春夏大吉	得利	先凶后吉	晚冬好	经营利市	安	先呆后好	
壬戌	小利	小得微利	自已有小利	有收成	不可合伙必失	小利益	微利	
癸亥	平平小利	有小利	无利可得	半收成	后来有得	不得利了钱	把定	

从海安宫“解曰”的顺序看,“讨海”、“作塭”、“鱼苗”排在前三位,反映了这三种生产活动为当时海安宫周边百姓主要的生产活动。

图 9-1　台湾海安宫籤诗

“讨海”为闽南俗语,泛指靠海洋捕捞为生的渔民,晋江流传的《讨海人》民谣反映了他们的生活状况:“讨海人,看鱼冬,秋冬出外海,春夏踮内港。讨红娘,掠赤鯮,钓鲨鱼,凿黄魴,拖白鲳,放大网,车帆起锭真项重。讨海人,无时空,落海讨鱼忙,起山补破网,卜补着了工,呣补而惊愈弄愈大空。”① 讨海人的生活十分艰辛，且充满生命危险自不待言，但是这个行业也有较大的运气成分，有时运气来了，一网下去，满载而归，也有“大利可得”的可能。不过，从海安宫的“解曰”相关定性兆象看，“讨海”能“有大财”、“可得大进”、“有大利可得”、“财发万金”的概率较低，即使有机会获利，也需要精诚合作方能成功，所谓“和者得大财”、“伙计和者大吉”。而更多的是“有鬼作祟”、“有犯邪祟”、“有阴公作祟”、“全无不好”、“无利益”、“徒劳”、“无大财阴作祟”、“费了工”、“了工无利”、“无利可得”、“平平小利”、“无利待时”等。显然，当时的海安宫周边的“讨海”人为主要居民，且经常到海安宫拜神抽籤占卜，因此把“讨海”的具体兆象放在“解曰”的首位。

“作塭”是台湾的俗语，又称鱼塭养殖、海埭养殖等，是沿海地区一种特有的水产养殖方式，即在沿海有淡水注入的中小型港湾、港汊内，或在潮间带较平坦的滩涂上筑堤、开沟、设闸以储蓄海水，利用潮水涨落纳进（或投入）鱼、虾、蟹苗，进行养殖。台湾是我国较早进行鱼塭养殖的地区，清初的安平港附近就有鱼塭养殖遮目鱼（又称虱目鱼），后来逐渐推广到台湾许多地区，成为台湾渔业的重要支柱之一。鱼塭养殖在当时是一个新兴的产业，搞得好就可“获大利”，甚至“满载而归”、“获利三倍”、“黄金万两”。然而，鱼塭养殖除了需要高超养殖技术外，还受到潮水、台风等客观因素的制约，因此籤谱中出现诸如“须防风水”、“犯风水了钱”、“途中防水”、“无望”、“失利”、“失运亏本”、“无财利”、“无望亏本”、“枉费徒劳”、“了工蚀本”、“了资本”的警戒，反映了海安宫附近的鱼塭养殖业存在着较高的投资风险。

“鱼苗”与“作塭”是联系在一起的，由于鱼塭养殖业的勃兴，催生了专门为鱼塭养殖提供鱼苗的新兴产业，培养鱼苗所需的技术比鱼塭养殖更高，利润固然可观，但投资风险较大，因此，海安宫籤谱中有不少这样的忠告：“难收”、“无收”、“半收成”、“只半收”、“失了资本”、“失利了钱”、“空思妄想”、“无利可求”、“无收了工”等。

“耕作”居于“求财”之后，排在“解曰”的第五位，反映了海安宫附近

① 详见《晋江经济报》2006年11月13日第7版。

的农业生产在当时还是处于比较重要的地位。由于台湾地广人稀，土地肥沃，粮食产量较高，一年丰收所产之米，足供四五年之用。自食有余的粮食，均运回内地销售，以获取优厚的利润，所以台湾的农业一开始就带上商品经济的性质。《台海使槎录》说："三县（指康熙年间设立的台湾县、诸罗县、凤山县）皆称沃壤，水土各殊。……然必晚稻丰稔，始称大有之年，千仓万箱，不但本郡足食，并可资赡内地。居民只知逐利，肩贩舟载，不尽不休。"①台湾农业经济的商品化的特点，在海安宫的籤谱中也有所体现，籤谱中的具体定性兆象的用词，除了常见的"有收成"、"无收"、"半收成"、"晚冬好"外，还有"甚得利"、"有大利"、"有利可得"、"平平小利"之类的提法，反映了台南地区的农业生产在当时就打上了商品经济的烙印。

"经商"紧跟在"耕作"之后，排在"解曰"的第六位，显然与台湾的郊商参与海安宫的创建和郊商在台湾的活跃有密切关系。从海安宫的"经商"项目的具体定性兆象看，当时的经商活动虽然也有"财本耗散"、"了钱"等

图 9-2　台南市海安宫迎神赛会

① 《重修台湾府志》卷十七《五谷》。

风险，但“成者大吉”、“万商云集”、“利市三倍”、“万金可得”、“逢春发无穷”、“大进利市”、“大发资财”、“永发其财”、“峻发日新”、“大吉利市”等断语还是颇有吸引力的。

“六畜”排在“解曰”的第十四位，其在生产活动中的地位明显不如前面五种，与“耕作”相比，“六畜”主要为家养，虽然六畜养大后也有买卖，但并没有集约性生产，商品经济的色彩较少，这从在“解曰”中很少用“大利”，而多用“可纳”、“不可”等断语也得到一定的反映。

“行舟”主要是指闽台对渡贸易和海上贸易，这在当时的台南是非常重要的贸易活动，但能参与到“行舟”中的人员毕竟不多，因此被排在“解曰”的第十九位。从“解曰”的断语看，“行舟”似乎不易，或者“有大财”、“大吉利”，或者“无财利”、“无利益”，风险较大，多如己亥籤所说的“大好大呆”，所以籤谱作者告诫“行舟”者“须当先防”、“谨慎无害”，要“把定”。

尽管中国古代统治阶级实行了重农抑商的基本国策，但经商要比务农更容易发家致富，因此，一些灵籤的“应验”故事更乐意选择经商发财的故事而不是务农发家的故事。如《关帝灵籤》就收录多个经商发财的“应验”故事，如“两商人同往茶山采茶，多年蚀本，欲收场未决，故托人占此（第十一首）。或劝再做，一信之，一不听，遂析股。其一人将资本携归，中途得病，到岁杪，尚在旅寓独宿，末句验甚。一人再整，适茶叶失收，但人心太寒无敢买，彼独广购，果大有获；改因转贩洋船，乃败。全诗俱应。末句‘到头独立’灵极，‘转伤神’三字尤妙”。又如：“一人公门不利，占此（第三十七首），乃弃去为商，大获厚利。”应在三四句（“屏却昧公心里事，出门无碍是通时”）。再如：“又一富商欲与贫友经营，占此（第七十五首），后其友果能兴财致富。皆不论贫富之验。”籤谱的这种取舍也反映了明清时期重农抑商传统观念在东南沿海地区的动摇。

第二节　籤占与百姓的日常生活

前面讲过，由于籤占的简单易行等特点，百姓在日常生活中遇到种种疑难问题无法找到答案，或求助无门时，经常要到宫庙寺院烧香拜神求籤，民间流传有“跨进庙门两件事，烧香求籤问心事”俗谚俚语，集中地反映了籤占与百姓日常生活的密切关系。

虽然籤占与百姓日常生活的关系非常密切，但文献资料却很少涉及，且多语焉不详，给分析研究带来很大的困难。1966 年，台湾社会学家蔡文辉先生曾对 706 位到台南兴济宫、天坛、开基武庙抽籤的信众进行调查，结果显示，前来抽籤的原因依次是命运 29.46%、事业 26.62%、疾病 17%、婚姻 8.21%、迁居 5.52%、考试 3.25%、发财 1.55%、吉凶 0.84%、生育 0.80%、其他 5.24%、未详 1.51%。①1985 年德国学者庞纬曾把 402 种籤谱，24000 多张籤条，36 万相同或不同占卜项目归为 24 大类 160 个小项，进行统计分析，来观察明朝以来中国社会的价值观，很有参考价值。②1998 年，台湾林修澈等人把宜兰、新竹、澎湖三县的 23 种籤谱中的籤解事项，分为 14 大类 42 解释项进行分析，也为我们观察籤占与百姓日常生活提供很好的视角。③

受前辈学者的启发，笔者把 87 种籤谱中所出现的“生活”方面的具体定性兆象的事项，分为“谋事”、“婚姻”、“生育”、“运势”、“风水”、“居住”、“出行”、“疾病”、“功名”、“诤讼”、“寻人”、“寻物”、“处事”和“其他”等类别，统计不同类别中的事项出现的次数，以窥视籤占对百姓日常生活的影响。兹把出现次数超过 1000 的类别依序列表如下：

表 9–3　具体定性兆象中“生活”类出现频次

类别	运势	婚姻	出行	疾病	功名	风水	诤讼	生育	处事	寻物	其他	合计
次数	4408	2850	2845	2758	2699	2544	2362	2352	1682	1220	3309	29029

① 蔡文辉：《台南庙宇占卦的一个研究》，《思与言》1967 年第 6 卷第 2 期。

② 参见庞纬：《从籤诗看中国社会的价值观》，载复旦大学历史系编《中国传统文化的再估计——首届国际中国文化学术讨论会（1986）文集》，上海人民出版社 1987 年版，第 603—609 页。详见附录二“籤解项目出现频次一览表”。

③ 林修澈主编：《庙全记录——台湾省庙呈现出来的文化资产与生活意义》（研究篇），建华印书有限公司 1998 年版。

一、籤占与运势

在中国古代，有神论占主导地位，特别是天命说十分盛行，多数人认为“生死有命，富贵在天”，一切都是注定的，不可改变。但具体到日常生活中，则认为除了“命”之外，“时”和“运”往往起着关键作用。与“命”的不可更改不同，“时”和“运”有时是可以改变的，所以才有“时来运转”的成语。“运气”只是一种笼统的说法。从唯物的角度说，“运气”是一种机遇、一种状态、一种意外、一种条件、一种机会，关键在于能否创造出“好运”，并且握住“运气”，以达到预期的目的，而不是被动地等待“运气”的降临。但从唯心主义的角度看，“运气”是一种难以捉摸的能决定事物成败的神秘力量，碰上“好运”，事事顺利，心想事成，万事如意。相反，碰上“厄运”，则事事不顺，到处碰壁，焦头烂额。因此，许多人祈求神灵保佑，希望能交上好运，或者时来运转，尽快从厄运中走出来。一旦交上“好运”，人生就从此改变，就可以衣食无忧了。

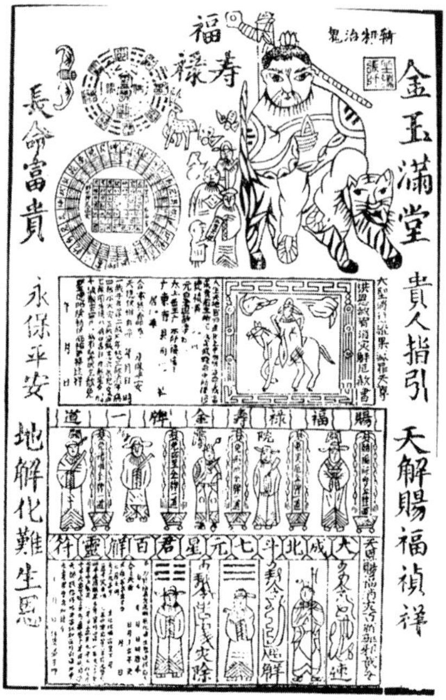

图 9–3　张天师驱邪符咒

表 9–3 中，“运势”类出现的次数为 4408 次，高居首位，反映了古人对运途谋事的关心程度最高。值得注意的是，“运势”类中，“财运”项出现的次数多达 2573 次，超过“时运”（588 次）、“运途”（441 次）、“家运”（359 次）、“官运”（188 次）、“遇贵”（102 次）、“吉凶”（82 次）、“本身”（75 次）等 7 种与“运气”有关的事项出现次数的总和，占该类总数的 58.37%，说明在“运势”中，古人最关注的还是“财运”，换句话说，相当一部分古人经常做着发财梦。

中国古代，占统治思想地位

的儒学虽然一直鼓吹“义利之辨”，强调重义轻利，但在现实中，金钱对人们的影响越来越大，儒家的金钱观显得苍白无力。在许多人看来，有了足够的金钱，就可以满足各种欲望，甚至可以为所欲为，民间广泛流传着“有钱能使鬼推磨”谚语即是其真实的写照。早在晋代，成公绥和鲁褒就先后著有《钱神论》，论说钱能通神和时人对钱的崇拜，认为“死生无命，富贵在钱”，“天不如钱”，“钱能转祸为福，因败为成，危者得安，死者得生。性命长短，相禄贵贱，皆在乎钱，天何与焉？”① 颠覆了儒家的金钱观。唐代以后，随着社会的进步和商品经济的发展，人们对金钱的崇拜愈加强烈，出现了诸多的金钱崇拜。②

关于金钱的来源，不少信徒坚信，财富的积累，除了依靠辛勤的劳动外，更重要的要交上好的“财运”，一旦财运亨通，金银财宝自然滚滚而来，一夜之间即可成为富翁。这种对“从天而降”财富的虚幻追求，反映在宗教信仰上，表现为对财神的崇拜。民间奉祀的财神很多，常见的有赵公明、关公等武财神和比干、范蠡等文财神，还有五路神、华光大帝、利市仙官、招财童子、金元总管、五显、五通、五圣等偏财神。③ 每年除夕和正月初二（或初五），家家户户要举行迎财神、祭财神活动。平时也有许多信徒到寺庙抽籤占卜，祈求神灵保佑财运亨通，发家致富。这种观念也反映在籤诗上，如籤诗中经常可以见到“时来运转铁成金”、“去时不用米分毫，回来就是财主公”之类的诗句，以满足信徒发横财的心理需求。《八卦六十四灵籤》甚至在每一首籤诗之前，画上 6 枚古钱币，钱币上写有“财运亨通”四字。

不同时代，对财运的看法也不尽相同，这在籤谱中也得到一定的反映。南宋的《天竺灵籤》中的具体定性兆象有“求财”项，对财运的表述分为“求财无”和“求财遂”（少数为“求财有”、“求财吉”）两种，其中“求财无”39 首，“求财遂”46 首，缺漏和模糊不清的 15 首。显然，当时的商品经济不太发达，因此，籤占财运的答案多是“求财无”和“求财遂”的简单表述。明清时期，随着商品经济的繁荣，各种交易活动也日趋复杂化，人们对财运的期

① 《晋书》卷九十四《隐逸列传・鲁褒传》。

② 详见王子今：《钱神》，陕西人民出版社 2006 年版。

③ 详见吕微：《隐喻世界的来访者——中国民间财神信仰》，学苑出版社 2001 年版。

待也越来越具体化，与此相适应，籤谱中“求财”项对财运的表述也多样化，财运是否降临还涉及季节、方位、日期、前半年后半年、月圆月缺、在家出外、鬼怪以及求财人的心态等诸多因素。如大约形成于明代中后期的《观世音灵籤》100首的“求财”项对财运的诠释就远不止两种，如“求财有”9首、“求财阻”6首、“求财中平”5首，“求财遂意”和“求财守待”各4首，“求财顺”、“求财利”、“求财吉”、“求财难”、“求财不利”、“求财虚”、“求财劳力”、“求财待时”均为3首，“求财大利”、“求财遂”、“求财小人”、“求财谨慎”、“求财劳心”各2首，其余的“求财中吉”、“求财利”、“求财秋冬大利”、“求财秋冬旺”、“求财欠利”、“求财秋冬吉”、“求财合”、“求财冬吉”、“求财得利”、“求财有利”、“求财成”、“求财顺利”、“求财未成”、“求财未遇”、“求财颇有”、“求财顺遂”、“求财阻滞”、“求财利”、“求财守分”、“求财谨慎”、“求财谨守”、“求财春利”、“求财春旺”、“求财西方”、“求财破耗”、“求财破失”、“求财正胜”、“求财着力”、“求财好”、“求财大利”、“求财平平”、“求财破”、“求财未有”、“求财秋旺”、“求财利西”、“求财秋吉”、“求财平常”、“求财微”等均为1首。至于形成于清中后期的《海安宫灵籤》对财运的解释更是丰富多彩，在60首籤诗中，把财运定性为“先无后有”的有3首，定性为“不得”、“黄金万贯”各2首，其余的53首的定性均不相同，如：“先大进后小利”、“大进”、“月光渐进暗少”、“先轻后得”、“先微后有”、“先微后大进”、“月光大吉”、“有福大利无福小利”、“且慢自然有”、“守株待兔”、“好运得意”、“犯活鬼下年无”、“守机而作”、“财源广进”、“失利亏本”、“有大利”、“未入手不可求”、“得失”、“前蚀本后微利”、“黄金万两速得”、“无多利”、“微利不吉”、“春夏好在家好”、“晚来好”、“渐利益亨可喜”、“依旧好在家平”、“应手而得”、“在家好出外凶”、“上半年无利九月过不畏”、“轻微勤俭必得”、“先失运后得利”、“了工后半年好”、“渐进”、“未遇时月半合”、“宝树开花”、“命不逢辰”、“后遇贵人大兴”、“无益”、“春夏好秋冬呆”、“先微后进”、“春有利夏失时”、“遇呆人渐得利”、“无有益”、“难得无利”、“有利益”、“甚不多”、“如泉涌”、“下半年好家利”、“慢慢即发”、“先呆后有”、“难酉戌日即成”、“先平后大吉”、“自己好先无”等。

二、籤占与婚姻

表 9–3 中，“婚姻”项出现 2850 次，居次席，反映了籤占对古人的婚姻产生不可低估的影响。大家知道，中国古代盛行着买卖包办婚姻制度，男女授受不亲，婚姻大事身不由己，“男不亲求，女不亲许”，悉听“父母之命，媒妁之言”。对于青年男女特别是对于女方来说，婚姻关系的确立，无疑是人生的一场赌博，其中不可预料的因素很多，加上姻缘是前生注定等传统观念的影响，有较多的信徒到寺庙抽籤占卜婚姻大事符合人之常情。一方面，许多籤谱宣扬姻缘天注定的观念，如明代《玄天上帝感应灵籤》籤谱中的“婚姻”项的籤诗前 20 首中就有 10 首明确宣扬婚姻天定、婚姻命中注定的观念，如第一首：“世间大礼是婚姻，天配如何误世人。人若自知天理合，何须着意问天神。”第三首：“有缘造物自安排，休叹无缘事不谐。此际好听琴瑟韵，莫教夜雨滴空阶。”第六首：“不将年命合相同，勉强求成岂利通。纵若有缘成一处，终须离别各西东。”第七首：“几年九坐没人招，今日枯枝长嫩条。自是婚姻千里合，无缘对面路迢遥。”第十二首：“未有姻缘莫主张，两边年命少相当。媒人本是瞒人汉，谋得成来不久常。”第十三首：“女貌郎才世所稀，前缘修定不须疑。如今但得他人肯，便好将钱过定期。”第十五首：“前生注定是姻缘，女貌郎才并少年。要肯坚心答天地，管交夫妇共团圆。”第十九首：“归家便把鸾房整，好听鸣琴有凤声。天付姻缘更和合，伊今不必问前程。”第二十首：“许了因何又不同，只应年命不相同。莫教勉强心无定，又恐相逢是梦中。”① 福建明溪城关太夫人庙籤“婚姻”类也有大量类似的籤诗，如第一首：“良缘合时天注定，梦日照罗喜团圆。前日鸦飞林间去，今朝凤凰报喜来。”第六首：“皆定今日来相会，天缘地合一双人。百花自开向逢春，姻缘前定君子身。”另一方面，在民间出现专门为婚姻爱情占卜的籤谱，本书第三章“籤谱的类型与特殊的籤谱”中介绍的杭州“月下老人祠籤谱”等即是此类，可参见。另外，在一些籤诗

① 《正统道藏》影印本第六十册《玄天上帝百字圣号》，台湾新文丰公司 1977 年影印版，第 48479—48490 页。

中也可以看到当时的一些婚姻陋俗，如《玄天上帝感应灵籤》第十一首“前世因缘会今生，莫为资财起爱憎。若有贵人提拔处，好攀月桂上云层。”第十三首：“女貌郎才世所稀，前缘修定不须疑。如今但得他人肯，便好将钱过定期。”第二十三首：“因观面好不知心，枉属良媒费万金。只为眼前欢共乐，宁知祸起在娼淫。”反映了买卖婚姻的陋习；而第二十一首“幼男小女两相宜，配合婚姻似火催。此际好求鸾凤偶，迁延蹉过悔来迟”和第十四首“偷婚不与众人知，失福违伦悔后迟。若不被人强占害，也遭官府受鞭笞”，则反映了当时存在着童婚和偷婚的陋习。至于第十二首“未有姻缘莫主张，两边年命少相当。媒人本是瞒人汉，谋得成来不久常”，则说明在婚姻关系中媒人虽不可或缺，但早在明代，媒人被视为“瞒人汉”，其名声已经很不好了。

在籤谱的具体定性兆象中，也能反映古人婚姻观念的变化。现存最早的籤谱《天竺灵籤》就有婚姻的定性兆象，当时对婚姻的断语比较简单，只有“成”或“不成”两种。而大约出现在明代中后期的《观世音籤谱》（100首）就大不同了，其断语用词丰富，出现次数最多的是“合”20次、“成”13次、“不合”15次、“阻”6次，出现3次的有“吉”、“不长”、“阻隔”等，出现2次的有“就”、“祈福”、“迟”、“待时”、“未合”等，出现1次的断语最多，有“遂意”、“双配”、“好”、“许”、“随意”、“成就”、“中吉”、“再合”、“平平”、“中平”、“不到”、“迟合”、“宜迟”、“迟成”、“刑克”、“刑伤”、“未就”、“不成”、“未成”、“难滞”、“难”、“不就”、“险”、“迟滞”、“难合”、“虚”等，反映了随着时代的变化，人们对婚姻的态度逐渐谨慎小心。

对于婚姻大事，百姓一般采取促成而不是拆散的态度，甚至认为拆散婚姻罪莫大焉，所以民间广泛流传着“宁拆十座庙、不拆一桩婚”（“宁拆十座庙、不拆一桩亲”）的谚语，这种婚姻观在籤谱中也得到体现。在婚姻项的断语中，绝大多数籤谱采取促成的态度，如《海安宫籤谱》中的断语明确以“不成”、“不美”、“不可”、“不就”、“不吉”、“不好”、“女带杀气”、“难合”的籤诗只有12首，占15%，而以“大吉”、“吉”、“可合”、“永偕伉俪”、“琴瑟求乐”、“益夫旺子”等断语的籤诗约占70%。其余的籤诗断语虽为中性，但比较倾向促成婚姻，如断语采用“难成，成者大吉”、“祝神可得”、“有福可成”等。即使断语为“不成”或“不合”，也往往归结于“由天注定”或“有鬼作怪”等，籤谱的编造者把责任推得干干净净。

三、籤占与出行

出行包括“出入”和“行人”，“出入”是指占卜自己或亲人出门办事是否顺利平安，“行人”是指占卜背井离乡的亲人何时归来，两者虽有所区别，但从性质上看，都属于行旅范畴，也可以等同看待。表 9–3 显示，籤谱中“出行”事项出现的频率相当高，达 2845 次（其中“出入”1240 次，“行旅”1605 次），占生活类总数的 9.8%，高居第四位，反映了籤占对古人出行的影响还是相当大的。

中国古代是自给自足的社会，人们日出而作，日落而息，安土重迁，一般不轻易离开故土，背井离乡。但是在籤谱中，“出入”和“行人”事项出现的次数则如此之多，似乎令人难以理解。笔者以为，出现这一数据的原因有两个：

一是古代交通落后，出外谋生，有诸多不便，甚至不时会遇到生命危险，所以古诗词中有大量羁旅行役、生离死别的内容。如汉代无名氏《为焦仲卿妻作》诗：“生人作死别，恨恨那可论。”唐代杜甫也有诗曰：“生离与死别，自古鼻酸辛。”宋代苏东坡更有千古绝唱：“人有悲欢离合，月有阴晴圆缺，此事古难全。但愿人长久，千里共婵娟。”浪迹天涯的游子，何时回家团聚，在当时交通、通讯极其落后的时代，很难有确切的归期。因此，百姓想知道出外谋生能否平安顺利，想知道远方的亲人何时归来，抽籤占卜是他们乐意选择的一条简捷的途径。早在宋代，《天竺灵籤》的每一首具体定性兆象中就有“出行”和“移徙”项，并有“行人至”或“行人未至”、“移徙利”、“忌移和出往”之类的断语。明清时期和近代，籤谱中设置“出行”事项已经相当普遍，如《正统道藏》收入的《扶天广圣如意灵籤》、《四圣真君灵籤》、《玄真灵应宝籤》和《万历续道藏》收入的《玄天上帝感应灵籤》，以及在民间广为流传的《观世音籤谱》（100 首）、《六十甲子籤》等都有“出入”或“行人”、“移居”等事项。《玄天上帝感应灵籤》的每一首“行人”事项之下还有籤诗，如第一首：“卦直飞龙莫问亲，千山万水几艰辛。直交明月团圆处，西出阳关见故人。”第四十九首：“终籤不利卜行人，客路忙忙未转身。中道有忧灾祸至，早求洪福叩龙神。”[①]《观世音籤谱》中《十二宫卦数注解》的每一宫下设“行人”和“移徙”项，项之下有籤诗一首，还有相关断语，列表如下：

表 9-4 《十二宫卦数注解》中“行人”与“移徙”项目籤诗与断语

籤序	“行人”籤诗	“行人”断语	“移徙”籤诗	“移徙”断语
子宫	路上行人未见归，出入求财运也低。定见官防不然病，急宜作福保安危。	防失脱及灾病，财少，卯酉未日有信。	卦问移徙只平平，不动之时则不倾。刀口营谋不好望，旁边得贵可安荣。	半吉，不动无事。
丑宫	买卖为商有大财，卦中信息便归来。月内中旬方得见，财帛丰盈称心回。	出路有财，平安无事，亥卯未有信。	旧居所处最相宜，却有贵人暗把持。便作营谋皆遂意，施为百事得安之。	有贵人扶持，香火得力。
寅宫	卦向行人来问杯，身动平安有信回。酒食求谋皆遂意，一年清吉永无灾。	自身动，甲子辰日有信，寅申已亥日回。	旧居安身不用忙，贵人指引到他乡。移出之门多财宝，凡有施为大吉昌。	有贵人相扶持，门庭清吉。
卯宫	行人未几便相逢，无财有喜得昌隆。不见其身惟见信，真实分明在信中。	遇贵人引领即至。	卦占移徙也平常，安居新旧亦无伤。若问友人相伴佐，上和下睦好商量。	只平常，亦宜守旧。
辰宫	行人身动未回乡，子午见信大吉昌。更有贵人来举荐，不须烦恼不须忙。	身动未至，子午日见信，财喜大吉。	旧居不利喜新居，移徙地方也聚财。幸有贵人来相引，时来福至祸消除。	有贵人许可，移徙吉。
已宫	行人有信未回还。财帛盈丰喜笑颜。辰戌丑未日见信，平安二字转乡山。	有信未回，有财。	若问移徙否亨通，贵人相助喜和同。时作营谋日遂意，上和下睦喜重重。	有贵人相扶，大吉。
午宫	身有不利问行人，在路忙忙未转身。中道又忧灾患至，巳申亥日有书文。	未回，巳申亥日有信。	卦占何处去安身，喜新弃旧不须频。早去空亡迟去可，世间由命不由人。	早有口舌，迟则吉，破财。
未宫	行人特问在何方，口舌相侵夹有殃。近防人害财兼少，秋冬无事且安康。	未回，财少。有口舌，有灾。	移徙身宫要守常，守旧安居无损伤。宜待时来兼运至，此时铁也会增光。	不利，宜守旧。
申宫	行人已自促归装，离子家乡在路旁。子午下旬音信到，金银财帛转家堂。	行人身动，有财无损。	卦占移徙大吉昌，贵人相引夏馨香。乐业安居人气爽，添财进喜寿延长。	移徙吉利，有贵人。

① 《正统道藏》第六十册《玄天上帝百字圣号》，台湾艺文印书馆 1977 年精装缩印本。

续表

籤序	“行人”籤诗	“行人”断语	“移徙”籤诗	“移徙”断语
酉宫	行踪离了楚阳台，杜鹃声催不肯回。杨柳滩头船已到，举家欢乐醉金杯。	行人身动，只未回，有信。	有人诚意到门间，问往新屋抑旧居。终须到底随时至，五行由命载于书。	移徙平常。
戌宫	剑阁昆仑快似风，行人自在半途中。等到猪羊辰卯至，休虑关山几万重。	身动有财，亥卯未日有信。	若占移徙十分吉，衣食两途无有失。门庭改换旺人丁，此卦分明为第一。	十分吉利，宜向天财，有喜。
亥宫	艰难历涉万重山，心事忙忙尚未还。只恐路途多阻滞，更防惊险在其间。	身动未回，有淹滞。	卦问移徙只平平，守旧依时可暂停。若是亲居多不利。不损钱财也损丁。	只平常，随意守旧。

表9–4中有两点值得注意，一是“行人”项的籤诗和断语，有8首涉及财富，显然，这里所说的“行人”多与经商买卖有关，如“丑宫”籤诗中还明确写着“买卖为商有大财”，反映了明清时期的商品经济比较发达，行旅中的商贾占有较高比例。这个时期籤谱的编造者多鼓励人们出外经商谋生，特别是在商品经济比较发达的南方地区。如清代以来流传于台南的《海安宫灵籤》中的“出外”项的断语，多是“平安”、“满路异香”、“必得贵人”、“利路亨通”、“有贵人，好”、“后得财星拱照”、“好，有贵人”、“平安有春满载”（“有春”为闽南语，意为“有剩余”）、“必遇贵人”、“可进”、“有贵人提携”、“大吉可进”、“必得利”、“一路春风”、“遇贵人提携”、“求财好，事如意”、“满载荣归”、“向南方遇贵人”、“有贵人携得利”、“到处便宜”、“在外平顺”、“东北方好”等等。二是“移徙”项的籤诗和断语，有7首涉及“贵人”扶持，反映了当时的迁徙活动多是群体行为，与亲朋好友结伴而行，互相帮助，“卯宫”籤诗中还有“若问友人相伴佐，上和下睦好商量”句。如果说籤诗的编造者对出外经商或谋生持积极的态度的话，那么，对迁徙活动的态度则趋于保守，虽然《十二宫卦数注解》的“寅宫”、“辰宫”、“已宫”、“申宫”、“戌宫”等5首籤诗都属于上上籤，但其他的7首籤诗则属中籤或下籤，这一点从台南的《海安宫灵籤》中的“移居”项的断语中也反映出来。台南原来就是移民社会，但在乾隆之后，逐渐形成比较繁荣的都市，进入定居社会，安

土重迁的传统观念又逐渐占了上风。《海安宫灵籤》中的“移居”项断语与“出外”项断语明显不同,“不吉”、“不可”、“无运不可”、“且慢”、“筑室有犯灾星”、“大不好”、“平平”、“不佳渐待”、“不佳”、“不可且慢”、“待时”、“不大好”等断语,要多于“大吉”、“可得平安”、“可”、“平安”、“好”、“适其所哉”、“可,有喜庆”、“兄弟和合者吉”、“好、吉”、“南面得宜”、“常遇吉庆”、“适宜大吉”等断语,在一定程度上反映了籤诗编造者的价值取向。

原因之二是与明清时期福建的移民历史有密切关系。明清时期,随着北方移民不断入闽和人口的繁衍,福建人稠地狭的矛盾越来越突出,所谓“闽中有可耕之人,无可耕之地”①,“十五游食于外”②。因此这个时期的福建移民出现两大特点:一是本省内的再次移民活动异常活跃,即平原和沿海的先开发区居民逐渐向省内那些自然条件较为恶劣的未开发区迁移,由人口密集的地区向人口相对稀少的地区移民。这种二次、三次、甚至多次移民活动非常活跃,既有不同民系之间的再次移民,也有本民系内部的再次移民,甚至有同一县份的不同乡村之间的移民,再次移民呈现经常性、自发性的特点。

明清福建移民的另一个特点是结束了一千多年以输入人口为主的移民史,开始了以输出人口为主的移民史。输出人口的主要地区有:①向周边省份移民。主要迁移到江西、浙江和广东等省丘陵山区,从事经济作物种植和粮食生产,也有的从事手工业生产等。众多闽人在山区搭棚居住,被称为“棚民”。他们披荆斩棘,用自己的血汗把很多荒山旷野改造成富饶之乡,对促进当地社会经济文化的发展起了重要作用。②向台湾移民。明末郑芝龙占据台湾时,曾到闽南招募上万饥民去台湾垦荒,这是台湾历史上第一次有组织的大规模移民活动。1624年至1662年荷兰殖民者占据台湾时期,也有不少福建人移居台湾,在赤嵌附近形成了一个约有两万五千名壮丁的居民区,全岛约有4.5万—5.7万人。1662年郑成功收复台湾后,除了郑氏军队外,又新增加移民2万—3万人,使台湾的汉族移民增至10万—

① 谢杰:《虔台倭纂》下卷。

② 谢肇淛:《五杂俎》卷四《地部》。

12 万人，与土著居民的人数差不多。乾隆五十四年（1782），清政府取消了海禁，福建向台湾移民出现了新的浪潮，对台湾的开发作出重大贡献。③向海外移民，主要有三条路线。一是移民琉球。洪武二十五年（1412）明廷为了把私人海外贸易的力量纳入官方贸易的轨道，加强琉球对明朝的朝贡贸易，实行“用夏变夷”的传统对外政策，决定赐闽人三十六姓给琉球，这是明朝以前的历史上绝无仅有的一次由政府派遣的大规模中国移民移居海外的活动；二是移民东南亚。明清时期，福建移民东南亚形成高潮，整个东南亚地区华侨总数应不少于 10 万人，其中泉州籍华侨人数约有四五万人。明嘉靖年间，吕宋的中国商贩达数万人，其中漳州籍海商占十之八九，逐渐形成一个个小规模的华侨社会群体；三是移民日本。明嘉靖后期倭寇被平定后，海禁稍宽，福建东南沿海地区的民间贸易商、船主、前往日本从事私人贸易的商船与日俱增，长崎为主要贸易港口。从 17 世纪 40 年代至 60 年代，由福建起航的商船，约占赴日商船总数的 60%—70% 左右。日本元禄年间（1688—1703），旅居长崎的中国人约有一万人，部分商人定居下来，成为华侨，其中福建籍华侨占多数。难怪明朝廷惊呼：“通倭之人，皆闽人也。合福、兴、泉、漳共数万计。”[①]

鸦片战争之后，中国进入半殖民地半封建社会，1893 年，清政府正式废除海禁，允许人民自由出入国，对闽人移民海外产生了巨大影响。这个时期的闽人移民东南亚和欧美等国家和地区，既有大量的契约华工，也有许多从事经商贸易的商人与小贩，以及从事各种手工业、种植等营生的自由移民；既有零散的血缘性、地缘性的“连锁移民”，也有有组织的民间集体移民，形成向海外移民的高潮，1891—1930 年的出国人数多达 116.8 万人。1841—1930 年间出国的闽籍华侨，相当多的人属于契约华工，近代福建移民史深深地打上了殖民统治的烙印。[②]

由于笔者收集的籤谱主要在福建，而且这些籤谱多出现或定型于明清时期和近代，因此，籤谱中的“出入”和“行人”事项出现的次数较多在一定

---

① 《明神宗实录》卷四九八。

② 参见林国平、邱季端主编：《福建移民史》，方志出版社 2005 年版。

程度上反映了明清时期和近代福建移民的历史，易言之，明清以来福建移民浪潮促使宫庙籤谱纷纷增设“出入”和“行人”事项以满足百姓的客观需求。[①] 无独有偶，这种情况在德国学者庞纬的统计数据中也出现，他在24大类的统计数据中，“旅行”类（包括出行、渡洋、回乡、行船、行旅等）出现的频率多达875211次，高居首位。庞纬认为这既是“近百年来，中华民族遭遇较多的社会波动，向外谋求发展的倾向逐步加强的结果”，也与“籤诗主要在海外的侨区和移民区收集”有关。

四、籤占与疾病

在上古社会，医学水平低下，许多疾病无法医治，更无法解释其病因，百姓误以为疾病乃神差鬼使的结果，只好求助巫术。而巫觋一方面以各种巫术来驱赶病魔，另一方面利用所掌握简单的医疗知识给病人治病，从而使原始的医疗活动披上了一层神秘的外衣，造成巫与医合而为一的局面。西周以后，医与巫开始分离，出现了专门的医生，但巫觋从来不放弃为人驱鬼治病的职能，在医疗条件比较落后的地区，百姓生病后，只有求助于巫觋，别无其他办法，逐渐形成了“病者好巫”的陋习，如“闽俗左医右巫，疾家依巫索祟，而过医门十才二三，故医之传益少”[②]。虽然蔡襄、朱熹在一些州县曾大力推广医药，禁止巫医，但积重难返，直到明清民国时期，信巫不信医的陋习仍在江南一些地方存在。明代长乐谢肇淛指出：“今之巫觋，江南为盛，而江南又以闽广为盛，闽中富贵之家，妇人女子，其敬信崇奉，无异天神。少有疾病，即祷赛祈求无虚日，亦无遗鬼。楮陌牲醪相望于道，钟鼓铙铎不绝于庭。”[③] 并在明清时期随着移民蔓延到台湾，志称：“俗信巫鬼，病者乞药于神，……亦皆漳、泉旧俗”[④]；又曰：“南人尚鬼，台湾尤甚，病不信医而信

① 福建东山铜陵关帝庙前殿前右廊墙壁上还嵌有一方题为《香灯田碑记》的碑文，记载着云霄信士陈登魁于乾隆二十五年（1760）左右前往噶喇吧（今印尼首都雅加达）谋生前到铜陵关帝庙烧香祈祷，并有所许愿。乾隆五十一年（1786）返乡后，“恭念关圣帝君威灵显赫”，来到铜陵关帝庙叩恩酬谢，并购买贰拾石陆斗贰升田产作为该庙香灯油之用。

② 黄仲昭：《八闽通志》卷八十五《拾遗》。

③ 谢肇淛：《五杂俎》卷六《人部二》。

④ 嘉庆《续修台湾县志》卷一《地志·风俗》。

巫。”①这种现实也反映到籤占中，主要表现在：

第一，有些籤谱的“占病”或“疾病”事项之下，不但有求神保佑禳除病魔的籤诗，还有如何禳除病魔的断语。如《玄天上帝灵籤》的第一首中的“占病”诗：“焚香祷告意精专，惟在君心作福田。寿筭天曹曾注定，何劳私下保安痊。”第四十九首是：“灾病缠绵未得痊，虔诚求福告上天。操心不改遭魔障，若得痊时也损财。”《观世音籤谱》的《十二宫卦数注解》的每一宫也有“疾病”项目，下有相应的断语和籤诗，如“子宫”的断语是：“头痛、心闷呕吐、气急、四肢沉重。用谢灶司外，妇家先求食用，送五道伤亡，过旬方好，则吉。”籤诗为：“占病卦中是主凶，病人沉重药无功。寒热往来病进退，作福保安自从容。”“癸宫”的断语是“男轻女重，寒热往来，触犯北方，水伤亡亲，山司作祸，用还旧愿，作福保吉”。籤诗是：“占病山司作祸殃，更有西北方水伤。急请师巫退土煞杀，病人方且得安康。”明溪城关显应庙籤谱“疾病”类第一首：“神前祷告问病因，对此疾病不愁心。神明庇佑且安乐，赶走凶神吉星临。解曰：诚心求神，不用愁心，神明庇佑，凶去吉临。”

第二，籤谱的具体定性兆象设有“疾病”或“占病”的事项，且有相关的断语。早在宋代，《天竺灵籤》的书眉处经常出现“病安”的断语，籤诗的一侧，有“病向土地保”、“病向家先保”、“病向家先伤亡保”、“病向伤亡保”、“病向佛前保”、“病向神司保”、“病向社司保”、“病向星辰保”、“病向家先土地保”、“病向香火旺神保”等提示，说明籤占被运用于疾病的禳除，由来已久。此后，籤谱中有“疾病”事项的，相当普遍，表 9–3 中“疾病”类出现的次数为 2758 次，高居第四位也并非偶然。有的籤谱涉及“疾病”的断语非常具体，如浙江省苍南县金乡镇河头村的《观世音籤谱》在注解中明确指出患病的原因和禳除的方法，第三首：“……病干犯西北方，《心经》五百卷，纸马二付，送西北方化吉。占小儿这冲犯，病者东北方，杨府马前，五通吹气入神，旧愿上卦，四肢痛，痰必迷心，男女家先二口，《心经》五百卷，送南方化吉。”尽管籤谱中“占病”或“疾病”事项的断语多是宣扬病魔

① 丁绍仪：《东瀛识略》。

为主要病因，主张用宗教的方法来禳除病魔，但随着医学的发展，籤谱编造者也不得不对医学做出一些让步，如台中县丰原镇南阳里太平街金山寺的《观音籤》（24 首），每一首籤解设有“病症”和“医药”两项，“病症”项的断语仍然遵循生病乃病魔所致的传统观念，而“医药”项的断语中并不排除服药，诸如“另卜他方”、“却病仙方”、“病随药减”、“却病良方”、“方灵药效”、“药到病除”、“老医方效”、“老医世医出月有功”、“目前见效”、“老有灵丹”等。

第三，明清时期出现大量的药籤谱，信徒根据所占取的药籤上的药方，抓药治病。有的药籤还分“男科”、“妇科”、“外科”、“眼科”、“小儿科”、“伤科”等，影响较大。关于药籤问题，详见附录一“信仰疗法与药籤研究”。

五、籤占与功名

关于籤占与功名的关系，我们在第八章第三节、第四节中已经做了探讨，恕不赘述。

六、籤占与风水

风水术又称堪舆术，即运用专门的理论选择适宜人类居住的阳宅或安葬的墓地（阴宅），以及如何修禳的方术。风水术的历史悠久，中国风水学的形成由来已久，至迟可以追溯到商周时期，秦汉时期逐渐流行。到了三国两晋南北朝，风水学理论逐渐完善，出现了大批风水大师，其中郭璞最负盛名，他的《葬书》奠定了后世风水的基础，被奉为风水术的经典，自己则被后人尊为风水学的祖师。到了隋唐两宋时期，风水理论得到进一步的发展，形成了众多的风水术流派，其中影响最大的是江西形势派和福建理气派。形势派又称峦头派，为唐代著名风水家杨筠松所创，主要以山川的起止为主体，以龙、穴、砂、水相配合而进行勘察，注重因地制宜，追求优美意境。形势派因在江西一带盛行，俗称江西派。理气派又称理法派、屋宇法、宗庙法等，创始人众说纷纭，宋代的王伋对理气派理论的发展和理气派的传播贡献最大。理气派主要以八卦、十二支、九星、五行为四大纲，注重人与时空关系的有机和谐。理气派主要在福建（后来在台湾、东南亚华人区）

影响较大，俗称福建派。明清时期，风水术大行于世，无论是房屋还是坟墓，百姓普遍讲究风水。各种风水著作也大批出现，在形势与理气两派的基础上又分成四个派别——八宅派、玄空派、杨公派、过路阴阳派，同时也出现形势派和理气派融合的趋势。①

众所周知，风水术是一门专门的学问，加上风水先生故弄玄虚，要寻找一块风水宝地并非易事，不但需要大笔金钱，还要搭上很多时间和精力。特别是风水术对丧葬习俗影响很大，许多地方形成停柩经年不葬，以待福地的陋俗。所谓“富家巨室则惑于风水而观望迁延，小户编氓则因诎于资财而因循耽误，往往一室停数世之葬，一棺经数十年之久，迟回未葬，相沿成俗”②。有的人为了谋求福地，不惜多次迁葬其祖先尸骨，各府县也多类似记载。民间社会的这种巨大需求，也反映到籤占上。

首先，反映风水的籤诗不断增多。形成于宋代的《关帝籤谱》中与风水有关的籤诗有 3 首，涉及风水术的三个基本问题：一是家庭忽然发生变故，往往归结于阴宅的风水，就要求改变阴宅的地点，如第八十首：“一朝无事忽遭官，也是门衰坟未安。改换阴阳移祸福，劝君莫作等闲看。”二是指示具体的风水方位，如第七十九首：“乾亥来龙仔细看，坎居午向自当安。若移丑艮阴阳逆，门户凋零家道难。”三是心地善良、修身积德与风水宝地的关系，如第四十五首：“好将心地力耕耘，彼此山头总是坟。阴地不如心地好，修为到底却输君。”

到了明清时期，反映风水的籤诗明显增多，如《观世音灵籤》中的《十二宫卦数注解》的每一宫下设“山坟”项，该项之下有籤诗一首和阴宅方位、下葬时间等断语（下详）：

子宫：安坟入墓不须忧，坐向相生吉地求。
　　　葬后田蚕俱得利，儿孙代代甚优游。
丑宫：卦占安坟仔细详，地巽底门最吉良。
　　　定然葬后人丁旺，添田进产更荣昌。

① 详见陈进国：《信仰仪式与乡土社会：风水的历史人类学探索》，中国社会科学出版社 2005 年版。

② 《福建省例》刑政例 2《速葬棺柩》。

寅宫：卦占坟墓大吉昌，仙人建穴却相当。
预占葬后人丁旺。荫注儿孙福泰康。
卯宫：为有向穴见前溪，后龙高耸被烟迷。
自是神明阴降福，葬后门楣也耀辉。
辰宫：贪狼原是发来迟，坐向穴中人未知。
立宅安坟过两纪，方生贵子好男儿。
己宫：明师休把口中歌，败绝只因用卦多。
水若朝来须得水，莫贪远岫杳巍峨。
午宫：锦罗之水直流长，阴位宜居艮巽方。
子弟聪明文笔秀，他年衣锦可还乡。
未宫：安坟安墓勿劳粗，待时通和吉神扶。
兴旺人丁财帛足，成名他日拜皇都。
申宫：乾巽坐向大吉昌，辰戌丑未最吉祥。
荫益儿孙家富贵，文章星斗姓名扬。
酉宫：立宅安坟要合时，不须拟对好奇峰。
主人有礼专客重，客在西兮主在东。
戌宫：从来祸福在堪舆，古空寻龙即要知。
土角流星原共腹，木明斩节葬锹皮。
亥宫：坟墓朝南大吉昌，仙人点作住中央。
四畔山环兼水绕，儿孙代代进田庄。

清代，在民间广为流传的《北帝灵籤精解》包含更加丰富的风水知识。《北帝灵籤精解》脱胎于《玄天上帝感应灵籤》，共51首，除在各籤头标明“上上”、“大吉”、“中平”、“下下”等定性兆象及相应的主题兆象外，所列的籤占项目还包括“总曰”、“诗曰”、“家宅”、“岁君”、“失物”、“生意”、“行人”、“谋望”、“婚姻”、“官讼”、“六畜”、“占病”、“六甲”、“求财”、“功名”、“移徙”、“自身”、“祖山”、“菁草”、“子息”“命理”、“阳基”、“置货”、“行舟”、“外出”、“雨水”、“田蚕”、“合伙”、“作福”等29项，而涉及风水占卜的事项，则有“家宅”、“阳基”、“移徙”、“祖山”、“菁草”等5项，是目前见到的涉及风水占卜事项最多的籤谱。“家宅”和“阳基”占卜所居或新筑房屋的吉凶，

“祖山”和“菁草”占卜已葬或欲葬坟山的吉凶,“移徙”占卜原住居或新住处的吉凶。在每一事项之下,除了断语外,“家宅”和“移徙”还有籤诗。如第一首家宅:“三阳交泰转洪钧,瑞气盈门百事新。岁念时丰财禄旺,又添人口许相新。”移徙:“君子移徙十分吉,衣禄非常进万益。门庭改换人丁旺,此卦分明为第一。”第二十一首家宅:“须宜更改旧门庭,人旺财兴百事宁。不但田蚕收十倍,更随四方任经营。”移徙:“三植漏屋最为难,纵然无事也招非。劝君久耐艰长守,不劳苦苦意徘徊。”其他的与此相仿。

其次,籤诗中涉及风水的定性兆象的事项出现的频率高。表9–3统计表明,在具体定性兆象的事项出现的次数中,居住风水有3537次,居第三位。其中建屋346次,移居582次,家宅(阳宅)1376次,阴宅691次,风水477次,提法虽然不同,但都涉及风水。“风水”包含“阴宅”和“阳宅”,除“阴宅”691次外,其余的均以“阳宅”的风水为重心,家运的兴衰、家庭人口的安危、家道是否安宁、屋宅是否吉祥等,反映了古往今来的中国人的价值取向是以家庭为本位,所以经常抽籤占卜关注“阳宅”风水也就顺理成章了。

第三,籤占中涉及风水的断语趋向专业化。一般说来,籤谱的定性兆象的常见的是“吉”或“凶”之类的断语,如《观世音籤谱》(100首)中多是“山坟吉”、“山坟改向吉”、“山坟不利”、“山坟宜改”之类的断语。《海安宫籤谱》稍为详细些,但也仅仅限于“平平小吉”、“地气不佳”、“地势适当”、“真龙真穴”、“吉地吉穴”之类的断语。不过,明清时期有一些熟知风水理论的人参与籤谱的编写,所以,一些籤谱涉及风水的断语相当专业。仍以《观世音籤谱》中的《十二宫卦数注解》为例,其“山坟”项之下的断语涉及阴宅的具体方位、下葬的具体时辰等:

子宫:用甲寅壬丙向,吉;用甲庚至丙日安葬,吉。

丑宫:是乾巽辰方则吉。

寅宫:要坐南北大吉,葬后进丁财。

卯宫:后龙高,堂前在溪水相潮。

辰宫:贪狼入穴,大吉。

己宫:前有石路、井、溪、池塘,吉。

午宫:艮巽向大吉。

未宫：不利，待年月，运通方可。

申宫：坟墓申辰戌、乾巽坐向大吉。

酉宫：待时至则吉。

戌宫：宜坐申庚壬丙向，别向不利。

亥宫：宜坐北向南。

又如《北帝灵籤精解》，涉及风水占卜的“家宅”、“阳基”、“移徙”、“祖山”、“菁草”等事项的断语，更加专业，以第一、二十一、四十一、四十九籤为例，列表如下：

表 9–5 《北帝灵籤精解》涉及风水占卜事项的断语

籤序	总体定性兆象	籤占事项	断语
1	上上	家宅	卜吉宅人口有喜，但嫌门路受杀冲伤。有利宜修整吉，并立八卦抵挡。三阳交泰，瑞气盈门，家有新婚之喜。小儿勿近六甲，合家平安。
		移徙	卜移徙吉，老阳宅不宜再往，宜速移之。新老居均可请华关爷神相镇宅平安。
		祖山	卜贵祖佳城有结穴，气派又足，但嫌白虎或青龙方向有杀冲伤。有利宜修整，并掩祭青龙方杀气，财丁可旺也。
		菁草	此地有结穴，气派足旺，但嫌初时有阻隔，须忍口舌，立胆智用，才利补贴。葬时须注意青龙方杀气，葬之财丁旺矣。
		阳基	卜阳宅居之才丁可旺，但嫌青龙方有杀冲伤，宜种此树木化之吉也。
21	大吉	家宅	卜行此数年不顺，是从先有过改门庭水路，坐向有利，宜改过旧门庭水字之后，居住平安，有喜则吉，若无喜事，恐防孝服事。合家和睦致祥，而家道可成。
		移徙	移徙吉，可速为之，移而财丁贵。
		祖山	卜贵祖佳城横龙结穴，气脉文雅，但嫌龙不旺，水字不美。坐向有利，改过唇前水字又兜唇之后，财丁可旺也。或葬后财丁奔波者，因穴位分金有错。若有利改过分金水字之后，财丁昌盛也。
		菁草	卜此地横龙转结穴，气脉足旺，面前大案朝拱，葬后定显武科。若子午未丑二山分金，定旺财丁。谨理妥水字清楚，切切。葬之，可保财丁官贵也。
		阳基	卜吉宅吉，但嫌数年财丁奔波，是门水字不美，有利，速改过。卜新创，初时恐有阻，到底可成。

续表

籤序	总体定性兆象	籤占事项	断　语
41	中平	家宅	卜吉宅人口有是非灾难疾，失财失六畜，求佛祖奉经保平安。又嫌屋前受杀冲伤，宜立八卦抵挡，吉。有利宜修门路，吉。并内有棺柩出殡，子孙兴也。
		移徙	称徙地灵不旺不可移，移之难失也。
		祖山	卜祖山有结穴，但嫌龙运不旺，水神不美，白虎畔有路杀冲伤，有利宜查修壮旺，并理水神归口。又填白虎畔有浮朝顾，又兜唇做浮室，大吉，财丁旺。
		菁草	卜此地有龙落无结穴，又水神不美，白虎畔受杀冲伤，葬此地又有此口舌。若要取，恐是非重重，并破失。勿取之，即安。
		阳基	卜阳宅起造有是非口舌，失财。宜理妥门庭水路，又嫌面前受杀，水神不美，掩祭大吉。
49	下下	家宅	卜吉宅人口，各宜忍口舌，防是非口舌破失，宜拜福德老爷保平安。且有灾啼，小童要哭夜。有喜，可改之丈门字，灶宅不旺，有利宜修井，无利宜谢土神。
		移徙	移徙不顺，未移先被人占，行舟不顺。
		祖山	卜贵祖地吉，但嫌青龙后背塞，若有利即修井，然后财丁可昌也。
		菁草	卜此地有结穴，但非君之福。由是旁边相碍，被碍者不容尔所为，望勿强争，以免生是非失财。
		阳基	卜阳宅欲起造，防口舌失财，勿取，吉。旧阳宅门字不美，若有利宜修整，居则安之。

在籤诗中，对风水的解释最为详尽的莫过于《泉州通淮关夫子灵籤》对第七十九首“乾亥来龙仔细看，坎居午向自当安。若移丑艮阴阳逆，门户凋零家道难”的诠释了。其“解曰”：“此籤，凡事宜依理顺行，不可妄为强求。如相地者，一乾亥来龙，自以坐坎向午为顺。若独执偏见，改作丑艮坐穴，是为阴阳背逆，岂不致门户凋零之咎乎？此以见，吉可趋，凶可避，慎无颠倒错乱，至贻伊灭也。”其“释义”：“以此罗经方位喻也。乾亥位居西北，来龙由此脉左旋甚分明。坎为正北，午为正南，虽为坐坎向离，自与乾亥来龙有阴阳交媾之美，安稳奚疑？若丑艮，位居东北，则与乾亥阴阳相反，奈何移穴坐地，岂非自是其愚乎？门口凋零，丁口不旺也。家道难，财产退败也。

人不可逆理数以妄行，断断明矣。方向西北、正北、正南皆利，东北不利年运，亥子年颇佳，丑寅年欠吉。”①

第四，与风水有关的籤占灵验的故事增多。如《关帝籤谱》记载，江西有一贵人寓居在金陵，其父去世，欲找一块风水宝地埋葬，但不知从何处寻找。有一天，他到关帝庙籤占，求关帝指明，占得第三十九首：“北山门下好安居，若问终时慎厥初。堪笑包藏许多事，鳞鸿虽便莫修书。”仍不知作何解？四处寻找风水宝地，均不如意。有一天，他跑到南京郊外麒麟门一带观看坟地，偶然见到门外有一座风景秀丽的山，便问土人“此山为何名？”对曰：“北山。”他想起自己在关帝庙所抽的籤诗首句是“北山门下好安居”，以为是关帝在冥冥之中的暗示，遂直奔北山，终于找到称心如意的风水宝地。明代郑仲夔《耳新》记载的寻找风水宝地的经历更加曲折：

> 余不慧，不谙相地。乙丑岁，欲买山葬孟儒兄。寻得林家源坞塘山地，余斋戒叩关帝祠，祈籤以决。得五十九籤，诗曰：“事端百出虑虽长，莫听人言自主张。一著先机君记取，纷纷闹里更思量。”余茫然不晓所指，因再恳祈直示，得第二籤。诗曰：“盈虚消息总天时，自此君当百事宜。若问前程归缩地，更须方寸好修为。”余私喜有“缩地”字，是必有地也，归而捐赀买之。比迁穴，相地家，或主癸丁，或主壬丙，余未能决。内弟方立之直前曰：“宜质之灵前以定。”因焚香拜祝，拈得壬丙，始悟籤诗“方寸好修为，”“方寸”者，为方十一也。盖内弟行十一，藉其一言以决云，又方寸为心赞用，壬丙者陈心烛也。葬时众议犹不一，余则决意用壬丙，所谓“莫听人言自主张”也。然“缩地”二字，尚不甚解。他日，客有指前山为可用者，陈云是为我用山。盖三山齐出，缩者为尊，此其缩者也，余始恍然“缩地”之义，而叹且异于籤诗之奇验矣。神明有赫，不啻耳提，彼纷纷妄度者，胡为哉？②

显然，籤占在郑仲夔寻找风水宝地和阴宅的方位选择、安葬时辰中自始至终起着决定性作用。

① 吴幼雄、李少园主编：《通淮关岳庙志》，中国社会科学出版社 2008 年版，第 415 页。

② 郑仲夔：《耳新》卷四《神应》，上海商务印书馆 1937 年版，第 21 页。

除了通过籤占找到风水宝地故事外，也有通过籤占拆除有碍风水的建筑物，《敬信编》记载的清代周鼎臣籤占风水的故事富有传奇色彩：

乾隆壬子，予因先茔前旧无车路，近村之车，取其路近，率五鼓窃发，络绎不绝，予恐扰动先灵，于五月在茔之东南北间筑墙焉。时予年将四十，仅得一子，甫三岁，至七月，忽染时症，医罔效，至粥乳亦不索食。说者曰："或因筑墙阻气所致。"而予原为妥先灵也，岂因此而复毁之乎？说者益力，予惑不能释，于十六日虔诣庙祷云，若因筑墙有碍风水，先灵不安，特假此予以示兆，则毁之，否则断不敢妄动也，祈帝君将南北吉凶等字显示以释惑。籤云："经营百出费精神，南北奔驰运未新。玉兔交时当得意，恰如枯木再逢春。"予见有"南北未新"句，明明指示，遂决。十七日黎明，遣人去其墙，至巳刻，子即能食，度其时墙应拆其半矣。十八日乙卯，即愈，卯乃兔也，"玉兔"二句亦验，此显然指示者也，噫！一念之诚，上格神应若此，宜山谨识。

还有因对籤诗的错误理解导致家族衰败的故事，《关帝籤谱》记载：有一士人，因祖坟规模较小，祭祀祖先时显得局促狭隘，准备扩大祖坟，以壮观瞻。意想不到的是，另外一个家族也看中这块风水宝地，两家产生争地纠纷，后来对簿公堂。士人到关帝庙求籤，占卜诉讼吉凶。抽到第八十首："一朝无事忽遭官，也是门衰坟未安。改换阴阳移祸福，劝君莫作等闲看。"士人不悟关帝的神意，一意孤行，结果败诉，遭到公庭的斥辱，家族日益衰败。

还有一些记载籤占与风水的故事，晋江《陈埭丁氏回族族谱》记载："涂门关圣大帝籤诗断风水好，第八十六首籤诗壬己上上，诗云：'一般行货好招邀，积少成多自富饶。常把他人比自己，管须日后胜今朝。'"① 虽然族谱没有说明何时去泉州关帝庙抽籤，但可以断定，陈埭丁氏在修建祖宗坟墓时，不但请风水先生看风水，还到泉州关帝庙抽籤占卜风水的好坏。

总之，籤谱引进风水事项，并撰写一些反映风水理论的籤诗和与风水有关的断语，反映了明清时期盛行于世的风水术对籤占的渗透和影响。而

① 庄景辉：《陈埭丁氏回族族谱》卷六《祭祀规约》，香港：绿洲教育出版社 1996 年版，第 229 页。

籤谱中涉及风水事项的出现频率高居第三位，以及不断增多的籤占风水应验故事等，则反映了籤占因其简易通俗和省钱等优势，而获得众多善男信女的欢迎。籤占包容了风水术，既有利于籤占的发展，反过来又推动了风水术的流传。陈进国认为："灵籤文本中的风水主题，既暗藏了民间活跃着的社会生活和文化习俗的真实信息，也反映了籤诗（或籤解）作者的自我文化认知心态。而通过抽籤占卜这种独特的'依附性宗教仪式'的反复确证，神秘的风水信仰与理性的道德判断，业已彼此获得存在的合理性。"①

七、籤占与诤讼

从秦代开始，中国古代实行的是封建主义中央集权统治，中央通过严格控制郡县，并建立乡里什伍制度，来实现对民间社会的控制。随着历史的发展，秦代所推行的郡县制及其相关的政治制度得到不断改进，明清时期封建主义中央集权统治达到登峰造极的地步。②但是由于中国幅员辽阔、小农经济过于分散、交通不便等原因，政治成本太高，对于县以下的乡村社会，只能采取自治的对策，"国家政权力量对农村社会的象征体现为征收赋税，农民自身的生产和生活是由乡里社会自身的运动逻辑所决定，国家与（乡村）社会呈现出相对分离的状态"③。对于县以下的乡村社会的控制，从秦汉开始就在乡村设立不同的辅助机构，诸如保甲制、里甲制等，明中后期实行保甲制，家族制度、乡规民约、宗教信仰、乡绅等在维系乡村社会中发挥着至关重要的作用。在江南地区，家族势力较大，成为辅助基层政权、加强对农民控制的最重要的社会力量。④一旦家族内部发生纠纷，族长首先会根据"家法"、"族规"等来处理，不允许直接向官府提出诉讼，许多家族标榜本家族和睦团结，"不劳官府而自治"，以"无字纸入官府"而自夸。⑤

---

① 陈进国：《寺庙灵籤的流传与风水信仰的扩散——以闽台为中心的探讨》，《宗教学研究》2003年第1期。

② 韦庆远、王德宝主编：《中国政治制度史》，高等教育出版社1992年版。

③ 陈益元：《革命与乡村：建国初期农村基层政权建设研究：1949—1957》，上海社会科学出版社2006年版，第276页。

④ 徐扬杰：《宋明家族制度史论》，中华书局1995年版，第70—80页。

⑤ 陈支平：《近500年来福建的家族社会与文化》，上海三联书店1991年版，第87页。

生活在自给自足的小农经济条件下的乡民，自古以来就胆小怕事，特别害怕官府，希望一生一世都不要和官府打交道。但是，许多事情都不以人的意志为转移的，宋元以后，特别是明清时期，伴随着社会的变动，政治的腐败，各种矛盾的不断累积和激化，官府乃至家族等对乡村社会控制力的衰减，百姓维权意识的觉醒，厌讼的风气逐渐被尚气争雄、好斗健讼的风气所取代。据侯欣一统计，在清代中晚期江南地区有记载诉讼风俗的七十多个地方志中，记载健讼的有 57 处，寡讼的只有 14 处，说明当时的健讼之风已经在中国的很多地区，特别在江南地区盛行开来。“很多诉讼都是为了一些很小的事情或一时之忿，‘一言不和，既相兴忿争不已’，而且争必求胜‘终讼不已’。”县衙的诉讼案件堆积如山，如康熙年间的湖南湘乡县每天收受词状不下三四百份，乾隆五十二年（1787）曾任湖南省宁远县知县的汪辉祖说他每天收受二百余份词状。①

图 9–4　福建闽侯灵济宫的和合二神仙壁画

尽管明清时期出现健讼之风，但对绝大多数乡民来说，打官司总归不是好事，而且历史经验和残酷现实都告诉他们，官司无论输赢，既要花时间精力，也要花大量金钱，基本上都是两败俱伤。特别在官僚腐败、人治高于法治的封建社会，即使有理，也未必能打赢官司，“衙门八字朝南开，有理无钱莫进来”。因此，在万不得已准备

① 侯欣一：《清代江南地区民间健讼问题——以地方志为中心的考察》，《法学研究》2006 年第 6 期。

打官司之前，百姓往往要到宫庙抽籤占卜，求神指点迷津。籤谱的编造者敏锐地觉察到百姓的这种需求，早在宋代的《天竺灵籤》中设有“公事”项，明清时期，多数籤谱的设有“官事”、“占讼”、“讼”、“公讼”等事项，我们在统计的 87 种籤谱中“诤讼”类出现了 1508 次，居第七位，反映了当时的百姓对是否进行诤讼的疑惑。

我们注意到，自宋代开始，设有“诤讼”事项的籤谱，都不鼓励百姓进行诤讼，这从籤诗和断语都得到体现。如《玄天上帝感应灵籤》前十首，就有七首籤诗规劝息讼或和解的，如第一首：“未发文书不用嗔，公厅虽直事难伸。不如散却心头火，免得将钱送别人。”第二首：“只好安居守运时，莫经官府受鞭笞。劝君休管人闲事，惹得愁来后悔迟。”第四首：“自古刚强解误身，谁知有理反遭嗔。如今未必官刑责，何不私和做好人。”第六首：“休听人唆入县衙，两边徒尔结冤家。不如撒手平和去，免得阶前叫老爹。”第七首：“新事伤人旧事成，劝君休要逞高能。平心自有宪台上，此地从来不可登。”第八首：“得和阑处且和阑，到处人心有恶奸。莫信酒中胡说易，岂知台上对词难。”第十首：“教伊不用苦贪嗔，恐有文词到讼听。凡事抽身归去好，闭门静坐作闲人。”[①]《观世音籤谱》的《十二宫卦数注解》的每一宫下的“官事”籤诗和断语，常常提到要有“贵人”帮助，也多是主张息讼和劝和的，列表如下：

表 9–6 《十二宫卦数注解》中“官事”事项的籤诗与断语

籤序	“官事”籤诗	“官事”断语
子宫	公讼宜托贵人和，切勿迁延岁月多。 如今及早和平了，免教迟滞惹风波。	官鬼无气，宜托贵人和，先有后无。
丑宫	公讼君须禁忌刑，留连迟慢理难明。 急宜祈保官鬼散，贵人和动即安宁。	主事留连，用老贵人，先忧后吉。
寅宫	理直何须问上真，公事从中有贵人。 更向佛前祈作福，定保平安理得伸。	公讼有理，贵人和合，无害也。

① 《正统道藏》第六十册，《玄天上帝感应灵籤》，台湾艺文印书馆 1977 年精装缩印本。

续表

籤序	“官事”籤诗	“官事”断语
卯宫	卦占公讼太延迟，官鬼须防有是非。 莫信闲人言共语，贵人劝免不亏伊。	有鬼胎，得贵人，在外则吉，无妨。
辰宫	占讼须知鬼贼多，贵人著力劝相和。 也要破财兼费力，方得两下各收科。	官鬼无气，主有贵人，和合大吉。
巳宫	若问公讼定不成，贵人相助有人情。 寅申巳亥日见散，先难后易勿心惊。	有理，有贵人。
午宫	卦占公讼有无防，破财口舌极难当。 急向佛前作福保，秋来消散得回乡。	下卦，主大破财。
未宫	焚香日夜祷神明，赤口官符两不成。 自有贵人提拔处，虎头蛇尾不须惊。	破财，遇贵人，有头无尾。
申宫	理直何须问圣人，纵经官府不忧嗔。 公庭剖断明如镜，案牍分清屈已伸。	公讼有理，先凶后吉。
酉宫	奸猾无端弄是非，却将有理反求疑。 得人劝解须回首，莫待临崖勒马迟。	有贵人。
戌宫	巧将词状逞英雄，岂害平安坐狱中。 是是非非应有定，到头官讼自持公。	有理无忧，后吉。
亥宫	是非难较事难评，理直何须怕杖刑。 幸得循民廉洁处，人心悦服事无惊。	先凶后吉，终有贵人。

清代以后，随着官府的愈加腐败，百姓万不得已打起官司，也会遇到更多的困难，许多案子故意拖延不决，只有行贿官吏才能摆平，几乎成为惯例，不少人因此倾家荡产，甚至家破人亡。这种状况在籤谱中也得到一定的反映，许多籤谱中涉及官司事项的，更常见“破财”、“了钱”（闽南方言，意为“花钱”）、“拖尾”（闽南方言，意为“拖延不决”）等字眼，甚至出现“被官欺”或被“官欺大了钱”的字眼。如台南《海安宫籤谱》的“官事”项的断语从第一首到第六十首依序是：

理断分明、破财完局、破财后完明、拖尾破财、有贵人平安、先呆后好、平平了钱、破财完局、完者大吉、了钱完局、了钱拖尾、了钱求贵人脱、大呆、命运犯刑相克、论必胜紧大吉、了钱拖尾、后有贵人、难完局拖尾、破财完局、恐生祸端、被官欺后完明、前了钱三月吉、紧完明官公判、冒险有贵人好、必受灾殃、紧完局了钱、祈神完明了钱、了钱月光完局、完明破财谨吉、官欺后明官判、破财求贵人解、大了钱不好、和为贵不和凶、了钱完局、枉费了钱、了钱过后完局、平安破财结局、顺公人断结局、去倒得失了钱、大了钱难完局、不畏破财完局、不好难完了钱、紧防刑事、贵人了钱完局、晚来完局、命运蹉跎破财、不可拖尾、被人害破了钱、平后拖尾了钱、大了钱难完局、完局、二次完明了财、不吉求贵人和、微殃有贵人脱、被官欺大了钱、难完局求贵人、拖尾九月结局、未日完局不完局了钱、拖尾得胜、不畏。

上述的断语中属于"吉利"的,或不花钱和没有贵人帮忙就可以干净利索打赢官司的,少之又少,这既是籤谱作者的经验总结,更是"打官司不会有好结果"的现实写照。

八、籤占与生育

"生育"项出现的次数为2352次(其中"六甲"516次,孕男女112次,分娩330次,求嗣212次,抱养2次,丁口181次),这与古人的"不孝有三,无后为大"的观念相吻合。众所周知,由于受儒家文化的影响,中国人最重视血缘关系,婚嫁的首要目的就是生儿育儿、延续家族的血脉和香火,早婚早育、多子多福、重男轻女构成了中国传统生育观的基本内容,其中重男轻女又是这个价值体系的核心。这种生育文化在籤谱中也得到体现,一方面出现了专门为求嗣、生育而设的籤谱,如《正统道藏》收入的《大慈好生九天卫房圣母元君灵应宝籤》和《灵济真君注生堂灵籤》等即为此类籤谱,我们在第七章第二节"籤占与道教"中已做了详细的介绍,恕不重复。另一方面,在一些分类的籤谱中设有"六甲"的籤诗,如《观世音籤谱》后附录的"十二宫卦数注解",每一卦都有"六甲"籤诗,籤诗前标明生男生女,第一宫"子宫卦数注解"的"六甲"写道:"生女,亥卯未日见,若男有虚惊,宜作福。若问六甲是何时,亥卯未日是降期,有些虚危宜作福,若生男子喜中悲。"又如第十二宫"亥宫卦数注解"的"六甲":"生男,亥卯未日见吉。生男得意笑呵呵,亥卯未日见无讹,根基长养无灾难,姜汤酬谢太公婆。"

在籤谱中,除了道教的《灵济真君注生堂灵籤》重男并不轻女外,重男轻女的观念似乎愈来愈严重。如宋代的《天竺灵籤》中涉及生男生女的籤诗有74首(有26首缺或看不清),其中断定生男的48首,生女的36首,比例是4∶3;而到了明末的《观世音籤谱》的"十二宫卦数注解",断定生男的籤诗有7首,生女的籤诗只有2首,不置与否的3首,生男生女的比例是7∶2;至于清代的《海安宫灵籤》,断定生男的籤诗15首,先男后女的20首,而断定生女的只有2首,先女后男的也只有5首,生男生女的比例更加失调了。

九、籤占与处事

表9–3"处事"出现的次数有1682次,居第九位。"处事"包括比较宽泛的"凡事"(607次)、"谋事"(737次)、"作事"(185次)、"求职"(91次)、"学业"(62次)等。

"凡事"又称"诸事"、"百事"、"事事"等,不具体指向某种事情,而带有综合性质,即预测不久的将来所要进行的各种事情的吉凶。如福建福清万福寺的《观世音宝籤》的"解曰"之首,就有"凡事上吉"、"凡事大吉"、"凡事多变"、"凡事不成"、"凡事成就"、"凡事后吉"、"凡事凶险"、"凡事可成"、"凡事注定"、"凡事巧迁"、"凡事待时"、"凡事吉祥"、"凡事利益"、"凡事颠倒"、"凡事如意"、"凡事运至"、"凡事麻烦"、"凡事未成"、"凡事宽成"、"凡事忍成"、"凡事缓成"、"凡事遇贵"、"凡事虚惊"、"凡事不祥"、"凡事阻碍"、"凡事虚惊"、"凡事后发"等不同提法。"凡事"之后的具体定性兆象的断语,基本上与"凡事"的断语相吻合,如"凡事吉利"的话,其他的婚姻、行人、风水、家运、官事、病人等也都是吉利。如第二首:"凡事大吉,求财大利,婚姻和合,行人有信,风水昌盛,家运亨通,官事和息,病人作福可解,犯缘业家先。"

"谋事"主要是预测正在谋划的具体事情(不便告诉庙祝或解籤人)的吉凶。如台湾澎湖县马公镇西卫里福善堂的籤谱中的具体定性兆象多达15项,包括婚姻、求子、行人、疾病、功名、丁口、气运、出行、失物、生意、谋事、家运、官司、田畜等。"谋事"的断语既有泛泛而谈,如甲子籤"心地光明,尽堪完满"、甲辰籤"直道而行,中心无愧"、甲午籤"欣欣向荣,如花挺秀”、甲申籤“急流勇退，知足不辱”、甲戌籤“穷途日暮，何必多为”，也有具体建议，如甲寅籤“求则得之，转手可有”、“求之不得，拜之不来”、乙亥籤“借助益友，定能有成”、丙寅籤“知音可接，子丑日成”、戊子籤“酉戌两日，所计皆成”等。

“作事”主要预测某种正在进行具体事情的吉凶。如《海安宫灵籤》中既有“凡事”项，也有“作事”项，说明二者是有区别的。有意思的是，《海安宫灵籤》中的同一首籤诗下的“凡事”项和“作事”项的吉凶断语，往往不一致甚至相互矛盾，如甲子籤、辛未籤的“凡事”断语：“大吉昌”，而“作事”断语则为“难成，成者大吉”；壬申籤“凡事”断语：“大利，有贵人”，而“作事”断语则为“难成”；丙子籤“凡事”断语：“紧完，若不速和，了钱拖尾危”，而“作事”断语则为“先难后兴”；甲申籤“凡事”断语“待时机”，而“作事”断语则为“颠倒前凶后吉”；壬戌籤“凡事”断语：“清吉，不用财”，而“作事”则为“难成”。出现这种前后矛盾的断语，乍看似乎是籤谱编造者的随意性造成的，实际上是他们有意设计的，其目的是为任意解释籤诗的兆象提供更加广阔的空间。

“求职”和“学业”出现的次数不多，且集中在台湾新竹市关帝里南门街《关帝籤谱》中（61 次），显然，该籤诗为沿用古代的《关帝籤谱》，而籤解等部分则是近现代才添加上去的，以适应近现代人的需要。其断语也通俗易懂，如籤王的“求职”断语为“有望”，“学业”的断语为“发展”；首籤的“求职”断语是“春秋”，“学业”的断语为“高升”；末籤的“求职”断语也是“有望”，“学业”的断语为“进益”。

十、籤占与寻物

当我们在谈论历史上的盛世时，除了政治清明、经济发展、文化繁荣等重要指标外，良好的道德修养和安定的社会生存环境也是主要的指标，其中“道不拾遗，夜不闭户”是最令人向往和津津乐道的。“夜不闭户”出于《礼记・礼运》：“谋闭而不兴，盗窃乱贼而不作，故外户而不闭，是谓大同。”“道不拾遗”出自《韩非子・外储说左上》：“国无盗贼，道不拾遗。”当时只是一种政治蓝图或理想，历代统治阶级为之梦寐以求。我们并不排除在现实生活中也曾出现过“道不拾遗，夜不闭户”的太平景象。如《旧唐书》记载唐朝的时候，有一个做买卖的人途经河北武阳，走了几十里后才发觉自己不小心丢了一件心爱的衣服。他心中很着急，有人劝慰他说：“不要紧，我们武阳境内路不拾遗，你回去找找看，一定可以找得到。”那人听了半信半疑，于是赶了回去，果然找到了他失去的衣服。但这种太平景象只是在特定时间和局部地区存在，自古以来，“道不拾遗，夜不闭户”只是一种向往罢了，这一点我们在籤谱中也可得到印证。

表 9–3“寻物”项出现 1220 次，居第十位，显然丢失物品不是个别现象，而是相当普遍的现象。籤谱的编造者非常了解百姓为了寻找丢失物品，经常要到宫庙占卜的需求，便在籤谱中设立“寻物”事项。这种做法至迟可以追溯到南宋的《天竺灵籤》，其具体定性兆象有求官、求财、婚姻、怀孕、疾病、养蚕、移徙、出往、公事、行人、谋事和失物等 12 项，可以说寻找丢失的物品是当时百姓最关心的 12 项事情中的一件，易言之，“失物”在当时经常发生。在可分辨的 81 首籤诗中，断语为“失物在”的有 44 首，断语为“主失”的 32 首，从中大致可以推断，当时丢失的东西，将近 40% 是找寻不回来的，可见，南宋杭州虽为首善之区，但社会风尚并不怎么好。

明清时期，社会风尚越来越不好，“世风日下，人心不古”感叹并非空穴来风、无病呻吟，这从籤谱的“失物”的断语也可得到印证。明代《玄天上帝灵应宝籤》中不但有“失物”的籤诗，还有“失物”具体定性兆象的断语，其中断语为“可寻”的只有 6 首，“不失”的为 3 首，“得见”的为 2 首，合计 11 首；而断语为“不见”的有 17 首，“难寻”的有 5 首，“急寻”的 4 首，“求官”的和“防口舌”的各 1 首，合计 28 首。丢失东西后能找到的还不足 30%。《玄天上帝灵应宝籤》第十八首“失物”籤诗云：“闲时不把壁篱修，失却浮财更惹忧。财物已落空消化，如今那去讨踪由。”第四十六首：“梦中曾报有惊疑，不觉堤防引盗窥。已失要寻难得，若经官府反招非。”上述两首籤诗反映了时人丢失东西后的基本心态。

有意思的是，许多籤谱在应该到什么地方寻找丢失东西的断语中，会比较明确指明寻找的方位，如《玄天上帝灵应宝籤》的 49 首籤诗中就有 19 首的断语指示到东、西、南、北、东南、东北、西北等方向寻找。《观世音籤谱》

的《十二宫卦数注解》的每一宫下的"失物"籤诗和断语，都提到某个寻找方位，列表如下：

表 9–7 《十二宫卦注解》中"失物"项目的籤诗与断语

籤序	"失物"籤诗	"失物"断语
子宫	要寻失物凭六千，得信伤鬼在山林。必是盗贼偷将去，急往山林东北寻。	东北方，缡林下去寻。
丑宫	卦占失物不须疑，得失其中有定期。宜向东南来细觅，辰戌丑未日方知。	辰戌丑未日当见。
寅宫	卦占失物急去寻，玄武动时盗贼侵。可向西南方去觅，甲子辰日得回临。	西南方寻，甲子申日得见。
卯宫	卦占失物何处寻，方向东南要早临。其中定见佳消息，寅壬戌日便知音。	向东南方去寻，寅午戌日有说信。
辰宫	欲来寻物问何人，宜向北方细查根。牛羊猪犬三旬见，金银财宝失三分。	寅申丑未日见。
己宫	失物财稳不须疑，急讨之时见是非。早去东南仔细觅，辰戌丑未日方知。	辰戌丑未日当见。
午宫	失物破财不小心，如今急急去追寻。跟寻宜向东南向，辰戌丑未见佳音。	宜急寻，慢落空，辰戌丑未日见。
未宫	只因懒散不收藏，失却之时心自忙。著意急寻容易见，淹留三日往东方。	即去东北二方寻。
申宫	昨日扁舟过洞庭，知君心下不安宁。宜向东南方去访，定有踪由莫怕惊。	失物东南二方去寻。
酉宫	生气失物在西方，金银财宅落空亡。急去觅寻难得见，半虚半实见分张。	南北二方寻，生物用西方寻。
戌宫	遗失钗梳未落空，休将失落恼心中。急寻宜向东西访，自有傍人说是踪。	财稳，东西方得见。
亥宫	失物何须心不安，却因平日少提防。要知踪迹归何处，早去西方共北方。	西北方寻。

籤谱中这种用比较明确的语言来指示信徒如何运作的做法，并不符合籤诗的模糊性的基本特点，有的籤谱不但指示寻找丢失东西的方向，甚至还指明丢失东西的具体地点，如《玄天上帝灵应宝籤》第三十四首"失物"籤："户乏门衰祸事临，资财失去便难寻。要知踪迹归何处？只在山前及树

林。”第四十二首：“失去何须心下忙，只因无事少提防。要知踪迹归何处，只在溪边水岸傍。”可以想见，如果事主真的按照籤诗所指示的地点去寻找丢失的东西而又空手而归，那么，籤诗乃至神明的“灵验”性就会受到怀疑，易言之，信徒的虔诚信仰会产生动摇。为什么籤谱的编造者敢冒如此大的风险？《闽都别记》讲述这样一个故事，也许对我们理解籤谱的玄机有所启发：

（台湾）罗汉门内有一佛殿，内奉十八罗汉，系开济长所建。现在破毁不堪，无人栖止。全八改名为罗汉奴，抱缘簿四处题修，遂重整规模，十分华丽。随有惯冒君长名色、内山盗取金银之数十个无赖土番，今难冒取，无处投奔，遂投入为侣。将十八罗汉中之一尊长眉祖师，背地来张机轨，如活的一般。如人来求籤问圣，欲问何事，籤筒庙祝交与献神前，神遂将籤一条抓出，照籤诗行为，无不灵应，庙遂十分旺矣。所有帮侣，识字者为罗汉手，留在庙中理事，其余皆为罗汉脚在于外面跑走，原来罗汉脚分散各处，或偷抱人之子女，或盗窃人之物件，或牵人牛羊猪等。匿于山野僻处。又引失主来庙抽籤，照籤诗去某处寻讨即着，要他谢香金若干。失主寻着物件，即不敢短少谢金。或要问“何人所偷？”罗汉奴说：“菩萨隐恶扬善，既讨着便造化。不可再问，问则致神怒，不祥。”因此人皆不知，即俗语云“自作猫自叫”之诡弊也。不知其所失之物，皆罗汉脚经手偷存，回来说知，存匿之所在预写上籤，置于筒中，待本失主来问，抽此籤。那长眉祖师手指是磁石制镶的，臂有转轮，筒中籤头以铁夹嵌。铁遇磁石，即浮起粘住抽出，以此骗番仔，皆不知也。①

综上所述，百姓几乎事无巨细都要到宫庙寺院抽籤占卜，祈求神明保佑赐福禳灾，籤占对百姓日常生活的影响是相当广泛的，所以民间才有“跨进庙门两件事，烧香抽籤问心事”的说法。然而，在籤占的诸多事情中，百姓最关心的还是有关家庭生活方面的问题。我们在表9–3的具体定性兆象

① 《闽都别记》第二四七回“吴云程同妻出尘世，罗汉奴设诈惑番民”，福建人民出版社1987年版，第626页。

的出现频次中，虽然“运势”出现的次数多达4408次，高居首位，但“运势”中所包含“时运”（588次）、“运途”（441次）、“家运”（359次）、“官运”（188次）、“遇贵”（102次）、“财运”（2573次）等，相当一部分与家庭的运势有关。而“婚姻”、“出行”、“疾病”、“风水”、“诤讼”、“生育”、“处事”、“寻物”等也直接或间接与家庭生活有关联，其中“婚姻”和“生育”与家庭生活的关系最为密切。在古代，婚姻和生育是紧密联系在一起的两个事物，甚至经常被视为具有因果关系的一个事物，所以，我们如果把具体定性兆象中的“婚姻”出现的次数（2850次）和“生育”出现的次数（2352次）相加，那么，其总数则超过“运势”出现的次数，居第一位，从而进一步印证了自古以来中国人就是以家庭为本位的价值取向。德国学者庞纬也明确指出：“如果把婚姻、怀孕、生育、家庭等项，合起来看，中国人的主要价值观还是建立在跟家庭有关的事项上。”①

① 参见［德］庞纬：《从籤诗看中国社会的价值观》，载复旦大学历史系编《中国传统文化的再估计——首届国际中国文化学术讨论会（1986）文集》，上海人民出版社1987年版，第606—609页。

第十章　籤占与地域社会

社会存在决定社会意识，任何文化形式的产生和发展都离不开特定的自然环境和人文环境，籤占活动与地域社会的关系较为密切。从籤谱的编写作者、籤诗、籤解、典故、应验故事等等，都不可避免地打上地域文化的烙印。至于因公共利益而籤占的所谓“公籤”的出现，则把籤占与某个地区百姓的共同命运联系在一起，集中体现籤占与地域社会的关系。

第一节　籤谱与地域文化

籤谱编写和流传，与所在地域文化存在着千丝万缕的联系，主要表现在以下几个方面：

一、附会当地的名人为籤谱的作者

籤谱的编写实际上是一个相当复杂的过程，多数籤谱的作者为不知名的文人或庙祝，鲜有籤谱一蹴而就，而是要经过不同时代的文人或庙祝的不断修订、补充而成，因此，关于籤谱的作者、编写、修订过程，多不得而知。然而，一些宫庙寺院为了扩大自己的影响，经常附会本地的名人为籤谱的作者，编造各种传说故事。如在福建漳州一带影响较大的《太史公籤诗》60 首（或称“太师公籤诗”），民间传说为当地名人林偕春所作，亦有林偕春去世后附体乩手写成的传说。林偕春（1537—1604），字元孚，号警庸，晚年自号云山居士。嘉靖四十年进士，授检讨，历编修，以文章气节推崇一时。后来得罪张居正等政要，为当道者所不许，官场起起落落，颇为不顺。告老还乡后，关心家乡的民生，特别对于组织乡兵防倭，进行乡族自卫等方面，多有建言。由于林偕春刚正不阿，关心民瘼，备受时人的敬重。去世后，百姓奉之为神灵，称之“林太史公”，立庙祭祀，祖庙在云霄县，分庙分布在闽南、永定、台湾和东南亚等地，拥有众多的信众。①《太史公籤诗》60 首，由籤序、典故和籤诗寄附者等构成。该籤谱最大的特点在于籤诗的形式多种多样，其中有三言诗 1 首、四言诗 8 首、五言诗 10 首、七言诗 1 首，其余的 40 首均为长短句，或为三句一首，或为四句一首，其中有 4 首籤诗类似于近现代流行的“三句半”文学形式，如第九首：“向荣木欣欣，经冬复历春，长春终有日，调匀！”第十首：“人心各不同，有异如其面，历久始能知，须防。”第十五首：“前程贵人催，善事君当为，险阻皆平步，无危！”第三十三首：“千竿篁箨响，抽笋又生芽，凌云终有日，堪嘉！”据学界研究，“三句半”的文学形式产生于嘉庆年间，查对林偕春的《云山居士集》，并无撰写籤诗的记载，在现存的《太史公籤诗》中也找不到林偕春所创作诗歌的诗句，所以，可以断定，《太史公籤诗》绝非林偕春所为，乃后世人假托林偕春的大名创作的，创作时间应该在清末乃至近代。

离云霄县不远的华安县南山宫，是一座建于南宋德祐元年（1275）的

图 10-1　福建省云霄云山书院与太史公林偕春画像

① 详见林偕春：《云山居士集》，云霄县文物保护协会、云山书院太史墓工作委员会 1999 年印行。

道观，该宫内保存着丰富的彩绘和壁画，为国家重点文物保护单位。南山宫有籤诗36首，相传为陈天定所作。陈天定是明末龙溪县人，生卒年月不详，字祝皇，又字慧生，号欢喜道人，世称慧山先生。明天启四年（1624）举人，翌年中进士，因不愿附和阉党，毅然放弃当官机会，回乡隐居，积极参与抗击海盗、赈灾活动，贡献良多。崇祯元年，陈天定受到朝廷重用，历迁吏部主事。后来，官场起起落落，不甚得志。明亡后，陈天定遂遁迹今华安县花山，授徒讲学。后在朝天岩出家，往来花山、良村间，曾经在南山宫寄居两年，亲题匾额“德茂天初”。由于有了这段因缘，当地人就把南山宫籤谱的著作权强加给了陈天定，以此来提升籤谱的身价。

类似的例子很多，如号称客家公王第一庙的连城姑田上堡的公王庙（原名“溪边庵公王庙”），主祀民主公王，始建于清康熙年间，乾隆五十六年（1791）上堡赖成昴倡首扩建，遂成为当地影响较大的宫庙。其庙中使用的籤谱（64首），传说是清乾隆秀才蒋景文用64个不眠之夜，在神台下创作的，第一首：“巍巍庙宇立溪边，一乡祸福我司权。善恶到头终有报，莫疑迟早是私偏。”末首：“我本一乡监察神，吉凶祸福早知音。至诚祷告皆灵验，求得终籤万事新。”① 长乐市江田镇三溪村的鹫岭祠，供奉尊王（土谷神），香火鼎盛，庙内使用的籤谱传说是清乾隆间进士陈济昆撰写的，百姓说是有求必应，求籤者络绎不绝。福清石竹山为祈梦的胜地，石竹寺供奉何氏九仙，平时香火鼎盛，除了前来祈梦外，慕名前来抽籤的善男信女也不少。该寺籤谱100首，传说是明代大学士福清人叶向高编写的。

附会当地名人为籤谱作者最典型的例子莫过于泉州的李廷机整理关帝百籤说。李廷机（1542—1616），字尔张，号九我，明代泉州人。少贫励学，万历十一年会元、榜眼，累官礼部沿书兼东阁大学士，为政以“清、慎、勤”著称，是我国历史上少有的清官贤相，在其故乡流传着许多他的传说，其中关于李廷机编写关帝百籤的传说是：嘉靖年间，李廷机为布衣时，曾卜籤于通淮关岳庙。先得第一首：“巍巍独步向云间，玉殿千官第一班。富贵荣华

① 赖廷科：《姑田上堡溪边庵公王庙》，《连城文史资料》第二十八辑，中国人民政治协商会议福建省连城县委员会文史资料委员会2001年印行，第173页。

天付汝，福如东海寿如山。”再卜得第一百首：“我本天仙雷雨师，吉凶祸福我先知。至诚祷祝皆灵应，抽得终籤百事宜”。他所卜的两首籤诗分别为大吉和上上籤，李廷机深感不安，以为籤诗太好，非寒士所能承载得了，便再以信筊卜之，又连得三信。为此，李廷机祝曰：“果如神言，愿为整理籤诗百首。”后来，李廷机中解元和榜眼，官至相国，事务繁忙，早把许愿之事忘得一干二净了。万历四十年（1612），李廷机辞官，告老还乡。是夜，梦关夫子曰：“汝已善始善终，勿忘籤诗之约。”李廷机遂在归途的百日中，创作七言籤诗百首，以奉关帝。① 我们在前面讲过，关帝百籤源于《护国嘉济江东王灵籤》，乃南宋莆田人傅烨撰写，传说故事中也说李廷机曾经到关岳庙抽的第一首和第一百首籤诗，说明当时泉州关岳庙已经有了百首籤诗，也就不存在重新创作籤诗百首了，所以，上述传说故事显然是牵强附会，不可信以为真，但反映了泉州人以乡贤李廷机为荣、进而希望利用李廷机的名望来扩大关帝籤谱在当地影响的良好愿望。

二、籤谱中嵌入所在宫庙的地名、主神名号等

中国古代诗歌形式多样，除了古体诗、今体诗外，还存在大量的另类诗歌——杂体诗词，诸如回环（文）诗、剥皮诗、离合诗、宝塔诗、字谜诗、辘轳诗、八音歌诗、藏头诗、打油诗、联句诗、诙谐诗、百年诗、嵌字句首诗、绝弦体诗等四十多种。这些杂体诗多具有俗文化的色彩，虽然受到百姓的追捧，但多不为正史和正集所收录。籤谱中也有将宫庙的地名、主神名号等嵌入首诗的特殊形式，出现籤诗首句首字连成神明名号或神庙地址的籤谱，具有浓厚的地域色彩。如福建安溪《清水祖师籤谱》共 50 首，五言四句，第一首：“清风与明月，便是无价珍，团圆三五夜，何处不光明。”末首是：“封侯为上品，万代得功勋，报国忠心在，麒麟是祖孙。”巧妙地把清水祖师的十二句“神咒”四十八字，分别嵌入每首籤诗的首句首字，宣扬清水祖师法力无边，神通广大，即：

清水真人，黑帝化身。

① 参见傅金星、曾焕智：《泉州通淮关岳庙志》，泉州通淮关岳庙志编委会 1986 年印行。

风火乘脚，沙世纵横。

七星宝剑，斩断妖精。

雨旸随祷，护国安民。

阴间有声，阳间有名。

上天下地，应物现形。

最后两首分别嵌入“敕”、“封”二字，组成50首籤诗。

台湾嘉义县《福安寺清水祖师籤诗》75首，七言诗句，每首籤诗的首句首字连在一起，就是关于寺庙的所在地名、主神名号和虔诚抽籤仪式、籤诗灵验等广告词：

台南府嘉义县下加冬保安溪寮庄清水祖师灵感籤诗，利人方便，凡我本境弟子及远近善男信女，问筮吉凶，恳求祸福，宜洁净诚心，许尔焚香礼拜，抽出一枝，再请金杯为准，未卜先知，明断有应。

清水祖师又称麻章上人、乌面祖师等，俗名陈应（又有名陈昭或陈昭应之说），法名普足，福建永春县人，生于宋景祐四年（1037），自幼出家于大云院，学有所成后结庵于永春县高泰山，后师从永春大静山明松禅师，苦读三年经书，终于悟道。不久，返回高泰山庵院，一生募缘造桥数十座。后来，陈普足移庵麻章，百姓尊称为“麻章上人”。据传，清水祖师为民祈雨特别灵应，随祷随应，在闽南一带十分有名。元丰六年（1083），安溪亢旱，麻章上人应邀到蓬莱乡祈雨，刚刚进入蓬莱，天上顿时乌云翻滚，雷鸣电闪，随后下了一场大雨，解除了旱情。当地百姓感恩不尽，在清水岩建造寺院，请清水祖师卓锡，故称之清

图10–2　清水祖师塑像

图 10–3　福建安溪清水岩为清水祖师信仰的祖庙，香火鼎盛

水祖师。宋徽宗建中靖国（1101）五月十三日，清水祖师圆寂，当地百姓雕塑清水祖师的神像，供奉在清水岩的寺庙中，安溪各乡村也建造寺庙从清水岩分香奉祀。明清时期，清水祖师不但成为安溪、永春、德化地区影响最大的神灵，而且“炉火遍于闽中”，还随着闽南移民传播到浙江的东南部和闽北以及台湾省。据《台湾省通志》记载，1948 年之前，台湾至少建造清水祖师庙 61 座，至今已超过 200 座。另外，在东南亚地区也有数十座清水祖师庙。①

无独有偶，台南保生大帝籤则以“大道真人咒”六十四字为每首籤诗的首字，其咒语如下：

真君真君，驱邪斩瘟。
行符咒水，普济万民。
罡步正气，永断祸根。
香火庙食，夙夜虔恭。
威光显赫，烜号增封。

① 详见拙著：《闽台民间信仰源流》，人民出版社 2013 年版。

万灵有祷，咸沐神咒。

荡涤群凶魔慑，敕急急如律令。

保生大帝又称吴真人、大道公、真人仙师、花桥公等，原名吴夲，据杨志《慈济宫碑》和庄夏《慈济宫碑》记载，吴夲乃今龙海县白礁人，生于宋太平兴国四年（979）三月十五，卒于景祐三年（1036）五月初二。吴夲少年时就学习医学，长大后不但医术高明，而且医德高尚，治病“无论贵贱，悉为视疗，人人皆获所欲去，远近咸以为神”。吴夲去世后，当地百姓感其恩德，建庙塑像加以奉祀。吴夲的崇拜，最初带有较明显的敬德尚贤的色彩，随之便开始了从人到神的演化进程。在古代福建，医学十分落后，人们除了祈求死去的吴夲能通过“灵异”继续为民解除病痛外，几乎别无选择，古今中外，造神都是人们要求摆脱现实苦难的一种曲折的虚幻的反映。杨志《慈济宫碑》记载：“（吴夲）既殁之后，灵异益著，民有疮疡疾，不谒诸医，惟侯（时吴夲被敕封为‘慈济忠显英惠侯’）是求。横剑其前，焚香默祝，而沉疴已脱矣。”这段话，实际上是对吴夲从人到医神转化的追述。到了南宋，吴夲的医神地位在得到进一步强化的同时，百姓进而幻想吴夲神通广大，法力无边，以满足他们摆脱各种社会苦难的精神需求，吴夲的职能大大扩延了，从医神发展为几乎是无所不能，“若夫雨旸不忒，寇盗潜消，黄衣行符，景光照海，挽米舟而入境，凿旱井而得泉，秋滔啮庐，随祷而退”。“士祈功名，农祈蕃熟”。南宋时期，保生大帝的影响也超出闽南地区，所谓“不但邦家有其像，而北逮莆阳、长乐、建（建阳）、剑（南平），南被汀（汀州）、潮（潮州）以至二广，举知尊事，必有昭晰于冥漠之间而不可致诘者矣”[①]。保生大帝信仰在明清时期也有较大的发展，仅厦门一地就建造二十多座保生大帝庙，泉州城区36铺，每铺都有保生大帝庙。保生大帝传到台湾后，也迅速传播，1930年统计，台湾有保生大帝庙117座，占第八位。1991年统计，台湾有保生大帝庙253座，影响相当大。[②]保生大帝的祖庙是福建同安的青礁慈济宫和龙海的白礁慈济宫，其籤谱基本相同，而台南的保生大帝籤则独具

① 乾隆《海澄县志》卷二十二《艺文志》。

② 详见拙著：《闽台民间信仰源流》，人民出版社2013年版。

图 10-4　福建龙海白礁慈济宫和厦门青礁慈济宫为闽台保生大帝信仰的祖庙

一格，意在强化其地域文化色彩。

福建漳浦县赤岭畲族乡石椅村的《三宝佛祖庵的籤谱》，共 32 首，前三十首每首籤诗的首句首字连成如下文句：“漳浦县二八都石椅新庵社内三宝佛灵应籤，抽一枝去为凭准，前头自分明”。而且每一首籤诗都是利用中国象形文字的特点，把该籤首字进行拆解，编成诗句，类似于谜语，体现了籤诗编造者具有深厚的文字功底。如第一首：“漳水有文章，早立不须泣。十日以为期，一旦自成立。”第二首：“浦中半是水，土田下开裂。看看十个月，山川用不竭。”

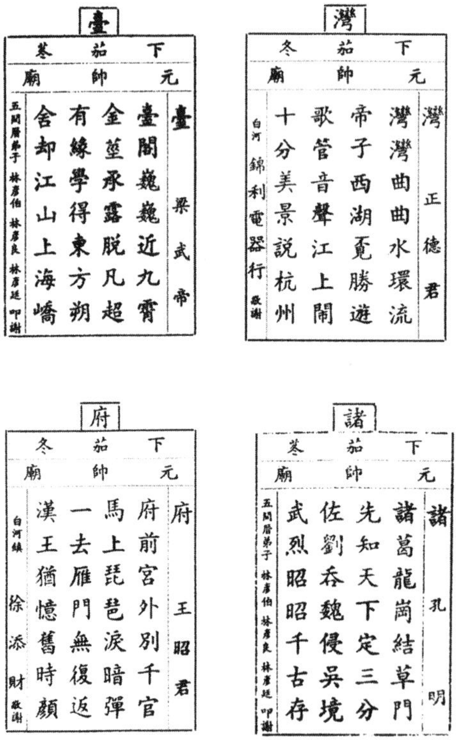

图 10-5　籤诗的首句首字连缀成籤谱所在宫庙的地名、神明名号等（《南瀛籤诗故事志》）

台南县后壁乡旌忠庙的籤谱也很有特色，籤诗首句首字连成神庙地址、神明名号、告诫语、求籤方法等。其籤谱的来历也具有神话色彩，传说：“清朝初期来了一位和尚，不知来自何方，没人知晓，人称神秘和尚，言明借住下茄苳旌忠庙暂宿几天，夜睡神案桌上，白天提笔而写而作，经过一段岁月，这位和尚不告而别，再也未见他回来。然而检视他留下之物才发现他每天写作之作品，全都用七言绝句写成，每篇分成四行，上头附有字头，并书写古代名人为提示，如化解此籤诗者，首要熟悉此名人之经历古事，不然难以解说，巧妙的是每一籤诗字头取之地名，而且合乎十方大德求籤之吉语。”如第一首首句“台阁巍巍近九霄”、第二首首句“湾湾曲曲水环流”。后来经当地举人按和尚留下字条一一整理成为以下顺序：“台湾府诸罗县北路下茄苳武穆岳圣王灵感籤诗，凡炉前弟子及四方信士来问卜，当诚心洁净，抽出一枝，又求金杯为准，吉凶祸福，明断有应。”①

有的籤谱与当地的地理环境等结合起来，如福建省永泰县长庆镇岐峰境忠文尊王灵籤，为民国十三年编写的，该籤谱共60首，第一首和第六十首的籤诗都围绕着“岐峰”地名展开，具有明显的地域色彩，如第一首：“岐峰境内有奇观，路转峰回水激湍。崇祀明神昭赫濯，康民阜物荫乡关。”第六十首：“一方保障仗神功，甘雨和风遍野同。自昔忠心垂洑水，于今文德庇岐峰。”

三、籤诗、籤解与当地的社会经济文化相结合

籤诗虽然比较含蓄，但也不是随便乱写，相反，在多数的籤谱中，籤诗的创作还是颇为讲究的，作者既要考虑百姓的一般需求，也会关照神明的主要职能。如在中国东南沿海地区影响很大的妈祖信仰，其信众主要是渔民、航海者、商人等。旧时流传于民间的天上圣母籤谱有100首和27首（另加两首“都魁”、“亚魁”籤）两种，均收入编于光绪十四年（1888）的《湄洲屿志略》卷四中。籤谱的作者充分考虑到信众的需求，籤诗中便增加了一些航海贸易方面的内容，如：

第七首　大吉

扁舟乘兴下沧浪，万里浮家去作商。

百货低昂归专利，倍收财宝富归乡。

第十四首　下下

轻利真成大丈夫，天涯海角恣贪渔。

---

① 王文亮、林启泓：《南瀛籤诗故事志》，台南县政府2006年印行，第19、21页。

不如早作还乡客，河伯波神要害渠。

第三十三首　下下

冯夷飞浪攸为灾，断缆危樯去不回。

纵使神天能拥护，潜身远害亦伤财。

第四十首　上上

归袂飘飘心决然，航船鸣鼓转云帆。

时人更借扶摇力，千里程途一瞬间。

台湾的许多妈祖庙如台南大天后宫、海安宫等虽不用湄洲天上圣母籤谱，但其籤诗与湄洲天上圣母籤谱一样也包含不少航海贸易方面的内容，以《台南大天后宫籤谱》为例：

第七首

满目风云咫尺迷，胡为惘惘欲何为。

不如急把船头转，省得狂波破胆时。

第十一首

惊风骇浪失西东，一盏神灯照碧空。

急向前途求解脱，上赢悯恻是愚蒙。

第十二首

汝曹逐末泛重洋，顺意游行自主张。

得利须知寻退路，免学失足悔难当。

第二十三首

行船共识赖神明，椗舵常学要小心。

莫到激流方着力，闲中打点免灾星。

第七十首

许汝三天有顺风，开船平稳任西东。

财源辐辏何须说，一路荣华命运通。

至于籤解的事项，地域色彩更加浓厚。不同地区的社会经济和社会文化不同，籤解的事项也存在差异，诸如沿海地区的籤解项目除了航海、捕捞外，还有滩涂养殖等，内陆地区的籤解则多设置桑麻养蚕、五谷六畜之类的事项。如台南海安宫坐落于海边，基本信众为渔民、航海者、商人等，因此

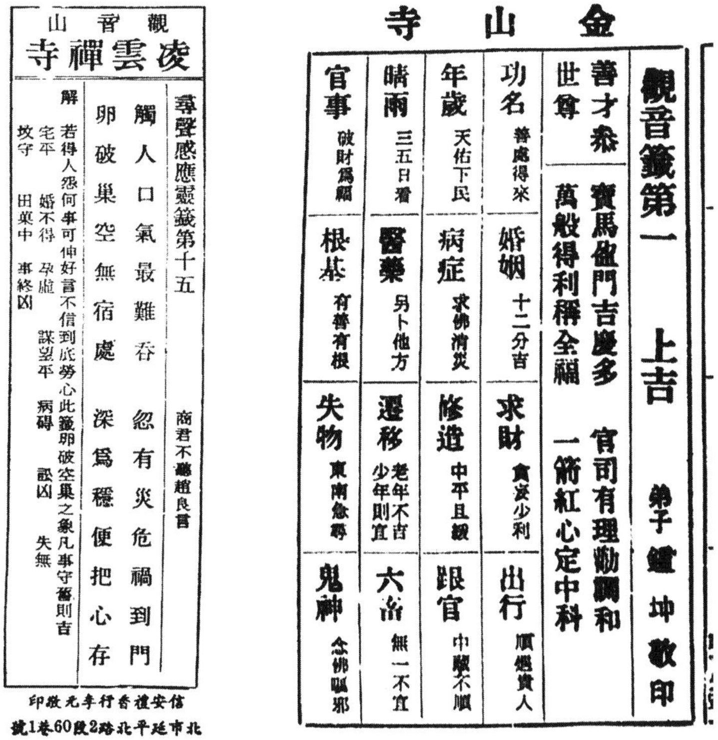

图 10–6 台湾台北凌云寺籤谱与台中丰原镇金山寺籤谱

其籤解中除了常见的婚姻、六甲、失物、疾病、风水、功名、官事等事项外，还有“讨海”、“作塭”、“鱼苗”、“行舟”等只有沿海地区才能见到的事项。台北县五股乡村观音山一带有不少果农，故其凌云禅寺的籤解中就有“田果”事项（图 10–6 左）。台中丰原镇南阳里一带以农业为主，故坐落在太平街金山寺的籤解中就设置“晴雨”事项（图 10–6 右）。

新竹市关帝里一带也是以农业为主，且产茶叶，故南门街关帝庙的籤解就设有“茶叶”和“农业”等事项（图 10–7）。至于都市的生活更加丰富多彩，与之相适应，籤解事项也更加多样，才可以满足不同信仰群体的占卜需要。如上海城隍庙的籤解事项有天时、国事、家事、终身、家宅、家墓、建筑、考试、升迁、谒贵、求财、谋事、求学、从军、置产、置货、脱货、开矿、制造、合资、习艺、畜牧、垦种、蚕桑、纺织、出行、回家、行人、迁居、析产、寻人、

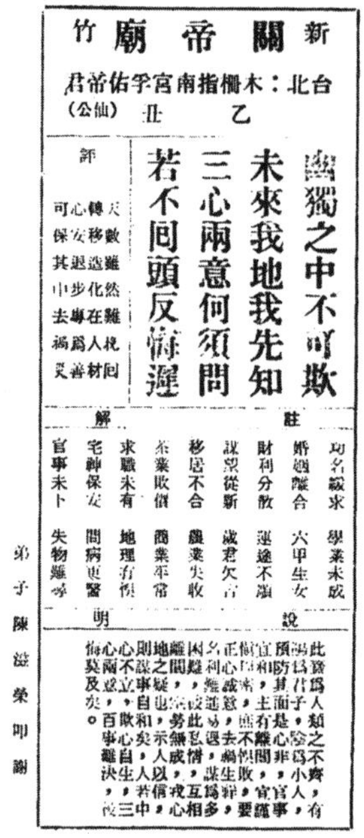

图 10–7　台湾新竹南门街关帝庙灵籤

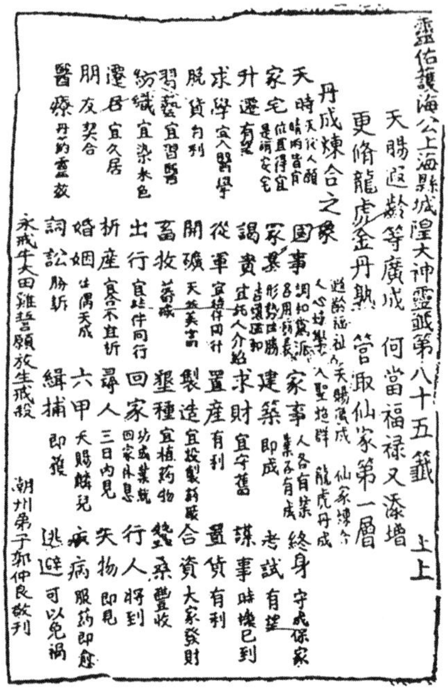

图 10–8　上海城隍庙灵籤

失物、朋友、婚姻、六甲、疾病、医药、词讼、缉捕、逃避等 40 项（图 10–8）。类似的例子很多，带有一定的普遍性。

（一）籤诗的典故等反映所在地域历史文化

历史故事、传奇故事、历史演义故事、神话传说、戏剧故事、宗教故事、民间故事等作为扩展兆象在籤诗中占据重要地位，由于受不同地区的历史文化传统的影响，流传在不同地区的籤谱中的典故也有所不同，体现了所在地域历史文化的特色。

在福建的一些籤谱，经常可以看到“陈三磨镜”（漳浦县榜头镇凤山岳）、“陈三留伞”（漳浦县城关威惠庙）、“陈三益春留伞”（龙海县石码古林寺、龙海市港尾太武山庙、南靖县山城碧阳宫、仙游县龙华镇美峰宫）、“陈三辞行益春留伞”（福安县康厝白马神宫）、“益春留伞”（漳浦县盘陀关帝庙、福安市坂中崇福寺）、“陈三风流”（莆田市城东石室岩）等典故。无独有偶，台湾省的澎湖、新竹和宜兰县也有 9 种籤谱中有“益春留伞”或“洪益春留伞”的典故，台湾省台南市海安宫的籤谱则有“洪益春留伞爱陈三”典故。这些典故均源于在闽台和潮汕地区广为流传的传奇故事《陈三五娘》，又称《荔镜记》，故事的梗概是：福建泉州人陈三，送兄嫂往广南上任，路过广东潮州，在元宵灯会上与富家女子黄五娘邂逅相遇，互相爱慕。黄父贪财爱势，将五娘允婚富豪林大，五娘不满，心中愁闷。陈三重来潮州，乔装磨镜匠人，进入黄府，五娘在绣楼投以荔枝和手帕示爱。陈在磨镜时，故意将镜摔破，借口赔宝镜，卖身为奴。后林大强娶五娘，陈三和五娘在丫环益春的帮助下，私奔回泉州。“陈三五娘”被编成各种戏剧演出，在闽台和潮汕地区影响很大，因此，这一地区的宫庙就把百姓喜闻乐见、耳熟能详的“陈三五娘”的故事作为扩展兆象，吸收到籤谱中来。

有的典故只出现在某种籤谱中，如福建省漳浦甘霖玄天上帝庙保存有咸丰十四年的籤版，第二十四首的典故为“林震中状元”，独具地方特色。林震为漳州长泰人，明宣德五年状元，民间有很多有关他的传说故事，其中流传最广的莫过于“一笔化三千”而高中状元的故事了。相传宣德五年二月，林震到北京参加会试。主考官为江西人杨士奇和福建人杨荣，在状元的人选上，前者偏向江西贡士沈文求，后者看重福建贡士林震，两人争执不休，互不相让。后来，在殿试时双方同意由杨士奇出题，比试谁能在最短时间内写完三千个字。原来，杨士奇知道沈文求有同时两手执笔快写的绝技，所以出此怪题。比试开始后，沈文求双手执笔疾书，林震和杨荣都惊呆了，无论如何是无法比了。后来杨荣用闽南话偷偷提醒林震：“上大人，孔乙己。”林震很快就想起年幼时刚学写字时描红本上的语句：“上大人，孔乙己。化三千，七十士。”遂灵机一动，写了“一笔化三千”五个字，抢先交了卷，结果被皇帝定为状元。该籤谱的第二十二首为“杨文广平闽南”，出自“杨文广平闽十八洞”民间传说，清末还被写成通俗小说，编成戏曲，在闽南和台湾等地广为流传。此故事原型为唐朝陈元光随父入闽平定“啸乱”，台湾学者李亦园曾撰文进行深入的剖析。①

① 李亦园：《〈平闽十八洞〉的民族学研究》，“中研院”《民族学研究所集刊》1994年第76期，收入《李亦园自选集》，上海教育出版社2002年版，第383—404页。

笔者曾经对在福建民间流传的 65 种籤谱和在台湾的澎湖、新竹、宜兰民间流传的 31 种籤谱中的典故或故事① 的出现的频次进行统计，按典故和故事出现的频次高低将前 30 位的列表如下：

表 10–1 闽台籤谱中典故或故事出现频次比较

典故或故事名称（福建省籤谱）	出现次数	出现频率（%）	排列名次	典故或故事名称（台湾省籤谱）	出现次数	出现频率（%）
薛仁贵故事	55	84.62	1	孙庞斗法	28	90.32
孔明故事	39	60.00	2	董永卖身葬父遇仙女	24	77.42
苏秦为相	36	55.38	3	雪拥蓝关	24	77.42
董永卖身葬父遇仙女	31	47.69	4	唐僧取经	21	67.74
桃园结义	28	43.08	5	孟姜女寻夫	20	64.52
孟姜女送寒衣	28	43.08	6	文王聘太公	16	57.61
雪拥蓝关	27	41.54	7	李世民游地府	15	48.39
刘备入赘	26	40.00	8	薛仁贵回家	15	48.39
朱买臣分妻	26	40.00	9	孔明事迹	15	48.39
三顾茅庐	24	36.92	10	赵子龙救阿斗	15	48.38
唐僧取经	22	33.85	11	三顾茅庐	14	45.16
太公遇到文王	22	33.85	12	大舜耕田	13	41.94
杨文广困柳州	21	32.31	13	秦琼救李渊	13	41.94
太公渭水钓鱼▲	20	30.77	14	杨文广困柳州	13	41.94
孙庞斗法	20	30.77	15	李世民落难▲	13	41.94
项羽乌江自刎▲	20	30.77	16	朱买臣分妻	13	41.94
大舜耕历山	19	29.23	17	刘备入赘	12	38.71
河东龙虎斗	19	29.33	18	曹操潼关遇马超	12	38.71
吕蒙正守困▲	18	27.69	19	薛刚闹花灯▲	12	38.71
朱寿昌寻母	18	27.69	20	石存孝打虎救李克用▲	12	38.71
薛仁贵投军▲	18	27.69	21	朱寿昌辞官寻母	12	38.71
包公审仁宗▲	17	26.15	22	桃园三结义	11	35.48

① 据林修澈：《三县籤（澎湖县、新竹县、宜兰县）解籤典故总表》统计，《庙全记录：台湾省庙呈现出来的文化资产与生活意义》，台湾省政府文化处 1998 年版。

续表

典故或故事名称（福建省籤谱）	出现次数	出现频率（%）	排列名次	典故或故事名称（台湾省籤谱）	出现次数	出现频率（%）
苏武牧羊▲	17	26.15	23	孔子遇小儿	11	35.48
李世民游地府	17	26.15	24	姜太公遇文王	11	35.48
赵子龙救阿斗	16	24.62	25	吴汉杀妻	11	35.48
文王聘太公	15	23.08	26	苏秦六国宰相	11	35.48
郭华恋月英	15	23.08	27	河东龙虎斗	11	35.48
昭君和番▲	14	21.54	28	江中立中状元▲	11	35.48
吴汉杀妻	14	21.54	29	姜尚未卜吉凶事▲	11	35.48
孔子遇小儿	14	21.54	30	月英相国寺	11	35.48

从表 10–1 可以看到，闽台籤谱中的频次出现最高的前 30 个典故或故事中，竟然有 23 个相同（文字表达略有差异，但属于同一典故或故事），只有 7 个不同（“▲”符号），相同率达 76.67%，反映了闽台文化一脉相承的历史。在历史上，闽人大批移民台湾，把福建文化主要是闽南文化全面移植到台湾，形成了闽台区域文化，其中台湾的宗教信仰也基本上从福建传播过去的，台湾民间信仰的神明绝大多数通过分香、分灵或漂流等形式到台湾去。[①] 在把福建的神像恭请到台湾时，

图 10–9　福建神明分灵台湾时，籤谱也一并传去

① 参见拙著：《闽台民间信仰源流》，人民出版社 2013 年版。

有时也把该神像所在庙宇的籤谱一起请去，甚至有专门到大陆祖庙迎请籤谱供善男信女占取，吴树《台湾的寺庙籤诗》一文中提到："昔时台南的寺庙要派专人赴大陆各祖庙去迎籤，回来择吉日，在隆重的仪式之下，行安籤典礼，然后正式启用。"①2012年元宵节，笔者在参加福建福清石竹山道院举办的接春民俗活动时，就见到台湾一些宫庙到这里分灵的同时，也把何九仙庙的籤筒、籤枝、籤谱一并请去（图10–9）。另一方面，在排名前30位的典故中，同一典故出现的频次却存在较大差异，又反映福建和台湾文化的相似性中存在着地域特色。

最能体现籤诗典故的地域特色的，是1990年台湾陈清河《台湾故事籤诗》。陈清河，嘉义县人，主要从事宗教文化的研究和普及工作，现任世新大学副校长，著有《玄空风水秘笈》等。他有感于相当多的台湾人不了解台湾历史，便萌生了把台湾籤诗和台湾史结合起来，"将收集到的寺庙籤诗，配合台湾故事加以解释。……以人神互动杂谈的方式呈现，……真正的从籤诗的典故中，了解先民开拓台湾的精神，认真打拼的痕迹，缅怀诸往，以收净化人心之效"②。他编写的《台湾故事籤诗》，共60首，籤诗借用六十甲子观音籤，但历史事件、卦象、籤解等则另有所自，其中历史事件60个，均采自台湾历史，始于明末，终于甲午割台，独具特色。兹将籤序、干支、卦名、题纲、历史事件等列表如下：

表10–2 《台湾故事籤诗》相关信息与历史事件

籤序	干支	卦名	题纲	历史事件	籤序	干支	卦名	题纲	历史事件
1	甲子	屯	创业艰难	颜思齐北港筑寨	31	甲午	晋	飞黄腾达	庄锡舍倒戈解府城
2	乙丑	蒙	求师问道	郑芝龙拜剑为魁	32	乙未	明夷	受伤遇难	柴大纪誓守诸罗城
3	丙寅	需	虚心等待	揆一投降以求生	33	丙申	家人	相夫教子	杨元帅受挫林夫人

① 吴树：《台湾的寺庙籤诗》，《台湾风物》1968年第18卷第2期。

② 陈清河：《台湾籤诗台湾史》，财团法人嘉义县文化基金会1990年印行，第6页。

续表

籤序	干支	卦名	题纲	历史事件	籤序	干支	卦名	题纲	历史事件
4	丁卯	讼	对簿公堂	王世杰拓殖竹堑	34	丁酉	睽	观点迥异	高振擒献林爽文
5	戊辰	师	死生之地	携眷北伐志在必胜	35	戊戌	蹇	寸步难行	陈周全弹尽粮绝
6	己巳	比	朋友有信	何斌献图取台湾	36	己亥	解	脱危解困	曾切济困扶危
7	庚午	小畜	积土成山	靖内乱郑经即位	37	庚子	损	得失难量	乾隆问斩柴大纪
8	辛未	履	谨慎行事	安南将军畏罪自杀	38	辛丑	益	财源滚滚	吴沙任侠三貂岭
9	壬申	泰	一路顺风	施琅上疏请攻台	39	壬寅	夬	各奔前程	蔡牵劫粮济朱濆
10	癸酉	否	闭塞不通	郁永和北投煮硫磺	40	癸卯	姤	萍水相逢	梁阿公开辟罩兰
11	甲戌	同人	携手合作	王佐之才陈永华	41	甲辰	萃	群众聚集	林恭自领凤山县
12	乙亥	大有	日丽中天	黄檗寺高僧就义	42	乙巳	升	蒸蒸日上	曾玉明义释林文察
13	丙子	谦	谦冲审慎	一门忠烈宁靖王	43	丙午	困	身陷困境	张丙恨诛邵知县
14	丁丑	豫	安逸享受	杨志申金盘摇祝珠	44	丁未	井	维持法纪	姚莹治军唯简严
15	戊寅	随	辅弼相助	林盛告密擒吴球	45	戊申	革	除旧布新	载万生重振八卦会
16	己卯	蛊	整治内部	豪光冲天刘却起义	46	己酉	鼎	荣华汇合	曹谨兴利除弊
17	庚辰	临	领导群众	吴凤杀身以成仁	47	庚戌	震	威信服众	郭光侯请命成冤狱
18	辛巳	观	明察时局	鸦母王怒伐杜君英	48	辛亥	艮	约束严谨	魏宏断辩读书
19	壬午	噬嗑	处事有方	林全筹报父怨	49	壬子	渐	循序渐进	刘日纯惠及津门

续表

籤序	干支	卦名	题纲	历史事件	籤序	干支	卦名	题纲	历史事件
20	癸未	贲	包装形象	刘树公羁縻朱子祠	50	癸丑	归妹	佳偶天成	刘氏忍辱报亲仇
21	甲申	剥	节节败退	蓝延珍诱捕朱一贵	51	甲寅	丰	生活富裕	林卓人使民自养
22	乙酉	复	万象更新	林汉侯一日两捷	52	乙卯	旅	出外旅游	陈澄清固守涂库庄
23	丙戌	无妄	刚正务实	吴福生火烧冈山营	53	丙辰	巽	飘忽不定	刘兰州煮酒退法舰
24	丁亥	大畜	养精蓄锐	王得禄戴罪立功	54	丁巳	兑	喜悦欢乐	林占梅倾家纾难
25	戊子	颐	颐养优游	林成祖力耕垄亩	55	戊午	涣	分崩离支（析）	钟李联袂斗七崁
26	己丑	大过	移风易俗	朱山纵贼资金	56	己未	节	节制谨守	吕阿枣出污泥而不染
27	庚寅	咸	男婚女嫁	纪彪强夺郭家女	57	庚申	中孚	坦诚待人	牡丹社石门浴血
28	辛卯	恒	永恒不逾	林春娘三出祈雨	58	辛酉	小过	不切实际	公道大王施九缎
29	壬辰	遯	进退有时	黄教称雄大目降	59	壬戌	既济	功成名就	陈福谦既富济贫
30	癸巳	大壮	大权在握	严烟传布天地会	60	癸亥	未济	永无止境	李文魁谋刺大总统

本表据陈清河：《台湾籤诗台湾史·台湾故事籤诗索引》制作。

为了更好地普及台湾历史知识，陈清和还对每一首籤诗的历史故事都做了简要说明，如第一首“颜思齐北港筑寨”写道：

颜思齐，字振泉，福建海澄人，身材魁伟，武艺精炼。尝因遭当地权势官家之欺，怒杀宦家仆人。官差索捕甚紧，乃潜逃至日本寄居平户。以裁缝为生。

明熹宗天启年间，日本德川幕府秉政，中日贸易往来频繁，华人寄居长崎者日多。颜思齐慷慨豪爽，仗义疏财，广结豪杰志士。适有浙江人杨天生者，与颜思齐交游甚笃，咸以蛰居异邦，有志难伸，何不团结华人舒展抱负？于是游说郑芝龙、陈衷纪等二十余人，祷告天地，义结金兰，密谋推翻日本幕府政权。

天启四年（1624）秋，颜思齐邀约众弟兄，议定八月十五起事，并对天立誓："若有异心，天诛地灭。"孰料盟友李英，酒后失言，走漏消息，幕府官吏通令缉捕。事为郑芝龙岳父翁翌皇获悉，驰往告急。颜思齐即率众人驾船出海，事起仓促。不知往何处？适时弟兄陈衷纪进曰："尝闻台湾为海上荒岛，土地肥沃，而今先取其地为根基，再求发展，则图谋日本大业尚有可为。"思齐以为然。于是率十三只大船取向台湾。

航海八日夜，船入北港，随即构筑营寨，镇抚平埔族，众弟兄分驻十寨，耕猎以谋生。消息传至内地，闽南漳泉人接踵而至，凡三千余人。

翌年九月，思齐率众猎于诸罗山。一时兴起，豪饮醉酒，伤于风寒，病笃，聚众弟兄于床前，泣曰："兄弟共事二年，本期建立功业，扬中国声名，今壮志未酬，半途而去，但愿诸位继续奋斗。"思齐死，葬于诸罗三界埔（嘉义县水上乡）。坟墓迄今犹在。①

第六十首"李文魁谋刺大总统"：

清光绪二十年（1864）春，日本进兵朝鲜汉城，遂启中日战端。清廷以台湾为东南重镇，下诏唐景崧为台湾巡抚。翌年，日军破澎湖，北洋大军亦溃败。于是遣李鸿章赴日议和，签订马关条约，将台湾割让予日本。台人闻之，全名悲愤交集，势不可遏。巡抚唐景崧以："全省民心思汉，气势如虹，尚属可为"上奏。台人奔走相告，遂议自主。然各地官吏大员携眷逃回内陆者多有，行李塞途。景崧征询总兵刘永福去留意向，永福复曰："愿与台湾共存亡。"台湾自主于焉议成。

是年，五月二日，士绅丘逢甲率众呈献"台湾民主国总统之印"，景崧受之，建元永清，檄告中外。翌日，又以大总统之衔，文告台民，略曰："当此无天可求，无主可依之际，人民公议自主，改为民主之国，

① 陈清河：《台湾籤诗台湾史》，财团法人嘉义县文化基金会1990年印行，第39页。

换用蓝地黄虎国旗。窃见众志已坚，群情难拂，俯如所请。从此整治内政，结盟外援，广兴利源，革除陋习，铁路交通，兵船海运，次第筹办。一日民富兵强，雄峙东南，未尝非台民之幸也。”

初六日，日军登陆三貂岭，陷基隆，进迫狮子岭。有管带小吏李文魁者，见事已危急，驰入抚署，请唐景崧督战抗日。景崧悚然，举案上令架掷于地曰：“军令俱在，好自为之。”文魁俯身以拾，抬头已不见景崧矣！

唐景崧仓惶入内，携巡抚印奔沪尾，乘德国商船以逃。守兵怒，开炮击之，不中。李文魁旋蹑其后至厦门，谋刺杀唐景崧。事泄，被捕。全台义民继起抗日。①

虽然陈清河在历史事件的取材上考虑更多的是故事性，一些更加重大的历史事件未能选入，同时对收入籤谱的一些历史事件的真实性未能加以认真考证，史实上也存在某些错讹，但总体而言还是尊重历史事实的，其普及台湾历史知识的良苦用心令人佩服。

（二）籤占的应验故事打上区域经济文化的烙印

由于抽籤占卜的人很多，籤诗的“应验”也存在一定的概率，这就为庙祝宣传籤占的“灵验”提供了绝好的素材。几乎所有备有籤谱的宫庙寺院，都有或多或少的籤占“灵验”故事被信众津津乐道，这些故事虽然无从考证，但十分生动，且大多与籤谱所在宫庙寺院周边的信众生活有关，具有浓厚的地域经济文化色彩。

福建省东山县铜山关帝庙（又称铜陵关帝庙），坐落于东山岛东北隅。明洪武二十年（1387）建铜山城，以防倭寇入侵。洪武二十二年（1389），始建关王庙，刻关王像祀之。由于铜山为军事要地，见证了抗击倭寇、郑成功收复台湾、施琅统一台湾等诸多重大军事行动，因此，明正德、嘉靖，清康熙、道光、同治、光绪等年代及建国后，多次修葺，规模宏大，精雕细塑，荟萃了明清两代闽南建筑的精华，与湖北当阳关陵庙，河南洛阳关林，山西解州关帝庙、山西运城关王故里并称我国五座著名关帝庙。② 铜山关帝庙

① 陈清河：《台湾籤诗台湾史》，财团法人嘉义县文化基金会1990年印行，第157页。

② 东山关帝庙理事会编：《东山关帝庙志》，东山风动石管理处2007年印行。

有诸多的民间传说，其中的籤占灵验故事就涉及郑成功收复台湾、施琅统一台湾、平定林爽文起义等重大军事行动。此问题我们在前一节已经介绍，恕不重复。

泉州通淮关帝庙，历史悠久，香火鼎盛。清光绪十七年（1891）泉州举人、通淮庙董事王锓对关帝籤谱进行“详加注释”，并邀请郭金鳌、王谋粲等人“相互考订，逐首注明”。特别是在“注释之余，并加占验”，出版《关圣帝君灵籤诗集》。[①] 占验故事中有 68 个故事发生在泉州，涉及和预测科举考试的 41 则，约占 60%；劝诫践履儒家伦理道德的 12 则，约占 16%；祈求经商顺达发财的 8 则，约占 12%，其余的为问病求医等。这些籤占灵验故事，从一个侧面反映了闽南地区的经济文化风貌。[②]

无独有偶，泉州富美宫也编订《泉州富美宫萧太傅籤诗簿》。富美宫坐落于泉州市区南门，不远处就是泉州水运交通重要枢纽的富美码头，旧时这里商贾云集，热闹非凡。富美宫的主神为汉代的萧望之，人称萧太傅，《汉书》说他为官清廉正直，“折而不挠，身为儒宗，有辅佐之能，近古社稷臣也”[③]。萧太傅信仰何时传入福建，尚无定论，但其影响之大却是不争的事实，富美宫被称为闽台地区王爷信仰的总庙，在东南亚地区也有众多的分

图 10–10　泉州富美宫被称为闽台王爷信仰的总庙

① 《关圣帝君灵籤诗集·灵籤小序》。

② 李少园、郑梅聪：《从夫子灵籤看泉州闽南文化风貌》，福建省炎黄文化研究会编《中华文化与地域文化研究》第三卷，鹭江出版社 2011 年版，第 1048—1053 页。

③ 《汉书》卷七十八。

庙。《泉州富美宫萧太傅籤诗簿》50首，每首有籤序、卦象、上中下吉凶、籤诗、典故、王意、江仙解、云韶注、占验等内容，其中的“王意”、“云韶注”有明显模仿通淮庙《关圣帝君灵籤诗集》的痕迹。在该籤谱的74个“占验”故事中，有不少反映了清代中后期闽台经济文化和百姓生活。

首先，籤占灵验故事反映了清末泉州地区商业繁荣的景象。《泉州富美宫萧太傅籤诗簿》中有多达21个涉及买卖、生意之类的灵验故事，约占28.38%，高居首位。虽然买卖、生意之类灵验也是庙祝们津津乐道的话题，但一般而言，比例不会太高，籤占灵验故事中最多的是关于科举和功名富贵方面的话题，而《泉州富美宫萧太傅籤诗簿》中的买卖、生意之类灵验故事所占比例如此之高，实属罕见，诸如：第二首：“辛丑年（1901）正月初，界外一人占财气，春运盐往北水路，平安得利四百余。又采盐货回泉，皆得利。”第四首：“丙子年（1876），一庶占积贮，其货色甚加（佳），后其价降下，失（蚀）本难当，果见灵应先机。”第五首：“省城一商人，船到泉，货无市。春初，占何时货顶兑完？至月半兑完，得利盈归。”第六首：“一占为人谋作生理，开张数日，内人染病，告辞利路。后交汇他人，生理无市，不能得利。”第七首：“丙子年（1876），晋邑二人同占合伙，正道无私，协心不昧，得利数万，于今生理尚亨。”第八首：“一商人占经营外地，乘价腾贵，运货往兑，至八月得利，满载而归。”第十四首：“一人欲做生理，不果。”第十九首：“一人问利路，后当水勇，充役哨船舵公，……”第二十一首：“一人在家，粒积无几，办货运北发兑，被贼戒去，只剩一身回家。”第二十四首：“辛卯年（1891）夏，一工一商入山伐木，取船桅六枝，无水难载出溪。偶到庙占此，至壬辰正月，忽蛟蟠山陷，其木顺水而下，得利有百余。”第二十六首：“庚子年（1900），一人问糖价，占此，十一月、十二月陆续收贮，越新春，价高数倍，实神灵点缀获利，应‘得意事’、‘春称心田’。”第二十七首：“一人牵事服贾，占此收回而归，安乐田园，侵假生意，渐困同辈，侵蚀不堪，而彼以退守当亨。”第二十八首：“庚子年（1900），庶人占贸易，静守无得利，只有原本而已，方知神灵有应。”第二十九首：“一庶占行商远地，其货到处，高拾得，利千余。”第四十八首：“一商人占贮慎其终，未半月，货果失蚀本，反为误作损财也。”第三十五首：“庚子（1900），一商船占往北，一次被贼劫，二次亦被贼劫，应

‘双双’。”第三十五首：“一店中问生意，占此，一月运得百利。”第三十八首：“一人占纲利，二月得利二百余，月不及此月。”第三十九首：“一商在泉贸易数年，积有赢（盈）余，竟欲回去，抽得此籤，因货留滞，而生意日蹙，数年始归。”第四十五首：“一人措备些财，欲建生理，尚未即建，旋日夕游，财本渐耗，生理果不得建。”上述灵验故事中，既有开店铺的，有囤积居奇的，有做贸易的，还有行商远地的；商人中多是泉州本地商人，也有外地商人；经营的货物有盐、盐货、糖、木材等，经营的方式有独资的，也有合资经营的。在行商外地时，特别是往北方做生意时，还经常遇到劫财或海盗。总之，清末泉州的商业还是比较繁荣的，籤占灵验故事反映了这一点。

其次，籤占灵验故事反映了清末泉州与台湾的密切关系。《泉州富美宫萧太傅籤诗簿》中有 5 个涉及台湾的灵验故事，其中到台湾寻找发财机会的有两条，如第二十首：“己亥年（1899），一人占往台觅利，船到观音澳，出洋面，阻风而归。”第四十六首：“金陵有幕室居泉，无甚可求，占此，后蒙上官荐往台署，获利数下。”第十一首：“庚子年（1900），一妇占夫往台何日归期？迨八月，未（夫）之胞叔娶妻而归，其夫与之同归，始知‘秋后双双’（按：籤诗末句是‘秋后许汝事双双’）之事也。”乾隆四十九年（1874），清廷开放台湾彰化鹿港与福建晋江蚶江的对渡通商，泉台贸易逐渐活跃，人员交往密切，在台湾和闽南沿海港埠形成的专门经营台湾生意的“行郊”，其中“泉郊”商人实力最强，富美宫所在的富美渡头商贾云集。道光年间，泉州鹿港的郊商有数十家，还有淡水郊和笨港郊等[①]，因此，籤谱的占验故事中就有去台湾做生意，寻求发财的话题。

最有意思的是以下两个籤占故事：第三十五首：“癸巳年（1893），晋江一士占渡台考试秀才，果进台湾学。回家又得子，应‘双双喜事’。”第三十九首：“一士春占渡台考试秀才，占此不果行。是年杪，遂进本籍，可见求谋不必向外也。”上述两个籤占故事反映的是当时闽南士子“冒籍”到台湾参加科举考试的历史。我们知道，清朝统一台湾后，在台湾推行与内地相同的科举考试制度，设立府、县学，开科取士，在乡试方面给予台湾生

① 参见卓克华：《清代台湾行郊研究》，福建人民出版社 2006 年版。

员以种种优待，并保障台湾生员的中举名额，以鼓励台湾生员到大陆应试。但是，由于清初台湾草莱初辟，文化教育比较落后，读书人不多，而秀才、举人的名额相对较多，录取比例较大，福州、兴化、漳州、泉州四府学子（漳、泉最多）就东渡台湾，假冒台湾籍贯参加科举考试，所谓“台湾四县应试，多福、兴、漳、泉四府之人，稍通文墨，不得志本籍，则指同姓在台居住者认为弟侄，公然赴考；教官不及问，廪保互结不暇详，至窃取一衿，辄褰裳以归。是按名为台之士，实则台地无其人”[①]。“冒籍”现象在康熙、乾隆和嘉庆时期比较多见，道光以后，随着台湾文教事业的发展，童生人数的剧增，“冒籍”现象逐渐减少，文献记载也很难见到了。[②]而《泉州富美宫萧太傅籤诗簿》的上述两个籤占故事，恰恰发生在光绪年间，说明“冒籍”现象直至清末仍时有发生。

第三，籤占灵验故事反映了清末泉州与东南亚的密切关系。《泉州富美宫萧太傅籤诗簿》第十八首：“一客问石叻船消息，七船出港，六船不顺。只乘原附一船回泉，平安得利数千万。知应‘神灵化有缘，平安始确然’。”“石叻”为闽南语，即新加坡。清末，由于政治腐败，加上外国殖民者入侵，中国成为半殖民地半封建的国家，民不聊生，大批自耕农破产，一部分人只能离开故土，到海外主要是东南亚地区谋生。1841年到1890年，出国人数为113.4万余人；1891年到1930年，出国人数为361.8万余人；1931年到1949年，出国人数为104万余人。其中，以1891—1930年为最高潮，净出国人数为116.8万人。[③]他们在出国前，经常会到宫庙烧香拜神，抽籤占卜，祈求神灵保佑，上述籤占故事就记录了当时泉州与东南亚往来的历史。

第四，反映了当时泉州的社会风貌。《泉州富美宫萧太傅籤诗簿》籤占灵验故事中还有科举功名（17个）、疾病寿命（9个）、婚姻生育（7个）、习艺拜师（3个）、寻人寻物（3个）、净讼（2个）、风水（2个）、械斗（1个）、其他（3个），其中最具地方特色的是风水和械斗的灵验故事。泉州人讲究

---

① 《福建通志台湾府》，《台湾文献丛刊》本，第8—9页。

② 参见李祖基：《冒籍：清代台湾的科举移民》，《厦门大学学报》2011年第1期。

③ 参见戴一峰：《近代福建华侨出入国规模及其发展变化》，《华侨华人历史研究》1988年第2期。

风水，无论是阴宅还是阳宅都要请地理先生看风水，有的人则选择比较简易的方式到宫庙抽籤来占卜风水的吉凶，《泉州富美宫萧太傅籤诗簿》第十五首和第三十一首记载了相关的故事："一人占先严坟吉否？探开风地涌沅，骸黑而带泥。""庚子年（1900）春，一人占父风水，坐庚向甲，探穴不吉，又遗水患。后移中寅人寒，再探骸吉，人事安，辛丑正月得财。"由于闽南地区聚族而居，因争夺生存空间和资源等经常发生宗族械斗，严重影响百姓正常的生产和生活，给社会经济带来很大的破坏。[①] 这一历史现象在《泉州富美宫萧太傅籤诗簿》的灵验故事中也有所反映，如第三十二首："一庶人因占本乡械斗何日安静？后移居在城。一友提携为伙往北蚶渡，亦无大利。"

第二节　公籤与区域命运共同体

我们通常看到的籤占活动，都是个人因为某种疑惑或某些愿望到宫庙寺院抽籤占卜，其行为纯属个人的宗教信仰活动。但在福建、台湾、香港和东南亚一些地区，还流传着一种因公共利益而籤占的活动，称之为"公籤"。即庙祝或地方长官代表一方百姓抽籤，以预测所在地方在未来的一年中（或某重大事件）的运势，又称年籤。公籤往往要抽四首，分别预测一年中春、夏、秋、冬的运势，故又称四季籤。占卜公籤关乎某个地区的共同命运，因此百姓对此相当慎重，往往要举行一定的宗教仪式。所占取的籤诗，要粘贴在所在宫庙的墙壁上，广为告知。[②]

公籤由来已久，其雏形可以追溯到北宋。前面提到北宋时期的郭祥正（1035—1113）在举行隆重的祈雨仪式的同时，还抽籤占卜，其中的诗句"镮

① 参见陈支平：《近五百年来福建的家族社会与文化》，上海三联书店1991年版。

② 台湾学者王文亮、林启泓在《南瀛籤诗故事志》写道："四季籤又称公籤、或年籤，大概在每年农历初四、初五凌晨子时，部分庙宇会举行隆重的抽公籤仪式，来预测国家社会或村庄今年四季的运势。一般是求四张公籤，但有的庙宇依地区需要，分成人口、港运、水路、六畜、五谷及生意，抽出六张公籤，这些四季籤都可以作为各行各业投资计画与重要行事之参考，往往受到信徒的重视。"见《南瀛籤诗故事志》，台南县政府2006年版，第20页。

刀割牲荐肴酒，夜半奠玉抽灵籤”[①]，说的就是地方官员半夜抽籤占卜何时下雨的情形。这位官员是代表所辖行政区域的百姓的利益而不是为个人的某些诉求去抽籤的，因此，从某种意义上说其占取的籤诗应为公籤。

公籤的占卜时间多选择在除夕到正月初五之间，有时遇到影响民生的重大事件也要举行公籤的占卜活动。1937 年“七·七”卢沟桥事变，日本发动全面侵华战争。福建东山经常遭到敌机和战舰的轰炸和炮击。1939 年 7 月 12 日、8 月 23 日、1940 年 2 月 12 日，日伪军还三次进犯东山岛，百姓深受其害。面对着大片国土沦陷，局势一天比一天紧张，年景一年比一年难过，东山岛的百姓坐寝难安，一时民心士气有点低落。有人提议，到关帝庙抽籤占卜，请示关帝爷，全国抗战到底何时才能取得胜利？什么时候才能过上太平日子呢？一日，民众推出的士绅代表来到铜陵关帝庙祈卜灵籤，抽得第六十三首中平籤《杨令公撞李陵碑》，籤诗云：“曩时败北且图南，筋力虽衰尚一堪；欲识生前君大数，前三三与后三三。”有人根据“前三三”之数为九，“后三三”之数也是九，说是关帝指明抗日战争前后要有九年才能结束。众人将信将疑，有人悲观地说，若要等那么久，早让日本鬼把我们全吃光了。多数人则看到胜利的曙光，认为我们已抗战四个年头了，再坚持四五年，就可把日本鬼全部消灭掉。于是，民心大振，一边备战严防日寇再来进犯，一边捐钱捐物支援抗战前线，并节衣缩食，购买一架飞机，命名为“东山号”，捐献给民族抗战事业，表达东山军民坚持

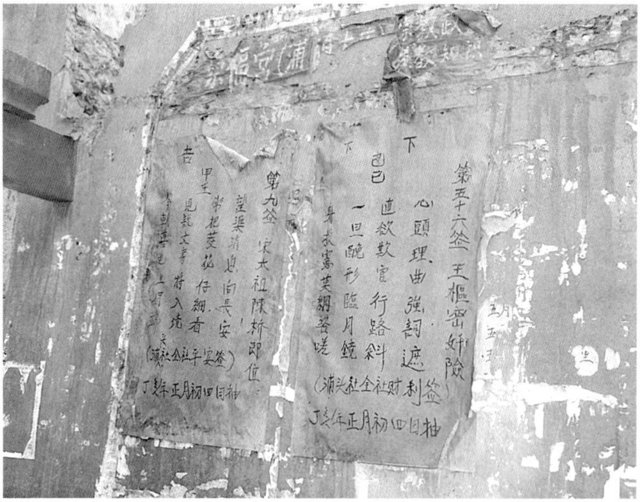

图 10–11　2007 年福建东山县东福宫公籤

---

① 郭祥正:《青山集》卷九《祀南岳喜雨呈李倅》。

抗战的决心和抗战必胜的信心。1945 年 9 月 3 日，日本宣布无条件投降，"抗战八年"——这场战争前后历经九年之久，终于应验了关帝的籤语。①

在历史上，关于公籤的记载极少。而在福建和台湾民间，公籤虽然不能说是随处可见，但只要稍加注意，还是可以有所发现的。笔者在闽南地区调研时，就见到一些宫庙墙壁上张贴着公籤。如东山县东福宫（2007）的两张公籤（图 10–11），分别是：

第五十六籤　王枢密奸险　下下己巳

心头理由强词遮，

直欲欺官行路斜。

一旦丑形临月镜，

身投宪网莫咨嗟。

（埔头社全社财利籤，丁亥年正月初四日抽）

第九籤　宋太祖陈桥即位　大吉甲壬

望渠消息向长安，

常把菱花仔细看。

见说文书将入境，

今朝喜色上眉端。

（埔头社全社平安籤，丁亥年正月初四日抽）

在云霄，公籤相当流行，威惠庙每年正月初三夜晚九时三十分占取，包括人民籤、早季收成籤、晚季收成籤、六畜籤等（图 10–12）。

云霄县城隍庙、五通庙等也是每年占取公籤，五通庙占取的项目有人

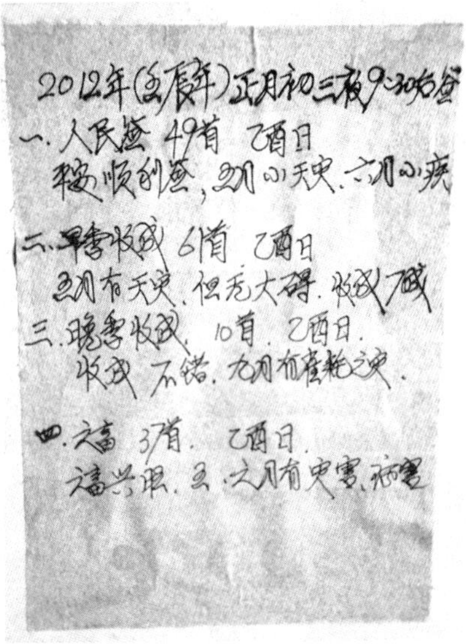

图 10–12　2012 年福建云霄威惠庙公籤

① 刘小龙编著：《海峡圣灵——东山（铜陵）关帝庙志览》，中国文史出版社 2007 年版，第 33—34 页。

图 10–13　2012 年福建漳浦县赤岭土塔村印石岩公籤和赤岭西来庵公籤

口、六畜、早季、晚季，城隍庙的公籤项目是人民、早冬、晚冬、六畜、陆路、水路、炉下等。占取公籤也影响到畲族，漳浦的赤岭畲族乡的许多宫庙每年也占取公籤，如赤岭土塔村印石岩的公籤的项目比汉族还具体，包括平安籤、年冬、雨水、龙眼荔枝、李仔、水稻、甜豆、西红柿、蜜柚等。漳浦赤岭西来庵公籤的项目更多，包括平安、雨水、早冬、允冬、枝豆、北豆、甜豆、和连豆、马铃薯、二号豆、西红柿、大葱、香蕉、果蔗、红玫瑰、花生、荔枝、龙眼、杨梅、蜜柚、蘑菇、西瓜、冬瓜、丰产豆等，几乎囊括了当地生产的所有作物，反映了百姓对籤占的高度信赖（图 10–13）。

安溪县铜锣庙主神为关帝圣君，每年除夕夜，轮值迎神的村社要备办供品、炮仗、纸钱等祭祀关帝，由主持僧人主持抽占“公籤”仪式。先是诵经请神，再卜筊，得到圣筊后，按照原先商定的次序，为不同村社抽籤，预测当年各社的运势，最后将籤占结果用大红纸抄写，张贴在墙壁上。整个仪式虽不算隆重，但所抽的籤诗关系到各村社一年的运势，事关重大，所以，信众都高度重视，仪式显得肃穆庄重。该庙 2009 年的年籤（图 10–14），全文如下：

公元二〇〇九年岁次己丑元正初一日

山西夫子灵应籤

本庙　　78

山西夫子　　80

（山行）前社　57

珍珠社　　40

铜锣社　　66

知母社　　77

珍地社　　37

飞鸭社　　73

南山社　　89

霞山社　　70

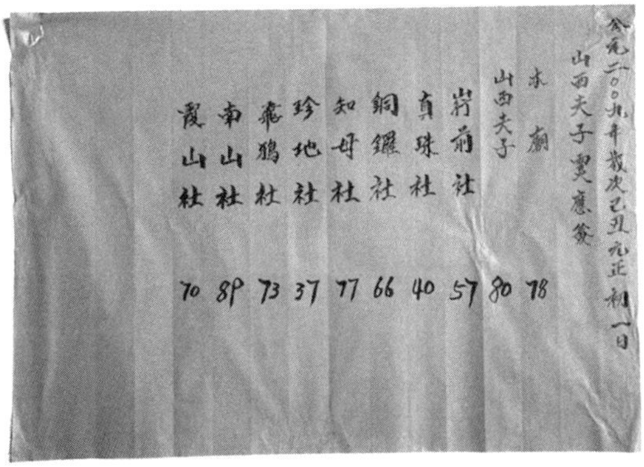

图 10–14　2009 年福建安溪县铜锣庙公籤

安溪县玉湖殿的所在地石门乡村，为保生大帝吴夲的出生地，因此保生大帝在这里有较大的影响。每年除夕子时之后，道士便起鼓，举行请神仪式后，然后代表本村抽取 3 首籤诗，第一首籤诗是预测本村新年中的运气；第二首籤诗是预测本村五谷收成，由于这里是茶乡，因此预测的主要内容是茶业生产和销售。第三首籤诗是预测本村主神保生大帝的香运。张贴在宫庙墙壁上的 2009 年公籤是（图 10–15）：

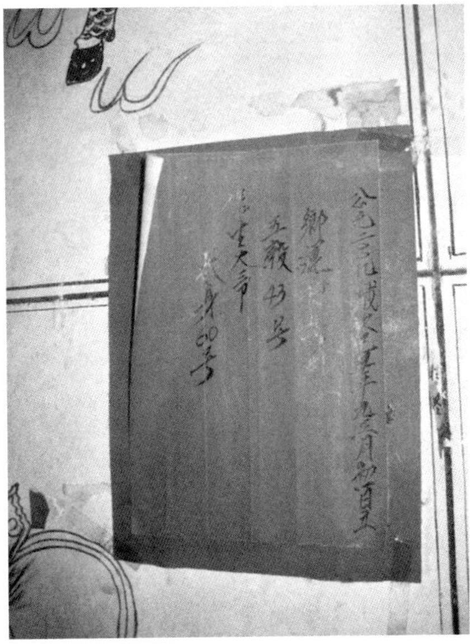

图 10–15　2009 年福建安溪县玉湖殿公籤

公元 2009 年岁次己丑年元正月初一日立

乡运　　47 号

五谷　　43 号

保生大帝

本身　　60 号

受闽南文化的影响，在台湾，公籤比福建更加常见。新港奉天宫每年新正期间（农历十二月廿四至正月初四）由董事长抽出“公籤”，预测新年一整年的运势，据说，这项活动已经延续三百多年，早年,“乃是百姓大众最关心的一件事,也是人们生活的重心。”即使到了当今社会,公籤在也“是一项深具意义的民俗活动”。该宫的公籤分为“港运”、“人口”、“早冬”、“豆冬”、“晚冬”、“半冬”、“六畜”等,公籤抽出之后,即张贴在山川门大门口,供大众查看。[1] 如 1991 年至 1993 年的公籤如下:

表 10-3　台湾新港奉天宫 1991—1993 年公籤

	1991 年(辛未年)	1992 年(壬申年)	1993 年(癸酉年)
港运	命中正逢罗孛关, 用尽心机总未休。 作福问神难得过, 恰是行舟上高滩。	选出牡丹第一枝, 劝君折取莫迟疑。 世间若问相知处, 万事逢春正及时。	
人口	言语虽多不可从, 风云静处未成龙。 暗中发得明消息, 君尔何故问重重。	客到前途须得利, 君尔何故两相疑。 虽是中间逢进退, 月出光辉得运时。	命中正逢罗孛关, 用尽心机总未休。 作福问神难得过, 恰是行舟上高滩。
早冬	东西南北不堪行, 前途此事正可当。 劝君把定莫烦恼, 家门自有保安康。	欲去长江堪阔茫, 行船把定未遭风。 户内用心再作福, 看看鱼水得相逢。	危险高山行过尽, 莫嫌此路有重重。 若见兰桂渐渐发, 长蛇反转变成龙。
晚冬	与“港运”同。	君尔宽心且自由, 门庭清吉家无忧。 财宝自然终吉利, 凡事无伤不用求。	蛇身意欲变成龙, 只恐命内运未通。 久病且作宽心改, 言语虽多不可从。
豆冬	与“港运”同。	意中若问神仙路, 劝尔且退望高楼。 宽心且守宽心坐, 必然遇得贵人扶。	选出牡丹第一枝, 劝君折取莫迟疑。 世间若问相知处, 万事逢春正及时。
半冬	蛇身意欲变成龙, 只恐命内运未通。 久病且作宽心改, 言语虽多不可从。	绿柳苍苍正当时, 任君此去作乾坤。 花果结实无残谢, 福禄自有庆家门。	

① 详见林德政主编:《新港奉天宫志》,财团法人新港奉天宫董事会 1993 年印行,第 438—439 页。

续表

	1991年（辛未年）	1992年（壬申年）	1993年（癸酉年）
六畜	花开结子一半枯， 可惜今年汝虚度。 渐渐日落西山去， 劝君不用问前途。	云开月出正分明， 不须进退问前程。 婚姻皆由天注定， 和合清吉万事成。	富贵总是天注定， 心高必然误君期。 不然且回依旧路， 云开月出两分明。

宜兰县南方澳的南天宫初创于1950年，主神为妈祖，宫庙的历史虽然不太久远，但这里是渔村，居民以捕鱼为业，靠海维生，因此，信众众多。南天宫每年要抽取公籤，预测新年的南方澳的运势，公籤的事项多达16项，多涉及海洋捕捞，反映了当地人的生产生活状况。如戊寅年（1998）"天上圣母指示圣灵籤"告示牌高挂在四棰亭墙上，供善男信女参考①：

表10–4　台湾宜兰南天宫1998年公籤

岁君	人口	五谷	珊瑚	巾网	远拖网	进拖网	拖网	钓鲲	镖鱼	小海	大围
庚子	戊子	癸亥	籤王	壬戌	丁亥	壬戌	壬寅	丁卯	壬申	庚午	乙丑
籤诗内文从略											

台湾一些学者早在20世纪90年代开始注意公籤。最早对公籤进行研究的是台湾的林美容，她在《由地理与年籤来看台湾汉人村庄的命运共同体》的文章中，介绍了大里乡内新村新兴宫1988年四季籤、彰化南瑶宫1987年年籤、大肚顶街万兴宫1988年年籤、南投市山脚下庄福龙宫1987年年籤、雾峰乡柳树湳新柳宫1988年年籤，并附有相关的照片资料。大里乡内新村新兴宫春、夏、秋、冬四季籤是正月初三上午八九点钟由该宫管委会主任抽取，初四才开放让信众抽籤。彰化南瑶宫年籤是按"人民"、"年冬"（当年的农业收成）、"六畜"、"生理"的内容来抽取的。

① 林修澈主编：《庙全记录：台湾省庙呈现出来的文化资产与生活意义》（调查篇），建华印书有限公司1998年版，第271页。

抽公籤的时间是在“开正”（年夜十二点刚过），由南瑶里里长代表当地百姓“捧杯”（通过卜筊来抽取籤诗），旁边有一人唱杯，所占取的籤诗只有连续获得三次“圣杯”，才算数。抽籤前，要在神明前供奉四果、清茶等，还要上香、擂鼓。大肚顶街万兴宫年籤是按“人口”、“早冬”（早稻等）、“允冬”（晚稻等）、“雨水”4个项目抽取的，而南投市山脚下庄福龙宫年籤是按“人口”、“第一期蓬来稻谷”（日本引进的改良品种）、“在来稻谷”（台湾本土的品种）、“第二期蓬来稻谷”、“在来稻谷”、“生意”等6个项目抽取，显然这些地区的经济是以水稻等农业为主。雾峰乡柳树湳新柳宫年籤则是在除夕夜子时（11点）之后抽取，有北柳村村长兼新柳宫管委会主任代表庄民籤占，预测的项目有“人丁”、“工业”、“年冬”等，显然该宫所在村庄的工业比较发达，公籤的预测带有明确的针对性。①

嘉义县梅山玉虚宫是著名的旅游景点，该宫供奉玄天上帝，香火鼎盛，每年吸引数以万计的香客。宫内保存着1910年梅山崁头厝械斗和解契约碑记和百年前拓印籤诗的木印版等许多记录先民生活文化的宗教文物。2005年农历三月初三玄天上帝诞辰，举行盛大的启灯迎福仪式和第一届籤诗大展，嘉义县长陈明文以“县老爷”身份抽籤卜卦今年的运势，得籤第一首大吉，籤文寓意来年必定五谷丰收，县政繁荣。陈明文、张花冠、黄世裕和玉虚宫董事长简芳龙还以吟唱籤诗方式解说籤文，独具特色，博得民众热烈的掌声。

台南鹿耳门圣母庙历史悠久，据说建于明永历十五年（公元1661），该宫规模宏大，香火鼎盛。自1993年开始，每年的正月初五早上吉时都要举行抽公籤活动，预测当年四季时序之运转时势。1999年的四季籤的籤诗是：

春：一年做事急如飞，君尔宽心莫迟疑。
贵人还在千里外，音信月中渐渐知。
夏：命中正逢罗孛关，用尽心机总未休。
做福问神难得过，恰是行船上高滩。
秋：籤头百事良，添油大吉昌。

① 详见林美容：《由地理与年籤来看台湾汉人村庄的命运共同体》，《台湾风物》1998年第38卷第4期。

万般皆如意。富贵福寿长（头籤）

冬：长江风浪渐渐静，于今得进可安宁。

必有贵人相扶助，凶事脱出见太平。

2011年正月初五，台南市前市长许添财7日上午受邀与鹿耳门圣母庙名誉主任委员李明通、台南科工区厂商协进会理事长郭海滨、天后宫新科主任委员林吉进等4位，分别担任卜杯四籤司礼官，依春、夏、秋、冬四季四籤分别卜籤并再掷筊定籤。卜出的四季籤的籤诗是：

春：不须作福不须求，用尽心机总未休。

阳世不知阴世事，官法如炉不自由。

夏：财中渐渐见分明，花开花谢结子成。

宽心且看月中桂，郎君即便见太平。

秋：绿柳苍苍正当时，任君此去作乾坤。

花果结实无残谢，福禄自有庆家门。

冬：东西南北不堪行，前途此事正可当。

劝君把定莫烦恼，家门自有保安康。

庙方表示，大致来看，春、冬二季属下籤，夏、秋二季则是上籤，就台湾岛运势而言，当局要以人民福祉为重，若得民意，政务则推行顺利，若从经济面来看，稳定中求发展，投资报酬以夏、秋两季最佳。

图10-16 台南鹿耳门圣母庙的籤筒和籤条柜

澎湖天后宫建于1604年前，原称娘娘宫、天妃宫或妈宫，该庙所在地马公市的旧称即由此而来（闽南话“马公”与“妈宫”谐音）。澎湖天后宫不但是台湾地区历史最悠久

图 10–17　台湾澎湖天后宫

的庙宇，其公籤也很有特色。

该宫何时开始有抽公籤的活动，文献没有记载，近年来，抽公籤备受重视。以 2011 年为例，澎湖天后宫抽取的公籤多达 21 首，其中保生大帝籤公籤 4 首、雷师籤公籤 4 首（两次）、六十甲子籤公籤 5 首、观音 100 首籤公籤 4 首、天后籤公籤 4 首，还将相应公籤的解释公布在网络上，兹将有关资料整理列表如下：

表 10–5　台湾澎湖天后宫 2011 年公籤

公籤名称	籤序	籤诗	籤解
保生大帝籤公籤	30	铁船渡海最沉重，纸屋居人岂可容。能得脱离双险道，莲花火里水溶溶。	世界进出口贸易迟滞，预售屋无法顺利完工入住，引申出来就是经济衰退，这是大环境的趋势无法改变，但个人（个别业者）要脱离险境，可以多参加祭解。
	34	巨川欲渡无舟楫，大厦将成少栋梁。自是天时无便利，放心静坐细思量。	海峡进出口贸易迟滞，预售屋也无法完工（例如建商有经营障碍），这是世界环境趋势所致，所以不要怕别人抢先机，而是要安心暂停扩展计划，保持实力为好。
	49	清江鼓棹月盈船，水压中天尽可观。幸祷至诚天眷佑，何愁首尾不安全。	大量的水从中部天空降下，满月大潮时机在清水中划船，看起来真是非常壮观，台湾头和台湾尾都是安全。

续表

公籤名称	籤序	籤诗	籤解
	9	东南西北任去游， 阴人在内不须忧。 萍踪自有相逢日， 金璞之资可往求。	有夫人在家，就可以放心无忧出国办事，会有期待已久的相聚机会。具有“金璞”谐音名字的人资质很高可以依赖。
雷雨师籤公籤	13	君今庚甲未亨通， 且向江头作钓翁。 玉兔重生应发迹， 万人头上逞英雄。	知道姜太公钓鱼故事的话，就知道第一、二句是指姜太公待业的情景。籤意是说待业中的朋友们要等待一段时间，等到中秋以后经济情势大好，工作就会好找。
六十甲子籤公籤	21	十方佛法有灵通， 大难祸患不相同。 红日当空常照耀， 还有贵人到家堂。	同样是遇到意外灾难，有神明保佑受害程度就会有所不同。有的可以看到晴朗天气避免风雨天灾，或是受到灾害时有人前来营救。
	17	旧恨重重未改为， 家中祸患不临身。 须当谨防宜作福， 龙蛇交会得和合。	因为一直没有安排人家的前途，使得人家积怨已深，不过只要好意认真对待与合作，就不用担心自家阵营里会有祸患。
	27	君尔宽心且自由， 门庭清吉家无忧。 财宝自然终吉利， 凡事无伤不用求。	宽心是说不必积极进取，籤诗最后三字“不用求”就是关键词，因为无可求所以不用求，也就是没有机运可言的意思。
	7	云开月出正分明， 不须进退问前程。 婚姻皆由天注定， 和合清吉万事成。	长期隐晦不明的态度终于趋向明朗，双方会划清界限，因此比较没有什么合作进展，没有什么进退前程可言。
	11	灵鸡渐渐见分明， 凡事且看子丑寅。 云开月出照天下， 郎君即便见太平。	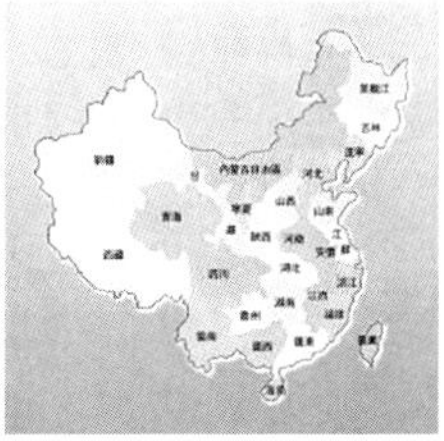 像鸡一般的土地有划清界限的态势，关键作为就看农历一、二、三月。有人长期隐晦不明的态度终于趋向明朗，如此他的运势就会平稳顺吉。

续表

公籤名称	籤序	籤诗	籤解
观音 100 首籤公籤	46	劝君耐守旧生涯，把定身心莫听邪。直待有人轻着力，满园枯木再开花。	本籤寓意先不要转职与转行，要等到经济有转机，这样情势大好，转职、转行都会比较顺利。
	48	鹍鸟秋光化作鹏，遨翔得意尽飞腾。直冲万里云霄外，任是诸禽总不能。	到了秋天时节，台湾的制造／贸易出口情势大好，这是周边其他地方所没有的好事呢（任是诸禽总不能）。
	50	五湖四海尽行船，高挂风帆把舵坚。幸得顺风随所至，满船宝贝称心田。	这是说国际贸易繁荣盛景，上面籤诗有说应籤时机。
	58	忠言善语君须记，莫向他方求别艺。劝君安守旧生涯，除却有余都不是。	这是说经济情势不利转行（求别艺），不要被灌投资（出资）迷汤以致金钱外流，确保维持收入（有余）最重要。
天后籤公籤	30	敛黛佳人仰看天，堂前鹤去月空圆。馡渊浩浩津涯远，迅浪痴风恐覆船。	这首籤诗去年示下今年再示，我们只好再解一次。本籤第一、二句寓意不善包装自己形象的人仰望上天，怀念着已经离去的老先生而感到遗憾（是说要参考老先生的圆熟行事风格）。本籤第三、四句寓意来自天上的水势非常浩大，快速而大量集中的降雨会带来影响。
	63	蓬窗草舍暂淹留，知命乐天休謾秋。竚看震雷惊曲窦，直教群蛰尽回头。	本籤第一、二句寓意有水淹景象，就安然面对不要抱怨怎么都在秋季（已经在此说明时节了）。本籤第三、四句寓意等着看主人公声势大振的一天，到时周遭派系也会拥戴。
	47	同舟共命总成然，究竟中分善恶缘。却看一轮明月照，清光照彻见嫦妍。	本籤寓意大选投票前半年多，因为在关键时机地点作出正确行动且广受媒体注目，大势从此就底定了（事情无法避免，展现果决魄力救助可杜绝后患）。
	63	我今与子说分明，此去崎岖路不平。救得难中人一个，却凭阴骘免灾生。	本籤山路因故难以通行，若能果决的进入救援，就可开展出顺利的局面。

续表

公籤名称	籤序	籤诗	籤解
雷雨师籤公籤	4	去年百事可相宜，若较今年时运衰。好把瓣香告神佛，莫教福谢悔无追。	去年（2010）的景气说起来还好，本年度（2011）内就要面对长时间的衰退，有经营事业的计划可以点香掷筊求问神佛，要好好保守所需的营运资金，不要等到无法撑过衰退才后悔不及。
	74	崔巍崔魏复崔巍，履险如夷去复来。身似菩提心似镜，长安一道放春回。	“崔巍”是高耸的意思，含义是对价格过高的提醒，“崔巍崔魏复崔巍”意即对价格过高已经表达三次关切，也就是“太高了，太高了，还是太高了”的意思。本籤的意义，是在对价格过高表达三次关切之后，大家似乎仍旧不以为意没放心上，此时要用心镜确实完整反映现势真相（不要用有色眼光采信偏见观点），保持在外观望即可，因为第四句“长安一道放春回”，是指开春时节会由京畿首都开下一道命令，使景气走势有所修正。本籤是说只要做好谨慎准备，就可以平安度过这段时间。
	93	春来雨水太连绵，入夏晴干雨又愆。节气直交三伏始，喜逢滂沛足田园。	关键在第三、四句“节气直交三伏始，喜逢滂沛足田园”，这是指三伏时节之后是景气复苏时期（也许会大好）。

台北指南宫是台湾著名的道观，每年元旦也举行占取公籤活动，占卜的内容包括士、农、工、商、渔业、人口和经济（图 10–18）。

值得指出的是，闽台地区抽取公籤仪式之所以多在正月初一或初四举行，与流传于民间的“送神”、“迎神”民俗有关。[①] 俗信地界神灵要在每年的农历十二月二十四要上天向玉皇大帝述职[②]，因此这一天要举行隆重的

① 少数宫庙寺院在正月初三或正月初五抽公籤，各有来由，如正月初五抽公籤的澎湖天后宫的庙祝认为，初四接神，初五才是神佛上班第一天，此时抽公籤既有向神佛请安又有兼祈福之意，最为合适。

② 各地风俗不尽相同，有的地方是农历十二月二十三送神，也有“官三民四”的风俗，即官家于十二月二十三送神上天，而平民百姓在十二月二十四举行。

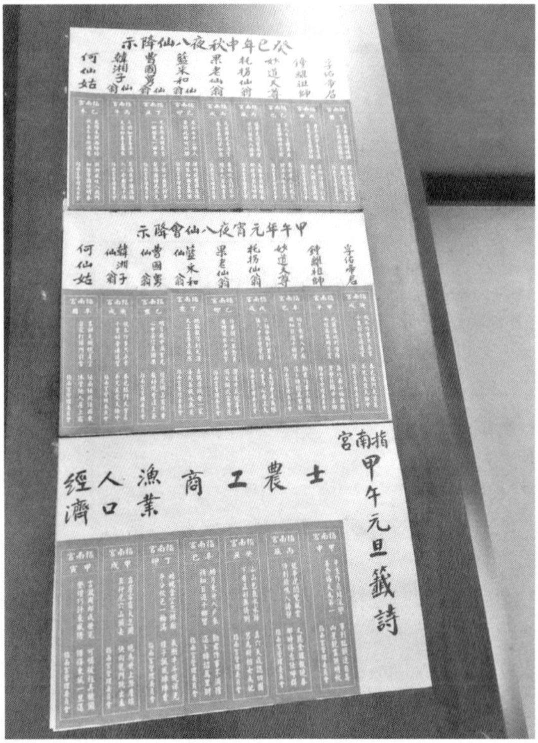

图 10–18　台北指南宫公籤

送神仪式。到了正月初一（有的地方为初四），地界神灵又从天上回到各自的宫庙，接受百姓的膜拜和为百姓排忧解难，这一天要举行迎神仪式。百姓认为，籤诗之所以灵验，是因为神灵在其中起决定性的作用，而在神灵上天述职的这段时间里，籤诗没有了神灵的主宰，也就不会灵验了。因此，许多宫庙寺院要举行“封籤”仪式，即把籤筒用红纸或红布包扎起来，待神灵下凡那天，举行迎神仪式后，再开启籤筒，先抽取公籤，然后才让信众占取。

公籤的占卜内容并无定规，但必定与所在寺庙的村落或社区的百姓关注的生产、生活有密切的关系，带有强烈的地域色彩和时代性，如上文中提到的闽南地区的公籤多与农业生产有关，而台湾宜兰县南方澳的南天宫的公籤则多涉及海洋捕捞，奉天宫的公籤则重点放在农工商业，澎湖天后宫的公籤则与时下发生的事件紧密联系，总之，公籤预测该寺庙所辖村落善男信女一年四季共同的运势，从一个侧面反映当地的社会生活和时代变迁。台湾学者王文亮、林启泓在《南瀛籤诗故事志》写道：“这些四季籤都可以作为各行各业投资计划与重要行事之参考，往往受到信徒的重视。”[①]

另外，公籤之所以流行于闽台地区，与这个地区交通闭塞，宗族势力强大，宗教信仰表现出强烈的区域性特征有密切关系。在闽台，大到不同的方言区有各自特色的神明崇拜，小到不同村落、不同宗族的神明各有不同，

① 王文亮、林启泓：《南瀛籤诗故事志》，台南县政府 2006 年版，第 20 页。

作为特定的村落或社区的居民共有的境主庙和境主神随处可见，形成了无数的小祭祀圈。共同的神明信仰把居住在同一村落或社区居民的利益和命运联系在一起，出现了共有的祭祀组织和活动。而抽取公籤，预测新年的村落或社区共同的运势，集中地体现了祭祀圈内的信众确实存在着命运共同体。台湾林美容在《由地理与年籤来看台湾汉人村庄的命运共同体》中认为"年籤应该是确定村庄之命运共同体最有效直接的证据"。"地理和年籤可作为村庄联结性（solidarity）的一个指标"，反映了"他们享有共同的流年运气，他们同样受'地理'的影响，体现了汉人村庄的共同命运"[1]。我基本认同她的观点。不过，受台湾政治的影响，近年来台湾公籤的预测范围和功能发生一些变化，我们将在"籤占与现代中国社会"章中加以探讨。

① 详见林美容：《由地理与年籤来看台湾汉人村庄的命运共同体》，《台湾风物》1998年第38卷第4期。

第十一章　籤占与现代中国社会

近百年来，中国社会发生了翻天覆地的变化。辛亥革命推翻了统治中国的两千多年的封建制度，建立了共和政治，开启中国现代化进程。中华人民共和国成立，彻底结束了中国半殖民地半封建的历史，开始了中国历史上最深刻的社会变革。特别是改革开放以来，中国社会的变化更是空前，即使用“日新月异”来形容也不为过。百年来的社会巨变，对传统文化的冲击也是前所未有的，籤占与其他的占卜形式一起被视为封建社会制度派生出来的“封建迷信”，受到严厉的批判，甚至一度遭到政府的禁止，以至于台湾学者误以为现今大陆“庙籤文化几近无存”。[①] 实际上，有些学者大大低估了籤占文化的顽强生命力。大家知道，中国传统文化与其他文明古国的不同之处之一，在于中国传统文化绵延不绝，保持着完整的发展序列，从未间断过。作为中国占卜文化之一的籤占，以其通俗易行风行于世，拥有深厚的群众基础，具有极其顽强的生命力。籤占自产生之日起，在任何政治环境下，它都能生存下来，即使像“文化大革命”那样的政治环境，它也没有消亡，而是蛰伏在民间，等待复活时机的到来。改革开放以后，随着宗教信仰自由政策的落实，籤谱又堂而皇之地被摆在神案前，供善男信女占取，成为百姓日常生活的一部分。在中国的东南沿海地区，籤占的影响之大，超出一般人的想象，如福建平和三平寺为例，1988 年之前，每年春秋二季前去进香朝拜（主要是抽籤占卜）的香客就“不下四十万人次”。[②] 据说，近年

---

① 丁煌：《台南旧庙运籤的初步研究》，李丰楙、朱荣贵主编《仪式·庙会与社区》，“中研院”文哲所 1996 年版，第 375 页。

② 王雄铮：《广济大师与三平寺·前言》，平和县三坪风景区管理委员会 1988 年印。

来已增至每年两百万人。浙江风景名胜方岩上的广慈寺胡公殿，香火鼎盛，前去求籤的人，“平均年递增率在10%左右，1992年突破60万人次大关”。[①]近年已经超过百万人。至于台湾、香港、澳门地区，籤占更是风行，台湾彰化鹿港龙江寺，“平均七八个月就要耗掉五十万张籤诗”。[②]台北行天宫，“平均每天都要发出一、二千张籤诗”。[③]在香港的黄大仙庙，平时前去求籤的香客络绎不绝，每逢节庆，更是人山人海。

第一节　籤占与善男信女

关于籤占对当代善男信女的影响，台湾学者进行了初步的研究。1966年，台湾社会学家蔡文辉曾对706位到台南兴济宫、天坛、开基武庙抽籤的信众进行调查，结果显示，前来求籤的信众中女性550人占77.9%，男性156人占22.1%；小学程度占42.77%，文盲占48.58%，合计占91.35%，而中学程度占4.56%，未详者4%，无一人为大专程度者。在年龄结构上，20岁以下占3.68%，21—30岁占19.12%，31—40岁占34.42%，41—50岁占21.25%，51岁以上占20.96%，未详占0.57%。前来抽籤的原因依次是命运29.46%、事业26.62%、疾病17%、婚姻8.21%、迁居5.52%、考试3.25%、发财1.55%、吉凶0.84%、生育0.80%、其他5.24%、未详1.51%。[④]2005年，蔡美意对“现时抽籤与金门人的生活”进行了调查，数据如下：参与抽籤的性别：女性70%，男性30%；年龄:20岁以下8%，20—30岁37%，30—50岁38%，50岁以上17%；教育程度：大学以上56%；有抽籤经验的80%以上，99%的民众对抽籤表示赞成或不反对；抽籤者95%仅当参考，3%的人不放在心里，1%会按籤诗行事；抽到上

---

① 胡国钧：《方岩籤诗：一种独特的宗教文化》，姜彬主编《中国民间文化——民间神秘文化研究》，学术出版社1993年版，第230页。

② 胡珍妮：《一“籤”点醒梦中人？——中国籤诗》，《光华杂志》1995年第20卷第5期。

③ 《台湾求籤问神民众倍增》，《大洋网讯》2001年6月26日。

④ 蔡文辉：《台南庙宇占卦的一个研究》，《思与言》1967年第6卷第2期。

籤的人 24% 认为籤诗准，70% 的人半信半疑，6% 的人心花怒放，拥有好心情及增强自信，无人不相信自己会有好运气；抽到下籤的人 10% 认为籤诗准，半信半疑的占 80%，完全不信的 6%，还有 4% 的人会继续抽籤，直到满意为止；看到别人抽到上籤而果真扶摇直上，认为巧合占 34%，认为籤诗准的 15%，认为是当事人努力而与神灵无关的占 51%；相反，看到别人抽到下籤而运势下滑时，认为巧合占 36%，认为籤诗准的 11%，对当事人加以劝慰和鼓励的占 53%。当事人努力而与神灵无关的占 51%；当事人的愿望实现后前去还愿的 30—50 岁年龄段的最强烈；求籤问卜的事由，依序是婚姻（爱情）25%、功名 20%、求财 18%、子嗣 15%、事业 10%、讼事 9%、其他 3%。①

籤占在大陆对善男信女的影响到底怎样？很少有人进行过深入的调查研究。1995 年春节期间，在学生的帮助下，笔者对前去宫庙的抽籤人进行随机问卷调查，调查的内容有七项：①性别；②籍贯；③年龄（由于年龄问题有时不便询问，大多采取目测估计）；④职业（含身份）；⑤为谁抽籤；⑥抽籤目的（即为何占卜）；⑦家乡所在地（即居住在城市还是乡村），这次共调查 1761 人。1996 年春节期间，笔者又进行一次类似的调查，调查的对象和内容与上次相同，调查的人数是 2957 人。两次调查的人数相加，总共 4718 人，调查面几乎覆盖福建全省。主要的统计数据如下：

图 11-1 抽籤占卜在中国东南沿海地区仍有较大影响

第一，在被调查的 4718 人中，男性有 1869 人，占 39.61%；女性有 2849 人，占 60.39%，说明受灵籤影响的妇

① 蔡美意：《金门城隍庙籤诗之研究》，铭传大学 2005 年硕士学位论文。

女要比男人多。

第二，在被调查的4718位抽籤人中，19岁以下的有407人，占8.63％；20—39岁的有2165人，占45.89％；40—59岁的有1551人，占32.87％；60岁以上的有595人，占12.61％。统计数字表明，抽籤的主体是20—59岁之间的善男信女，占78.76％。

图11–2　老人、妇女抽籤者占多数

第三，在被调查的4718位抽籤人中，城市人有724人，占15.35％；乡村人有3994人，占84.65％，说明灵籤对乡村人的影响比城市人大。

第四，抽籤人的职业（身份）几乎包含社会的各行各业，在被调查的4718位抽籤人中，农民最多，有1747人，占37.03％；学生其次，有633人，占13.42％；工人（职工）居第三位，有585人，占12.4％；商人名列第四，有530人，占11.23％；家庭妇女第五位，有364人，占7.72％。抽籤人数在100至200名之间的职业有干部（含农村干部）、教师、打工等，其他职业的抽籤人数均少于100人。上述统计数字在一定程度上反映了农民受灵籤的影响最大。

需要说明的是，“学生”身份的抽籤人数占第二位，与随机问卷调查是在春节期间进行有密切关系，因为春节期间正逢寒假，学生成群结队到宫庙游玩，顺便抽籤的占相当大的部分，所以带有一定的特殊性，如果随机问卷调查不是在寒暑假进行，学生抽籤人数不可能名列第二。当然，学生确实也比较喜欢抽籤（我曾经带一个班级的学生到福建古田临水夫人宫参观，在那里抽籤的学生近40％），这与他们有文化，能看懂或大致看懂籤诗的意思有密切关系，特别是高中以上文化程度的学生，抽籤后可以对籤诗进行推敲赏玩，有的学生甚至把籤诗作为文字游戏。在他们看来抽籤活动虽然不能算是高雅的举动，但与其他的占卜形式相比，起码就不显得那么愚昧粗俗，还是可以接受的。

第五，抽籤人到宫庙除了为自己抽籤外，还经常为家庭、亲友等抽籤。不同性别的人在为谁抽籤上存在一些差异，请看表 11–1：

表 11–1　抽籤人性别与为谁抽籤的关系

为谁抽籤	总数	百分比	男	百分比	女	百分比
自己	2810	59.56	1459	78.06	1351	47.42
家庭	725	15.37	208	11.13	517	18.15
儿子	599	12.7	103	5.51	496	17.41
丈夫	190	4.03			190	6.67
女儿	112	2.37	15	0.8	97	3.4
儿媳	90	1.91	10	0.54	80	2.81
孙子	66	1.4	11	0.59	55	1.93
父母	60	1.27	19	1.02	41	1.44
妻子	38	0.81	38	2.03		
其他	28	0.59	6	0.13	22	0.77
合计	4718	100	1869	39.61	2848	60.39

从表 11–1 可以看出，10 个抽籤者中有 6 人是为自己抽籤的，4 人是为家庭或其他人抽籤，其中男性更关心自己的前途命运，10 个男性抽籤者中有 8 人是为自己抽籤，而女性只有不到一半的人为自己抽籤。

与中国人都比较重视家庭的传统相适应，为家庭抽籤的人数居第二位，其中，女性为家庭抽籤的也比男性高出 7 个百分点。

受传统的重男轻女观念的影响，为儿子抽籤的有 599 人，居第三位，而为女儿抽籤的人数虽然名列第五，但只有 112 人，二者相差甚远。特别是母亲更是望子成龙，关心儿子的前途命运，为儿子抽籤的要比父亲为儿子抽籤的高出近 12 个百分点。值得一提的是，子女为父母抽籤的只有 60 人，还不及父母为子女抽籤人数的 1/10，从一个侧面也反映了子女对父母的关心远不如父母对子女的关心。

为丈夫抽籤的人数有 190 人，居第四位，但为妻子抽籤的只有 38 人，从一个侧面反映了妻子更关心丈夫的前途命运，也反映了丈夫在家庭中占据支配地位。

第六，不同职业在为谁抽籤上也不尽相同，农民、家庭妇女、工人最关心家庭、儿子的前途命运，学生、商人、打工和国家干部为自己抽籤的比例最高。请看表 11–2：

表 11–2　抽籤人职业与为谁抽籤的关系

职业（或身份）	自己	家庭	儿子	丈夫	女儿	儿媳	孙子	父母	妻子	其他	合计
农民	645	443	340	95	60	69	30	26	28	11	1747
学生	615	3	0	0	0	0	0	11	0	4	633
工人（职工）	356	83	76	24	18	2	3	13	5	5	585
商人	486	17	13	4	5	3	0	1	0	1	530
家庭妇女	50	108	100	45	16	11	28	3	0	3	364
国家干部	139	16	26	5	8	2	1	2	0	1	200
打工	135	4	2	1	0	0	0	0	0	1	143
教师	98	11	14	8	3	1	1	1	0	3	140
待业	84	0	1	2	0	0	0	0	0	0	87
司机	64	3	1	0	0	0	0	0	1	0	69
其他	138	40	26	6	2	2	3	3	3	0	220
合计	2810	725	599	190	112	90	66	60	38	28	4718

第七，由于不同年龄段的人所处的社会地位不同，各自关心的对象不一样，所以为谁到寺庙抽籤也不一样。随着年龄的增长，为家庭、儿子到宫庙抽籤的比例相应提高。年轻人更关心自己的前途命运，为自己的事到宫庙抽籤的人就比较多。请看表 11–3：

表 11–3 抽籤人年龄与为谁抽籤的关系

年龄段	自己	家庭	儿子	丈夫	女儿	儿媳	孙子	父母	妻子	其他	合计
19 岁以下	392	3	0	0	0	0	0	11	0	1	407
20—39 岁	1784	128	85	99	15	1	0	21	20	12	2165
40—59 岁	502	391	394	71	84	56	8	27	9	9	1551
60 岁以上	132	203	120	20	13	33	58	1	9	6	595
合计	2108	725	599	190	112	90	66	60	38	28	4718

第八，抽籤目的是社会调查的重点之一，从统计数字来看，为生产方面的事情而抽籤的只有 138 人，仅占 2.93%；为生活方面的事情而抽籤的多达 4580 人，占 97.07%，说明籤占对当今社会的影响主要在百姓的生活方面，而对生产方面的影响不是太大。

从抽籤的具体目的来看，涉及社会生产和生活的方方面面，生产方面诸如农业收成、水产养殖、家庭种植业、饲养家禽家畜、买卖、开店等，生活方面诸如婚姻、抱养婴儿、求嗣、孕男女、求寿、占病、出外谋生、出国、出海、盖房、乔迁日期、坟墓风水、财运、家运、运气、前途、官运、开车运气、初考、中考、高考、分配工作、找工作、调动工作、寻物、寻人、诉讼，甚至还有抽籤占卜偷渡、赌运、死后生活等，真是无奇不有，无所不包。在被调查的 4718 人中，为相同目的抽籤

图 11–3 籤占的目的多涉及日常社会生活

的人数超过百人的共12项，男女抽籤的目的在比例上也有一定的差别，兹按人数多少依序列表如下：

表11–4　抽籤人目的与性别及社会生活

抽籤目的	人数	百分比	男	百分比	女	百分比
财运	791	16.77	497	26.59	294	10.32
婚姻	667	14.14	228	12.2	439	15.41
考试	653	13.84	229	12.25	424	14.89
家运	492	10.43	111	5.94	381	13.38
运气	374	7.93	176	9.42	198	6.95
疾病	254	5.38	72	3.85	182	6.39
前途	232	4.92	90	4.82	142	4.99
工作分配（调动等）	190	4.03	75	4.01	115	4.04
出外谋生	187	3.96	60	3.21	127	4.46
孕男女	132	2.8	23	1.23	109	3.83
求嗣	121	2.56	21	1.12	100	3.51
官运	105	2.23	66	3.53	38	1.33
其他	520	11.02	221	11.83	299	10.5
合计	4718	100	1869	39.61	2849	60.39

围绕表11–4列举的12个目的而抽籤的人，占所有抽籤人的88.66%，说明籤占对百姓日常生活中的发财愿望、婚姻关系、考试（包括初考、中考和高考）、家运、运气、疾病、前途、工作分配（调动）、出外谋生、孕男女、求嗣、官运等方面的影响较大，也在一定程度上折射出寻常百姓目前最关心的现实生活问题。抽籤占卜财运的人数名列第一，与近年来商品经济发展，拜金主义盛行有密切关系。抽籤占卜婚姻关系的人数名列第二，显然与中国人婚姻观念有关。在多数人看来，婚姻关系最难把握，是人生最大的风险投资，不但关系到个人的幸福与否，还关系到家庭、家族的兴衰，因此要慎之又慎，向神明求助自然成为青年男女及其家长们的选择之一。也反映

图 11–4 在月老的牵线下有情人终成眷属，台湾月老祠内的婚照

了在当今社会中，尽管传统的价值观发生很大的变化，但以婚姻为基础的家庭观念仍然占据主导地位。为占卜考试结果而抽籤的人数多达 653 人（其中有 418 人是占卜高考结果的），居第三位，并不是偶然的。一方面由于受“万般皆下品，唯有读书高”传统观念的影响，百姓望子成龙心切，为子女到宫庙抽籤祈求能考上好中学或大学的家长不在少数。另一方面，学生们在“一纸定终身”和“千军万马过独木桥”的高考制度的巨大压力之下，自然也有不少人求助于神灵。至于为家运、运气、疾病、前途、工作分配（调动）、出外谋生、孕男女、求嗣、官运而抽籤的人数名列第四至第十二名，并不难在现实生活中找到其合情合理的解释。①

第九，由于城市人和乡村人的生活条件不一样，所遇到的问题也不尽相同，所以抽籤的目的也有所差异，按为同一目的抽籤的人数多少排列，城市人是：婚姻、财运、考试、运气、家运、工作分配（调动）、前途、疾病、官运、求嗣、出外谋生、孕男女，乡村人是：财运、考试、婚姻、家运、运气、疾病、

① 不同地区、不同时期的抽籤诉求有所不同，据 2000 年罗红光调查，到陕西榆林市黑龙潭庙抽籤的 50 名善男信女中，男性 30 人，女性 20 人；农民 30 人，非农民（含国家工作人员、职工、学生、居民、农民、商人等）20 人；60 岁以上 1 人，20 岁以下 1 人，20—39 岁的 24 人，40—59 岁的 24 人；占问生意 11 人、运气（含前途、命运等）10 人、婚姻 7 人、就业 4 人、疾病 5 人、财运 2 人、诤讼 2 人、置产 2 人、寻物 2 人、其他 5 人。详见罗红光：《围绕历史资源的非线性实践——从黑龙潭人的仪礼活动看历史与现实的“对话”》，郭于华主编《仪式与社会变迁》，社会科学文献出版社 2000 年版，第 57—103 页。

前途、出外谋生、工作分配（调动）、孕男女、求嗣、官运。请看表 11–5：

表 11–5　抽籤人生活环境与抽籤目的

抽籤目的	人数	百分比	城市	百分比	乡村	百分比
财运	791	16.77	108	14.92	683	17.17
婚姻	667	14.14	128	17.68	539	13.5
考试	653	13.84	85	11.74	568	14.22
家运	492	10.43	73	10.08	419	10.49
运气	374	7.94	77	10.64	297	7.44
疾病	254	5.38	37	5.11	217	5.43
前途	232	4.92	43	5.94	189	4.73
工作分配（调动等）	190	4.03	46	6.35	144	3.61
出外谋生	187	3.96	17	2.35	170	4.26
孕男女	132	2.8	9	1.24	123	3.08
求嗣	121	2.56	20	2.76	101	2.53
官运	105	2.23	26	3.59	79	1.98
其他	520	11.02	55	7.6	465	11.64
合计	4718	100	724	15.34	3994	84.66

第十，不同年龄段的抽籤目的也不同，如 19 岁以下的抽籤者有 70% 是为占卜考试结果而抽籤的，20 至 39 岁的抽籤者为占卜财运、婚姻的较多，40 至 59 岁的抽籤者占卜财运、家运和子女的前途居多，而年纪在 60 岁以上的抽籤者占卜家运和自己的疾病占较高的比例。请看表 11–6：

表 11–6　抽籤人年龄与抽籤目的

抽籤目的	19 岁以下	百分比	20—39 岁	百分比	40—59 岁	百分比	60 岁以上	百分比
财运	10	2.46	454	20.97	286	18.44	41	6.89
婚姻	25	6.14	491	22.68	111	7.16	40	6.89

续表

抽籤目的	19 岁以下	百分比	20—39 岁	百分比	40—59 岁	百分比	60 岁以上	百分比
考试	287	70.52	140	6.47	186	11.99	40	6.89
家运	2	0.49	81	3.74	253	16.31	156	26.22
运气	19	4.67	199	9.19	118	7.61	38	6.39
疾病	7	1.72	66	3.05	111	7.16	70	11.76
前途	36	8.85	140	6.47	44	2.84	12	2.02
工作分配（调动等）	8	1.97	143	6.61	35	2.26	4	0.67
出外谋生	3	0.74	103	4.76	62	4	19	3.19
孕男女	0	0	66	3.05	38	2.45	28	4.71
求嗣	0	0	74	3.42	31	2	16	2.69
官运	0	0	52	2.4	50	3.22	3	0.5
其他	10	2.46	156	7.21	226	14.57	128	21.51
合计	407	8.63	2165	45.89	1551	32.87	595	12.61

图 11-5　年轻人抽籤的目的多是因为考试和婚姻问题

第二节 籤占与家庭

1997年春节期间，我曾对福建省内的384个家庭的1402人（15岁以上）进行随机问卷调查，调查的内容有13项：① 性别；② 籍贯；③ 家乡所在地；④ 年龄段；⑤ 辈分；⑥ 文化程度；⑦ 职业；⑧ 抽籤与否；⑨ 事后是否应验；⑩ 是否多次抽籤；⑪ 信仰程度；⑫ 末次抽籤地；⑬ 通常抽籤地。这次调查得到的一些统计数据，有的可以进一步印证前两次的调查结论，有些新的数据对于我们了解灵籤对当今社会的影响，颇有价值。

第一，在被调查的384个家庭中，至少有一人曾经抽过籤的家庭有365个，占被调查家庭总数的95%，而只有19个家庭的所有成员从未抽过籤，仅占总数的5%，抽籤家庭与未抽籤家庭之间的悬殊比例，说明灵籤对绝大

图 11-6 为家庭而籤占的不在少数

多数家庭产生过或多或少的影响。

第二，在被调查的384个家庭的1402人中，曾经至少一次抽过籤的有1032人，从未抽过籤的有370人，分别占总数的73.61%和26.39%，说明灵籤对至少70%的社会成员产生过一定的影响。

第三，在被调查的384个家庭中，城市人有516人，其中曾经至少一次抽过籤的有331人，从未抽过籤的有185人，分别占64.15%和35.85%；乡村人有886人，其中曾经至少一次抽过籤的有701人，从未抽过籤的有185人，分别占79.12%和20.88%。城市人和乡村人的抽籤与否比例相差近15个百分点，进一步印证了灵籤对乡村人的影响比城市人大的结论。

第四，在被调查的384个家庭中，男性有693人，其中曾经至少一次抽过籤的有446人，从未抽过籤的有247人，分别占64.36%和35.64%；女性有709人，其中曾经至少一次抽过籤的有586人，从未抽过籤的有123人，分别占82.65%和17.35%。男性比女性抽籤与否的比例相差18.29个百分点，从另外一个角度证明了灵籤对女性的影响大于对男性的影响。

第五，抽籤与否和文化程度的高低有密切的关系，大概以初中为平均线，文盲、小学文化程度的抽籤者高于平均数，高中、大学（含大学以上，下同）文化程度的抽籤者低于平均数，随着文化程度的提高，抽籤的百分比逐渐降低，说明灵籤对文化程度低的民众产生较大的影响。请看表11–7：

表11–7　抽籤人的文化程度

文化程度	总人数	抽籤者	百分比	未抽籤者	百分比
文盲	154	140	90.01	14	9.09
小学	283	228	80.57	55	19.43
初中	427	312	73.07	115	26.93
高中	295	200	67.78	95	32.22
大学	242	152	62.8	90	37.2
合计	1402	1032	73.61	370	26.39

第六，抽籤与否和职业（或身份）的关系，请看表 11–8：

表 11–8　抽籤人的职业（身份）

职业（或身份）	总人数	抽籤者	百分比	未抽籤者	百分比
家庭妇女	105	98	93.33	7	6.67
商人	87	74	85.06	13	14.94
农民	396	324	81.82	72	18.18
司机	13	10	76.92	3	23.08
打工	29	21	72.41	8	27.59
农村干部	10	7	70	3	30
教师	94	65	69.15	29	30.85
医生	16	11	68.75	5	31.25
工人（职员）	249	171	68.67	78	31.33
手工业者	21	14	66.67	7	33.33
国家干部	109	70	64.22	39	35.78
学生	255	153	60	102	40
其他	18	14	77.77	4	22.22
合计	1402	1032	73.61	370	26.39

如果从参加抽籤的人数来看，前五名的是农民、工人（职工）、学生、家庭妇女、商人，与前两次的抽籤人的职业调查数据基本吻合。但是从抽籤与否的百分比来看，表 11–8 中，前四种职业（或身份）的抽籤百分比超过平均数的 73.61%。其中家庭妇女抽籤的百分比居首位，高达 93.33%，其主要原因一方面是家庭妇女的文化程度相对低一些，另一方面也与家庭妇女负责安排全家的日常生活，所承受的精神压力也比较大有密切关系。商人抽籤的百分比居第二位，其根本原因是由于竞争激烈，风险大的缘故。抽籤的百分比居第三位的是农民，主要原因是农民文化程度较低和受传统习惯影响较深造成的。另外由于司机在行车中存在着交通安全的问题，所

图 11–7　女性抽籤的占全部籤占者的六成左右

以抽籤的百分比占第四位是可以理解的。而打工族出外谋生，前途难以预测，因此抽籤率为 72.41%，接近平均数，也在情理之中。农村干部、教师、医生、工人（职员）、手工业者、国家干部、学生的抽籤百分比均在平均数之下，依次排列，分列第六至十一名。其中学生和国家干部的抽籤百分比居倒数一、二名，显然与他们的身份和所受到比较多的唯物主义教育有直接联系。① 然而，文化程度较高的教师和医生抽籤的百分比，与文化程度相对低一些的工人（职员）相当，还高于手工业者不止 2 个百分点，这一点，有悖于第五点提到的“随着文化程度的提高，抽籤的百分比逐渐降低”的规律，很难作出合情合理的解释，只好存疑。

第七，在被调查的 384 个家庭中的 1032 名抽过籤的人中，多次抽籤的有 856 人，占 82.95%；只抽一次籤的有 176 人，占 17.05%。

在多次抽籤的人中，女性的比例高出男性近 10 个百分点，具体数据如下：女性多次抽籤的共 510 人，占 87.03%，只一次抽籤的有 76 人，占 12.97%；而男性多次抽籤的仅 346 人，占 77.58%，只一次抽籤的有 100 人，占 22.42%，说明女性比男性更经常抽籤，再次印证了籤占对女性的影响大于男性的结论。

多次抽籤与年龄段成正比，即年龄越大，多次抽籤的百分比越高，籤占对他们的影响也相对于年轻人来说大一些。请看表 11–9：

① 据国家行政学院 2007 年发布的涉及九百多名公务员的调查报告称，52% 的县级公务员承认相信求籤、相面、星相或解梦。丹莱文：《中国官员通过风水寻求捷径》，美国《纽约时报网》2013 年 5 月 10 日；另见《中国官员为仕途迷恋风水》，《参考消息》2013 年 5 月 13 日第 15 版。

表 11–9　抽籤人的年龄与抽籤次数

年龄段	一次抽籤	百分比	多次抽籤	百分比	总人数
15—19 岁	35	45.45	42	54.55	77
20—39 岁	105	22.25	367	77.75	472
40—59 岁	31	8.42	337	91.58	368
60 岁以上	5	4.35	115	95.65	115
合计	176	17.05	856	82.95	1032

另外，多次抽籤与文化程度高低的关系成反比，即文化程度越高，多次抽籤的百分比就越低，请看表 11–10：

表 11–10　抽籤人文化程度与抽籤次数

文化程度	一次抽籤	百分比	多次抽籤	百分比	总人数
文盲	6	4.29	134	95.71	140
小学	17	7.46	211	92.58	228
初中	60	19.23	252	80.77	312
高中	52	26	148	74	200
大学	41	26.97	111	73.03	152
合计	176	17.05	856	82.95	1032

多次抽籤与职业（身份）的关系比较复杂，大体说来，多次抽籤的百分比在平均线之上的职业主要是体力劳动者，而多次抽籤的百分比在平均线之下的职业主要是脑力劳动者，从另外一个侧面再次证明了多次抽籤与文化程度高低的关系成反比的结论。请看表 11–11：

表 11–11 抽籤人职业（身份）与抽籤次数

职业（或身份）	总人数	多次抽籤	百分比	一次抽籤	百分比
家庭妇女	98	95	96.94	3	3.06
打工	21	20	95.24	1	4.76
商人	74	67	90.54	7	9.46
农民	324	286	88.27	38	11.72
工人（职员）	171	144	84.21	27	15.79
医生	11	9	81.82	2	18.28
教师	65	53	81.54	12	18.46
国家干部	70	57	81.43	13	18.57
司机	10	8	80	2	20
手工业者	14	9	64.29	5	35.71
学生	153	91	62.09	62	37.91
其他	21	17	80.95	4	19.05
合计	1032	856	82.95	176	17.05

第八，民间信仰具有浓烈的实用功利性特征，对于信徒来说，哪里的神佛灵应，就到哪里求籤占卜。然而，到外地求籤毕竟受到交通条件的限制，况且本地（村）的神佛也未必就不灵应，统计数据表明，无论是通常抽籤地还是末次抽籤地，在本地（村）抽籤的人均比到外地抽籤的人多得多，看来还是“近水楼台先得月”。其中，城市人比乡村人更喜欢在本地抽籤，无论是末次抽籤地还是通常抽籤地，城市人在本地抽籤的要高出乡村人 14—17 个百分点。请看表 11–12、表 11–13：

表 11–12 抽籤人生活所在地与通常抽籤地的选择

通常抽籤地	总数	百分比	城市人	百分比	乡村人	百分比
本地	620	72.43	220	82.01	400	68.08
外地	236	27.57	48	17.91	188	31.37
总数	856	100	268	31.31	588	68.69

表 11–13　抽籤人生活所在地与末次抽籤地的选择

末次抽籤地	总数	百分比	城市人	百分比	乡村人	百分比
本地	612	59.3	237	71.6	375	53.5
外地	420	40.7	94	28.4	326	46.5
总数	1032	100	331	32.07	701	67.93

另外，抽籤地的选择，男女也略有差别，无论是末次抽籤地还是通常抽籤地，女性在本地（村）抽籤的人高出男性 4 — 6 个百分点，这可能与男性在外地工作、学习、经商、旅游、出差等机会较多有关。请看表 11–14、表 11–15：

表 11–14　抽籤人性别与通常抽籤地的选择

通常抽籤地	总数	百分比	男	百分比	女	百分比
本地	620	72.43	239	69.08	381	74.71
外地	236	27.57	107	30.92	129	25.29
总数	856	100	346	40.42	510	59.58

表 11–15　抽籤人性别与末次抽籤地的选择

末次抽籤地	总数	百分比	男	百分比	女	百分比
本地	612	59.3	254	56.95	358	61.09
外地	420	40.7	192	43.05	228	38.91
总数	1032	100	446	43.22	586	56.78

抽籤地的选择与年龄也有关系，年龄 15—19 岁和 60 岁以上的人，在本地抽籤的比例较高，这与他们到外地的机会较少有关，请看表 11–16、表 11–17：

表 11–16　抽籤人年龄与通常抽籤地的选择

通常抽籤地	15—19 岁	百分比	20—39 岁	百分比	40—59 岁	百分比	60 岁以上	百分比
本地	31	73.81	247	67.30	247	73.29	95	86.36
外地	11	26.19	120	32.70	90	26.71	15	23.64
总数	42	4.91	367	42.87	337	39.37	110	12.85

表 11–17　抽籤人年龄与末次抽籤地的选择

末次抽籤地	15—19 岁	百分比	20—39 岁	百分比	40—59 岁	百分比	60 岁以上	百分比
本地	51	66.23	259	54.87	218	59.24	84	73.04
外地	26	33.77	213	45.13	150	40.76	31	26.96
总数	77	7.46	472	45.74	368	35.65	115	10.85

通常抽籤地的选择，与职业也有一定的关系，除了打工和工人（职工）在本地抽籤分别高出平均数近 7 个百分点和 5 个百分点，商人在外地抽籤高出平均数 14 个百分点外，其他职业通常抽籤地的选择都在平均数上下。请看表 11–18：

表 11–18　抽籤人职业（身份）与抽籤地的选择

职业（或身份）	总人数	本地	百分比	外地	百分比
打工	20	16	80	4	20
工人（职工）	144	111	77.08	33	22.92
学生	91	68	74.73	23	25.27
农民	286	208	72.73	78	26.28
家庭妇女	95	70	73.68	25	26.32
国家干部	57	41	71.93	16	28.17

续表

职业（或身份）	总人数	本地	百分比	外地	百分比
教师	53	38	71.70	15	28.30
商人	67	39	58.21	28	41.79
其他	43	29	67.44	14	32.56
合计	856	620	72.43	236	27.57

第九，关于抽籤者的信仰程度，我们把它分为虔诚、较虔诚、一般、不虔诚四个等级，在对1032位家庭成员抽籤情况的调查中，对籤占持虔诚态度的有278人，占26.94%；持较虔诚态度的有317人，占30.72%；持一般态度的有326人，占31.59%；持不虔诚态度的有111人，占10.76%。

在性别方面，女性比男性对籤占的信仰态度更加虔诚。请看表11–19：

表11–19　抽籤人性别与信仰程度

信仰程度	合计	百分比	男	百分比	女	百分比
虔诚	278	26.94	71	15.92	207	35.32
较虔诚	317	30.72	123	27.58	207	35.32
一般	326	31.59	183	41.03	143	24.49
不虔诚	111	10.76	69	15.47	42	7.17
合计	1032	100	446	43.22	586	56.78

城市人和乡村人对籤占的信仰态度，差异不大，即持一般和不虔诚态度的信仰者的比例相当接近，持虔诚态度的城市人低于乡村人4.52个百分点，持较虔诚态度的城市人则高出乡村人4.14个百分点，而实际上“虔诚”与“较虔诚”的态度并没有本质的差别。请看表11–20：

表 11–20　抽籤人所在地与信仰程度

信仰程度	合计	百分比	城市人	百分比	乡村人	百分比
虔诚	278	26.94	79	23.87	199	28.39
较虔诚	317	30.72	111	33.53	206	29.39
一般	326	31.59	105	31.72	221	31.53
不虔诚	111	10.76	36	10.88	75	10.7
合计	1032	100	331	32.07	701	67.93

文化程度不同对籤占的信仰态度影响很大，即随着文化程度的提高，对籤占的信仰程度逐渐降低，相反，随着文化程度的降低，对籤占的信仰程度逐渐提高。请看表 11–21：

表 11–21 抽籤人文化程度与信仰程度

文化程度	虔诚	百分比	较虔诚	百分比	一般	百分比	不虔诚	百分比	合计
文盲	92	65.71	38	27.14	10	10.87	0	0	140
小学	84	36.84	91	39.91	46	20.18	7	3.07	228
初中	58	18.59	110	35.26	110	35.26	34	10.89	312
高中	27	13.5	52	26	88	44	33	16.5	200
大学	17	11.18	26	17.11	72	47.37	37	24.34	152
合计	278	26.94	317	30.72	326	31.59	111	10.75	1032

曾多次抽籤和只抽一次籤的人，在对籤占的信仰态度上差别相当大，前者对籤占持虔诚、较虔诚态度的占 64.48%，而后者只占 24.43%，相差 40 个百分点。持不虔诚态度的，前者也比后者低近 22 个百分点。请看表 11–22：

表 11–22　抽籤次数与信仰程度

抽籤次数	虔诚	百分比	较虔诚	百分比	一般	百分比	不虔诚	百分比	合计
一次抽籤	11	6.25	32	18.18	82	46.59	51	28.98	176
多次抽籤	267	31.19	285	33.29	244	28.50	60	7.01	856
合计	278	26.94	317	30.72	326	31.59	111	10.75	1032

对籤占的信仰态度与年龄段的关系也十分密切，随着年龄的增长，对籤占的信仰程度也相应提高。请看表 11–23：

表 11–23　抽籤人年龄与信仰程度

信仰程度	15—19 岁	百分比	20—39 岁	百分比	40—59 岁	百分比	60 岁以下	百分比	合计
虔诚	3	3.9	69	14.62	139	37.77	67	58.26	278
较虔诚	14	18.18	131	27.75	137	37.23	35	30.43	317
一般	36	46.75	196	41.53	83	22.55	11	9.57	326
不虔诚	24	31.16	76	16.1	9	2.45	2	1.74	111
合计	77	7.46	472	45.74	368	35.65	115	10.85	1032

图 11–8　抽籤的虔诚程度与年龄的增长成正比

不同职业（身份），对籤诗的信仰程度也有所差异。如果把虔诚和较虔诚看作是一类，按百分比高低顺序排列，制表如下（请看表 11–24）。把表 11–23 和表 11–8 的抽籤人的职业与抽籤与否的统计数据相比，发现家庭妇女、农民、司机、商人均名列前四名，学生名列最后，显然，信仰程度的高低和抽籤与否存在着某种必然的联系。

表 11–24 抽籤人职业（身份）与信仰程度

职业	虔诚	百分比	较虔诚	百分比	一般	百分比	不虔诚	百分比	合计
家庭妇女	59	60.20	28	28.57	9	9.18	2	2.04	98
农民	122	37.65	111	34.25	77	23.77	14	4.32	324
司机	4	40	3	30	0	0	3	30	10
商人	10	13.51	37	50	23	31.08	4	5.41	74
工人（职工）	45	26.32	57	33.33	53	30.99	16	9.36	171
手工业者	4	28.57	4	28.57	6	42.86	0	0	14
打工	3	14.29	8	38.10	8	38.1	2	9.52	21
国家干部	15	21.45	23	32.86	24	34.29	8	11.43	70
教师	6	9.23	18	27.69	30	46.15	11	16.92	65
医生	3	27.27	0	0	3	27.27	5	45.45	11
学生	4	2.61	23	15.03	82	53.59	44	28.76	153
其他	3	11.18	5	17.11	11	47.37	2	24.34	21
合计	278	26.94	317	30.72	326	31.59	111	10.75	1032

第十，关于籤占是否灵验的问题，我们分为“不准”、“参半”、“未验证”、“准”四种类型进行问卷调查，令人惊讶的是，回答“准”的抽籤者高达 66.67%，回答“不准”的仅占 24.42%。与女性对籤占的态度比较虔诚相适应，在籤占是否灵验问题上，回答“准”的女性比男性高出 8 个百分点，回答“不准”的女性比男性低于 6 个百分点。请看表 11–25：

表 11–25　抽籤人对籤占是否灵验的态度

是否灵验	合计	百分比	男	百分比	女	百分比
不准	252	24.42	124	27.8	128	21.84
参半	23	2.29	13	2.91	10	1.71
未验证	69	6.69	32	7.17	37	6.31
准	688	66.67	277	62.11	411	70.14
合计	1032	100	446	43.22	586	56.78

虽然城市人和乡村人对籤诗的信仰态度差异不大，但奇怪的是在回答籤占是否灵验问题时，认为“准”的城市人比乡村人高出 9 个百分点，认为“不准”的城市人却比乡村人低近 8 个百分点，对此现象很难作出令人信服的解释。请看表 11–26：

表 11–26　抽籤人所在地与籤占是否灵验的态度

是否灵验	合计	百分比	城市人	百分比	乡村人	百分比
不准	252	24.42	63	19.03	189	26.96
参半	23	2.29	11	3.32	12	1.71
未验证	69	6.69	16	4.83	53	7.56
准	688	66.67	241	72.81	447	63.77
合计	1032	100	331	32.07	586	56.78

文化程度不同，对籤占是否灵验的体验也有差异，大致以初中文化程度为界，低于初中文化程度的抽籤者认为籤占“准”的百分比高出平均线，相反，高于初中文化程度的抽籤者认为籤占“准”的百分比低于平均线。然而，值得注意的是，大学文化程度的抽籤者认为籤占“准”的百分比高出高中生（含中专生）4 个百分点，令人百思不得其解。请看表 11–27：

表 11–27　抽籤人文化程度与籤占是否灵验的态度

文化程度	准	百分比	不准	百分比	参半	百分比	未验证	百分比	合计
文盲	124	88.57	12	8.57	2	1.43	2	1.43	140
小学	158	69.30	50	21.49	4	1.75	16	7.02	228
初中	204	65.39	84	26.92	5	1.60	19	6.09	312
高中	111	55.50	61	30.50	9	4.5	19	9.5	200
大学	91	59.87	45	29.61	3	1.97	13	8.55	152
合计	688	66.67	252	24.42	23	2.23	69	6.69	1032

不同职业（身份），对籤占是否灵验的体验存在较大的差异，认为籤占“准”的比例在平均线之上的职业有家庭妇女、手工业者、农民、工人、国家干部等，商人处于平均线，在平均线之下的有教师、打工、司机、学生、医生等。请看表 11–28：

表 11–28　抽籤人职业（身份）与籤占是否灵验的态度

职业	准	百分比	不准	百分比	参半	百分比	未验证	百分比	合计
家庭妇女	84	85.71	11	11.22	0	0	3	3.06	98
手工业者	10	71.43	1	7.14	0	0	3	21.43	14
农民	225	69.44	77	23.77	4	1.23	18	5.66	324
工人（职工）	118	69.01	42	24.56	5	2.92	6	3.51	171
国家干部	48	68.57	13	18.57	5	7.14	4	5.71	70
商人	49	66.22	19	25.68	4	5.41	2	2.70	74
教师	41	63.08	19	29.23	1	1.54	4	6.15	65
打工	13	61.90	6	28.57	0	0	2	9.52	21
司机	6	60	3	30	0	0	1	10	10
学生	79	51.63	50	32.68	1	0.65	23	15.03	153
医生	3	27.27	4	36.36	2	18.18	2	18.18	11
其他	12	47.62	7	33.33	1	4.76	1	4.76	21
合计	688	66.67	252	24.42	23	2.23	69	6.69	1032

认为籤占“准”的抽籤者中，多次抽籤的要比一次抽籤的人高出近22个百分点，显然，是否多次抽籤与籤占是否灵验存在某种内在的联系。请看表11–29：

表11–29　抽籤次数与籤占是否灵验的态度

抽籤次数	准	百分比	不准	百分比	参半	百分比	未验证	百分比	合计
一次抽籤	86	48.86	64	36.36	2	1.14	24	13.64	176
多次抽籤	602	70.33	188	21.96	21	2.45	45	5.26	856
合计	688	66.67	252	24.42	23	2.29	69	6.69	1032

在抽籤者对籤占是否灵验的体验产生不同程度影响的诸多因素中，起决定作用的是对籤占的信仰态度。在对籤占持虔诚、较虔诚态度的595名抽籤者中，认为“准”的多达501人，占84.20%，认为“不准”的只有61人，占10.25%；而在对籤占持不虔诚态度的111名抽籤者中，认为“准”的只有21人，占18.92%，认为“不准”的有80人，占2.07%。请看表11–30：

表11–30　抽籤人信仰程度与籤占是否灵验态度的关系

信仰程度	准	百分比	不准	百分比	参半	百分比	未验证	百分比	合计
虔诚	250	89.93	18	6.47	2	0.72	8	2.88	278
较虔诚	251	79.18	43	13.56	7	2.21	16	5.05	317
一般	166	50.92	111	34.05	13	3.99	36	11.04	326
不虔诚	21	18.92	80	72.07	1	0.9	9	8.11	111
合计	688	66.67	252	24.42	23	2.23	69	6.69	1032

需要着重指出，约66%的抽籤者认为籤占“灵验”，并不是籤诗真的蕴含有什么“天机”，也不是什么“神灵保佑”的结果，其奥秘在于籤诗的特征、解籤人的方法和抽籤者的思维相互作用的结果。关于籤诗的朦胧性、不确定性、趋吉性等特征，和解籤人的折中调和、故弄玄虚、虚张声势的解籤方法，前面已经作了详尽的论述，不再重复。至于抽籤者的思维，正如表11–30的统计数据显

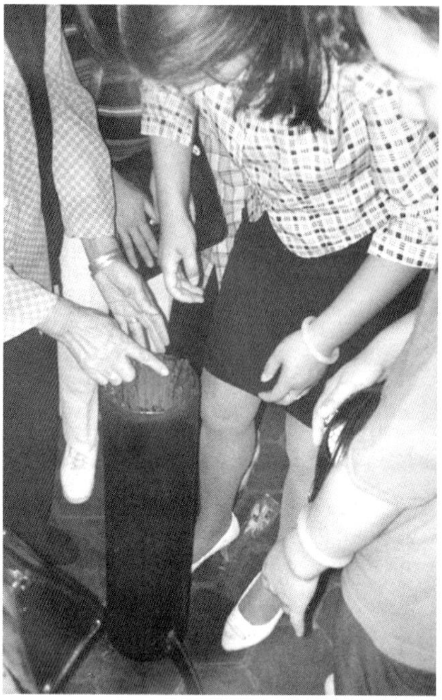

图 11–9　是否虔诚与籤占是否灵验存在着密切联系

示那样，多数的抽籤者对籤占持虔诚或较虔诚的信仰态度，决定了对籤占的灵验与否有一定的先入之见，他们往往用自己的某些与籤诗的内容偶合的经历加以附会，从而得出籤占灵验的结论。另一方面，抽籤者由于受趋吉避凶的心态的影响，诸如占卜财运无不希望财运亨通，占卜官运无不希望官运亨通，占卜功名无不希望飞黄腾达，占卜运气无不希望运途通达等等，思维具有一定的单一导向性的特征，使得他们在理解籤诗的内容或倾听解籤人解籤时，往往断章取义，对符合自己愿望的词句特别敏感，谨记在心。日后如果真的如愿以偿，自然而然归结于籤占的灵验。如果事与愿违，多数抽籤者不但不敢对籤占的灵验性有任何的怀疑，而是重温籤诗的内容和回忆解籤人的话语，又似有所得，发现自己未能全面、深刻理解籤诗的种种兆象，未能参透“天机”，咎由自取，仍然认定籤占“灵验”。再从占卜的概率来说，“准”与“不准”的概率各为 50%，如果抽籤者中遇到所谓“准”的，多数人会大肆渲染，遇到“不准”的，一般不敢公开宣扬，从而给人以籤诗特别灵验的错觉。另外，解籤人或庙祝也经常编造许多灵籤的故事，以哗众取宠，吸引更多的信徒（图 11–9），所以我们看到古文献的有关籤诗记载和在社会调查时听到的有关籤诗的传说故事，几乎都是如何如何“灵验”，原因就在于此。

第三节　籤占的新形态和发展趋势

与其他占卜形式相比，籤占似乎更能适应时代的变化，从而获得新的活力。改革开放以来，籤占出现一些新变化，主要有：

一、籤占与互联网相结合

改革开放以来，科学技术日新月异，反映在传媒上，则是由过去的口头传播、书刊传播、有线广播为主，发展为以无线广播、影视、互联网传播为主，特别是互联网，发展尤其迅速，以前所未有的深度和广度影响着中国人的物质生活、精神生活、政治生活等方方面面。1997 年中国互联网络信息中心（CNNIC）第一次中国互联网络发展状况调查报告显示，中国的上网户数仅有 62 万，2001 年增加到 2250 万户，2006 年突破 1 亿户，2011 年 12 月底达到 5.13 亿户。也就是说，目前，全球每 5 个网民中，至少有一个是中国人。面对互联网这样的新科技，籤占并没有选择拒绝，而是选择积极应对和参与，把传统的籤占文化与互联网结合起来，寻找新的发展空间。

（一）开发在线抽籤软件，提供更加便利的抽籤平台

传统的抽籤活动一般要在宫庙中进行，仪式虽然简单，但到宫庙抽籤还是需要一定的时间，即使就在住所附近，也总是不那么方便的，况且有的宫庙远在他乡异地，要想抽支籤就得花费不少的时间和金钱了。互联网的出现，使空间的距离大大缩小，只要鼠标轻轻一点，就可以获取远在千里万里之外的信息，也可传达信息给千里万里之外的朋友，实在是太方便了。一些宗教人士和民俗文化研究者，充分认识到互联网的优势，在专业人员的帮助下，开发了在线抽籤的软件（不排除一些商人发现了商机而开发在线抽籤），建立抽籤网站，善男信女们只要在计算机前轻轻点几下鼠标，就可以抽籤占卜了，这种既省时又省力还省钱的在线抽籤形式，自然而然得到网民特别是年轻网民的热捧。

在线抽籤的网站很多，所提供籤谱多是在民间流传较广的籤谱，一般说来，抽籤网站往往附属于某个宫庙，所提供的籤谱多为该宫庙的籤谱，但也有的抽籤网站提供多种籤谱，供善男信女选择。如台湾澎湖天后宫籤诗网，提供 10 种籤谱供网民下载，并适时公布“籤诗研究室”对公籤和私籤的籤解心得，以及与籤诗有关的答疑。

抽籤网站的页面五花八门，但也有共同点。一般说来，页面的某个显

要位置标明“某某灵籤”、中间为籤筒、左右为神灵画像和吉祥语，籤筒的下方为抽籤说明，页面下方为该籤神或灵籤的简介。以《关帝神籤在线预测》为例：对话框右侧是关圣帝君画像，左侧是“发财好市”、“万事胜意”的吉祥语，中间是会左右摇晃的籤筒，下方是抽籤说明：

1. 抽籤前先向关老爷拜三拜，建议您闭着眼睛抽籤。

2. 默念自己姓名、出生时辰、年龄、现在居住地址。

3. 请求指点事情，如婚姻、事业、运程、流年、工作、财运……

4. 点上面的籤筒开始抽籤。

点击籤筒后，对话框的上方出现“您刚抽了第几籤”的字样，下方出现“需连续掷出三次圣杯，才是灵籤！请点上面图标开始掷出圣杯”的对话框。你再点籤筒图像后，原来的籤筒图案变成了筊杯图像，对话框文字变成“需连续掷出三次圣杯，才是灵籤！目前，您已经掷出1次”。或“目前，您已经掷出1次，但是，您掷出笑杯了，此籤不准，请点这里重新抽籤！”从头开始，继续点击，直到三圣杯为止，尔后，查阅所抽取的籤诗和籤解。

该网站提供以下籤谱：禅定抽籤（2张牌）、象数抽籤（3张牌）、玄机抽籤（4张牌）、观音灵籤、吕祖灵籤、黄大仙灵籤、关帝灵籤、妈祖天后圣母灵籤、四面佛运势灵籤、烘炉地财运灵籤、野宫神社爱情灵籤等，供百姓占取。最后，网站主持人还不失幽默地提示：“提倡科学，破除迷信，结局一测，仅供消遣。”

近年来，手机网民也急剧增多，据统计2011年底中国手机网民规模达3.56亿人。面对如此庞大的市场，有人发明了“神籤算运”的手机软件，内容包括简介、籤筒和黄大仙籤诗、籤解等，只要花3元钱就可以从网络上下载到手机中，随时籤占，更加方便。

另外，一些新式的籤占方法和新编的籤谱也发布在网络上。如李建军宣称发明的“JJLM人体工程学网络交互咨询籤”软件，认为“虽然有热心人将传统籤条呈现网络，利用电脑随机系数供访客运用，但是忽略了传统求籤是求籤人利用祈祷和香火的一个交互过程，造成传统灵籤在网上起不到应有的作用。”因此，他“根据人体工程学原理，利用电脑文字传输交互的特性，首创了JJLM人体工程学网络交互咨询籤。在电脑网络上提供最正确的服务”。其抽籤过程如下：先随意选择一个字，输入该系统，然后选择籤占的项目，有交易、财运、事业、爱情、考试、健康等，最多选择两项，多选无效。再按确认键，就可以得到相当优美的籤诗。如输入“籤”字，再选择“财运”、“事业”项目，确认后，出现下面的对话框[1]：

<table>
<tr><td>解一</td><td colspan="2">挑短檠，倚云屏，伤心伴人清瘦影。薄酒初醒，好梦难成，斜月为谁明？闷恹恹听彻残更，意迟迟盼煞多情。西风穿户冷，檐马隔帘鸣。听，疑是佩环声。</td></tr>
<tr><td>解二</td><td colspan="2">剔弄灯芯，闲倚屏风。在灯下，只有形影相伴，酒后初醒头脑恍惚，寂寞失落。明月斜挂，不理会人间苦恼，只管照着亮，更鼓声、风声、檐马声，表明真切，想得深切。</td></tr>
<tr><td rowspan="6">解三</td><td>交易</td><td></td></tr>
<tr><td>财运</td><td></td></tr>
<tr><td>事业</td><td></td></tr>
<tr><td>爱情</td><td></td></tr>
<tr><td>考试</td><td></td></tr>
<tr><td>健康</td><td></td></tr>
</table>

实际上，该籤占软件的基本原理与古代的计数占籤法相同，只不过用现代科技加以包装罢了。

（二）交流解籤心得，讲述籤占灵验故事

籤诗和典故等对一些年轻人来说，毕竟不太好懂。当网民抽到相关的籤诗（包括到宫庙抽的籤诗）而又对其中的神意无法猜测时，往往就在互联网上写帖子，把自己所抽到的籤诗公布在互联网上，请求网友们帮助解答。往往会引来一些热心网友，夸夸其谈地诠释籤诗，猜测神意。以武汉归元寺五百罗汉籤为例，从互联网上查询到的请求帮助诠释从那里抽到的籤诗的就有一百多人，如 2008 年 5 月 20 日某网民发帖说：“今天无事去了下归元寺，在 500 罗汉那里数罗汉，麻烦请高人帮我解一下是什么意思，我的是‘第二十二尊僧迦耶舍尊者：天涯何处无芳草，广结善缘遇善人。不知叠嶂夜来雨，清晓石楠花中流’。请高人帮忙解下，万分感谢！”有网友在回

① http://www.jjlm.com/chouqian/chouqian-big5.htm.

复的帖子中写道:"意思就是说:你身在异乡工作方面比较艰辛,感情方面如果有不顺利就不必太执着了,因为'天涯何处无芳草',要懂得取舍。在事业方面你会遇到贵人的,然后你的努力就会得到回报,就会苦尽甘来,再也不会像现在这样辛苦了……"另一网友则写道:"'天涯何处无芳草,广结善缘遇善人',意思就是说:天下间值得你爱和爱你的人很多,只要你广结善缘多做善事就会遇到好人。'不知叠峰夜来雨,清晓石楠花中留',大概意思就是说你可能会经历一场风雨,但是你本身不知道已经处在风雨中,等风雨停后,你会有所收益的。四句联起来解释的话,就是说你不要在爱情上钻牛角尖,多做好事,即使日后遇到灾祸,也会因今日善缘,因祸得福的……"又如,有人发帖子请求帮助解释《诸葛神算》第三籤【中上籤】,坎宫,屯变复(屯九五),籤文是:"长安花,不可及,春风中,马蹄疾,急早加鞭,骤然生色。"帮助解籤的帖子写道:"春天的长安城,鲜花盛开,绚丽多彩,多么令人神往。可是,这些花可以想可以望而无法攀折在手。你朝着目的地快马加鞭、日夜兼程往前赶,却在无意之间有了一个意外的收获,使你惊喜不已。得到的,不是所追求的,虽然不尽如人意,却可以宽慰你。古城长安(今西安市),是我国六大古都之一,籤中所指的长安,不要单纯理解成今天的西安或者首都北京,这里泛指求的人与事之所在地。所追求的是花,而不是果,虚而不实,当然不会有直接的收获。你不应在追求的过程中,慢慢吞吞,虚耗了岁月,要以最快的速度去接近目标,或许会有一个意外的收获。"如果在互联网上检索的话,类似的帖子很多很多。

除了在互联网上发帖子讲述交流籤解经验外,讲述籤占灵验故事也不少。有些籤占灵验故事还相当生动,对于籤诗的传播起着推波助澜的作用。如有一篇题为《我的女儿吴小莉(机器人抽籤)》的文章,写道:

> 话说小莉的出生我尚任军职,某天部队行军到金龙禅寺,并在那里午餐后休息时光,偶然有同事提起我内人身怀六甲,这金龙禅寺灵籤很准,何不求一支看这次夫人是否生男(因已有4个女儿)。那寺里的籤做得很别致,是将籤诗纸擂好放在一个像乒乓球1/2大的塑圆球内,将很多籤诗圆球放入籤诗箱内,其方式有似现今自动贩卖机。求籤者告明所求意愿后,那时是用铜制的5角硬币投入箱中,即响2秒

钟歌声，然后籤诗箱下方即滚出一个籤诗圆球，将那圆球请寺中管理人员用钳子夹破取出籤诗，众目睽睽祈望我有个男孩，结果是“六甲生女”大失所望。有人建议再求一支仍如同前籤。再有人说：国人求神拜佛均以3次为准，再求第3支籤，竟使佛祖不耐，籤曰：“六甲生女，生男凶。”我也不敢将籤诗告知内人。

近年来兴起的“博客”，是继E-mail、BBS和IM之后的备受网友欢迎的网络交流方式，在中国，2002年开始出现博客，经过短短九年的发展，截至2011年12月底，博客/个人空间用户数量已多达3.19亿。在博客/个人空间中，各种信息在不断更新、交流，其中不少是讲述着自己或他人的籤占过程和灵验故事的。博客的文字更加短小精悍，多抒发个人内心感受，也更受网民欢迎。如博客“温馨达人”在“籤诗中的智慧”一文中写道：

烦恼去留问题，求了一籤，霍然发现菩萨的指点迷津是籤诗里的智慧。诗云：一动不如一静，除非遇上大贵人，否则宜稳守。呵呵，朝上无人莫当官，没有人撑着，跳槽等如跳悬崖了。还是一动不如一静，韬光养晦，守旧为宜。

又如博客“一恒”在“籤诗”一文中写道：

是日偶得一籤，籤诗头一句便是“樽前无事且高歌，时未来兮奈若何……”，平安无事就该高歌已庆了，人生何时不是如此，还有什么比这更叫幸福的呢。籤诗还示人“隐忍以待时，藏器以待用。不可急，急则颠；不可愤，愤则败；不可躁，躁则陷。是以君子有处困之道，不忧勤惕厉道之经。饮食燕乐道之权，必通经而达权。急来以缓受之，逆来以顺受之，斯出险济屯之道也。此圣意扶危济困之金丹，人其悟之。”读完茅塞顿开，便以无欲无为使多日来积聚的忧愁烦困尽解无余。

一直都很宿命，却忘了“宿命”二字的含义。宿命指“一切众生在过去无数次的轮回中，曾经历的各式各样的生命形态”，因此而注定今生种种。既然不知前世，何来预知今世；既然不能预知，何不既来之则安之。无论这灵魂之旅走到何时何地了，安忍才是处变不惊之道。少一点回忆，多一点面对；少一点期望，多一点随遇而安。

连续喝了多日的菊叶汤，却愈发不能罢口了。当那份淡淡的清苦沁入骨头里时，爽气贯顶，方知清苦——人间百味之不可或缺的一味。金刚般若波罗蜜经云：“所以者何？须菩提，过去心不可得，现在心不可得，未来心不可得。”此得重温，更有所悟。

（四）提供各种籤谱的下载

一方面，籤谱往往被宫庙寺院视为宝物，不能轻易示人，更不肯公之于世，因此，很多籤谱传播的范围很小，甚至是某宫庙独有。另一方面，由于过去交通落后，宫庙寺院间的交流不太便利，特别是跨地区的交往很少。反映在籤谱上，地域性色彩相当浓厚。互联网出现后，一些开明人士，把所在宫庙寺院的籤谱公布在互联网上（至少有上百种籤谱），供有兴趣的宫庙寺院或善男信女下载，促进了不同地区籤谱的交流。

二、籤占与旅游相结合

改革开放以来，随着小康社会的初步建立，旅游业成为中国发展最快的产业之一。据权威部门披露，2011 年国内旅游人数达 26.4 亿人次，比上年增长 13.2%。虽然旅游业发展速度很快，但由于起步迟，旅游文化的水平还不高，走马看花、参观宫庙构成旅游活动的最重要内容，坊间流传有

图 11–10　香港机场的旅游广告中籤占处于醒目位置

“上车睡觉，停车拉尿，下车看庙，回家什么都不知道”的说法，在一定程度上反映了时下中国旅游的基本特点。为了吸引游客，一些宫庙寺院以籤占灵验来做广告。出于好奇，不少游客也乐于抽上一籤，看看运气如何？籤占往往成为宫庙寺院的主要经济收入来源。

前几年，笔者到香港出差，在机场拿到一份香港旅游景点介绍，其封面图像除了著名影星成龙、香港美食、维多利亚港湾等景点外，还有籤筒和籤枝（图 11–10），显然，抽籤也成为香港旅游管理部门吸引大陆游客的重要元素。

台湾当局和一些宫庙在利用籤占来吸引游客方面有许多创意，并取得相当好的成效。如台湾纬来综合台制作并播放籤占的节目，请来一些民俗专家、宗教人士、艺人等，介绍抽籤的程序、如何解籤、讲述各种籤验故事等。台湾嘉义县玉虚宫为了吸引游客，2005 年举办籤诗展览，展出的籤诗形式多样，从同治十年镌刻的五十六首籤诗木拓版、六十甲子籤诗手写本、五百罗汉籤、十八罗汉籤、日本浅草寺观音籤到电动籤，还有就地写成的籤诗等等，吸引不少信众和游客参观。为了替这

图 11–11　宫庙张贴“抽籤方法”以方便游客和信众

项别开生面的宗教及观光盛会造势，陈明文还以“县老爷”身分抽籤卜卦今年的运势，并与张花冠、黄世裕、简芳龙等以吟唱籤诗方式解说籤文，博得善男信女和游客的一片喝彩。台湾日月潭文武庙的游客很多，为了适应世界各地游客的籤占需要，其籤诗使用中、英、日三种文字来表达。有的宫庙为了使外地游客尽快掌握本宫庙的籤占方法，便在显要的位置张贴相关说明（图 11–11）。有的宫庙解籤人还能掌握多种语言，为来自不同地方的善男信女服务。总之，在当今社会，籤占已与旅游结下不解之缘。当然，也有个别不法商人看中旅游业中的籤占商机，利用宫庙寺院的籤占来诈骗游客钱财的事件时有发生，一些媒体也毫不留情地予以揭露。[①] 但应该说，籤占与旅游的互动关系总体上是良性的，随着旅游业的发展，二者的关系将越来越密切。

三、籤占与台湾政治的关系

1987 年，蒋经国宣布解除长达三十八年之久的台湾地区“戒严”，台湾进入了所谓“民主政治”时代。由于台湾特定的历史条件所决定，台湾的政治和宗教关系密切，“民主政治”并不成熟。台湾政治人物走到哪就拜到哪，利用宗教信仰来获取更多选票，寺庙成为选举拉票中心。另一方面不同的宗教教派、寺庙也纷纷投入不同党派的怀抱进行政治赌博，争取获取更多的政治资源。[②] 反映在籤占上，每次台湾选举“总统”或市长等，都有各种涉及籤诗的炒作，企图以此来影响选票。

早在 1994 年台湾“省市长”选举时，就演出一场与灵籤有关的闹剧，胡珍妮在《一“籤”点醒梦中人——中国籤诗》文章中做了生动的描述，转引如下：

神仙事业由前定，行前东来更向南。

取坎填离成大业，长生不死是奇男。

① 刘子倩、孙晓曦：《被承包的“信仰”》，《中国新闻周刊》2012 年第 1 期。http://insight.inewsweek.cn/topic_detail.php?tid=476.

② 参见林国平主编：《当代台湾宗教信仰与政治关系》，福建人民出版社 2006 年版。

高台独立雨倾盆，屋倒墙倾乏善陈。

恶水扁舟何处去，菊残花落经难后。

叶落尽，腊梅生，新梅连线夺绿妍。

春来完璧情归赵，耆少康宁展前途。

以上两首诗于去年省市长选战中在民间造成耳语风潮，说是预卜结果的“天机”，你看得懂其中的玄机吗？第一首是民进党省长候选人陈定南的支持者私底下在鹿港天后宫抽到的天上圣母灵籤，由于整首诗的格局属于中上，且诗中又有“定”、“南”二字，因此被民众拿来造势，附会成陈定南即将当选的预兆。第二首是选战进入倒数白热化阶段时，经由传真机送入许多台北市民手中的一阕词。不具名的发函者写说，这是明太祖朱元璋足智多谋的军师刘伯温在六百年前所写，并在关键字句旁另作标示，原来词中另有解读：“台独倾倒，陈水扁何处去，菊花落，腊梅生，新连线赵少康展前程。”言下之意，洞悉天命的刘伯温早已留下谶语，预言六百年后的台湾政治局势。

但实际情况是，陈定南并没能让台湾“变天”，陈水扁则入主台北市政府。刘伯温当年写下的词句的原意已死无对证，倒是不少信徒到鹿港天后宫探听灵籤怎么出了差错，庙里执事人员出面澄清：“不知道是谁捕风捉影恶作剧，这应该不是根据求籤的规矩求来的，当然可信度有问题。”①

1998年，马英九和陈水扁竞选台北市市长，台北保安宫抽出“国运籤”，籤文中有“一心虽急马行迟，扁舟遇渡过风时”诗句，解籤者以为诗句中有“马”、“扁”字，藏有玄机，“马”在上，“扁”在下，兆示“扁下马上的结果，超级神准”。

进入21世纪，籤占与台湾政治的关系更加密切，据台湾媒体报道，陈水扁在台湾地区领导人任内八年，曾经前往彰化鹿港护安宫参拜5次，庙方开出4张籤诗，前两张都预言陈水扁会当选和连任，让陈水扁对籤诗深信不疑，而第四张籤诗开出了“非法作弄必当擒”籤诗，当时这首籤诗被解

① 胡珍妮：《一“籤”点醒梦中人——中国籤诗》，《光华杂志》1995年第20卷第5期。

读成倒扁红衫军必然溃散，而且还会吃官司，没想到最后却是陈水扁被关进看守所，这首籤诗的解读还真的是跟着时事走。[1]

2008年，台湾“大选”，台中大甲镇澜宫的“国运”籤：“危险高山行过尽，莫嫌此路有重重，若见兰桂渐渐发，去蛇反转变成龙。”解籤者认为，“若见兰桂渐渐发”说的是蓝营，最后一句说的是谢长廷，暗示谢长廷会当选。而保安宫的“国运”籤则是：“喜事亲临莫往视，哀门咫尺不须看。且外野外三天后，禄马自然得遂安。”解籤者以为“禄马”暗示马英九会胜选。据说马英九在台南县拉票时，曾到庆安宫上香参拜，后到柳营刘家古厝参观。刘家古厝第十代传人刘丰荣亲自为马英九解说，并在马来前为他在台南市吴府千岁庙求得一籤，籤诗是：“马步相合本佛相，英出隆恩天添财。九龙献身救众生，戊子下降真天子。”他们穿着这个印有预言“马英九为真命天子”的籤诗的上衣来迎接马英九。

2012年“大选”，选情绷紧，无论是国民党还是民进党，都大力利用寺庙来聚集人气，拉选票。台湾《自由时报》1月9日报道：“选战拉选票、冲人气，各地庙宇成了最热闹的地方，不但候选人勤入拜拜、送匾，连问政说明会、造势活动全选在庙宇广场举办，宗教的力量让候选人都不敢轻忽，成了人潮聚集地。选举最热闹的地方就是庙宇，不管是国民党、民进党等候选人都是将庙宇列为最重要的拜票地点，国民党候选人马英九更是不断到庙宇赠匾，民进党也是把庙宇广场列为造势活动及晚会的重要地点，民进党‘总统’候选人蔡英文更是勤走庙宇参拜，亲民党‘总统’候选人宋楚瑜亦不能免俗，也是各大庙宇拜透透。”[2] 据台湾TVBS报道，2012年台北市保安宫抽出“国运籤”，籤诗写着：“喜事亲临莫往观，哀门咫尺不需看，且逃野外三天后，禄马自然得遂。”大意是指，不管喜事、丧事，尽量静下心，

---

① 《台媒爆籤诗预言扁政治生涯：非法作弄必当擒》，《人民网》2008年11月24日。2004年2月1日，“大选”前，庙里开出的籤诗是：“庚辰参香平凡人，扭转乾坤总统身，甲申点睛二度临，神龙显化报佳音。”同年4月24日，“大选”后，陈水扁和吕秀莲一起来护安宫烧香礼拜，庙里开出籤诗是：“护主制宪水莲开，国昌四海福千载，安和富裕德万世，民风朴实生由来。”2006年9月，倒扁红衫军要陈水扁下台，陈水扁再度来到护安宫，庙里开出第四张籤诗：“以静制动路自平，非法作弄必当擒，天命统帅本难为，忍辱负重家运兴。”

② 《台湾寺庙成选举拉票中心》，《参考消息》2012年1月10日第13版。

用保守的方式，自然可以否极泰来。特别的是，这籤诗上头正好有个“马”字，难道是在暗示马英九吗？保安宫董事长廖武治解释说：“禄马是功名利禄，功名利禄不代表任何人，有警惕的意思，不只马先生。”而有人则联想1998年马英九与陈水扁竞选台北市市长时，籤诗中出现“扁马”两个字，籤诗内容还预言了扁下马上的结果，超级神准。因此此次籤诗中的“禄马自然得遂安”，引起联想是不是在暗示马英九特别费风暴会否极泰来？蓝营把这首籤诗也炒作一番，以此来拉选票。① 民进党也不示弱，台北木栅指南宫曾私下秀出指南宫籤王，籤诗曰：“降下凡尘建南宫，上天命我察吉凶。作善之家有余庆，作恶之家必受殃。”根据这张籤诗，庙方预言，台湾将出女“总统”。因此蔡英文于1月5日下午第三次前往木栅指南宫参拜，庙方再度以礼钟鼓齐鸣、天子的古礼迎接，被外界解读拔桩意味浓厚。② 至于橘营也不能免俗，据东南网12月13日报道，亲民党候选人宋楚瑜昨天冒雨到宜兰走访，在员山乡的座谈会上，张庭祯送了济公佛出示的籤诗给宋楚瑜，内容是“宋风高节须前瞻，楚境帷幄民福沾，瑜璟辉耀颂传绵”。张庭祯说，济公佛希望宋这次参选应该以苍生为念，而不是以大位来架构选举主轴，提出好的见解，敦促另两位候选人一起成长。③

图11–12　张庭祯赠送济公佛出示的籤诗给宋楚瑜

综上所述，籤占不但没有远离现代社会生活，而是随着中国现代化的进程

① 《台北保安宫抽“国运籤”　籤文藏“马”露玄机》,《台海网》2007年2月21日。www.taihainet.com.

② 《马英九蔡英文互捣票仓　籤诗预言将出“女总统”》,《星岛环球网》2012年1月6日。

③ 《宋楚瑜到宜兰　民众送济公籤诗“以苍生为念”》,《东南网》2011年12月13日。

发生相应的发展变化，进一步与互联网等高科技、与旅游热相结合，并渗透到台湾的政治生活中去。由于在线抽籤完全是在一个虚拟的空间中进行，抽籤的场景和仪式、过程完全不同于传统的籤占，而伴随着旅游热的籤占活动也带有很大的随意性和娱乐性，因此，现代的籤占活动呈现出神圣性淡化，娱乐性增强的基本趋向。另外，由于互联网的使用者以青年人为主，因此，参与在线路抽籤活动的群体呈现出年轻化的特征。

第十二章　籤占在海外的传播和影响

中国与海外各国的关系，有着十分悠久的历史。据文献记载，自秦汉至隋朝，中国已经通过陆路与中亚、东南亚国家发生密切的联系，通过海路与南洋、印度、日本交往。唐宋时期，随着航海技术的进步，中国与海外的政治、经济、文化的联系更加密切了，出现了中国古代早期海外移民。元代至明代中期，中国人移居南洋的增多，出现中国人聚居的村落。明代中期至鸦片战争前，中国人向海外移民的人数迅速增加，东南亚各国和日本等均有一定规模的华人社区，海外华人社会初步形成。1840 年鸦片战争爆发后的一百年间，生活在水深火热中的中国沿海及边境地区的人民，以空前的规模大量涌出国外谋生，总人数达一千五百万人以上，海外移民的足迹超出南洋、亚洲而遍布世界各地。① 华侨华人的移民活动一开始就和宗教信仰活动联系在一起，跨越浩瀚的大海到陌生的异国他乡去创造新生活，需要精神支柱，家乡的宗教信仰是多数人的第一选择。因此，随着中国移民海外的足迹，中国宗教信仰也传播到移居国。籤诗作为占卜术的一种，可能要比神像、道符、卜杯、扶乩、厌胜等宗教信仰形式较迟传播到海外，但也得到华侨华人的青睐，在海外有一定的影响，并与各国的文化融合，产生一些变化，形成自己的特色。

---

① 林金枝主编:《华侨华人与中国革命和建设》，福建人民出版社 1993 年版，第 1—2 页。

第一节　籤占在日本的传播和影响

一、籤占在日本的传播和发展

中国和日本是一衣带水的邻邦，两国之间的友好往来源远流长。众所周知，唐代，中日友好往来相当密切，日本的遣唐使络绎不绝来中国学习汉文化，移居日本的华人也逐渐增多。唐朝之后，中日关系虽有起伏，但总体来说保持发展的势头，华人移居日本越来越多。明末清初，日本长崎成为旅日华侨的聚居地，约有一万人侨居于此。在这样的历史背景下，中国传统文化对日本产生过很大的影响。籤占作为中国传统文化的一部分，也传播到日本并一直流传至今，深刻地影响着日本的生活。

中国的籤占传入日本大概有两个途径，一是由元朝之前来华游学或经商的日本人带回去的，二是由明末清初移居日本的华侨传播过去。现存最早传入日本的籤谱是产生于宋代《天竺灵籤》，至迟在元代就传入日本。日本岩手县净法寺町天台寺保存着一个《天竺灵籤》的籤筒，籤筒上刻有铭文：

> 《天竺灵感观音籤》一百，传闻兹籤于东土占诸臧否颇多灵验矣，仍以唐本誊竹筒，而奉舍入于八叶山天台寺，只恐有乌焉诸诀之乎。右占时者，即先颂经咒，焚香礼拜，永绝疑情，致信心三度，取当，观察诸吉凶，专二度可用之也。应永十六禩己丑卯月八日，愿主沙门白云道山谨白。[①]

上述铭文虽然有一些错别字，但基本不影响解读。它至少传达以下信息：一是《天竺灵籤》是从中国传入，净法寺町天台寺按照从中国传入的籤谱，将籤诗誊写在竹简上；二是抽籤前要举行诵读经咒，焚香礼拜等仪式，并

① 转引［日］中村公一：《一番大吉——籤占的课题》，大修馆书店1999年版，第218—219页。

有类似于中国“卜杯”的仪式来决定所抽取的籤诗是否为神灵所赐；三是应永十六为日本室町时代，即中国的明代永乐年间，公元1409年。

图 12-1　日本早期的籤占活动①

籤占传入日本之初，传播的范围有限，影响不大。主要原因是在籤诗传入日本后的相当长的时期内，一直保留着中国籤诗的原来样式，没有翻译成日文，现存的江户时代的籤诗和京都万福寺的籤诀牌就是明证。而当时精通汉语的宗教人士或文化人太少，无法对籤诗进行令人满意的解释，从而严重影响着籤占在日本的传播。其次，日本早期的抽籤仪式十分繁杂，削弱了对善男信女的吸引力。《元三大师御阄诸钞》规定：抽籤前，要沐浴、洗手、漱口、点香，虔诚诵念观音名号、诵读《法华普门品》3卷，接着诵念正观音、十一面观音、千手观音、如意轮等咒语各333遍，礼拜33次，然后取籤筒，顶礼膜拜3次，诵读祈愿文，再向神明说明祈求之事后，最后才抽取灵籤。抽籤时，还要求身心一致，不能有任何杂念，要高度虔诚。②第三，由于当时纸张昂贵，寺庙无法提供纸质的籤条，籤诗多书写在竹简上，或者在竹简上书写籤号和吉凶，抽籤者根据所抽的籤枝上的籤序对照籤谱，请和尚解籤，无法提供更便利的服务，也在一定程度上影响籤占的传播。

有鉴于此，17世纪末，有人开始把籤诗翻译为日语，使日本人也能大致理解籤诗的内容，如宽永二年（1662）《天竺灵感观音籤颂百首》（汉语籤诗和籤诗译文）、贞享元年（1684）《元三大师百籤》（汉语籤诗和籤诗译文

① ［日］中村公一：《一番大吉——籤占的课题》，大修馆书店1999年版，第213页。

② 参见［日］大野出：《〈元三大师御阄诸钞〉考》，《日本语和日本文学》2001年第三十二号，筑波大学国语国文学汇刊。

图 12–2　1669 年的日本籤诀牌②

并配有插图）、享保十九年（1734）《元三大师百籤和解》（汉语籤诗配籤诗译文）等。接着又在籤诗的日语翻译本基础上增加注解，如贞享四年（1687）《观音百籤占决谚解》、文化六年（1809）《元三大师御阄诸钞》、嘉永六年（1853）《元三大师御阄绘钞》等，包括总体判断、具体事象吉凶判断（诸如失物、诉讼、买卖、旅行、缘谈等）、职业类别吉凶判断（分为武士、出家、商人、町人等等）。① 去除一些本国人难以理解的文化因素（如典故），增加与本国的生产、生活密切联系的各种事象的吉凶注解，从而形成自己的特色。另外，19 世纪初，日本开始创作新的籤诗，如《北辰妙见御阄》以天地人为兆象编写籤诗，《法华经御阄灵感籤》以法华经的经文为籤诗，并有插图。

随着时间的推移，能读懂汉语籤诗的日本人越来越少，籤条上的汉语籤诗对于多数日本人而言，实际上是可有可无的东西，因此，20 世纪初，在日本神社出现了以和歌代替汉语籤诗的籤谱，形成了全新系统的灵籤。不过，虽然是用和歌而不用汉诗，但在解释运势时，多数还是以原来的籤号的汉诗为基础的。②

在日本流传的和译籤谱中，影响最大的是《元三大师百籤》。元三大师是活跃于日本平安时代中期天台宗第十八代座主良源，圆寂后谥为慈惠大师，由于他去世的时间是永观三年（985）正月三日，故又称之为元三大师。

① 参见［日］大野出：《〈元三大师御阄诸钞〉考》，《日本语和日本文学》2001 年第三十二号，筑波大学国语国文学汇刊。

② 参见［日］大野出：《关于日本近世老庄思想的解释的研究》，《平成 12 年—15 年度（2000—2003）研究课题报告书》，第 164—165 页。

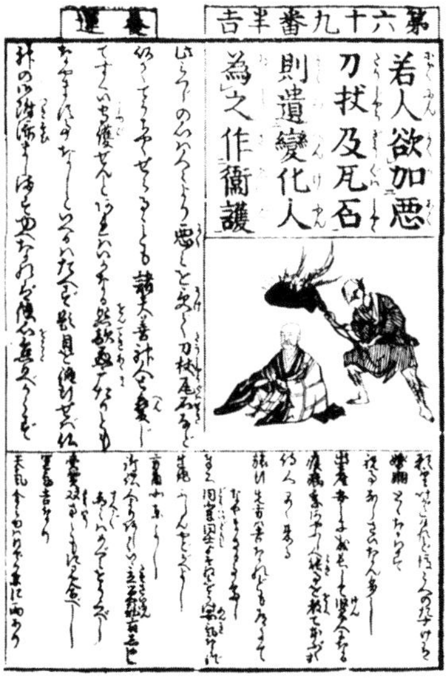

图 12–3　日本早期籤谱多是图文合一[①]

元三大师圆寂不久，百姓就编造各种传说故事，把他看作是观音的化身、阎罗王的化身等。中世纪之后，元三大师被进一步神化，又有角大师、豆大师、降魔大师、木叶大师等等尊称，赋予驱魔治病等职能，在百姓中拥有很多的信徒。《天竺籤谱》传入日本后，有人就把元三大师（观音的化身）和《天竺籤谱》（观音化身之作）联系起来，进而把《天竺籤谱》改名为《元三大师百籤》。据 1668 年出版的《京童迹追》记载，当时的横川的元三大师堂就备有籤诗供善信占取。18 世纪初，多种版本的以元三大师命名的籤谱陆续出版，如《元三大师百籤》（元禄八年）、《元三大师百籤钞》（宝永五年）、《元三大师御阄钞大全》（正德三年）、《元三大师百籤和解》（享保十九年）、《画注元三大师御阄详解》（天明五年）、《元三大师御阄笺》（宽政十二年）、《元三大师御阄诸钞》（文化六年）。至今，在日本神社和寺庙中，最为常见的籤谱就是《元三大师籤谱》，如东京著名的浅草寺使用的就是《元三大师百籤》籤谱（图 12–5、图 12–6），每天来这里抽籤的人很多，还有不少中国游客。

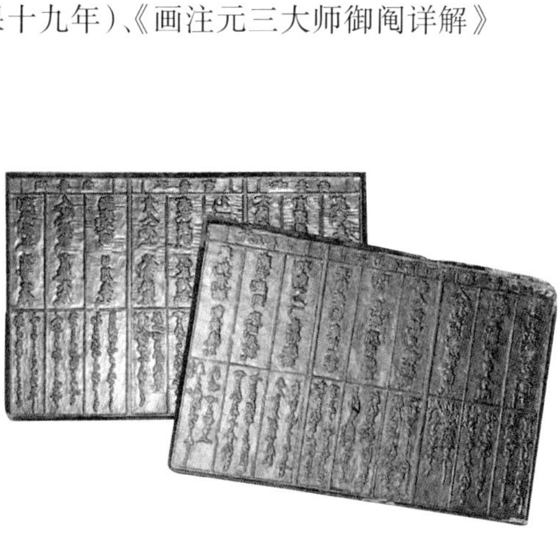

图 12–4　日本广济寺旧籤版[②]

在日本，关帝籤谱的影响也

① ［日］中村公一：《一番大吉——籤占的课题》，大修馆书店 1999 年版，第 240 页。

② 同上书，第 237 页。

不小。关帝籤谱是 1676 年从中国福建传去。当时，福清黄檗山万福寺住持隐元率 30 名弟子东渡日本弘法，在京都宇治开创黄檗山万福寺，影响很大。[①] 其中，有一个名叫樵云心越的和尚把关帝籤谱带到长崎崇福寺（又称福州寺）。后来，不同版本的关帝籤谱被刊行，如 1717 年出版 5 册本的《关帝灵籤》，1627 年出版大开本《新刻关圣帝君灵籤全谱》等，并出现和译的关帝籤谱。还有通过商船把《关帝籤谱》从中国运往日本销售，如 1726 年的《商船载来书目》记载，中国到长崎的商船货物中，有关帝灵籤一部三册，价值银子二两五分。[②]1874 年和 1892 年在日本的横滨和神户建造了关帝庙，均使用关帝籤谱。关帝不但在日本华侨华人中影响很大，也受到不少日本人的崇拜，几乎所有的关帝庙都使用关帝籤谱。

笔者在 2007 年 9 月参加在日本长崎召开的“海をむすぶ祈り——东

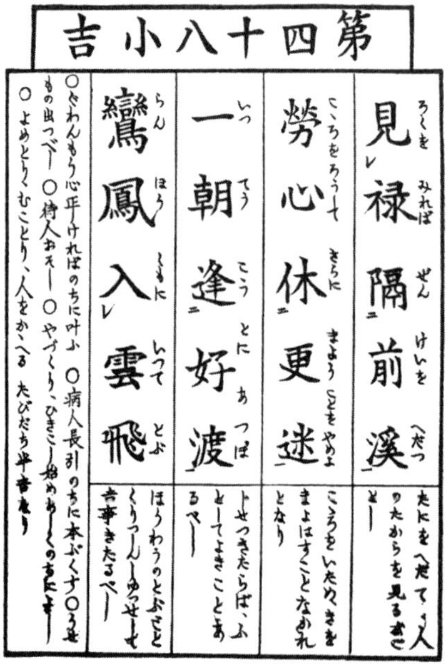

图 12–5　东京浅草寺观音籤正面

浅　草　寺　観　音　籤

第四十八　小　吉

見禄隔前溪
谷を隔てて宝が見えるように、欲しいものが目先にあっても得ることが難しいようです。
勞心休更迷
無理にその財を得ようと心を迷わせることはやめましょう。
一朝逢好渡
それまでは平常心で普段通りの生活をしましょう。時が来れば自然と財宝は手に入ることとなります。
鸞鳳入雲飛
目上の人や知人の援助があるでしょう。鳳凰が空を飛ぶように、立身出世し、良い事が来るでしょう。

願望：正しい心持ちでいれば、後に叶えられるでしょう。
病気：長引くがのちに治るでしょう。
失物：出て来るでしょう。
待ち人：遅くなるでしょう。
新築·引越：始めは悪いが、後によくなるでしょう。
結婚·付き合い·旅行：そこそこでしょう。

No.48　SMALL FORTUNE

Just like looking at the treasure of other people beyond the valley. Let's stop to hurt your heart and give trouble to your mind.

If once a chance comes you can meet an excellent fortune. Just like a giant happy bird fly up to the sky, you will succeed in this society, and rise to be famous in the world, meeting with so many fortunes.

*If you have right mind, your request will be granted later on. *The patient, the sickness may last long, but is sure to get well. *The lost article will be found. *The person you wait for will come late. *Building a new house and removal might have a little trouble at first but it get well later. *Marriage, employment and to start a trip are all half good fortune.

「浅草寺観音籤」の由来と心得

お籤の習俗はそのむかし中国より伝えられ、比叡山において、日本独特の吉凶を占う百番のお籤となりました。当初は関西方面で広まりましたが、江戸時代には関東にも広がり、庶民向けに改められて今日の「浅草寺観音籤」となりました。

観音籤には一番から百番まであり、その吉凶判断には凶·吉·末吉·半吉·小吉·末小吉·大吉の7種類があります。この中、**大吉が出たからといって**油断をしたり、また高慢な態度をとれば、**凶に転じる**こともあります。謙虚で柔和な気持で人々に接するようにしましょう。また**凶が出た人も**畏（おそれ）ることなく、辛抱強さをもって誠実に過ごすことで、**吉に転じます**。**凶の出た人は**観音様のご加護を願い、境内の指定場所にこの観音籤を結んで、ご縁つなぎをしてください。

金龍山　浅　草　寺

图 12–6　东京浅草寺观音籤背面

① 参见朱育平：《隐元禅师东渡初探》，《福建论坛》1985 年第 4 期。
② 转引［日］中村公一：《一番大吉——籤占的课题》，大修馆书店 1999 年版，第 244 页。

アジア海域交流と信仰”国际学术研讨会时，参观了长崎附近的放光山正端寺，该寺的地藏铜像被指定为长崎市文化财，其中供奉的一尊明代从中国传入的铜铸观音菩萨立像，在木制神龛的两扇门内侧，分别用毛笔书写的一段汉文，记载此铜像菩萨的缘由，其中涉及灵籤资料，十分珍贵。文字不长，整理如下：

图 12–7　长崎放光山正端寺观音塑像及其籤占的记载

此菩萨初在某氏店头，偶见怪而问之，铸以欲为军器。予小人喟然寒心，即购而得之，仅供香花，不啻为求冥福矣。后阅其款文，延保中中山氏某敬奉高滨村正端寺也。聆尝为匪徒所奇，失其所在云。继而灵籤有感，又应现住。请新备莲台，制木橱，敬而复其旧址焉，惟将来不遇前辙。回忆佛菩萨常以慈悲方便，兼度一切群生，抑犯罪之人亦幡然悔其非心，岂不垂哀愍哉？兹记所求之缘由，以告诸同志人。

维时安政三年岁次丙辰六月十五日，长寿施主木棉屋藤助、逆修法名未誉迎岳净安居士董沐敬白。

显然，当时高滨村正端寺备有籤谱供人占取，神像丢失后，庙祝曾抽籤占卜神像去向，不久，神像神奇般出现在寺中。时人认为是“灵籤有感”所致。至于当时占卜的是什么籤谱，占取的是第几首，就不得而知了。

二、籤占在当今日本社会的影响

经过明治维新，日本开始现代化进程，并在20世纪80年代发展为发达的资本主义强国，文化教育事业迅速发展，但籤占不但没有退出日本社会，反而更加流行。流传于当今日本社会的籤谱形式多样，既有完全保持中国原有内容的籤谱（主要在华侨聚居区的庙宇），如横滨关帝庙的《关帝籤谱》等；也有保留中国原有的籤诗，但解释、图画等完全日本化了，如《元三大师百籤》；还有用和歌写成的籤谱，如用菅原道真等名人的和歌作品的籤谱，如《太宰府天满宫籤谱》、《报德二宫神社籤谱》。甚至有用皇室所做诗歌编成籤谱的特例。第二次世界大战后，明治神宫变成宗教法人，但不用普通的凶吉籤，而是从明治天皇及昭宪皇太后所遗留的大量的作品中选出30首涉及道德教化的诗歌作为籤谱，称为“大御心”籤，从1947年正月开始发放。随着外国参拜者的增加，其中20首被译成英文，在昭和1968年向公众发放。

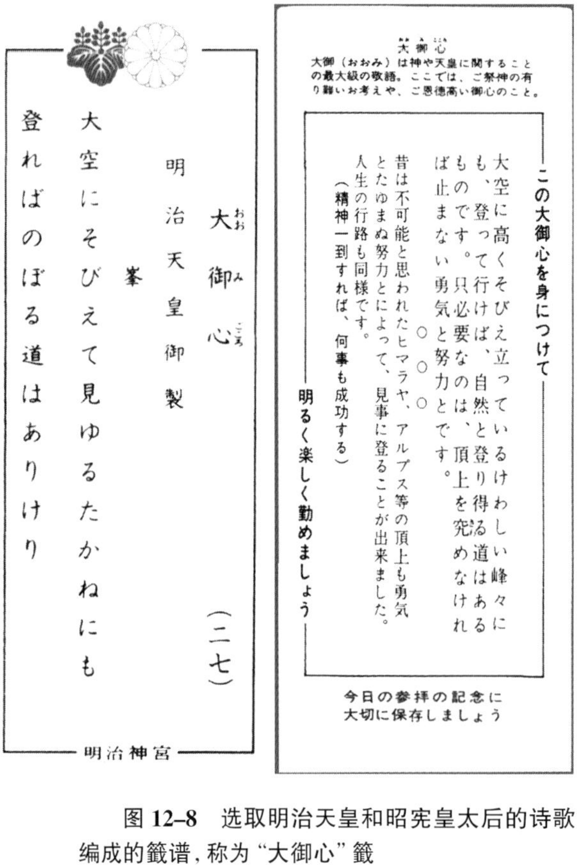

图12-8　选取明治天皇和昭宪皇太后的诗歌编成的籤谱，称为“大御心”籤

当然，影响最大的还是《元三大师百籤》，日本有很多神社或寺庙使用此籤谱，仅岛武史调查的47座神社或宫庙中，就有20座使用此籤谱。不过，使用全套籤谱的只有东京的浅草寺、爱知的丰川稻荷，和京都、镰仓等古社寺，多数神社或寺庙只是选择籤谱中的一部分，供百姓占取，如香川县的金刀比罗宫、和歌山的熊野那智大社，使用前 20 首；京都的北野天满宫、奈良的春日大社、福冈的太宰府天满宫、京都平安神社、三重的椿大神社等，使用前 15 首；京都的石清水八幡宫，使用前 30 首；京都的伏见稻荷大社，使用前 32 首；大阪的住吉大社，使用前 36 首；广岛的严岛神社、新潟的弥彦神社，使用前 40 首；奈良的大佛寺、大分的宇佐神宫、神奈川的鹤冈八幡宫、神奈川的箱根神社，使用前 50 首；大阪的道明寺天满宫，使用前 60 首；神奈川的龙口寺，使用前 64 首。①

岛武史曾走访了日本 47 座神社寺庙，逐一介绍各个神社寺庙籤谱的特点，列表如下：

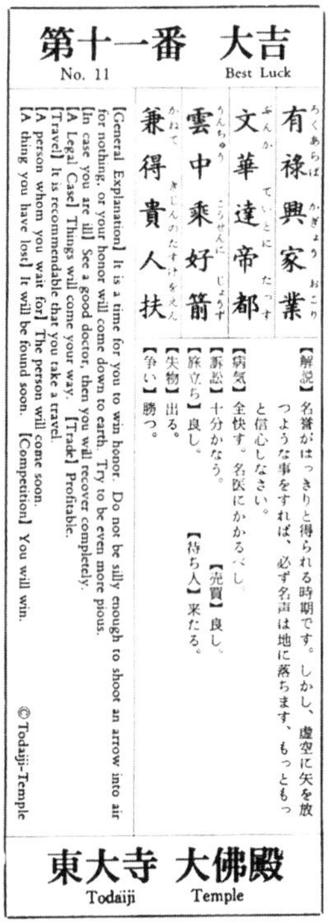
第十一番　大吉
No. 11　Best Luck

有祿興家業
文華達帝都
雲中乘好箭
兼得貴人扶

【解説】名誉がはっきりと得られる時期です。しかし、虚空に矢を放つような事をすれば、必ず名声は地に落ちます、もっともっと信心しなさい。
【病気】全快す。名医にかかるべし。
【訴訟】十分かなう。【売買】良し。
【旅立ち】良し。【待ち人】来たる。
【失物】出る。
【争い】勝つ。

[General Explanation] It is a time for you to win honor. Do not be silly enough to shoot an arrow into air for nothing, or your honor will come down to earth. Try to be even more pious.
[In case you are ill] See a good doctor, then you will recover completely.
[A Legal Case] Things will come your way. [Trade] Profitable.
[Travel] It is recommendable that you take a travel.
[A person whom you wait for] The person will come soon.
[A thing you have lost] It will be found soon. [Competition] You will win.
© Todaiji-Temple

東大寺　大佛殿
Todaiji　Temple

图 12–9　大阪东大寺灵籤

图 12–10　日本传统的籤筒

① ［日］岛武史：《日本灵籤纪行》，日本经济新闻社 1995 年版，第 21—22 页。

表 12–1　日本神社、寺庙籤谱一览表

神社、寺庙名称	所在地区	籤谱首数	特　点	占卜项目	备　注
出云大社	岛根	30	前有“训语”，以占卜运势为中心，其中占卜婚姻项目为“大吉”、“吉”、“有缘”等吉利兆象的灵籤多达 14 首	愿望、土木、结婚、疾病、移居、失物、买卖、方位、旅行	
气多大社	石川	50	第一首灵籤画有其神社的标志鹈鹕的图像，并对鹈鹕的祭祀时间和仪式做简要说明。“大吉”、“中吉”、“小吉”、“末吉”占 43 首	愿望、待人、失物、旅行、商法、学问、方向、争事、抱人、转居、生产、疾病、缘谈	
白山比咩神社	石川	64	每首籤诗前有易卦名，如第一首“乾为天”，第十二首“天地否”等。每籤有“运势”总预测。“大吉”7 首、“吉”19 首、“小吉”14 首、“末吉”24 首，无“凶”籤	愿事、职业、买卖、诉讼、交友、恋爱、结婚、旅行、方位、待人、失物、出产	
弥彦神社	新潟	40	截取《元三大师百籤》前 40 首，每籤有“运势”总预测	愿望、财运、买卖、缘谈、待人、恋爱、开业、就职、争事、失物、走人、方位	
丰川稻荷	爱知	100	使用《元三大师御阄诸钞》，但解释的内容与浅草寺不同，以社会各阶层的身份作为占卜对象，籤谱从江户时代一直沿袭下来	武士、女、人之子、弟子、手代、奉公人、町人、商人、职人、艺人、医生、百姓	每年前来朝拜(含抽籤)的多达数百万人

续表

神社、寺庙名称	所在地区	籤谱首数	特　点	占卜项目	备　注
椿大神社	三重	25	以神歌取代诗歌，只有一首为“凶”，其余为“大吉”、“吉”、“末吉”、“半吉”等	待人、争论、失物、买卖、疾病、方位、家造、奉公、移居、缘谈、旅行等	
金刀比罗宫	香川	40	截取《元三大师百籤》前40首。内有“运势”、“训”、“敬神寸言”等文字说明	愿望、运气、旅行、争事、待人、出产、疾病、缘谈	江户时代名寺，每年前来参拜（含抽籤）多达450—500万人
严岛神社	广岛	40	截取《元三大师百籤》前40首	方位、旅行、失物、建家、商业、疾病、待人、缘谈、胜负事	平成元年，朝拜（含抽籤）的多达284万人
太宰府天满宫	福冈	15	截取《元三大师百籤》前15首，前有描写季节和鲜花的神歌，“运势”文字说明	愿望、待人、失物、旅行、争事、转居、建筑、商业、疾病、缘谈、出产、学问、求职	
宇佐神宫	大分	50	截取《元三大师百籤》前50首，图文合一，前有文字说明图画意涵和兆象，并有独特的“后吉”总体定性兆象	愿望、考试、结婚、待人、疾病、出产、旅行、买卖、失物、移转、胜负	
大郎坊宫	滋贺	50	籤之前有神歌，之后有独特的“赤神之教”宣扬人生哲理，无“凶”籤	愿望、待人、失物、旅行、商业、学问、方位、争事、抱人、转居、胎孕、疾病、缘谈	
东大寺大佛殿	奈良	50	截取《元三大师百籤》前50首，附有英文的说明	疾病、诉讼、买卖、旅行、待人、失物、争端	有两个版本，一种无占卜项目、无英文解释，保持较多原来籤诗的面貌

续表

神社、寺庙名称	所在地区	籤谱首数	特　点	占卜项目	备　注
春日大社	奈良	25	使用明治天皇御制、昭宪皇太后的御歌，并有专门供外国人占取的英文籤诗	愿望、待人、失物、旅行、商业、养蚕、方位、争事、转居、出产、疾病、缘谈、抱人	
大神神社	奈良	50	使用万叶歌替代籤诗	愿事、疾病、争事、出产、缘结、取引、探物、抱人、待人、方位、入学、旅行、家移、老后	
朝护孙子寺	奈良	缺	以《元三大师百籤》为蓝本	无	至少34首
道明寺天满宫	大阪	60	使用六十首的观音籤谱，首籤首句为“日止（出）便见风云散”	无	
往吉大社	大阪	36	前有标明独特兆象名称，还有“凶向吉”、“凶末吉”、“吉凶相交”的籤诗5首，“凶”籤7首	无	每年正月前来参拜的信徒多达280多万、居日本第四位。该神社还备有大阪神社厅制作的“儿童籤谱”，图文并茂，非常有趣
今宫戎神社	大阪	50	和歌取代籤诗，有“运势”解说。“大吉”只有二首，而“凶”有12首、“半凶”2首	愿望、缘谈、待人、生产、疾病、住居、商业、考试	
熊野那智大社	和歌山	20	所有的20首灵籤全部为“吉”以上	愿望、待人、失物、旅行、事业、交际、方向、胜负事、雇佣、住居、出产、疾病、缘谈、财运、渔运	

续表

神社、寺庙名称	所在地区	籤谱首数	特　点	占卜项目	备　注
平安神宫	京都	25	和歌代替籤诗，和歌之后有解释	愿望、待人、失物、旅行、商业、方位、争事、移转、生产、疾病、缘谈、学业	
清水寺	京都	100	使用《元三大师百籤》	无	
上贺茂神社	京都	25	籤诗采自《万叶集》、《古今和歌集》	愿望、待人、失物、买卖、疾病、方位、争事、家作、移转、缘谈、旅行、奉公	
八坂神社	京都	16	和歌取代籤诗	悦事、待人、失物、买卖、争事、疾病、方位、家造、移居、缘谈、旅行	祇园祭吸引四十万人参与
北野天满宫	京都	25	籤诗的上半部有神纹，和歌取代籤诗	事业、愿望、学业、婚姻、疾病、旅行、买卖、公事	
地主神社	京都	缺	籤诗之首有“占卜恋爱灵籤”，吸引众多青年男女前来占卜	财运、失物、旅行、待人、恋爱、缘谈	
贵船神社	京都	缺	奉祀水神，籤谱称为“水占灵籤”。无籤诗或和歌，只有注明占卜项目。“凶”、“吉”印在圆圈内，会自动浮现出来，被阳光一照，就消失了	愿望、恋爱、生产、疾病、方位、旅行、学问、商业、失物、转居	
伏见稻荷神社	京都	32	截取《元三大师百籤》前32首，占卜商业的人较多	方位、疾病、缘谈、建家、胜负事	每年正月来此朝拜的多达250万，居日本第五位
伏见长建寺	京都	100	使用《元三大师百籤》100首，手写	疾病、待人、胜负、失物、旅行、买卖、运势、职务	

续表

神社、寺庙名称	所在地区	籤谱首数	特　点	占卜项目	备　注
城南宫	京都	26	前有兆象之名	方位、转居、家作、买卖、诉讼、愿事、婚姻、疾病、旅行、家出入、失物、待人	
石清水八幡宫	京都	30	底色有鸽子图	愿望、缘谈、交涉、方位、住居、商业、疾病	
浅草寺	东京	100	使用《元三大师百籤》	无	每天信徒络绎不绝，影响巨大
鹫神社	东京	64	前有易经的卦象“乾为天”，但无籤诗或和歌，直接标明“运势”	愿望、职业、买卖、诉讼、交友、恋爱、结婚、家宅、旅行、方位、待人、失物、疾病、生产、吉数。	
柴又·帝释天	东京	缺	以《元三大师百籤》为蓝本	愿望、病人、待人、失物、缘谈、买卖、其他	
正宝院	东京	100	以《元三大师百籤》为蓝本，有图，有解释	旅行、待人、失物、方位、诉讼、生产、渔业、祝事、建筑	
水天宫	东京	缺	画有“椿”图案的纹章，并有船锚图	愿望、失物、旅行、家造、商业、缘谈、生产、求职	
冰川神社	埼玉	缺	前有兆象名称	愿望、职业、买卖、家造、胜负、诉讼、旅行、方位、待人、失物、疾病、生死、缘谈	
喜多院	埼玉	100	使用与浅草寺相同的籤谱	无	

续表

神社、寺庙名称	所在地区	籤谱首数	特　点	占卜项目	备　注
大洗矶前神社	茨城	50	以和歌代替籤诗，无“凶”籤	愿事、缘谈、待人、失物、疾病、逃亡、学业、旅行、住所、商业、高低、就职	
鹤冈八幡宫	神奈川	50	以和歌代替籤诗，“运势”的解释比较通俗，修学旅行者喜欢来此抽籤，每年多达40万人	愿望、缘谈、交际、产儿、疾病、转居、事业、考试	
长谷寺	镰仓	100	用古版（1869）印刷，称“长谷寺御阄”，有五言四句籤诗，用日语草书解释，可视为现代日本籤谱的雏形	诉讼、失物、争事、屋作、买卖、旅行、疾病等	
长胜寺	镰仓	96	以《元三大师百籤》为蓝本，有图，还有“大恶”籤四首	无	
杉本寺	镰仓	缺	以《元三大师百籤》为蓝本，上部有图		镰仓市有118座神社寺庙，备有籤谱的只有14座。如净明寺、宝戒寺、大宝寺、光明寺、极乐寺、多闻院、镰仓宫、佐助稻荷
龙口寺	藤泽	64	传自江户时代，明治二十八年（1895）再版。籤条接近四方形，无吉凶籤区分，只有“天厄课宜”、“向明课吉”、“望明课宜”等提示，籤诗后有籤解	无	

续表

神社、寺庙名称	所在地区	籤谱首数	特　点	占卜项目	备　注
大山阿夫利神社	伊势原	缺	有两种版本的籤谱，一是旧版本，二是新版本，可从自动抽籤机占取	旧版：疾病、方位、待人、失物、旅行、家作、胜负、生死、商业、凡事；新版：愿望、待人、失物、旅行、商业、学问、相场、争事、恋爱、转居、生产、疾病、缘谈	过去必定要参拜的名山
报德二宫神社	小田原	缺	和歌取代籤诗，有“运势”概说	愿望、待人、失物、旅行、商法、学业、方位、争事、抱人、转居、生产、疾病、缘谈。	
佐奈田灵社	小田原	缺	和歌取代籤诗，有“运势”概说	愿望、待人、失物、旅行、商卖、学问、相场、争事、转居、生产、恋爱、疾病、缘谈	
最乘寺	小田原	100	使用《元三大师百籤》	无	另外，板桥地藏寺、秋叶山量觉寺也使用《元三大师百籤》

据［日］岛武史《日本灵籤纪行》第41—267页制作，日本经济新闻社1995年版。

在日本，绝大多数神社、寺庙都备有籤谱供善信占取。新年伊始，约占人口1/3的人要到神社、寺庙礼拜，并抽籤占卜新年的运气吉凶，称“初籤”，已经成为风俗。那么，籤占为什么能在日本广为传播，其原因何在？笔者认为至少有以下主要因素：

一是籤占的日本化。除了在华人华侨聚居地保留着中国籤谱的原来面貌外，多数的神社寺庙都对籤占进行必要的改造，以适应日本社会的发展需要。诸如在对深奥的汉文籤诗进行简要介绍的同时，根据日本社会生

图 12–11　横滨长谷寺籤占者众多

活内容增加籤诗中的具体事项的吉凶断语、注解等；淡化宗教信仰的因素，增加伦理教化方面的格言（正直、忠诚、忠义、忠孝、俭约、忍耐、重视家庭、知足、积善、慈悲等），删除多数人无法理解的中国典故；把汉文籤诗翻译成日文，甚至编写日文的籤诗、和歌籤诗等；籤诗中的图像也改成日本人模样和日本人熟悉的事物，信仰偶像也变为日本人崇拜的天道、观音、神明、日待、月待、年神、弁财天、八幡、大黑、庚持待、氏神、日月、药师等。

图 12–12　横滨妈祖庙前的籤占方法图解

二是简化抽籤仪式。在日本，一些华侨华人色彩比较浓厚的寺庙，如妈祖庙、关帝庙仍保存着中国的籤占仪式，还有专门教善男信女抽籤的图解。2011 年笔者在横滨妈祖庙前就看到这样一幅籤占图解。

在日本，也流行过简易的金钱占籤法。如今日本的神社寺庙，多数都装上自动抽籤机，只要投入 100 日元，籤诗就会自动跳出来，非常方便；有的神社的籤占活动，还与日本的招财猫信仰结合起来，以吸引更多的日本人参与籤占活动。

图 12–13　简易的机器人籤占和随手籤占成为日本的新潮

第三，至迟在嘉永三年（1850），就有印刷和出售袖珍的籤本，或者在通书中附录籤谱，还教导信众自己动手制作籤筒、籤枝等。《天保新选永代大杂书万历大成》附有籤筒的设计图和尺寸、竹籤的尺寸，方便善男信女在家或旅途中占卜（图 12–14、图 12–15）。

另外，在日本，籤占还形成一些独特的习俗。如信众抽到下籤，就把籤条扎在寺庙或神社附近的树枝上，以此方法来厌胜。乍看，疑是树上开满白花，别有一番情趣（图 12–16）。此俗始于江户时代，当时就有描绘上野宽永寺的树枝上的籤条犹如盛开白花的诗句传世（图 12–17）。

近年来，日本社会提倡环保，爱护树木，有些神社或寺院禁止将籤条扎在树枝上，而另辟专门扎籤条的地方。

对于像《元三大师百籤》这样五言四句的籤诗的预兆，有种说法是，第一行诗句预兆 15 岁之前，第二行诗句预兆 16 到 30 岁，第三行诗句预

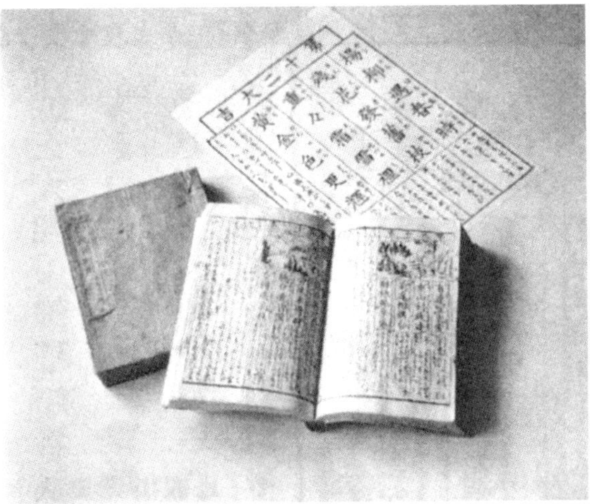

图 12–14　袖珍本籤谱方便随身携带、随时占卜①

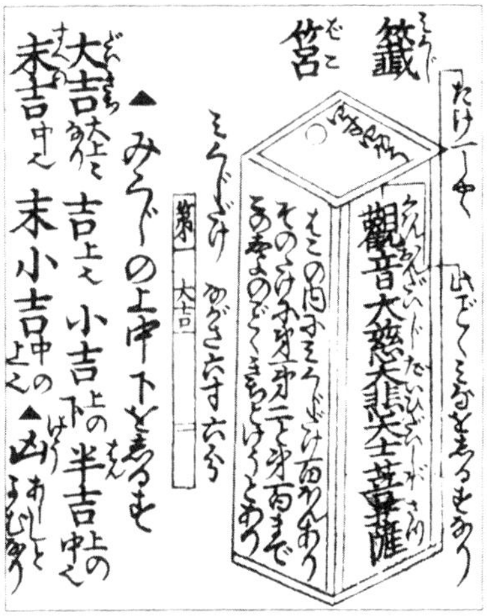

图 12–15　日本籤筒、籤枝的尺寸和样式②

兆 31 岁到 45 岁，第四行预兆 46 岁到 60 岁，61 岁以后，又回到第一行诗句，这样循环往复。

还有一种说法，春季的吉凶要看第一行诗句，夏季的吉凶看第二行诗句，秋季的吉凶要看第三行诗句，冬季的吉凶要看第四行诗句。③

图 12–16　把籤诗条扎在树枝上为日本的籤占风俗

① ［日］中村公一：《一番大吉——籤占的课题》，大修馆书店 1999 年版，第 227 页。

② 同上书，第 43 页。

③ ［日］岛武史：《日本灵籤纪行》，日本经济新闻社 1995 年版，第 32 页。

图 12–17　受环保的影响，籤诗条不再扎在树枝上

第二节　籤占在琉球的传播和影响

中国和琉球的友好关系源远流长。明代洪武五年，明太祖遣使册封琉球，作为答谢礼节，当时的琉球国王派其弟泰期等人带着表文、贡品等前去南京朝贡，我们可以把他们乘坐的船只视为进贡船的滥觞。[①] 之后，中国和琉球王国建立了非常密切的册封和朝贡关系，明初，琉球中山王"一岁常再贡三贡"[②]。明成化年间，朝廷规定，琉球"二年一贡，每船止许百人，多不过一百五十人"[③]。清代基本沿袭明制，两年一贡，只是随进贡船来华的人数多少不定而已。[④] 除上述进贡使团外，琉球还以接贡、庆贺进香、谢恩、请封、

① ［日］东恩纳宽惇：《五岛津氏の对琉球政策》，琉球新报社编《东恩纲宽惇全集》，第一书房 1978 年版，第 73 页。

② 张廷玉：《明史》卷三二三《外国四》。

③ 《历代宝案》第一集，台湾大学 1972 年影印本，第 20 页。

④ 《清圣祖实录》卷一四二（康熙二十八年九月至十月庚午），中华书局 1985 年版，第 563 页。

接封、报丧及接送海上漂风难民等种种名义派遣使团赴华，总之，明清时期，两国之间往来频繁，政治、经济、文化的联系密切。① 中国的宗教信仰文化包括籤占也传入琉球，对琉球社会产生一定的影响。

一、流传在琉球的几种籤谱

2003 年 9 月至 2004 年 9 月间，笔者曾在冲绳国际大学南岛文化研究所担任客座研究员，研究福建与冲绳的民俗文化，期间，见到的流传在琉球的籤谱有 7 种，简要介绍如下：

（一）《观音灵籤》100 首

抄本，收入《金良宗邦文书》中，47 页，长 19.3 厘米，宽 26.5 厘米。金良宗邦（1898—1987）为冲绳本岛中部人，藏有十几种珍贵汉籍，包括风水、易占、历书、儒家经典等，曾经从事风水占卜等职业。此籤谱曾为金良宗邦所用，虽然部分残缺，但总体上还是比较完整的。《观音籤谱》的正文由籤序、十二宫名称、易卦名、定性兆象、籤诗、籤解一、籤解二、籤解三和眉批的日语籤解。以第一籤为例（由于流传于琉球的籤谱有些残缺，笔者根据其他资料补佚，补佚的文字部分用【 】表示，下同）：

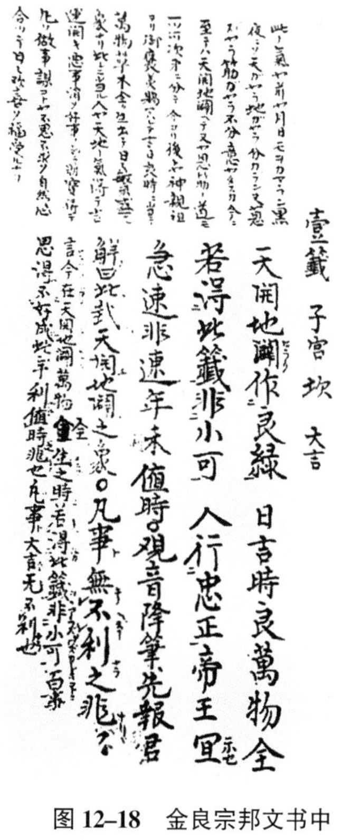
壹籤　子宫　坎　大吉
天開地闢作良緣　日吉時良萬物全
若得此籤非小可　人行忠正帝王宣
急速非速　年未值時　观音降筆先報君

图 12–18　金良宗邦文书中的观音籤谱

壹籤　子宫　坎　大吉

天开地辟作良绿（缘），日吉时良万物全；

若得此籤非小可，人行忠正帝王宣。

急速非速，年未值时。观音降笔，先报君【知】。

① 详见谢必震：《中国与琉球》，厦门大学出版社 1996 年版。

解曰：此卦天开地辟之象，凡事无不利之兆【也】。

言今天开地辟，万物全生之时。若得此籤非小可，百事思得，不好成，此年利值时之兆也，凡事大吉，无不利也。

（眉批）此ノ气ヤ前ヤ月日モヲカマラン黑夜ニソ天ガヤラ地ガヤラ分カランヌヤ思ガヤラ筋ガヤラ不分意タタスガ今ニ至テハ天开地辟ヘテヤ恩筋ノ道モーツーツ次第ニ分テ今ヨリ后トヤ神亲祖ヨリ御褒美赐マハレテ吉日良时ニ当テ万物草木全リ生出日日繁盛□ナリ象此レニ当ル入ヤ天地ノ气得テ吉运开キ恶事消ヌ好事ノ向ニ财宝得テ丸々做事谋コトヤ不思不求ソ自然心合ツテ日日欢喜ソ福受ルナル。

籤谱前有《观音灵籤序》和《佛说观音救苦经》等。《观音灵籤序》，全文如下：

盖闻：神明之妙，不可测度，与天地造化无异，人之吉凶荣辱，亦如此焉。今有明善先生，以观音一百籤，解□意义，乞余点定。余谓神【明】之事，奥义深远，非明易者，不能精解其意。遂辞。频乞及再至三，余不便【坚】辞，乃以愚见，拿笔改正，【暂】□全解，以待高明之君子也。

道光三年庚戌仲冬上浣善桥郑元伟识

《观音灵籤序》的作者郑元伟（1792—？），号善桥，琉球著名的书法家，被称为湖城亲方，道光七年（1827）和道光十四年（1834）先后两次担任“著作汉文役”兼“述作总师”。据《观音灵籤序》可知，收入《金良宗邦文书》中的《观音灵籤》的解释部分，原作者是一位名叫“明善”的先生。据《孙氏家谱》记载，明善姓孙，名“克慎”，生于乾隆五十五年（1790），卒于同治四年（1865），嘉庆十三年（1808）的册封大典中担任“天子馆帮办通事”，道光六年（1826）被任命为“漏刻御番役”。[①] 他在多次请求郑元伟“点定”后，郑氏不便推辞，勉为其难，“拿笔改正”，遂成此籤谱。撰写《观音灵籤序》的时间是“道光三年庚戌仲冬”，“道光三年”（1823）的干支为“癸未”，而道光“庚戌”年为道光三十年（1850），究竟是干支搞错了，还是在“道光三

① 参见［日］三浦国雄：《金良文书解题·观音灵籤》，收入北谷町中间报告书《金良宗邦文书——易·择日·风水》，北谷町教育委员会平成五年（1993）版，第36—39页。

年”的“三”字后面漏写了一个“十”字？目前尚无资料可以辨别。但从郑元伟出生年推测，道光三年他才32岁，恐怕还未成名成家，明善先生不太可能求教于他。道光三十年，郑元伟已经59岁，到了“知天命”的年龄，明善先生求教于他似乎比较符合情理吧。在中国，籤谱多是一些道士和失落文人假托神灵附体所作，很少有人愿意留下真实姓名和创作籤谱的时间等，因此，绝大多数籤谱没有“序言”，也就无从知道籤谱的来龙去脉。收入《金良宗邦文书》中的《观音灵籤》有此序言，使我们大致了解这一《观音灵籤》解的缘由，所以非常珍贵。

比对在中国广泛流传的《观世音灵籤》（又名《观世音100灵籤精解》），《金良宗邦文书》收入的《观音灵籤》的籤解最后段落和眉批为《观世音灵籤》所没有，这部分内容显然是《观音灵籤序》所说的由明善撰写初稿、经郑元伟改定的那部分。这部分内容并没有太多的发明，但用日文注音或用日文写就，显然是为了方便不懂汉语的信众。

（二）《观音灵籤》100首

抄本，收入《系洲家文书》中。系洲正惇（1867—1945），八重山人。该籤谱在《系洲家文书》中的封面为《系洲家卦》，经过笔者比对，实际上是《观音灵籤》。此《观音灵籤》的文字有些缺漏，有的模糊不清，特别是第一至第十四籤尤为严重，但总体来说还是可以辨读的（图12-19）：

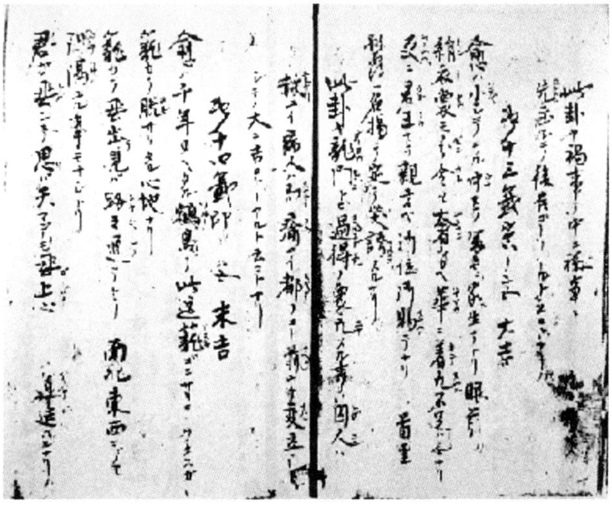

图 12-19　系洲家文书观音灵籤

此籤谱与《金良宗邦文书》收入的《观音灵籤》的最大不同之处，是全部用日文翻译而成的，其正文由籤序、十二宫名称、定性兆象、籤诗、籤解等构成，兹以第五十五籤为例：

第五十五籤　丑之宫吉

譬バ父亲ノ贤モノハ子ニ传モ亦孙ニ传タノナリ

着衣モ丰キテ食モ丰食シテ隆ラスモ

亲子ノ行ノ宜□テ天靠ドヤルナリ

庭ニハ福草モ长命ノ草モ奴？快乐デナリ

饥トキハ饭食渴トキハ茶シ饮ニ夜□安ト眠コノ

你ゴト乐ナ者ハ居ナリ

此卦ヤ竹カラ泉通スル象、凡フル事ハ如何谋ゴトモ如何望ゴトモ思ノ尽、遂大吉ゴトモ有ト云コトナリ

比对《观世音籤谱》，以上文字的汉文为：

第五十五籤　丑之宫吉

父贤传子子传孙，衣食丰隆只靠天。

堂上椿萱人快乐，饥餐渴饮因时眠。

此卦接竹引泉之象，凡事谋望大吉也。

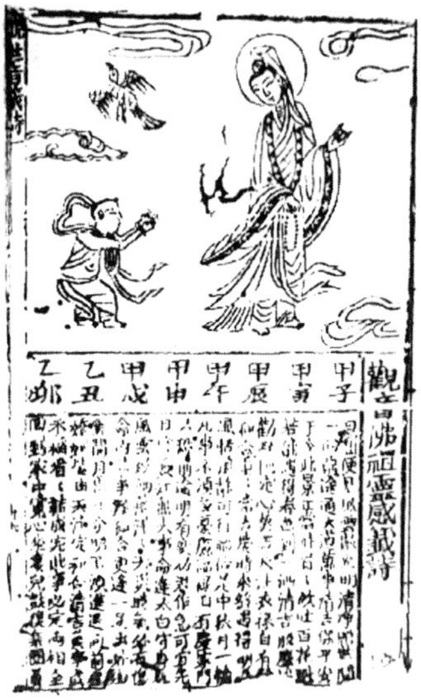

图 12-20　收入《观音灵籤》的通书传入琉球（《竹原家文书》）

该籤谱的第一至第六籤的正文之下，附有十二宫的说明：

子ノ宫：一月、三月、九月ノ月ハ、些灾事アリ、宜慎ベシ；

丑ノ宫：三月、六月、九月、十二月ノ月、口舌ノ灾事アリ、宜慎ベシ；

寅ノ宫：五月、二月、三月、四月、五月、六月ノ月，口舌ノ灾事アリ、宜慎ベシ。

（三）《观音佛祖灵感籤诗》60首

此籤谱不是独立成册，而是收入通书《新增悬金万宝全书》中。通书又称万宝全书、万事不求人、民俗通书等等，内容涉及民间日常生活的天文、历法、律令、

农耕、畜养、商贸、社交、休闲、养生、择日、风水、命理、相法、杂卜、符箓、厌胜、籤谱等方方面面的内容，被称为民间日用类书。《新增悬金万宝全书》在八重山的《竹原家文书》和久米岛的《与世永家文书》中均可见到。收入《新增悬金万宝全书》中的《观音佛祖灵感籤诗》俗称《六十甲子籤诗》，第一页的上半部分有观音和红孩儿的画像，下半部分为籤诗。由于通书的内容无所不包，因此，所收录的《观音佛祖灵感籤诗》没有解籤之类的内容，与前两种籤谱相比，简略了许多。

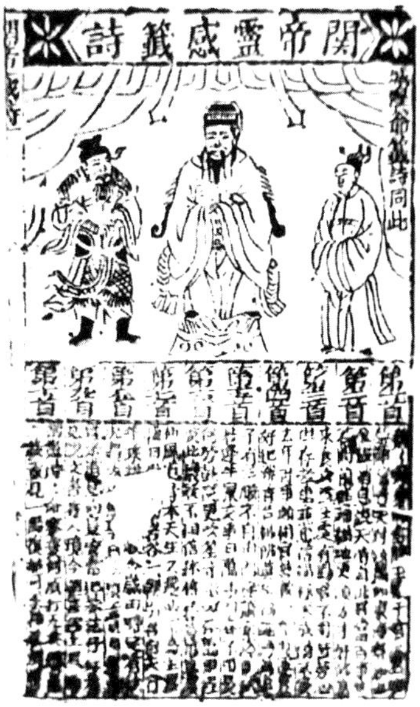

图 12–21　收入《关帝灵籤》的通书传入琉球（《竹原家文书》）

每籤由六十甲子名和七言四句诗组成。以第一籤为例：

甲子

日出便见风云散，光明清静照世间；

一向前途通大道，万事清吉保平安。

（四）《关帝灵感籤诗》100 首

此籤谱与《观音佛祖灵感籤诗》60 首相同，收入《新增悬金万宝全书》中。第一页的上半部分有关帝、关平、周仓的画像，下半部分为籤诗（图 12–21）。值得注意的是在画图的旁边还有“城隍爷籤诗同此”的字样。每籤由籤序和七言四句诗构成，以第一籤为例：

第一首

巍巍独步向云间，玉殿千官第一班；

富贵荣华天付汝，福如东海寿如山。

（五）《十二宫卦数》12 宫 180 首

抄本，收入《系洲家文书》中。该籤谱在《系洲家文书》中的封面为《系洲家卦（占い）》，由十二宫卦组成即：

【子】宫　神后卦

丑宫　大吉卦

寅宫　大冲卦（“功曹卦”之误）

卯宫　大冲卦　宝剑出匣之象

辰宫　天罡卦　六合贵人之象

【巳】宫　大（“太”之误）乙卦　贵人群山聚会之象

午宫　胜光卦　花开半谢之象

未宫　【小】吉卦　春草遇霜之象

申宫　传送卦　过渡逢般（“船”之误）之象

酉宫　从魁卦　唐僧取经之象

戌宫　河魁卦　喜气临门之兆

亥宫　登明卦　燕子营巢之象

关于十二宫，前面已经做了说明，这里着重介绍十二宫后面的“大吉”、“大冲”、“天罡”等十二卦的名称，这些名称来源于中国的六壬术中的十二支神。六壬术是中国古代占卜术的一种，其占法依据主要是阴阳五行学说，并与六十甲子相结合，用以占卜天地人事之吉凶。《隋书·经籍志·五行》著录有《六壬释兆》《六壬经杂占》等。六壬术中有十二支神（又称十二将），象征十二月。《六壬大全·十二神释》：“一、登明，亥，正月将；二、河魁，戌，二月将；三、从魁，酉，三月将；四、传送，申，四月将；五、小吉，未，五月将；六、胜光，午，六月将；七、太乙，巳，七月将；八、天罡，辰，八月将；九，大冲，卯，九月将；十、功曹，寅，十月将；十一、大吉，丑，十一月将；十二、神后，子，十二月将。”每位神将都有一定的职能，如：登明：“所主祯祥、征召、阴私事，为自刑，为极阴之位，又主争讼、狱囚、沉溺（谓乘凶将），主取索、亡失（己酉丑日）不净。”河魁：“所主诈欺、印绶及奴婢逃亡。若发用旧事重新之象，又主虚耗、失钱物带众。”从魁：“所主阴私、解散、赏赐，又主金刀、奴婢、信息。”传送：“所主道路、疾病、信耗事。”小吉：“所主酒食、婚姻、祠祀事。”胜光：“所主光怪、丝棉，又主文书、官事。”太乙：“所主斗争、口舌、扰惊、怪异事，又主飞祸、赏赐事。”天罡：“所主斗讼、死丧、田宅、旧事，专注狱讼、官府。”大冲：“所主驿马、船车。”功曹：“所主水器、文书、婚姻、财帛、官吏之事。”大吉:“所主田宅、园圃及斗争事,专主田宅、财帛、宴喜。”神后:“所主阴私、暗昧、妇女之事。”① 籤谱借用十二支神作为卦名的极为少见。

《十二宫卦数》的每行文字的前头几个字被腐蚀,给研究带来很大困难。笔者经过认真比对,在《观世音100灵籤精解》卷一《十二宫卦数注解》中惊喜地发现几乎完全相同的文字,据此,可以认定收入《系洲家文书》中的《系洲家卦(占い)》,即为《十二宫卦数》。

(六)《诸葛武乡侯灵神卦》32首

抄本,收入《八重山博物馆资料》中。封面为《卦》,但在正文之前有“诸葛武乡侯灵神卦”字样,因此可以断定该籤谱应为《诸葛武乡侯灵神卦》。②诸葛武乡侯即三国时期的诸葛亮,生前足智多谋,死后被中国人视为智慧的化身,有各种传说流传民间。后世人假托诸葛亮的名字编造各种占卜算命之类的书籍,影响最大的是《诸葛孔明马前课》、《诸葛神数》、《诸葛金钱神数》等。《诸葛武乡侯灵神卦》即《诸葛金钱神数》,又名《诸葛武乡侯灵感卦》、《诸葛武乡侯金钱卦》等,在中国许多庙宇中备有此籤谱,供信徒占取。仅笔者在福建、台湾收集的与《八重山博物馆资料》收入的《诸葛武乡侯灵神卦》基本相同的籤谱就有十多种,如武平的崇真观、仙游的邻山宫、安溪的龙渊庙、永春的仙洞真宝殿、漳州的岱仙岩、龙海的清水祖师庙、罗源的北邻寺、惠安的风山堂和晴霞亭、福安的白马神宫、台湾台北醒心堂、福德堂等宫庙均使用此籤谱。

《诸葛武乡侯灵神卦》的正文之前附有金钱卦象和占卜方法的说明,略云:

凡【占课】必先净手焚香,于桌用【好】钱五文,或卦盒内,两手高擎,望空一举,连数下,【叩】齿拜请:伏羲、神农、文王、周公、孔子圣人及鬼谷先生、占卜童子、翻卦童子、即空中一切过往神祇,今某月日、有弟子某姓名,系某省某府、某县、某乡、某社人,今因为某事忧疑未决,敬自虔心诚意,于三十二课内占一课,莫顺人情,莫顺□□,吉凶祸福,成败兴亡,报□□愿垂□。祝毕,将钱掷于桌上,观其爻象,察其吉凶

① 陈永正主编:《中国方术大辞典》,中山大学出版社1991年版,第298—311页。

② 在中国,也有将此籤谱称为《观音神课三十二卦》,见栗敬博:《民俗奇书》,南海出版公司1992年版。

祸福，如同眼孔明神卦矣。

《诸葛武乡侯灵神卦》的正文由籤序、定性兆象、卦象、籤诗、籤解等组成，以第一籤为例：

第一　上上大吉　星辰卦　男乾女坤

彩凤呈祥瑞，祸去迎福至；

麒麟降帝都，喜气映门楣。

平生如得近年运，喜逢吉庆更如新；

财旺遗（“贵”之误）人荣禄至，百事遂心获福多。

断曰：身登禄位，祸消福至，所求皆通，吉无不利。

求官得位，朝觐高迁，考试得意，出行大吉。

占讼、占病即安，求财十分，行人十日至，寻人得见。

失物、移徙大吉，占孕生男，谋事大吉，家宅大吉。

婚姻见贵遂心，交易卖买和合，占雨二日内有。

今年吉运、福禄ヲ得テ、财宝二旺。旧ソ改新、易小ヨリ大二化ソ、百事皆成、所滞无ソ通达、外二出ハ庶人ト和睦シ、内二入テハ、神佛惠アリテ、平心安福贵、永保者也。

对照在闽台民间流传的同类籤谱，除最后一段籤解外，其余的大同小异。

（七）《诸葛武侯二百十五诗》215首

抄本，收入《吉滨家文书》的《推命宝藏》中，籤谱前有一段中日文混合的简短的文字，介绍占卜方法（计数占取法）。一般籤谱的籤诗讲究格律，以五言诗和七言诗比较常见，而《诸葛武侯二百十五诗》是笔者见到的籤诗格式最为自由的籤谱，有一字、二字、三字、四字、五字、六字、七字、八字、九字、十字的籤诗，其中不乏格言、俗语、谚语等，如：

一个字的籤诗：能（第五十三、一百五十九首）、难（第五十四首）、好（第五十八、二百一十四首）；

二个字的籤诗：真好（第四十四首）、可也（第六十六首）、不能（第六十七首）、有想（第一百七十九首）、莫望（第一百八十首）；

三个字的籤诗：难矣焉（第二十九首）；

四个字的籤诗：狗尾续貂（第一百七十六首）、以卵击石（第一百八十二

首)、海底捞月(第一百八十三首);

五个字的籤诗:无可无不可(第二百一十一首)、好事不如无(第二百零八首);

六个字的籤诗:割鸡焉用牛刀(第六十八首)、得意不可再往(第二百零七首);

七个字的籤诗:一木焉能支大厦(第三十五首)、蜉蝣今夜落残花(第一百七十四首);

八个字的籤诗:不入虎穴,焉得虎子(第七十二首)、人即是鬼,鬼即是人(第二百一十一首);

九个字的籤诗:既知轻重,何用叮咛乎(第一百八十一首)。

当然,也有四言四句诗、五言四句诗等,如:第一首:"混沌初开,日月和壁,乾坤乃定,凤凰和鸣。"第七首:"船到江心补漏,鸟入笼中噪噪;马临扎坎收缰,鱼在网中洋洋。"

还有五言二句诗、七言二句诗,以及长短句等。如五言二句诗:预谨言慎行,恐孤掌难鸣(第三十九首);七言二句诗:昨夜残花犹未落,今朝露湿又重开(第五十九首);长短句:莫技赌,莫技赌,虽有长鞭,不及马腹(第四十二首)。

最值得注意的是,在个别籤诗下方,有简要的注释,如第十二籤"打草惊蛇,敲山震虎,以待蛇窜,唯恐无所措手足"之下,有"一利一害之意"注解。

综上所述,籤占何时以何种方式传入琉球,目前没有明确的文字记载,但可以肯定的是,至迟在清代,籤占已经在琉球有一定的影响了。流传于琉球的一些籤谱被翻译成日语,如《系洲家文书》的《观音灵籤》;有的加上日语的注释,如《金良宗邦文书》中的《观音灵籤》、临海寺的《观音籤谱》等;有的籤谱还注明琉球语发音,如《系洲家文书》中的《十二宫神数》、仙寿院的《观音籤谱》、临海寺的《观音籤谱》等。他们在把中国的籤诗翻译为日语或对中国籤诗进行注释时,必然要加入一些琉球本土的文化。如在中国,籤谱中经常运用典故、传说故事、戏剧故事等作为扩展兆象,这些典故或传说故事、戏剧故事对于中国人来说,几乎妇孺皆知,抽籤者从中大致可以知道籤诗的吉凶,并能从中得到一些启示,因此成为籤诗的重要组成部分。而对于琉球人来说，要弄懂这些典故或传说故事、戏剧故事，无疑是非常困难的，因此，流传于琉球的籤谱把这些典故或传说故事、戏剧故事全部删除，以适应琉球社会文化。所以，籤占在琉球的传播历史，也是被琉球文化吸收、消化和融合的历史。

二、琉球人的抽籤活动

中国籤谱传入琉球，一些籤谱被翻译成日语，或者在中文的籤诗旁注明片假名，说明琉球人对中国的籤谱有浓厚的兴趣。在一些佛教寺院中，如西福寺、临海寺、寿山院等就备有观音籤谱供人占取。在久米村，正月二十之前，选择吉日到火神和家族守护神之前，祈祷今年一年中家庭平安、无病息灾，称初愿。同时占取籤诗，占卜下一年的运势，称初籤。其中占取观音籤的人很多。①

参与抽籤的人并不限于平民百姓，一些上层人士也热衷此道，如丰川家文书中有“顷日御籤御占……”② 的记载，金良宗邦拥有籤筒和籤竹，说明丰川家和金良家也抽籤占卜。

由于文献很少记载琉球人的抽籤活动，因此学术界对琉球人的抽籤活动，知之甚少。笔者从《上江洲家文书》中找到上江洲家族 18 次的抽籤记录，非常珍贵，从中可以窥视琉球人的抽籤活动。兹按时间顺序，列表如下：

表 12-2 《上江洲家文书》中琉球人的抽籤活动

抽籤时间	抽籤地点	抽籤人	抽籤原因	抽籤结果	资料来源	备　注
咸丰九年（1859 年）八月二十日	不详	不详	本家之数运吉凶	《观音灵籤》第 21 首	第 92 号《吉凶判断书》	在占卜文中提到未见籤文，根据金良宗邦家《观音灵籤》补入

① ［日］具志坚以德、国吉有余：《久米村的民俗》，社团法人久米崇圣会平成元年（1988）版，第 53 页。

② 《丰川家文书》第七十一册《案文集》。

续表

抽籤时间	抽籤地点	抽籤人	抽籤原因	抽籤结果	资料来源	备　注
咸丰十一年（1859）卯月己卯日	西福寺	不详	一年间之灾变	《生生神数》第三三四首	第88号《吉凶判断书》	《生生神数》与福州九天府的籤谱《霞天洞府吕祖仙师太极阴阳生生神数》相同，疑从福州传入
咸丰十年五月（1860）	不详	不详	子孙克害	不详	第926号《占文》	在占卜文中提到“正月御籤”之事，未见籤文
咸丰十一年（1861）三月十一日	久茂地仙寿院	地头代上江洲	运气等	《观音灵籤》第三十一首和第十八首	第1159号《占文》	第三十一首为上江洲自己占卜，第十八首为妻子蒲户占卜，籤诗后面分别有：“私曰：运气吉是ヨリ、先祥身心清静ニヲ、世话苦劳，无祸之卦，安全大吉也。”和有“私曰：此卦日（月）循环，所作□滞之卦，终有功名也。”可能是地头代上江洲的对籤诗的解读，也可能是西福寺僧人的解读
咸丰十一年（1861）	不详	地头代上江洲	当年运气等	《观音灵籤》第四十五首	第1161号《占文》	由上江洲分别为自己、妻子和儿媳而占取的。地头代上江洲所抽取第四十五首籤诗后面籤解，其他两首没有籤解
咸丰十一年（1861）十月十八日	久茂地仙寿院	地头代上江洲	三人运气和江洲にや妻子的病情	《观音灵籤》第三十八首、第九十五首、第五十三首和《十二宫卦数》子宫占病籤、戌宫占病籤	第640号《觉（运气吉凶判断愿）》，第520号《汉诗文》	由上江洲分别为自己、妻子和儿媳而占取的。640号文书未记录籤诗，而520号文书未记载为上江洲にや妻抽籤之事

续表

抽籤时间	抽籤地点	抽籤人	抽籤原因	抽籤结果	资料来源	备　注
咸丰十一年(1861)	不详	地头代上江洲	当年运气等	《观音灵籤》第四十四首	第1160号《占文》	
咸丰十一年(1861)	不详	地头代上江洲		第六十四首、第八十首、第五十四首、第三十二首	第1172号《占文写》	由上江洲分别为自己、妻子、嫡子、女儿等四人占取
同治十年(1871)九月十五日	不详	前地头代上江洲亲云上	盛永筑登之早日康复	《观音灵籤》第几籤不详	第702号《祈愿文》	在祈愿文中提到抽籤之事,但未见籤文
同治十年(1871)九月十九日	不详	前地头代上江洲亲云上	盛永筑登之早日康复	《观音灵籤》第几籤不详	第276号《御事分ケ文》	在祈愿文中提到抽籤之事,但未见籤文
同治十三年(1874)午月辛丑日(4月29日)	不详	不详	厨房有雌鸡鸣叫	《观音灵籤》第六十一首	第673号《占文》	
同治十三年(1874)	不详	上江洲	不详	《观音灵籤》第四十八首、第三十五首、第六十六首	第y65号《占文》	
光绪十三年(1887年)五月	不详	夫地头嘉手刈亲云上、前夫地头山里亲云上	祈求盛永筑登之(智纲)早日康复	《观音灵籤》第几首不详	第117号《祈愿文》	在祈愿文中提到抽籤之事,但未见籤文

续表

抽籤时间	抽籤地点	抽籤人	抽籤原因	抽籤结果	资料来源	备　注
不详	不详	不详	不详	第十七首、第六十六首、第四十首、第七十一首、第四十九首	第96号《百くじ》	籤诗用日文写成，有详细的籤解，可能是从日本传入的籤谱，不同于《观音灵籤》
不详	不详	不详	不详	第四十四首、第二十四首、第六十八首	第842号《籤占》	用日文写成，有详细的籤解，可能是从日本传入的籤谱，不同于《观音灵籤》
不详	不详	不详	不详	第三十六首	第300号《观音灵籤》	
不详	不详	不详	元祖墓出现火光	第二十六首	第420号《占文》	
10月22日	临海寺	上江洲亲云上	不详	《观音灵籤》第六十二首、第六十一首、第二十四首、第七十七首、第六十三首	第582号《占ぃ书付》	前有“家长卦”之类的卦名，后有简单的日语籤解，籤谱不同于通行本，可能另有所自

表12–2可以看出，籤占在琉球有相当大的影响。一方面，多种籤谱流传于琉球民间，其中《观音灵籤》影响最大，不但像西福寺、仙寿院、临海寺这样的寺院均备有籤谱（甚至不止一种籤谱）供百姓占取，一些上层家族如系洲家族、金良家族的家中也藏有籤谱随时占取；另一方面，参与籤占的不仅有来自中国的三十六姓的移民后裔，琉球百姓包括上层社会人士也热衷籤占活动，百姓遇到疑惑，几乎事无巨细都要抽籤占卜；第三，籤占不但在琉球本岛流传，离岛的百姓也热衷于抽籤占卜。古代琉球人甚至冒着生命危险，跨海到本岛抽籤。从上江洲家的相关资料看，也许是受多神信仰和

图 12–22 冲绳波上宫籤谱

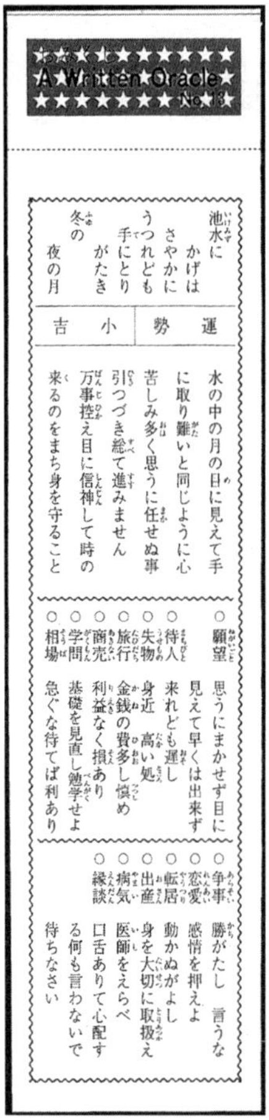

图 12–23 冲绳金武观音寺籤谱

宗教信仰的功利性的影响，琉球人的籤占活动并不固定在某寺院，并且经常与祈愿仪式结合起来，这一点在中国就很少见。

1875 年 6 月，日本强迫琉球改制，奉日本年号，停止对清朝的臣属关系，最终占领了琉球。此后，日本政府开始有计划地全面地在琉球开展皇民化运动，日本文化取代琉球原有的文化传统逐渐占据主导地位，琉球寺庙中籤谱逐渐日本化。近年来，笔者多次访问冲绳，调查了许多冲绳的寺庙，其中不少寺庙备有籤谱，这些籤谱与日本本土的籤谱完全相同。由于冲绳是日本著名的旅游地，为了吸引游客，一些寺庙还备有自动抽籤的机器人，只要投入 100 日元，即可自动跳出一张籤诗，十分方便。有的籤条的背面还有英文或汉语，便于外国游客占卜。

第三节 籤占在东南亚的传播和影响

一、流传于东南亚的籤谱

东南亚是世界上华侨和华裔最集聚的地区，总数达 2000 多万人，约占中国海外华侨和华裔的 80%。一是东南亚各国都有华侨华人居住，人数较

图 12–24　在东南亚华人华侨建造的宫庙中，普遍备有籤谱供人占取（图左：马来西亚吉隆坡广福宫籤条柜，图右：马来西亚槟城蛇庙籤条柜）

多的国家有印度尼西亚（600 多万）、马来西亚（550 多万）、泰国（500 多万）；二是东南亚华侨的祖籍地集中在福建和广东两省，如在 870 多万闽籍华侨中 90% 以上居住在东南亚。中国人移居东南亚虽然始于秦汉，但较大规模移民东南亚的是在元代之后，因此中国宗教信仰在东南亚产生一定影响的大概也在此时，甚至更后一些。如早在明代，闽人大规模移民菲律宾，史书记载："闽人以其地近且饶富，商贩至数万人，往往久居不返，至长子孙。"① 而菲律宾最早的华人庙宇天上圣母宫（妈祖庙）建于 1572 年。② 直到 19 世纪，妈祖庙才在东南亚各地陆续被建造起来。③ 一般说来，有了庙宇，才备有籤谱供善男信女占卜，因此籤占在东南亚的流传应该不会早于明代中期。

籤谱在东南亚华侨华人建造的庙宇中普遍存在，由于客观条件的限制，笔者搜集到的流传于东南亚的籤谱有 35 种，列表如下：

---

① 《明史》卷三二三《吕宋传》。

② 陈笑予：《菲律宾与华侨事迹大观》第二集，转引自李天锡《华侨华人民间信仰研究》，中国文联出版社 2004 年版，第 301 页。

③ 李天锡：《华侨华人民间信仰研究》，中国文联出版社 2004 年版，第 316 页。

表 12–3　东南亚籤谱一览表

庙　名	所在国家	籤谱首数	首籤首句	末籤末句	备　注
极乐寺	马来西亚	28	丈六金身现时间	祈保平安满载归	
福寿宫	马来西亚	27	玉树开好花	东西第一家	加添油籤 1 首
霹雳洞	马来西亚	18	困龙得水运亨通	安居乐业庆丰年	
永安亭	马来西亚	28	角弄三声响	依然口自吟	
古晋林华山寺	马来西亚	100	开天辟地作良缘	不如守旧待时来	背面有英文注解
玄天上帝庙	马来西亚	50	一箭射红心	移岭过前江	加添油籤 1 首
古晋天后宫	马来西亚	60	日出便见风云散	当官分理便有益	
兴安会馆天后宫	马来西亚	36	红日玉堂光	自然赐君前	加添油籤 2 首
古晋青山岩	马来西亚	32	彩凤呈祥瑞	再得显光辉	加添油籤 1 首
古晋天后宫	马来西亚	36	红日玉堂光	自然赐君前	加添油籤 2 首
广福宫	马来西亚	60	日出便见风云散	当官分理便有益	加添油籤 1 首
仙四师爷庙	马来西亚	52	天开黄道日光华	贵人供照一身装	
仙四师爷庙（古人）	马来西亚	52	天开黄道日光华	贵人供照一身装	有注释、典故、添油籤 2 首
仙四师爷庙	马来西亚	100	开天辟地作良缘	不如守旧待时来	
天后宫	马来西亚	100	开天辟地作良缘	不如守旧待时来	
观音亭	马来西亚	100	开天辟地作良缘	不如守旧待时来	
槟城玉山祠	马来西亚	60	日出便见风云散	言语虽多不可从	三一教堂
三教祠	马来西亚	100	开天辟地作良缘	不如守旧待时来	
关帝庙	马来西亚	100	巍巍独步向云间	抽得终籤百事宜	多数关帝庙用此籤谱
暗邦南天宫	马来西亚	60	日出便见风云散	当官分理便有益	
槟城福兴宫	马来西亚	75	南浮世界苦虚舟	相逢揖手共追游	

庙　名	所在国家	籤谱首数	首籤首句	末籤末句	备　注
云顶清水岩蓬莱殿	马来西亚	50	清风与明月	悟味善中听	
安济圣王庙	新加坡	50	邦剑必有灵	名扬天下知	背面有英文注解
众弘善庙	新加坡	60	第一灵籤第一名	忽逢贼寇起波浪	加罚油籤、诵经籤各1首
慈忠会	新加坡	100	开天辟地作良缘	不如守旧待时来	称“黄老仙师灵籤”
韭菜芭城隍庙	新加坡	28	角声三弄响	依然口自吟	
天性祠	新加坡	60	日出便见风云散	当官分理便有益	
三尊宫	新加坡	53	开天辟地作良缘	许我功名再有期	
云峰港天后宫	新加坡	50	飞龙变化喜时逢	劝君驰去莫迟疑	
观音庙	印度尼西亚	60	日出便见风云散	当官分理便有益	
泗水北极庙	印度尼西亚	60	日出便见风云散	当官分理便有益	
泗水福安宫	印度尼西亚	60	日出便见风云散	当官分理便有益	
惹班福善宫	印度尼西亚	60	日出便见风云散	当官分理便有益	
垄川大觉寺	印度尼西亚	60	日出便见风云散	当官分理便有益	
菩提寺	越南	37	得水行舟遇顺风	不如守旧待天公	

在表12–3的籤谱中，有两种籤谱值得简要介绍：

（一）新加坡《宋大峰祖师灵籤》

大峰祖师俗名林噩（1039—1127），浙江温州人，进士出身，早年从政，晚年出家，由福建云游到广东潮阳，因修桥行善而成神，在潮汕和东南亚华人华侨中影响较大。该籤谱为新加坡众弘善庙所有，众弘善庙乃广东潮州籍华侨所建造，籤谱也传自潮州。《宋大峰祖师灵籤》最大的特点有两个：

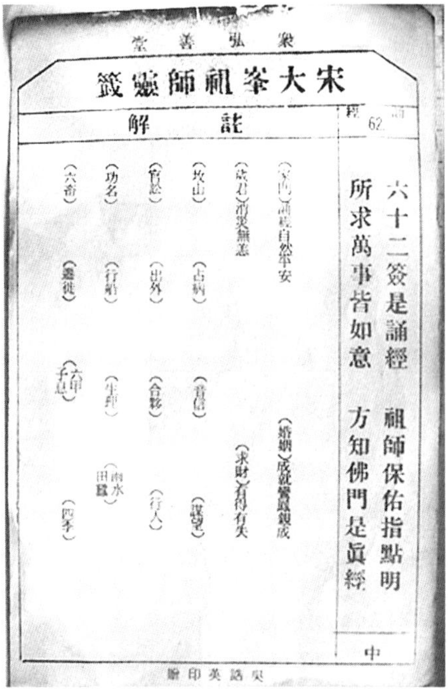

图 12–25 新加坡众弘善庙《宋大峰祖师灵籤》

一是第六十一首和第六十二首为添油籤和诵经籤，添油籤比较常见，而诵经籤则不多见。二是籤解的项目有 20 项，其中有“行船”、“迁徙”、“行人”、“音信”、“出外”等项目，占总项目的 20%，打上移民的历史印记。

（二）印尼《观世音菩萨灵验籤诗簿》

观音灵籤在印尼传播甚广，1991 年陈炯烟收集印尼各观音庙籤谱的抄本，发现内容各异，从中选择泗水北极殿、福安殿、惹班福善宫、垄川大觉寺等 5 种观音籤谱，和通行的观音籤谱进行比对，整理编印而成，以方便信众比对参照。以第一首为例，其格式如下：

第壹首　甲子　上吉

（一）唐高祖传为太宗

日出便见风云散，光明清净照人间。

一向前途通大道，万事清洁保平安。

注解：“日出”拟指唐高祖李渊登基，陕西陇西人，与传位太宗世民也。“风云散”，外谓除隋之乱，并歼灭群雄，内谓丙戌六月四日，玄武门除建成元吉也。太宗即位，放宫女，禁淫妃，美政叠见，人心悦服，是“光明清净照世间”也。从此九夷八蛮，皆来朝贡，设宴未央宫，上皇命颉利可汗起舞，冯智戴咏诗，喜其胡越一家，非“一向前途通大道”乎？唐之得天下，创基廿传，享祚三百载，即所谓“万事清吉保平安”也。

占者：非外与人争执必内与兄弟纠缠，然必正气之人，方能于交涉之时，而权操胜仗，以后可坦途而行，安然无事，否则恐应不着。

（二）包公请雷惊仁宗

解曰：做事难成；求财轻微；病人午未日愈，疾病平安；寻人月光在；失物左方；六甲生男难养；岁君清吉；婚姻允成；诉讼平和而已，事事在缓；移居得安。

（三）包龙图审问张世珍

月令平安，万事如意；生理顺，无大利；移居好；作事有始难终；求财日间占稍有，夜间不遂；大命不怕；官事易了局；失物难寻；讼安；婚姻难成，若成亦好；孕生男，平安好。

（四）唐太宗升高太平

解曰：风云消散，日月光明，前程直上，诸事皆吉，占孕必男。

（五）包公驱五雷

解曰：家宅吉庆；岁君有喜；求财如意；生意顺利；婚姻和合；行人已动；音信即至；失脱东方；谋望合想；是非有理；占病即安；六甲生男。

上文中的（一）为通行本观音籤谱，（二）至（五）分别是泗水北极殿、福安殿、惹班福善宫、垄川大觉寺的观音籤谱。《观世音菩萨灵验籤诗簿》还附有观世音菩萨灵杯图、各庙不同籤诗号对照表、海水潮退时间表、地支配时间表等，便于信众查对。另外，籤诗正文前的一段话，道出编辑此籤谱的动机：“楚国无以为宝，邻亲足以为宝；信士无以为宝，灵籤更以为宝；蛇雀尚知衔环，人杰岂无感应；诸友汇集本簿，藉申叩敬神恩。”

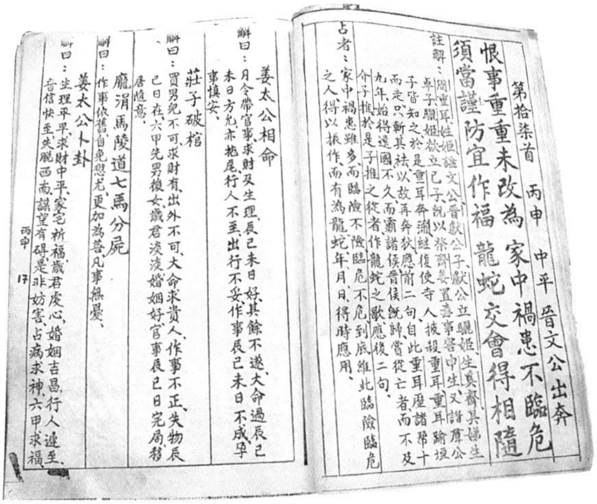
第拾柒首　丙申　中平　晋文公出奔
恨事重重未改為　家中禍患不臨危
須當謹防宜作福　龍蛇交會得相隨
註解：周重耳，姓姬，諡文公，晋獻公子，獻公立驪姬，生奚齊，其娣生卓子，驪姬欲立己子，既以祭肉置毒事害申生，又譖重耳、夷吾，公子皆知之，於是重耳奔蒲，繼復使寺人披殺重耳，重耳踰垣而走，只斬其袪，以故再奔狄，應前二句，自此重耳歷諸帮十九年，始得還國，不久而霸諸侯，晋侯既歸，賞從亡者，而不及介子推，於是子推之從者，作龍蛇之歌，應後二句。
占者：家中禍患雖多，而臨險不險，臨危不危，到底離此臨險臨危之人，得以振作，而有為，龍蛇年、月、日，得時應用。

姜太公相命
解曰：月令帶官事，求財及生理，辰巳未日好，其餘不遂，大命過辰巳未日方允，亦抱尾，行人不至，出行不妥，作事辰巳未日不成，孕事慎安。

莊子破棺
解曰：買男兒不可，求財有，出外不可，大命求貴人，作事不正，失物辰巳日在，六甲先男後女，歲君淡淡，婚姻好，官事辰巳日完局，移居隨意。

龐涓馬陵道七馬分屍
解曰：作事依舊，自免怨尤，更加為善，凡事無憂。

姜太公卜卦
解曰：生理平平，求財中平，家宅祈福，歲君虔心，婚姻吉昌，行人遲至，音信快至，失脫西南，謀望有碍，是非妨害，占病求神，六甲求福。
丙申　17

图 12–26　印尼《观世音菩萨灵验籤诗簿》书影

综上所述，流传于东南亚的籤谱中有四个特点：一是观音籤（首籤首句分别为“日出便见风云散”和“开天辟地作良缘”的籤谱）多达 17 种，占总数将近一半，这显然与观音信仰在东南亚有较大影响有关；二是流传于东南亚的籤谱在中国大陆的庙宇中多数可见到，无论从内容还是形式都与中国大陆的籤谱没有什么不同（只有林华山寺的籤诗条的背面有英语译文），这与善男信女均为华侨华人，汉语和中国文化的基础比较扎实有关；三是与东南亚华人华侨的祖籍多来自闽粤，流传于东南亚的籤谱也多源自闽粤，如新加坡众弘善庙的《宋大峰祖师灵籤》源自潮州，马来西亚吉隆坡云顶清水岩蓬莱殿的籤谱从福建安溪清水岩恭请而来；四是可能受闽粤港台籤谱影响，多达 8 种籤谱中有添油籤，所占比例较大，商业色彩较为浓厚。

二、东南亚华侨华人的籤占活动

笔者曾经去过马来西亚吉隆坡和槟城、新加坡、菲律宾马尼拉、印度尼西亚巴厘岛和雅加达等地，走马观花似地访问了二十多座华侨社区的庙宇，这些庙宇的建筑、内部设置、祭品排列、宗教仪式、占卜、扶乩、安太岁等等与中国大陆完全相同，在宫庙中参观几乎忘记自己是在异国他乡。每天到庙宇抽籤占卜的善男信女络绎不绝，抽籤器具、仪式也与中国大陆完全一样。抽籤者绝大多数是华人，也见到个别印度人参与抽籤活动。

为了适应不懂汉语而懂英语的善男信女需要，有的籤谱在正面印刷汉语，反面印刷英文，如新加坡西海岸通道的安济圣王庙籤谱。

图 12–27　印度人参与抽籤活动

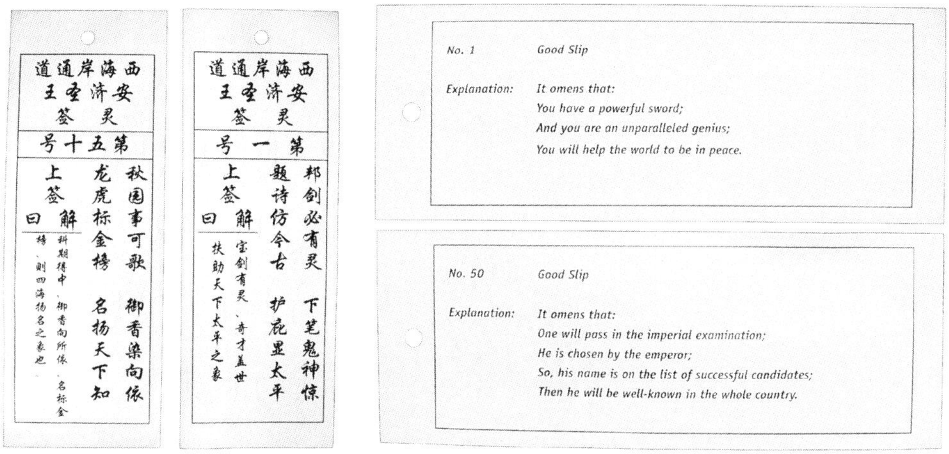

图 12–28　籤诗的正面为汉语，背面为英语，以适应不同文化背景的信众的需要

至于求籤人的基本情况，1988 年马来西亚学者程丽仙曾在槟城广福宫做了调查，一些调查数据对于了解东南亚华侨华人宗教信仰，有一定的参考价值，摘录如下：

在被调查的 200 名的抽籤者中，女性较多，占 69%。

年龄结构上，19—40 岁的占 58%，其中 12—18 岁的占 7.5%，19—29 岁的占 23%，30—40 岁的占 35%，40—60 岁的占 25.5%；

在教育程度上，小学和高中文化的占 58%，其中大学 3.5%，学院 6%，高中 25.5%，初中 1.9%，小学 32.5%，文盲 13.5%；

在职业背景上，家庭主妇居多，蓝领阶层其次，其中专业人士 2%，经商的 14%，公务员 5%，蓝领阶层（文员、推销员、工友）28%，家庭主妇 39%，学生 4%，无职业 3%，退休者 5%；

求籤的原因多与命运、事业、财运、家庭有关，其中问命运的 35%，问事业的 16%，问财运的 13.5%，问婚姻的 10%，问家庭的 12%，问学业的 5%，问疾病的 2%，问迁居的 2.5%，问生育的 1.5%，寻人物的 1%，问讼事的 0.5%。①

① 程丽仙：《广福宫籤诗初探》，1988 年《槟榔屿广福宫庆祝建庙 188 年暨观音菩萨出游纪念特刊》，第 168—169 页。

图 12-29　海外华人华侨热衷籤占活动

作者认为：“求籤之所以能广泛地被善信采用，是因为在众多的占卜方法中，它是最容易进行的。求籤者自己只需要向神明禀告事缘，然后双手捧着籤筒前后摇之，等抽到籤诗后，从其内容就可以预知吉凶祸福。求籤对知识分子来说，就形成对籤诗内容把玩推敲的风气。有时则变成一种艺术的活动而不完全是占卜的举动了。籤诗不但用文字来表达神明的指引，同时也加上通俗的七言绝诗和古人的事迹，因此知识分子可以一再推敲其象征意义，进而领悟全首籤诗所要表达的意思。至于对非知识分子来说，他们依赖知识分子代为解释籤诗的内容，因此他们除了对神明充满尊敬与推崇之外，同时也把对文字及知识分子的尊敬也加添进去。”①

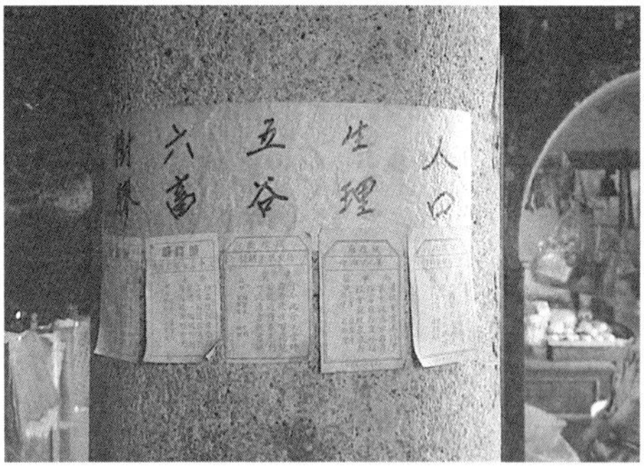

图 12-30　马来西亚槟城城隍庙公籤

图 12-31　马来西亚槟城仙四师爷庙公籤

① 程丽仙：《广福宫籤诗初探》，1988 年《槟榔屿广福宫庆祝建庙 188 年暨观音菩萨出游纪念特刊》，第 169 页。

值得一提的是，笔者在马来西亚槟城城隍庙和仙四师爷庙发现了贴在柱子上的“公籤”。城隍庙的“公籤”共5首，针对人口、生理、五谷、六畜、树胶等占卜。仙四师爷庙的“公籤”共8首，包括春、夏、秋、冬、生意、经济、农业、事业等占卜项目。在新加坡的后港斗母宫的“公籤”多达11首，包括人民、原油、黄金、生理、股票、棕油、锡米、六畜、咖啡、胡椒、战争与和平等。“公籤”的存在，从一个侧面反映籤诗对马来西亚、新加坡华人社会不可低估的影响。

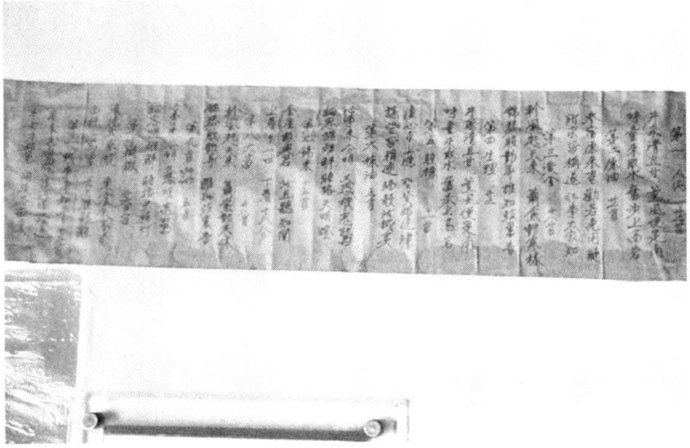

图 12–32　新加坡的后港斗母宫公籤

另外，关帝灵籤等也传入在越南，至今仍有一定影响。据台湾陈益源介绍，越南河内玉山祠曾有《关圣灵籤》，书藏汉喃研究院藏。位于顺化市

QUAN THÁNH ĐẾ QUÂN **XĂM SỐ : I (THƯỢNG THƯỢNG KIẾT)** **XĂM CHỮ :** Ngụy ngụy độc bộ bạch vân gian, Ngọc điện thiên quan đệ nhứt ban. Phú quý vinh huê thiên phú nhữ, Phước như đông hải thọ như sơn.	**LỜI BÀN** Xăm tốt, công danh có lợi, phước lộc an toàn. Từng bước làm nên sự nghiệp, người xin đặng quả mọi việc đều hay.
NGHĨA XĂM Một mình thong thả hướng bạch vân, Điện ngọc đền vàng nhất phâm ban. Phú quý vinh quang thiên tải định, Phước như biển cả thọ như sơn.	**SỰ TÍCH :** Hạng Võ cùng Lưu Ban hứa hẹn cùng nhau dẹp giặc nhà Tần, nhưng Lưu Ban nhập vào trong trước Hạng Võ sau, muốn hại Lưu Ban mà hại chẳng được, vì Lưu Ban là chơn mạng được thành công và hưởng phú quý. Đúng câu : - Chuyên tâm khiến chuyển, - Vương tất tựu thành

图 12–33　越南顺化广肇会馆关帝籤诗柜和籤条①

① 陈益源：《闽南与越南》，大安出版社 2014 年版。

富吉坊白腾路的顺化寺，正殿供奉佛祖，后殿主祀关帝，该寺设有籤筒，寺中有一部现代越文版的灵籤诗文。位于顺化市富吉坊芝棱路的广肇会馆，以关帝为主祀神，“广肇会馆里保留了完整的现代越南文百首关帝籤诗，经翻译比对，这一套现代越南文百首关帝籤诗，基本上与中国、台湾所流行籤诗无论在内容、数量还是顺序上，大体相同，虽包含籤文、籤义、解语、史迹、对句等几个部分，但除了第一籤所载较详以外，其余诸籤常会省略史迹、对句等部分”①。

第四节　籤占在美国的传播和影响

2000 年 10 月，笔者利用参加学术研讨会的机会，在纽约唐人街做了短暂的调查，采访了佛恩寺、大乘寺、东禅寺、美东佛教研究会、普照寺、关帝庙、陈十四圣母宫、泰山宫等，所有的寺庙都备有籤谱，供善信占取。有的寺庙的名片上标明的服务项目，包括求籤，如陈十四圣母宫的名片上赫然标明：“求嗣、求财、求寿、求籤、祈福延寿、消灾能（‘能’字可能为‘除’之误）厄、破邪解降、流年吉凶、指点迷津、有求必应。”有趣的是，在笔者调查的纽约佛教寺院均使用 60 首或 100 首的观音籤谱，这恐怕不是偶然的，观音信仰在海外华侨华人中的影响由此可见一斑。关帝庙使用的是流行于各地的关帝籤谱，据纽约关帝庙的住持称，他是关帝的后裔（其身材魁梧，长相不俗），每天来此抽籤的人很多，非常灵验。

在笔者见到的流传于纽约的籤谱中，值得介绍的籤谱主要有：

一、陈十四圣母宫籤谱

陈十四圣母又称陈夫人、陈太后、临水夫人、临水奶、房里奶、南国助国夫人、天仙圣母、顺天圣母、慈济夫人、陈夫人妈等，俗名陈靖姑，生于唐大历二年（767），福州下渡人，自幼习巫，传说 17 岁时入闾山学法，尽得徐

① 陈益源：《闽南与越南》，大安出版社 2014 年版。

真人的招鬼驱电、呼风唤雨、缩地腾云、移山倒海、斩妖捉鬼、退病除瘟诸法术。后来嫁给古田县临水乡刘某为妻，怀孕数月，遇到大旱，百姓苦不堪言，陈靖姑挺身而出，脱胎祈雨，因劳累过度，于贞元六年（790）去世，年仅二十四岁。相传，陈靖姑临终前，遗言“吾死后不救人产难，不神也”[①]。后来，陈靖姑果然灵魂重生，赴闾山专门学习救产扶胎之术，成为产妇保护神。陈靖姑去世后不久，百姓便在古田县临水洞建造宫庙，奉祀陈靖姑。起初，临水夫人的影响并不大，明清时期影响迅速扩大，《闽都别记》写道：“各处之人家或患邪或得病，皆去临水宫请香火。即无事之家，亦去请香灰装入小袋内供奉，以保平安。路上来往不绝，龙源庙内日夜喧腾，拥挤不开。恃强先请，至于口角打架，无日不争。”[②] 特别是妇女，信仰者不但众多，而且非常虔诚，《闽杂记》载：“陈夫人亦称临水夫人，闽中各郡县皆有庙，妇人奉祀尤谨。”[③] 明清时，其信仰超出福州方言区，福建许多地方有临水夫人庙和信仰者，所谓：“八闽人多祀之。”还传播到台湾、浙江南部和东南亚一些国家和地区。浙江南部的善信称陈靖姑为陈十四娘，尊称陈十四

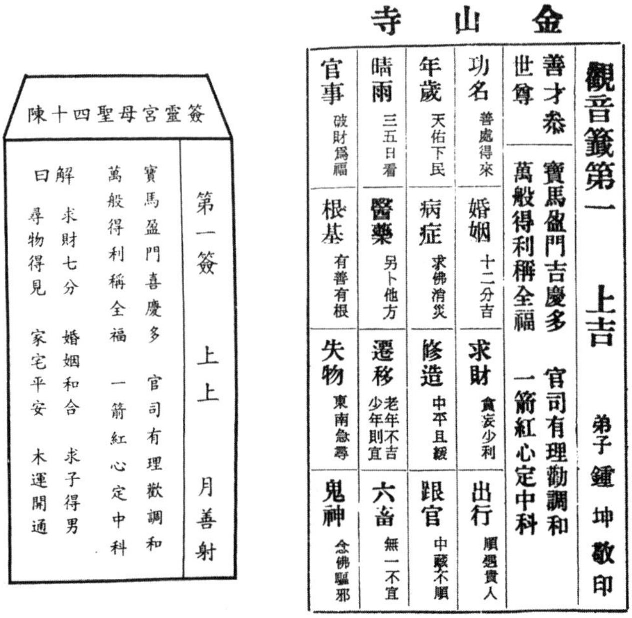

图 12-34　美国纽约陈十四娘籤、台湾金山寺的观音籤

① 民国《古田县志》卷二十三《祠祀志》。

② 《闽都别记》上册第一二八回“六娘法网收镇野鬼，玉真梦魂夺救疹童”，福建人民出版社 1987 年版，第 656—657 页。

③ 《闽杂记》卷五《陈夫人》。

图 12–35　籤诗直接放在宫庙的入口处，交纳 1 美元，即可随意占取

圣母，美国纽约的陈十四圣母宫为浙江温州籍华侨华人集资建造，庙祝为老妇人，会说粤语、汉语、温州方言，来此烧香拜神的多为温州人。陈十四圣母宫籤谱采用 24 首的观音籤谱，首诗首句为“宝马盈门喜庆多”，末籤末句为“水面经营常顺船”，此籤谱也流传于大陆和台湾的一些庙宇，但比较少见，且有一些不同（图 12–34）。

二、泰山宫籤谱

纽约泰山宫全称“亭头登龙境泰山都统府”，“亭头登龙境”为福州连江市的一个乡村的地名，此宫为福州连江人集资建造。20 世纪 90 年代以来，大批福建连江、长乐人通过各种渠道移民美国，聚居在纽约，逐渐成为纽约唐人街的主要居民。福州连江、长乐人在异国他乡谋生的同时，也把乡土文化带去美国，在纽约的唐人街，福州的地名、商店名随处可见，福州方言不绝于耳，福州食品摆满货摊。他们也把家乡的宗教信仰带去美国，按照家乡的样式建造庙宇，供奉家乡的神灵，举行熟悉的宗教仪式，亭头登龙境泰山都统府就是其中的一例。亭头登龙境泰山都统府中的籤谱也是从家乡带去，共 81 首，含庙名、籤序、籤诗、解曰等内容。

三、英 文 籤 谱

在纽约的大乘寺和佛恩寺，我们还发现用英文写成的籤诗，此籤诗置于寺院的入口处的木盒中，游客和善信只要交纳 1 美元，即可从木盒中取出一条籤诗，十分简单方便，此种做法主要是面向非华人的游客（图 12–36）。

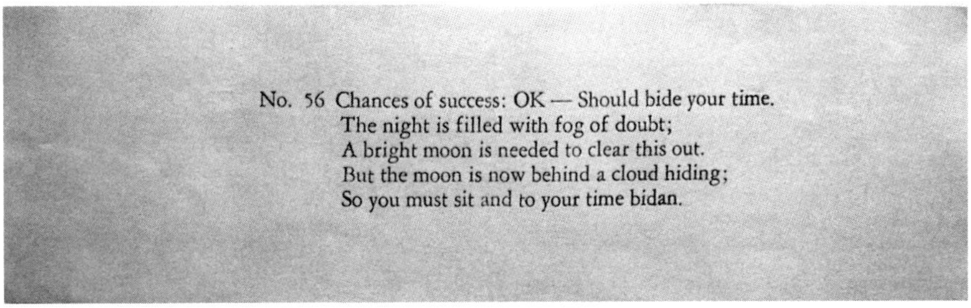
No. 56 Chances of success: OK — Should bide your time.
The night is filled with fog of doubt;
A bright moon is needed to clear this out.
But the moon is now behind a cloud hiding;
So you must sit and to your time bidan.

图 12–36　英文籤诗以方便美国信众

四、籤　诗　饼

又称“幸运籤饼”（Fortune Cookies），为面粉烤制的小食品，在纽约的中国菜馆的饭桌上经常可以看到，可以随意食用。幸运籤饼是先烤成圆形，趁热软时对折，里面放入灵籤再合拢，便是应市商品了。幸运籤饼中的籤诗用英文写成，有时也放入成人级的幽默，制造一点色情“笑”果，如在每句籤语之后加上“在床上”（in bed），文义马上变得两样如：“你俩很速配（在床上）”、“你一定会成功（在床上）”等，博得用餐前轻松一笑，很受欢迎。

纽约有不止一家专门制作幸运籤饼的工厂，如“金门幸运籤饼厂”、“永佳面行籤语饼厂”等，店面虽然破旧，却吸引许多游客参观烤饼和籤饼的制

图 12–37　饭桌上的籤诗饼

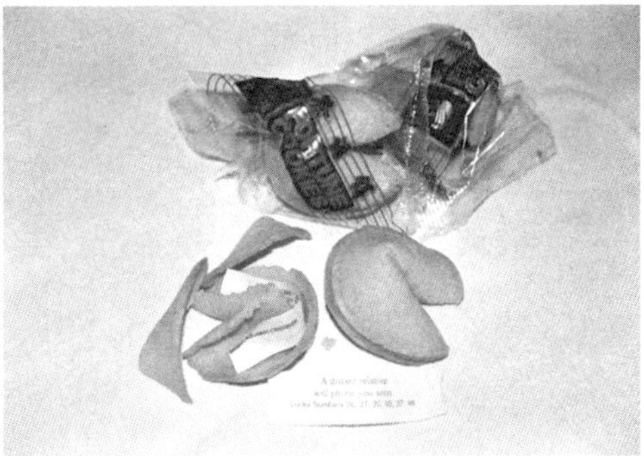

图 12–38　籤诗饼与幽默诙谐的籤诗

图 12-39　专门制作籤诗饼的工厂

作过程。

总之，籤诗作为俗文化，具有强大的生命力，不但在中国民间广泛流传，而且在异国他乡传播。由于籤诗不同于其他占卜形式，包含着诗歌、典故等内容，具有比较丰富的文化内涵，因此，从某种意义上说，籤诗在海外的流传，也延续着中国文化的一些传统。马来西亚学者陈丽香指出："我们不得不承认由于籤诗的两大特色，即文字及其较通俗的诗的形式之表达方式以及籤诗以古人事迹为内容的特征，致使籤诗中所隐藏的文化价值观得以传播。这不但在时间，而且在空间上都把民族与文化作一整合的连结。"①当然，籤诗在异国他乡传播时，不可避免要与异文化发生各种关系，甚至被所在国的文化所融合，形成了新的特色，如日本的籤诗具有浓厚的日本文化的色彩，美国的一些籤诗也注入西方文化的因素，我们在注意籤诗的传承性的同时，也应该关注其在海外传播时所产生的变异性。

---

① 程丽仙：《广福宫籤诗初探》，1988 年《槟榔屿广福宫庆祝建庙 188 年暨观音菩萨出游纪念特刊》，第 169 页。

第十三章　籤占的理论基础与文化内涵

籤占作为占卜术的一种，有着其理论基础，其中有神论、天人（神人）感应论、天命论（宿命论）为籤占的基本理论，贯穿着籤占活动的始终。籤占活动虽然看上去存在着浓厚的迷信色彩，但籤占是一种附着力极强的文化形式，宗教家不断从中国文化中汲取各种营养来充实籤诗，使籤诗的文化内涵不断丰富，并灵活地运用到不同时代的籤占活动中，为善男信女指点迷津，实际上充满着中国文化的智慧之光。籤占之所以具有无比顽强的生命力，至今仍是善男信女喜闻乐见的占卜形式，其中必有“奥秘”所在，有必要揭开其神秘的外衣，还原其本来的真实面目。

第一节　籤占的理论基础

一、有　神　论

就世界宗教发展史而言，宗教信仰的一般发展规律是从多神信仰发展到一神教。然而，由于特殊的历史文化所决定，中国的宗教信仰虽然也出现了诸如“上帝”、“帝”、“天”这样至高无上的统一神，但同时保留着多神信仰的形态。在百姓看来，仅有一个上帝是难以处理人世间的事无巨细的繁杂事务，需要许多神灵来协助处理，因此不但原始社会中自然崇拜、图腾崇拜、祖先崇拜被承袭下来了，而且还根据现实需要创造出许许多多的神灵，使神鬼的队伍越来越庞大，充斥着天上、人间、地府，构成了十分庞杂的神鬼体系。由于人类在强大的自然力和社会制度的压迫下，感到恐惧，认为自己太渺小，难以与自然力和社会压迫的强大力量相抗衡，因此赋予神灵以超自然的力量，幻想借助于这种超自然的力量来消除恐惧，摆脱困境，实现依赖自身力量无法达到的目的。所以，在中国古代乃至近代，百姓几乎事无巨细，都要祈求神明庇佑，鬼神信仰渗透到社会的各个方面。

籤占自唐代产生以来，经历了一千多年的发展变化，衍生出五花八门的形式。在当代，籤占甚至与计算机、网络等高科技相结合，以全新的面目出现在人们面前。但无论在形式上发生什么样的变化，其信仰某种超自然的力量的理论基础是不变的。任何的籤占活动，都是在有神论的场景下进行的，也就是说，神明信仰贯穿于籤占的始终。

首先，从籤谱的编写上看，许多籤谱宣称为某位神明下凡降鸾所作，理所当然代表着神明的意志。如福州《元帅庙祖殿田师灵籤圣谱》宣称该籤谱为九天帅府都总政和玉枢弼教杨真君，会同乐部圣众一起发布，包含神妙玄机。撰写于嘉庆元年的《田师籤谱概论》云："本师体上苍好生之德，箴言偈语，飞銮（鸾）阐教指迷津，为善男信女方便之门，作灵籤于尘世，启群生之心明，为善必昌，作恶必殃，去凶祸福，果报昭彰，赞曰：惟善能启化，化育在人心，心术当端正，正道本长生，生平行善愿，愿从功德音。本籤谱锦囊，由九天帅府都总政，玉枢弼教杨真君，会通乐部圣众，阐教开玄妙中造化，注定枢机，指迷方处。按壹佰籤定明圣杯，内存卦爻三象，分出两仪，参一元之气，变化阴阳；存分四象，左青龙，右白虎，前朱雀，后玄武；定出五方，东西南北中，化生水木金火土；分天地水三界，现日月星三光，合天地人三才，居儒道释三教，行君臣义三纲；分四时春夏秋冬，存五行生克之变，指天文风雷雨电，据地理江淮河汉；籤分上中下，谱存妙玄机，包罗卦爻万象，指向出迷津，子须诚心祷，善恶辨是非。"① 又如民国十六年《吕道人吕祖师灵籤》的"吕道人序"，假托吕祖的名义，以吕祖的口吻说道："此籤为老夫所降于玉虚宫，此会难见也。我师钟离大师冥传丹圭符箓、正一神术，前后十载，入空者一人而已。老夫以道传民间，自唐入民国，几百春

① 《元帅庙祖殿田师灵籤圣谱》（抄本）。

秋，青海化为桑田。回首又有少年生，王侯之志，建大名于民间，民知者谁欤？”[①] 再如，《关帝灵籤六十卦》也是假托关帝托梦张九法编写而成，《籤谱弁语》：“是籤乃圣帝于万历年间，示梦张九法，将对圣帝生平忠义事实编作籤诗六十四首，另设限籤一百零五，令占者即一字亦可决吉凶，盖示人以必应之道也。……凡祈籤者，须沐浴虔诚，先求限籤一枝，再求卦籤一枝，查限籤上许看某句某字，将所求卦籤诗句一看自明，无不感应。限籤一筒计一百零五枝，卦籤一筒计六十四枝。”

其次，从籤谱的名称看，一些籤谱虽然没有说明编写的来历，但多在籤谱上标明“某某神明籤谱”、“某某神明灵籤”等，如道成居士编著、草庐主人主修《全台寺庙灵籤注解》收入流传于台湾地区的三十多种籤谱，其籤谱名称均以“灵籤”贯之，诸如《天坛玉皇上帝灵籤》、《玄天上帝灵籤》、《东岳大帝灵籤》、《万佛庵齐天大帝灵籤》、《月下老人灵籤》、《观世音菩萨灵籤》、《济公应验灵籤》、《福德正神灵籤》、《万善大众爷灵籤》、《嘉义十九公灵籤》、《天上圣母六十甲子灵籤》、《澎湖妈祖灵籤》、《清水祖师灵籤》、《关圣帝君灵籤》、《保生大帝灵籤》、《代天府五府千岁灵籤》、《灵应侯灵籤》、《吕帝君灵籤》、《仙宫吕仙祖灵籤》、《三山国王灵籤》、《武穆岳圣王灵籤》、《莆田妈祖天后灵籤》等，用神明的名号来命名籤谱，目的无非是宣示此籤谱为该神明认可，或体现该神明的神意。[②] 为了进一步强化善男信女的神明信仰的观念，有些籤谱还附有神明的简介，在介绍神明生平的同时，着重宣扬神明的法力无边和灵验事迹。如前面提到的《全台寺庙灵籤注解》收入的每种籤谱前都附有某位或几位神明的传略。[③]

第三，从籤诗的内容看，不少籤诗宣扬有神论。如《关帝灵籤》第一首：“巍巍独步向云间，玉殿千官第一班。富贵荣华天付汝，福如东海寿如山。”宣扬人生的富贵荣华皆是老天赐予。第一百首：“我本天仙雷雨师，吉

---

① 道成居士编著、草庐主人主修：《全台寺庙灵籤注解》卷六，正海出版社 2010 年再版，第 311 页。

② 道成居士编著、草庐主人主修：《全台寺庙灵籤注解》卷一至卷六，正海出版社 2010 年再版。

③ 同上。

凶祸福我先知。至诚祷祝皆灵应，抽得终籤百事宜。”宣扬吉凶祸福均由天仙雷雨师决定。又如《武当山玄武北帝灵籤》第一首：“武当山，玄武座，北方真人降，真诚妙语话上苍。”① 第四首：“玉女捧剑，金童捧银，足踏蛇，黑帝降坛。”② 暗示此籤谱乃玄天上帝降鸾所为，非同一般。至于籤谱中的“籤王”，宣扬有神论更加露骨，如台湾新竹关帝庙的籤王：“降下凡尘渡善良，上天命我察吉凶；作善之家有余庆，作恶之家必受殃。”台北清水岩的籤王：“敕令从天降，颁行布政司，五侯为上品，何处不尊兹。”台北保安宫的籤王：“六十灵籤增一枝，未来过去我先知；万事清吉皆如意，诚心添油正合宜。”高雄褒忠亭的籤王：“六十花甲加一枝，来人有意我先知；若求此籤万事吉，奉添香油点神祠。”新竹云光寺灶君堂的籤王：“五十终籤加一枝，你日做事我先知；添油三斤神前点，富贵荣华天付你。”

有些籤谱运用中国诗歌的特殊格式，把神明的名号、封号、咒语等嵌入籤诗中，以达到宣扬有神论的目的。如福建安溪《清水祖师籤谱》嵌入了所谓“虔诵极灵”的48字咒语，加上“敕封”二字，共50首。③ 台湾嘉义县《福安寺清水祖师籤诗》还把每首籤诗的首句首字连在一起，做成广告词，内容包括寺庙的所在地名、主神名号和抽籤仪式、虔诚信仰以及籤诗灵验等。④ 台南县后壁乡下茄苳旌忠庙《武穆岳圣王灵籤》也把寺庙的所在地名、主神名号和抽籤仪式、虔诚信仰以及籤诗灵验等嵌入籤诗的首句首字，宣扬有神论。⑤

第四，从籤谱的扩展兆象看，有神论也随处可见。一些籤诗直接以神明的名号作为扩展兆象，如《十八罗汉籤谱》、《五百罗汉籤谱》的每首籤诗都有相应的罗汉名号，《二十八宿籤谱》的每首籤诗都有相应的星君名号，

① 道成居士编著、草庐主人主修：《全台寺庙灵籤注解》卷六，正海出版社2010年再版，第249页。

② 同上书，第252页。

③ 杨浚：《清水岩志略》附刻《籤谱》。

④ 道成居士编著、草庐主人主修：《全台寺庙灵籤注解》卷三，正海出版社2010年再版，第230页。

⑤ 道成居士编著、草庐主人主修：《全台寺庙灵籤注解》卷六，正海出版社2010年再版，第6页。

《四圣真君灵籤》的每首籤诗则以星宿的符号为扩展兆象，这种符号看似道教的符字，实际上就是北斗星君名号的变体。无论是罗汉名号还是星君名号，都寓意抽到此籤诗者的命运受到相应的罗汉或星君主宰。有些籤谱在籤解上也标明神仙名号，如《关帝籤谱》中就有"圣意"、"东坡解"、"碧仙注"等，《顺天大王籤谱》也有"王意"、"文庄公题"、"云霄注"等。有的籤谱中直接注明向某神明求助，如现存最早的籤谱《天竺灵籤》中就有"病向香火保"、"病向伤亡保"、"并向星辰保"、"病向土地保"、"病向家先土地保"、"病向香火旺盛保"、"病向神司保"、"病向社司保"、"病向家先伤亡保佑"、"病向佛前保"等。

第五，从籤占的场所和籤占的仪式看，都离不开神明信仰。籤占的过程与神明信仰紧密联系在一起，绝大多数籤占要在宫庙寺院中进行，要在神像前举行简单的祭拜祷告仪式，要通过卜筊来确定所抽籤诗是否代表神意。少数在家中或旅途中进行籤占，但也同样要烧香拜神。即使在当今社会中的与网络相结合的籤占活动，虽然籤占的场所、籤占的过程都是在虚拟的空间中进行，抽籤的仪式越来越简单化，但同样要求籤占者心中要有神明在，不能随意而为，否则，不但不"灵验"，还会遭到"神谴"。

第六，从籤诗的应验故事看，有神论更是充斥其中，几乎所有的应验都归结于神明的保佑，略举一二，以概其余。如《青箱馀正集》记载这样一件事，明武宗正德十四年，正逢大比之年，豫章丰城县读书人到相传非常灵验的海慧寺伽蓝殿关帝神前求籤，占卜本城学子考入省试的人数，连求几籤，籤语均说无一人能考中。再占问一郡学子能中几人，又占问一省举人能中几名进士，籤语均回答无一人考中。众人感到不可思议，因为全省九十五名解元的名额是国家规定的每科必须选中的名额，本省不可能无人考中，大家以为神明无能，不能预知未来，纷纷悻悻离去。谁也没有料到，这一年京城发生动乱，竟废除省试，果然无人中举。当地百姓这才恍然大悟，赞叹籤诗灵验非常，纷纷到寺里拜谒，感谢神恩。经此一事，当地百姓更加崇敬关帝。清末袁瑛也记述其数十年如一日崇拜关帝，故一生中多次得到关帝的庇佑。如"嘉庆四年，分发广东，补授开平沙冈巡司，其地四面皆水，离海百余里，署左有圣帝庙，素著灵异，履任后，朔望顶礼，默祈保障生灵，庇佑眷属。瑛年逾周甲，尚难嗣续，至是燕姞，始获征兰。时海寇风鹤，富保总制百公龄督师高雷，密设方略，先断贼食，群贼窘促奔突，间至内地抢掠。十四年五月，贼首阿婆，带领摆龙艇九十余号，蔽湖而来，焚劫沙埠，事起仓卒，迅传民兵，已鸟兽散。虔祷帝君指示，得籤：'三千法律八千文，此事如何说与君，善恶两途君自作，一生祸福此中分。'知圣意以忠义勖励，集得兵役仅四十余名，虑难对垒，因设伏要道隘巷，遥放鸟枪，发无不中，立毙十余人，贼惊顾稍却，复生擒陈阿豪等二名，渐引去。仰邀呵护，民居间被焚烧，舆情安谧，公署眷口俱无恙。圣殿三次被贼纵火，卒屹然不动，尤昭灵爽。……后有浙人张升吉跋语，自叙生平敬奉，宰闽省日，台匪滋事，亦以求得此籤获免，与瑛先后合辙，不胜骇异，是可见神圣威灵咫尺，苟能尽诚尽敬，求无不应，凡我同人，皆当敬而信之，崇而奉之，以期无负培植群生之至意也。"①

总之，在信仰神明的百姓看来，神灵无所不能，籤诗则体现了无所不能的神灵的旨意，因此，只要虔诚地信仰，按照籤诗指明的方向去做，就可以逢凶化吉，遇难呈祥，神明总会帮助他渡过难关的。如果离开了有神论，籤占就不再是决定人们命运的不可捉摸的超自然的力量，而仅仅是一种游戏，或者一种文字游戏罢了。

二、天人(神人)感应论

天人感应说由来已久，《易》有"天垂象，见吉凶"的说法，认为人世间的一切都是受到天的支配，人有休咎，天必示之，因此，创造各种占卜形式来窥视天意。到了汉代的董仲舒，创立了以天人感应为核心的天人合一理论，不但认为天地是生物之本，万物本源，还把阴阳、五行等作为天派生万物的材料，纳入到天人合一的理论体系中。在此基础上，董仲舒进而认为，天不但生养了宇宙万物，而且创造了人类。他认为，人类是天按照自己的模样创造出来，无论在形体上还是生理上乃至情感上二者都是相同的，天是人的原型，人是天的副本，即所谓"人副天数"。因此，根据自古以来的"物

① 《宝训图说灵籤跋》。

以类动”的原理，天和人在特定的条件下会发生交感互动，即所谓“天人感应”。汉代以后，董仲舒的“天人感应”论进一步发展为“神人感应”论。多数人认为，不但至高无上的“天”和“人”会发生感应，任何“神明”和“善男信女”也会发生感应，“神明”虽然不能言语，但“神意”可以通过占卜得到的兆象等体现出来。因此，占卜是观察和揣测“神意”最重要的途径之一。

那么，神人在什么条件下才会发生感应？占卜者认为，关键的关键在于“诚”。《卜法详考》：“末世卜筮多用小术，或以鸡卜，或以虎卜，或以碁卜，或以紫姑卜，或以牛蹄卜，或以灼骨卜，其他掷钱、听镜、相字、观梅、望气、闻声、求籤、问筊，多因推测而知，然往往有灵验，此其故何哉？……无他，惟在精诚而已。”①

籤占也特别强调抽籤时要虔诚，这样才能发生神人感应，才有灵验。《六十甲子观音灵籤》前言写道：“观音籤向来以灵验著称，只要诚心祈求，自有灵验。”台湾《简便关帝城隍百首灵籤占卜卦法》写道：“百首灵卦首首灵，端在抽时诚不诚。存心嬉戏且莫作，恐损阴功怒鬼神。自古抽籤卜卦，必须正心诚意，方能产生灵验。若存心嬉戏，不择时间地点，不避喧哗嘈杂，随意举行，即精神不能统一，心不诚，意不专，即无法灵验，或致使鬼神怒目，暗中呵责，有损吾人阴德。”② 福建晋江《顺正大王籤谱序》：“闻之聪明正直为神，神也者妙乎物，所司祀神而明吉凶也。是故，古人有疑问之于卜，今人有疑求之于神。诚以神之响应，更有捷于耆蔡者也。然龟繇爻象，灵通奥妙，虽未易以骤窥，而王意诗词，神机隐跃，亦非可以妄测。吾泉青阳市石鼓庙顺正大王，台前旧有诗籤，其数适者六十四卦，其灵远迈乎。义繇自□□□天以达。妇孺走卒，无不虔诚叩祝，盖多奇验。”

古人认为，要获得神明的感应，除了虔诚信仰之外，还与每个人的善恶操行密切相关，“作善降之百祥，作不善降之百殃”，“积善之家神必荫之，积恶之家神必惩之”。大量的籤诗的应验故事都体现了这一主旨，李孝先《觉世真经》序中的一段话集中地反映了古人的这一思想：

---

① 胡煦：《卜法详考》卷三。

② 道成居士编著、草庐主人主修：《全台寺庙灵籤注解》卷四，正海出版社 2010 年再版，第 11 页。

圣籤应验，人人皆知，然其间有显应、隐应、远应、近应、借应之不同，或应在一句，或应在一字，合前后以观，咸叹神妙莫测。读古验案中，所载显应各事，指示祸福，言下立断，因人劝惩，各如其分。洵有不赏而劝，不怒而威者，如“善恶两途君自作，一生福禄此中分”一籤，张升吉占之而刻意行善，袁瑛占之而忠义自励。纸客某占得“常把他人比自己，管须日后胜今朝”句，而免舟人赔偿湿纸，终获厚利。士人某占得“阴里相看怪尔曹，舟中敌国笑中刀”句，而救人失足落水，得免盗劫。明万历时，张江陵当国，楚士某占得“百计营求都得意，更须守己莫心高”句，不肯干谒，后脱然无累。天启时魏阉弄权，一台谏占得“财多害己君当省，福有胚胎祸有门”句，即弃官归隐，得免阉祸，终蒙超擢，此圣籤劝善之验也。张江陵欲害高新郑，占得“才发君心天已知，何须问我决狐疑”一首，事遂得解。有二人惑于妇言，欲与弟析居，一占得“长舌妇人休酷听，力行礼义要心坚”，一占得“一家和气多生福，萋菲谗言莫听偏”，遂友爱如初。富人子某不敬其父，占得“汝是人中最吉人，误为误作损精神”句，改悔行孝，后登贤书。富户某曾负友人金，嗣为无赖少年所骗，将讼之，占得“讼则终凶君记取，试于清夜把心扪”句，知无赖之骗，中有前因，多与之金，而夙冤以释。此圣籤惩恶之验也。又有始善终恶，当吉而凶，一蒙籤示，不禁爽然若失者，如浙人王中尧，推命酉戌心捷，乃因色戒不坚，子殇落第。闽中孝廉某，梦帝许以中式，而强追其父已免之债，梦竟不验，二人占籤，均得“我曾许汝事和谐，谁料修为汝自乖”一首，鉴察之不爽，祸福之无门，盖如此。《觉世经》曰：“行善福报，作恶祸临。”又曰：“吾本无私，惟佑善人。”观此不益信耶？尤可异者，钱希言在京前门东，观音庙占籤云：“凿石方成火，淘沙始见金，青云终有路，只恐不坚心”。旋赴西边帝庙占籤，竟得“佛说淘沙始见金，只缘君子不牢心”之句，两处籤诀，一时合符。经云：“人虽不见，神已早闻。十目十手，理所必至。”斯之谓矣，可弗谨欤？《作善指南》书载无名氏三次占得“牢把脚跟踏实地，善为善应永无差”句，后见净土晨钟一书，内有“脚踏实地法门”，悚然而悟，遂尔栖心，因辑《净土要言》行世。夫念佛法门，为渡迷宝筏。帝君以此勉人，踏实做去，更有何疑？此日善为，他日善应，种瓜得瓜，种豆得豆，决不虚也。以上各节，就占验案中，择其关乎劝诫，显而易见者，略揭其要，此外徵应，不胜枚举，自有圣籤以来，世人占之而感发善心，惩创逸志，默化潜移，何可计数。第人不尽知，事遂不传，兹辑各案，亦太仓一粒，沧海一勺耳。①

三、天命论（宿命论）

天命论又称“天定论”，其思想渊源可以追溯到原始社会，经过夏商周的发展，到春秋战国时期已经成为诸子百家争论的热点话题。此后，天命论的探讨和争论，一直没有停止过，形成了众多的流派，诸如随机天命论、因果天命论、正命论、尊生安命论、天人相分命运论、天人相与命运论、自然命定论、自任命运论、顺性肆情安命论、待命养生论、命在义中论、命有两种论、君子造命论、命由心造论等，其中影响最大的无疑是在中国占据统治思想地位两千多年的儒家的天命论了。② 儒家的创始人孔子继承了殷周的敬天、畏天的传统，不但认为宇宙万物是天派生出来的，而且认为人世间的一切都是命中注定的，人的寿夭、贫富、贵贱、吉凶等也都是上天安排的，所谓“生死有命，富贵在天”。孟子继承了孔子的天命论的基本观点，一方面承认上天决定人的命运，但对孔子的天命不可预知的观点进行修正。孟子在天命中加入民意和人性的因素，认为通过修身养性，就有可能洞察天命，《孟子·尽心上》：“尽其心者，知其性也。知其性，则知天矣。”沿着这条思路，后世的儒家在如何对待天命的问题上形成两种基本观点：一种观点主张一切都是天命注定的，在面对生死寿夭、贫富贵贱、吉凶祸福时，要顺受其命，听从天的安排，不可逆动。因此，他们认为“天意从来高难问”，很少预测自己的命运，或者虽然预测，也只是聊当一笑；另一种观点则认为，“命”和“运”有所不同，“命”是指与生俱来的内在的决定人的生命质量的力量，“运”是指外在环境影响人的生命质量的力量，二者在静止状态下

① 世界关氏宗亲会第九届恳亲大会筹委会编印：《关公文化资料丛书》第五册，第142—143页。

② 详见魏义霞：《中国人的命运哲学》，黑龙江教育出版社2010年版。

互不相关，在运动状态下密不可分。“命”中有可变的部分，也有不可变的部分，不可变的“命”自然要顺受，可变的“命”则要想办法窥视它，以便早做准备，趋利避害。至于“运”既有先天的，也有后天形成的，“运”会随着时间、外在条件、个人德行的变动而变化，所谓“时来运转”。因此，在他们看来，个人的“运势”充满着神秘性，但运用适当的方法可以预测甚至加以改变，所以处处希望了解自己的命运，以便更好地把握自己的命运。这一派的观点，为广大百姓所接受，在民间占据着主导地位。

古往今来，人们的价值观发生了很大的变化，但趋利避害的心理则古今相同。无论是帝王将相还是平民百姓，无不希望能够了解自身的命运发展轨迹，以便尽早应对，趋利避害。籤占的出现绝非偶然，而是适应百姓预测命运的客观要求的产物，可以说，天命论是籤占产生和发展的主要动因和动力。

在籤占者看来，命运虽不可知，但神明知之，而籤诗包含着神意，因此通过籤占就可以通神，预测自己的命运。《泉郡通淮关圣夫子灵籤序》：“古来惟气之正者，其灵能鉴。是以吉凶祸福人莫知，而神先察之。然神能察，而人也可以知，盖观于求神者知之。夫神曷尝付人以言哉，而人不啻受其命，此又有存于诚者矣。”[①] 籤占之后，可以根据籤诗兆象和籤解等，趋利避害，祈福禳灾。台湾《济公应验灵籤占法》写道：

> 财运关于命宫，或有或无，或多或少，或前或后，皆有定数，不可勉强。若能将财运之定数，预先研究、预先推测，则方针定，而有益之金钱不致浪费矣。然定数非人能知，惟神灵乃能示其指归。敝人素信扶乩，爰以此事，虔诚祷告于坛前数日，蒙济颠佛祖降坛说法，撰成百二十五数，苦口婆心，指示迷途。又有德全居士承佛祖意旨，解释其理。于每数之后，明白详列，凡财运之通塞，正片之有无，悉隐括于百二十五数之中，即吉凶祸福，亦可于此中求之。[②]

① 吴幼雄、李少园主编：《通淮关岳庙志》卷八《籤诗》，中国社会科学出版社 2008 年版，第 329 页。

② 道成居士编著、草庐主人主修：《全台寺庙灵籤注解》卷二，正海出版社 2010 年再版，第 151 页。

在籤谱中，宣扬天命论的籤诗随处可见，以流传最广的观音《六十甲子灵籤》为例，籤诗中出现“天”、“命”、“运”等字眼的就多达17首，如第三首“天注衣禄自有余”、第五首“命逢太白守身边”、第六首“命内此事难和合”、第七首“婚姻皆由天注定”、第十三首“命中正逢罗孛关”、第十五首“劝君且守待运通”、第十九首“富贵由命天注定”、第二十首“只恐命内有交加”、第二十二首“命内自然逢大吉”、第二十三首“前途未遂运未通”、第三十六首“命内自然逢大吉”、第三十七首“运逢得意身显变”、第四十四首“月出光辉得运时”、第四十八首“只恐命内运未通”、第五十三首“运亨财子双双至”、第五十七首“前途清吉得运时”、第五十八首“只恐命内运未通”等。一些籤诗虽然没有出现“天”、“命”、“运”字眼，但同样宣扬天命论，如第十四首“选出牡丹第一枝，劝君折取莫迟疑。若问世间和合事，万物逢春正及时。”显然是说时来运转，要紧紧把握机会。第四十二首“一重江水一重山，谁知此去路又难。任他改求终不过，是非终久未得安”，暗示所求不得乃命中注定。

需要指出的是，有神论、天人感应论（神人感应论）、天命论（宿命论）贯穿于籤占的始终，不可或缺，但就具体某一首籤诗、某一种籤谱或某一次籤占活动而言，三者不一定是等量齐观的，有时特别强调有神论，有时则强调天人感应论（神人感应论）或天命论（宿命论），无论强调哪一种理论，本质上都是一样的。自古以来，籤占就是在有神论、天人感应论（神人感应论）、天命论（宿命论）的指导下进行的，因此充满着神秘的色彩。

第二节　籤占的文化内涵

在一些文人学士看来，籤诗粗鲁不文，难登大雅之堂，为世人所不齿，如台湾的历史学家连横就说过：“台湾寺庙皆有籤诗，其辞鄙陋，若可解，若不可解，故台人谓诗之劣者曰‘籤诗’，以其不足语于风雅之林也。”[①] 连横

① 连横：《雅言·台湾掌故三百篇》，台北实学社2002年版，第53页。

所说的并非毫无根据，“其辞鄙陋”在籤诗中确实可以找到大量的例证，但应该着重指出，籤诗的创作主要目的并不是为了文学审美，而是为了满足善男信女占卜吉凶祸福的需要，因此，籤诗的创作所关注的不是文学性，文学价值不高也是必然的结果，所以，从这个角度说，连横的观点未免失之偏颇。① 实际上，正因为籤诗是为了占卜吉凶祸福而创作的，它所面临的是古往的社会、家庭、个人的形形色色的问题，因此，从某种意义上说，籤诗的作者和解籤者肩负着解除善男信女的各种疑惑，进而指点迷津，帮助他们趋利避害，实现自己愿望的职责。而要达成这样的目标，实事求是地说基本上是不可能的，但籤诗的作者和解籤者却孜孜以求，从中国文化中汲取各种营养来充实籤诗，使籤诗的内涵不断丰富，并灵活地运用到不同时代的籤占活动中，为善男信女指点迷津，提供精神慰藉。

一、从自然现象推及社会人生

自然现象丰富多彩，神奇而神秘，令人神往。早在原始社会，人类就开始观察自然、认识自然，并从自然现象中汲取智慧，来认识社会与人生。最突出的例证就是八卦的发明和运用。《系辞下》：“古者包羲氏之王天下也，仰则观象于天，俯则观法于地。观鸟兽之文与地之宜，近取诸身，远取诸物，于是始作八卦，以通神明之德，以类万物之情。”后来，人和自然的关系成为中国哲人热衷讨论的话题，甚至把自然的法则上升到至高无上的地位，老子《道德经》说：“人法地、地法天、天法道、道法自然。”中国传统文化中的许多思想就是依据“道法自然”的原则，把所掌握的自然现象发展变化的规律有意识地运用到分析人类社会中去，体现了东方人的思维特点。

籤占的兆象是占卜吉凶的关键要素，而籤占兆象的取材几乎无所不包，其中自然现象是籤占兆象的主要来源之一。以影响较大的百首《观世音灵

---

① 关于籤诗的文学价值，恐怕不能一概而论，有些籤诗确实粗俗鄙陋，但也有的籤诗相当优美，具有一定的文学价值，笔者对文学方面没有研究，就不班门弄斧了。有关籤诗的文学性的问题，可参见台湾陈香琪：《台湾通行籤诗之文学性研究》，高雄师范大学国文学系研究所 2005 年硕士学位论文；罗瑞芬：《台湾寺庙籤诗文化中的文学性——以宜兰昭应宫庙籤为例》，佛光人文社会学院文学系 2006 年硕士学位论文。

籤》为例，该籤谱的籤诗中大量借助天地、云月、风雨、山川水火、花鸟虫草、龙虎鱼鳖等自然现象作为兆象，比拟人事变化。以前三首为例，如第一首："天开地辟结良缘，吉日良时万物全。若得此籤非小可，人行中正帝王宣。"籤解曰："此卦盘古初开天地之象，诸事皆吉也。"该籤诗以盘古开天地为兆象，比喻万象更新，万事大吉，但同时强调只有"人行中正"，符合伦理礼教，老天爷才能赐福予你。这里的籤诗中虽然有宿命论的色彩，但也不是听天由命，作者也没有忘记人的主观能动性，认为天和人的关系应该是相辅相成，二者不可或缺，其中包含着合理因素。又如第二首："鲸鱼未化守江湖，不可升腾更望闻。异日峥嵘身变化，许君一跃跳龙门。"籤解曰："此卦鲸鱼未变之象，凡事忍耐待时也。"该籤诗以鲸鱼未化为大鹏鸟为兆象，借以说明事物向好的方向发展是必然的，但要等待时机的到来，坚守江湖，不可轻举妄动，得忍且忍，时机一旦来临，一切都会称心如意的。再如第三首："临风冒雨去还归，正是其身似燕儿。衔得泥来欲作垒，到头垒坏复还泥。"籤解："此卦燕子衔泥之象，凡事空心费力也。"籤诗以燕子忙忙碌碌筑巢，最终巢坏成泥为兆象，奉劝籤占者既要勤劳、谨慎，更要变通，才能避免徒劳无功的后果。无论是第二首还是第三首籤诗，都是作者通过对动物的细致观察后所得到的深刻认识，而推及社会人生，富有哲理性。

类似的例子在《观世音灵籤》中随处可见，以前五十首为例：第八首"松柏茂林之象，凡事有贵气也"、第九首"皓月当空之象，凡事光明通达也"、第十五首"乌鹊巢林之象，凡事到底应心也"、第二十首"久雨初晴之象，凡事遂意也"、第二十二首"旱逢甘雨之象，凡事难中有救也"、第二十五首"古井逢泉之象，凡事贵人成就也"、第二十八首"月被云遮之象，凡事昏迷未定也"、第三十四首"红日当照之象，凡事遂意也"、第三十六首"猿猴脱锁之象，凡事先难后易也"、第三十七首"风摇灯烛之象，凡事守常则吉也"、第三十九首"云雾遮月之象，凡事未遂守旧也"、第四十首"仙鹤离笼之象，凡事先凶后吉也"、第四十三首"天地交泰之象，凡事大吉无危也"、第四十六首"枯木生花之象，凡事自有成就也"、第四十七首"锦上添花之象，凡事大吉大利也"、第四十八首"鲲鹏兴变之象，凡事有变动大吉也"、第四十九首"水结成冰之象，凡事不用枉求也"，等等，这些以自然现象推广社会人生的见解，既形象，又颇为深刻，确实有蕴涵着中国传统文化的"道法自然"的智慧。

二、以箴言、古训警示善男信女

人类在长期的社会实践中，不断总结经验教训，提炼出一些富有哲理性的箴言古训，为后世人指引人生的方向。中国传统文化博大精深，箴言古训丰富多彩，集中地体现了古人的智慧。籤诗大量吸收古代的箴言古训，或者对箴言古训进行宗教化的改造，以此来警示善男信女。

收入《正统道藏》的《扶天广圣如意灵籤》的籤诗古香古色，有不少籤诗带有箴言的色彩。如第二十四首："刚焉取祸，柔焉取辱。克慎于中，厥道迺穀。"第三十一首："安于自然，乐天知命。无毁无誉，唯以静胜。"第三十五首："患生于欲，祸生于怠。"第五十五首："城门失火，殃及鱼池。"第五十九首："进退有节，动静有时。消息从道，君子是宜。"第七十七首："月盈则亏，日中必昃。慎终如始，以禳凶患。"第七十九首："否极泰生，阴消阳续。天道好还，靡往不复。"第八十一首："智者千虑，终有一失。既慎所宜，乃底元吉。"第一百零七首："宠辱不加，离乱不闻。抱道而居，与善为伦。"第一一三首："言为祸阶，行乃德先。戒谨枢机，乐享天年。"第一百十五首："自主不辱，知止不殆。弗由古训，迺罹灾害。"等等。[①]

收入《正统道藏》的《玄真灵应宝籤》，在籤序之下、总体定性兆象之前有四字断语，类似于箴言古训，以子时籤为例：子时第一"风云际会"、子时第三"谨守勿失"、子时第四"待时必捷"、子时第十"内外和同"、子时第十一"守否方泰"、子时第二十二"向进通达"、子时第二十三"劳心事成"、子时第二十四"无欺有望"、子时第二十八"自执不通"，等等。[②]《四圣真君灵籤》则在总体定性兆象之下有二到四字的断语，也同样具有箴言古训的色彩，诸如第一首"守旧"、第二首"动用取进"、第三首"否极泰来"、第

① 详见《扶天广圣如意灵籤》，详见《正统道藏》第五十四册，台湾艺文印书馆 1977 年精装缩印本，第 44160—44190 页。

② 《玄真灵应宝籤》，详见《正统道藏》第五十四册，台湾艺文印书馆 1977 年精装缩印本，第 44081—44086 页。

四首“谨守”、第八首“否蹇守旧”、第十一首“勤持动用”、第十三首“坚勤守旧”、第十六首“守分”、第十七首“待时向善”、第十八首“随缘”、第二十六首“公正无私”、第三十一首“正直”、第三十七首“守静”、第四十一首“谨守莫动”、第四十四首“合天”、第四十五首“屈伸”，等等。①

在民间流传的籤谱中，也有不少含有箴言古训的。如北京枣溪太平宫《圣母灵籤》中有“批曰”项，充满人类的智慧。如第十一首“此籤守分安命，顺时听天”；第十二首“此籤守己安分，百事中和”；第十四首“此籤慎勿贪，守己为重，事事谨守”；第十五首“此籤先和为贵，守己莫贪”；第十六首“此籤运在时未遇，自当守己莫贪”；第十七首“此籤莫妄为，守己自无忧”②。流传于北京同一地区的《福德正神灵籤》在籤谱名称之下有四字断语，如第一首“飞龙在天”、第八首“安分守己”、第九首“积德累功”、第十三首“自强不息”、第十五首“逆水行舟”、第十六首“屈仁由义”、第二十四首“否极泰来”、第三十首“见贤思齐”等。③

类似的籤谱还有不少，这些带有箴言古训性质的籤占断语，虽然具有劝导善男信女安命乐天、宁静待时、坚勤守分的消极倾向，但同时也兼有劝诫善男信女自强不息、公正无私、守己勿贪、见贤思齐等积极理念，百姓在占卜吉凶祸福的同时，稍加参详，就能得到古人智慧的警示和熏陶，也许还可以受到启发，寻找到人生的前进方向。

三、以典故、故事、传说诠释现实生活

中国具有五千年的文化史，在历史的长河中，产生了无数的典故、故事、传说等，这些典故、故事、传说不但生动有趣，而且内涵丰富，凝聚了中华民族的智慧，是人类文化宝库中的重要瑰宝。籤诗的作者敏锐地觉察到典故、故事、传说的价值，不但把百姓喜闻乐见的历史故事、传奇故事、历史

---

① 《四圣真君灵籤》，详见《正统道藏》第五十四册，台湾艺文印书馆 1977 年精装缩印本，第 44056—44080 页。

② ［日］酒井忠夫、今井宇三郎、吉元昭治：《中国的灵籤 · 药籤集成》，东京：风响社 1992 年版，第 45—68 页。

③ 同上书，第 87—95 页。

演义故事、神话传说、戏剧故事、宗教故事、民间故事等作为灵籤的原初兆象，而且更广泛地被作为灵籤的扩展兆象，利用典故、故事、传说中所蕴含的历史经验来诠释现实生活。

在民间流传的籤谱中，常见的是借用典故、故事、传说等作为扩展兆象，一般是以精炼的语言高度概括成短语，置于诗句之前，每首籤诗配以一个故事。以《泉郡通淮关圣夫子灵籤》为例，与100首籤诗相对应，典故、故事、传说等共100个，列表如下[①]：

表13–1 《泉郡通淮关圣夫子灵籤》典故

序　号	典　故	序　号	典　故	序　号	典　故
1	汉高祖入关	18	孟尝君招贤	35	王昭君和番
2	张子房游赤松	19	刘智远得岳氏	36	罗隐求官
3	贾谊遇汉武帝	20	严子陵登钓台	37	邵尧夫祝香
4	小秦王三跳涧	21	孙庞斗智结仇	38	孟姜女思夫
5	吕蒙正守困	22	李太白遇唐明皇	39	陶渊明赏菊
6	相如完璧归赵	23	武王爱西施	40	汉光武陷昆阳
7	吕洞宾炼丹	24	张骞误入斗牛阵	41	刘文龙求官
8	大舜耕历山	25	唐明皇游月宫	42	董永卖身
9	宋太祖陈桥即位	26	邵尧夫告天	43	玄德公黄鹤楼赴宴
10	冉伯牛染疾	27	江东得道	44	王莽篡汉
11	韩信功劳不久	28	相如题桥	45	高祖遇丁公
12	苏武牧羊	29	司马温公嗟困	46	孤儿报冤
13	姜太公钓鱼	30	柳毅传书	47	楚汉争锋
14	郭华恋王月英	31	苏卿复信	48	赵五娘寻夫
15	张君瑞忆莺莺	32	周公解梦	49	张子房遁迹
16	王祥卧冰	33	庄子慕道	50	苏东坡劝民
17	石崇被难	34	萧何追韩信	51	御沟流红叶

① 吴幼雄、李少园主编：《通淮关岳庙志》卷八《籤诗》，中国社会科学出版社2008年版，第337—436页。

续表

序　号	典　故	序　号	典　故	序　号	典　故
52	匡衡夜读书	69	孙庞斗智	85	孟姜女寻夫
53	玄德入赘孙权妹	70	王曾祈祷	86	管鲍为贾
54	苏秦刺股	71	苏武还乡	87	武侯与子敬同舟
55	包龙图劝农	72	范蠡归湖	88	高文定守困
56	王枢密奸险	73	王昭君忆汉帝	89	班超归玉门关
57	烂柯观棋	74	崔武求官	90	杨文广陷柳州
58	苏秦背剑	75	刘小姐爱蒙正	91	赵子龙抱太子
59	邓伯道无儿	76	萧何注律法	92	高祖治汉民
60	宋郊兄弟同科	76	萧何注律法	93	邵康节定阴阳
61	蒯彻见韩信	77	吕后害韩信	94	提结遇长者门
62	韩信战霸王	78	袁安守困	95	张文远求官
63	杨令公撞李陵碑	79	文王编易卦	96	山涛见王衍
64	管鲍分金	80	郭璞为母卜葬	97	买臣五十富贵
65	蒙正木兰和诗	81	寇公任雷阳	98	薛仁贵投军
66	杜甫游春	82	宋仁宗认母	99	百里奚投秦
67	江遗嘱儿	83	诸葛孔明学道	100	唐明宗祷告天
68	钱大王贩盐	84	须贾害范雎		

从上表可以看出,《关帝籤谱》中的典故多出于民间喜闻乐见的戏剧故事、传奇小说、历史故事等,占卜者即使不识字,读不懂籤诗,但对这些典故却耳熟能详,抽取某籤诗后,只要问清该籤歌的典故,他们就会把典故与所占卜的事联系起来,进行类比和揣摩,进而对籤诗的吉凶也大致能猜出几分,因此,典故在籤占中起着非常重要的作用。

有的籤谱的籤诗所描写的就是历史故事或典故,如福建仙游县枫亭镇《会元寺籤谱》第一首是:"龙图忠义救仁宗,陈琳救主大有功,打风得遇李俊臣,尽忠报国八贤王";第二首是:"狄青取珠旗,奸臣谋害伊,定贵路认错,公主结亲期。"莆田城郊《石室岩籤谱》除了籤诗的内容为历史故事或典故外,还在籤诗前用短语点明历史故事的名称,如第一首:"洪将收五德,陈高产麟儿：陈家世代有善心，喜哉天赐玉麒麟，夫妻庭前祈祷祝，五福自然庆来临。”第二首：“陈琳救主：释迦出世牟尼心，老君抱送玉麒麟，仁宗祈祷生太子，两月逃难求神明。”无独有偶，台湾台南《福安寺清水祖师灵籤》、《武穆岳圣王灵籤》也采取类似莆田《石室岩籤谱》的形式，如《福安寺清水祖师灵籤》第一首：“台郑成功：台湾境土定清天，始自康熙廿一年；国圣开基除丑类，扫平南北净山川。”第二首：“南观音佛祖：南海莲花结善缘，竹林世界小西天。真经妙法慈航渡，起悟人间万万年。”①《武穆岳圣王灵籤》第一首：“梁武帝：台阁巍巍近九霄，金茎承露说凡超。有缘学得东方朔，舍却江山上海峤。”第二首：“正德君：湾湾曲曲水环流，帝子西湖觅胜游。歌管音声江上闹，十分美景说杭州。”②

籤诗中的各种故事、传说和典故等为解籤者提供了极其丰富的可借鉴的历史经验，如福建长汀《汀州天后宫灵珓注解》27 首，每首籤诗末了的断语是从该籤诗的故事中推导出来，以此来化导众生，有不少精辟论述，列表如下：

表 13–2 《汀州天后宫灵珓注解》典故与断语

籤序	典　故	断　语	籤序	典　故	断　语
1	吕布授计 诛杀董卓	不忠不孝之象， 凡事遵规守矩也。	15	五代残唐 梁晋争执	骨肉相残之象， 凡事忠孝为先也。
2	三顾茅庐 孔明出山	礼贤下士之象， 凡事着力成功也。	16	智远投军 晋相称帝	穷则思变之象， 凡事有始有终也。
3	朱云谏君 直言身正	能折不弯之象， 凡事明理和谐也。	17	桃园结义 报国济民	坚如磐石之象， 凡事尽忠尽义也。
4	越王纳贡 求成于吴	卧薪尝胆之象， 凡事艰苦奋斗也。	18	百里奚牧 羊遇秦王	苦尽甜来之象， 凡事耐心勤奋也。

① 道成居士编著、草庐主人主修：《全台寺庙灵籤注解》卷三，正海出版社 2010 年再版，第 231—232 页。

② 道成居士编著、草庐主人主修：《全台寺庙灵籤注解》卷六，正海出版社 2010 年再版，第 11—12 页。

续表

籤序	典　故	断　语	籤序	典　故	断　语
5	范雎被辱 磨难受苦	忍辱负重之象， 凡事忍耐求和也。	19	昭王南征 攻楚沉江	执强欺弱之象， 凡事自知量力也。
6	秦琼独勇 临潼救驾	兼善用事之象， 凡事助人得福也。	20	战功累累 子仪封王	乘风破浪之象， 凡事有所作为也
7	韩信苦战 登坛拜相	大鹏展翅之象， 凡事戒傲自责也。	21	孙膑报仇 困死庞涓	恶有恶报之象， 凡事从善消灾也。
8	孔明荐书 姜维承志	贵人扶助之象， 凡事谋求安泰也。	22	文王遇释 奇遇姜尚	久雨见晴之象， 凡事礼贤仁义也。
9	猛将子龙 勇救阿斗	宝剑出匣之象， 凡事执势不欺也。	23	卞和献璞 痛失双足	云散日出之象， 凡事认真辨识也。
10	班超从戎 万里封侯	红日高照之象， 凡事勤富俭贵也。	24	李旦凤娇 喜结龙凤	志同道合之象， 凡事互敬互爱也。
11	相如出使 完璧归赵	忠贞义胆之象， 凡事以理服人也。	25	霸王受困 乌江自尽	穷途末路，凡事戒骄 戒暴也。
12	苏秦得志 六国封相	鸟鹊巢林之象， 凡事持之以恒也。	26	石崇王恺 虚荣斗富	争强好胜之象， 凡事安分守纪也。
13	裴度拾带 还物得福	通明达理之象， 凡事积德报恩也。	27	伍子胥出 关一夜白发	助人为乐，凡事勇往 直前也。
14	高祖喜得 三杰定鼎	龙吟虎啸之象， 凡事得贤不疑也。			

笔者在田野调查中时常可以听到解籤者有声有色地讲述着籤诗中的故事或典故，然后话锋一转，回到现实生活中，结合籤占者的诉求，加以诠释，为他们指点迷津。如前面提到的《福安寺清水祖师灵籤》第五首的典故名称为“张飞”，籤诗曰：“义气张皇鞭督邮，黄巾扫尽占荆州。伐吴未克身先死，鹤泪猿啼阆地愁。”籤解曰：

义气之张皇，以鞭督邮，虽去伐黄巾之贼，占上荆州，四州之天府之地，惟转身伐吴，东方之吴，却未捷身先死。人生之事也，不如意之

> 情形，十之八九耶。如此悲哀之运，鹤唳矣，猿闻之亦啼。阆也，神仙居住之地也，连神仙亦为君之命运同掬悲叹之泪。逢此低潮之时，宜多作福，积善方能有转机也。①

又如《武穆岳圣王灵籤》第五首典故名为“李世民”，籤诗曰：“罗天清醮达天庭，岂料玉皇查寿庚。将三改五难逃罪，清油一勺洗辜命。”籤解曰：

> 唐太宗李世民（599—649）在位二十四年，建贞观之治，励精图治，建立科举制度，起用平民，其功业及于西域，被称为“天可汗”，可知其功不可没，倭人之文物制度仿唐也多。将三改五之罪，幸以清油一勺洗净辜名，本籤之示于君汝之运也，犹如贞观之世，非常顺昌，得逢盛平之世，宜珍惜之也。婚姻、六甲均吉利，求财、生意均顺，是称心如意之境，事事慎思而行可也。②

当然，以典故、故事、传说等来诠释现实生活，并非机械地套用，而往往是根据不同的籤占者的诉求进行灵活机动的应对，把历史经验和解籤者的生活阅历以及对籤占者心态的揣摩有机地结合起来，寻找历史和现实的最佳契合点。2000 年罗红光通过对陕北黑龙潭龙王庙中的 50 个抽籤和解籤的“仪式过程”的观察，从社会学的角度分析黑龙潭人是如何处理历史与现实的关系，认为“黑龙潭人对史实中的所包含‘伟人’及其‘伟事’的成与败，通过他们的仪礼活动，将这些历史放置在鲜明的价值判断和文化批评的过程之中。他们给历史不断赋予新的灵魂，而且这一过程今后仍将伴随着他们阅读时代脉搏的问题意识而持续下去。历史事件也作为一种知识资源，它是在不断地被批评的过程中得以延续的。……历史作为一种知识资源，它并非一个单向的直线性发展过程，而是一个不断解释和沉淀的过程。”③

---

① 道成居士编著、草庐主人主修：《全台寺庙灵籤注解》卷三，正海出版社 2010 年再版，第 235 页。

② 道成居士编著、草庐主人主修：《全台寺庙灵籤注解》卷六，正海出版社 2010 年再版，第 16—17 页。

③ 罗红光：《围绕历史资源的非线性实践——从黑龙潭人的仪礼活动看历史与现实的“对话”》，郭于华主编《仪式与社会变迁》，社会科学出版社 2010 年版，第 100 页。

四、用伦理道德教化众生

由于灵籤是一种以诗歌为载体的特殊占卜形式，编写灵籤的非文人或粗通文字的庙祝不能信任，而这些人比较系统地接受中国传统文化，往往又以教化者自居，他们编写灵籤除了用于占卜吉凶外，还自觉或不自觉地在籤诗中渗透着中国传统文化的伦理观、价值观、道德准则和宗教观等，寓劝惩人心于其中，客观上起着不可低估社会教化作用。宋濂明确指出：《护国嘉济江东王灵籤》"俾人占之，其响答吉凶，往往如神面语之者，此亦阴翊治化之一端也"①。兹以《关圣帝君灵籤》为例，观察灵籤与社会伦理道德教化的关系。

第一，宣扬忠信孝悌等伦理观念。如第三首："衣食自然生处有，劝君不用苦劳心。但能孝悌存忠信，福禄来时祸不侵。"第六十七首："才发君心天已知，何须问我决狐疑。愿子该图从孝悌，不愁家室不相宜。"

第二，宣扬安分、随缘。如第五十一首："君今百事且随缘，水到渠成听自然。莫叹年来不如意，喜逢新运称心田。"第八十三首："随分堂前赴粥饘，何须幻想苦忧煎。主张门户诚难事，百遂安闲得几年。"

第三，宣扬积德行善，因果报应。如第二十九首："祖宗积德几多年，源远流长庆自然。若更操修无倦已，天须还你旧青毡。"第五十九首："门衰户冷苦伶丁，可叹祈求无一灵。幸有祖宗阴骘在，香烟未断续螟蛉。"

第四，宣扬礼拜仙佛，敬畏鬼神。如第四首："去年百事颇相宜，若较今年时运衰。好把瓣香告神佛，莫教福谢悔无追。"第三十七首："焚香来告复何辞，善恶平分汝自知。屏却昧公心里事，出门无碍是通时。"

第五，宣扬修省悔过。如第四十二首："我曾许汝事和谐，谁料修为汝自乖。但改新图莫依旧，营谋应得称心怀。"第四十五首："好将心地力耕耘，彼此山头总是坟。阴地不如心地好，修为到底却输君。"

第六，宣扬循规蹈矩、勿自欺欺人。如第二十七首："世间万物各有主，

---

① 宋濂：《赣州圣济庙灵迹碑》，详见《正统道藏》第五十四册，台湾艺文印书馆1977年精装缩印本。

一粒一毫君莫取。英雄豪杰自天生，也须步步守规矩。”第五十六首：“心头理屈强词遮，直欲欺君行路斜。一旦丑形临月镜，自投宪纲莫咨嗟。”

第七，宣扬勤奋成材，勤劳致富。如第二十八首：“公侯将相本无种，好把勤劳契上天。人事尽从天理见，才高岂得困林泉。”第九十一首：“佛说淘沙始见金，只缘君子不劳心。荣华总得诗书效，妙里功夫仔细寻。”

第八，宣扬息事宁人、和为贵。如第十六首：“官事悠悠难辨明，不如息了且归耕。旁人煽惑君休信，此事当谋亲兄弟。”第五十首：“人说今年胜旧年，也须步步要周旋。一家和气多生福，萋菲谗言莫听偏。”

第九，宣扬重农轻商。如第五十五首：“勤耕力作莫蹉跎，衣食随时安分过。纵使经商收倍利，不如逐岁廪禾多。”

第十，宣扬知足常乐。如第六十八首：“南贩珍珠北贩盐，年来几倍货财添。劝君止此求田舍，心欲多时何日厌。”

籤诗中的历史故事、典故等也与籤诗相呼应，包含着丰富的伦理道德教化的内容。仍以《关圣帝君灵籤》为例：如第十二首的典故“苏武牧羊”、第六十三首的典故“杨令公撞李陵碑”、第九十一首的典故“赵子龙抱太子”、和第十六首的典故“王祥卧冰”、第四十二首的典故“董永卖身”，分别鼓吹的是忠君与孝悌的思想。又如第三十九首的典故“陶渊明赏菊”、第九十七首的典故“买臣五十富贵”，宣扬的是安于命运的观念。又如第二十四首的典故“孙庞斗智结仇”和第六十四首的典故“管鲍分金”，从正反两方面说明和为贵的道理。再如第五十二首的典故“匡衡夜读书”、第五十四首的典故“苏秦刺股”，以勤奋苦读的故事来激励信徒积极向上，等等。

不仅如此，从灵籤的典故与吉凶的判断，还可以窥视古人的价值观，凡是符合正统思想、符合伦理道德教化的典故所在的籤诗，一般为上籤，相反，为下籤。如“汉高祖入关”、“张子房游赤松”、“大舜耕历山”、“宋太祖陈桥即位”、“李太白遇唐明皇”、“苏东坡劝民”、“匡衡夜读书”等，均为上上籤，而“冉伯牛染疾”、“韩信功劳不久”、“郭华恋王月英”、“孙庞斗智结仇”、“武王爱西施”、“王昭君和番”等为下下籤。

至于籤诗的应验故事，更是围绕着伦理道德教化这一中心展开，相关的应验故事非常多，上面引述的清末李孝先的《觉世真经·序》，比较全面地阐述了籤诗在伦理道德教化中的作用，集中地反映了古人的价值观。

五、以人生经验指点迷津

籤诗大多只有四句，文字比较简短，又往往晦涩难懂或模糊多解，一般的善男信女难以看懂其中的玄机，但籤解部分通常则比较直白，浓缩了解籤人的丰富人生经验，一部好的籤谱，从某种意义上说，也是一部为人处世的教科书。如《二十四首观音诗解》第五首的籤诗是："求名问利一时难，出外行人遇友兰。万事诚求神佛佑，管教克日保平安。"从籤诗内容看，非常一般，并无太多的人生哲理，但"解析"部分却包含丰富的人生经验，转录如下：

尽管求名问利，在目前有所困难，但是只要心存良善，出门在外，一定会得到贵人的帮助。凡是遭逢阻碍的时候，只要能够虔诚求神明的保佑，一定可以化险为夷，逢凶化吉。

这首籤诗，主要告诫当事人，必须要有善良的心地，千万不要存有害人之心。如果，上天会赐福与你。否则，一味地为非作歹，不仅不可以得到名利，甚至身败名裂，遭受莫名的灾害。

这首籤诗，问财利，因为目前有所苦难，所以在失败以后，无须气馁，只要假以时日，必可东山再起，重新获得成功。问功名，目前的希望渺茫，只要好好再自我充实一番，来秋则可获得成功。问谋职作事，目前不尽理想，但是，只要心存信心，继续努力奋斗，定可扭转恶劣的情势，而获得重用。问婚姻，彼此双方要有婚姻不是儿戏的共同认识，不要光凭媒妁之言，必须慎加考虑，否则会有婚变的可能性。问疾病，病情转劣无常，除必须延医小心诊治外，同时也请多加烧香拜佛，以期身体恢复健康。问诉讼，必须有两虎相争必有一伤的基本认识，凡事千万不要义（意）气用事，择友劝解，自然海阔天空。问新事业的计划、职位的变动、乔迁等事项，宜守成，妄动有恐。①

① 《灵籤详解》，满庭芳出版社 1990 年版，第 68—69 页。

又如《关帝灵籤》第三首的籤诗："衣食自然生处有，劝君不用苦劳心。但能孝悌存忠信，福禄来成祸不侵。"核心内容不外是宿命论和孝道观，但"解析"部分却根据自己的人生经验进行了如下的发挥：

> 一个人在世，只要安分守己，直道而行，自然不愁衣食无。如果强求富贵，不仅徒劳无功，甚至忧劳成疾。在家事亲至孝，友爱兄弟；出外待人忠信，自然一生无忧无祸，且可福禄双修得到。
>
> 这首籤诗，明示当事人，凡事要随缘安分，只要行事正直，问心无愧，自得和平的生活。如果一味贪求，容易造成庸人自扰的现象，不仅徒劳无功，且劳累身心。
>
> 这首籤诗，问婚姻，自可成功，但是时间上恐有迟延。问谋事，不要焦虑，所谓快事慢办，自能有成功的希望。问疾病，静心调养一段时间后，可获痊愈。问诉讼，不宜继续争执，宜和解。①

再如，杭州白云庵《月下老人灵籤》，最初只是文人雅士的文字游戏而已，后来经过解籤者注入诸多的谈情说爱的经验，遂被坠入爱河的男女"奉为经典"。通览《月下老人灵籤》的"诗解"部分，涉及面极广，不乏人生经验的总结，认真体会，不但对正在恋爱或谈婚论嫁的男女具有指导意义，而且对其他的社会人生也大有裨益。略举一二，以概其余。如第五首："逾东家墙而搂其处子，搂之，则得妻；不搂，则不得妻。"此籤诗出自《孟子·告子下》："逾东家墙而搂其处子，则得妻；不搂，则不得妻，则将搂之乎？"孟子的本义是要循规蹈矩，依礼行事，为了能得到妻子也不可以爬过墙去对东邻少女施行非礼。但籤诗却把关键的最后一句"则将搂之乎"删去了，并做了这样的解读：

> 如在偶然之机会，或相处已久，视伊人为终身可许之者，应采取行动，不宜逸失机会。为此，男女关系，不宜害羞，是天赐之良缘视之可也。不是不伦又不类的事可相比，姻缘之至也，必须勇往迈进。②

又如第八首："期我乎桑中，要我乎上宫，送我乎淇之上矣。"此籤诗出

---

① 《灵籤详解》，满庭芳出版社1990年版，第112—113页。

② 道成居士编著、草庐主人主修：《全台寺庙灵籤注解》卷一，正海出版社2010年再版，第169页。

自《诗经·桑中》，是一首爱情诗歌，反映了先秦时期比较开放的男女之间的爱情。然而，“诗解”做了这样的解读：

男女之间的婚姻是终身大事，是决定人生一生幸福的大事，爰之，不得以逾越、不正、强行等手段行之，必须以正当方式取得对方之芳心，两情相愿之情形下完成。如违反上述原则行之时，虽结合，惟两者之间，貌合神离，不得行之，否则良缘亦为此破坏无遗。①

再如第八十七首：“是非吾所谓情也。”此籤诗出自《庄子·内篇》：“是非吾所谓情也。吾所谓无情者，言人之不以好恶内伤其身，常因自然而不益生也。”在这里，庄子讨论的是“性”与“情”的关系，认为人不要因有好恶之情，而伤害自身的本性，主张要顺其自然之性，最终达到“忘情”的境界。但“诗解”的作者则作这样的解读：

人生之旅途上，是是非非，在所难免。爰之，世人之爱情复是如此。如果无挫折，不是爱情也。友谊又是如此。既然如此，何必为友情、爱情而苦恼？如是没有风浪之友谊，是不堪一击者。真挚之友谊，即是能经得起考验者，不外乎要人看出庐山真面目者。②

在《月下老人灵籤》的“诗解”中，类似的充满人生经验的文字随处可见，相当精彩，大有“听君一席话，胜读十年书”的感慨，不妨再举二例：第九十一首：“明明如月，何时可掇”的“诗解”：“见水中之月，明知是皎洁之明月，于水中欲掇之，岂有可拾掇之时？伊是形影，何以费了心机亦枉然。一人之财运可托于彩券乎？成功与否，是命运乎？总之，为了一己之前途，必须确定自己之行也，脚踏实地，实事求是，自有大成之时。不宜托于命运也！确保之，必有大成之时，千万叵幻想之。”③ 第九十二首：“而浮生若梦，为欢几何？”的“诗解”：“人生之于人耶，是浮生若梦。人生五十，时至今日，人生古稀是人生之始。在转瞬间即可逝去之岁月中。人生欢乐几多？唯人生之旅程上，不宜有太多之顾虑，认其可行者断然行之，快乐之事亦可及时

① 道成居士编著、草庐主人主修：《全台寺庙灵籤注解》卷一，正海出版社2010年再版，第169页。

② 同上书，第211页。

③ 同上书，第213页。

行之，不必将人生看得太认真。及时行乐也该行之，如今之休闲观念也，唯不可损人利己可矣。”①

综上所述，籤占是一种吸附力极强的占卜形式，一方面吸收了有神论、天命论、天人感应论等作为理论基础；另一方面借助箴言古训、历史故事和典故、伦理道德思想、人生经验，乃至自然现象来诠释现实的社会人生，为善男信女指点迷津。籤占为善男信女提供的做人处世哲学是：凡事先忧后吉、进退待时、谨慎小心、把握时机、知足勿贪、积善积德、忍辱负重、坚忍不拔、难中有救、正直则吉、变化则吉、稳当则吉、和合大吉等，包含着丰富的中国传统文化的内涵，也闪耀着中华民族的智慧之光。虽然籤占带有浓厚的迷信色彩，但我们不能因此而一棍打死它，正确的态度还是“取其精华，去其糟粕”。

① 道成居士编著、草庐主人主修：《全台寺庙灵籤注解》卷一，正海出版社2010年再版，第214页。

第十四章　籤占长盛不衰的原因与特别“灵验”的奥秘

在中国，占卜形式五花八门，从宗教信仰文化生态的层面上看，不同的占卜术之间竞争非常激烈，有的湮灭了，有的生存下来，有的却后来居上，蓬勃发展。籤占属于第三类，具有十分旺盛的生命力。籤占自唐代后期产生后，经过宋元明清的发展，逐渐成为中国影响最大的占卜术之一，民间流传有“跨进庙门两件事，烧香求籤问心事”俗谚俚语，真实地反映了千百年来抽籤占卜在百姓的宗教信仰中占据着重要地位。历史进入 21 世纪，在科学技术十分发达的今天，籤占不但没有退出舞台，而且还有适应时代变化继续向前发展的趋势。至今，在中国大陆、台湾、港澳以及华人华侨居住的国度中，必有籤占活动，而且抽籤者众多，不受党派、阶级、民族、宗教信仰的限制。一些外国人也参与籤占活动，日本、韩国甚至把籤占作为该国文化的重要组成部分。籤占之所以具有无比顽强的生命力，至今仍是善男信女喜闻乐见的占卜形式，其中必有“奥秘”所在，有必要揭开其神秘的外衣，还原其本来的真实面目。

第一节　籤占长盛不衰的原因

籤占为何能长盛不衰？其顽强的生命力从何而来？

首先，从籤占的形式上看，世俗又不粗俗，使之拥有最为广泛的群众基础。任何一种占卜活动，吸引人们眼球的首先是占卜形式。占卜形式过于繁缛，如甲骨占卜、易筮等，曲高和寡，能玩得起或懂得玩的人很少，直接影响其传播的范围，易言之，其生命力大大打折，至今甲骨占卜早已成为历史，易筮也很少人能够懂得。而形式过于世俗化，如鼠卜、鸡卜、虎卜、牛蹄卜、马头卜、羊骨卜、猪骨卜、烤骨卜、牛肝卜、胆卜、鸟卜、羊卜等占卜术由于过于世俗，只能流传于某个时代或某些阶层、某个族群，中上层社会不屑一顾，也直接制约了其影响力。籤占以竹简、籤筒、筊杯等为占具，通过摇晃籤筒抖落籤枝来获取籤诗，并根据籤诗中的兆象来预测吉凶祸福，其籤占的形式与其他占卜没有本质上的区别，占具都是日常生活常见的东西，容易找到和加工，非常世俗化，下层百姓自然乐意接受。与此同时，籤占的主要兆象载体是诗歌，在古代，诗歌是文人士大夫把玩的，从文学史的角度看籤诗虽然不都那么优美典雅，但也不乏文学审美价值，文人士大夫基本上还是可以接受的，著名诗人苏东坡、陆游等人都参与抽籤就是明证。时至今日，中上层社会也不排斥籤占，甚至乐意参与其中，与籤占不那么粗俗有密切关系。因此，籤占的这种既世俗又不粗俗的占卜形式，能够使社会的各个阶层都乐意接受，从而为籤占的长盛不衰奠定坚实的基础。

其次，从籤占的内涵上看，籤诗及其相关内容通俗又不失典雅，具有很强的包容性和一定的趣味性，为籤占的长盛不衰注入了活力。

籤占在其发展的过程中，不断吸收中国传统文化的其他形式来充实自己，具有很强的包容性。唐五代，籤占的唯一兆象载体是诗歌，诗歌固然典雅，但知之者只有文人士大夫，受众有很大的局限性。宋代，籤占增加了图画为扩展兆象，并有了具体定性兆象。明清时期，籤占又增加的易经八卦、阴阳五行、天干地支、星宿方位等为扩展兆象，特别是引入了历史故事、传奇故事、历史演义故事、神话传说、戏剧故事、宗教故事、民间故事，使籤占的内涵更加丰富。从某种意义上说，一本内涵丰富的籤谱，实际上浓缩了中国传统文化的基本内容，既有文人士大夫喜欢玩味的籤诗、易经八卦、阴阳五行、天干地支、星宿方位等，又有平民百姓喜闻乐见的历史故事、传奇故事、历史演义故事、神话传说、戏剧故事、宗教故事、民间故事等，雅俗共赏，具有很强的包容性。同时，揣摩籤诗的兆象，品味人生的哲理，倾听解籤者讲述的各种动人故事和与籤占有关的逸闻趣事，不能不说还具有一定的趣味性。需要特别强调的是，籤占的包容性和趣味性还体现在与时俱进上，近年来，籤占还出现与互联网相结合的趋向，因此，籤占具有很强的活力，能够长盛不衰。

第三，从籤占的过程上看，简便易行又不失庄严神圣，同时具有公平性和客观性、私密性，为籤占长盛不衰提供了助力。

籤占之所以异军突起，取代其他占卜形式成为中国影响最大的占卜术之一，最直接的原因是其占卜过程简便易行，占卜内容相对通俗明了。但籤占也不是随随便便地随时随地可以进行，而必须在神圣的宫观寺院中进行，并需要一些占卜仪式，花费不多，整个过程虽然简单，但也不失庄严神圣，因此，受到善男信女的欢迎。从籤占过程看，无论贫贱富贵、男女老少都一样抽籤，都要接受籤占的结果，具有公平性和客观性。加上籤条上既文雅又深奥诗歌，本身就具有神圣而神秘的色彩。在文盲居多的传统社会中，解籤又往往由读书识字的人担当，而传统社会的对读书人的信任感无形中又强化了对籤诗的信仰。台湾著名人类学家李亦园指出：这种偏重于文字诗辞的占卜，也凸显了文字与占卜结合的“对等功能”，使占卜在超自然的信仰外，更浓厚地带上文字的魔力，显示对知识的尊重，具有社会人文意义。通俗的诗歌、浅显的文字释义。使得文化价值观在正规教育传承之外，得以无形而有效地传递下去；而位于不同层级的士人庶民，也得以在相当程度内沟通，共同保有基本价值观。籤卜确实是我国占卜的一大特色。[①] 另外，宋代方岳早就说过“不如意事常八九，可与语人无二三”。对于这些不便与人说的事，具有一定私密性的籤占是一个不错的选择，因为你到庙里抽了籤，直接把籤诗直接带回去揣摩，谁也不知道你的秘密，这也是某些信众喜欢籤占的原因。

第二节　籤占特别“灵验”的奥秘

关于籤占是否“灵验”？我们在文献资料中看到的和在田野调查中听

① 参见李亦园：《说占卜——一个民族学的考察》，《中华文化复兴月刊》1978 年第 11 卷第 6 期。

到的，几乎都是肯定的答案，而且故事情节十分生动。那么，是籤占者都在编故事或者说假话？还是籤占真的具有某种魔力特别“灵验”？我们认为，既不是籤占者都在编故事或者说假话，也不是籤占具有魔力特别“灵验”，而是籤占的“灵验”蕴藏着某些奥秘。

一、概　率　性

概率，亦称或然性、几率，是对随机事件发生的可能性的度量。原先运用于数学，是数学概率论的基本概念，后来也运用到社会科学中，以观察社会文化现象及其规律。

日剧《圈套》2005 年 SP 篇——《预知死亡之日的女占卜师》中讲述这样的故事：女主角的母亲山田里见在长野做着一桩奇怪的生意：贩卖“生男生女自己定”的神符。她把写有“男”的神符卖给想生男孩的人，写有“女”的“神符”卖给想生女孩的人，一张 1 万日元，如果实际结果与神符写的不符，支付的 1 万日元原数奉还，另外再加 5 千日元罚金。结果是名声大噪，相传非常的灵验，“神符”十分畅销，从全国各地写来的感谢信如雪片般地飞来。实际上，山田里见卖“神符”的生意暗合了概率的理论，任何人做这样的生意都会赚钱。众所周知，生男生女的概率分别是 50%，无论是卖男孩神符还是女孩神符，一定是差不多半数中，半数不中。假设有 10 组卖出，收入 10 万日元，如果有 5 组不中，扣除返还的 1.5 万 ×5=7.5 万日元的退款，就会有 2.5 万日元的盈余，以此类推，100 组的话就是 25 万日元的收益，1000 组的话就是 250 万日元的收益……这样无本的生意却一定能取得大约 25% 的利润。那些不中的人，山田里见会履行协议，如数付给他们 5000 日元罚金，因为山田里见讲诚信，所以他们也不会多说什么；相反，中的那些人认为是“神符”帮忙，就会写来感谢信，同时也会向周围的人宣传，因此，“神符”的名声就不断上升，卖得越来越好。

籤占也存在着同样的概率问题。从概率的角度看，籤占者的占卜活动都存在着准和不准的 50% 的概率，假如一位解籤者对所有的籤占者占卜的同一个问题（如生男生女问题、能否发财、能否升官、能否升学等），都持肯定或都持否定的态度，那么，他的准确率大致可以达到 50%。当然，在现实中，解籤者一般不会这样做，但概率存在于籤占中，哪怕是再蹩脚的解籤者，也会有一部分是准的。

二、神　圣　性

籤诗俗称灵籤、圣籤、神籤，籤占活动多在具有神圣空间的神庙中的神像前进行，籤占的整个过程弥漫着宗教信仰的神圣性，籤占者怀着虔诚的心态前来求籤，对所占取的籤诗充满着依赖性，希望能从籤诗中得到无所不能的神明的启示。总之，对于善男信女来说，籤诗不是普通的诗歌，而是神明的启示，具有无可置疑的神圣性，负责解释籤诗者，自然也就成为帮助他们窥视神意，指引他们趋利避害的神明的代言人了。台湾政治大学心理辅导中心主任蓝三印说：“不论古今中外的人都相信，宗教具有超自然的神力，当大众面对困难、疑惑时，总会祈求不可预测的神灵来帮助他渡过难关，因为人们相信神无所不能，经由神的指示，能化解困难于无形。”他认为，一般民众认为神明最具权威，只要经由神明的指点，那准没错，因此，亲友的劝导总不如神明的指点更能让他相信，而负责解释神籤者，自然就成为指引他们如何脱离苦海的专家了。①

这种思维定式为绝大多数籤占者所共有，因此，如果籤占的预测结果与事物发展相一致，不用说，籤占者自然归功于神灵的保佑，满心欢喜，甚至用各种形式（如到宫庙烧香添油、捐献香火钱、演戏酬神等等）来答谢神明。如果籤占的预测结果与事物发展不一致，或者相反，籤占者出于对神明的畏惧、对解籤者的敬重，一般也不敢归罪神明和解籤者，通常的处理方法是自责没能领悟神意或自己行为不检点得罪了神明，不敢声张，因此我们在文献资料或田野调查中都看不到或听不到籤占不灵验的故事。笔者有一位亲戚的女儿怀孕了，希望能生个男孩，婆婆带着媳妇到庙里抽取，解籤者告诉她会生女孩。婆媳不甘心，就请道士到家里做道场，进行胎儿性别变换仪式，最终结果是生了个女孩。婆媳不敢怪罪道士，反而到处宣传某宫庙的籤诗十分灵验。几年以后，又怀孕了，婆媳两人又去上次的宫庙抽籤，

① 乐晴：《人和神沟通有道：上庙求籤说籤诗》，《中央月刊》1994年第27卷第6期。

解籤者告诉她这回会生个男孩。婆媳满心欢喜，捐了不少香火钱，还许下宏愿，一旦生了男孩，定来酬谢神明。十月怀胎，一朝分娩，结果是又生了个女孩。婆媳伤心透了，当然不会去酬谢神明了，但也不敢说籤诗不准，而是绞尽脑汁寻找自身的原因，一会儿说是自己不够虔诚，一会儿又说祖先积德不够，一会儿还说自己的命中没有儿子。上述事例确实有些可笑，但反映了籤占者的一般心态，带有一定的普遍性。

三、圆　通　性

清代大学者黄宗羲说过："今之所谓神仙者，好言人间祸福，作为隐语，皆持两可。应之而福也，则人以言福者为其验。应之而祸也，则人以言祸者为其验。由是倾动朝野，押阖乾没。"[①] 这种情景在籤占中也同样存在。可能会出现三种结果：

第一种结果是由于概率的关系，所占卜的事情如籤诗所兆示那样发展变化，或者所求的正好如愿以偿，庙祝或求籤人自然归功于神明庇佑，盛赞籤诗的灵验。

第二种结果是所占卜的事情的发展变化与籤诗所兆示的不符合，结果与解籤者所说的不符合甚至相反，这种结果本来会危及神明的神圣性和籤诗的灵验性，但庙祝会用抽籤者不够虔诚等来搪塞，推卸解籤不准的责任，也为神明的神圣性辩护。一旦有人说籤占"不灵验"，解籤人就会反咬一口，说是因你不虔诚所致，不能责怪神明。当然，一般说来，求籤人不敢怀疑神明的神圣性和籤诗的灵验性，也往往归结于本身的不够虔诚、或者对籤诗的错误解读等主客观原因。

第三种结果是处于准与不准之间，或者根本就没有准不准的问题，籤诗中兆象与籤占者所要占问的问题简直是风马牛不相及，八竿子打不着，但籤占者由于先入之见，会根据主观意愿或客观后果，有选择性地对应籤诗的兆象，寻找所谓"灵验"的解释。另外，籤诗本身具有模糊性，可以进行不同的解读，从某种意义以上说，可以进行任意的解读，其圆通性非常突出。

① 黄宗羲：《南雷文约》卷四《七怪》。

在籤占的实际运作中，解籤者不但具有丰富的社会阅历，还掌握了许多解籤技巧，会尽可能使解籤的结论模糊性，以获得最大的可证实性和最小的可证伪性，从而使自己的籤解无懈可击，立于不败之地。如由于就学压力增大，不少学生或学生家长到宫庙抽籤占卜能否考上名牌中学或名牌大学，对于这样的具体问题，解籤者一般都不会给予肯定或否定的答案，而是说“有希望，但要加倍努力才行!”或“有难度，但只要加倍努力，还是很有希望的!”类似的答案，既符合常理，只有被证实，不会被证伪，具有很强的圆通性。民间流传着这样的故事：从前有三个秀才赶考，半路上看到一座庙，就一起前去参拜，并顺便抽了一支籤，预测三人中能考中几个？庙祝看了籤诗，举起一个手指不语。三人不知何意，离开宫庙。后来，三人中考中了一个，于是三人觉得这个宫庙的籤诗非常灵验，到处为它宣扬。而实际上，解籤者的一个手指头可以表示只中一个、只一个不中、一个都不中、没有一个不中等，包括了所有的可能性，而所有可能性的总和就等于必然性。庙祝所以竖起一个指头而不语，不是他哑巴，而是他不敢说，说得越精确，所冒的风险就越大。他这样做，万无一失，十分严密，体现了解籤的圆通性技巧。

四、预　置　性

前面讲过，籤占的理论基础之一就是“天人（神人）感应”，因此特别强调虔诚，为了能够参悟籤诗中的“天机”，灵籤的制作者和庙祝特别强调信徒抽籤时务必要虔诚，所谓“诚则灵，不诚则不灵”。鼓吹只有十分虔诚，才能与神灵发生感应，感悟蕴藏在灵籤中的神灵旨意，趋吉避凶。相反，不够虔诚，就不能与神灵发生感应，自然也就无法参透“天机”，如果亵渎神灵，还会受到神灵的惩罚。在他们看来，灵籤的准不准，决定于抽籤者是否虔诚，即所谓“神明感格，一诚可通，而籤其显然者也。信之者谓实有可凭，疑之者谓虚而无据，要皆其机之先动，吉凶预乎其中焉，特视乎人之诚不诚耳”①。福建永泰县同安镇洋后泽宫《顺天圣母灵籤谱》的封面上写道：“存

① 百一居士：《壶天录》卷下《笔记小说大观》第二十二册，江苏广陵古籍刻印社 1984 年版，第 158 页。

心恭敬顺天在，意秉虔诚圣母灵。圣母庇佑恩光照，有求必应福泽长。”所以他们除了要求抽籤前须斋戒沐浴祈祷外，有的还要默诵祝词，以示恭敬虔诚。灵籤的制作者和庙祝之所以强调籤占时要特别虔诚，其目的有二：一是把籤占是否“灵验”的问题，从神明的身上巧妙地转移到籤占者身上，如果你觉得不“灵验”，并认为你的心已经非常虔诚了，庙祝就说你还不够虔诚！因为虔诚与否是一种纯主观的状态，无法进行客观的检验，所以错的永远是你，神明是永远不会错的！二是强化籤诗灵验的心理暗示，引导善男信女从未来的诸多事件中寻找与籤占预测的巧合事件，把偶然性（甚至是附会的事件）夸大为必然性，进而印证籤诗十分“灵验”先入之见。这种心理我们称之为“预置性”。

毋庸置疑，任何事物都有其客观发展规律，与籤诗不会有什么关系，不存在“灵验”或“不灵验”的问题。但对于籤占者而言，由于他们受到有神论、天人感应论和天命论的支配，在主观上就有籤占特别“灵验”的先入之见，因此，抽到籤诗之后，不断地去揣摩籤诗中的兆象，并根据个人的主观

图 14-1　籤占强调“诚求必应”的理念

感受对籤诗的兆象进行有偏执性的解释，进而把籤诗中的模糊性预测与现实生活中的种种经历联系起来，寻找其契合的地方。一旦找到契合点，便认定神明早有预示，籤占特别“灵验”，加上庙祝或解籤者的不断强化，使得许多籤占者对籤诗的“灵验性”深信不疑。

五、趋　吉　性

关于籤诗的趋吉性特征，笔者在第五章《籤诗的兆象》中已经用较大的篇幅进行探讨，不再赘述。这里想强调的是，关于籤诗的趋吉性特征和籤占者趋吉避凶的心理，暗合西方心理学家的“乐观偏差”（optimistic bias）又称非现实的乐观主义（unrealistic optimism）理论，即人们通常认为自己会比别人更多的好运气，而对未来充满不切合实际的期待。尽管这种认识也是一种错误的认知判断，但相对于“悲观偏差”而言，其心态还是积极向上的，有时确实比“悲观偏差”者更能解决人生旅途上遇到的种种困难。自古以来，趋吉避凶是占卜者的共同的宗教信仰心理，籤诗的编造者总结了以往的经验，对籤诗的上中下籤的比例进行巧妙的调整，使上中籤的比例增加，下籤的比例减少，以迎合善男信女趋吉避凶的心态。这种上中下籤比例的安排，看上去似乎是不经意的或无关痛痒，但其客观效果却不可小觑，趋吉性的特征使多数籤占者可以抽到吉利的籤诗，从中寻找某种精神慰藉，看到一线希望（哪怕这种希望是虚幻的），满意而归，从而吸引着更多的信众前来碰运气，有力地推动了籤占影响的不断扩大。

任何一首籤诗，对于高明的解籤者来说，都没有绝对的好和绝对的坏，希望永远存在着，前途必定是光明的，台湾解籤者许新凤指出：“籤诗的格局不论上中下，没有绝对的大好大坏，凶中带吉，吉中带凶，充满‘福兮祸倚矣，祸兮福倚矣’的中国人生哲学。而大部分的人求籤是因为对未来的茫不可知感到不安，对眼前抉择有所困惑，解籤人便要担任心理辅导，协助解开心结的角色。”① 台湾艋舺龙山寺的解籤人黄种煌总结其解籤技巧：“凡

① 胡珍妮：《一“籤”点醒梦中人？——中国籤诗》，台湾《光华》1995年5月，第110页。

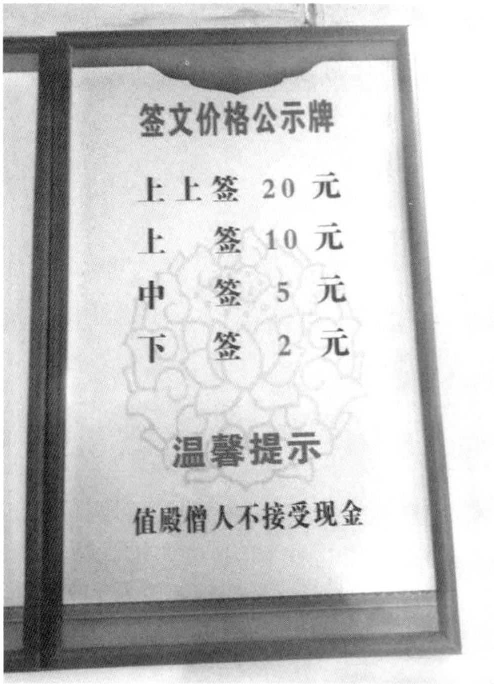

图 14–2 籤占的趋吉性在籤占价格上也得到体现

是存乎一心，只要坚定信心，努力以赴，神明自然会予保佑。”①

综上所述，籤占特别“灵验”的说法，并非空穴来风，其中有籤占中概率性的客观存在，有籤诗的模糊性、趋吉性和庙祝或解籤者的圆通性的解释，还有籤占者对神明的敬畏心态和对籤诗“灵验”的先入之见等因素在起着重要作用。当然，籤占特别“灵验”的说法，反过来也成为籤占长盛不衰的重要因素。至于籤占“灵验”故事是否真实？笔者以为，其中有真实发生的，也有故意编造的，还有捕风捉影的，更多的是夸大其词的，很难进行真伪的考证，而实际上也无须花大多的时间和精力去纠缠其真伪。我们更关注的是这些被百姓津津乐道的籤占“灵验”故事的编撰者动机和价值趋向，籤占“灵验”故事所反映出的当时社会历史文化和地方社会变迁等，概言之，籤占“灵验”故事背后蕴藏的历史信息具有重要的史料价值。

第三节　如何看待籤占文化

首先，籤占烙上不可磨灭的历史印记。籤占产生于唐末，发展于宋元

① 乐晴：《人和神沟通有道：上庙求籤说籤诗》，《中央月刊》1994 年第 27 卷第 6 期。

明清，至今已有一千多年的历史了，它的产生和发展，反映了时人的价值观和社会生活的某些侧面。籤占主要在民间流传，文人士大夫虽然也参与了籤诗的编写，渗透主流文化的意识形态，但主体文化是民间文化，所反映的主要是平民百姓的喜怒哀乐，体现民间社会的价值观。籤占的重要价值之一就是保留着丰富的历史文化，我们从中可以体悟古人的喜怒哀乐，也可以从一个侧面了解古代社会的变迁。诸如，籤诗所包含的要素逐渐增多，反映了随着时代的发展，百姓的社会生活逐渐丰富；不同籤谱中的籤解项目的不同，反映了不同地区百姓关注的社会问题；籤诗中扩展兆象中的典故、传奇故事、戏剧故事等等，体现了百姓的审美情趣；籤诗中总体定性兆象的比例设计，反映了百姓对生活的乐观向上的精神；籤占灵验故事的编造和渲染，反映了百姓的某些价值取向；籤占仪式的简化，反映了社会生活节奏的加快；籤占向海外传播，则记录着中国移民的历史。

其次，籤占包含着丰富的俗文化。籤占的附着力极强，在其发展过程中，大量吸收中国传统文化的其他形式来充实自己，使籤诗的内容从诗歌扩展到阴阳五行八卦、风水算命以及历史故事传说等等，其内涵相当丰富，其中俗文化占据主导地位。我们知道，任何俗文化都包含着精华和糟粕，籤占也不例外。籤占产生于封建社会，编撰者多为文人、宗教家，籤诗中不可避免地包含着一些落后的封建乃至迷信的东西，籤占过程自始至终贯穿着有神论、天命论、天人感应论等，我们有必要加以批判。特别是如果盲目迷信籤占，偏听偏信解籤者的信口开河，把自己的命运交给神明安排，将给籤占者造成严重危害。据中国社会科学院的周勇和中国人民大学张健的调查，贵州省榕江县人民法院处理过这样的一个案例:1989 年 1 月，侗族农民甲的家中被盗，丢失床毯等物及现金 150 元。事发后，甲怀疑侗族农民乙偷窃其家财物，到处散布乙偷窃其家财物的言论，乙得知后，便去甲家申辩。为了解决纠纷，双方达成协议，各以 500 元为押金，择日到附近的“俾勾庙”以抽籤的方式请神灵来辨是非曲直，结果，甲抽得“上籤”，乙抽得“下籤”，按协议，乙应赔偿甲 500 元。乙认为自己根本无偷窃行为，“神”的判决有误，遂上告榕江县人民法院，请求按“官”法重新判决。后经法院调查和调解，以甲公开向乙赔礼道歉，恢复名誉，赔偿损失而结案。[①] 在我国的一些少数民族地区，百姓发生纠纷，有时仍以求籤来解决。笔者在社会调查时听到这样一件事：闽南某女，高中毕业生，学习成绩名列班级前茅，很有希望考上大学。出于好奇，临高考前与同学一起到据说是十分灵验的某宫庙抽籤，占卜高考结果。她抽到的是下下籤，解籤人告诉她命中与大学无缘。某女信以为真，心灵上笼罩着无法抹去的阴影，严重影响温书迎考，结果名落孙山。某女家长劝她补习一年再考大学，但某女相信籤诗所说的命中注定考不上大学，执意要去打工。家长无奈，只好把她送到一家台资企业做工。某女不但聪明伶俐，且天生丽质，被台湾老板 A 看中，很快提拔为组长，不久成为秘书，并向她求婚。某女家长极力反对（因台湾老板 A 年龄大，且听说已有妻室），某女也犹豫不决，又去某庙抽籤。这次抽到的是上上籤，解籤人告诉她千万不要错过良缘。某女遂下定决心嫁给台湾老板 A，不顾家长反对，就与其同居。不久，台湾老板 A 将企业转让他人，抽走全部资金，返回台湾后就杳无音信。某女十分伤心，只好回到父母家。后来，因想不开和受不了父母兄弟的冷嘲热讽，寻了短见，幸好抢救及时，才免于一死。类似的事例不少，只是受害者不愿意说出而已。当然我们不能因为籤占存在着某些糟粕，就全盘否定，一棍子打死。相反，对于先民创造的俗文化（包括籤占），我们要有敬畏感，要用欣赏的态度去理解它，要用宽广的胸怀去接纳它，在这一基础上，再来谈论如何批判、继承和发扬光大。

第三，籤占具有多方面的社会功能。关于籤占的社会功能，台湾著名学者丁煌认为："籤诗有安慰苦难人们心灵的正面功能。""籤诗的社教功能与真实价值所在，是它能流传千载，普及各地的重大因素。直到今天，广大群众仍有依赖它的心理需求。"[②] 台湾学者王文亮认为籤诗"是一种最贴近民众生活的文化，最能反映生活现象的文化，而是能维持社会秩序，传递固有文化的文化"[③]。孙淑华则认为，籤诗具有安定人心、指点迷津、占卜、文

① 夏之乾：《神意裁判》，团结出版社 1995 年版，第 105 页。

② 丁煌：《台南旧庙运籤的初步研究》，文载李丰楙、朱荣贵主编《仪式·庙会与社区》，"中研院"文哲所 1996 年版，第 425—426 页。

③ 王文亮：《南瀛寺庙籤诗文化初探》，《南瀛文献》2002 年第 1 期。

学欣赏、劝人为善、警惕人心的六大功能。[①] 大陆学者高友谦认为籤诗“对于纠正世道，净化人心，安抚民众，继承传统，维护社会团结，提高人们意志，都有着积极的正面意义。”他提出：“抽籤是安心的艺术，抽籤是另类的励志指南。”“我们不能简单地用‘迷信’二字，来概括这一流传千年的文化现象，对它进行全面否定。”[②] 总体而言，学界对籤占的心理抚慰和咨询服务功能基本上是持肯定态度，特别是在心理咨询缺失的古代乃至近代，籤占（主要是解籤者）所扮演的角色相当重要。直至今天，籤占的心理慰藉和咨询服务的功能虽然大大降低，但心理咨询科学也尚未普及，不少人还是通过籤占来排解心理纠结，寻求精神慰藉，籤占仍然发挥着其重要的社会作用。当然，籤占的心理慰藉不是心理科学，它所起到的心理慰藉作用带有宗教信仰的性质，而且往往是片面的、低层次的，如果盲目相信，有时会给抽籤者带来很大的危害。对于那些利用籤占来欺骗百姓、谋取钱财的人，有关部门应该予以坚决打击。

第四，籤占是一个活态的文化，将在相当长的时期内存在。时至今日，科学昌明，技术进步，信息爆炸，交通发达，人们在与大自然的斗争中似乎占据上风。然而，这些现代文明并没有给所有人带来幸福和心灵上的安宁，相反，由于社会竞争的加剧，生活节奏的较快，贫富分化的扩大，使相当多人感受到难以抗拒的巨大社会压力，对自己的前途感到迷茫甚至焦虑不安，无法把握自己的命运，因此只好拜倒在神明脚下，听从神明的安排。改革开放以来，大陆宗教信仰复兴、籤占等占卜活动盛行，昭示着这样一个被许多人忽视的道理，即仅仅有着先进的科学技术、高速度的经济增长率、物质生活的提高尚不足以使人类真正幸福，还需要充实的精神生活和高尚的道德修养，其中包含宗教文化生活。著名的英国哲学家和历史学家汤因比曾指出：“科学的进步，通过技术的应用，给人带来统治别人，统治人以外的自然力量。所谓力量，在伦理上是中性的，可以用于善的方面，也可以用于恶的方面。……科学技术力量对人生命的影响，取决于是用这种力量的人的

---

① 孙淑华：《屏东市妈祖籤文之研究》，高雄师范大学2006年硕士学位论文。

② 高友谦：《天意解码：关帝籤新观察》，团结出版社2008年版。

伦理水平。”[1] 灵籤是人类自己编造的,有趣的是,人编造了灵籤又心甘情愿地把自己的命运交给灵籤主宰,犹如人制造了沉重的枷锁给自己扛又舍不得抛弃一样,确实是一种悲剧,但只有帮助扛枷者提高觉悟,自愿砸碎沉重的枷锁,才不会出现重新修复被砸碎的枷锁或制造新枷锁那种似乎是不可思议却又在情理之中的怪现象。然而这个过程将是相当漫长的,对于这样一种具有顽强生命力,且在民间影响巨大的籤占文化现象,我们当然不去倡导它,但也不宜用行政手段禁止它,正确的态度应该是认真地研究它,揭开其神秘的外衣,还其本来面目。同时,大力发展生产力,发展社会经济和科学文化事业,提升人们的文化科学水平,提倡健康文明的生活方式,逐步消除籤占活动的社会基础,只有这样,才能促使籤占活动早日退出历史舞台。历史的经验不止一次告诉我们,越俎代庖是不能真正消除类似籤占这样的文化现象的。

① 《展望二十一世纪:汤因比与池田大作对话录》,国际文化出版公司 1985 年版,第 410 页。

附录一：信仰疗法与药籤研究

一、信仰疗法与信巫不信医陋习

在当今中国社会乃至世界华人社会中，存在着三个各具特色的医疗系统：一是近代和现代医学，俗称“西医”；二是中国传统的医学，简称“中医”；三是民间医疗传统，即扎根于民间、流传于民间的、以简、便、廉、神秘为基本特征的、未成理论体系的医学知识和行为，其中民俗疗法属于这一系统。

民俗疗法又称民俗医疗，是在民间自发流传的非专业性的、带有约定俗成（诸如草药、推拿、气功、江湖郎中的秘方、食物疗法、自然疗法等）和宗教信仰色彩的医疗知识和行为，信仰疗法包含其中。

信仰疗法又称宗教疗法，是指以宗教信仰为前提、以画符念咒、驱魔降妖等为幌子，以心理暗示和心理治疗为主，结合药物的治疗方法。在中国民间，信仰疗法的花样很多，诸如端公看魂、看香头、送祟、换童子、下神、取仙药、拘魂、过阴、扫堂驱邪、破关、送撞客等等均属此类。

从中国医学发展史看，民俗疗法起源最早，而民俗疗法与巫术一开始就结下不解之缘。众所周知，在上古社会，医学水平低下，巫术盛行，许多疾病无法医治，更无法解释其病因，误以为疾病乃神差鬼使的结果，因此，一旦生病，便请来巫觋，以祈祷、占卜、诅咒等方式来驱除病魔，此为常态，所谓“巫者，事鬼神，祷解以治病，请福者也。男曰觋，女曰巫。”[①] 然而，巫

① 何休：《公羊传》卷二，隐公四年。

觋们心知肚明，仅仅依靠驱除病魔是难以治好疾病的，为了获取更多的信众，其中一些巫觋在以各种巫术来驱赶病魔的同时，利用所掌握的简单的医疗知识给病人治病，形成巫与医合而为一的局面。在中国上古社会，巫与医合为一体，巫觋往往兼有医师的职能。《山海经·大荒西经》说：大荒山有"巫咸、巫即、巫盼、巫彭、巫姑、巫真、巫礼、巫抵、巫谢、巫罗十巫"。由于他们与神灵相通，所以"从此升降，百药爰在"。《山海经·海内西经》也说巫彭、巫咸等巫师"皆操不死之药"。上古"医"字的繁体字为"毉"，形象反映了上古社会医与巫的密切关系。

有趣的是，在上古社会，一方面巫觋主动利用医药；另一方面医者也摆脱不了巫术。《搜神记》卷一记载："神农以赭鞭鞭百草，尽知其平毒寒温之性，臭味所主，以播百谷，故天下号神农也。"《史记·补三皇本纪》亦说："（神农氏）以赭鞭鞭草木，始尝百草，始有医药。"这里所说的"以赭鞭鞭百草"来分辨草木是否具有毒性，显然具有巫术的色彩。《广博志》卷二十二引《物原》还记载，神农氏为人治病，也结合"巫方"，所谓："神农始究息脉，辨药性，制针灸，作巫方。"连大名鼎鼎的中医学创始人神农氏为人治病时都少不了巫术，其他的巫医就更不在话下了。总之，在上古社会，巫术占绝对统治地位，巫医不分，医术只是巫术的陪衬和补充而已。

图 F1–1　神农画像

夏商时期，随着生产力的发展，人们对疾病的认识有所提高，酒的酿造并应用于治病和复方、汤液煎液的发明，以及个人卫生保健状况的改善，医疗卫生水平明显提高。西周以后，随着社会经济文化的发展，医与巫开始分离，初步建立医事制度，出现了医学的分科和专门的医生。《周官·天宫》载，当时宫廷设有医师、食医、疾医、疡医、兽医等，医师为众医之长，负责诊治王与大卿的疾病，疾医负责诊治平民的疾病，疡医负责治疗外伤，食医负责王室的饮食疗养。中医理论开始形成，《山海经》和长沙马王堆出土的《足臂十一脉灸经》、《阴阳十一脉灸经》、《脉法》、《阴阳脉死候》、《五十二病方》等帛书，都是这个时期医学发展的见证。

春秋战国时期，出现了大批医学著作。《汉书·艺文志》记载当时有医经 7 种，医方 11 种，即《黄帝内经》18 卷、《黄帝内经太素》30 卷、《外经》37 卷；《扁鹊内经》9 卷；《白氏内经》38 卷、《外经》36 卷、《旁经》25 卷；《五脏六腑痺十二病方》30 卷、《五脏六腑疝十六病方》40 卷、《五脏六腑瘅十二病方》40 卷、《风寒热十六病方》26 卷、《泰始黄帝扁鹊俞拊方》23 卷、《五脏伤中十一病方》31 卷、《客疾五脏狂癫病方》17 卷、《妇人婴儿方》19 卷、《金疮瘈瘲方》30 卷、《汤液经法》32 卷、《神农黄帝食禁》7 卷，并出现了医和、医缓、卢医、扁鹊等著名医家，中医理论的基本原则得到确立。此时，医巫开始分业，沿着各自的轨道发展。[①]

秦汉以后，随着中医学的不断发展，巫医的影响逐渐减小。但巫觋从来没有放弃驱除病魔并结合药物为人治病的职能，魏晋南北朝时期，巫觋与医疗的关系依然相当密切[②]，唐宋时期驱病巫术仍然在民间流传。[③] 在一些开发较迟、医疗卫生相对落后的地区，还形成“信巫不信医”的陋习。兹以闽台为例：

秦汉以前，福建是闽越族聚居地，闽越族为东南百越的一支，《汉书·地理志》说他们的文化特征是“信鬼神，重淫祀”。闽越族信巫好鬼在当时是十分有名的，闽越国灭亡后，许多越族巫祝被带到汉朝宫廷，受到汉武帝的重用。

三国以后，中原汉族纷纷避乱闽中，许多人难以适应福建潮湿炎热的气候，发病率较高。特别是三到五月份，瘟疫经常流行，严重地威胁着人畜

① 关于中医发展史，参见俞慎初：《中国医学简史》，福建科学技术出版社 1983 年版。

② 参见林富士：《中国六朝时期的巫觋与医疗》，《历史语言研究所集刊》1999 年第 70 本第 1 分册。

③ 参见赵宏勃：《唐代巫觋社会职能的历史考察》，《中国社会历史评论》第三卷，中华书局 2001 年版；刘黎明：《宋代民间巫术研究》，巴蜀书社 2004 年版。

生存。早在汉代，福建就被中原人视为“呕泄霍乱之区”，唐宋时，一些人仍不愿入闽做官，害怕染上瘟疫。唐代，汀州的州治最初设在杂罗口，后来“以其地瘴，居民多死。大历十四年，移理长汀白石村，去旧州理三百里”[①]。宋代王安石《送李宣叔倅漳州》诗中还有“山川郁雾氛，瘴疠春冬作”之句。[②] 而迁徙入闽的中原汉族大多是因战乱被迫背井离乡的，不可能备足药物。入闽后，又没有什么医疗设施，专职医生凤毛麟角，一旦生病，只有求助于巫觋，别无其他办法，逐渐形成了“病者好巫”的风气。

唐末以后，随着福建经济的长足发展，医疗条件有了改善，医学水平也大有提高。宋代福建虽然出现了不少像苏颂、陈言、李讯、杨士瀛、宋慈等这样著名的医学家，不过就总体而言，唐宋时福建医疗卫生还是相当落后的，特别是广大乡村，普遍缺医少药。加上传统习惯的影响，“病者好巫”的风气并没有改变，所谓“越人尚机而信杀，自古然尔，至今风俗不可革。人有疾，且忧也怜。于巫觋之徒，戒之曰参苓罔功，必须杀以为命”[③]。

蔡襄回福建做官时，对“病者好巫”的风气深恶痛绝，力图加以改变，志称：“宋蔡端明学士治莆，谓莆人巫觋主病，宜痛断绝，因择民之聪明者，教以医药，使治疾病。”[④] 庆历六年（1046）蔡襄知福州时，曾请精通医学的何希彭从《太平圣惠方》中选出“便于民用”的药方6096方，抄录于木板上，竖立在衙门左右，广为宣传，并亲自作《太平圣惠方后序》，略曰：

> 太宗皇帝一平宇内，集古今名方与药石诊视之法，敕国医诠次，类分百卷，号曰《太平圣惠方》，诏颁州郡，传于吏民。州郡承之，大率严管吁，谨曝晾而已，吏民莫得与利焉。闽俗左医右巫，疾家依巫索祟，而过医门十才二三，故医之传益少。余治州之明年，议录旧所赐书以示于众。郡人何希彭者，通方伎之学，凡圣惠方有异域□怪难致之物，若食金石草木得不死之篇，一皆置之。酌其便于民用者，得方

① 《太平寰宇记》卷一〇二，景印文渊阁《四库全书》第四七〇册地类・史部二二八，台湾商务印书馆1986年印行。

② 转引乾隆《龙溪县志》卷二十二，光绪五年重刊本。

③ 《徐仙翰藻》卷四《皋杀赋》，张继禹主编《中华道藏》第三十一册，华夏出版社2004年版，第696页。

④ 乾隆《海澄县志》卷十五《风土》。

六千九十六。希彭谨愿自守，为乡闾所信，因取其本誊载于板，列牙门之左右，所以尊圣主无穷之泽，又晓人以巫祝之谬，使之归经常之道，亦刺史之一职也。①

南宋时，朱熹知泉州时，也曾发布告示，规定父母生病，“若贫之至甚，无力请医，许诣州目陈，当为遣医诊视，药石之资，官有常给”②。其他一些州县也曾采取过类似的措施，企图改变“病者好巫”的风气，但积重难返，收效甚微。宋代梁克家指出：

鬼神之为德不可掩也，而每为巫妪所累。……庆历中，蔡公襄为守，尤恶疾家依巫索祟之弊。……然不择贵贱，愚者常易惑；不问富贫，弱者常易欺。故风俗至今未能尽革，每一乡率巫妪十数家，奸民与为道地，遇有病者相为表里，既共取其货赀，又使其不得访医问药以死，如是者可痛也。③

南宋嘉定年间（1208—1213），陈宓在《惠民药局记》中描述了安溪县信巫尚鬼，病不求医的落后状况：

安溪视诸邑为最僻，深山穷谷，距县有阅五六日至者。又气候多燠，春夏之交，雨淖则河鱼腹疾，旱则瘴痞作焉。俗信巫尚鬼，市绝无药，有则低价以贸州之滞腐不售者。贫人利其廉，间服不疗，则淫巫之说益信。于是，有病不药，不夭阏幸矣。诗曰：“蓝冰秋来八九月，芒花山瘴一起发；时人信巫纸多烧，病不求医命自活。”呜呼，兽且有医，而忍吾赤子诞于巫愚于贾哉！④

直到明清民国时期，“病者好巫”的风气仍在福建各地存在。明代长乐谢肇淛指出：“今之巫觋，江南为盛，而江南又以闽广为盛，闽中富贵之家，妇人女子，其敬信崇奉，无异天神。少有疾病，即祷赛祈求无虚日，亦无遗鬼。楮陌牲醪相望于道，钟鼓铙铎不绝于庭。”⑤ 有关方志记载颇多：

---

① 黄仲昭：《八闽通志》卷八十五《拾遗》，福建人民出版社 2006 年版，第 1397 页。

② 乾隆《泉州府志》卷二十《风俗·告谕附》，同治二十二年重刊本。

③ 梁克家：《三山志》卷九《公廨类三》，见影印《宋元方志三十七种》，国泰文化事业有限公司 1980 年版。

④ 嘉靖《安溪县志》卷七《文章类》，上海古籍书店 1963 年影印本。

⑤ 谢肇淛：《五杂俎》卷六《人部二》。

福州："病者好巫"①；

永泰："俗颇信鬼，病惮服药，惟巫觋是问"②；

仙游："其民愿惮医药，惑祸福，故其民重鬼神"③；

惠安："俗颇惑巫鬼信机祥小数，穷乡无医药，有病则羊豕祈禳于神"④；

泉州："乡村之民，病则扶鸾抬神，或延巫觋喷油履火，此民俗之最惑者也"⑤；

德化："疾病不医药"⑥、"偶沾疾病，轻则召巫行符，重则迎神取药，少延医者"⑦；

同安："疾病求巫觋"⑧、"地方遇时疫，辄先期祈神，后诹吉资于社庙建醮，曰做平安"⑨；

龙溪："俗信巫，疾则祷于非鬼之庙"⑩；

漳浦："有专信鬼神不事医药者"⑪；

海澄："俗下有专祷于神及抬舁神像出行采药，假托神灵"⑫；

诏安："疾病之家，不即问医，而先问巫，动云冲犯鬼物"⑬；

龙岩："惟疾病倿神，少用医药"⑭；

漳平："重亲尚鬼，疾病每祷以巫"⑮；

---

① 《图经》，转引乾隆《福州府志》卷二十四《风俗》。
② 乾隆《永福县志》卷一《风俗》。
③ 乾隆《仙游县志》卷八《风俗》。
④ 嘉靖《惠安县志》卷四《风俗》，上海古籍书店1963年影印本。
⑤ 乾隆《泉州府志》卷二十《风俗·告谕附》，同治二十二年重刊本。
⑥ 嘉靖《德化县志》卷二《风俗》。
⑦ 乾隆《德化县志》卷三《疆域·风俗附》。
⑧ 康熙《同安县志》卷四《风俗》。
⑨ 民国《同安县志》卷二十二《礼俗》。
⑩ 乾隆《龙溪县志》卷十《风俗》，光绪五年重刊本。
⑪ 光绪《漳浦县志》卷三《风土上·风俗》。
⑫ 乾隆《海澄县志》卷十五《风土》。
⑬ 民国《诏安县志》上编卷一《民风》。
⑭ 道光《龙岩州志》卷七《风俗》。
⑮ 道光《漳平县志》卷一《舆地·风俗》。

宁洋:“疾病佞神,少用医药”[①];

沙县:“病不饵药,寄命于巫”[②];

武平:“病不服药而崇鬼”[③];

邵武:“信鬼好祠,俗罕延医”[④];

建宁:“近俗尚鬼,病召巫觋”[⑤];

浦城:“疾病缓于延医,急于巫祝”[⑥];

屏南:“信鬼尚巫,病辄禳祷”[⑦]。

明中期以后,大批福建人陆续迁居台湾。当时台湾尚未开发,到处是密林杂草,加上地处亚热带海岛,高温潮湿,病菌易于繁殖,瘟疫蔓延,严重地威胁移民的生命,《台湾外纪》载:“台地初辟,水土不服,病者即死,故各岛搬眷,俱迁延不前。”《海上见闻录》卷二亦云:“初至,水土不服,疫疠大作,病者十之八九,死者甚多。”府志称:“水土多瘴,人民易染疫病。”[⑧]郑成功收复台湾后,仅半年便染上热疾而去世。其驻守鸡笼山的将士,在康熙二十一年三月的瘟疫流行中,也“大发疾病,越八月,死者过半”[⑨]。直到清代后期至近代,台湾地区的瘟疫仍时常发生,据统计,从咸丰六年(1856)至民国九年(1920)台湾先后发生各种瘟疫24次之多,死亡人数数以万计。在这样恶劣的环境中生活,人们朝不保夕,极度不安,而当时的医药又无法有效地控制瘟疫的蔓延,福建本土尚鬼和信巫不信医的陋习很快地在台湾扎下根来,志称:

“俗信巫鬼,病者乞药于神,……亦皆漳、泉旧俗。”[⑩]

“南人尚鬼,台湾尤甚,病不信医而信巫。有非僧非道专事祈禳者曰客师,携一撮米往占曰米卦;书符行法而祷于神,鼓角喧天,竟夜

① 民国《宁洋县志》卷二《舆地志·风俗》。

② 康熙《沙县县志》卷一《方舆·风俗》。

③ 乾隆《汀州府志》卷六《风俗》。

④ 光绪《(重纂)邵武府志》卷九《风俗》。

⑤ 康熙《瓯宁县志》卷七《秩祀·风俗礼文》。

⑥ 光绪《续修浦城县志》卷六《风俗》。

⑦ 道光《屏南县志》第四册《风俗志》。

⑧ 康熙《台湾府志》卷七《风土志》。

⑨ 江日升:《台湾外纪》卷二十六《施提督连疏议剿,姚部院遣使再抚》。

⑩ 嘉庆《续修台湾县志》卷一《地志·风俗》。

图 F1–2 石狮会（吴友如画）

而罢。病即不愈，信之弥笃。”①

“俗尚巫，疾病辄令禳之。又有非僧非道名曰客仔师，携一撮米往占病者，谓之米卦，称说鬼神。乡人为其所愚，倩贴符行法而祷于神，鼓角喧天，竟夜而罢。病未愈，费已三、五金矣。”②

“澎人信鬼尚巫，疾病不问医药，只求神问卜而已。”③

“俗素尚巫，凡疾病辄令僧道禳之，曰进钱补运。”④

“信鬼尚巫，蛮貊之习犹存。……有为客师，遇病禳祷，曰进钱补运，金鼓喧腾，昼夜不已。有为乩童，扶辇跳跃，妄示方药，手执刀剑，披发剖额，以示神灵。”⑤

同治十年（1871）十一月，台湾地方官府曾下令禁止迎神赛会，其中的禁条之一是“不准迎神像赴家，藉词医病，骇人听闻”⑥。但积重难返，无济于事。

在闽台传统社会中，常见的信仰疗法有以下几种：

（一）偶像治病

当百姓病重，医家束手无策时，病家往往要到宫庙抬神像到家中，用

① 丁绍仪：《东瀛识略》卷三《习尚》。

② 乾隆《重修台湾府志》卷十三《风俗（一）附考》。

③ 光绪《澎湖厅志》卷九《风俗》。

④ 道光《彰化县志》卷九《风俗》。

⑤ 同治《淡水厅志》卷十一《风俗考》，参见《苗栗县志·风俗考》。

⑥ 《台湾理藩古文书·严禁迎神赛会》。

图 F1–3　偶像治病（吴友如画）

丰盛的供品和隆重的仪式祭祀神灵，祈求神灵驱邪治病。请偶像治病在古代福建相当普遍，特别是瘟疫流行时，迎神赛会更是常见。谢肇淛在《五杂俎》卷六中指出：“闽俗最可恨者，瘟疫之疾一起，即请邪神香火，奉事于庭，惴惴然朝夕拜礼，许赛不已。一切医药，付之罔闻。”一些宫庙，塑有许多神像以方便善男信女迎请。如民国初，“厦门福茂宫，内有清水祖师焉。……宋仁宗时以医道成神，厦民奉之甚虔，称之为祖师公。民间疾病，诸医束手者，必延祖师公。延祖师公而犹不愈，谓其人必无生理。故庙内塑祖师公像甚伙，听民间之延请。凡延请者，雇舆夫四人，击锣者一人，即可抬祖师公到家……”[①] 至今在福建民间，此举虽不多见，但并非绝迹。

（二）抬神寻药

久病不愈或病重不起，则有抬神寻药之举，此风在古代的福州、兴化、泉州、漳州等地较为流行。志称：“偶沾疾病，轻则召巫行符，重则迎神取药，少延医者。”[②] 厦门、同安、泉州一带，主要是抬神到药铺取药。《厦门志》载：“疾病，富贵家延医诊视，余皆不重医而重神。不曰星命衰低，辄曰触犯鬼物。牲醴楮币，祈祷维虔。至抬神求药，尤为可笑。以二人肩神舆行，作左右颠扑状，至药铺，以舆杠头，遥指某药，则与之。鸣锣喧嚷，道路皆避。

---

① 吴友如等：《点石斋画报》，上海文艺出版社 1998 年版。

② 乾隆《德化县志》卷三《疆域志 · 附风俗》。

至服药以死，则曰神不能救民也。即有奸徒稍知一二药性，惯以抬神为业者，官虽劝谕之，终不悟也。”①《同安县志》载：“俗信巫鬼笃于信医，病家每雇两人扛一菩萨，以扛保生大帝为多，一人鸣锣随后，沿街游行。遇人家藏有药品，神停不行，名曰讨药。其家即拈香低声念药品，视神进退以定去取。神或旋绕奔突，则以筊掷之，得圣筊合，阴筊否。或到药铺，令药铺唱药名而筊决之。无论是否对症，或成方与否，均服之不疑，甚有因而致命者，竟以天命诿之。吁，亦愚矣！”② 清末泉州抬神求药之风盛行，时人吴增在《泉俗激刺篇・佛讨药》中写道：“病人病势剧，请佛去讨药。好药不必人人有，总是佛爷好妙手。轿进步，药则可；轿退步，药则叵（不可）；有时不进亦不退，颠来簸去吓杀我。百虚无一实，十分煎成七，毒如钩吻根，咽之甘如蜜。甘如蜜，嗟何及，宛其死矣啜其泣。”③

漳州一带除了抬神到药铺寻药外，还有抬神到野外寻药，清末施鸿保对此曾做了详细的描述：“漳浦县城隍庙有木皂隶，民有病者，舁其像行郊野间，群巫随之挝鼓吹螺，过草木丛茂处，突一巫跳掷如醉，则止像拜之。其巫随取草根、木叶、藤梢、竹枝之类，仆地睡去，群以为神赐之药矣。俟巫醒，坐以彩舆，插花披帛，随像而归，以所取物煎饮。病者愈，则演戏酬神，而以金帛谢其巫。县人莫不尊信，至称为药王大帝，且杜撰《药王出身记》。雍正初，鄞县陈汝咸以翰林改知县事，始严禁之，并毁其像。今则此风复炽，唯所舁非从前木像矣。”④ 又载：“舁神寻药。下府各县皆有舁神寻药之俗，不独漳浦木皂隶也。病家或舁社庙神，或舁家所祀神，颠簸而行，至药肆前，像重，止不能行，随取肆中药，次呈像前，如是则像复轻，仍舁而归，不论何药，购而服之，虽死不悔。大抵闽俗，上诸府病则听于巫，下诸府病则听于神。”⑤

台湾地区抬神寻药俗称“观辇”，据庙祝介绍，“观辇”就是将神明、辇

① 道光《厦门志》卷十五《风俗记》。

② 民国《同安县志》卷二十二《礼俗》。

③ 吴增：《泉俗激刺篇・佛讨药》，泉州市民政局、泉州志编纂委员会办公室编《泉州旧风俗资料汇编》，1985年，第124页。

④ 施鸿保：《闽杂记》卷七《木皂隶》。

⑤ 施鸿保：《闽杂记》卷七《舁神寻药》。

轿、帮忙的人手都请到家里后，由民家烧香跟神明禀家中谁有什么地方不舒服，诚心祈求神明“观辇”药方。接下来就是抬神轿的人准备“起辇”，如果这家的室内够宽，可以在大厅“起辇”，但通常都是在外埕比较多。“观辇”是没有附身的，完全是透过现场“掷筊”问神明是不是可以看病，如果是“圣筊”，就可以将“辇轿”抬到病床边，利用“辇轿”前面的竹子做的“轿柄”——那是一截圆圆瘦瘦的竹筒，将它放在病人手上把脉，一手看完了换另一手；一会儿，等“辇轿”冲到房间外，就表示诊断完毕可以准备进入开药方的部分。神明开药方是非常仔细的，方法有两种，一种是“派大药”，也就是开药方之后，到药房抓汉药；另一种是“派青草”。在开药之前要先“掷筊”问清楚是哪一种，如果要“派大药”，就要拿出“药论”来看。“药论”是一卷白布，上面密密麻麻写了几百种药味。只要将“药论”那块布摊开在桌上，神明利用“轿柄”在布上指，指到哪一种，旁边识字的人帮忙“掷筊”，喊“某某药味对否？”如果是“圣筊”，就用笔记录下来，再继续看神明出哪一种药味；如果遇到没有“圣筊”的情形，同一排上下的药味再问一下就对了。就这样神明一边“叩、叩、叩”地出药方，旁边的人一边记下来，一直到差不多七八味到十多味药方，就可以问神明是不是足够了。等到所有的药味都问齐了，再开始一种一种问分量多少，要多少水煎成几碗。到这里，差不多清楚了，剩下的就是拿药方去

图 F1-4　神检药（《点石斋画报》8-85）[①]

---

① 图下注明“（《点石斋画报》8-85）”是指该图出自上海画报出版社 2001 年版的《点石斋画报》（大可版）第 8 册第 85 页。下同，不一一注明。

中药行抓药。若是“派青草”就不用“药论”，直接“辇轿”晃到路边、田边或是菜园等等，一些什草长得旺盛的地方去找，旁边的人就用菜篮提一只、尖尾刀拿一支跟着去采青草。大概选好地点后，开始临近的青草一种一种地问，问到“圣筊”的青草，就连根采到篮子里，等采了七八种上下又一直求不到“圣筊”时，就知道药味差不多够了，再请示神明是不是青草已足够了，即可确定药味之后，再问每一种的分量要不要再多采一点来补，如果足够了，就可以将青草带回民家。由于采的时候是连根拔，所以采回时还要“掷筊”问清楚用青草的“头”（根）“骨”（茎），还是叶？分量多少啦？水分多少啦？都要再问一遍。还有需不需要加“灵符”？[①] 显而易见，台湾的“观辇”与闽南地区的抬神寻药基本一样，是从闽南移植去的。

（三）扶鸾问药

古代福建，扶鸾相当盛行，明代谢肇淛说道：“箕仙之卜，不知起于何时，自唐宋以来，即有紫姑之说矣。今以箕召仙者，里巫俗师，即士大夫抑或能之。”[②] 许多州府县都设有专门用来扶鸾的乩坛，除了问科举题目、问祸福等等外，问病讨药者尤多。如永安“遇疾辄请土神扶乩，问吉凶，采医药”[③]。惠安“乡村之民，病则扶鸾抬神”[④]。金门“惑鬼神，信禨祥，病虽用医，然扶鸾抬神问药，延巫觋禳符烧纸，至死不悟”[⑤]。崇安“问乩卜紫姑之类也，邑人偶为之，以沙盘写字，间或为人治病”[⑥]。闽侯青圃灵济宫早在五代后周显德二年（955）就“降笔判符药以济人，声闻达于四方”[⑦]。宋元明时期，灵济宫扶鸾活动十分频繁，元代初年有人把灵济宫历代乩示编辑成册，名《徐仙翰藻》，共14卷，洋洋十万余言，其中也有一些是答问医药的。清末民国初，莆田、仙游三一

① 详见蔡欣茹访谈整理：《黄财龙·游金生先生访谈录——尾堑保安宫保生大帝医疗佚事》，《宜兰文献杂志》1999年第37期。

② 谢肇淛：《五杂俎》卷十五《事部三》。

③ 道光续修《永安县续志》卷九《风俗》。

④ 乾隆《泉州府志》卷二十《风俗》。

⑤ 民国《金门县志》卷十三《礼俗》。

⑥ 民国《崇安新志》卷六《礼俗》。

⑦ 《徐仙真录》卷一《符药济人》。

图 F1–5　扶鸾问药至今仍在民间存在

教祠堂也盛行扶鸾，编造了大量乩示。民国初，三一教徒将历年乩示编辑成册，名《镇家宝》，共六册，数十万言，主要宣扬三一教教义，也有一些答问医药的。

清康熙四十年（1705）前后，扶乩从福建传入台湾，自然也就参与台湾的民俗疗法。咸丰之后，台湾出现大量的鸾堂，民国以后遍布台湾全省，如今仍有五百多座鸾堂，除了扶鸾为善男信女答问医药祸福外，不少鸾堂还编有鸾书，个别鸾书也涉及治病，如《圣道旅程》鸾书中就有以华佗仙翁名义发布的“治病诀”，宣扬：万病皆由心生，人世间的憎恶、妄念、烦恼、焦躁，都是导致疾病的主因。要想治愈疾病，必须先去除病源；运动有助驱除病魔，疾病属阴，运动能产生阳气，当阳气旺盛时，自然能赶走病魔；善行能治由怨尤、灾害引起的“冤孽病”。有的鸾书中有各种治病符咒，如《幸福之道》收有“仙佛圣像金身开光点眼灵咒”、“安胎符”、“化骨符”、“镇惊符”、“诸法水治病咒”、“敕水治病咒”、“化身咒”等。台湾鸾堂所信仰的神灵十分庞杂，多半以三圣恩主或五圣恩主为主，其他的则包括三清道祖、五老天尊、玉皇大帝、伏羲、神农、轩辕、三皇五帝、尧、舜、禹、三官大帝、南北斗星君、九天玄女、孔子、大魁夫子、仓颉圣人、中天玄灵高上帝、关帝、吕祖、玄天上帝、司命、王天君、岳飞、文昌七大恩主公、释迦牟尼、药师、阿弥陀、三宝仙、观音、地藏、文殊、普贤、济公、弥勒、清水祖师、保生大帝、妈祖、临水夫人、张天师、城隍、福德正神等。[①]

在台湾，有鸾堂的地方就有扶鸾问药，有时扶鸾问药的时间要延续几

① 详见吉元昭野著、陈昱审订：《台湾寺庙药籤研究》，武陵出版有限公司 1993 年版；王见川：《台湾的斋教与鸾堂》，南天书局 1996 年版；王志宇：《台湾的恩主公信仰——儒宗神教与飞鸾劝化》，文津出版社 1997 年版。

图 F1–6　乩方奇验（吴友如画）

个小时，台湾宜兰员山普照庙的庙祝游文衍说：“在扶鸾的过程中，尤其是遇到问病的状况，有时神明会为了去取药方而离寺，暂时中断扶鸾。譬如说这个人的病需要一味比较特殊的药方，或者是这个药方的俗称很多，有人这样称呼，有人那样称呼，为了不用错药起见，神明会直接不退灵，也就是灵还在主笔身上的情况下，去野外采集需要配药的药材回来作样本，这样配药的人就可以拿着样本去药店配药，或者是直接拿回去用。若是遇到这种情形，扶鸾的时间会拉得很长，一次就无法回答太多人的问题，所以有的人嫌麻烦等不及，或是症状较不严重的，就干脆用‘求籤’来问也一样。”①

台湾一些宫庙的扶鸾问药，不完全是针对个人的，遇到流行病，也会扶鸾出“公药”供所有病人服用。如 1945 年台湾回归祖国后，宜兰县曾流行狂犬病，搞得人心惶惶。员山普照庙的佛祖就扶鸾出一方治疗狂犬病的公药，给病人服用，效果很好。根据《外员山普照寺药籤本》的附录中记载，此治疗狂犬病的药方是从上海商务书馆印行的《增订验方新编》抄写下来的，再由佛祖的名义公布。②

（四）跳神觅药

在福建许多地方，童乩经常以跳神的形式驱逐病魔，或开出药方。清

① 蔡欣茹访谈整理：《游文衍先生访谈录——员山普照寺庙公谈观音佛祖济世佚事》，《宜兰文献杂志》1999 年第 37 期。

② 同上书，第 106—107、113 页。

代施鸿保作了生动的描述："降童即降神也，闽俗又谓之打童，上下诸府皆有之，而下府尤盛，皆巫者为之。云须自幼炼致一神，焚符则神附其自（身），刀镞水火皆不能伤。凡有疾病或失物，辄迎致之，其巫衣履亦如恒人，惟以红布抹额，至者据高座，祷者焚香燃烛，跪拜于下。少顷，巫起舞，散发目瞪，则神来矣。左右二人急挟持之，随自以小刀划舌喷血，作符焚室四方，凭人所问，信口作答，语皆不甚明了，左右二人，代为传述。将去，又自以小刀划舌喷血作符，疾病者或令焚灰和水饮，或令贴床帏。……作符讫，其巫定坐如常时，则神去矣。"①

福建地方志有不少跳神治病的记载。福建永安"闽俗尚鬼好巫，永亦不免，遇疾辄请上神扶乩问吉凶、采医药。治未效又以为鬼祟，非禳不解，召巫数辈，日夜鸣钲击鼓，跳跃喊闹，费钞无数，如是者虽死不悔"②。政和"民间疾病，医药罔效，辄请巫入家为傩，俗谓之'降童'。云神附其身，或教以药，或教以禳，然效者一二，而不效居其多数。"③崇安"疾病难痊，即祝神占卦，以为祟非禳不解。召巫数辈，日夜鸣钲鼓，跳跃喊闹。亲族遗以菜酒，号为'赠巫'。如是者虽死不悔"④。寿宁"俗信巫不信医，每病，必召巫师迎神，邻人竞以锣鼓相助，谓之'打尫'，犹云驱祟，皆餍酒肉于病家。不打尫，则邻人寂寞，辄谤为薄。当打尫时，或举家竞观，病人骨冷而犹未知者"⑤。同安"扛菩萨之外又有跳乩童。凡人有病，辄向神问吉凶，神每凭人而言，谓某鬼作祟，随口派牲醴菜饭，冥钱祭送，可保无事。不验仍归诸数。为乩童者多系无赖恶少，以此为业，裸体披发，红兜白裙，手执刀剑，自劙口背，血涔涔下；或割舌，以血为符；或掷铁钉球，或翻钉床，或过刀梯，或过火炭、火炉、火城，非言朱、邢、李，即言池王爷、五显帝、中坛爷、二大使，屡经地方官严禁，而陋俗终不可除。"⑥

---

① 施鸿保：《闽杂记》卷七《降童》。

② 道光续修《永安县续志》卷九《风俗》。

③ 民国《政和县志》卷二十《礼俗》。

④ 嘉庆《崇安县志》卷一《风俗》。

⑤ 冯梦龙：《寿宁待志》卷上《风俗》。

⑥ 民国《同安县志》卷二十二《风俗》。

在台湾，跳童觅药之风不减于福建，志称：新竹县："遇病群相祈祷，曰'进钱补运'。金鼓喧腾，昼夜不息。有为乩童者，披发露臂，手持刀剑剖额刺肤以示神灵，妄示方药。"[①] 噶玛兰"俗尚巫，疾病辄令禳之"[②]。民国时期，台湾乩童多达数千人。据民国七年（1918）不完全统计，台湾有乩童1114人，实际人数远多于此。民国二十六年（1937）仅东石郡就有329人，民国三十年增至517人，台南也有童乩578人。[③] 台湾的童乩有的会开药方，有的仅以画符为药方，有的则替人按摩以舒筋骨。据福田增太郎《台湾之宗教》中介绍，同一种病，不同的乩童所开的药方也不一样。

台湾地区请乩童觅药驱邪的仪式与福建不尽相同。先插三根香于香炉内，俗称"起马"，即请云游远方的神灵尽快上路，来为信女善男排疑解难。起马香燃尽，得立即续上，以免神灵路上耽搁。一般说来，若是急症，神灵则来得快，反之，来得慢。而香烧得多、烧得旺，神灵也来得快，反之则来得慢。除了烧香外，还要点烛烧纸钱等。一切准备停当后，乩童坐于椅上，闭目，头前后左右晃动，并做恶心呕吐状，全身抖动，由慢渐快，持续四、五分钟后，抖动速度渐缓。口中开始吟唱，表明哪一位神降临。然后进入"问神明"阶段，病家报上姓名、地址、生辰年月日、性别，有何求等，乩童便摇头晃脑，手指掐算，道出求神者是何病痛，为何生病，最后开出药方或画符给病人焚化冲服。若病危，则非方药或符箓能解救，要请乩童下地府将病人的灵魂带回阳间（俗信此时病人的灵魂已脱离肉体到阴府去了），才能痊愈，称之为"落地府"或"落狱府"。进行此迷信活动时，家人焚烧大量纸钱，作为领回灵魂的赎金。

（五）落　地　府

落地府又叫"落狱府"，施用于病危者。俗信病危者的灵魂已坠入地狱，请来巫觋作法，吹角鸣鼓，诵念《落狱探宫科》咒文，让巫觋入地狱询问阎罗王有关病因及处置办法。在闽北，落地府又叫"落阴"，志称："俗有女巫，自谓能以魂魄出入阴府，有疾病者多叩之，谓之问阴。其说谓阳间一人，

① 康熙《诸罗县志》卷八《风俗志》。

② 光绪《安平县杂记·僧侣并道士》。

③ ［日］国分直一：《童乩的研究》，《南瀛文献》1962年第8卷。

阴府一花树，病者则花树枯槁，或被虫啮，或被鬼伤。语多支离，而人民竟有信者，殊不可解。”[1] 台湾地区称落地府为“进花园”，孕常流产或婴儿常夭折及婴儿发育不良，俗谓通往阎王府的途中，有一关隘名叫六角亭，那里的花园常年失修，花朵不佳，根部腐烂所故要请巫觋鸣吹角鼓，诵念《落狱探宫科》咒文，手舞用五色纸装饰的甘蔗，施行修花园仪式，俗信这样才能消弭病因。

图 F1–7　过阴关亡（《点石斋画报》9–72）

（六）脱　　身

脱身又叫“替身”，俗信病者的灵魂被恶鬼捉去，须做草人或纸人作为病者的替身，请巫觋作法后，将替身扔在远离病家的十字路口，让恶鬼捕捉，而招回病人的灵魂，此俗由来已久。明代谢肇淛说道：“今俗人家患病，笃道士为作醮，祈禳以纸为人，名曰替身，此鄙俚可笑之极。及读《闲窗括异志》载：都头李遇病困，魂至阴府，有一相识先死者曰：‘常侍安得来此？’俄有一人曰：‘已追到李遇。’遇乃得苏，见妻子环泣，身下卧一画人，号为替代云乃知此俗已久。呜呼！阎君竟可以替代欺乎？”[2]

（七）补　　运

在台湾，有些人认为生病是由于“厄运”降临所致，所以要举行“补运”

---

① 民国《政和县志》卷二十《礼俗》。

② 谢肇淛：《文海披沙》卷七《替代》。

法事，驱逐厄运，病情就会好转起来。“简式”的补运只要到宫庙烧香礼拜，供上米糕，或者请道士或巫觋在庙中施行简单的法事，为之消灾解厄即可。若是病重，就要请道士或巫觋到家中设道场，举行“补运大典”。补运大典俗称“作司”，仪式繁琐。作司前，先供上三清、闾山、西王母、左头陀、右头陀等神像，并抬出五番牌，然后敲锣打鼓、鸣笛。接着请神、诵经，先后为灶神井神上供，祈求平安。随后巫觋手持白扇，边舞蹈边诵经，并焚化写有病人姓名的疏文于门口。接着，巫觋口念请神咒语，走进病人的寝室，挂上五雷、五昌神像，供上生猪肉五碗，小碗祭品十种，诵念“押煞”咒文，并行“祭送”法术，将作祟的鬼魔恶煞赶出门外。至此，作司才进行一半，接着还有画符念咒、“祭五昌”、“拔碗卦”、“送火”、“送神”等仪式，折腾了大半天才结束。

（八）乞符箓香灰

在闽台民间，尤其是在古代医疗条件比较落后的乡村，家人生病了，最常见也是最简单的对付方法就是到附近宫庙烧香祈祷，向巫觋乞取符箓回家贴在病人的卧室门上，或挂在病人的蚊帐上，或焚化成灰冲开水给病人喝，俗信这样就可以赶走恶鬼或化解恶煞，家人的病自然就会好了起来。在闽台民间，治病符种类很多，百姓有什么疾病，就有相应的治病符。当然，与治病符相辅相成的治病咒语也是几乎囊括所有的病症。民国初，厦门曾发生瘟

图 F1-8　神符治病（吴友如画）

疫，当时有位名叫施少钦者，画了五千多道“辟邪治疫灵符”，送给病人吞服，据说竟能“奏效如神”。吴友如先生专门为此画了一幅题为“神符治病”的风俗画。

乞香灰又称“乞炉丹”，俗信宫庙神像前香炉中的灰烬具有特殊的神力，病人喝了用白开水冲的香灰，胜过灵丹妙药。所以在闽台民间，家里有人生病，往往不找医生诊治，而是直奔他们认为最灵验的神庙，烧香祷告后，从香炉中抓取少许香灰回家给病人冲服。在台湾一些地方，乞香炉除了焚香祷告外，还要投筊来占卜神明是否允许，乞香灰治病至今在民间仍可见到。

（九）送　瘟　船

古时候，医药对瘟疫几乎是束手无策，瘟疫流行时，百姓往往是舍医药而就鬼神，曾异《纺绶堂集》说：“闽俗病瘟独信巫，谓谒医必死。”[①] 清代查慎行在《毁淫祀歌》中写道：“八闽风俗尤信巫，社鼠城狐就私匿。巫言今年神降殃，疠疾将作势莫当。家家杀牛礫羊豕，举国奔走如风狂。”[②] 福建民间祭祀瘟神的活动五花八门，其中以送瘟船最具特色。如崇祯十五年（1642）二月，福州发生瘟疫，百姓争先恐后筹集金钱，设醮大傩。最初迎请排宴，接着便在五帝庙内设衙署，置衙役，模仿官府收投词状，批驳文书，各乡社抬出土神前来忝谒。继而用纸竹扎糊纸船，极其精致，船内器用杂物，无所不备。择良辰，杀猪宰牛，祭祀纸船。祭毕，数十人抬着纸船，一路吆喝，直奔江河边。队伍前又设一傩，纸糊五帝及部曲，乘以驿骑。队伍后，鸣锣伐鼓，呐喊喧闹，震心动魄，数千名执香者随从。到达江河边上，再由巫师作法一番后，将纸船推入水中，举火烧毁，寓意五帝爷已将疫鬼驱逐到海外，名叫“出海”。这种“出海”活动按乡村轮流进行，《榕城纪闻》载：“一乡甫毕，一乡又起，甚而三四乡、六七乡同日行者。自二月至八月，市镇乡社日成鬼国，巡抚张公严禁始止。”民国初，福州的“出海”仪式更加繁缛，

---

① 转引民国《闽侯县志》卷二十二《风俗》。

② 乾隆《福州府志》卷二十四《风俗》。

时人胡朴安曾作过详尽而生动描述:“出海一事,较普度尤为重要。以杉板制一船壳,糊以彩纸。船中陈设极伙,综言之,凡人世应用之物,无不备具。唯其物皆雏形之模型,若三寸之火腿,一寸之猪头,酒坛如鼻烟之壶,烟盘如火柴之齿,宁式之床大如翠鸟之笼,沐浴之盆大如印色之礼盒,种种物器,无不精巧而可爱。又有纸制男女仆婢二十余人,各司其事。有一婢一仆,专司鸦片烟者,一以通条刺烟枪之管,一以挖子爬烟斗之灰,其形状栩栩欲活,阅之令人绝倒。此船身长约二丈四尺,宽约四尺二寸,有帆有舵,有篷有锚。董其事者,预泊船于台(江)中州之大桥下。同时坛董取木桶二,置于身前,顶礼膜拜,至无量数。金鼓杂奏,僧道各念其经咒,遂取猪血、狗血、鸡血、牛血等血暨腐败之肠、臭秽之布,种种恶物,杂投其中。然后以神道签字之印条封贴桶盖,必严必密。彼谓神道用乾坤袋拘捕之疫鬼皆收容于桶中,故其郑重如此。至于出海时,鼓乐前导,长爷、矮爷步行以从,列炬数十,照耀于前。挑桶者必用精壮之少年,绝迹飞行,速如驿马。道中如有人触着此桶者,此人必死于疫。故出海时,行人远观,无有一人敢逼近而观者。既至天桥下,则置桶于船,时潮方涨足欲退,乃解缆令其随潮出海而去。”①

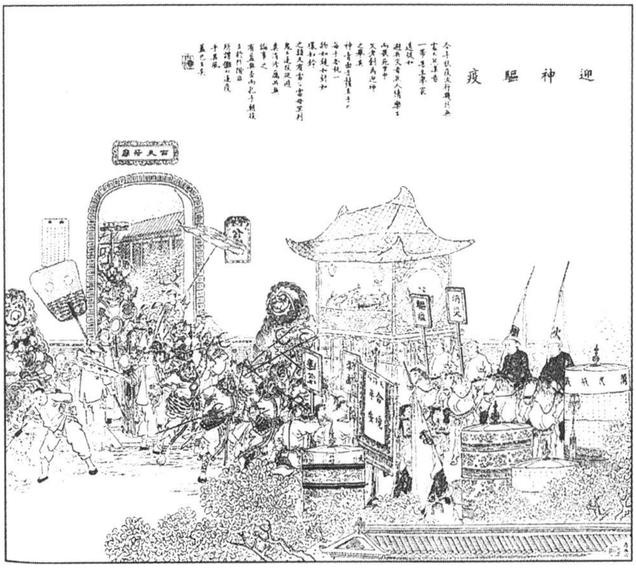

图 F1–9　迎神驱瘟(《点石斋画报》2–155)

闽南地区的瘟船多为木制,俗称“王爷船”或“彩船”。据乡老云:旧时富美宫旁有专门制造王爷船的作坊,每造一条王爷船,都要举行

① 胡朴安:《中华全国风俗志》下篇《福建·闽人佞鬼风俗记》,河北人民出版社 1986 年版,第 308—309 页。

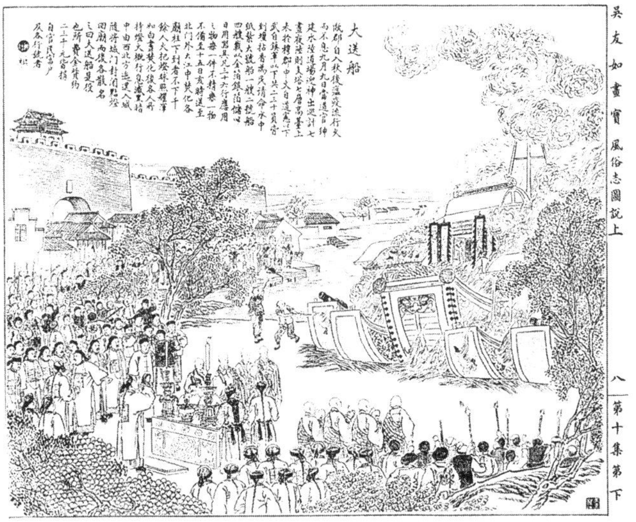

图 F1–10　大送船（吴友如画）

各种祭祀仪式，诸如聘请师傅、选择材料、船体大小、开工时间、安放神位、下水时辰等，都必须在萧太傅神像前扶乩或卜筶来决定，谁也不敢任意变动。王爷船一般长二三丈，能载重二、三百担，中部设神位，正中为主神，左右为配神，每条船上供三位或五位或七位王爷神。船的两旁插有大牌、凉伞、彩旗和刀、枪、剑、戟等兵器。神座前陈列案桌，供奉各种祭品和纸扎的人役、乐队等。后仓装有柴米油盐和药材、布料等日常生活用品。船上还放养一只白色公鸡和一至三头公羊。王爷船从富美渡头下水，先由佩带符箓的水手驾驶出海口，然后在海滩停泊，择定方向，水手将佩带的符箓焚化，并祷告，寓意将王爷船交与神明，然后张帆起锚，水手上岸，任凭王爷船随风逐浪而去。① 无独有偶，闽南送王爷船时，也和福州“出海”仪式一样，要沿途敲大锣大鼓，告示行人闪开，更不许小孩观看，怕魂魄被王爷公带上船去。清末泉州人吴增在《泉俗激刺篇》中写道：“送王流水去，锣鼓声动天。吓得乡人悸半死，恐被王爷带上船。”至今一些老人谈及此等闹剧，仍心有余悸。②

台湾的王爷信仰源于闽南，乾隆末年，台湾有王爷庙近百座，民国七年增至 453 座，1960 年又增至 730 座，目前有一千多座，不但汉族同胞信仰，山地同胞也崇拜。台湾的王爷祭典每三年举行一次，俗称“王醮”。醮典的筹备工作早在数月前就开始，庙宇内外张灯结彩，焕然一新，并依照古制和

① 陈晓亮、万淳慧：《寻根揽胜话泉州》，华艺出版社 1991 年版，第 100—101 页。

② 详见林国平主编：《福建省志・民俗志》，方志出版社 1997 年版，第 317—319 页。

神旨建造王爷船。醮期来到，主事者将汲来的河水一半装入水缸，放在船的前头，另一半泼向船身四周。随后，鞭炮声、乐声和赞美声四起，王爷船在众人的推动下，缓缓驶出厂房，安放在庙埕上。船锭抛入水缸中，等待王爷登船起航。醮坛内，举行着隆重的“火醮”仪式，祈求神明将五方火鬼和十二火兽等导致炎灾的元凶驱逐出境。日头偏西，道士举行“煮油过火”仪式，将醮祭的各样物品逐一过火，以辟邪去秽。并扛沸腾的油锅绕醮坛一周，以净化每个角落。每个信众还要鱼贯穿过火焰，以净化身心。当太阳下山时，众人抬起神轿，捧着献给王爷的纸制兵马，敲锣打鼓地去“请王”。一路上燃着火把，每个人肃静而行，气氛庄严而隆重。“请王”队伍来到昔日王爷船靠岸之处，信众们手执香火，一齐跪地，面朝大陆，虔诚礼拜，祈望王爷降临。当掷筶确定王爷已降临时，鞭炮、烟火齐放，狮阵助兴，民众欢天喜地奉迎王驾回。王爷回庙后，信众们按人间王侯礼仪小心侍候，又是安座，又是献茶，又是上汤水，忙得不可开交。接着三天，王爷一方面在府内视事，由巫师协助处理各种事务。另一方面派王爷令巡境绕行，全祭区内大小神佛、各种阵头、乩童全部出动，随王爷出巡，场面沸沸扬扬，盛况空前。三日之后，送王爷启程，信众们设宴欢送，演戏酬神，主事更是忙得不亦乐乎，为王爷清点各种物品，不敢有丝毫疏忽。宴席结束后，道士开始祭船，用酒泼向船头，象征性地解缆绳。又向船头、船尾泼水，再拿锄头在船头挖一条沟，为王爷船凿通水路，以便直通大海。王爷在众人的簇拥下，请上王爷船后，数百位信众奋力拉船，将王爷船拉到海边，放在堆积如山的金银纸上。旗牌官策马奔驰船侧，许多神舆狂

图 F1–11　痛责妖巫（《点石斋画报》4–193）

奔，乱童乱舞，送王仪式达到高潮。旧时王爷船有时拥入海中，随波逐流，俗称“游地洞”。有时则将王爷船焚化，俗称“游天河”。采用哪种形式处理王爷船，均由投筊决定。如今，多是采用焚化，俗信王爷船已驶向天际，可保人境平安。

总之，信仰疗法是鬼神迷信和医疗卫生落后相结合的产物，其渊源可以追溯到原始社会。随着生产力的发展和医学、医疗卫生的进步，信仰疗法的阵地逐渐被压缩，逐渐被大众所唾弃，但信仰疗法从来没有退出历史舞台，至今仍在一些乡村甚至城市可以见到，而且花样也不断翻新和增加。从某种意义上说，信仰疗法催生了中医学，但又与医学相对立，阻碍了医学的发展和普及。在信仰疗法中，巫觋扮演着极为重要的角色。一般说来，请巫觋治病多是一些家庭过于贫困看不起病的人家所为，或者是医生不能医治的疑难病症及危重病人的无奈之举，虽然有时也会治好病，“然效者一二，而不效者居多数”[①]。“服效归功于神，不效谓之寿算该尽。”[②] 在历史上，不知有多少人因信巫不信医而冤死于巫觋之手！古代一些有识之士对信巫不信医的陋习也深恶痛绝，曾予以猛烈地抨击，甚至企图依靠行政力量来改变这一陋习，如宋代蔡襄、陈淳，明代冯梦龙等就先后在莆田、福州、安溪、寿宁等地下令禁止巫觋治病。清末泉州吴增在《泉俗激刺篇》中对巫觋驱邪治病的欺骗性做了深刻地揭露，认为“百无一实”，并发出“安得西门豹，投之浊流死无赦”的怒吼。[③] 宋象之在《闽中吟》对巫觋驱邪治病也进行了鞭挞，诗云：“南人素尚鬼，闽中久成俗。遂使狐鬼祠，多于编氓屋。醵钱辄报赛，老幼纷徼逐。牛鬼与蛇神，时亦为祸福。往往降巫身，能为人诅祝。狰狞红帕首，腾掷亦垂足。曰旸旸忽雨，曰病病者笃。东邻有穷叟，杖藜方向哭。自云十岁儿，神怒偶然触。卧病已经旬，灵巫幸见恤。欲得神明欢，须斸九百粟。所恨粟难得，自分成茕独。有客闻此言，气愤双眉蹙。

① 民国《政和县志》卷二十《礼俗》。

② 乾隆《海澄县志》卷十五《风土志》。

③ 吴增：《泉俗激刺篇·神姐》，见泉州市民政局、泉州志编纂委员会办公室编《泉州旧风俗资料汇编》，1985年，第121页。

筶巫毁其神，病者起食粥。”① 清代周瑚在《谕俗令》中曾谆谆教导百姓：“有疾痛，用针砭，莫好鬼，事禳遣。”② 令人痛心疾首的是，在科学昌明、医学发达的今天仍有一些人执迷不悟，把宝贵的生命交给巫觋摆弄，因此而命丧九泉的悲剧时有发生。

二、药籤的起源与传播

药籤属于信仰疗法中的一种，在形式上和占卜过程上都与灵籤（卜事籤）相同，均为竹制长条，上方标有号码，由数十支或数百支组成一套，放入籤筒内。占卜者与抽卜事籤一样，须点香祷告，再摇晃籤筒，待其中一支从籤筒中跳出后，便持此籤掷筊，若得“圣筊”，占卜便认定此籤乃神明所赐，根据籤上的号码，与庙祝或巫觋查对药籤谱，或索取同一号码的籤条。与灵籤不同的是，药籤明确记载着由若干药物、药量组成的药方，有的还有涉及病因、适应症状、治疗方法的籤诗和符、咒等，而不是模棱两可的籤诗。

图 F1–12　药籤筒

① 民国《政和县志》卷二十《礼俗》。

② 光绪《邵武县志》卷九《风俗》。

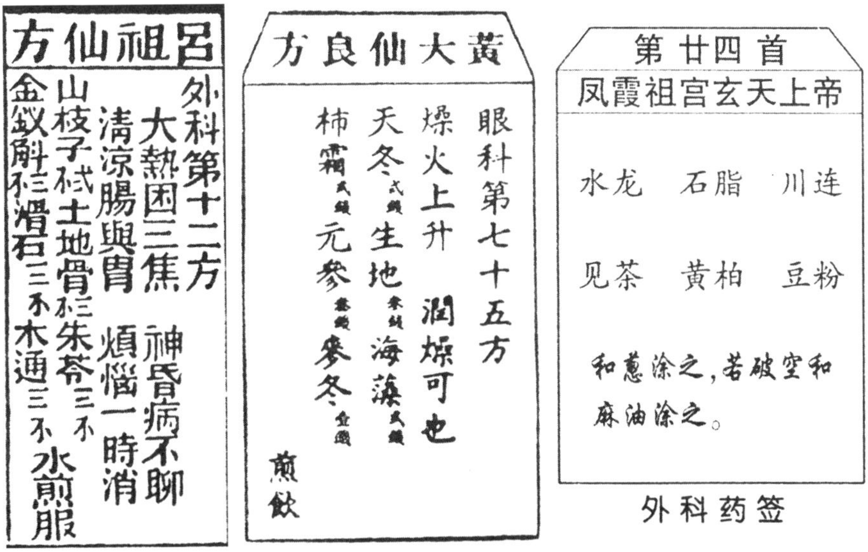

图 F1–13　药籤

占卜者均深信药籤上的药方是灵丹妙药，能起死回生，按药籤上所写的药方配制给病人服用。

日本学者吉元昭治曾经给药籤下了这样的定义：“所谓药籤，即记载药物的品名、用量及适应症状的籤。”① 并把药籤归入道教医学的范畴之内，他画出了“道教医学构成图”，认为道教医学的中心圈是本草、针灸、汤液等，与现代中医大致相同；中间圈为导引、调息、内丹、辟谷、内视、房中术等，为道教医学最具特色的部分；外围圈为符、占、籤、咒、斋、祭祀、祈祷、祭祀等，与民间信仰、民间疗法关系密切。②

吉元昭治的观点有值得商榷的地方。首先，药籤中确实存在着浓厚的道教和道教医学的色彩，但药籤中许多内容不属于道教医学的范畴，从本质上说是信仰疗法。信仰疗法的内涵外延都要比道教医学丰富和广泛，道教医学仅仅是信仰疗法的一部分，把药籤归入道教医学显然不能周延。其次，多数药籤确实记载着“药物的品名、用量”，但还有一些药籤并不记载

① ［日］吉元昭治著、陈昱审订：《台湾寺庙药籤研究》，武陵出版有限公司 1990 年版，第 112 页。

② 同上书，第 55—56 页。

药物的，而以宗教心理暗示为主要内容的籤诗或符、咒等形式出现。另外，有的药籤除了“适应症状”的记载外，还有病因和治疗方法等。因此，笔者以为，吉元昭治的药籤定义不够严谨，也许给药籤下这样定义会更加准确些：

> 药籤是以记载药物的品名、用量或病因、症状、治疗方法为主要内容，以宗教心理暗示和药物治疗相结合为主要手段的信仰疗法，其形式和占卜过程与灵籤（卜事籤）相似。

（一）药籤的起源

药籤始于何时？这是一个至今没有明确答案的问题。台湾学者邱年永认为，祝由、越方、苗父均为古代巫医的范围，其形式包括咒符、祭祀、祈祷，称符箓派。此时以张天师符、处方笺、香灰以保平安治病，既有药籤使用的存在，亦可征药籤发源历史之久远。① 这种说法，只是说药籤的起源久远，但到底在那个朝代出现药籤则语焉不详。

最早记载与药籤有关的故事见于洪迈的《夷坚志》：“虞并甫，绍兴二十八年自渠州守被召至临安，憩北郭外接待院，因道中冒暑得疾，泄痢连月。重九日，梦至一处，类神仙居，一人被服如仙官，延之坐。视壁间有韵语药方一纸，读之数过，其词曰：‘暑毒在脾，湿气连脚。不泄则痢，不痢则疟。独炼雄黄，烝面和药。甘草作汤，服之安乐。

图 F1-14　药籤柜

① 邱年永：《台湾寺庙药籤考释》，“国立”中国医药研究所 1996 年增订版，第 5 页。

别作治疗，医家大错。’梦回，尚能记，即录之，盖治暑泄方也。如方服之，遂愈。”① 梦境虽然带有虚幻成分，但梦境也在一定程度上反映了现实世界，虞并甫所梦见的“视壁间有韵语药方一纸”在现实中的宫庙寺院应该是存在的，否则不会有这样的梦境的。洪迈是南宋人，所记载的事情发生在当代，一般比较可信，但问题是这个写在纸张上的“韵语药方”是药籤还是一般的药方，洪迈没有交代清楚，不敢妄加断定。不过，从“韵语药方”的形式和内容来看，与后世的药籤极为相似，也许可以视为药籤的滥觞。

图 F1–15　福济观旧址①

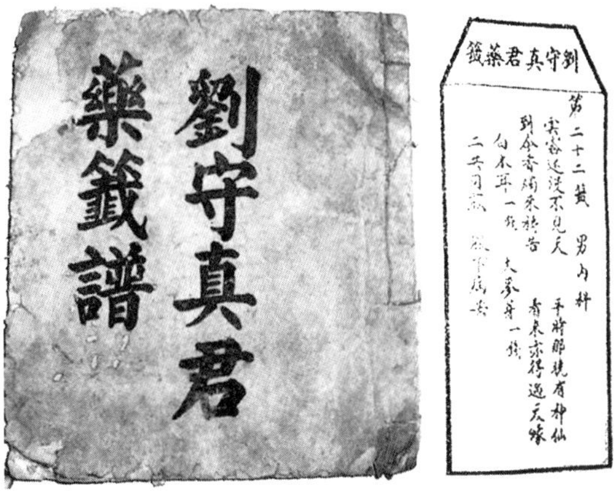

图 F1–16　刘守真君药籤谱封面和男内科药籤②

无独有偶，类似的故事在徐崧、张大纯《百城烟水》中也见到：“福济观，俗称神仙庙，在皋桥东。宋为李王祠。朐山王省幹大猷来吴，淳熙某年四月十四日，从岩中道院陆

---

① 洪迈：《夷坚甲志》卷十七《梦药方》。

② http://image.so.com/i?ie=utf-8&src=hao_360so&q=%E7%A6%8F%E6%B5%8E.

③ http://image.so.com/i?ie=utf-8&q=%E5%88%98%E5%AE%88%E7%9C, http://p2.so.qhimg.com/bdr/_240_/t017483c6e1a7d1aeb2.jpg.

道坚设云水斋，感异人，授神方，以疗风疾，至今赖之。”[①] 这里所说的治好风疾的“神方”，虽然没有明确是不是药籤，但从福济观在明清时期确实备有男科、妇科、幼科、眼科、外科等吕祖药籤供人占取，所有才有“至今赖之”之说来看，显然是指药籤。徐崧，吴江人，生于明末清初，素负诗名，一生酷爱山水，好旅游，实地踏勘，详考古今，记述史地故实，足迹遍及吴中。张大纯，长洲（今苏州）人，与徐崧“朝夕过从”，为莫逆之交。此书出版于康熙二十九年（1690），虽非正史，但徐崧、张大纯治学态度严谨，故向为研究晚明史、方志学、民俗学的学者所称引，是研究当时社会文化的重要史料。[②]《百城烟水》中提到的淳熙年间（1174—1189）福济观就备有“神方”如果可信的话，那么，药籤的历史至迟可以追溯到南宋了。

药籤始于南宋也得到其他文献和民间传说的支持。民国二十一年（1933）时惠子在《刘守真君药籤・刘守真君药籤序》写道：“刘守真君，名元素，河北河间人也。少时业儒，明经修行，尤神通医理，媲美和、缓。素抱民胞物与之心，博抱济众之志。当宋之季，避金之乱，宦游西蜀，见蜀中人有病，辄为之诊治，而不取其赀。从此，男女老幼每有疾病，皆求治之。一经著手，便可回春。迄至晚年，离蜀归乡。蜀人感其慈善之灵橐，集医方

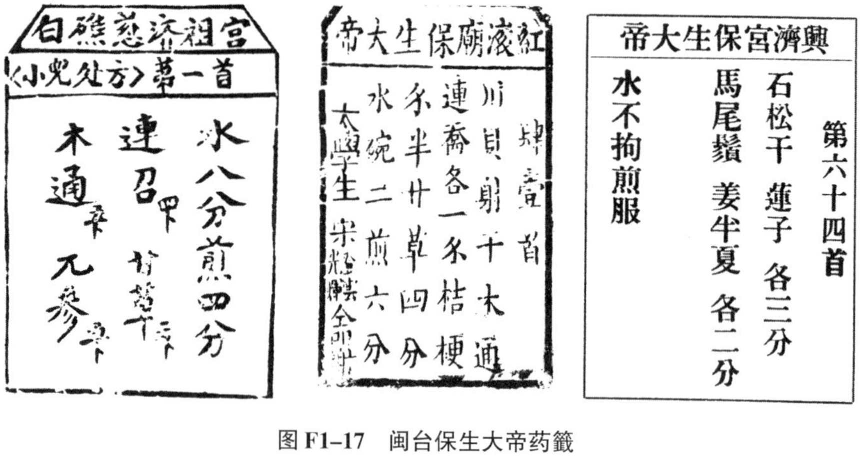

图 F1–17　闽台保生大帝药籤

① 徐崧、张大纯：《百城烟水》卷二《吴县》，江苏古籍出版社 1999 年版，第 95 页。

② 同上书，第 1—4 页。

虔修籤谱，设祠堂而奉祀焉。嗣是，蜀中人凡有病症，谒祠堂诚心祈祷者，无不灵应，其始终得痊治者，岂但亿万而已哉！猗欤！懿矣！灵矣！”

在闽台地区广为流传的保生大帝药籤，其信众认为形成于保生大帝吴夲（979—1036）去世后的宋末元初，“考其花桥药籤出处，据《温陵探古录》所云：始于宋末元初，因宋末一大批达官贵人及名医在元初建制之初，不愿为其所用，纷纷遁入宗教界以避兵燹和迫害，于是与真人嫡传门徒共同编撰药方，刻制药籤，利其病家。……（清末民初举人）杨巽南并将原药籤进行认真研究、筛选，结合斯时的社会情况，按内、外、妇、孺四科的实际需要，重新制定出疗效更为确定的药籤”①。又说：“真人羽化后，其门徒弟子及社会贤达在真人创立的方剂药物基础上，逐次编纂为药籤，方便病家所需，并按方炮制丹、膏、丸、散、露及单味草药，为病家所用。历元、明、清、民国以降，经过历代名医的遴选增减，已为花桥慈济宫的善举之药，且声名远扬，民众所崇，香火鼎盛。”②

根据上述资料，我们大致可以推断，药籤在南宋时期已经出现。然而，遗憾的是，至今尚未发现明代之前药籤的雕版或籤谱、实物。我们还注意到，《正统道藏》和《续道藏》收录有 8 种卜事籤谱，但连一种药籤谱也没有收录。出现这种情况有三种可能：一是明代正统、万历年间，药籤这种信仰疗法影响并不大，所以才没有引起《正统道藏》、《续道藏》编纂者的注意；二是《正统道藏》、《续道藏》编纂者也许不认同药籤，因此不愿意把药籤收录道藏中；三是上述二者兼而有之。到底是什么原因使《正统道藏》、《续道藏》编纂者不重视药籤，我们不得而知，但有一条是毫无疑问的，药籤在明清时期的中国广大地区传播。

（二）药籤的传播

1. 北京

北京娘娘庙备有药籤，老舍的《骆驼祥子》中有一段文字涉及娘娘庙

① 泉州花桥慈济宫赠药义诊所董事会编：《泉州花桥慈济宫》，2002 年。

② 同上。

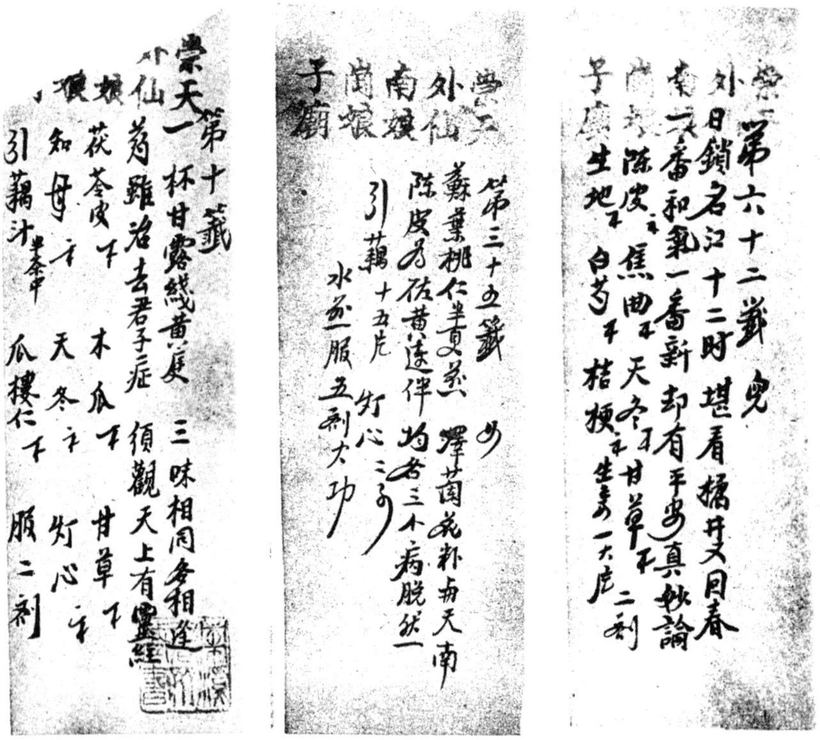

图 F1–18　北京天仙娘娘药籤

药籤：“祥子昏昏沉沉地睡了两昼夜，虎妞着了慌。到娘娘庙，她求了个神方：一点香灰之外，还有两三味草药。给他灌下去，他的确睁开眼看了看，可是待了一会儿又睡着了，嘴里唧唧咕咕的不晓得说了些什么。虎妞这才想起去请大夫。扎了两针，服了剂药，他清醒过来……”① 日本学者酒井忠夫、今井宇三郎、吉元昭治编的《中国的灵籤·药籤集成》收入北京崇外南岗子天仙娘娘庙的男科药籤 100 首、女科药籤 100 首、儿科药籤 100 首②（图 F–18），老舍先生所说的娘娘庙不知道是崇外南岗子天仙娘娘庙还是妙峰山碧霞元君娘娘庙？不得而知。另外，该书还收录北京福德正神药籤 20

① 老舍：《骆驼祥子》第十九章，金安出版社 1993 年版，第 205 页。

② ［日］酒井忠夫、今井宇三郎、吉元昭治：《中国的灵籤·药籤集成》，东京：风响社 1992 年版，第 175—216 页。

首[1]、北京朝阳门外东土双夫人庙土地神药籤30首（此药籤谱刻印于同治十年，即1871年）。[2]

图 F1–19　妙峰山王三奶奶塑像

北京妙峰山也有王奶奶药籤，分男科、妇科和幼科。王奶奶即王三奶奶，天津香河人氏，生前无偿为百姓治病，且药到病除，坐化后被奉为神明，尊称为"慈善老母"，在京、津、冀有影响（图 F1–19）。

1925年李景汉曾对妙峰山的进香情况进行调查，并撰写《妙峰山"朝顶进香"的调查》一文，其中涉及妙峰山的王奶奶药籤，记录了其中三首药籤：

第二十籤　男科

肝有火　胃不开　心胃相交　病无来

白茯苓一钱　次生地二钱　柴胡一钱　酸枣仁八分　引藕节二个　二剂完

第二十六籤　妇科

无鬼又无精　此是尔心朦　灵光一射尔　疾病永无攻

黄柏二钱　条苓二钱　白芍二钱　牛膝一钱　甘草一钱　引大枣八枚　灯心一束　五剂成功

第二十八籤　幼科

白术七分　块苓二钱　赤芍一钱　麦冬一钱　加柳枝十寸　姜一

① ［日］酒井忠夫、今井宇三郎、吉元昭治：《中国的灵籤·药籤集成》，东京：风响社1992年版，第159—163页。

② 同上书，第165—173页。

片　三剂即愈[1]

查对酒井忠夫、今井宇三郎、吉元昭治编的《中国的灵籤·药籤集成》收录的《天仙娘娘药籤》，女科第二十八首与妙峰山的王奶奶药籤相同，是同一药籤谱，而男科和幼科药籤则不相同，可能另有所自。

另外，北京琉璃厂吕祖宫备有药籤，传说十分灵验，“有祷辄应，入都者莫不知之”[2]。

图 F1–20　妙峰香市（《点石斋画报》2–72）

2. 沈阳

沈阳太清宫，始建于康熙初年，乾隆四十四年（1779）改今名。宫内的吕祖楼，供奉吕祖仙师，除了备有问事灵籤外，还备有男科、妇科、幼科、外科、目科等吕祖药籤，供善男信女占取。[3]

3. 河北

前面提到的产生于南宋的《刘守真君药籤》，清代也传播到河北的张家口，“然此药籤果何以从西蜀而传至北方耶？溯厥源流，盖有由焉。在清光绪二十年，四川陈君鸿一，任怀安县柴沟堡巡检，从蜀中奉神位籤谱，设祠于文昌书院魁星阁。此时本堡及四乡居民一有病，辄斋香纸而求祷者络绎不绝，无论新病旧恙，得药方而愈者。不罄其数。即沉疴痼疾，得药方而愈者，亦不可屈指计也。善哉，功德传播远矣”。到了民国二十一年，善男信女捐资印刷两百册药籤，“分送幽僻村乡，意在有病而无医可延者，求祷药籤，以救眉急，此诚为济世活人计，而非为沽名钓誉计也。但接受

① 李景汉：《妙峰山“朝顶进香”的调查》，收入《民国时期社会调查丛编·宗教民俗卷》，福建教育出版社 2004 年版，第 31 页。

② 《孚佑帝君药籤原序》，清末刊本，藏福州乌山吕祖庙。

③ 详见［日］五十岚贤隆：《道教丛林太清宫志》，1938 年刊，（日本）国会刊行社 1986 年重刊，第 229—236 页。转引自游子安：《博济仙方——清末以来岭南地区仙方、善书与吕祖信仰》，《中国科技史杂志》2011 年第三十二卷增刊。

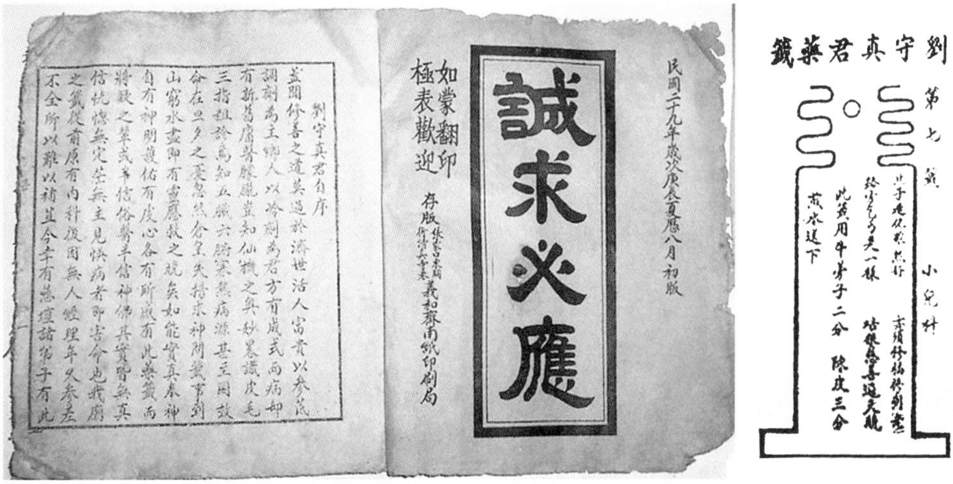

图 F1–21　刘守真君药籤谱自序书影和小儿科药籤[①]

此籤谱者，不得自为闲书，随意玩视，必须择选庙中清雅之室，供奉神位，安置籤谱于案上，以待患病者顶香楮而求祷，则善矣。倘向求祷者，勒索钱财，非惟不灵应，且反致干咎戾矣。诚哉敬哉，慎勿轻视哉！”[②]

4. 山东

东昌府药王庙始建时间不明，现存的大殿正中塑有两米高的药王菩萨金像，两旁有孙思邈、扁鹊、华佗、张仲景、王叔和、巢元方、李时珍等 12 位名医的画像，或手捧药书，或肃穆庄重。旧时药王塑像前设有神案，神案上摆有药籤，神案前有一石刻香炉，炉高一尺五寸、长二尺、宽一尺二寸，以供人们进香之用。历史上，这里香火鼎盛，烧香、拜谒之人不绝。每年四月二十八日和农历除夕，聊城各药店的店东、店员均到药王庙焚香叩拜举行庙会。同时也有不少世医人家、重危复生的病人和其家属到庙里上香、挂红、送匾或燃放鞭炮，以感激其施舍丹药、治病济贫，借以宣扬药王的精神与医术。[③]

---

① http://image.so.com/i?ie=utf-8&q=%E5%88%98%E5%AE%88%E7%9C, http://p0.so.qhimg.com/bdr/_240_/t01a63530262b70cfe0.jpg.

② 《刘守真君药籤·刘守真君药籤序》。

③ 《药王庙——东昌古城的见证者》。http://www.lcxw.cn　2007-12-20.

图 F1–22　九华进香（《点石斋画报》1–311）

5. 山西

山西太原晋祠，原为晋王祠，为纪念晋（汾）王及母后邑姜而兴建，素以雄伟的建筑群、高超的塑像艺术闻名于世。祠内有吕祖阁，旧时备有药籤筒6个、卜事籤筒两个，药籤分为内科、外科、男科、妇科、幼科和目科，据《晋祠志》卷七记载：“问籤求方者，终岁履相接。”另据《山西通志》卷一四一载：明朝刘渐，“少孤，竭力事母。母疾，亟哀祷，得仙方，服之即愈。”

6. 安徽

九华山百岁宫，坐落于插霄峰（东峰）之上，始建于明代，与祇园寺、东崖寺、甘露寺同为九华山“四大丛林”。万历年间，五台山僧人海玉卓锡于此，修行有道，享年110岁，世称百岁公，其肉身不腐，被崇祯皇帝敕封为“应身菩萨”，并题额“为善为宝”，赐无瑕肉身塔名“莲花宝藏”。百岁宫备有各种药籤，求籤服药的香客很多。①

7. 河南

河南南阳医林会馆，建于何时无考，嘉靖二十五年（1546）建造医圣祠，供奉张仲景。清中叶，医圣祠规模空前，仅祠田就有七百多亩。旧时，祠内备有仲景药籤，供百姓占取。如妇科第六首：

病至奄奄欲问神，灵丹不治乱心人。

失却奸猾与嫉妒，三三可好尔之身。

茯苓二钱　半夏一钱　赤芍二钱　甘草一钱　灯心二子　五剂

① 《九华山宗教习俗》（2）。http://www.ahage.net/fengsu/19146_2.html#.

济源市梨林镇的大许二仙庙，创建于唐代，为道教早期人物魏华存的祭拜场所，因其为西晋魏舒之次女，故名。现存的元君殿、静应殿、拜殿、东配殿等多为明清建筑，保存着大量明代构件和碑刻，被列为河南省文物保护单位。该庙现存有华真人药籤一套，共 100 首，第一首：“第一报君，何患疾病，勿药有喜，福禄永祯。”最后一首：“元肉一两，蒲公英一两，茯苓三个，兑水煎服。”

济源市西石露头村玉皇庙创建年代不详，现存的建筑为明清修建，为济源市文物保护单位。该庙有药王殿，也有华真人药籤一套 100 首，与济源市梨林镇的大许二仙庙相同。

8. 陕西

陕西耀县城东的药王山，被后世称为“药王”的孙思邈晚年隐居于此，这里风景秀美，碑林林立，文物荟萃，十大名医殿、玉皇楼、药王殿、钟楼、碑亭、三官殿、三皇殿、献亭、吕祖庙等多为金元明清建筑，被列为国家重点文物保护单位和省级风景名胜保护区。旧时，药王山太玄洞备有药籤，相传明朝万历三十四年（1606）十一月份，耀州生员李蔚的次子李维心的左肘部长了一个状如剥了皮的石榴的疮疡，“鲜红高起，大如碗口”，半年来，经很多医生诊治，都不能诊断是何病症，遑论治疗了。李蔚惶恐不安，找不到好办法，只好怀着一片敬仰虔诚之心，前往城东的药王山太玄洞叩拜药王，乞药籤一枚，籤云：“采药遇仙不知名，逢师一决见其诚。凡胎浊骨尽抽去，摆手白云顶上行。”李蔚不知籤诗所说何意，回到家，儒者李先生对他说：“你儿子患的是反花疮。”李蔚问“何故？”

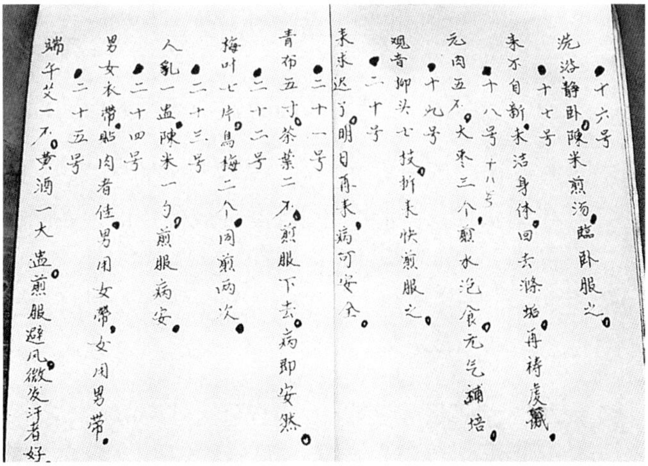
十六号 洗浴静卧陈米煎汤临卧服之。
十七号 未不自新末洁身体回去涤垢再祷虔籤。
十八号 元肉五个大枣三个煎水泡食元气补培。十八号
十九号 观音柳头七枝折来快煎服之。
二十号 来求迟了明日再来病可安全。
二十一号 青布五寸茶叶二个煎服下去病即安然。
二十二号 梅叶七片乌梅二个同煎两次。
二十三号 人乳一盅陈米一勺煎服病安。
二十四号 男女衣带贴肉者佳男用女带女用男带。
二十五号 端午艾一个黄酒一大盅煎服避风微发汗者好

图 F1–23 济源市梨林镇的大许二仙庙华真人药籤

图 F1–24 陕西药王山太玄洞与李蔚撰写的碑文

李先生说:“昨得《千金宝要》,首揭疮科,忆其形状,决之。”李蔚恍然大悟药籤上的“逢师一决”的话,遂取来《千金宝要》仔细地查阅,并根据药书上记载的用牛蒡根捣如泥,以腊月猪脂和贴的药方调治,“一日夜,红子尽消,收敛大半,不数日痊痌”。李蔚便将此事记在一块木板上,立于药王山北洞,“俾四方香客知之,如遇异疾,即便祷神明,乞籤医治,罔有不应者”。万历四十年,李蔚的长男李惟性患“时疾”,也到这里祈求药籤,“亦著灵应”。“见前板书为风雨抹糊”,改为石刻,至今仍立于洞口(见图 F1–24)。

9. 云南

云南有三丰真人庙备有药籤,末代帝师陈宝琛幼时随父亲到云南,病重,曾经服用三丰真人庙药籤中的药方而转危为安,此事何秋涛的《津门客话》“三次死而复生”条有记载:“先生言,吾尝三次死而复生。其一,年三岁时患麻疹,郁闷不逗已绝气矣。时方暮夜,不便举出。母夫人置之空室地上,迨晓而闻啼声,复活矣。或曰得地气,故能生尔。其二,年九岁随任云南,病甚不知人。梦至一处,一道人谓曰:汝病甚,何不向我取药乎?因与一丸。先生问曰:汝为谁?道人曰:我张三丰也。时母夫人闻先生寱语说张三丰,亟语尚书公,访得三丰真人庙,求其籤方服之,病遂已。其三,年十七岁时方患瘟疫,病笃。夫人进药,举而掷之。后遇良药,得痊。”文中提到的第二次“死而复生”就和药籤有关。此段文字颇有传奇色彩,但应有其事，所以被收入陈宝琛撰修《螺江陈氏家谱》第五集中。

保山市关庙街（今保岫西路东段）北廊上原来有一座药王宫，供奉神农氏，建于明代，宫内备有药籤，当地百姓患病经常去拜求药籤，据说按方抓药，无不药到病除，十分灵验。只有卖淫嫖娼者的“脏病”却百求无籤。与之相邻的财神庙供奉赵公元帅，据说勤苦穷汉求财，多可得活命之资，而游手好闲或贪财欺心者求之，均不灵验。所以有人敬题一联云：“妙药难医冤孽病，横财不富黑心人。”今宫、庙均已不存，但传说和对联却传为佳话。①另外，祥云县天峰山药王殿也备有药籤。

10. 甘肃

兰州安宁堡建于明代，全部为木结构。中层四面装饰高约 1 米木制花栏杆，栏杆中央四面门窗雕刻精细，内供吕洞宾、华佗和马祖等塑像。1923 年乡民吴永年从市内白云观抄来药籤簿一本，供乡民占取。②

兰州白云观，又称吕祖庙，原有上下两处，上观位于极寿山（崔家崖），建于清道光十七年（1837），今已不复存在；下观位于雷坛河入黄河口之东，滨河东路西端南侧，清代陕甘总督瑚松额所建。白云观供有吕洞宾塑

图 F1–25　兰州白云观与药王塑像

① 《“两法院”·“二不灵”——云南保山风物》。http://www.ynjoy.com/html/3192.htm.

② 朱延有：《安宁堡春秋》。http://www.lzbs.com.cn/.

像，供桌前设有事籤、药籤等各类籤方。一年四季，尤其是农历每月初一、十五，前来抽籤问卜的人，络绎不绝。[①]至今，白云观药王塑像犹存，而药籤已不存在。笔者曾走访兰州白云观，询问住观道士，均不知本庙曾经有药籤之事。

石庙山地处武山、甘谷、通渭三县交界之地，据当地老百姓说，药王庙（供奉孙思邈）的药籤很灵验，很多人都会奔此而来，求个药方，保个平安。[②]

11. 湖南

湖南长沙市河西谷山的戴公庙，相传是明代八家寨的百姓为纪念南宋戴氏三圣（3位遇害的草药医生）而建的，庙建成后，还把他们生前所用的药方做成药籤，供奉在庙，并以每年的八月初一至八月十五为戴公庙会日。相传从那以后，人们生了病，只要来庙拜过戴氏三圣，求得一药籤，再到药铺按方取药，煎水服下，病就好了。年深日久，这种灵验越传越神，老百姓就把戴氏三圣视为戴公菩萨，日夜为他们焚香燃烛，顶礼膜拜。[③]

12. 江苏

苏州福济观，又名神仙庙，建于淳熙年间。福济观中供吕洞宾，香案前安放男科、妇科、幼科、眼科、外科等五个籤筒，供人占取。来庙求籤问病者云集。旧时只要花七个铜钿，买一副香烛，祭过吕祖之后，就可以占取。抽到的籤子，上面刻有数码，用数码对仙方，到设在庙中的“仙方店”（实际上就是一个中医店）配药。男科一般补肾，或止咳化痰，顺气开胃等；妇科一般是调经活血为主；幼科不外是小儿惊风、热积、泻泄等；外科一般为消炎、消肿；眼科是明目清火之类。求籤后照方到仙方殿配药，价格低廉，一付草药最高二百四十钱，相当于现在二角左右，还可欠账，这些仙方吃不死人，“心诚则灵”。也有人拿一些香灰仙水吃，病好了就要烧香还愿，所以神仙庙里香火一直很盛。[④]

---

① 《甘肃兰州白云观简介》。http://www.lotour.com/snapshot/2007-10-16/snapshot_95865.shtml.

② 《咀头石庙山》，《宁远纪事》第21期。http://search.sina.com.cn/.

③ 《草药医生戴公》。http://www.changsha.cn/infomation/rlcsfwdg/rlcsfwdgmjcs/t20030813_2889.htm.

④ 参见《清嘉录》卷四。金煦：《轧神仙——苏州民俗和民间信仰调查》。http://blog.sina.com.cn/s/blog_4912e99c010127yl.html.

苏州华祖庙，主神为华佗，“以仙方济世。一在白莲桥浜，一在北园老君堂，一在回真观，一在大关帝庙后，一在虎邱同善堂，一在白鹤观，皆灵应著”[1]。

苏州南阳古城东关温凉河畔的医圣祠，供奉东汉伟大的医学家张仲景。医圣祠也有药籤，如妇科第六首：“病至奄奄却问神，灵丹不治乱心人，失却奸猾与嫉妒，三三可好尔之身。茯苓二钱，半夏一钱，赤芍二钱，甘草一钱，灯心二子。五剂。”

扬州也有药籤流传。民国李涵秋《广陵潮》第八十二回“详灵籤双方工索隐　论医理一味乱吹牛”描写这样的事，仓巷有一土地庙，既有灵籤，也有药籤（仙方），十分灵验，信众很多。仪妹妹生病了，吃了许多药都不见好，大家万分着急。其母听了他人的建议，备了香烛，一大早就到仓巷土地庙抽籤拜神，抽到的仙方上的药分别是“川贝母三钱，陈皮三钱，陈佛手三钱，用河水煎服”。

13. 浙江

丽水市庆元县大济村有座卢医庙，又名福兴堂、卢大相公庙等，兴建于元朝初年，一说是为纪念当地的神医卢福神而建，另一说是为纪念古代神医扁鹊而建。自古以来，在卢福神庙里的卢医香案间，备有药籤筒，内盛100支号码籤，供善男信女占取。据当地医者研究统计发现，卢福神庙里的100张处方中，单方（一方一味药）占42张；偶方（一方二味药）占27张；复方（一方三—四味药）占9张。以上三方共78张处方，仅用到中药58味，用参、芪、归仅2张处方，每方平均不到1味药物，用药份量最多不超过三钱。另有13张“杂方”，因主要采用按摩、矿泉、雪水、梁尘、蜡烛芯、动物内脏等作为药物，药店难以买到，必须自行治疗或筹办。尚有9张处方全无药物，其中3张处方是指妇女有喜、原本无病、绝症无病。有6张无药处方，实质即《史记》记载的“六不治”症——骄恣不论地理一不治，轻身重财二不治，衣食不能适三不治，阴阳并脏气不定四不治，形羸不能服药五不治，信巫不信医六不治。[2]

---

① 徐崧、张大纯：《百城烟水》卷一《苏州》，江苏古籍出版社1999年版，第22页。

② 《卢福神庙》。http://baike.baidu.com/view/3611367.htm.

桐庐县的分水镇的药王庙建于太平天国之后，当时这里经常发生瘟疫，幸存者寥寥无几，田地荒芜。刘茂樟的外祖父专程到景宁县鸬鹚乡请回一尊神农氏菩萨和一本药籤书，最初供奉在自家的窗台上，不久就在自家住处边盖了一间小庙，供众人拜神求药籤，据说相当灵验，信众云集，拥挤不堪，便将小庙扩建成三间的庙堂，悬挂“神农氏”的匾额，庙堂前还有一百多平方米场地。其灵验的故事越传越广，连杭州与上海都有人来此祈求药籤。①

俞万春《荡寇志》第一二二回“吴用智御郓城兵　宋江奔命泰安府”记载，本来就是医生的安道全患了“春温症”的疾病，病重期间，众人不知是用安道全自己开的药方还是用来自泰安城的“一位极行时”的外号“过仙桥”的医生开的药方，连智多星“吴用亦踌躇无计。只见旁边一个小厮禀道：‘此地东门头大王庙大王菩萨，最为灵验。庙内设有药籤，何不去求帖神药来吃？’花荣喝道：‘你省得什么，却来多嘴！’吴用道：‘也是。但我想天道远，人道迩。药籤不必求，可将那过先生与安先生的药方写了阄儿，就神前拈卜罢了。’众人依言，即忙做了两阄，备副香烛，花荣亲去，到了大王庙里，拜祷拈阄。也是梁山一班魔君业缘将尽，理当收伏，安道全本在地煞数内，如何免得，当时偏偏拈着那过先生的方。”大家知道，《荡寇志》成书于道光年间（1826—1847），作者俞万春浙江绍兴人，青壮年时代随为官的父亲生活在广东，

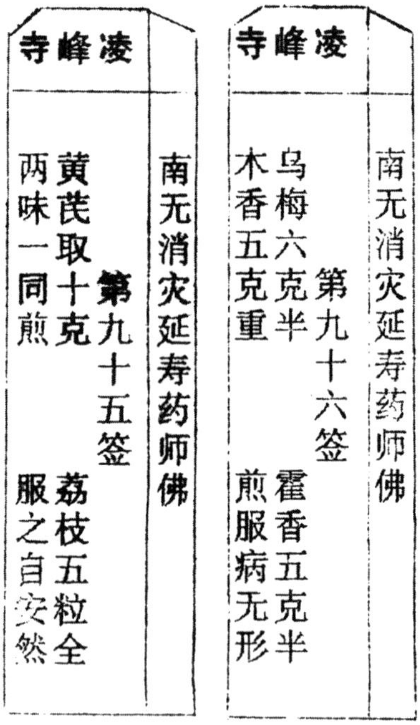

图 F1–26　浙江省庆元凌峰寺的药籤谱

① 何铸：《分水药王庙的来历》。http://blog.hangzhou.com.cn/home.php?.

晚年行医于杭州。他所描写的药籤情节，应该是他熟悉的广东、浙江一带的情况。从这段文字记载可以推定，当时广东和浙江的药籤已经相当流行，否则是不会被小说家拿来作为创作题材的。

笔者收集到浙江省庆元凌峰寺的药籤谱，该药籤谱全称为“南无消灾延寿药师佛药籤”，100首，实际上是“华真人药籤”的改版（图F1–26）。

14. 广东

广州番禺区屏山有一座简公佛庙，供奉当代的医神简公佛（俗名简子沃，1238—1288）。该庙建于元代，清光绪二十八年（1902）重修。为方便信众治病，简公佛庙备有吕纯阳“药籤”100首供信众占取。相传乾隆患上背疽久治不愈，还派人到简公佛庙求医取方，治愈背疽后敕封简公佛为“灵应慈惠大德”。又传说20世纪20年代，南天王陈济棠主政广东省时，其夫人莫秀英身患顽疾，屡求名医治而不愈。后闻屏山简公佛药方灵验，便派人到简公佛庙求医，终于将顽疾治愈。以后，每年逢初甲子日简公佛诞，莫秀英必定派人驾驶花尾渡（内河用机动船拖行的船舶）到屏山简公佛庙祭祀还神。后来因河道淤塞，花尾渡不能进入屏山河面，最后一次改用飞机在简公佛庙上空盘旋祭祀，“用飞机拜佛”被钟村一带乡民传为佳话。①

旧时，广州的大北百灵路（今解放北路西边一条横街）有一座供奉孙思邈的药王庙，香火鼎盛。庙内备有药籤，供信徒占取。“来求籤方的人，大多是穷苦人家，疾病缠绵，久患痼疾，屡医不愈，希望求得仙方的。这些人求得药籤以后就从药王香炉里取回一撮香灰，照籤配药后把香灰加进去服用。旧社会没有医药管理，不但成药没有经过化验，求籤方、吃炉灰也从不取缔。成药在这种情况下，自生自灭，固然有的有其一定的疗效，为人民医好病，但其良莠不齐的情况也是惊人的。骗钱的假方劣药，往往利用封建迷信混进成药业中来，贻害亦不少。”②

20世纪30年代，容肇祖曾经在广州收集18种籤谱，其中药籤有《吕祖药籤（目科）》20首、《吕祖药籤（外科）》50首、《吕祖药籤（男科）》100

① 梁谋：《传奇神医简公佛》，《番禺文史资料》2007年第二十辑。

② 陆顺天：《解放前广州的制药业》，《广州文史》2008年第三十六辑。

首、《吕祖药籤(妇科)》100首、《吕祖药籤(幼科)》100首、《医灵大帝药籤》64首、《华佗药籤》100首。①

广东梅州赞化宫(吕祖庙)坐落于紫金山顶,创建于乾隆年间,光绪三年重建,备有吕祖仙方供信众占取,香火鼎盛。梁伯聪(1871—1946)有《梅县风土二百咏》,其中涉及药籤的写道:"处方平淡不矜奇,寒热随人面面宜。城北吕仙求有应,一钱不费胜医师。"注云:"城北楼上吕祖坛,相传其神像为城内官井头萧某,由外江带归供此,香火甚盛。坛设籤筒三,一外科,一内科,一眼科。病往求方者,时有应验。所有方皆平淡,除一切猛峻品,虽不对亦无大害,迷信者多向祷求。"②

广东兴宁市大坪镇西南的药王山,因山中有座三百多年历史的药王寺而得名,并成为当地的旅游景点。传说大坪有一信士在江西经商,平时乐善好施,普度佛法。一日腹肠绞痛难忍,用药无效,昏迷不醒,朦胧之中忽见一老者,道骨仙风,飘然而至,对其说:"吾乃药王仙师孙思邈化身,离此五里处有吾香坛一座,你可前去求茶饮之,茶到病除。念你平时心地善良与佛有缘,我愿去你家乡文祠山落坛施法,你可抱吾香炉安立该处,供人求药治病,并有药方三百余条,每条对应药方,传授于你,为十方善信造福。"其人醒觉乃属梦境,遂依其嘱,逐一照办,果然灵验神奇,具将药王仙师香炉和神奇药籤书带回家乡,在文祠山上文峰塔侧砌一小坛,安放香炉和仙师灵牌以供奉。自此求者甚众,香火鼎盛,药王神籤灵验神奇。③

广东康公古庙供奉康公主帅,备有药籤为人治病。传说该药籤能治百病,十分灵验。有一年,马宁村有一位六七岁的小男孩,久病医治无效,奄奄一息,其父在绝望中抱着试试看的心情,向康公元帅求得一支药籤,照药籤抓药给孩子煎服,结果药到病除。马宁村有一女性,到康公古庙问病因,说是肚子里有一只血龟,求得药籤,可药籤中有砒霜成分,她将信将疑,喝

① 容肇祖:《占卜的源流》,国立中央研究院历史语言研究所《集刊》,1928年第一本第一分册,后收入顾颉刚《古史辨》第三册上编。

② 转引游子安:《近百年梅州地区的道教与庙观》,2008年"道教文化国际学术研讨会"论文。

③ 《兴宁药王寺》。http://baike.baidu.com/view/3389304.htm.

下药汤，不一会儿，拉下半盆子的血，身体就康复了。[1]

15. 广西

2002年国庆期间，笔者游览桂林漓江，在漓江游览终点站的购物一条街上，摆放许多真假难辨的古董，其中有若干块药籤的雕版，可见，广西地区也曾有药籤流传。

16. 福建

由于闽台盛行着“信巫不信医”的陋习，药籤自然也大行其道。《长泰县新志》记载：“病不求医，事不酌理，生死祸福托诸神，内宫、南门岳庙、外武庙等处均有捆书药籤。愚矣！男女趋之若鹜。”[2] 笔者在福建的武夷山、三明、沙县、福州、泉州、安溪、晋江、同安、龙海、东山、云霄、南靖、平和、漳浦、上杭、连城等二十多个县市区的数十座宫庙中收集到药籤谱。如福建晋江深沪宝泉庵信奉保生大帝，庙内备有内科、外科、儿科、眼科、跌打科五种药籤，到这里抽取药籤的络绎不绝，每年被取走的药籤条就有数万张之多。安溪魁斗镇岱屏岩的清风洞内建有清水祖师庙，内供清水祖师、杏春仙公等，备有小儿科、妇科、内科、外科等药籤，供善男信女占取。平和县山格镇山格村侯山紫云岩为闽南古刹，该岩寺供奉三宝佛，兼祀开漳名将、唐太尉、宋追封翊忠昭应侯许天正，并完整保留许天正药籤126首，供百姓占取。同安县吕厝村的华藏庵内设有内科药籤120支，外科药籤36支。

图 F1-27　医王塑像、药籤筒、杯筊

历史上，不但贫穷人去求药籤，甚至连有

---

① 韩伯泉、陈三株：《广东地方神祇》，中华书局1992年版，第70—71页。

② 民国《长泰县新志》卷四《地理·风土》。

图 F1–28　王得禄赠送漳州湘桥华佗庙的匾额“仙方妙著”

钱人家、官员也不能免俗。如福州医官大王祠备有药籤，著名的翻译家林纾曾经为其叔叔求过药籤，林纾在《畏庐琐记》中写道：“余少时季父静庵先生病卧，久不起，祖母陈太孺人命予祷于（医官）大王之祠，得药籤，按籤取药服之，一剂立愈。”[①] 又如清嘉庆年间，水师名将王得禄的兄嫂得一腹胀怪病，百般医治未见效。因王得禄年幼父母双亡，由兄嫂一手带大，王得禄视兄嫂如母，他对兄嫂的病情十分焦虑。当时有部下告诉王得禄，在漳州湘桥有座华佗庙的药籤非常灵验。于是，王得禄派亲信到华佗庙求神问药，在得到华佗庙的药籤后，王得禄按照药籤的要求抓药治病，其兄嫂果然药到病除。为了感谢华佗庙，王得禄亲自由厦门乘船沿九龙江畔寻华佗庙答谢，亲题“仙方妙著”（图 F1–28）。

17. 台湾

台湾与福建一样，也是药籤盛行的地区。由于台湾现有的居民绝大多数是明末清代从福建移民去的，台湾的宗教信仰也基本上是从福建移植过去的。[②] 因此，台湾学者陈泰升认为台湾药籤是“由郑成功播迁来台”[③]，此说虽为推断，但也不是毫无道理。当时台湾医疗卫生比较落后，民俗医疗包括药籤成为百姓治病的主要途径，直到民国初年在台湾的广大乡村也

① 张永勋、邱年永：《台湾地区寺庙药籤现况之调查研究》，《中医药年报》1990 年第 18 卷第 3 期。蔡欣茹：《游文衍先生访谈录——员山普照寺庙公谈观音佛祖济世佚事》，《宜兰文献杂志》1999 年第 37 期。

② 详见林国平、邱季端主编：《福建移民史》，方志出版社 2005 年版；林国平：《闽台民间信仰源流》，人民出版社 2013 年版。

③ 陈泰升：《台湾药籤调查与研究》，中国医学院中国药学研究所 2003 年硕士学位论文。

没有根本改观。老人回忆："以前医学不发达，再加上没钱看病，所以遇到急症来求佛祖药籤的非常多，特别是在庙里还没有开始扶鸾济世之前，或是有扶鸾之后的非扶鸾时间（如白天，或逢初一、五、十、十五……三十等日），大家都是透过'掷筊'和'求籤'跟神明做沟通。"①1934年，日本学者铃木清一郎在《台湾旧惯习俗信仰》中写道："台湾人所谓的'药籤'，就是在患病时，在医疗无效之后，问神佛求得药方。一共有两种，一是'草药处方'、一是'青草处方'。这里所说的'青草处方'，并非草药商人所卖的那种草根树皮，而是由指定生长在山野里的草木果实之类，经由掷筶决定哪一种当做药物服用。在进行药籤（原文如此），还有所谓'辇轿'的举动，就是用轿抬着神像在山野里走，当抬轿的人觉得轿很重而抬不动时，就认为这是神佛显灵指示这里有仙药，于是就在这里掷筶以便决定草木果实的种类。求'药籤处方'的方法，和前面所说的求'诗籤'的方法并无不同，万一用圣籤和同一方法抽得药籤若

图 F1–29　日据台湾时期大龙峒保安宫药籤

图 F1–30　台南大甲慈济宫药籤柜

① 蔡欣茹：《游文衍先生访谈录——员山普照寺庙公谈观音佛祖济世佚事》，《宜兰文献杂志》1999年第37期。

干首中之一时，就拿着药籤到药铺去抓药，拿回家在神前烧香祭拜之后，就当场在神前把药煮好给病人服用。药籤处方也分几种，以灶君内科仙方五十为始，或六十方，或百方，甚至一百二十方。这些都不是由医师开的处方，而是根据掷筶所决定的处方，所以其危险性之大自不待言。近来由于本省人的文化水准已经提高，再加上政府的主动指导和取缔，在上流知识阶级已经没有这种迷信行动，不过一般下层社会现在仍有很多的人在求药籤。”①

台湾光复后的相当一段时期内，药籤仍在台湾民间流传，一些台湾庙祝谈起此事均津津乐道，如有庙祝说：“早期在‘仁武宫’鼎盛时期，每天前来求籤的信众皆络绎不绝，从早上开门到晚上十点从未停歇，而当时一个月收到的香油钱超过一百万元算是很正常的。”② 圣严法师在接受《中国时报》记者谢秀丽专访时的回忆，也证实了这一点：“我生长的农村，充斥着

图 F1–31　台湾宜兰唤醒堂小儿科药籤与药籤筒

① ［日］铃木清一郎著、高贤治编：《台湾旧惯习俗信仰》，冯作民译，众文图书公司 1978 年版，第 69—70 页。

② 陈玉珍、林依莹、李宗麟、蔡佳憓、陈华蔚：《医生抢了神明的饭碗？——以求药籤为例》。http://www.nhu.edu.tw/~society/e-j/43/43-13.htm.

许多迷信。村人解决不了的问题，都习惯找神灵来仲裁。在那里，土地庙等于派出所，各种鬼神就是医生。彼此间有了纠纷，就到土地庙去赌咒发誓；如果有了医生医不好的疾病，就请鬼神来医，庙会能够热闹，大多数是由于治病来的。一支药籤、一包香灰、一杯符水，能够治好一个人的病，岂不是太神奇了？我始终对这种迷信感到好奇。”①

20 世纪中期，随着台湾的医疗卫生事业的长足进步，台湾当局准备禁止宫庙寺院提供药籤服务，便组织一批学者对台湾的药籤流行情况进行调查，在被调查的台湾的 9066 座宫庙寺院中，约有四百座提供药籤服务，证实药籤在台湾民间仍有不小的影响。②1997 年 6 月，台湾当局禁止宫庙寺院为信众提供药籤治病，一些宫庙寺院停止此项服务，收起药籤筒，除非当地熟人，或者是非常执着要药籤的，才提供此项服务，所以，抽药籤的人越来越少了。不过，在一些比较偏僻的地方，药籤还在半公开地使用。

18. 香港

黄大仙庙是香港香火最为鼎盛的宫庙，无论什么时候，只要庙门开放，这里的香客便云集，最常见的就是求籤拜神了。过去，香港黄大仙庙也备有吕祖药籤，分男科、妇科、儿科和眼科，各 100 首。香港黄大仙庙的药籤传自广州。文献记载，广州黄大仙祠始建于清朝光绪二十五年（1899），1904 年重修，一度成为广州宗教圣地，香火鼎盛。20 世纪初广州黄大仙祠遭受破坏，1915 年主持人梁仁庵道长南迁香港，并于 1921 年建成香港黄大仙祠，便把从广州带去的灵籤和药籤安放在香港黄大仙祠，供善男信女占取。近年来，香港政府也禁止占取药籤，黄大仙庙也停止此项服务。

除了黄大仙庙之外，香港还有一些宫庙也备有药籤，如三济祠备有《吕祖仙方》男科 100 首、妇科 100 首、儿科 100 首、外科 100 首、眼科 53 首，与黄大仙庙的药籤不同。其药籤末了还有一段署名为“常善子谨识”的文字，对药籤的使用做了特别说明：“所拟仙方，计男科有一百方、妇科一百方、儿科一百方、外科一百方、眼科五十三方，如患病者，曾经名医治理，未

---

① 谢秀丽：《七粒红色药丸》，《中国时报》1993 年 2 月 15 日。

② 张永勋、何玉铃等：《台湾地区寺庙药籤现况之调查研究》，卫生署中药委员会 1999 年印行。

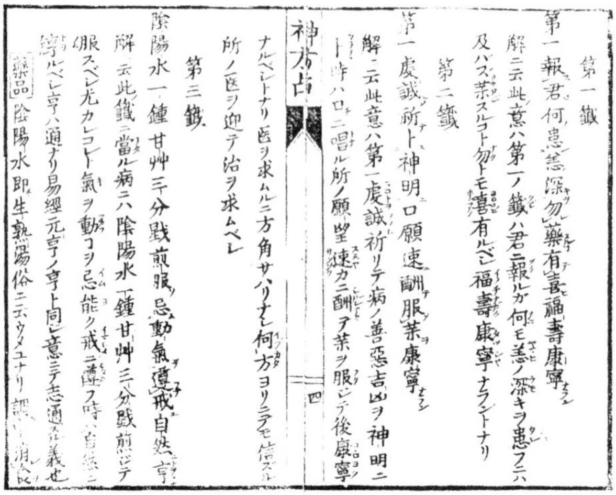
第一籤
第一報君何患恙深勿藥有喜福壽康寧
解ニ云此意ハ第一ノ籤ハ君ニ報ルガ何モ恙ノ深キヲ患フニハ
及バズ薬スルコト勿トモ喜有ルベシ福壽康寧ナラントナリ
第二籤
第一虔誠所卜神明口願速酬服藥康寧
解ニ云此意ハ第一虔誠祈リテ病ノ善悪吉凶ヲ神明ニ
卜時ハ口ニ唱ル所ノ願望速カニ酬ヲ薬ヲ服シテ後康寧
神方占　四
ナルベシトナリ医ヲ求ムルニ方角サハリナシ何方ヨリニテモ信ズル
所ノ医ヲ迎テ治ヲ求ムベシ
第三籤
陰陽水一鍾甘艸三分戥煎服忌動氣遵戒自然亨
解ニ云此籤ニ當ル病ニハ陰陽水一鍾甘艸三分戥煎ジテ
服スベシ尤カレコレト氣ヲ動コヲ忌能ク戒ニ遵フ時ハ自然ニ
亨ルベシ亨ハ通ナリ易經元亨ノ亨ト同シ意ニテ志通ズル義也
藥品 陰陽水即生熟湯俗ニ云ウメユナリ

图 **F1–32**　日本《吕洞滨真人神方占》第一至第三籤（酒井忠夫等《中国的灵籤·药籤集成》）

见得手时，倘欲转求仙方，深望小心审度，自信认为各药味无碍，斯可服食。此乃常善子所祈祷，而非导人迷信，盖防差错贻误，故郑重言之也。今附载各药方于上，明达士女，幸加察焉。”这段文字反映了庙祝在提供药籤服务时的心态。

药籤除了在国内广泛传播外，还流传到海外，主要有：

19. 日本

传入日本的药籤为《吕洞宾真人神方占》100 首，现存的为安永八年版，被译成日文。安永八年是中国清代乾隆四十四年（1779），药籤被译成日文反映了当时的华侨在使用药籤外，一些日本人也在使用。另外，药籤被雕版印刷和译成日文不但充分说明其流传广泛，而且还可推定药籤传入日本的时间要早于乾隆四十四年。

20. 越南

河内著名道观玉山祠，坐落在河内市中心还剑湖中的玉山岛上，建于 1843 年，合祀文昌帝君、关帝、吕祖和越南的陈朝名将，民族英雄陈兴道（？ —1300）等。在越南民众的心目中，陈兴道不仅能驱除恶魔，还能救治妇女的不孕和难产等病症。玉山祠在越南宗教史上的地位，还在于此祠曾经刊印了大量的中国道教的经书，诸如：《文帝全书》、《阴骘文注》、《阴骘解音》、《关圣垂训宝文》、《玄天上帝实录》、《文昌帝君解厄宝训》、《玉皇救劫》等六十一种，还印刷了《吕祖药籤》，书名为《吕祖灵籤》附《五科药方》三百七十方。1918 年重印《吕祖药籤》，现存越南汉喃研究所图书馆，版本与梅州吕帝庙相同，缺失眼科二十一—七十三首，说明中国药籤曾经在越南传播。①

21. 马来西亚

马来西亚是福建、广东华侨的聚居地，药籤也随着闽粤移民和宗教信仰传入。至今马来西亚吉隆坡仙四师爷宫、九皇帝爷南天宫、槟城广福宫、城隍庙、古晋青山岩、诗巫永安亭都备有药籤，供善男信女占取。其中吉隆坡仙四师爷宫和槟城广福宫的药籤从广东传入，其他的药籤从福建传入，但传入时代则不得而知。

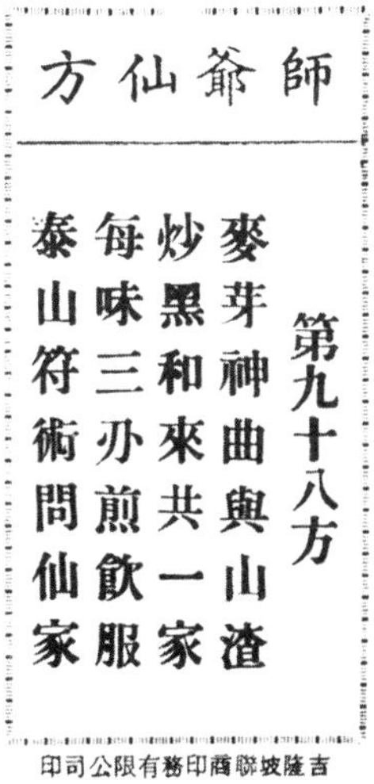
師爺仙方

第九十八方

麥芽神曲與山渣
炒黑和來共一家
每味三办煎飲服
泰山符術問仙家

吉隆坡聯商印務有限公司印

图 F1–33 马来西亚吉隆坡仙四师爷宫和药籤

吉隆坡仙四师爷宫创建于 1864 年，原先为纪念海山会党领袖，惠州人甲必丹盛明利（仙师爷）和叶四先贤而建立的，后来多次修建和扩建，成为吉隆坡最古老的宫庙之一，盛明利（仙师爷）和叶四也成为神明为惠州人所信仰，香火鼎盛，加影、牙屹、芙蓉、士毛月、万挠马六甲、文冬、古毛、双文丹、龙邦等地相继立庙奉祀仙四师爷。仙四爷药籤又称“仙四师爷仙方”、“仙师爷方”，共 100 首，其特色是把药物、药量等嵌入诗歌中，如第一首：“祈得第一籤，牛七并威灵，每用一两半，薏米亦如前。”第二首：“陈皮白茯苓，白芍半夏先，四味各一两，失了即安然。”第三首：“黄芩黄柏，黄连山甲，赤茯稜子，一两归医。”其他的相类似。

槟城广福宫又名“观音亭”，始建于 1800 年，由旅居槟城的广东人和

① 《玉山祠》。http://www.baike.com. 参见游子安：《博济仙方——清末以来岭南地区仙方、善书与吕祖信仰》，《中国科技史杂志》2011 年第 32 卷增刊。

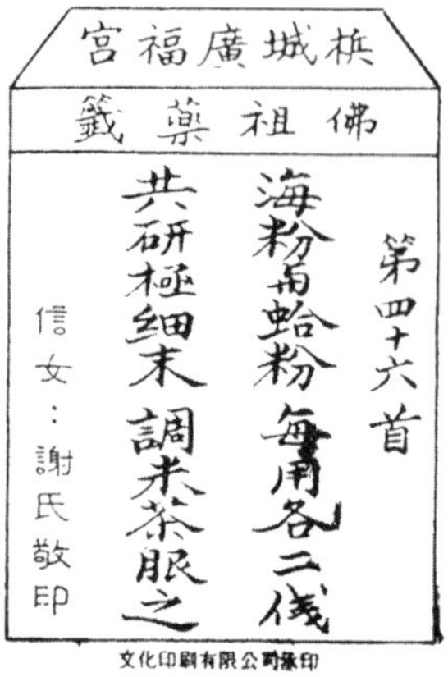

图 F1–34　马来西亚槟城广福宫和药籤

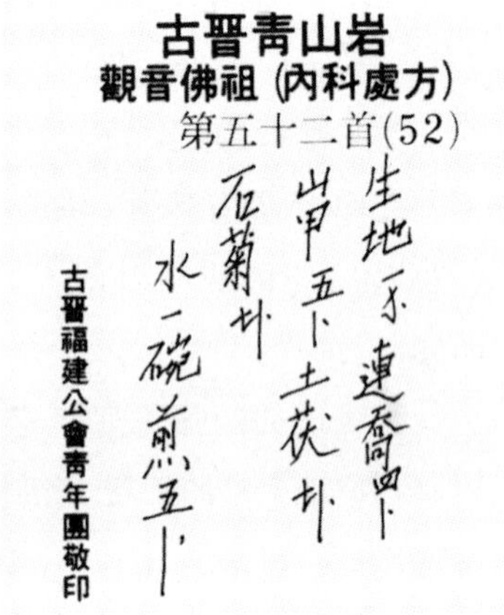

图 F1–35　马来西亚古晋青山岩和药籤

福建人联合创建，是槟城最古老的庙宇，也是著名的旅游景点。广福宫主祀观世音菩萨，还有许多陪祀神，佛、道和民间信仰混合。碑文记载："槟榔屿之麓，有广福宫者，闽粤人贩商此地，建祀观音佛祖也，以故，宫名广福。"其香火鼎盛。其药籤的上方有"槟城广福宫佛祖药籤"字样，共106首，第一至第一百首和一百零二首的药籤末了有"信女谢氏敬印"字样，第一百零一首有"弟子李连方敬"、第一百零三至一百零六有"信女林亚别敬"等字样。药籤的第一首："羌活与枳壳，桔红并甘草，每用各一钱，服后自然亨。"第五十首："苦参根一钱，白苏皮钱五，蒺藜一钱重，煎服便凉血。"第一百零六首："人中白一个，墨水服坠气。"

古晋青山岩始建于清末，1903 年进行大修建，后来又经过多次修建和扩建，至今号称沙捞越最园艺化的佛庙。青山岩庙里供奉有玉皇大帝、太上老君、释迦牟尼佛、阿弥陀佛、药师佛、普贤菩萨、观世音菩萨、文殊菩萨、准提菩萨、地藏王菩萨、妈祖、大伯公、广泽尊王、玄天上帝、包公等。青山岩的药籤分儿科、内科和眼科，内科 100 首，儿科和眼科各 36 首。药籤上方有"古晋青山岩观音佛祖（内科处方）"，或"古晋青山岩观音佛祖（外科处方）"、"古晋青山岩观音佛祖（眼科处方）"字样，末了有"古晋福建公会青年团敬印"字样。药籤为药方，如儿科第一首："木通、元参、甘草、连乔各五分，水八分煎四分冲风风丸。"眼科第二首："柴胡、赤芍、车前各一钱、草决五分、甘草五分、白菊五分、水碗二煎六分。"内科第三首："连只钱半、淮山一钱、金英一钱、土茯苓一钱、水一碗煎四分。"

诗巫永安亭，又称永安亭大伯公庙，始建于 19 世纪中叶，最初奉祀主神为大伯公，1987 年将其后殿改建为七层宝塔，奉祀观音菩萨。该庙有两种药籤，一种为大人科，共 120 首，另一种为儿科，共 36 首。这两种药籤均来自福建闽南的保生大帝药籤，下面会专门介绍，这里从略。槟城城隍庙也备有药籤 120 首，同样来自闽南的保生大帝药籤。

另外，吉隆坡九皇爷南天宫斗母宫也备有 100 首药籤，与前几种药籤不同，不知传自何处。第一首："洋参一钱，白术二钱，茯苓一钱，熟地半钱，甘草、当归各二钱，生姜、乌枣各三，水二碗煎六分。"第一百首："诃子、

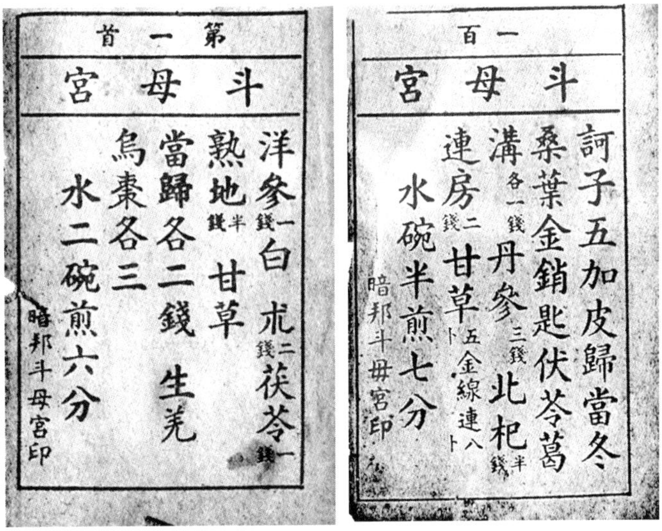

图 F1-36　吉隆坡九皇爷南天宫斗母宫药籤

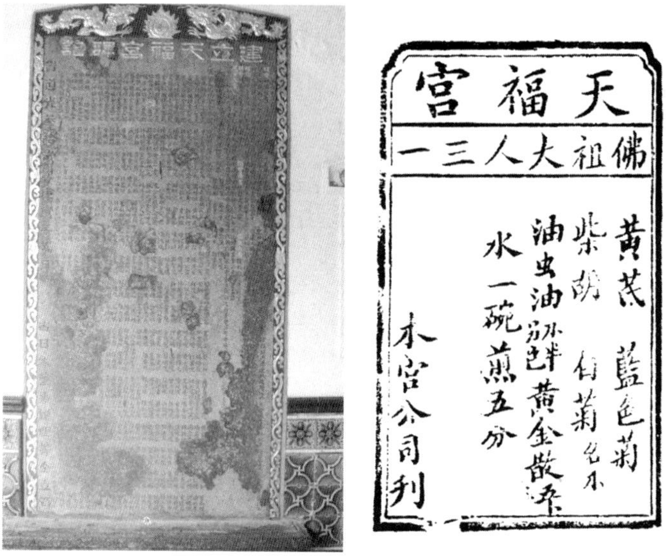

图 F1–37　新加坡天福宫《建立天福宫碑记》与药籤

五加皮、当归、冬桑叶、金销匙、茯苓、葛沟各一钱，丹参三钱，北杞半钱，连房二钱，甘草五分，金线莲八分，水碗半煎七分。”（图 F1–36）

22. 新加坡

新加坡也是华人聚居的国家，天福宫为新加坡最古老的宫庙之一，建于1839年，其前身为福建会馆，被列为国家重点文物保护单位。天福宫的规模宏大，建筑风格完全为闽南宫庙样式，供奉的主神为海神妈祖。天福宫内保存的《建立天福宫碑记》和《重修天福宫碑记》碑铭，记载着福建华侨越洋开发新加坡的艰难历程，悬挂在正殿最高处的匾额“波靖南溟”，是光绪皇帝于1907年所赐，均具有很高的史料价值。天福宫也有从福建传入的大人科（120 首）、儿科（60 首）和外科（36 首）等药籤。如第二十七首：“茯苓、葛根、竹茹、川穹、归全、牛七各一钱，水碗四煎七分。”儿科第二十七首：“洋参、茯苓、黄芩、归中、桔梗、甘草、滑石各五分，白芍五分，生芪一钱，白术八分，知母、双白各三钱，地骨四分，生姜一片，水一碗煎五分。”外科第二十七首：“白芷、天花、文蛤、红釉母、丁香、牛重和气酒涂之，如破空者和麻油抹之患处。”

23. 泰国

泰国曼谷赞化宫建于清末，乃广东梅州赞化宫的分灵庙，因此其建筑规制和神灵信仰等均受影响。光绪二十八年（1902）吕祖仙方也被曼谷赞化宫所引进，供信众占取。据 1957 年张明达的《吕祖坛训》序言：“吕帝宫香火繁盛，为泰京神场冠。灵方施药，受惠者夥，向道皈依，入门者众。”2007 年，该宫仍提供药籤服务。有趣的是，其祖庙梅州赞化宫的药籤因“文化大革命”的破坏而失传,1985年重建后,又从曼谷赞化宫请回药籤,供善男信女占取。[①]

综上所述,药籤大约在南宋已经产生。药籤产生后,由于与宗教信仰紧密结合,具有某种神秘性和神圣性,在实际操作中,也确实能治疗信众的一些常见的疾病,解除善男信女的病痛,甚至偶尔也能治好一些疑难杂症,因此在中国的广大地区传播开来,特别在一些开发较迟,经济文化、医疗卫生相对落后、信巫不信医陋习盛行的地区,深受善男信女的欢迎,甚至随着移民的足迹传播到海外。

三、药籤的制作与主要类型

(一)药籤的制作

药籤是供善男信女占取用来治病的,事关人的健康乃至性命,因此,药籤的制作不敢草率,往往要披上一层神圣的色彩,常见的药籤制作方式有以下几种:

1. 整理名医遗留药方而成

在中国历史上,出现众多的名医,既有名闻九州的扁鹊、华佗、孙思邈等药王,也有像保生大帝这样的乡村名医,这些名医生前为人治病,不但医术高明,而且医德高尚,去世后往往被百姓奉为神明,他们留下的医书或药方也被百姓奉为至宝,有的被整理制作成药籤,使之更广泛地传播,造福于民众。由整理名医遗留药方而成的药籤除了前面提到的保生大帝药籤、刘守真药籤、药王药籤之外,还有许多,直到1945年之后,仍有人在利用名医遗留的药方制作药籤,洪调水《冰如随笔集》(四)写道:

光复以后,适余阅读陈修园医书,偶于《易氏医案》篇中,发现“越

① 游子安:《近百年梅州地区的道教与庙观》,2008年“道教文化国际学术研讨会”论文。

鞠汤加减法”最符合药籤神方，十年来临床诊治，试之亦见伟效。……乾隆乙酉年，西历一七六五年，易氏已发表医案十八则，历然可考，折而言之，解毒不用犀羚，疏风泻火，无过攻伐，而补益强心，燥热不用。甚特色，以益气而不助火，降火而无苦寒伤胃之弊。诸如解郁止紧，清心利窍之品，虽岛产生草，亦收备载，配为百二十籤方，应蚁民祈乞。①

台中梧栖朝元宫妈祖药籤，在1960年时由黄海泉主持重修，他根据《医方集解》、《汤头歌诀》、《伤寒论》、《金匮要略》等书修订，并经三次圣杯最后定夺，其中第一百方原用香脚、炉丹、敬茶、红丝，黄老先生认为不妥，遂求圣示改为今方，即熟地、淮山、杜仲、枣肉、甘杞、茯苓、远至、五味、猪实、川茴、巴戟、从蓉、葛根、淮七。②

2. 选取药典、医书的药方而成

图 F1-38　药籤与籤筒

中医药文化是中华文化的精粹，其中浩如烟海的药典、医书更是祖先留给后人的宝贵遗产，如何最大限度利用这些药典和医书，为民众健康服务，古人想尽了种种办法，选取其中的便利药方编成药籤，也是一种看上去愚昧而实际效果并不错的有益尝试。如流传于陕西一带的《关圣帝君药籤》，绝大多数药方出自古代医药典，有的药方至今仍被广泛使用。以前五籤为例：第一籤“清热导痰汤”出自《古今医鉴》卷四，主治憎寒壮热，头目昏沉迷闷，上气喘

① 洪调水：《冰如随笔集》（四），文载《南瀛文献》1961年第7卷。

② 陈泰升、陈政恒、林美容、邱永年、张永勋：《台湾药籤的成籤时间及其影响因素》，见陈泰升《台湾药籤调查与研究》附录一，中国医药学院中国药学研究所2003年硕士学位论文。

急，口出涎沫，证类伤寒等。第二籤“顺气汤”出自《济生》卷二，主治胃寒胸满，咳逆不止。第三籤“疏风汤”出自《寿世保元》卷二，主治疏风散寒，舒经通络。治风邪中府，多着四肢，手足拘急不仁，面色如土，恶风寒者。第四籤“润肠汤”出自《片玉痘疹》卷十二，主治痘疹收靥后血枯不能润肠，大便秘结者。第五籤“通圣散”出自《丹溪心法》卷二，主治斑疹属风热挟痰而作，自里而发于外，宜微汗者。又如《药王药籤》的大多数药方也多选取孙思邈的《千金方》、《千金翼方》等，如第一籤“七子散”，出自孙思邈的《备急千金要方》卷二，第二籤“丹参丸”，出自《备急千金要方》卷十九，第三籤“养胎、补胎汤”出自《备急千金要方》卷二，第四籤“马通汤”出自《备急千金要方》卷四，等等。又如福建南靖县梅林隆兴堂药籤也多取材于历代医药典，如第一籤“小续命汤”取自《备急千金要方》卷八，第三籤“三化汤”取自方贤《奇效良方》，第四籤“防风通圣汤”取自《宣明论》卷上，第一百四十九首“大黄甘遂汤”取自《金匮》卷下，第一百五十首“代抵当汤”取自《血症论》卷八，第一百五十九首“清心汤”取自《产科发蒙》卷三，等等。在台湾，清代福建名医陈修园的影响很大，许多中医以陈修园的医书为经典，一些药籤也取材于此，如台湾的开漳圣王药籤有一部分取材于陈修园药方。

3. 整理自己验方和收集民间秘方、验方而成

福建晋江宝泉庵供奉主神保生大帝，其药籤除了内科、外科、妇科、幼科之外，还有眼科和跌打科药籤，其中跌打科药籤为其独有，是由清末民初名医曾广涛行医药方整理而成。曾氏为晋江金井溜江村安仁里药铺的跌打伤科医生，晚年将个人从医数十年的经验整理出一百多个医方，尔后长住在宝泉庵，通过卜筊来调整药方，最终确定100药方为药籤，供善男信女占取。又如学甲慈济宫药籤的由来，庙方人士说：“有关药籤的由来，至今不明，唯一能够确定的是，它在中国已经流传了很久，很久以前，各地名医曾聚集本宫针对各种疾病进行研究，并依序编写药名及药量，最后再向保生大帝请示。”[①] 有的药籤谱主要是收集民间验方、秘方而成，带有浓厚的

① ［日］吉元昭治著、陈昱审订：《台湾寺庙药籤研究》，武陵出版有限公司1990年版，第143—144页。

地方色彩，如福建武夷山城村古粤寺药籤，第十籤“葡萄五钱煎服”，第十八籤“龙眼五只、大枣二只，泡汤喝”，第二十一籤“青布五寸、茶二钱煎服”，第五十五首“金沸草一把煎服”，第六十三籤“萝卜神三钱煎服”，第七十九籤“甘草五分，阴阳水煎服”等，均为民间验方或秘方。还有一些地方发生传染病，当地宫庙便收集秘方，并以公籤的形式公之于众，以便百姓抄录使用。疫情过后，一些被实践检验过的良方便成为药籤，世代相传，如台中市元保宫药籤的第一百二十一籤至一百二十六籤均为民间验方，与台中的流行病有关，显然是该药籤谱传入台湾后根据台湾的实际情况而增加的。①

4. 扶鸾降方而成

扶乩又称扶鸾、扶箕，是一种相当古老的占卜活动，在闽台民间，常见的形式有三种：一种是用木头（多为桃木）或竹子制成“人”字形的架子，架子下端绑一把笔或一根木棍，两人各用一手扶住架子的一端，在撒有沙子、香灰的平面上或神案上写字。另一种是把饭箕、米筛之类的竹编倒扣过来，上面覆盖衣服，下面绑一根笔或木棍，两人对面各用一只手扶箕在沙盘写字，故称扶箕或扛箕。还有一种是用特制的小“辇轿”，两人用双手握住辇轿的双腿，利用辇轿前端的轿柄作鸾笔，在神案上划出各种痕迹，俗称“出轿仔字”。无论是哪种形式的扶鸾，都分为正乩（鸾）和副乩（鸾），正乩主导乩笔写出文字，副乩负责识辨认并读出正乩所写的文字，故又称“唱乩”（也有由一到二名鸾生负责），负责笔录的称“录乩”；经由扶乩写成的文章称“乩文”，将这些乩文结集出版叫“鸾书”。扶鸾前，施术者焚香净手，或持香头望空书符，或口中喃喃念咒，制造出一种“神灵”似乎真的即将下凡的神秘气氛，同时要求扶乩者（正乩多是经过一定的训练）也要笃诚。由于正乩处于半催眠状态，手臂会下意识地抖动，使乩、箕或神鸾在沙盘上或香案上留下似字非字的痕迹，施术者宣称这就是神的启示，根据需要加以诠释。

扶乩的历史悠久，其滥觞于南北朝时期的紫姑信仰，形成于唐代，流行

① 陈泰升：《台湾药籤调查与研究》，中国医药学院中国药学研究所 2003 年硕士学位论文。

图 F1–39　紫姑灵异（《点石斋画报》13–64）

于宋代。[①] 宋代以后，不少宫庙设有乩坛，定期扶乩，甚至一些文人士大夫也参与此事，除了问祸福吉凶、问科举题目外，还有问病讨药，不一而足。明清以来，扶乩之风愈来愈盛，民国《莆田县志・风俗》载："有桃木三叉者刻为龙首，左右扶乩者各执其一，旁人念咒降神，乩动神至，或预言休咎，或开示符方，或与书生唱和，或传经训劝世，时有灵验，士大夫多为之。"[②] 借助扶鸾的方式来制作药籤的例子比较常见，如《吕祖仙方》（博济仙方）就是扶鸾降方的结果，黎琦修在该籤谱内页的《吕祖仙方》序言中写道："《博济仙方》由来乃玉封玉清内相金阙选仙孚佑帝君，加封无量仁慈大帝，特降于粤东城西蕴善堂也。前曾降方五科于北省，今则降此三百于南岭。缘粤东乃斗牛宿度所属，与别省地土既殊，故方剂调用，不得不另为分别，所谓用药谨慎，诚如用兵也。遍阅各籤方之妙用，无非指善扶危，降药者以愈身体有形之病，不降药者乃治心性无形之病，是吕帝君以神道设教，欲世人省身修德，同证善道，脱离疾苦。其济世度人之心，固无微不到，亦济世度人之德，诚无处不被也。凡欲求方者。须依下列十则，诚信祈祷，勉力于善，方有效验。天道福善罚恶，倘闲时不烧香，急时抱佛脚，反归咎于方剂之不灵，则自惑之甚矣，求方者祈悟之。"这

① 许地山在 20 世纪 40 年代有感于当时扶乩盛行，写出了《扶箕迷信之研究》，分别论述了"扶箕的起源"、"箕仙及其降笔"、"扶箕的心灵学上的解释"等，资料十分丰富，至今仍有参考价值。该书 1999 年由商务印书馆重版。

② 张琴：《莆田县志》卷八《风俗》。

一段话把《吕祖仙方》（博济仙方）的来历、功能讲得很清楚，即《吕祖仙方》（博济仙方）是吕洞宾下凡，借助鸾书公之于世的，目的是让善男信女早日脱离身心疾苦，最初扶鸾降方于北方，分五科，近代又扶鸾降方于广东，根据广东的水土和疾病状况对原来的药籤进行修订，以示慎重。

又如台湾宜兰头城镇唤醒堂药籤也是在“开堂之初，请先辈者扶鸾时，由恩主恩师扶乩所出，此药籤也包括男科壹百首、女科陆拾首、小儿科（上）陆拾首、小儿科（中）陆拾首、小儿科（下）陆拾首”①。再如月港妈祖庙庇护宫的内科、外科、眼科、儿科药籤也是康熙二十二年降鸾成方的，妇科则是1962年扶鸾降方的。②

药籤谱并非一成不变的，而是会因地制宜，根据当地常发疾病和常见药物做一些调整。有的药籤在修订时，还要利用扶鸾来达到目的，如台湾员山普照寺庙祝游文衍说：“我们寺里的药籤最早是从大陆传过来，但是大陆的气候和习惯毕竟和我们这边不同，所以一直用旧有的药籤也不是办法，因此在民国三十年（1941）初，佛祖开始利用扶鸾的时候修改药籤，大概一次改十首，花了将近两年的时间才修改完。现在用的籤诗本就是根据修改本，在1973年重新再誊过一遍，其中有‘外科’的药籤五十首，还有‘幼科’一百首、‘妇科’一百首、‘男科’一百首、‘目科’二十四首，加起来近四百首，里面尽是治疗人的一些‘杂凑症’（五花八门的病）的药籤。”如外科的药籤多半是治疗皮肤病的药方，因为当时卫生状况很差，经常会吃到有毒素的东西，很多人不是腹痛，就是因体内毒素无法排出，而转化为皮肤上的“毒粒子”、“疔仔”、“皮蛇”、“烂蛇”等皮肤病。“幼科”方面的药籤多是治疗小孩容易感染的“麻仔”（麻疹）、“蛤仔”（破伤风）、“黄疸”、“白菇”、“风寒”以及产生胃肠不适的症状。“妇科”的药籤多半治疗因“经血”不顺引发的病症，“男科”的药籤则以“入肾补气”为主，“目科”的药籤以治疗眼睛发红发肿、老人白内障引发的视力退化为主。③又如台湾高雄县内门紫竹寺自

① 《头城镇唤醒堂男女科药籤簿》，内页游进福序。

② 《盐水庇护宫降鸾药籤簿》。

③ 蔡欣茹：《游文衍先生访谈录——员山普照寺庙公谈观音佛祖济世佚事》，《宜兰文献杂志》1999年第37期。

古以来使用《观音佛祖药籤簿》，由于年代久远，“观音佛祖药籤在三百多年来，代代相传在抄袭中难免有笔误或疏漏的地方，至今同时的观音药籤，版本很多，内容各有殊异”。因此，1972年和1996年两次进行修订，参与修订的除了主任委员郭进来、法师李新泰外，还有乩童余忠任参加①，乩童参与，显然与扶鸾有关。

当出现传染病时，有些宫庙还会以神明降鸾的形式发布公共药籤，让善男信女一起服用，以抑制传染病的蔓延。如2001年台湾肠病毒流行，南天堂观世音菩萨与玄天上帝一起降示药方：黄芩二钱、黄柏二钱半、连翘二钱半、槐花二钱半、银花二钱半、茯苓二钱、遍地锦三钱、玄参二钱半、党参二钱半、苍术二钱、荆芥二钱半、木通二钱、夏枯草二钱半、甘草。1990年2月7日关降公药：白香附、田乌、黄虱母子头、桑皮、甘蔗根、红乳草各多少，煎服风寒。1991年9月19曰孔降公药：白龙船草三两、莿尾红五两、水老五两、红枣根三两、白水锦根三两、白茶花三两、白花仔草五两、一枝香五两、练之不定水。②

当然，扶鸾降方只是一种幌子，扶鸾者利用这一神秘的占卜仪式来发布自己编好了的药方，使药方具有神圣性，便于取信于民众，这是扶鸾降方的真正目的。因此，扶鸾降方的形式是虚幻的，但扶乩者编造药方的动机和目的却是真实的。为了使扶鸾得到的药籤更具有可信度，扶鸾者往往还会请来名医参详，确定药籤的准确无误后，才供善男信女占取。如前面提到的台湾宜兰头城镇唤醒堂扶鸾降方后，“当时由本镇数位名中医师鉴定后，再送到基隆市请当地名中医再次鉴定，完全无误后，即送到大陆福州刻字印刷，然后带回本省分送信徒大众，救治病者。”③

5. 借助梦境等神灵启示而成

广东兴宁市大坪镇西南的药王山，因山中有座三百多年历史的药王寺而得名，并成为当地的旅游景点。传说大坪有一信士在江西经商，平

① 陈泰升、陈政恒、林美容、邱永年、张永勋：《台湾药籤的成籤时间及其影响因素》，见陈泰升《台湾药籤调查与研究》附录一，中国医药学院中国药学研究所2003年硕士学位论文。

② 陈泰升：《台湾药籤调查与研究》，中国医药学院中国药学研究所2003年硕士学位论文。

③ 《头城镇唤醒堂男女科药籤簿》，内页游进福序。

时乐善好施，普度佛法。一日腹肠绞痛难忍，用药无效，昏迷不醒，朦胧之中忽见一老者，道骨仙风，飘然而至，对其说：“吾乃药王仙师孙思邈化身，离此五里处有吾香坛一座，你可前去求茶饮之，茶到病除。念你平时心地善良与佛有缘，我愿去你家乡文祠山落坛施法，你可抱吾香炉安立该处，供人求药治病，并有药方三百余条，每条对应药方，传授于你，为十方善信造福。”其人醒觉乃属梦境，遂依其嘱，逐一照办，果然灵验神奇，具将药王仙师香炉和神奇药籤书带回家乡，在文祠山上文峰塔侧砌一小坛，安放香炉和仙师灵牌以供奉。自此求者甚众，香火鼎盛，药王神籤灵验神奇。①

无独有偶，《灶君药籤》的制作过程也颇具神奇色彩。灶君又称灶王爷、灶公、灶神等，源于上古社会的火神崇拜。最初的灶神是夫人形象，汉代以后以男性形象取而代之。灶君的主要职能是负责每家每户的饮食之事，晋代扩大到记录所在家庭的每个人的功过，每年年末上天庭汇报，玉皇大帝以此决定寿夭祸福。灶君的神格虽然不高，但由于每家每户都有灶台煮饭，而每个灶台又都有灶君驻守，因此灶君的影响却很大。由于灶君信仰与居家密切联系在一起，祭祀灶君的仪式也在各家各户的厨房中进行，在清代之前的灶君祭拜中也没有抽籤占卜之类的活动。清代有一位好事之人，名叫程应星，他对灶君特别崇拜，认为

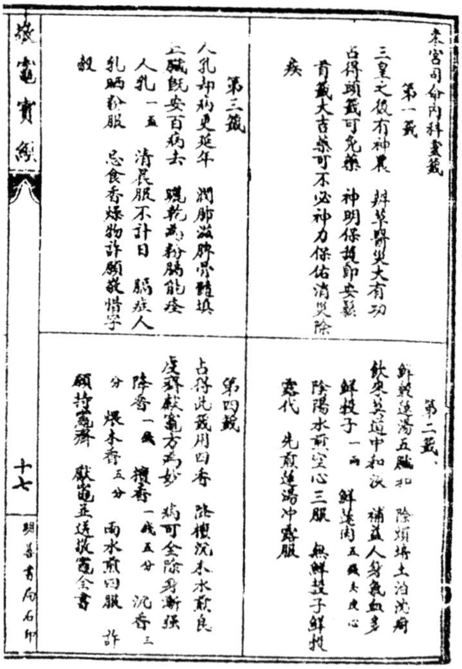
東宮司命內科靈籤
第一籤
三皇之後有神農 辨草[illegible]災大有功
占得頭籤可免藥 神明保護即安[illegible]
前籤大吉藥可不必神力保佑消災除疾
第二籤
鮮蓮湯五臟和 除煩[illegible]土治沈痾
飲此莫道中和淡 補益人身氣血多
鮮投子一兩 鮮蓮肉五錢去皮心
陰陽水煎空心三服 無鮮投子鮮投
[illegible]代 先煎蓮湯冲露服
第三籤
人乳却病更延年 潤肺滋脾保髓填
五臟既安百病去 曬乾為粉腸能瘥
人乳一盞 清晨服不計日 腸症人
乳曬粉服 忌食香燥物許願敬惜字紙
第四籤
占得此籤用四香 除檀沉木水煎良
虔誠叩籤方為妙 病可全除身漸強
降香一錢 檀香一錢五分 沉香三
分 木香五分 雨水煎四服 許
願持齋 敬竈並送[illegible]竈全書
[illegible]竈寶[illegible] 十七 明善書局石印

图 F1–40　东宫司命内科灵籤

① 《兴宁药王寺》。http://baike.baidu.com/view/3389304.htm.

别的神都有籤谱和籤占活动，而灶君却没有，这是一个缺憾。道光六年，他说是在梦中灶神向他口授籤谱，醒来后把它记录下来。后来又在一位先生的书房中看到与梦中灶神口授的籤谱一样的灶神籤，便把灶君籤谱抄录数本，并希望有人帮助刊刻，广为传播。[1] 这里所说的籤谱包括药籤谱，古册出版社印行的《灶君灵籤》一书中第十七页《灵籤缘起》说：

> 灶君之有籤不知创于何时，“道光丙戌”宝山程君应星，钞传以后遂盛行于世。其缘起云：尝梦一角巾皂服，神授以籤诀。一一记诵及醒录之，不无阙略。后至一村塾中，见案头有旧刻药籤一本阅之，与梦中所见者无二。不胜惊异，遂潜以虔钞至内外药籤，原编亦不详其所由始。而凡有疾而求者，无不对症发药，立见奇效，真仙方也。微嫌句少锻炼，因为点窜一二，并附凡例数则。伏愿信心善士虔诚遵奉有感必通。举凡决疑问疾，不必舍近他求也。
>
> 咸丰纪元岁次辛亥（1851）相月上海亦迂氏谨识
>
> 一、凡欲求籤必须斋戒沐浴更衣，凝神静虑将始末缘由祷告明白，切勿草率，方有应验。
>
> 二、凡求药籤必先许愿戒杀放生，永远不食牛犬田鸡螺等物，愈病

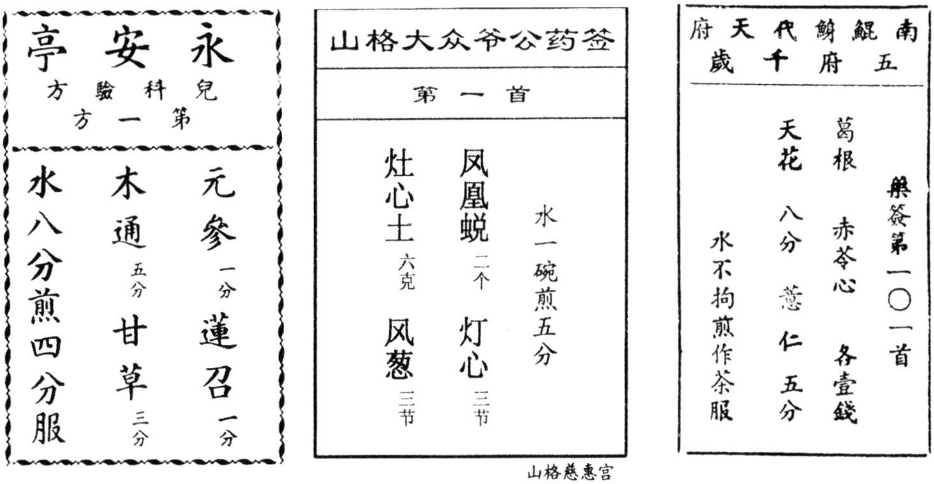

图 F1–41 各地药籤

① 《敬灶全书》。

必须吃素诵经虔心答谢或送籤书各随心力。

三、凡人家平素不敬灶君，不孝父母翁姑及知过不改，知善不为者，神不获佑，药亦不灵。

灶君药籤分《灶君内科仙方》50首和《灶君外科仙方》50首，均收入《敬灶全书》中，后来《藏外道书》也收录，又称《东宫司命内科灵籤》、《东宫司命外科灵籤》。

6. 拼凑不同药籤谱而成

药籤谱的制作并非易事，因此借用其他宫庙的药籤最为方便，也最为常见。如保生大帝药籤被福建南靖山城登云岩、平和县山格慈惠庙、台湾的南鲲鯓代天府、彰化南瑶宫、马来西亚的永安亭等许多宫庙寺院所借用。有的庙宇原来的药籤失传了，便改用其他宫庙籤谱，如台湾尾堑保安宫供奉主神是保生大帝，最初用的是大龙峒保安宫的保生大帝药籤谱，后来此药籤谱因外借而遗失，改用《吕帝灵籤仙方》，一直沿用至今。至于为什么信奉保生大帝而又使用吕祖药籤，该庙庙祝游金生说："庙与庙之间，也跟人之间一样会互相交流，有时去别的庙进香，也会参考别人好的，尤其药籤这种汉药的东西，为的是医病，只要是好用的都可以用，哪里说一定什么神明用什么药籤。"① 有些宫庙则通过不同药籤谱的拼凑，形成新的药籤谱，台湾的妈祖药籤则以保生大帝药籤为主体，结合其他药方而成。台湾大甲镇澜宫药籤簿乃混合大甲天上圣母药籤和田

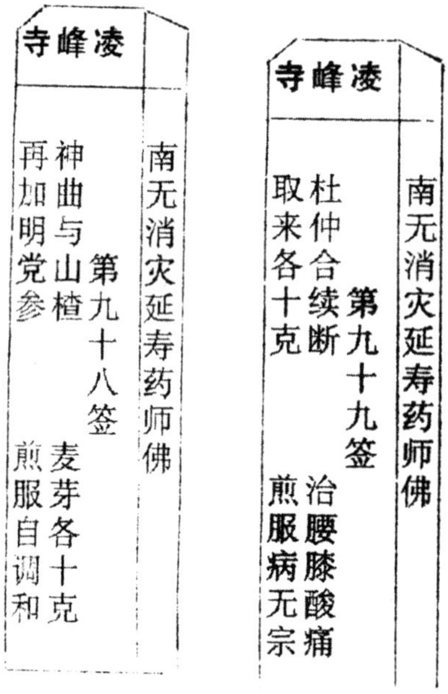

图 F1–42　浙江省凌峰寺药师佛药籤

① 蔡欣茹：《黄财龙·游金生先生访谈录——尾堑保安宫保生大帝医疗佚事》，《宜兰文献杂志》第1999年37期。

寮廖先生的药籤而成。[①]

(二)药籤的主要类型

1. 把药物名称、药量等嵌入籤诗中

浙江省庆元县凌峰寺《南无消灾延寿药师佛药籤》就属于这个类型，如第十三首：

党参和白术，茯苓连甘草，

再加几粒枣，不必服它药。

又如第一百首：

圆眼肉一两，熟地十克半，

再加白茯苓，三味常常服。

福建省安溪清水岩《清水祖师药籤》也属于此类型，如大人科第一首：

一枝桃剑镇家房，

口念观音地藏王，

后取灶心土一块，

煎汤送下便安泰。

小儿科第一首：

小儿聚积大冲饥，

面色青红痛不时，

茯子砂仁猪母菜，

三菱枳实四陈皮。

福建省上杭县东竹寺佛药籤第七首：

一条大当归，须用八钱来，

米酒浸三日，救急又扶危。

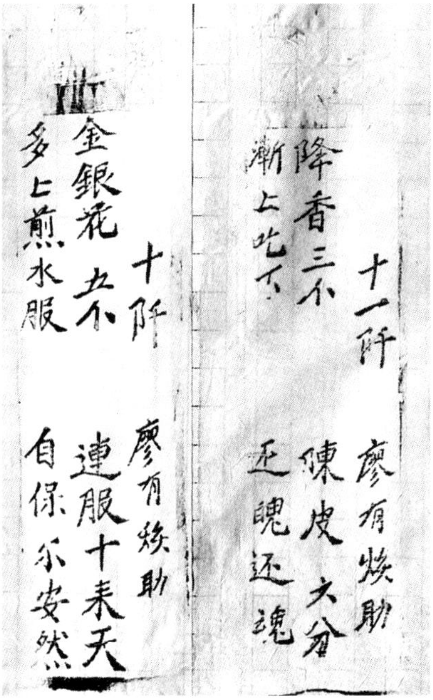

图 F1–43　福建省宁化县药王庙药籤

① 陈泰升、陈政恒、林美容、邱永年、张永勋：《台湾药籤的成籤时间及其影响因素》，见陈泰升：《台湾药籤调查与研究》附录一，中国医药学院中国药学研究所 2003 年硕士学位论文。

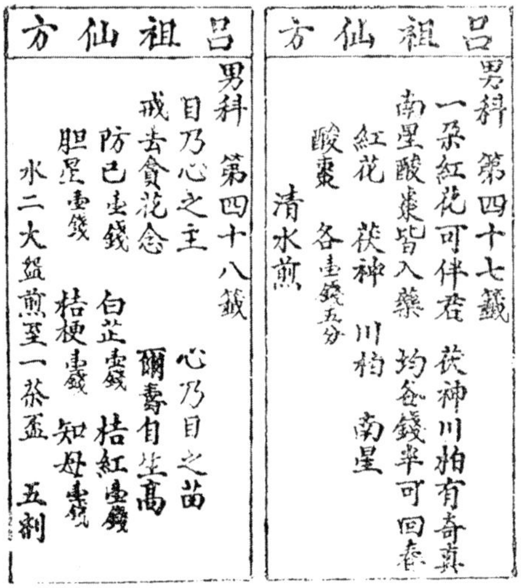

图 F1–44 吕祖仙方

又如第四十二首：

一钱银花和金花，
加入房中气自平，
方用桔红陈半夏，
杏仁川贝共和成。

福建省宁化县药王庙药籤第七首：

六味地黄汤，此是绝妙方，
各用一钱半，病体得安康。

又如第七十八首：

神曲共柴胡，各用一钱五，
空心食下肚，顷刻病缘无。

我国中药材众多，中药名丰富多彩，一些文人墨客利用中药名的谐音、双关语等特点，将中药名巧妙组合成药名诗。药名诗由来已久，至迟在梁代就有了，梁简文帝有药名诗：“烛映合欢被，帷飘苏合香，石墨聊书赋，铅华试作妆。”唐代不少人偶尔写药名诗，到了宋代，热衷于药名诗的创作的人才开始多了起来，并有了药名诗的创作理论。① 宋代最有名的药名诗作者当推陈亚，一生作药名诗一百多首，并编辑成册，名《药名诗》。陈亚的药名诗非常优美，“极为脍炙”，如《登湖州销暑楼》：“重楼肆登赏，岂羡石为廊。风雨前湖夜，轩窗半夏凉。罾青识渔浦，芝紫认仙乡。却恐当归阙，灵仙为别伤。”诗歌中嵌入了“重楼”、“石韦”、“前胡”、“半夏”、“青锡”、“栀子”、“当归”、“威灵仙”等中药名。陈亚还会写药名词，如《小院雨余凉》：“小院雨余凉，石竹风生砌。罢扇尽从容，半下纱厨睡。起来闲坐北亭中，滴尽真珠泪。为念婿辛勤，去折蟾宫桂。”嵌入了“禹余粮”、“石竹”、“苁蓉”、“半夏”、“柏亭”、“珍珠”、“细辛”、“官桂”等中药名。显而易见，药名诗是一种文字游戏，而药籤诗是一种信仰疗法，二者性质完全不同，但药名诗在形

① 参见祝尚书：《漫话宋人药名诗》，《中国典籍与文化》2001 年第 2 期。

式上与药籤诗似乎有着某种渊源关系，把药物名称、药量等嵌入籤诗中的做法，很可能是受到药名诗的启发而为的，这一类型的药籤也很可能是最早出现的药籤形式。

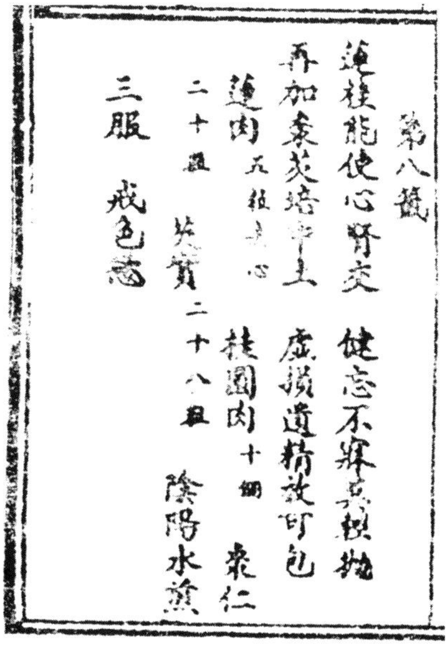

图 F1-45　灶君药籤

2. 描述病因、病症的籤诗和药物、药量合一

这一类的药籤不少，如流传甚广的《吕帝仙方》男科第十首：

热困乘风，痰气束滞，疏解导滞，其患渐除。

柴胡二钱　枳壳一钱　川朴钱半　槟榔钱半　酒芍　苏叶　酒草各一钱　挂娄皮三钱　煎服。

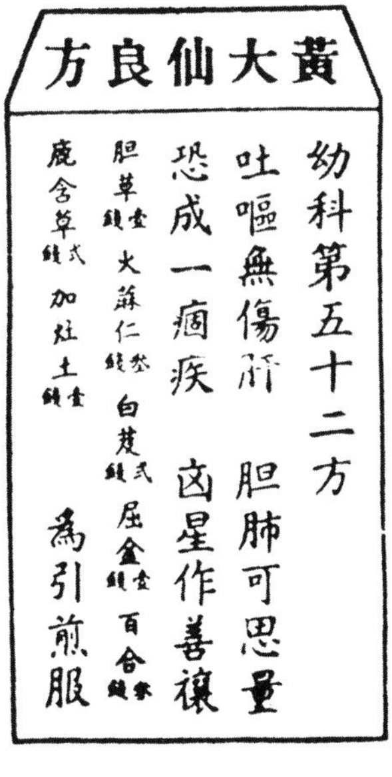

图 F1-46　黄大仙良方

《吕祖仙方》目科第四十三首：

风火上乘是根源，总因气郁多伤肝。

香附一钱，夏枯一钱，炒栀一钱，云连五分。

《福德正神药籤》第二首：

治病须当治本，其心急躁多嗔。

必须牢牢自慎，此病可能除根。

茯神一钱，远志一钱，赤苓二钱，木瓜二钱，共为细末，用河水冲服。

《灶君药籤》内科第五首：

木名接骨力堪宏，风痺停瘀痰即通。

水气虐灾筋骨疼，连吞三服即建功。

接骨木五钱，俗呼插插活，用新鲜枝干，活河水煎，三服。

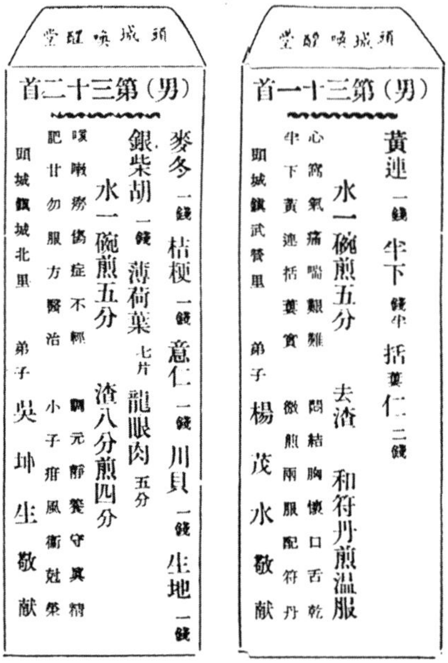

图 F1–47 台湾头城唤醒堂药籤

凡四肢疼痛，亦可煎汤热洗，分量不计，许愿戒杀放生。

《黄大仙良方》“男科”第五十七首：

名医历尽不能疗，事到无何转意求。

幸得良辰今日遇，灵丹服下自消愁。

人中白五分冲，知母二钱，生党钱半，糯根四钱先煎，杷叶七分，云苓钱半，煎饮。

这类药籤一般是籤诗在前，药物、药量等在后，但也有个别药籤是药物、药量在前，籤诗在后，如台湾宜兰县头城镇《唤醒堂药籤》即是，男科第九十首：

寒邪解表以疏通，先断太阳后祛风。

感冒所伤人闷乱，头眩寒热用斯攻。

苏叶一钱，半下（夏）一钱，前胡一钱，桔梗一钱，只（枳）壳一钱，防风一钱，葛根钱半，陈皮钱半，白苓钱半，木香八分，甘草八分，水碗二煎六分，渣一碗煎五分，温服。

3. 药方名称与药物、药量合一

此类药籤不多见，基本格式是在籤序之下有药方名，药方名之下详列药物、药量，如福建省南靖县梅林镇隆兴堂药籤内科共 152 首，第一首：

小赎命汤

桂枝尖八钱，蒜黄八钱，洋参八钱，兆杏八钱，酒芎八钱，枯苓八钱，炙甘草八钱，防风钱二，附子四钱，白芍一钱，防己一钱，姜枣各三，水碗四煎七分，渣再。

又如第一百五十一首：

清心汤

当归二钱，生地二钱，连总一钱，连子心二钱，枣仁二钱，麦冬二钱，灵芝二钱，串神一钱，川贝一钱，粉草五钱，竹心一百个，三碗煎碗半，渣再。

陕西韩栓功提供的《关圣帝君药籤》（100首）也是属于此类型，如《关圣帝君药籤》第一首：

清热导痰汤

黄连、黄芪、瓜蒌仁、枳实、桔梗、白术、白茯苓、陈皮、半夏、南星、党参、甘草各十克。

第五十二首：

保命丹

冰片四克、麝香二分、珍珠四克、僵蚕、金箔、牛黄各六克，枳壳、桔梗、地骨皮、神曲、茯苓、白术、党参、远志、柴胡、天麻、胆矾、黄芩、紫河车、天竺黄、荆芥、蝉蜕、川芎、牙皂、朱砂、胆星、甘草、麻黄、白附子、雄黄、防风、琥珀、犀角、麦冬各十克。

4. 药方名称、病症和药物、药量合一

此类药籤大致是在第三种类型的基础上补充而成的，出现的年代不会太久远，如陕西韩栓功提供的《药王药籤》（100首），除了药方名和具体的药方外，还在药方名称之后明确写明该药籤治疗的病症，如第一首：

七子散

治夫风虚目暗，精子衰少无子，补不足方。

五味子、钟乳粉、牡荆子、菟丝子、车前子、菥子、石斛、干地皇、薯蓣、杜仲、鹿茸、远志（各八克），附子、炮蛇、床子、川芎（各六克），山茱萸、天雄、人参、茯苓、黄牛膝（各三克），桂心（十克）、苁蓉（十克）、巴戟（十二克），上二十四味，治下筛，酒服送，日二，不能酒者，密和丸服亦得。

又如第一百首：

七物黄连汤

治夏月伤寒，四肢烦疼发热，其人喜烦逆呕逆支满，剧如祸祟，寒热相搏，故令喜烦方。

黄连、茯苓、黄芩（各十八克），芍药、葛根（各一两），甘草（十五克），小麦（三十克），上七味咀，以水煮取，冷分三服。

5. 病症与药物、药量合一

有的药籤简要写明病症，并附有药方，如韩栓功提供的阿罗汉药籤属于此类，第一籤：

感冒

麻黄十克，杏仁十克，正北辛五克，苏子十二克，陈皮十克，枳壳十克，前胡十克，葛根十五克，法夏十克

又如第三十五首：

肝癌

黄芪二十克，百合二十克，枣仁三十五克，白术十克，陈皮十五克，瓜蒌六克，白芍二十克，川贝六克，甘草三十克，仙鹤草二十克引。

6. 只记载药物和药量

这类药籤在闽台地区最为常见，如福建省南安市凤山寺药籤共20首，第一首：

茯苓五克，白芷二克，朴根五克，柴胡四克，羌活三克，半夏三克，防风五克，甘草二克，杏仁五克。

水煎服

福建省平和县侯山碧云寺药籤第一首：

白茯一钱，瓜麦一钱，水莲、桔红、桔梗、只壳、甘草各五分。

水一碗煎七分

福建省云霄县林太史公药籤与南靖县碧阳宫药籤相同，共60首，第一首：

茯苓二钱，青皮一钱，桔梗七钱，薄荷七钱，枳壳一钱，川朴一钱，柴胡八钱，甘草五钱。

水一碗二煎六分

台湾省新花镇观音亭药籤按八卦排列，共64首，如：

乾一

洋参一，白术一，茯苓一，炙草一，姜二片，枣二粒。

水煎服

台湾高雄五块厝武庙的文衡圣帝药籤大人籤共100首，第十首：

连召一钱，土茯一钱，当归一钱，只壳一钱，木通一钱。

水一碗二分煎六分

这种药籤形式随着闽粤移民传播到新加坡、马来西亚等东南亚一些国家，如新加坡天福宫大人科药籤共120首，第二十四首：

常山槟榔五钱，乌豆三粒，附豆三粒。

水八分煎四分

马来西亚吉隆坡九皇爷南天宫的斗母宫药籤共100首，第一百首：

诃子、五加皮、当归、冬桑叶、金销匙、茯苓、葛沟各一钱，丹参三钱，北杞半钱，连房二钱，甘草五钱，金线莲五钱。

水碗半煎七分

值得一提的是，药籤中“克”的计量单位，是为了适应近年来中药店根据国家的有关法令采取的计量单位，从传统的“钱”、“分”等换算出来的。

四、药籤谱简介

从20世纪90年代以来，笔者在福建、台湾、陕西、浙江、广东、香港、新加坡、马来西亚等地的数十座宫庙收集到一百七十多种药籤谱（含分科药籤），剔除相同的，目前见到的不同内容的药籤谱也有三十多种，这些药籤谱大致可以归纳为以下几个类型：

（一）吕祖药籤

吕祖即吕洞宾，是中国家喻户晓的八仙之一。关于吕洞宾的生平，文献记载不同，各种说法并存。就目前发现的文献资料来看，吕洞宾不是传说中的唐代人，而是五代北宋时期的人，他原来是一位隐士，后来被塑造为神仙，而且成为八仙中最有影响的神仙。北宋时期，吕洞宾信仰就形成。

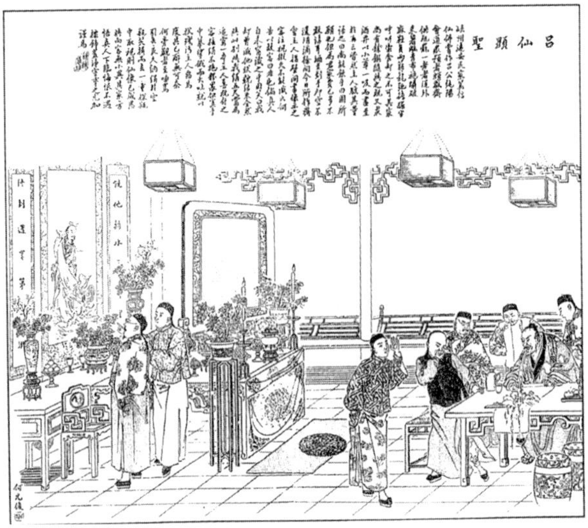

图 F1–48　吕祖显圣（《点石斋画报》10–263）

南宋时期，吕洞宾被吸纳入道教系统，成为全真教张伯端一派的南宗和王哲一派的北宗的祖师，其影响迅速扩大。[①]吕洞宾成仙前是个隐士，与医药并没有什么瓜葛，而后世百姓为什么要把药籤与吕祖联系在一起呢？原因很简单，在百姓看来，神仙是无所不能的，至于治病救人更不在话下。所以，宋代以后，有关吕洞宾以种种化身为人治病的故事，在民间广为流传，仅《纯阳帝君神化妙通记》就有“救滕中病第三十八化”、“赐药黄觉第四十六化”、“赐药马氏第四十九化”、“救赵监院第六十二化”、“度曹三香第八十七化”、“药救传道人第八十九化”、“救刘氏病第九十三化”等传说。《吕祖全书》记载的吕祖以种种化身为人治病的故事更多。药籤打上在百姓中有较大影响的吕祖的印记，显然有利于吸引善男信女占取，保证宫庙香火旺盛。

流传于世且流传较广的吕祖药籤有 3 种不同版本：

1.《吕洞宾真人神方占》

《吕洞宾真人神方占》流传于日本，为日本著名学者酒井忠夫所收集，此药籤谱为日本安永八年（1779）版本，即中国的乾隆四十四年版本。[②]《吕洞宾真人神方占》不分科，共 100 方。药籤多是五言五句诗，也有少数四言四句诗等形式，将药方嵌入诗中。最值得注意的是，该药籤谱传入日本后，

① 详见马晓宏:《吕洞宾神仙信仰溯源》,《世界宗教研究》1986 年第 3 期。

② 详见［日］酒井忠夫、今井宇三郎、吉元昭治:《中国的灵籤 · 药籤集成》,东京:风响社 1992 年版,第 459—481 页。

除了籤诗被注上片假名外，籤诗之后还增加日语注解。注解分两部分，一部分对籤诗作简要解释，另一部分对籤诗中提到的药物的名称和性能作必要解释（见图 F49）。药籤被加上日语注解，一般是在流传一段时间并具有广泛影响之后，为了适应广大信众需要才采取的举措，说明《吕洞宾真人神方占》药籤至迟在清初传入日本，甚至更早。遗憾的是该籤谱收集于何处？又是如何传入？由谁带入？在日本的什么地方传播？前几年笔者访问筑波大学时，想向酒井忠夫请教相关问题，不巧的是他玉体欠安，无缘拜会。不久前，听说酒井忠夫已作古，这些问题恐怕要成为悬案了。

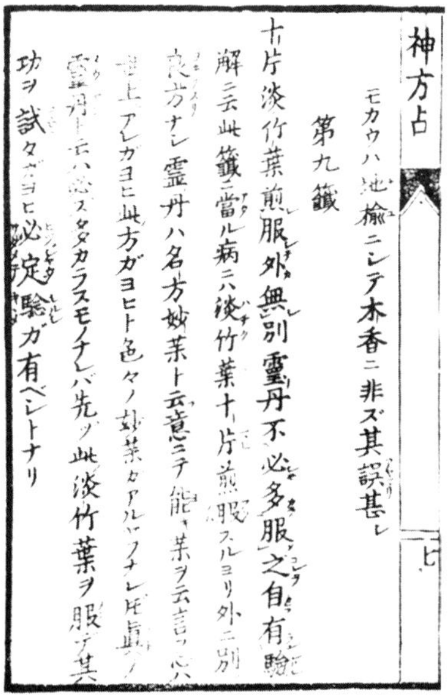
神方占
モカウハ地楡ニシテ木香ニ非ズ其誤甚シ
第九籤
十片淡竹葉煎服外無別靈丹不必多服之自有驗
解云此籤ニ當ル病ニハ淡竹葉十片煎服スルヨリ外ニ別
良方ナシ靈丹ハ名方妙薬ト云意ニテ能キ薬ヲ云言ハ只
世上ニアレガヨヒ此方ガヨヒト色々ノ妙薬ガアルソナレドモ眞ノ
靈丹ト云ハ必ズタタカラズモノナレバ先ヅ此淡竹葉ヲ服シテ其
功ヲ試タガヨヒ必定驗ガ有ベシトナリ

图 **F1–49** 吕洞宾真人神方占

有趣的是，笔者在浙江省庆元县凌峰寺收集到《南无消灾延寿药师佛药籤》，对照《吕洞宾真人神方占》，主要部分是相同的，兹以《吕洞宾真人神方占》和《南无消灾延寿药师佛药籤》前五首和最后五首的籤诗为例，观察二者关系：

表 **F1–1** 《吕洞滨真人神方占》与《南无消灾延寿药师佛药籤》比较

药籤谱名称	《吕洞宾真人神方占》	《南无消灾延寿药师佛药籤》
第 1 首	第一报君，何患恙深，勿药有喜，福寿安宁。	第一来报君，不必费文钱，勿药自有喜，喜烛点佛前。
第 2 首	第一虔诚，祈卜神明，口愿速酬，服药康宁。	第二贵虔诚，须求保神明，口愿连求许，服药自康平。
第 3 首	阴阳水一钟，甘草三分戥，煎服忌动气，遵戒自然亨。	阴阳水一钟，甘草八克正，服后防动气，遵戒百无凶。
第 4 首	陈皮三钱，煎服安然。切忌面食，再服即痊。	陈橙皮三钱，煎服自安然，休为面食滞，再服病即痊。

续表

药籤谱名称	《吕洞宾真人神方占》	《南无消灾延寿药师佛药籤》
第5首	寒食面三钱，百部一两煎，服后能痊愈，安谢叩神前。	归芎各九克，白芍熟地煎，服后能痊愈，病好谢佛恩。
第96首	乌药一钱，藿香一钱，木香一分，同煎无恙。	乌梅六克半，藿香五克半，木香五克重，煎服病无形。
第97首	方用好羌活，一钱煎而服，其患自然痊，精神亦渐足。	专用川羌活，土货用不着，取来八克半，水煎徐徐服。
第98首	神曲山楂与麦芽，三共九分炒煎谐，更用泰山符一道，烧灰和汁服方痊。	神曲与山楂，麦芽各十克，再加明党参，煎服自调和。
第99首	雪水一宫钟，六安茶一种，微微煎而服，服后有神功。	雪杜仲合续断，治腰膝酸痛，取来各十克，煎服病无踪。
第100首	圆眼肉一两，蒲公英三钱，白茯苓三钱，煎服定为良。	圆眼肉一两，熟地十克半，再加白茯苓，三味常常服。

《吕洞宾真人神方占》药籤谱有几个特点：

一是每首药籤的药物最多不超过3种，绝大多数为1—2种，其中仅一种药物的药籤共31首，两种药物的药籤共32首，三种药物的药籤15首，其余的为无药物或带有巫术色彩的药籤。

二是少数药籤没有药物，多为宗教劝诫，如第一、二、六、十七、二十、二十三、五十八首等。如第六首：“便便笑语喧，来意心不诚，尔已先获罪，何必叩神前。”第五十八首：“尔来恍恍惚惚，满意二二三三，犹疑未决求方，速回再恳可望。”

三是少数药籤带有浓厚的巫术色彩，如第二十四、三十七、四十二、七十、九十、九十一、九十三首等，第二十四首：“衣带煎水服，男用女带益，女用男带好，阴阳气交足。”第九十三首：“灶马一尊，灶前拜恳，如是三次，病患安宁。”第四十二首：“科场蜡烛，临睡照之，午前子后，法最相宜。”

四是少数药籤不是服用药物，而是沐浴或按摩，如《吕洞宾真人神方占》第二十九首：“用水大浴，自头至足，三次浴洗，自调多福。”第五十一首：“皂角煎水，频浴心前，觉宽再浴，病退安然。”第四十八首：“此病无药服，手捶两肩膝，各捶四十九，卧时周运足。”第五十四首：“两手揉胸，至肝肚脐下，七七来回，同泰无亚。”

五是药方中有一些属于药膳，如第二十二、二十八、四十、四十三、七十七、八十二首等，第二十八首：“生葱白三枝，熟葱白三枝，煎汤吞服下，避风如避火。”第四十首：“藕粉葛粉绿豆粉，各用三钱进水调，依方数服患即愈，身体安建不须焦。”第七十七首：“白猪肺一个，白菜心同煮，淡淡吃完了，其病自然除。”

2.《吕祖仙方》(《博济仙方》)

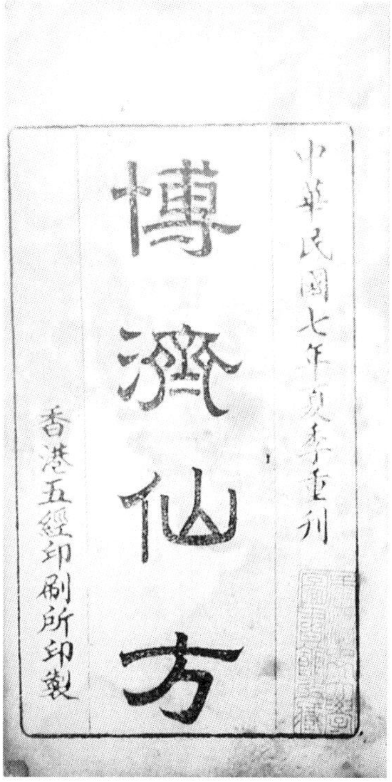

图 F1–50 《博济仙方》扉页

《吕祖仙方》又称《吕帝仙方》、《博济仙方》，分男科、妇科、幼科、外科、眼科等 5 科，除眼科为 53 首外，其余的均是 100 首。此药籤谱最初流传于北方，20 世纪初传播到广东，根据广东的实际情况对药方进行修订。为了使更多人利用药籤治病，该药籤谱于 1918 年分别在广州守经堂和九曜坊“麟书阁”及香港五经印刷所重刊发行。1951 年和 1967 年台湾“慎修堂”根据九曜坊“麟书阁”的《吕祖仙方》版本翻印，又称《博济仙方·内篇》。1974 年，台湾李福山、蔡懋堂医师加以注解，编成《博济仙方注解》，重新刊行。1988 年，台南正海出版社出版《全省寺庙灵籤注解》，《吕祖仙方》被收入卷五中。不同版本的刊行和流传，说明《吕祖仙方》在中国的广大地区特别广东、香港、台湾等地确有较大的影响。

《吕祖仙方》有两个突出特点：一是详尽说明求籤仪式和应注意的事项。我们知道，占取药籤的仪式，与占取灵籤大致相同，而《吕祖仙方》则有十则具体的要求：

第一，凡欲求方，或清晨或夜静为佳，若症急者不拘时候。必将病势情形写齐禀章先列案上，倘或未及写禀，亦要跪禀明悉，务要诚敬洁净堂内神桌敬器、手面、衣服等，虔备清茶香烛，宜加敬果清酒。或设香案，于当空焚香跪请南宫恩主恩师圣驾降临后，即俯伏，缓半刻，恭待神降。转向尊前三跪九叩首后，再跪，恭禀或恭读所要恳求事项后，即连请三爻，能得有二胜者，然后乃可求方。倘三爻之中无一胜者，便不宜求矣，须改时或改日求之为妙。

第二，敬备籤筒籤筹壹百枝，或纸匣自制纸龟斗壹百粒，各写号码，或照药方实数制定纸龟斗粒数，或临时借庙中所用亦可。后即将筒或匣以净香先洁净，恭置于神圣座前。系男病者，用男科之方，女病者，用妇科之方，小儿病者，用幼科之方。凡求方或自求，或代求，务要一心诚信，然后所求应效。倘或狐疑或自行加减，反足自误，慎之慎之。

第三，方中所列多少剂数，必要照服。倘仍未愈，则诚心再求。

第四，照方执药，回家时先行察看，药味有无错误，然后用净水一饭碗或二饭碗，看药剂之大小，及属凉属补，因度用水多少，切不可苟且。

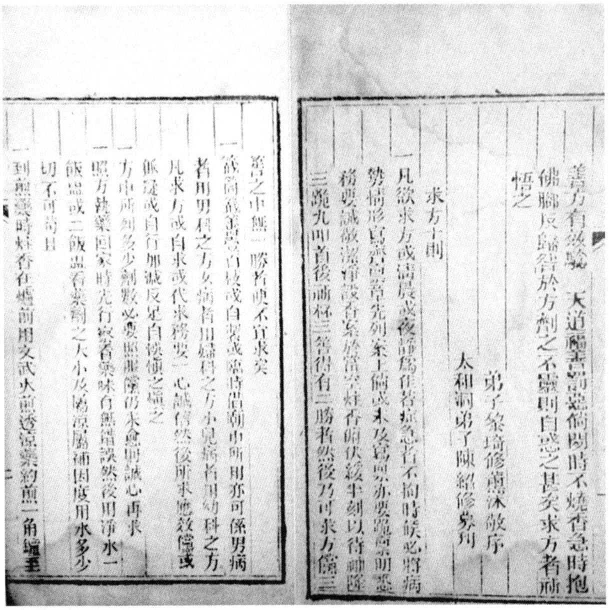
善方有效驗　大道[illegible]倘[illegible]時不燒香急時抱
佛腳反歸咎於方劑之不靈則自惑之甚矣求方者祈
悟之
弟子黎琦修薰沐敬序
太和洞弟子陳紹修募刊
求方十則
一凡欲求方或清晨或夜靜爲佳若病急者不拘時候必將病
勢情形寫齊[illegible]先列案上倘或未及寫[illegible]亦要跪稟明悉
務要誠敬潔淨設香案於當空焚香俯伏緩半刻以待神降
三跪九叩首後祈杯三筶得有二勝者然後乃可求方倘三
筶之中無一勝者便不宜求矣
一敬備籤筒籤[illegible]壹百枝或自製或臨時借廟中所用亦可係男病
者用男科之方女病者用婦科之方小兒病者用幼科之方
凡求方或自求或代求務要一心誠信然後所求應效倘或
狐疑或自行加減反足自誤愼之愼之
一方中所列多少劑數必要照服倘仍未愈則誠心再求
一照方執藥回家時先行察看藥味有無錯誤然後用淨水一
飯盅或二飯盅看藥劑之大小及屬涼屬補因度用水多少
切不可苟且
一到煎藥時焚香在爐前用文武火煎透涼藥約煎一角鐘至

图 F1–51 《博济仙方·求方十则》书影

第五，到煎药时，焚香在炉，前文武火煎透。凉药，约煎一角钟，至半点钟之久。补药约煎半点钟，至一点钟，不等。凉药约煎至半饭碗，补药约煎至大茶杯，便合。每见世人贪多服，必大碗，水气胜药气，热病尚属无妨，若是脾虚气弱、亏损等症，方剂虽良，功过亦各半耳。

第六，六淫病，如风、火、寒、暑、湿、燥之症，诚心求数方，自可全愈。若是七情之疾，由喜、怒、忧、思、悲、恐、惊而致者，一面诚心求方，一面调和性气，安心静养，方易见效。再或饮食乐节，性气不改，势必病多反复，虽有灵丹亦难保其愈后不复作也。

第七，凡病症牵缠，至数月之久者，此必因流年气运不佳，或积孽所致。先要斋戒沐浴，诚心当空焚香，解罪禳灾，一面专诚求方，一面洁念诵经，或送善书，及急行善事。但得病势稍安，不致大作，便是应验。再复力善不倦，缓缓安心调理，等待运转灾退，其病渐愈，不必意急速忙乱服药也。

第八，凡积孽所至之病，籤中既有指出，须当及早省悟，力行善事，自悔自勉以赎前愆，不但不药可愈，并可以转祸为福。皇天不罪悔过之人，切勿自暴自弃。倘不急速猛醒，改过迁善，全凭延医服药，藉此草根木叶之力以活，此灾咎之病，不但无济，反被众药攻伐元气，更损病症益深，岂不自误？可惜乎，慎之勉之。

第九，此方实在利济一切，凡穷乡僻壤，难得名医，必自备籤筹籤筒，以便应用。如能照前列各则诚求，其应如响。每见世间医师，多不识症，脉理既未辨悉，议方多不中，惜病者固谬，谬以延医，医者亦谬，谬以发药，每至小病，弄成大病，缓症反成危症，草菅人命，杀人者固不自觉，被杀者亦不自醒，诚可哀也。与其将此性命交与庸医之手，妄诊妄议，究不若洁诚尽敬，听命于神，一心求方之为稳。不但省费而已也。但恐所求之人，诚意未到，故所服之方，或未尽应，若所求既已尽诚尽敬，犹或未愈者，此中必有所因，是在病者临时，深思细悟，急速转念回头可也。

第十，凡男女婴儿七岁以下，用幼科，七岁以上检男妇科用。①

显然，《吕祖仙方》占取仪式比通常的仪式更加详尽，既有常见的占取药籤仪式，也有修身养性等要求，还有如何煎煮药物等具体的操作方法，特

① 《博济仙方批注·吕帝仙方求方十则》，其《禀章》："伏以阴阳不测谓之神，逊化无穷谓之圣。神圣之道，感而遂通。谨炷真香，虔诚叩请，恭望神慈，伏垂鉴纳。今据有某处某人现年行庚岁，身体欠安，恳求恩主仙方赐服（或恳求某科恩主仙方凭籤赐服），俾信徒鸾下某某早得平安，无任沾感切叩。"

别强调虔诚信仰，宗教信仰心理暗示和治疗在这里起着十分重要的作用。

《吕祖仙方》另一个突出特点是提到的病因超过百种，对于了解当时常见的疾病有一定的价值。台湾学者宋锦秀根据《吕祖仙方》男科和妇科药籤谱中有关病候、病因、证治或其他医疗策略的分析，认为该药籤谱涉及的疾病原因包含着四个不同的层次：

一是源于“身体机能不均”所导致的疾病，即《吕祖仙方》所说的由外因引起的风、火、寒、暑、湿、燥等“六淫之病”，多为五脏六腑的疾病，所占比例最高，男科占 69%，女科占 65%。这类疾病皆因“所受邪而为病”，所以，只要“诚心求数方，自可全愈”。如男科籤方中的第五十四首“湿因下步，脾胃不和；调肾行湿，元气复初”；第五十九首“肾水不足，肝木必虚；养肝滋水，妙法在斯”等，女科籤方也有第三十七首“燥火烁金，水火不调；扶金滋水，其痛自消”；第五十九首“肺金缺水，火炎烁之。调和中道，自有生机”等。

二是因“个人性情”或心性状态的“失序”而产生的疾病。这个疾病类型，在男、女二科被论及的比例都很低，仅分别占男科 1%、女科 7% 籤方；若加上“兼有身体机能及心性因素所致”的类型在内，也仅占有男科 7%、女科 13% 而已，例如男科第八十八籤“平日大亏心血，今朝又复忧惊。须当抛去烦恼，方保气壮神清”；女科第二籤“堪笑夫人心太痴，劳心伤血欲求医。老仙赐用金丹服，抛忧息恼见生机”；女科第六十三籤“因思虑伤，心神已亏损。先解内里忧，勿计与长短”；女科第七十八籤“忧思过度，尘世纷纭。病宜静坐，慎勿劳神”等。这类概由“喜

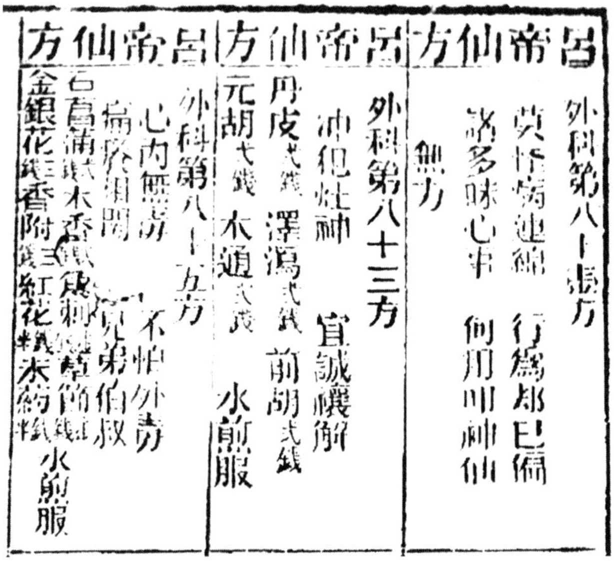

图 F1–52　吕帝仙方

怒忧思悲恐惊”所致的疾病，正是《吕帝仙方》中所谓的“七情之疾”，属于“内因”致病之类，因此，只有“一面诚心求方，一面调和性气，安心静养，方易见效。再或饮食乐节，性气不改，势必病多反复，虽有灵丹亦难保其愈后不复作也。”

三是因个人“道德修为”不足所致的疾病。这个疾病类型，在男、女二科被论及的比例相当，分别占男科 16%、女科 12%，数据类型多属仅具劝化诗文的“空籤”，所谓“降药者，以愈身体有形之病。不降药者，乃治心性无形之病”。例如男科第三十五籤所示：“药不用服，神不用求。放下恶心，方可无忧”；第六十九籤“运气不佳，病体缠绵。须多许善，诚可格天”。第一百籤“不用施妙药，自有吉神护。时时行方便，病患自然无”。以及女科第八籤“汝以辱骂为常，天以病痛罚汝。急须改过迁善，或可减轻而已”；第三十九籤“此病来求药，恶气未曾除。急宜猛痛改，凶灾或渐舒”；第六十八籤“运限阻滞，多颂经文。暂停服药，且待缘因”；第八十八籤“修口过，自无患。惹是非，成此难（修省悔过，再求）”；第八十九籤“事到无何叩老仙，和平全在立心田。欲求妙药多行善，一念精诚可格大”等，都是属于这类疾病类型的数据。至于这类疾病的外显症候如何，亦未言说，仅知其或“病体缠绵”或“运限阻滞”，但都必须经由个人修省自新、一念精诚的“道德”途径来化解。因此，这类疾病也就是《吕帝仙方》中所称的“积孽之症”。

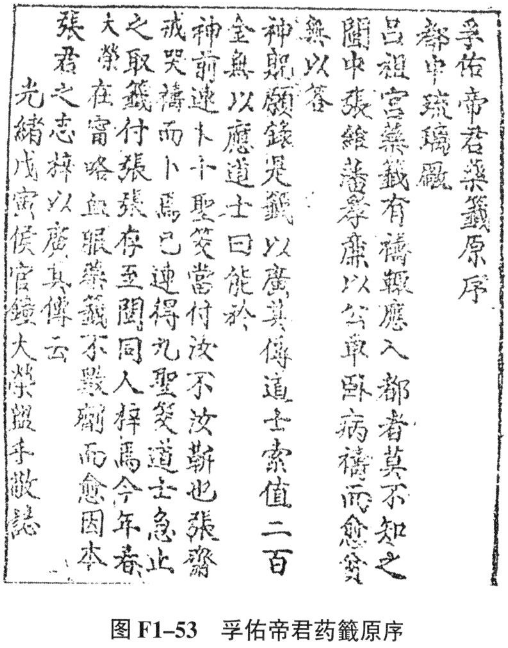
孚佑帝君藥籤原序
都中琉璃廠
呂祖宫藥籤有禱輒應入都者莫不知之
閩中張維藩孝廉以公車卧病禱而愈貧
無以答
神貺願錄是籤以廣其傳道士索值二百
金無以應道士曰能於
神前連卜十聖筊當付汝不汝靳也張齋
戒哭禱而卜焉已連得九聖筊道士急止
之取籤付張張存至閩同人梓焉今年春
大榮在甯咯血服藥籤不數劑而愈因本
張君之志梓以廣其傳云
光緒戊寅侯官鍾大榮盥手敬誌

图 F1–53　孚佑帝君药籤原序

四是肇因于凶邪鬼魔或其他另类超自然力量所致的疾病，即所谓“祟病”或“灾咎之病”，包括“凶星”、“邪凶”、“鬼魔”、“冤业”和其他“无可名状”的冥冥另类疾病，这类疾病在男科药籤中占 8%，女科占 10%，均以施行巫术或“另类籤”来治疗，如妇科第四籤：“时运不就，凶星缠扰，先求灶神，再来求药。”第五十一籤：“去岁端午符，茶中暗化之。密与病人服，邪凶立刻离。”第七十一籤：“东方取青竹，床头插一枝，现任官员印，合配鬼魔离。”①

3.《孚佑帝君药籤》

《孚佑帝君药籤》又称《吕祖仙方》等，分男科、妇科、幼科、外科、眼科等5科，均是100首。药籤的基本形式与上述《吕祖仙方》相同，由籤诗和药方组成，籤诗多是五言四句，也有四言四句，但籤诗的内容和具体药方与《吕祖仙方》不同，应是产生于不同时代、不同地域。

由于药籤流传于民间，文人多视之为骗术，不屑记载，因此对于各种药籤的来龙去脉，后世知之甚少，而《孚佑帝君药籤》却来龙去脉清晰，为其最大特色。现存于福州乌山吕祖庙的《孚佑帝君》分成五本，封面为《圆通文尼真佛吕祖仙师 × 科药籤》，并有“戊辰年四月抄”字样。实际上，此药籤不是手抄，而是木刻本，女科药籤后有一张原有的封面，据此可以断定，《孚佑帝君药籤》是原名，光绪乙未年（1895）夏由普始堂重版。男科药籤后还附录两篇序言和一篇跋，《孚佑帝君药籤原序》：

> 都中琉璃厂吕祖宫药籤，有祷辄应，入都者莫不知之。闽中张维藩孝廉以公车卧病，祷而愈，贫无以答神贶，愿录是籤以广其传。道士索值二百金，无以应。道士曰：“能于神前连卜十圣筊，当付汝，不汝靳也。”张斋戒哭祷而卜焉，已连得九圣筊。道士急止之，取籤付张。张存至闽，同人梓焉。今年春，大荣在宁咯血，服药籤，不数剂而愈。因本张君之志，梓以广其传云。
>
> 光绪戊寅侯官钟大荣盥手敬志

由《孚佑帝君药籤原序》可知，此药籤原属北京琉璃厂吕祖宫所有，清末，闽中举人张维藩赴京考，因病求药籤于吕祖宫，病愈后，为了报答活命之恩，经吕祖宫道士同意，张维藩将整套药籤带回福州刊刻，广为传播。光绪戊寅年（1898），侯官钟大荣因病服其药籤而痊愈，为报答神恩，又重新刊刻于南京。

① 宋锦秀：《寺庙药籤疗愈文化与“疾病”的建构》，《台湾文献》2011年第62卷第1期。

另一篇《孚佑帝君药籤序》：

孚佑帝君药籤最著灵应，曩张孝廉维藩本京都琉璃厂吕祖宫原刻，梓传于闽。光绪壬午仲夏，胞弟拭中在浙宁闽捐厘局差次，得钟太守大荣重梓於宁之本，邮寄上津，葆中随商于住持刘信麒在元真观孚佑帝君神座前，敬制各籤，以便闾阎求祷。奈未及制备，刘信麒适身故，其本张加清携之他去。

迨甲午秋间，葆中心忽动悔当时之未制办，致弗克早广其传，当访查张家清所在。却幸即遇其来津，向之索。对曰："吾侪小人，贫无以糊口，遂虔诚自矢，遇有患日疾者，代焚香问告，照原方为治，悉辄应手不改。索人酬赀而亦未尝缺食，盖十年如一日焉。抄录重刻所弗敢靳，乞原本仍见给勿遗。"葆中诺之。爰取于怀，见篇幅宛然如新，无少残缺擦损处。于是，商诸同志佥曰："完璧重归，非神灵呵护不及此。私善举于一人，不如公善举于阖镇。"遂共捐赀壹拾肆金以供剞劂氏之需，不敷者葆中凑足之。惟是地处偏隅，缮写不易得法家，刊刻亦难求良匠。不得已从权就原本翻刻，冀无改本来面目。几于张家清一片虔诚，则殊呼负负矣。工竣，因纪始末以为序，并列芳名于后：

职员桂作桢、黄士俊，贡生祝保康，监生胡春寅、祝昌俊，武生刘长炳，军功王本贵，文童尹钊卿、黄士浩、刘邦吉、黄绪茂、郑得善、吴著书、吴作云、住持扬祥林。

光绪乙未仲春侯官龚葆中盥手敬志于古商山官廨

《孚佑帝君药籤序》透露以下一些历史信息：此药籤谱于光绪壬午年（1882）从南京传回到天津元真观，供善男信女占取。甲午年（1895）侯官龚葆中等人经过不少周折再次刊刻于天津，参与重刊药籤的除了元真观住持外，还有一些职员、贡生、武生、军功、文童等，说明使用此药籤的阶层比较广泛。

《孚佑帝君药籤书后》则云：

方而曰仙，用药自不拘于成格，不尚乎重剂，不贵乎珍品，不求其多味，降方济世愈人之病者末也，寓劝惩警人心者本也。自世人不察，所以疑信参半。疑者固非，信者亦未当也。疑者或讥其舍昭而求冥，背阳而入阴；或谤其沉溺不返，耽误要病；或议以药剂等分，如一二三等字刷印模糊，稍缺一笔，贻误匪浅；或言制有药籤求祷者，众入庙烧香，男女混杂，有害民风。而不知皆非也，语不正乎！

困厄则呼天，疾病则呼父母。呼天必疾病穷困之秋，其力弗克延医，不能购药于时，不求于冥冥，又何求耶？又谁为之拯耶？果有良医，为力足以延之，药赀虽贵，亦在所弗恤，人岂甘心舍昭昭而入冥冥耶？僻壤无医无药，与繁区之有医与无医同，且有医不如无医，倘亦讥其背阳耶？小疾本不应劳神，所患果系穷困之症，诚求无不立应。若积病反复，缠延已久，既虔诚矣，又赖持之以坚，不坚则今日祷于神明，明日仰于今，如是者屡，所谓耽误者，神岂执其咎欤？神不治之症，而谓医有仁术可收旦夕之功，岂其然乎？药剂等分壹贰叁等字，本不应刊刻从省，夫日久刷印模糊其板，不得因此而逮轻视仙方也。妇女入庙行香，例禁綦严，为官绅莫脱之责任间或有之，必官绅皆弛其禁，官固耳目有所未周。凡庙皆有首士，首士即地方之绅也，如遇妇女之疾，首士悉令其父其夫其子代求，严禁住持不许妇女入庙。风俗且赖神道归之于正，又何至男女混杂耶？故曰疑者非也！世间信神，遇疾辄祷，过焉即忘。更有昏昧者，或酬数日之经，或献数出之戏，长斋礼佛，脂粉开筵，弦管通宵，优伶杂座，以致奸盗邪淫，弊端层出，此乃百神之所痛恨，所以速之死者，皆职是之故。孰因有感而应，跬步必谨，如在其上，如在其左右，始终扪其心，以期太和之气萃于一身一家耶？故曰：信者亦有未当也。

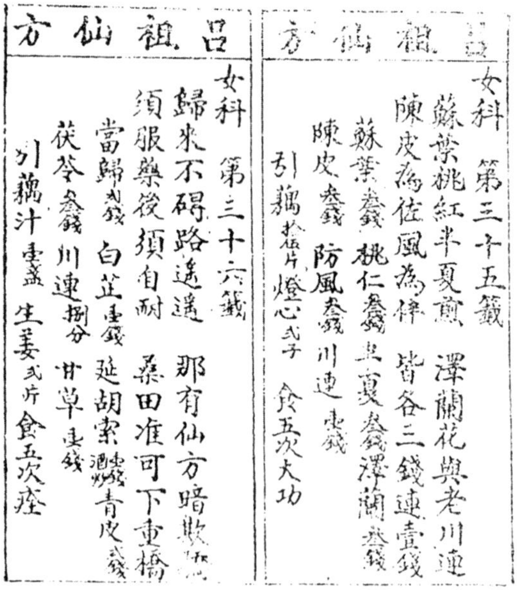

图 F1–54　吕祖仙方

仙方皆足以活人欤？骄纵淫

佚，放僻邪侈，有所恃无忌矣，仙方不足以活人欤！鳏寡孤独，贫寒困苦，谁博施而济之，神而明之，存乎其人，细绎男科、目科、外科无方无药各籤文，则知惩劝兼施，无非冀人改过迁善。至妇女有罪，罪在丈夫，与童子何知，知在长者，并得籤文言外之意焉。因序原刻，附陈管见，用以质之当代关心世道者，葆中敬（撰）。

从上述资料可以知道，当时也有人对占取药籤的做法、药籤的功效、药籤印刷时的错讹、抽籤时男女混杂等提出质疑，作者龚葆中逐一进行反驳，并指出药籤不仅仅用于治病，“降方济世愈人之病者末也，寓劝惩警人心者本也”。

《孚佑帝君药籤》第二个特色是药方后面药引均为植物、果实、粮食或灯心、黄土等，没有动物肉类为药引，诸如老藕十片、黄土一块、灯心一束、珠兰一夕、荷梗二束、子午水一杯、黄土水煎、藕汁半盏、灯心二束、午节二个、无根水二大碗、生姜二片、红枣二粒、参诒十片、竹叶二十片、芡实一两、淡竹叶十片、藕七片、藕汁半盏、生姜一片、藕五片、黄土一块、大枣八粒、荷叶半张、藕节二个、灯心炭三分、老米二两、藕十片、红枣八粒、藕汁一盏、灯心一刃、藕十八片、红糖三两、香灰一摄、生萝卜半个、大梨一个等。

《孚佑帝君药籤》的第三个特色是在“男科”之后附录“普济丸”、“清瘟解毒丹”、“德生丹”、“香砂养胃丸”、“水瓜釉”、“救苦膏”、“养容丸”、“梁会大津丹”等药方，这些药方均采自传统中药方，或源自民间验方，或从善书中选取，用于治疗常见的疾病和流行病（如瘟疫等），有的至今仍在生产，为百姓所喜欢。如普济丸，又名普济丹，原名保

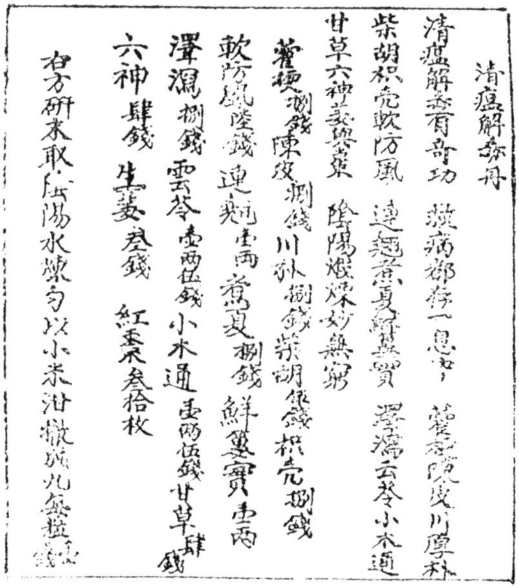
清瘟解毒丹
清瘟解毒有奇功 救病都存一息中 藿香陈皮川厚朴
柴胡枳壳軟防風 連翹蒼夏解葛實 澤瀉云苓小木通
甘草六神並葛蒼 陰陽燬煉妙無窮
藿梗捌錢 陳皮捌錢 川朴捌錢 柴胡伍錢 枳壳捌錢
軟防風陸錢 連翹壹两 蒼夏捌錢 鮮葛實壹两
澤瀉捌錢 雲苓壹两伍錢 小木通壹两伍錢 甘草肆錢
六神肆錢 生姜叁錢 紅棗叁拾枚
右方研末取陰陽水煉勻以小米汁撒成丸每粒錢

图 F1–55 “清瘟解毒丹”药方

济丸，清光绪末年（约 1907）由香港李众胜堂研制，是治疗感冒、食滞、腹痛、肠胃不适等疾病的家喻户晓的常备良药。关于普济丸的诞生，传说有一天夜里，李兆基梦见吕祖赐以一条药方，让他依法制丸，普济众生。李梦醒后，还清楚记得方中之各味药名，便带着药方向各名医请教，均认为此药方配伍极为科学合理，非凡人所能够想象。于是李兆基依法炮制，制成药丸，为了发扬其普济众生之精神，为该药丸命名“普济丸”。由于普济丸诞生的传说与吕祖有关，所以《孚佑帝君药籤》把它作为第一药方附录在籤谱的后面，药方如下：

普济留名可济人，好将道地配君臣。当归续断元胡索，五味洋参正内陈。花粉竹黄甜桔梗，草麻枳壳缩砂仁。干姜枣碳丝瓜蒌，甘草和中效倍神。

当归捌钱，续断捌钱，元胡索陆钱，五味肆钱，洋参壹两，正内陈伍钱，花粉捌钱，竹黄捌钱，甜桔梗陆钱，密草麻叁钱，枳壳陆钱，缩砂仁陆钱，干姜肆钱，枣碳三十枚，丝瓜蒌念壹寸，甘草肆钱。

右药以辰砂肆钱和蜜为丸，每重壹钱，此丸一名感应回春丹。

又如梁会大津丹的药方：

梁会由来著大津，从中妙用真如神。桑皮白芍肥知母，煮夏勾藤苦杏仁。泽泻云苓兼漂木，忍冬地炭合茵陈。膏粱花粉连翘壳，甘草煎成普济人。

冬桑皮捌钱，白芍壹两，肥知母伍钱，煮夏陆钱，勾藤伍钱，苦杏仁伍钱。泽泻捌钱，云苓壹两贰钱，漂木壹钱，忍冬壹钱，地炭肆钱，茵陈陆钱，膏粱梗肆钱，花粉捌钱，连翘捌钱，甘草肆钱。

右药蜜为丸，每重壹钱。如无膏粱梗，以薏米根陆钱代之。

（二）观 音 药 籤

在神佛世界中，影响最广、信仰者最多的当推观音菩萨了，不要说在汉民族中以观音为名的，或以供奉观音为主的寺、庙、阁、堂、庵、楼，不可胜数，在我国的满、蒙古、羌、彝、白、傣、水、壮、瑶、毛南、畲、藏等少数民族中，也有很多的观音庙，所以古人有“佛殿何必深山求，处处观音处处有”

的描述。观音，亦称观音菩萨、观音大士，原称观世音，因唐代避太宗李世民之讳而去掉“世”字，佛经说，观音的名号是“大慈大悲救苦救难灵感观世音菩萨”。佛教认为，能给予众生快乐称“大慈”，能去除众生苦难为“大悲”，因此，观音受到众多善男信女的爱戴和信仰，故有“家家观世音”的说法。百姓遇到任何苦难，便呼叫观音名号求救，传说观音便会寻声而来救助。

观音药籤的版本很多，如台湾高雄县内门南海紫竹寺有《观音佛祖药籤簿》，据其后记云，此药籤是随观音佛祖自大陆渡海来台。康熙三十五年（1696）观音信徒郭元兴来台，定居在罗汉门的番仔路祖厝。当时罗汉门医药不甚发达，求医不便，观音佛祖的药方即成为先民的治病良方，也是唯一的药方。观音佛祖药籤在三百多年的传承中，出现了许多内容不同的版本。1996 年根据内门紫竹寺、内门南海紫竹寺抄版、及乡内各药房铺抄本，重新整理，由内门南海紫竹寺主任委员郭进来主持，由法师李新泰、乩童余忠任忝请观音佛祖圣驾内门南海紫竹寺，修正圣裁后付印。①

簡便靈方 第一籤
上 天冬二錢 麥冬錢半
中 天花粉三錢
下 茅根五錢 荷葉一錢
佛前來丹郎香灰 天泉水煎 香燭滿堂

簡便靈方 第二籤
上 地骨皮一錢 紅棗三枚
中 生地二錢 淡竹葉一錢
下 赤苓三錢 梗通一錢
河水煎二服 燒觀音香

簡便靈方 第三籤
上 人乳一盃
中 甘蔗汁一杯
下 藕汁一杯
靜養忌葷腥 斗姥 三官敬香

簡便靈方 第四籤
上 桔梗一錢 防風八分
中 蘇葉二錢 生甘草二分
下 荊芥錢半
河水煎熱服 虔誠獻[illegible]

图 F1–56 在家居士简便灵方

在诸多的观音药籤中，影响最大的无疑是《在家居士简便灵方》和《保婴灵方》，均 24 籤。据说日据台湾时期，观音药籤便在台湾广为流传。②另据该药籤之煎煮法多用河水，大致可以推断药籤可能产生于北方（南方人煎药多用井水，不用河水）。如第二籤“河水煎二服”、第四籤、第

① 陈泰升、陈政恒、林美容、邱永年、张永勋：《台湾药籤的成籤时间及其影响因素》，见陈泰升《台湾药籤调查与研究》附录一，中国医药学院中国药学研究所 2003 年硕士学位论文。

② 陈泰升：《台湾药籤调查与研究》，中国医药学院中国药学研究所 2003 年硕士学位论文。

二十三籤“河水煎热服”、第五籤“加姜皮河水煎”、第六籤、第七籤、第九籤、第十籤、第十三籤、第十四籤、第二十一籤“河水煎”等。该观音药籤有以下几个特点：

第一，占取药籤比较简便。通常情况下，占取药籤都在宫庙寺院中进行，并且有粗通中医药的庙祝指导和指定的中药铺抓药。而观音药籤不但在寺庙中可以占取，而且在家中也可以占取，故称之《在家居士简便灵方》。

第二，求药籤方法特别。《在家居士简便灵方》的每一籤内再分为上吉、上上、中平、下下、上中、下中方，变为六方，也就是说，《在家居士简便灵方》虽然只是24籤，但根据不同的兆象，每籤内藏有6籤，实际可衍化出144方。药籤之前的《求大士灵方例》中写道：

> 《简便灵方》每一籤内藏六方，如求得第一籤，再通诚如何服法，再求灵籤，如得上吉籤，服全方：天冬、麦冬、花粉、茅根、荷叶、香灰；上上籤服上方：天冬、麦冬、香灰；中平籤服中方：花粉、香灰；下下籤服下方：茅根、荷叶、香灰；上中籤服上中方：天冬、麦冬、花粉、香灰；下中籤服下中方：花粉、茅根、荷叶、香灰；后籤亦照此例，婴方不从此例。

第三，观音药籤的宗教色彩比较浓厚。一方面，在《在家居士简便灵方》的药方之后多有与宗教信仰活动的有关规定与之配合，诸如第一籤“香烛满堂”、第二籤“烧观音香”、第三籤“三官进香”、第四籤“虔诚敬灶”、第五籤“献灶、合家吃灶斋”、第六籤“雷祖香”、第七籤“三官香”、第十籤“烧阎王籤”、第十四籤“献灶”、第十五籤“观音斗姥雷祖香”、第十八籤“逅庙通堂香完愿”、第十九籤“观音香、祭祖”、第二十籤“许愿、印送观音籤书”、第二十二籤“献灶吃斋戒口过”、第二十四籤“观音香”。另一方面，占取药籤往往还要许愿。《求大士灵方例》中写道：“如未置药籤筒，即用灵籤筒，通诚病源，得籤查看《简便灵方》，小儿病患查看《保婴灵方》，服至二方病不减者，查看愿例，佛前发心，改过迁善再来。”《在家居士简便灵方》附有“许愿文”：

> 愿例：国课：早完；父母：孝顺；长辈：敬重；兄弟：和睦；恶事：宜

除如唆人争讼，淫人妻女，溺女堕胎，合春药，点淫戏，藏淫书，谈闺閫，搬弄是非；善事：宜做随时方便，力行善事，劝人行善，助人亦善，捐刻善书，印送善书，劝宰牛人卖牛肉，捉鸟网鱼改业，却吃雷斋；惜字：随处留心拾取，换女人花样簿；戒食：合家牛犬田鸡；米谷：烧柴拾谷，淘米拣谷，吃饭拣谷，吃粥舔碗；夜桶：不入河水洗，不在日光晒干，起净坑底谷米，遮盖露天坑。每日早晨诵《感应篇》一遍，如不能朔望日诵，或每日朝暮念“南无阿弥陀佛”：百声千声随意而定，越多越好。有暇时亦可兼诵《心经》、《大悲咒》、《观音菩萨普门品》更妙。大愿、中愿、小愿。

（三）关帝药籤

关帝信仰由来已久，且影响巨大，特别是明清时期，在统治阶级的扶植下，成为中国影响最大的神明之一，其宫庙数以万计。关帝是以“忠义”的形象被塑造，其最高的封号是“关圣帝君”和“武圣”。关帝的主要职能不是给百姓治病，而是伏魔降妖，故百姓又称之“伏魔大帝”。关帝药籤的出现比较迟，大约在清末近代，其产生的背景往往与禁食鸦片有关。大家知道，近代鸦片猖獗，毒害百姓，禁烟运动如火如荼，其中扶鸾赐药，借助神明的力量来戒烟在当时相当流行。由于鸦片是外来的毒品，关帝则是忠义的象征，以关帝来抵御外来毒品合乎逻辑，因此降鸾赐药的神明多为关帝（台湾称之恩主公），关帝药籤便应运而生。

笔者收集到两种有代表性的关帝药籤，一种是流传于陕西省宝鸡一带的《关圣帝君药籤》，另一种是流传于台湾的《仙佛灵化精神治疗药籤》。

《关圣帝君药籤》① 共100首，不分科，每籤由籤序、药方名和药方构成，其最大特点是每一籤都有药方名，药方名多以“某某汤”出现，少数以“某某散”、“某某丸”、“某某丹”、“某某饮”等出现，100首药方极少重复，且相当多的药方出自古代医典，至今被广泛使用。列表如下：

---

① 此药籤承陕西韩栓功居士赠送。

表 F1–2 《关圣帝君药籤》中药方名

籤序	药方名	籤序	药方名	籤序	药方名	籤序	药方名
1	清热导汤汤	26	香苏散	51	滚痰汤	76	济阳汤
2	顺气汤	27	二成汤	52	保命丹	77	四物汤
3	疏风汤	28	花痰汤	53	无忧散	78	八珍汤
4	润肠汤	29	化痰汤	54	养心汤	79	生地汤
5	通圣汤	30	导痰汤	55	补肾汤	80	保产汤
6	养荣汤	31	参苏汤	56	疏肝汤	81	瓜蒌汤
7	扶正汤	32	清肠汤	57	柴胡归琼汤	82	败毒汤
8	补中益气汤	33	石甘汤	58	胜湿汤	83	承气汤
9	六味地黄汤	34	定喘汤	59	消风饮	84	四君汤
10	升阳发表汤	35	八仙汤	60	缺	85	太和堂
11	发表汤	36	健脾汤	61	清上汤	86	消食饼
12	实表汤	37	平胃汤	62	追风散	87	异功散
13	冲和汤	38	正气汤	63	安神汤	88	化滞汤
14	双解汤	39	润肠汤	64	苍耳散	89	雄朱丸
15	大黄汤	40	五噎丸	65	消肝散	90	连翘汤
16	石膏汤	41	顺气汤	66	凉血汤	91	养胃汤
17	退黄汤	42	流气饮	67	光明丸	92	清凉膏
18	巨胜汤	43	化坚汤	68	清火汤	93	白头翁汤
19	生地芩连汤	44	益气汤	69	滋阴汤	94	麻黄汤
20	回阳汤	45	滋饮汤	70	小经汤	95	清痰汤
21	温经汤	46	地黄汤	71	逍遥散	96	解毒汤
22	逍遥汤	47	天冬丸	72	八珍散	97	缺
23	君子汤	48	化痰汤	73	保元汤	98	缺
24	参术汤	49	八仙汤	74	地黄散	99	缺
25	补气汤	50	消痰汤	75	种玉汤	100	缺

《仙佛灵化精神治疗药籤》俗称“圣帝庙药籤”，分女科和男科各100首。[①] 该药籤的特点之一是药方前有一首籤诗，用于分析病因、病症和治疗方法，药方之后均有“炉丹一包化单合水若干碗煎若干分服”字样。所谓“炉丹”即香灰。末了还有“请注意若有急症，需求名医诊察”的提示，体现了善男信女的既要神明又要医生的“双保险”心态。兹以男科的前五首为例：

第一首：

头眩发热恶风寒，项背艰辛卧不安，

口渴舌焦因感冒，心经闷乱四肢难。

化单：羌活一钱、天花二钱、连翘二钱、枳壳钱半、薄荷一钱、白芍钱二、厚朴钱二、荆芥钱二、桔梗钱半、羌枣各三。

炉丹一包化单合水一碗煎五分，饮再服。

* 请注意若有急症，需求名医诊察。

第二首：

伤寒伏在太阳经，气急晕眩睡不宁，

汗泄阳虚小便□，四肢无力瘦身形。

化单：桂枝一钱、芍药一钱、川附一钱、甘草一钱、生姜一钱、大枣三个、泽舄二钱。

炉丹一包化单合水一碗半煎六分，“此症宜防”。

* 请注意若有急症，需求名医诊察。

第三首：

寒热往来如痿形，风邪伏在太阳经，

先施表汗之方服，见症虽微未易宁。

化单：麻黄八分、柴胡二钱半、紫苏钱二、荆芥钱二、薄荷钱二、羌活一钱、苍术钱半、甘草七钱、生姜两片。

---

① 陈泰升、陈政恒、林美容、邱永年、张永勋:《台湾药籤的成籤时间及其影响因素》，见陈泰升《台湾药籤调查与研究》附录一，中国医药学院中国药学研究所2003年硕士学位论文。另外，台湾的关帝药籤有许多不同版本，如云林县四湖参天宫的药籤分为男科100首、女科、眼科、外科各50首。见陈泰升:《台湾药籤调查与研究》附录一，中国医药学院中国药学研究所2003年硕士学位论文。

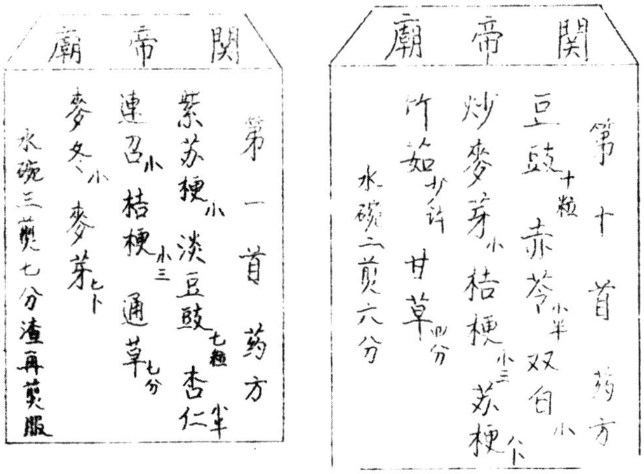

图 F1-57　东山关帝庙药籤

炉丹一包化单合水一碗二煎六分服，饮再。

*请注意若有急症，需求名医诊察。

第四首：

冷热不和症未明，脉浮气喘呕无声，

伤寒伏暑晕眩凑，解表之剂服自轻。

化单：香薷二钱、竹茹钱二、枳壳一钱、生芍一钱、活石四钱、丹皮钱二、连翘钱半、桔梗钱半、乌药二钱、葛根钱半、羌活八分、黑栀子钱半。

炉丹一包化单合水一碗二煎六分服。

*请注意若有急症，需求名医诊察。

第五首：

太阳见症与阳明，反复非常症非轻，

只可提防医错误，如兼下痢恐颓倾。

化单：葛根半钱、芍药钱半、桂枝钱半、麻黄一钱、生姜一钱、大枣三个、甘草一钱。

炉丹一包化单合水一碗煎六分服。

*请注意若有急症，需求名医诊察。

另外，笔者在福建东山关帝庙也收集到药籤，共 10 首，是目前搜集到的首数最少的药籤谱。该药籤单纯由药方组成，其最大的特点是大量使用豆豉，在十首的药籤中就有 5 首有豆豉入药。豆豉是以大豆或黄豆为主要原料，利用毛霉、曲霉或者细菌蛋白酶的作用，分解大豆蛋白质，达到一定程度时，加盐、加酒、干燥等方法，抑制酶的活力，延缓发酵过程而制成。豆豉既可以用来食用，又是一味中药，可治疗风寒感冒，怕冷发热，寒热头痛，鼻塞喷嚏，腹痛吐泻者宜食等，古代诸多医药典都有记载，《本草经疏》：“豉，惟江右谈者治病。《经》云，味苦寒无毒，然详其用，气应微温。盖黑豆性本寒，得蒸晒之气必温，非苦温则不能发汗、开腠理、治伤寒头痛、寒热及瘴气恶毒也。苦以涌吐，故能治烦躁满闷，以热郁胸中，非宣剂无以除之，如伤寒短气烦躁，胸中懊侬，饿不欲食，虚烦不得眠者，用栀子豉汤吐之是也。又能下气调中辟寒，故主虚劳、喘吸，两脚疼冷。”

（四）药王药籤

药王是古代民间对那些在医药领域作出重大贡献的医生的尊称，甚至奉之为医药之神。常见的药王有尝百草、首创医药的神农，春秋时期的名医扁鹊，三国名医华佗，唐代神医孙思邈，此外，唐代的韦慈藏、韦善俊、韦古道等人也被人们尊为药王，佛教也有药王菩萨。其中，以扁鹊、华佗和孙思邈影响最大。总体而言，在中国，药王信仰相当普遍，全国各地都有为数不少的药王庙，不过，因时代和地域不同，各地信奉的药王也有所不同，如西北地区的药王多是孙思邈，南方地区则以华佗为主，而北方则多信奉扁鹊。与此相适应，药王药籤也多种多样，具有很强的地域特征。笔者收集到3种有特色的药王药籤，即《药王（孙思邈）药籤》、《华佗药籤》和《扁鹊药籤》。

1.《药王（孙思邈）药籤》

《药王（孙思邈）药籤》共100首，乃陕西千阳县韩栓功居士收藏，该药籤在籤序之后有药方名或病症名称，尔后多有病状的描述，最后才是药方和服药方法。以第一籤和第一百籤为例：

第一籤： 七子散

治夫风虚目暗，精气衰少无子，补不足方。

五味子、钟乳粉、牡荆子、菟丝子、车前子、菥子、石斛、干地黄、薯蓣、杜仲、鹿茸、远志（各八克）、附子、炮蛇、床子、川穹（各六克）、山茱萸、天雄、人参、茯苓、淮牛七（各三克）、桂心（十克）、苁蓉（十克）、巴戟天（十二克），上二十四味，治下筛，酒服送，日二，不能酒者，蜜和丸服亦得。

第一百籤：七物黄连汤

治夏月伤寒，四肢烦疼发热，其人喜烦，呕逆支满，剧如祸祟，寒热相搏，故令喜烦方。

黄连、茯苓（各十八克）、芍药、葛根（各一两）、甘草（十五克）、小麦（三十克），上七味咀，以水煮取，冷分三服。

《药王（孙思邈）药籤》有三个突出特点，特点之一是对病状的描述相当详尽，最典型的是第十九籤，有如下描述："治妇人寒热羸瘦，酸消怠惰，胸中支满，肩背脊重痛，腹里坚满积聚，或痛不可忍，引腰小腹痛，四肢烦疼，手足厥逆，寒至肘膝，或烦满，手足虚热，意欲投水中，百节尽疼，心下常苦悬痛，时寒时热，恶心，涎唾喜出，每爱咸酸甜苦之物，身体或如鸡皮，月经不通，大小便苦难，食不生肌方。"

另一特点是少数药籤中包含多个药方，如第二十六籤包含"治小儿伤寒，发热咳嗽，头面热者方"、"治小儿伤寒方"、"治小儿时气方"。第三十二籤包含"治鼻中息肉不通利"和"治齆鼻、鼻中息肉不得息方"。第三十三籤包含"治口中疮"、"治口疮不歇方"和"治口数生疮，连年不瘥方"等。

第三个特点是每一籤中药味较多，超过10味的药籤多达49籤，占总数近一半，其中20—29味的有9籤，30味以上的也有5籤，其中第五十四籤的药味多达39味，这在药籤中极为少见。

图 F1-58　福建省漳州市仙桥华元仙师庙与药王华佗神像

2.《华佗药籤》

《华佗药籤》也是100首，由籤序、药方和嵌入药方的籤诗组成，此籤谱在中国许多地方流传，陈永正主编《中国方术大辞典》“华佗药籤”条：“共一百籤，每籤均附药方。如第二十三籤：‘人乳一钱，陈米一勺，水煎服。’第二十九籤：‘用水大浴，自头至足，洗浴三次，自调多福。’第六十二籤：‘梁上尘一钱，黄酒一盅，煎透服。’第七十籤：‘闺女拭经布，煎汤熨患处，洗好为度。’”[1] 笔者在闽南漳州的仙桥华元仙师庙也见到此《华佗药籤》，与《中国方术大辞典》提到的《华佗药籤》相同，如：

第三籤：

甘草五钱、清水一杯煎至半杯，加冷水半杯和服，之后忌水气。

此物能行十二经，药中甘草最和平。

寒凉补泻阴阳合，改毒常博国老名。

第十三籤：

红花、川贝各二钱，去心研碎，河水煎服。

热除结散燥堪攻，行乳催生经可通。

时疾伤寒诸血症，消痰润嗽疗疮癣。

第二十三籤：

陈米三钱，水煎加入人乳一盏和服。

孩提须乳长须粳，二物兼投克养生。

和胃调脾培气血，润枯清火效非轻。

与流传陕西一带的《药王（孙思邈）药籤》相比，该药籤最大的特点是每籤的药味很少，多数药籤的药味为1—2味，最多的也不超过3味。药物中相当一部分在百姓日常生活中十分常见，容易找到，甚至不需要花钱就可以找到，诸如姜片、陈米、青豆、藕粉、绿豆粉、茶叶、醋、核桃肉、杏仁、桂圆肉、红枣、山楂、黄花菜、生葱、萝卜菜叶、花椒叶、梅花叶、香椿叶、

① 陈永正主编：《中国方术大辞典》，中山大学出版社1991年版，第147页。

菊花、艾草、柳树头，等等。该药籤的另一特点是带有巫术色彩的药籤和不诚再求籤占有一定比例，带有巫术色彩的药籤如第二十四籤：“男用女带，女用男带，贴肉更好，河水煎服。病理性看骨肉亲，扶持须似带随身。催生止痢功殊异，能使病人疾减轻。”第二十五籤：“儿项百索线一条，煎下烧灰开水调服，端阳挂者更加。五丝续命纪端阳，多少精神在内藏。顺气疏风亦神，顽痰结核尽消亡。”第九十一籤：“现任正堂官印，载来贴头顶病目，能凛正章病邪除，印贴额上百邪除祛。医方但载烧灰服，种子神丹效不如。”第九十籤：“灶马一位，灶前拜恳，如此三次，病患无侵。只解求神向外求，谁将五祀礼废心。志诚好向东厨房祷，福至灾消不用忧。”不诚再求籤更多，如第六籤、第十五籤、第十七籤、第二十籤、第三十三籤、第五十八籤等。

3.《扁鹊药籤》

笔者在闽西收集到另一种药王药籤《扁鹊药籤》，也是100首，由籤序和嵌入药物名称的籤诗组成，如：

第五籤：
炉内速焚香，吾今自发方。
多服苍术草，免尔见癫狂。

第十五籤：
方用大花粉，再用五加皮。
各用一钱半，顷刻见希奇。

第二十五籤：
此病不轻，多畜不成。
黄连五钱，病体自清。

此药籤谱的籤诗长短不一，或七言，或五言，或三言。其特色之一也是每首药籤中药物数量多是一至二种。另一特色是有不少食疗的药籤，如第三十九籤：“雪梨廿个，一日吃五个，吃光廿个，有福并无祸。”第四十二籤：“腰里有病患，须用治腰力。猪腰一二个，早服得安康。”第四十九籤：“不用服药，日吃猪肉。连吃一月，平安多福。”第五十三首：“赤小豆三十粒，绿豆三十粒，煎水清晨服，二日得全功。”第九十三籤：“红枣二十个，连服见效奇。连吃五七天，身体病缘安。”

（五）福德正神药籤

福德正神俗称土地公或土地爷，其前身是社神，为自然崇拜。秦汉以后，福德正神的自然崇拜的色彩渐渐消失，转而变为具有多种社会职能，而且具有人格化的地区性守护神。福德正神的神阶很低，其宫庙一般很小，多建在村头角落，街头巷尾，甚至田间地头，不少福德正神没有宫庙，只是立上一块三角形的石头便可奉祀，祭祀仪式也十分简单。但由于土地是人类生存的根本，他作为大地的保护神，影响却是无处不在。

北京的福德正神信仰与其他地方有所不同，宣武门外下斜街路西的土地庙也叫“都土地庙”，始建于金朝，元朝称老君堂，明朝万历四十三年（1615），庙内立《明神宗老君堂都土地庙御制碑》。土地庙的规模较大，共有3层殿，12间殿宇，占地3亩多，祀太上老君、玉皇、关帝、岳武穆、神童、土地爷、观音菩萨等。都土地庙庙会为北京四大庙会之一，每月逢三举办，出售花鸟鱼虫及猫、狗、兔等，此外还出售木器、藤

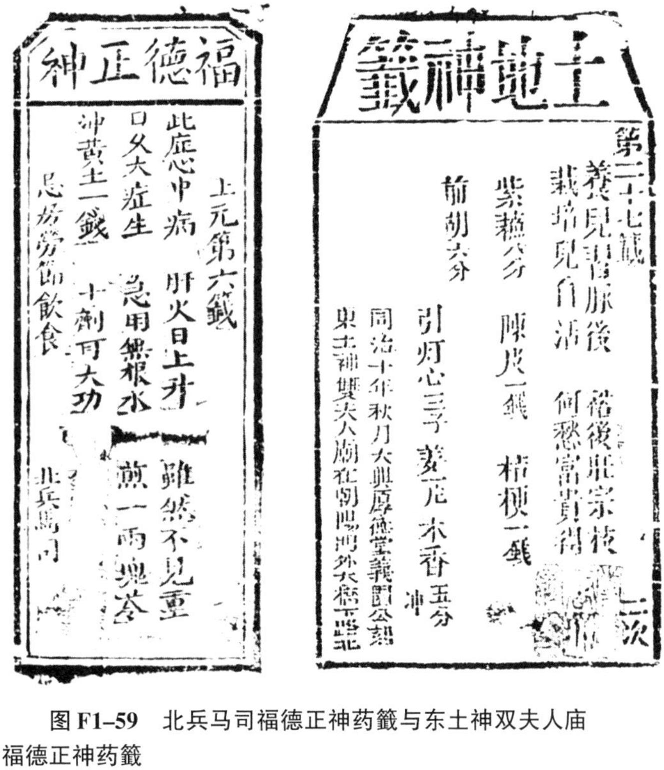

图 F1-59　北兵马司福德正神药籤与东土神双夫人庙福德正神药籤

器、柳筐、荆筐等用品。《光绪顺天府志》说："每旬之三有庙市，游人杂沓，与护国、隆福两寺并称胜。"由于福德正神在北京的影响较大，因此，每逢庙会，土地庙香火鼎盛，抽籤占卜的人很多。

在北京，还发现了两种福德正神药籤，一种收集于北兵马司的土地庙，另一种收集于东土神双夫人庙。[1] 前者 20 首，药籤上印有"福德正神"和"北兵马司"字样。据《北京寺庙历史资料》记载，北兵马司胡同原有一小土地庙，建于清雍正年间，咸丰七年重修。后者 30 首，药籤上首印有"土地神籤"，末了印有"同治十年秋月大兴厚德堂义园公刻"和"冬土神双夫人庙在朝阳门外大桥下路北"等字样，由此可知此药籤的来历（图 F1–59）。这两种福德正神药籤的形式基本相同，即由籤诗和药方构成，如兵马司土地庙的药籤第十首：

上元第十籤

病至十成岂可痊，祈之再再与老仙。

一念不改效焉见，乱服药味热与寒。

指日病根即去也，白术一钱，杏仁二钱，首乌二钱，益智仁一钱。

加乌梅三个、灯心一束，十剂大功。

又如东土神双夫人庙药籤第十首：

青竹翠盖岭头鲜，白云黄芽次第兼。

木乃五行真妙品，沙滩真可对亲言。

陈皮二钱，当归一钱，白芷一钱，远志一钱，桃仁一钱，杏仁泥一钱，甘草节一钱。

引老藕十八节，灯心一束。

北京的福德正神药籤的最大特点是多数药籤都有药引，这些药引具有鲜明的地域文化特色，列表如下：

① 详见［日］酒井忠夫、今井宇三郎、吉元昭治：《中国的灵籤・药籤集成》，东京：风响社 1992 年版，第 160—173 页。

表 F1–3 《北兵马司福德正神药籤》与《东土神双夫人庙福德正神药籤》中药引

籤序	北兵马司福德正神药籤	东土神双夫人庙福德正神药籤
1	红枣七个、姜一片	黑糖二钱、灯心三子、姜二片
2	无	三仙散三钱、灯心三子、姜三片
3	老米三钱炒黑	甘草五分、生姜三片、灯心三子
4	黄土一钱	甘草五分、灯心三子
5	无	灯心三子
6	无	灯心三子
7	无	生姜三片、灯心三子
8	秋梨半个	三仙散三钱、灯心三子、姜三片
9	无	生姜三片、红枣五个、灯心炭三子
10	乌梅三个、灯心一束	老藕十八片、灯心一束
11	龙眼肉三钱、黄土一钱	竹叶十五叶、灯心一子
12	枣四五钱为丸	三仙散一钱、姜三片、灯心三子
13	无	甘草三分
14	红枣三钱柳枝十寸	姜三片、红枣五枚、灯心三子
15	无	神曲一钱、生地三钱
16	黑豆三十粒	甘草五分
17	粳米三钱	三仙散三钱、灯心三子
18	柳枝二十寸	灯心三子、姜三片
19	无	灯心炭三子、姜三片
20	灯心灰五分	灯心炭三子
21		灯心炭三子、姜三片
22		灯心三子、姜三片
23		灯心炭三子
24		灯心炭三子、姜二片
25		灯心三子、竹叶廿片、红枣三
26		灯心三子、朱砂三分
27		灯心三子、姜一片、木香五分

续表

籤序	北兵马司福德正神药籤	东土神双夫人庙福德正神药籤
28		甘草五分、姜一片、灯心炭三子
29		灯心炭三子
30		灯心炭三子、甘草五分

显然，北京的这两种福德正神药籤的作者不同，前者喜欢用粮食或水果作为药引，后者偏爱灯心草和姜片作为药引，二者的共同点则是不用动物作为药引，这可能与宗教信仰有关。

（六）黄大仙药籤

黄大仙别号赤松子，俗名黄初平（约328—约386），浙江省金华兰溪黄溢村人（一说出生于浙江省金华义乌赤岸），原是一名放羊的牧童，18岁开始修道，经过数十年的修炼而得道成仙，宋代敕封为“养素净正真人”。传说黄大仙法术高强，不但能驱魔降妖，还能以“药方”度人成仙，因此得到人们的信仰和崇祀，在浙江、广州和港澳台，东南亚流传甚广。①

黄大仙药籤又称“黄大仙良方”，分男科、妇科、幼科、眼科、外科，各100首，其形式相同，由籤序、病因和药方构成，以第五籤为例：

男科第五方：

血不营筋，筋骨皆痛。

虎骨贰钱，鹿骨贰钱，独活贰钱，续断贰钱。

加酒少许饮。

妇科第五方：

礼佛颇诚志，慈悲一念心。

良方今赐尔，诸病不相侵。

① 详见高致华：《金华牧羊——黄大仙大传》，宗教文化出版社2006年版。

防党贰钱，防己钱半，生地钱半，熟地壹钱，天冬钱半。

煎饮。

幼科第五方：

气本虚弱，食滞过多。

速行去滞，药也如何。

大腹皮壹钱，川朴捌分，云粬捌分，渣肉壹钱，谷芽壹钱，云苓贰钱。

同煎服。

图 F1–60　黄大仙塑像

眼科第五方：

冲犯太岁，许善保安。

清宁丸服，明日再看。

清宁丸贰钱，用旧远茶送下。

外科第五方：

已染秽毒，药不宜服。

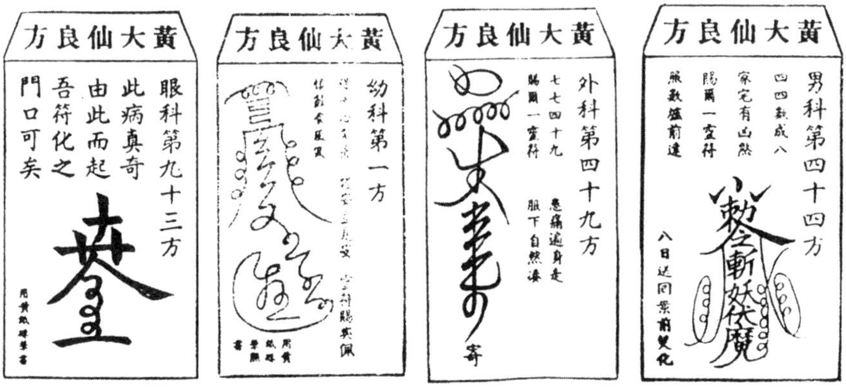

图 F1–61　黄大仙药籤中带有道符的药籤

外治为佳，药宜换速。

木棉树皮贰钱，青胶薯蓬壹两，红黄贰钱，龟甲灰贰钱。

黄糖少许捣烂敷之。

此药籤产生于清代的广东，存在着模仿《吕祖仙方》的痕迹，对于研究当时的病因很有史料价值。也许受南方盛行的正一道的影响，黄大仙药籤中出现一些带有道符的药籤，如男科第四十四方、幼科第一方、幼科第四十一方、幼科第六十四方、眼科第三十七方、眼科第三十九方、眼科第六十七方、眼科第九十三方、外科第四十九方等，此为该药籤的特色之一。

黄大仙药籤的另一特色是“无方”籤和“再求”籤不少，约占6.4%，如男科第一方、第十方、第二十九方、第三十方、第三十一方、第五十方、第六十九方、第七十方、第九十二方、第九十三方等，妇科第一方、第四方、第十一方、第十三方、第三十一方、第三十七方、第四十八方、第五十九方、第六十四方、第九十八方等，幼科第三方、第八方、第二十八方、第七十三方、第八十二方、第九十九方等，眼科第十二方、第四十八方、第五十八方、第七十三方、第九十二方、第九十九方等。这些“无方”籤或“再求”籤，多是指责抽籤者不够虔诚，或者亵渎神明，或者平时作恶多端不思悔改等，如男科第十方：“半信半疑，祷告何痴。身心静守，尺日再求。”第三十方：“生平顽恶，劝尔莫作，今朝有患，方来求药。无方。”妇科第十三方：“平日亏心事，今朝悔也迟。改过当行善，心中自细思。”幼科第七十三方：“宅内灶神常亵渎，不敬家先也有触。竭诚虔祀雍雍肃，保守婴儿常养育。无方。”眼科第七十三方：“来意吾先知，亵渎言一试。试过灵验否，然后诚心祈，滚滚。”

（七）保生大帝药籤

保生大帝原名吴夲，信徒称之为“大道公”等，同安白礁人（还有龙溪青礁人、安溪石门人等不同说法），生于太平兴国四年（979）农历三月十五，卒于景祐三年（1036）五月初二。据方志记载，保生大帝自幼不茹荤，不受室，终身致力于中医药学，杂以巫术为人治病，不但医术非常高明，而且医德也十分高尚，去世后被当地百姓奉之为医药神，建庙祭祀，生病时往往向保生大帝求助。南宋时期，保生大帝在闽南地区、广东等地有不小的影响。明代时期，其神格从“真君”上升到“保生大帝”，在闽南人的心目中地位也与关帝、妈祖并列，诸神出游时，多数神灵乘坐四抬轿子，而关帝、妈祖、吴真人等少数神灵则是八抬大轿，“灯牌以数千计，钟鼓架、香架以数百计，火炬亦千百计”。明清之际，保生大帝信仰也随着福建移民的足迹传播到台湾和东南亚等地，成为闽台影响最大的医药神之一。[①]

与保生大帝的职能密切相联系，保生大帝药籤也被闽台百姓和东南亚一些华侨华人所信奉，一般说来，一些规模较大的保生大帝庙都备有保生大帝药籤，供善男信女占取，如保生大帝祖庙厦门青礁慈济宫、龙海白礁慈济宫、龙海红滚庙、南靖和溪慈济宫、晋江深沪宝泉庵、泉州花桥宫、台北大龙峒保安宫、台南学甲慈济宫、台南大观音亭兴济宫等都有保生大帝药籤，就目前药籤的流传情况来看，保生大帝药籤是被最多的宫庙采用的药籤。保生大帝药籤一般分内科（大人科）

图 F1–62　保生大帝塑像

图 F1–63　保生大帝祖庙之一厦门青礁慈济宫

① 详见拙著《闽台民间信仰源流》，人民出版社 2013 年版。

120 首、外科 60 首(28 首)、儿科 60 首(36 首)。保生大帝药籤在流传的过程中,也会根据各地的具体情况对药方做一些调整,但大同小异,兹以厦门青礁慈济宫、龙海白礁慈济宫、台北大龙峒保安宫、台南学甲慈济宫的内科(大人科)药籤的前五首为例,列表如下:

表 F1–4 闽台保生大帝药籤比较

籤序	厦门青礁慈济宫	龙海白礁慈济宫	台北大龙峒保安宫	台南学甲慈济宫
1	灶心土 凤凰退各一钱 风葱一枝 灯心七条 水一碗煎五分	灶心土一钱 凤凰退一钱 风葱一枝 水一碗煎五分	灶心土三圆 凤凰退一钱 风葱一枝 灯心七节 水一碗煎五分	灶心土三圆 凤凰退一钱 风葱一枝 灯心七条 水一碗煎五分
2	白术土苓淮山各一钱 白甘菊花四分 水碗二煎四分	白术一钱 土苓一钱 淮山一钱 白菊花四分 水八分煎四分	白术一钱 赤茯一钱 淮山一钱 白菊花四分 水一碗煎四分	白术一钱 赤伏一钱 淮山一钱 白菊花四分 水一碗煎四分
3	莲子一钱半 淮山土茯苓金英各一钱 水一碗煎四分	莲子一钱半 淮山一钱 金英一钱 茯苓一钱 水一碗煎四分	莲子一钱半 赤茯一钱 淮山一钱 金英一钱 水一碗煎四分	莲子一钱半 赤伏一钱 淮山一钱 金英一钱 水一碗煎四分
4	马尾须白曲各一钱 金英淮膝各五分 水一碗煎四分	马尾须五分 淮七五分 白芷一钱 金英五分 水一碗煎四分	马尾须一钱 白(麦菊)一钱 金英五分 淮七五分 水一碗煎四分	马尾须一钱 白面一钱 金英五分 淮七五分 水一碗煎四分
5	木通一钱 炙草一钱 淮膝一钱 水一碗煎四分	木通炙草淮七各一钱 水一碗煎四分	木通一钱 炙草一钱 淮七一钱 水一碗煎四分	木通一钱 炙草一钱 淮七二钱 水一碗煎四分

关于保生大帝药籤的特点,许多学者进行深入研究,综合起来,有以下几点:

1. 重视健脾和胃

如在青礁慈济宫药籤(内科)和白礁慈济宫药籤(内科)的 120 方中,有 51 方是关于治疗脾胃病的,占总数的 42.5%。其中健脾理气法 18 方(青礁慈济宫药籤第八、九、十二、十七、二十一、二十六、四十、四十七、四十九、五十五、七十一、九十五、一百零五、一百零八、一百一十四首和白礁慈济宫药籤第一、五十八、一百一十一首），健脾清热化湿法12首（青礁慈济宫药籤第二、三、二十四、三十三、三十四、五十一、五十三、六十三、六十八、九十一、一百一十首和白礁慈济宫药籤第九十七首），健脾驱虫法3首（青礁慈济宫药籤第六十五首和白礁慈济宫药籤第七十六首），健脾温中法7首（青礁慈济宫药籤第三十二、三十八、二十四、五十、六十、七十九、一百零九首），健脾养阴法3首（青礁慈济宫药籤第十六、七十七、一百零一首），健脾益气养血法9首（青礁慈济宫药籤第七十六、八十四、八十八、九十、九十九、一百零七首和白礁慈济宫药籤第九十二、一百零四、一百二十首）。[1] 又如在红滚庙保生大帝药籤（内科）共有189味药物中入脾、胃、大肠经者达117味，占药物总数的62.57%。药籤还重视以“有情血肉之品”来健脾和胃，其中有情血肉之品类12种，配合成有情血肉之药方19方，占15.83%。[2]

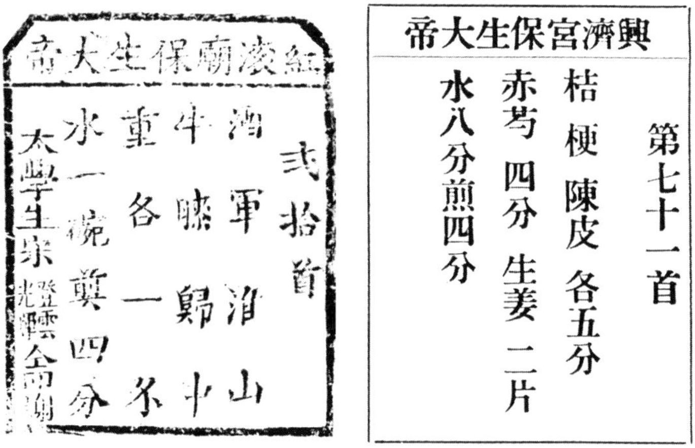

图 F1-64　保生大帝药籤

2. 用药轻简

据统计，在青礁慈济宫药籤（内科）和白礁慈济宫药籤（内科）的120方中，单味4首、2味4首、3味35首、4味42首、5味24首、6味7首、7味2首、8味2首。可见，药籤的用药多在5味以下，占90.83%。每味药的剂量也很

① 涂福音、吴耀南：《慈济药籤中治脾胃病的组方浅析》，罗耀九主编《吴真人研究》，鹭江出版社1992年版。

② 黄跃东：《保生大帝药籤探微》，漳州吴真人研究会编《吴真人学术研究文集》，厦门大学出版社1990年版。

轻，一厘1味，一分3味，二分6味，三分51味，四分53味，五分48味，六分8味，七分13味，八分23味，一钱162味，一钱半20味，二钱20味，三钱7味，四钱3味，五钱3味。可见，药籤的每剂用药量多在一钱以下，占87.41%。① 红滚庙保生大帝药籤（内科）的用药量也很轻，在189味药物中，一钱以下的占92.1%，平均用量9.14分，最多的药方为8味，最少的药方为1味。②

3. 以单方、验方、草药为主

红滚庙保生大帝药籤（内科）的189味药物中，中药138味，占73.1%；中草药32种，占16.77%；中成药8种，占4.23%；使用有情血肉之品12种，占5.86%。处方中，除成药外，其余均为单方、验方。重复使用5次以上的常用的药物有28种：凤凰退、灯心、白术、淮山、菊花、莲子、金樱子、淮牛七、木通、鳖甲、公石松、当归、蝉退、枳壳、麦冬、白芷、甘草、甘菊、柿蒂、生姜、木贼、茯苓、川连、沉香、黑枣、人中白、山枣、朱砂等。③ 青礁和白礁慈济宫药籤（内科）的情况基本相同，单纯用草药组成的处方有9方，以草药为主配合中药的有49方。常用的药物有50种，与红滚庙保生大帝药籤（内科）相比，除凤凰退、灯心、茯苓、蝉退、人中白相同外，其他的均不同，它们是：风葱、马尾须、江西松、绿豆壳、马蹄香、油虫沙、冬瓜、白豆、乌豆、白胡椒、柳枝癀、铁钉、金桔饼、红糖、赤壳术谷、松花粉、柿果、鹿肚草、莲房、桃寄生、香菇、金针花、苦桃叶、白木耳、秋石丹、蛇退、山甲、蜈蚣、金沸草、赤蒺藜、鹿胎、柿霜、生蚶、银器、生虾、桂圆、冰糖、凤尾草、虎头骨、韭菜、七层塔、赤榕皮、海盐、海参等。④

4. 遣方用药注意因地制宜

保生大帝药籤的遣方用药都是根据闽南的实际而制作的，如闽南地处东南沿海，气候炎热潮湿，因湿热引起的脾胃病比较常见，保生大帝药方中有关健脾清热化湿的方药有十多方，常用的药物有土茯苓、赤茯苓、扁豆、

① 王宛成：《浅析慈济宫药籤用药之特点》，罗耀九主编《吴真人研究》，鹭江出版社1992年版。

② 黄跃东：《保生大帝药籤探微》，漳州吴真人研究会编《吴真人学术研究文集》，厦门大学出版社1990年版。

③ 同上。

④ 同上。

香薷、淡竹、六一散、川连、黄芩、黄柏等，突出闽南地区的特色。① 如闽南地区的百姓常患风湿病，红滚庙保生大帝药籤（内科）使用诸风药和淡渗利湿药共 32 味，占总数的 24.6%。再如，由于气候和营养等影响，在古代闽南地区，水肿病也较为常见，青礁慈济宫的药籤中就有三十三方可用以治疗水肿病，其中疏解利水一方、清热利水四方、健脾清肺利水四方、健脾渗湿六方、温补脾胃二方、补肾五方、补肾利水二方、消导利水三方、祛风利水二方、活血（化瘀）利水三方、行气利水一方。②

（八）妈祖药籤

妈祖又称天上圣母、天妃、天后等，福建莆田湄洲屿人，原名林默娘，相传生于宋建隆元年（960），卒于雍熙四年（987）。妈祖生前是一位"预知人祸福"的女巫，乐意为百姓扶危济困，做了许多好事，死后被当地人奉为神灵，建庙祭祀。南宋时期，妈祖信仰得到官府的承认，开始以较快的速度对外传播，各地的妈祖庙纷纷建立，到绍定二年（1229），妈祖庙不但在莆田有很多，而且"闽、广、江、浙、淮甸皆祠也"③。元时，妈祖成为漕运的保护神，得到朝廷的大力扶植，逐渐成为中国影响最大的海神。明末清初，福建、广东沿海百姓移民台湾时，船上多奉祀着妈祖神像，以保佑航行平安。妈祖信仰在闽台地区影响最大，各地分布着上千座的妈祖庙和数以百万的善男信女。④

妈祖药籤主要流传在台湾，据台南县盐水镇《盐水镇庇护宫药籤簿》内页记载，该药籤乃扶乩所得，康熙二十二年（1683）妈祖降乩内科、儿科和眼科药籤，1962 年降乩妇科。⑤ 据《台中县志》记载，梧栖朝元宫的药籤"奇

---

① 涂福音、吴耀南：《慈济药籤中治疗脾胃病的组方浅析》，罗耀九主编《吴真人研究》，鹭江出版社 1992 年版。

② 杜锦海：《慈济东宫治疗水肿病药籤探析》，罗耀九主编《吴真人研究》，鹭江出版社 1992 年版。

③ 咸淳《临安志》卷三十三《顺济圣妃庙》。

④ 参见拙著《闽台民间信仰源流》，人民出版社 2013 年版。

⑤ 陈泰升、陈政恒、林美容、邱永年、张永勋：《台湾药籤的成籤时间及其影响因素》，见陈泰升《台湾药籤调查与研究》附录一，中国医药学院中国药学研究所 2003 年硕士学位论文。

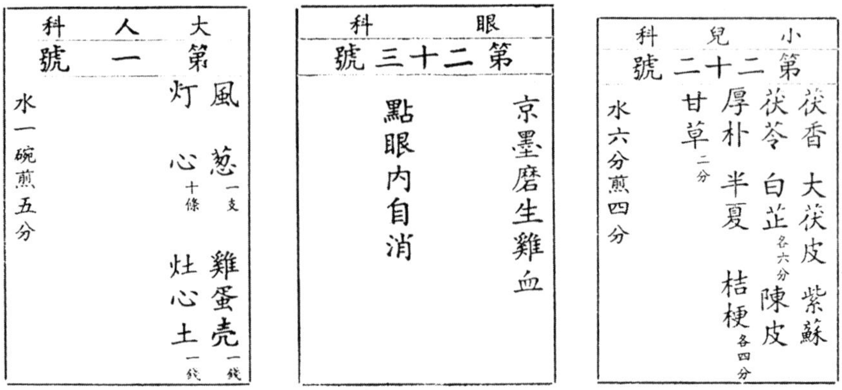

图 F1–65 台湾朝天宫妈祖药籤

验无比，几有创业或疑难杂症、无法解决，善信只要以虔诚之心、在圣母神前祈求，定有意想不到的庇佑，其例不胜枚举”。1960 年，该宫根据《医方集解》、《汤头歌诀》、《伤寒论》、《金匮要略》等医书，重新修订妈祖药籤，共 100 首。① 大甲镇澜宫也有妈祖药籤，该药籤是由混合大甲天上圣母药籤和田寮廖先生公药籤而成，药籤中有不少治病的验方，“多半仍保留着古代的遗风”。② 另外，台湾云林朝天、嘉义朴子配天宫、彰化南瑶宫、南投县草屯镇朝清宫、苗栗白沙屯拱天宫、屏东慈凤宫等妈祖庙都备有妈祖药籤。由于妈祖药籤在台湾影响较大，所以，台湾学者认为妈祖药籤是台湾药籤三大系统之一，即保生大帝药籤、妈祖药籤与恩主公药籤。“就药籤的成籤年代而言，在明郑的时候就有了保生大帝药籤。妈祖药籤则在清初才有，清末日治时期则因鸦片烟戒瘾而产生了恩主公药籤。”③

妈祖药籤分大人科 120 首、小儿科 60 首、眼科 96 首、妇人科 64 首。对照妈祖药籤大人科和保生大帝药籤大人科，发现妈祖药籤大人科中有 91 首药籤与保生大帝药籤相同或相似，不同的只有 29 首，分别是第二十五至三十首、第三十七、三十八首，第四十一至五十六首，第五十八、六十、七十八、

① 陈泰升、陈政恒、林美容、邱永年、张永勋：《台湾药籤的成籤时间及其影响因素》，见陈泰升《台湾药籤调查与研究》附录一，中国医药学院中国药学研究所 2003 年硕士学位论文。

② 同上。

③ 同上。

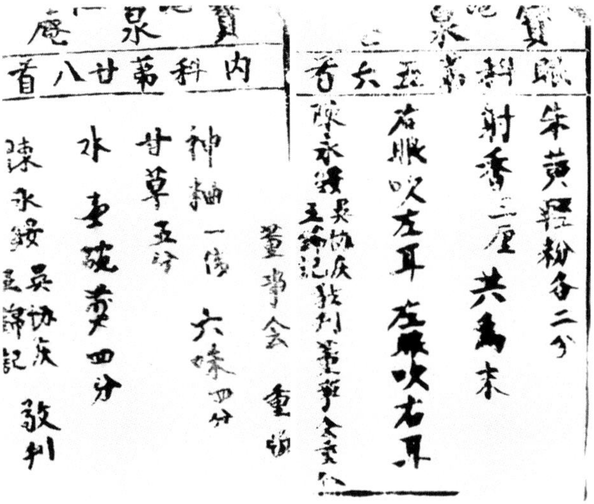

图 F1–66　福建晋江宝泉庵药籤

九十首等。之所以要对保生大帝药籤进行改编，其根本原因是妈祖信仰比较集中在沿海，沿海百姓所患的疾病与内陆百姓所患的疾病有所不同，所以必须因地制宜，其集中表现是沿海风沙大，百姓容易患眼病，所以妈祖药籤中增加了眼科药籤 84 首。传说妈祖药籤中的眼科药籤特别灵验，台湾民间有谚语：“内科看大道公，眼科看妈祖婆。”后来，台湾的一些保生大帝庙借用了妈祖药籤中的眼科药籤，并传回福建，如福建晋江深沪宝泉庵的眼科药籤与台湾北港朝天宫的眼科药籤完全一样，是清末闽台对渡时由台湾商人克服种种艰难曲折才带回到宝泉庵的，成为闽台文化交流的一段佳话。

由于妈祖药籤是在保生大帝药籤的基础上编写而成的，因此也具有保生大帝药籤的所有特色，只是有些特色更加突出，诸如加入不少台湾特殊的验方，用药注意地方流行病、眼病等，还加入台湾独有的药物，增加不少药膳的方子等。①

（九）开漳圣王药籤

开漳圣王原名陈元光，出生于唐显庆二年（657），十四岁时，随祖母魏氏和伯父陈敏、陈敷率五十八姓军校进兵福建，与先前到福建平定“蛮獠啸乱”的父亲陈政会合。唐仪凤二年，陈政逝世，二十一岁的陈元光继承父亲的职务，率领部将平定叛乱，并于垂拱二年（686）获准设立漳州，担任首任

① 陈泰升：《台湾药籤调查与研究》，中国医药学院中国药学研究所 2003 年硕士学位论文。

图 F1–67　福建云霄威惠庙

漳州刺史。当时漳州是未开化的“蛮荒之地”，建州后，陈元光鼓励农民开垦荒地，推广中原耕作技术，兴修水利，广施教化，经济文化得到长足的发展，号称“治平”，为漳州的开发和发展立下不朽的功勋。景云二年（711），陈元光被少数民族残部杀害，“百姓闻之，如丧考妣，相与制服哭之，画像祀之”[①]。历代帝王对开漳圣王有追封，唐代被封为“颍川侯”，宋代追赠“辅国将军”、“灵著顺应昭烈广济王”，明初封“威惠开漳圣王”等，所以祭祀陈元光的庙宇多称威惠庙。[②] 早在宋代，祭祀开漳圣王的庙宇就遍布漳州地区，时人有“漳江有庙祀将军”诗句。[③] 明清时期，闽南地区有大小威惠庙两百多座，开漳圣王成为漳州人民的守护神。其中，漳州的北庙、漳浦的西庙和云霄的威惠庙最为著名。明末到清代的康乾时期，特别是康乾两朝，漳州人移民台湾达到高潮，开漳圣王信仰也传入台湾，成为台湾漳州籍移民的精神支柱和

① 云霄山美村藏本《颍川陈氏开漳祖谱》。

② 详见谢重光：《“开漳圣王”陈元光论略》，万平近主编《海峡两岸文化交流史料》第一辑，华艺出版社 1990 年版。

③ 转引刘子民：《寻根揽胜漳州府》，华艺出版社 1991 年版，第 186 页。

保护神。[①] 据1992年统计，台湾有71座主祀开漳圣王的宫庙，主要分布在北部地区，宜兰县最多，有27座，桃园县其次，有13座，台北县第三，有8座，嘉义县第四，有4座，屏东县第五，有3座，其余每个县1至2座。[②]

闽台开漳圣王信仰相同，但药籤却不同。福建威惠庙的药籤谱大人科多为60首，小儿科为36首，而台湾的开漳圣王药籤为100首，药籤的药物也不同，兹以福建云霄威惠庙和台湾桃园景福宫的药籤谱前五首为例，列表如下：

表F1–5　闽台开漳圣王药籤比较

籤序	云霄威惠庙药籤	桃园景福宫药籤
1	茯苓二钱，青皮一钱，桔梗七钱，薄荷七钱，枳壳一钱，川朴一钱，柴胡八钱，甘草五钱 水一碗二煎六分	党参一钱，半白术二钱，茯苓二钱，炙草一钱，陈皮一钱半，半下（夏）二线，木香一钱，生芪二钱 （小儿半量）和炉丹水煎服
2	葛根一钱，柴胡一钱，枝子七钱，麦冬一钱，赤茯八钱，天花六钱，白芷七钱 水一碗四煎七分	当归二钱，川穹二钱，白芍一钱，半旧元二钱，益母二钱，白古三钱，香附二钱，甘草一钱，甘杞一钱，半北仲一钱半 （小儿半量）和炉丹水半酒水炖赤肉煎服
3	洋参一钱，元胡七钱，陈皮一钱，木香六钱，砂仁六钱，香附一钱，甘杞七钱 水一碗二煎六分	麻黄一钱，二石膏五钱，杏仁五钱，甘草一钱，桂枝八分，北姜八分 （小儿半量）和炉丹水煎服
4	茯苓一钱，沙参一钱，青皮一钱，枳实七钱，炙草六钱，甘杏一钱，阿胶一钱，苏夏七钱，旧元一钱，蜜百合一钱 水一碗四煎七分	陈皮二钱，半下（夏）一钱半，茯苓二钱，甘草一钱，椿皮二钱，冠花一钱，苍术一钱半，白术二钱，酒芍二钱 （小儿半量）和炉丹水煎服
5	甘菊五钱，木贼七钱，草决七钱，檬花七钱，甘杞一钱，白菊七钱，夜明砂八钱 水一碗四煎七分	川穹一钱半，白芷一钱半，万京二钱，古本一钱，柴胡一钱半，前胡一钱半，甘草五分，细辛五分 （小儿半量）和炉丹水煎服

① 详见拙著《闽台民间信仰源流》，人民出版社2013年版。

② 详见台湾省文献委员会编：《重修台湾通志》卷三《住民志》，台湾文献委员会1992印行；关山月主编：《台湾古迹全集》，台湾户外生活杂志社1980年版。

关于台湾开漳圣王药籤的特点，主要有三：一是以陈修园方、时方、民间验方为主，吸收部分保生大帝药籤、妈祖药籤的药方。陈修园（1753—1823）为清代著名的医学家，今福建长乐人，曾拜泉州名医蔡茗庄为师学医，一生主要从事医学研究与教学，著作颇多，有《伤寒论浅注》、《长沙方歌括》、《金匮要略浅注》、《金匮方歌括》、《灵素节要浅注》、《伤寒医诀串解》、《神农本草经读》、《医学三字经》、《医学实在易》、《医学从众录》、《女科要旨》、《时方妙用》、《时方歌括》、《景岳新方砭》、《伤寒真浅注》等，收入《南雅堂医书全集》，广为流传，影响较大；二是用药复杂，三味以下的药籤只有17首，四味到七味的药籤有48首，八味以上的药籤有34首，其中活血化痰的药物达253味，还有使用四神、宋陈、金钥匙、六味谷、四物、六一散、金柜补肾丸、十全大补丸等方剂；三是每方必有“小儿半量、和炉丹水煎服”的提示。①

（十）清水祖师药籤

清水祖师是一位在闽台百姓和东南亚一些国家华人华侨中有较大影响的佛教俗神，生前以祈雨见长，也为百姓铺桥修路、治病救人等，其生平和传说在本书的第十章第一节已有介绍。清水祖师生活的福建安溪县，为闽南的山区，以产铁观音茶闻名，医疗卫生比较落后，前面引述的南宋嘉定年间（1208—1213）陈宓在《惠民药局记》中描述了安溪县信巫尚鬼，病不求医的落后状况，便是有力的证明，这就为清水祖师药籤的产生提供了客观条件。

清水祖师药籤有以下主要特点：

一是分科多。药籤分科大约是在清代，一般分内科、外科、女科（妇科）、幼科（儿科），有的增加眼科，而清水祖师药籤则多达6科，分别是男科64首、小儿科40首、妇科56首、外科13首、眼科29首、喉咙科31首。

二是喉咙科为药籤中之独有，可能与安溪境内多咽喉疾病有关。关于咽喉的病因，清水祖师药籤分的很细，有“肝木克金肺染灾”、“喉中失

① 陈泰升：《台湾药籤调查与研究》，中国医药学院中国药学研究所2003年硕士学位论文。

声燥热攻”、“伤肝肾火连凌迟”、“湿气生来攻咽喉”、“积水喉中恐艰辛”、“郁风积气火克金”、“气喘火升肿痛哉”、“症气受风即刻来”、“热喉原在肺中升”、“气虚火燃咽中瘟”、“毒藏肺火引风寒”等，几乎每首药籤的症状都不同，显然，药籤的制作者是一位咽喉科专家，对于研究当地疾病史很有价值。

三是该药籤有的或采取两句籤诗加药方的形式，或采取一句籤诗加药方的形式，有的直接写上药方，籤诗多描述病因、病症，该药籤可能是由不同人、不同时期编制出来的。其中男科、儿科、妇科在形式上很有特色，男科的第一首到第十首的首句，以一到十的数字连缀而成，如“一枝桃剑镇闺房”、“二粉”、“三稜”、“四隙”、“五味”、“六汗”、“七节灯心”、“八薄荷”、“九札菖蒲”、“十个好心九个痴”；儿科的每一首籤诗的首句都以“小儿”开头，如前五首“小儿聚积大冲充饥”、“小儿善食四肢酸”、“小儿真病有何难”、“小儿堂上犯天罡”、“小儿施吃致端来”等；妇科除第一、二首外，其余 54 首均以“妇人”开头，如第三到第七首：“妇人忧为失饥多”、“妇人愁怀不一阵”、“妇人致病有颜青”、“妇人元气血气微”、“妇人伤风致久藏。”从形式上推测，清水祖师的妇科和儿科药籤可能是同一个人制作的。

五、药籤的治病奥秘

（一）药 籤 医 案

药籤的最主要的功能就是用来治病的，那么，其效果如何？笔者在田野调查中听到了不少有关药籤治病的故事，均对药籤的功效赞不绝口，甚至觉得不可思议，最终自然归功于神明的保佑。如福建晋江深沪宝泉庵，每天来这里求药籤的络绎不绝，一年被善男信女取走的药籤方多达数万张。台湾学者在调查时也听到同样的说法，如台湾宜兰苏澳南天宫和礁溪天农庙的庙祝说：“药籤很灵验，通常信众在看遍中医、西医无效之后，会来求助药籤。（神明所赐下的药籤）专治‘疑难杂症’，比如头晕、失眠等。来求的男、女、老、幼都有，而且前来求取药籤的信众，并不限于‘在地’村落的民众，也包含当地附近‘外围’的信众。”① 台湾高雄保安宫的药籤据说也十分灵验，善男信女络绎不绝，附近中药店也因此大发利市。日本学者吉元昭治在调查时也听到同样的说法，一座供奉保生大帝的庙宇负责人说：“药籤的效果极为良好，可以治疗任何疾病。根据经验者的说法，药籤的药量虽少，然因具有神力，效果特佳。以保生大帝为例，因其为医术之神，所开药籤不但广受善男信女的信赖，且迭创奇迹。”② 北港朝天宫的庙方人员表示：“即使是在现代，求籤的信徒仍然很多。药籤的历史，可以追溯到妈祖庙建庙之时；不过我认为，每天之所以会有这么多人到庙里求籤，乃是因为对妈祖有信心的缘故。”学甲镇慈济宫的庙方人士也表示：“到本庙来求药籤的信徒，一天平均约有一二十人。”“药籤所用的药物多为中药，所用方法与西药不同，而有诸多不便。有关药籤的由来，至今不明，唯一能够确定的是，它在中国已经流传了很久。很久以前，各地名医曾聚集本宫，针对各种疾病进行研究，并依序编写药名及药量，最后再向保生大帝请示。”③ 在一些备有药籤的宫庙中，流传着许多药籤

图 F1–68　清代龙溪施调赓赠送给漳州龙溪湘桥华佗庙的匾额

---

① 参见宋锦秀：《台湾寺庙药籤汇编：宜兰“医药神”的系统》，《宜兰文献杂志》1999 年第 37 期。

② ［日］吉元昭治著、陈昱审订：《台湾寺庙药籤研究》第四章“善书与民间疗法”，武陵出版有限公司 1990 年版，第 143 页。

③ 同上书，第 143—144 页。

治病的故事，这些故事还被整理成文字，我们权且称之为药籤医案。

药籤医案比较集中在灶君、保生大帝、关帝、妈祖、大众爷、三平祖师药籤上。

1. 灶君药籤医案

《灶君灵籤药籤·经验录》收录灶君药籤医案 10 个：

【医案 1】

华亭高鼎玉母患呛咳病已二十年，服补药病势稍减。至甲辰年七月初一日，求得内科第十三籤，服一剂，气喘更甚。再求，仍得原籤。服至五剂而愈。

第十三籤处方：

红梅绿柳，糯稻根须，安神益土。

杂病久病，空心煎服，即便康强。

红梅花二钱，绿柳叶一钱，糯米根一两，水洗河水煎三服。

如无花叶取向阳枝梗代，立愿敬惜字谷，劝人刻刷善书。

【医案 2】

苏州吴德协，患头风，求得第十九籤，服二次痛即止。

第十九籤处方：

苏木韭花血分投，袪风行血产无忧。

修心行善免更变，莫听闲言作乱由。

苏木、韭花各一钱，河水煎三服。

【医案 3】

上海姚锡钟痢疾三月余，百药无效，神前求得第二十三籤，二、三服即愈。

第二十三籤处方：

油梳年久洗煎汤，乃是浊淋发涸方。

乳汁不通亦妙剂，何须疑虑细心防。

陈油木梳一只，用河水煎去油垢，活河水煎三服，敬点灯油。

【医案 4】

上海钱圣瑞，凡交节气前必寒热二三日，服药无效，虔诚祷告，求得第三十籤，二服果愈。

第三十籤处方：

陈蒜原来是臭灵，功能去秽又通神。

微疴去后尤宜慎，献灶方能解厄星。

久年陈大蒜二个，河水煎二服。献灶，送敬灶全书。

【医案5】

杭州许宇安，患吐血、神疲、不食，求得第三十九籤，服之果愈。

第三十九籤处方：

汤号还原即自尿，每朝常服不生枝。

夜来足底宜常擦，导火归原法妙施。

还原汤一杯，每日清晨服，忌荤腥、动火，并戒色欲，随力行善。

【医案6】

奉贤毕进升次男，夜啼，求得第四十一籤，三服而愈。

第四十一籤处方：

今日烧香来问神，心烦意乱不能平。

灯花数个并金叶，井水煎来每日吞。

灶上灯花七个，金叶二张，如无金叶，金物代，许愿诵灶主经忏。

【医案7】

青浦寿大有三疟，四年余，求得第四十二籤，二服而愈。

第四十二籤处方：

陈酒当归松子仁，止痛安胎霍乱珍。

和胃醒脾通滞积，润肠活血效堪臻。

当归一钱，松子仁三十二粒去衣，河水煎浓加陈酒一杯，空心服二服。

【医案8】

上海张如春子，病久嗽，求得第四十二籤，二服而愈。

第四十二籤处方：

陈酒当归松子仁，止痛安胎霍乱珍。

和胃醒脾通滞积，润肠活血效堪臻。

当归一钱，松子仁三十二粒去衣，河水煎浓加陈酒一杯，空心服二服。

【医案9】

崇明赵玉台，得异常病，黎明心痒如蚁，行形瘦食减，服药无效，神前求得第四十五籤，许愿，再求得四十四籤，二服即愈。

第四十五籤处方：

病人吃素不须云，症变宜防节后凶。

祝告灶神难用药，灶神敬送有神功。

许愿送《敬灶全书》不可延迟。

第四十四籤处方：

连雪金丹一并收，热邪如火服时休。

持斋献灶都诚意，反复无多不用忧。

连翘三钱，金银花五钱，丹皮一钱，剩腊月雪水煎一服，立愿吃灶君斋，献灶。

【医案10】

嘉定汤友谷之孙馥鸿，年一岁，又得天花甚密，八朝浆竭，踊跃不安，渐显内陷之象，急求灶君前，并宏济王祈告，愿送《敬灶全书》四十本，及至明晨，痂反堆沙，内毒仍达于外，后结痂，安康无恙。因感灵籖之神佑昭彰，虔梓明于后。

2. 保生大帝药籤医案

福建晋江沪江宝泉庵董事会编《沪江宝泉庵·大道公灵验实录》收录保生大帝药籤医案6个。

【医案1】神药别致

1992年夏天，家住英林镇的林文东之妻刘美锦，因积劳成疾，被医生诊断为心力衰竭及严重肺气肿，辗转数家医院，经两个多月的治疗，不仅病情不减，反而日渐严重，生命奄奄一息，最后只得插着氧气回家。正当无计可行的时候，该村长者提议起驾挡境求助，于是挡境神指点需往沪江宝泉庵大道真人座前请讨神药。次日未及天亮林文东即赶往深沪后山村其表亲陈绍业家中，向其说明情况。因陈妻较熟悉佛事，随即带林文东往宝泉庵大道真人座前拈香顶礼后，继而细说相关情况，最后求得药籤，并到药店按方抓药三副，花费药资仅七角钱。

刘美锦服药后，奇迹般地出现了转机。于是林文东又往宝泉庵再次求得方药三副，时解籤者告知此药须另加鸭与洋参服用。林文东听后深为惊奇，因为药方配伍及药引皆属大补之物，通常情况下，重病虚弱者是不宜大补的。林文东继而转想既然信奉大道真人，就必须遵其意而行，况且前药已有成效。病人服用后，又收到了意想不到的效果。几天后，林文东第三次往宝泉庵求药，并遵嘱以羊肉为药引，服用后，病情更是一天比一天好转。一个月后，林美锦彻底痊愈。于是夫妻双双到宝泉庵叩谢神恩。

【医案2】药到病除

现年七十多岁的深沪南春居民吴同仪，三十年前患头痛病，在当地诊所进行多次的中医或西药治疗，未见效果。又往泉州第一医院及第二医院住院治疗，仍无效果。患者在精神极度失望与痛苦中离院回家。

吴家经人指点后，到宝泉庵大道真人座前求得一药籤，按方抓药，并遵嘱以鸡肝七副作药引。病人服用后，头痛旋即缓解，连服三剂后，彻底康复，至今未见重犯。吴同仪深感不可思议，多年来每每现身说法，感铭神恩。

图 F1-69　福建晋江深沪宝泉庵的药籤从台湾传回，香火鼎盛

【医案3】思及异道

深沪南春颜XX，数代以加工金银首饰为业，名闻一方。因职业的原因，导致视力严重下降，尽管多方寻药问药，难见疗效。虽然他素闻大道公治眼灵验，但囿于信仰的门户相见而未敢前去。因为自祖上三代以下皆信仰基督教，如果去向大道公烧香求药，唯恐基督教会之教规难容。于是心生一计，拜托邻友张XX代其往大道公座前求籤抓药。服药后，眼疾消除，视力大大恢复。

颜XX的事例在社会上引起很大的反响，人们更是纷纷称颂宝泉庵大道真人，仁心济世，无宗教派别的门户之见，恩泽惠及一切众生。

【医案4】灵显马坪

近年来，人们每每在早上看到深沪狮峰居民蔡敦国手捧香束前往宝泉庵大道真人座前朝拜祈祷。经询问后，得知蔡敦国母子二个均承大道真人施恩治病。

六十年前，蔡敦国之母陈淑敏患上胃病，一天突然大咯血。只有十二岁的蔡敦国见状，惊恐万分，父亲又出远门去，自己要怎么办呢？突然敦国想到平时闻说大道公治病很灵圣，于是赶快奔往庵宫，向驻宫长者说明来意，长者代敦国求得一籤，并抓药让敦国回家从速煎煮让母亲服下。虽然药方只有四味，但疗效显著，病情因而好转。

又过多年，陈淑敏泌尿不畅，经医生诊断为晚期尿道癌，让其回家待终。蔡敦国想到大道真人的灵圣，于是又到宝泉庵求得一药方，母亲服用三帖后，病情很好地得到了控制，病痛大大减轻，甚至可以照常料理家务，享寿直至八十八高龄。

前年，年近七十的蔡敦国被诊断为肝癌，经送省城医院治疗，病情不见

图F1-70　晋江深沪宝泉庵的药籤备受善男信女的欢迎

控制，二个多月后，院方劝其回家静养，同时透露寿命最多延续半年。敦国回家后，即到庵宫求药而服，三年过去后，病情没有激变，深感神明恩泽所致。

【医案 5】水头施药

1947 年，宝泉庵大道真人按例往白礁慈济宫谒祖进香，随行善信一百多人。仪仗浩浩荡荡，好不热闹，沿途乡里皆摆设香案迎送。因过去交通不便，以步行为主，故往返一趟应近十天的时间。

此次前往进香，当仪仗行至南安水头时，忽见一中年农民因胃肠疾病久医不愈，而特向大道真人求籤问药。三剂方药服后，果真病除。于是当大道真人回驾再经水头时，只见那中年农民早已带领家人在此等待叩谢神恩，场面十分隆热。

【医案 6】“坐日”谢恩

夏历五月初二日，是大道真人的诞辰日，每年的这一天及其前后的各数天，都有众多的香客从四乡八里赶到宝泉庵焚香敬神，然后或整天或整夜地虔诚静坐。白昼静坐者，称为“坐日”；夜晚静坐者，称为“坐冥”。以此兼作许愿或还愿。

十多年前的一个大道真人诞辰日，有一位外乡妇女香客前来“坐日”。中午时分，有相识者欲招呼其用膳，该妇人婉辞不从，并言称自己每年此日都是以“减大顿”（即中午不吃饭）来表虔诚。众香客深感奇异，询问原委。她告诉大家说：是年她的独生子体弱多病，至十二岁时身体仍然较瘦小。看到儿子这样，很是着急，到处寻医求药，无所适从。后经人指点到庵宫大道公神前求籤问药，待得药后，又不禁疑惑，因为药方的药性刚烈，按常理不宜用于体弱的人。随即又另求一籤，岂料药籤竟与前籤同。抓药回家后，又不顾婆婆的反对，坚信神明，给儿子煎服，果然其子病体好转，发育趋于正常。

转眼间，儿子已长成 19 岁的小伙子。但命途多舛，突然间发现下肢渐肿，步履艰难，食欲不振。住进医院，医生束手无策，多次用药，难以奏效，彷徨中，儿子告诉母亲其昨夜得了一梦，见一位老者身着长衫，坐在自己的身边。母亲甚是奇怪，回想数年前往宝泉庵求药籤一事，不觉一动，莫非神灵托梦指点迷津。于是立即赶往宝泉庵，向大道公上香后，抽出一籤，只见上面写有“罚纸”字样。自己不禁一怔，后忖思或许是自己心不诚之故而致。急忙上街买纸敬奉，然后再次上香，另抽一籤，解籤人告知，应将方上之药研末洒在煎鸡蛋上，然后用煎鸡蛋片覆盖病人肚脐。待抓药后，自己很是诧异，感到病在腿上，因何药贴肚脐。于是又向真人要求信杯为证，结果连卜三信杯。此时方深信不疑，回家后依法给儿子上药。经过一昼夜后，将煎蛋揭下来，不觉大吃一惊，只见上面满是细白如葱根的小虫，经向医院化验后，方知患的是一种虫病。因为当地罕见此病，故医院以风湿病的药物而久治不愈。随后儿子终于逐渐恢复健康。自此以后，自己每年大道公生日都前来庵宫“坐日”谢恩。

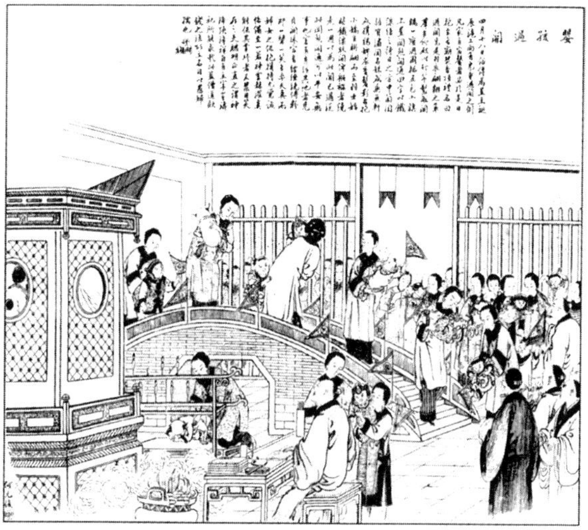

图 F1–71　婴孩过关（《点石斋画报》12–132）

3. 三平祖师药籤医案

福建省平和县三平风景区管理委员会编的《三平寺志》收录三平祖师药籤医案 3 个。

【医案 1】药籤对症令人奇

1985 年 4 月某一天，一位教师因其爱人及儿子上山砍柴，不慎被树压伤，即上三平，求祖师公庇佑，并为爱人和儿子抽籤，先后均为第三十七首，籤诗曰：“九级楼台势极高，上到岭头甚嵯峨。一朝坠落深坑底，悔之不及无奈何。”其后，这位教师又抽了两支药籤，虽不同首，但其中都有活血通络的淮牛七、木瓜、桂枝、独活、红花之类，说来令人生奇。半年以后，这位教师说，籤诗所断，完全得到证实。

图 F1–72　三平祖师塑像

【医案 2】三首药籤治旧疾

一年春节，三平寺来了一位信女，姓蔡，是深圳市著名的女企业家，四十多岁，雍容华贵，却面带愁容。原来，蔡女士几年前患了一种顽疾，跑了几家大医院，老是治不好。这回是专程上三平寺，向祖师公求医的。蔡女士在塔殿抽了一支籤，是第七十一首，偈云："菩提树下采仙花，花果园林气象佳。采得花来又生果，今朝好事到君家。"蔡女士请解籤人指点。解籤人说："您再抽三支药籤，若是支支顺杯，病就好了。"蔡女士在解籤人的指引下，抽了三首药籤，而且首首都掷了顺杯，好生欢喜。回家后，按照药籤要求，一共服了 17 贴中药，几个月后，困扰多年的顽疾在不知不觉中痊愈了。第二年春节，蔡女士再上三平寺，答谢祖师，添了 10 万元香火钱，捐建祖殿。她的名字还刻在寺内"捐资芳名榜"上。

【医案 3】医生求医

祖师公生前行医济世，圆寂后留下一部药籤泽被万民。千百年来求医问药的香客何止万千。当中，有一般民众，还有不少当医生的。有一位云霄县的老中医，一辈子行医，治疗许多疑难病症，深得患者敬重。年纪大了，却得了肝病，连自己都治不愈自己的病。他到市里找了几家医院，都诊断为癌。老医生回到家里悲观失望，不想再治疗了。老医生有个徒弟，不忍心恩师病危，替他上三平寺，求祖师公治病。药籤求回来了，老医生一看，哑然失笑。原来，药籤上四味中药，确实是治肝病的，但药量很轻。老医生说："我一辈子给人治病，开给肝病患者的药方，主要是这四味药。市里的专家，开的也是这些药，我都服过了并没有见效，命该如此了。"徒弟说："祖师公既然对症下药，您就照

图 F1-73　福建平和山格大众爷符版与平和山格大众爷庙会

这方子吃吃吧。”于是，老医生将信将疑地照方服药。过一段时间，奇迹果真出现，老医生康复了。就凭这四味药量很轻的方子，治愈了老医生一场重病。

4. 大众爷药籤医案

福建省平和县慈惠宫管委会编《慈惠宫》收录大众爷药籤医案 3 个。

【医案 1】一味灵

话说山格铜中村有一村民林某，有一年立夏刚过，上山给蜜柚喷洒农药，回家后，发现颜面、手部发痒，马上用清水冲洗全身，然后擦上清凉油。没想到过了半个小时后，涂抹之处发红作痒。到了下半夜，面部肿胀，有小水疱，奇痒难忍，夜不能眠。好不容易熬到天亮，忙赴某医院就诊。只见颜面部潮红肿胀，分布有大小不等密集小水疱，双眼睑胖胀最明显，二目难睁，精神不振，触及面部既痒又有灼热感，医师诊断为药物过敏皮肤疾患，经上药、打针后，疗效不甚明显，胃纳不佳。病程缓慢，反复发作近一个月。

一天，林某的母亲对他说：“儿啊，咱慈惠宫的大众爷公向来很灵感，药籤很灵验，怎不去庙里求药治治？”林某听了母亲的话，带了香纸烛，到大众爷庙去求籤问卜。他求得的药籤是成人方第一百十九首独味清风藤6剂，每剂重半斤，不拘水煎，代茶饮，又将药茶微温洗患处，每日3次。林某服药、外洗3天后，颜面红肿消退，水疱缩小，胀感减缓，胃纳已复。一周之后，面部胀肿全消，仅有轻度发红、微痒，眼能睁开，又经调理饮食，数天后竟全部痊愈，真是效验如神。此事，有位医生事后这样分析：清风藤含有青藤碱等多种生物碱，有清热解毒、祛风除湿之功，患此症服用此药，既合医理，又有药理，自然药到病除了。

【医案2】救了一家人

1995年端午节刚过，慈惠宫来了一对80多岁的老夫妻，备下牲礼，顶礼膜拜大众爷公，答谢神恩。

这对老年夫妇是广东潮州涸溪塔下人。男的叫余玉发。五十年前，正是抗日战争时期，潮州沦陷，一家人从潮州逃难，经庙仔前、九峰流落到山格圩。一个姓吴叫大头云的善人收留了他们一家6口人，并安顿在圩边的一间破旧厝内。那年，鼠疫流行，与他们一齐逃难到山格的潮州人死了过半，人心惶惶。有一天，他家的小儿发热咳嗽，老伴中暑发热。人在异乡，贫病交迫，他们急得如热锅上的蚂蚁团团转。常言道，急中生智，余玉发想这圩里不是有座大众爷公庙吗？何不求神明超拔一下。于是，他到大众爷公庙烧香祈求神助。求得2味草药：艾草和牛顿草。他又不认识草药，好生为难。正逢端午节刚过，家家都有悬蒲插艾的习俗。好心的庙祝从居家的门楣上折下蒲艾，分出1支艾送给余玉发说："这就是艾！拿回去屋里熏烧。"随后又到庙后药圃采了数株牛顿草，送他拿回去煎水当茶饮。

余玉发在房前屋后照样采集艾叶和牛顿草，将艾晒干后，每天在屋内熏烧数次，又把牛顿草煎水当茶饮，全家人都喝草药茶。说也奇怪，数天后，老少两人的烧也退了，病也好了。原来这艾药性温、逐寒湿，熏烧时，艾雾弥漫，有起着净化空气、消毒居室的作用。而这牛顿草性平，味甘入心肺，清热利水，自然药到病除，功效显著。

几天后，余玉发将艾草、牛顿草的功效转告他的同乡，大家竞相仿效，一时间，整个山格圩艾雾腾腾，蚊蝇灭绝，减少了细菌传播的途径，逐渐平息这场瘟疫，救了世民。

1945年秋天，日本战败投降，余玉发一家6人辗转回归故里潮州。每逢端午节，看到人们悬蒲插艾，就会想起大众爷公救了他们一家的经过。虽然半个世纪过去了，但每隔几年，他们都会跋涉数百公里前来慈惠宫朝拜大众爷公，乐添香火钱，答谢神恩。

图F1–74　善男信女虔诚祈求药籤

【医案3】病愈又得子

南靖县龙山镇宝斗村陈某的女儿，出嫁九年未见怀孕。30岁那年，她突然因病倒床，经四处求医，均无见效，卧床半年一直无法起身。后来，一位亲戚告诉陈某："万善庵的大众爷公很灵验，不妨叫你的女儿去找大众爷公看一看吧。"于是，陈某用摩托车载女儿到万善庵，烧香跪拜，掷杯许愿。经抽籤，解籤员对陈某说："你的女儿四天后就会起身出门"，并当即让她服下"大众爷炉丹、符子水"。当天晚上回到家，他的女儿便感到浑身舒服有劲，可以翻身。第二天，自己可以下床了。四天后，果然安然无恙，出入如常。第二年，她终于怀孕了，生下一个男孩。婆家、娘家无不兴高采烈，称赞大众爷公的赐福。到孩子满月，婆家提着鸡酒、供品，专程来到万善庵大众爷神坛前朝拜，并按原先的许愿添了200元香火钱，答谢大众爷公。

5. 妈祖药籤医案

台湾苗栗县《中港慈裕宫志》收录妈祖药籤医案7个。

【医案1】赐药治病

台湾初辟，蛮烟瘴气充斥各地。闽粤移民，从事开垦，或因水土不合，或因时疫流行，患病不起者为数甚多。然因地大人疏，无处求医

图 F1–75　灵符治病(《点石斋画报》14–31)

问药，不得不祈求妈祖神佑，指点试尝草叶树根，以其伟大之神力，来征服病魔。《诸罗县志》载：“大甲溪以北，无市肆医药，人死无棺殓，蜷以鹿皮。”可以想象当时疾病之惨。既无医药可求，只得乞灵于神明，而获神佑病愈者不胜枚举。

【医案 2】灵符除疫

清咸丰七年岁次丁巳，台湾南部地方泻吐流行，病例者不计其数。纷纷祈求妈祖救助，凭神爻指示：以茵香及盐米水，二碗煎一碗，兼用圣符化饮，大多痊安，疫疠消除。

【医案 3】赐药帝后

清穆宗同治帝，龙体违和，慈禧太后亦抱恙。钦命台湾挂印总兵官武隆阿镇台，闻中港慈裕宫妈祖灵异，特来祈求赐药，果如灵效。太后降旨武隆阿于同治十三年献立“允王惟后”匾额，悬挂于中港慈裕宫。

【医案 4】赐药治癞

清德宗光绪时，标下栋立副营右营正哨官花翎尽先补用守备楚南刘绍基，沾染癞疾，非常痛苦。闻中港慈裕宫妈祖神通广大，叩求神示服药及洗肤，不数月斯疾疗矣。于光绪十二年二月叩谢神恩，献立“德配在天”匾额，悬挂于中港慈裕宫。

【医案 5】起死回生

1957 年岁次丁酉，台北市厦门街住民许金成之室人，久病不痊，身瘦骨立，自叹无可奈何。幸得友人告知，妈祖灵验非常，有起死回生之妙法。乃于同年二月间，拜请妈祖到家镇安。妈祖为其消灾解厄，赐方煎服，因得起死回生，不久即告痊愈。

【医案6】显圣治病

1958年夏间，台湾各地感冒流行猖獗，鹿港住民甚多感染。妈祖显灵指点药方饮服，并绕境镇压后，流行感冒乃渐宁静消灭，全台庆获平安。

【医案7】老病复康

1976年，竹南镇陈厝老祖母，年七十余，病重，药石罔效，已七日不能饮食。其家人至中港慈裕宫。祈祷妈祖，求籤指示后，依旨行事，病况好转，重庆痊愈。

上述药籤医案难免有溢美夸大之词，也不排除某些医案是虚构的，但总体而言是有一定事实依据的，笔者在田野调查中也听到不少类似的医案故事，许多备有药籤的庙宇还挂满信徒赠送的书写有“妙手回春”、“药到病除”之类赞扬词的锦旗，甚至墙上还贴有服用药籤而病愈的信徒书写的感谢红榜。根据我的直觉判断，这些朴实厚道的乡民是不会无缘无故欺骗我的。笔者的一位已经退休的同事是福建晋江深沪人，他回忆说，孩童时，曾因病随母亲到深沪宝泉庵祈求药籤，吃了药籤的药后，流了许多鼻血，病也就痊愈了。其他的一些文献记载也可作为旁证，如《孚佑真君药籤原序》：“都中琉璃厂吕祖宫药籤，有祷辄应，入都者莫不知之。闽中张维藩孝廉以公交车卧病，祷而愈。”又载：光绪戊寅年（1878）春，侯官钟大荣“在宁咯血，服药籤，不数剂而愈。”近代著名的翻译家林纾在《铁笛亭琐记》中写道：“余少时季父静庵先生病卧，久不起，祖母陈太孺人命予祷于（医官）大王之祠，得药籤，按籤取药服之，一剂立愈。”另外，虽然不能说存在就是合理的，但一种事物长期存在，就不能不考虑其存在的内在因素，如果药籤纯粹是骗人的，甚至像一些人所说的是害人的，那么，就很难理解药籤能在中国流传上千年，至今仍在国内乃至海外一些地方流传的现象了。

（二）药籤治病解析

那么，药籤治病的奥秘何在？除了通常所说的概率性外，即在那么多人占取药籤中总有一部分人痊愈，这一部分人的治病经历可能成为药籤医案广为流传的传播者，更重要的是：

1. 药籤的药方基本上符合中医药学

前面提到，药籤中不少药方选取于药典、医典，一些药方取材于民间验方、秘方，一些药方是整理名医生前的药方而成，还有一些药籤虽然是扶鸾降方而成，但也不是随意编造的，而是借助于扶鸾的形式，把经过临床验证的药方发布出来。有些药籤还经过名医反复修订，使之更加科学和适应当时的情况。如近年来福建泉州花桥宫的董事会聘请当地著名中医，对过去流传下来的药籤，逐首进行研究，修订药籤中的不合理的药物或不容易寻找的药物，使之更加符合中医的药理，并且在厘定的每一首药籤上注明该药方所医治的病症，如第一首“中风半身瘫痪方”、第二首“祛风湿治关节筋骨疼痛”、第一百五十四首“补益、强身、泻虚火”。如果抽取的药籤与所患的病痛不符合，可再次抽取，直到对症为止。

药籤中的药方基本上符合中医药科学的结论，得到不少名中医的认同。[①] 中央电视台“走遍中国栏目”拍摄《“灵异的”药籤》，曾经采访厦门大学医学院的某教授，他认为：保生大帝药籤中均为无毒副作用的药物，男女老少均可食用。许多药方是根据当地经常发生的病症设计的，35% 以上是治疗湿热病的。不但药物、药量可以根据患者的实际病症、年龄进行调整，连煎药的水量也可以根据“掷筊”（卜杯）来确定。但“掷筊”询问煎药水量的过程，实际上庙祝的经验起着重要的作用。北京中医药大学教授，台湾长庚大学客座教授鲁兆麟曾应邀对台湾保安宫的保生大帝药籤进行整理、核对和修订，事后，他撰写《保生大帝药籤的种类、特色及分布与传播》一文，其中写道：“在这些药方中，来自古医书中方剂有六味丸、万应膏、荆防败毒散、五香散、铁箍散、珠碧散、六一散、金匮丸、四神散、黄金散、珍珠散、保龄丸等古代处方 9 首，其中有的处方已被制成丸散膏丹类型的成药，或单用或与其他草药一起应用，其中张仲景《伤寒论》、《金匮要略》的方剂有 19 首，其他古代医书中方剂有《太平惠民和剂局》、《济生方》、《丹溪心法》、《景岳全书》、《宣明论方》、《小儿药证直诀》、《外科理例》、《圣济总录》

① 详见漳州吴真人研究会编：《吴真人学术研究文集》，厦门大学出版社 1990 年版。

等，另有大量的民间验方在保安宫中留传下来。"他还对保生大帝药籤的特点做了总结，认为有五个特点：一是药物的剂量比较轻。保安宫药籤中的大部分中药处方都是经过临床反复应用行之有效的中药复方，因此用之临床有很好的收效。而且，处方的剂量合理，药物间的剂量配伍得当，比临床治病时的剂量要小，具有安全性，且加之信徒们对保安宫药籤深信不疑，心诚则灵，因此药籤在信徒们心中有了很好的威望。二是药物都是临床上的常用草药，容易找到的；三是每一张药籤中的药味数量不多，最多则 9 味，最少的只有 1 味，而且药品价格都比较低廉，便于普通老百姓、善男信女接受；四是药籤中有一些民间流传的验方，其中记载一些民间的草药，因为药籤不知何时怎么流传下来的，这部分内容确实值得研究；五是在保安宫药籤中配有食品共同制作服用，反映出中医药文化药食同源的中国文化特点。① 台湾学者邱年永也对保安宫的药籤进行深入研究，著《台湾寺庙药籤考释》，该书对保安宫保生大帝药籤的方考、药物的来源、功效、应用、药理、常用处方等做了简要探讨，重点对药籤进行逐籤考释，其中"方考"一项证明保生大帝药籤多渊源于古代医典，具有科学性，兹以男科前 20 籤为例，列表如下②：

表 F1–6　台湾保安宫保生大帝药籤与医典

籤序	出　典	籤序	出典
1	《伤寒论》之桂枝葛根汤方	11	《伤寒论》之小青龙汤方
2	《伤寒论》之桂枝加附子汤方	12	《伤寒论》之桂枝加厚朴杏子汤方
3	《伤寒论》之桂枝二麻黄一汤方	13	《伤寒论》之麻黄杏仁甘草石膏汤方
4	《伤寒论》之桂枝二越婢一汤方	14	《伤寒论》之厚朴生姜半夏甘草人参汤方
5	《伤寒论》之葛根汤方	15	《伤寒论》之茯苓桂枝白术甘草汤方
6	《伤寒论》之桂枝去芍药加茯苓白术汤方	16	《医学心悟》之加味香苏散方

① http://www.zhaolintang.com/a/mingyichuanchenggongzuozhan/lianganjiaoliu/2012/0224/67.htm.

② 邱年永：《台湾寺庙药籤考释》，中国医药研究所 1996 年 12 月增订本。

续表

籤序	出　典	籤序	出典
7	无方	17	《伤寒论》之茯苓、桂枝甘草大枣汤加葛花、枸杞子之变方
8	《伤寒论》之葛根黄芩黄连汤方	18	《伤寒论》之五苓散方
9	《伤寒论》之麻黄汤方	19	《伤寒论》之小柴胡汤方
10	钱乙《小儿药症直诀方》之人参败毒散(原名败毒散)	20	《伤寒论》之栀子厚朴汤方

邱年永总结道:“从药籤中药物组成的考察,有依据医学经典出自汉《伤寒论》中的桂枝汤、葛根汤等,出自后世方宋《和剂局方》中的十全大补汤,金元《脾胃论》中补中益气汤等。以至明、清以后的《叶天士方》、《医方集解》等,自古代至近代中医药(医籍、本草)文献,即道藏经典随朝代采用的中医学经典,皆为药籤采用范围,惟传至台湾之后,增加不少台湾民间验方,如台中市元保宫药籤的第一首方至第一二〇方为基本方,第一二一首方至第一二六首方为民间验方,足证为传来台湾以后增加者,……”①

台湾学者林正宏对苗栗白沙屯拱天宫的妈祖药籤进行深入的研究,认为该药籤 120 首共使用 508 味药,去除重复的共有 193 味药,平均每首药味 4.23 种,出现频次最多前 10 种是甘草、枳壳、淮山、凤凰退、白术、木贼、川连、木通、酒和蝉蜕。甘草价格便宜,用途广泛,有“十方九草”之说。枳壳为理气药,台湾属于海岛型气候、夏天闷热潮湿,容易造成痰浊瘀阻、气机不顺、食积停滞,枳壳是一个化痰除痞、破气消积的良药。山药、凤凰退、白术三药属于农业社会脾胃不健,造成营养不良,用于补足脾之虚弱,以利水谷精微于脾中吸收转化成营养物质,输布全身。木贼、黄连、木通,早期农务繁重,夏季烈日炎炎,导致眼睛干涩、面赤烦躁、口糜生疮、小便赤黄、便秘等,此三药可用于清心火、利水通淋。酒的出现大多为药膳方中作为引经络通行全身之用。蝉蜕为蝉羽化时脱落的皮壳,常可于树干上发现,

① 邱年永:《台湾寺庙药籤考释》,中国医药研究所 1996 年 12 月增订本,第 11—12 页。

配合桑叶、薄荷、菊花等，用于风热感冒或温病初起，在早期社会是一个不用花钱就可以收集到经济又实惠的药材。整体来说前十名药材还是以台湾气候与农业社会生活形态相结合的组合，又以方便就地取得、无昂贵药材为主。①

2. 庙祝想方设法避免药籤的盲目性

药籤经常遭到世人诟病的并不是其药方的科学性，而是籤占的形式可能导致服药的盲目性，如有学者指出："灶王爷这些药方，是含有科学依据的，但关键是那些算命先生怎样运用药方。药方是以抽籤形式开列出来的，如果算命先生懂点中医，能够对症下药，那还尚可，如果他全然不懂中医，随意给抽籤人一个药方，那岂不是坑害人吗？"② 甚至有学者认为："病人有病，求籤问方，名曰神给的药方，但这样瞎碰瞎吃，即使害不死人，至少也会延误病情，因此它的效果与巫婆请神驱鬼相差无几。"③ 毋庸讳言，这种看法并不是建立在调查研究基础之上的，而是一种简单的逻辑推理和轻率的价值判断。如果药籤真的会导致如此严重后果的话，那么，药籤能流传数百上千年就不可思议了。事实上，中国的老百姓是很有智慧的，他们不可能连这样简单的道理都看不出，糊里糊涂地把性命交给神明摆布。为了避免吃错药，庙祝们想出许多办法来补救，一方面把药籤分为大人科、小儿科、妇科、眼科、外科等，另一方面有些药籤明确注明什么病该吃什么药。特别是，在占取药籤和抓药的过程中，有一种机制保证善男信女不会盲目用药，尽可能做到对症下药。从上面列举的药籤医案也可证明，药籤的药方与患者的病症基本上是吻合的，这绝对不是偶然的。台湾有些药籤簿由庙祝保管，求籤者得了籤号后，交给庙祝，由庙祝将药籤上的药方抄给求籤者，甚至指定到哪一家药房抓药。也有的庙宇把药籤簿直接放在中药铺中，病家抽取籤号后，凭籤号直接到那家中药铺抓药。还有的宫庙在庙内设有中药

---

① 林正宏：《苗栗白沙屯拱天宫——药籤考究与重整》，台湾中兴大学生命科学院 2011 年硕士学位论文。

② 郝铁川：《灶王爷 · 土地爷 · 城隍爷：中国民间俗神研究》，上海古籍出版社 2003 年版，第 97—98 页。

③ 郭春梅、张庆捷：《世俗迷信与中国社会》，宗教文化出版社 2001 年版，第 228 页。

铺，为占卜药籤者服务。无论是管药籤的庙祝还是开中药铺的老板，都深谙药性，兼通药理，他们在抄写药方或配药时会有意识地询问病情，并及时调整药方，尽可能做到对症下药，故一般不会出太大的差错。[①] 某庙祝说："台湾有的宫庙备有药籤筒，但把药籤簿放在中药铺中，抽籤者只要告诉药店的药剂师，自己得什么病，抽到第几首，药剂师都很清楚要配什么药。"[②] 有的药籤中的药物没地方找，庙祝或有经验的医生会自作主张用其他药物取代，如前面提到的中央电视台拍摄的《"灵异"的药籤》电视片中介绍风湿病患者黄奕裕求保生大帝药籤的过程，第一次所求的药籤并不对症，第二次所求的药籤中有专治风湿病的"牛膝"草药，算是对症了，但由于自然环境的变化，当地已经找不到此草药了，后来一民间医师用同样可以治疗风湿病的"毛将军"的药草替代。此例子也说明，药籤中的药物，只是一个参考，药剂师或医生会根据实际情况调整药方、药量等。甚至连煎药的水量比例的确定也加入了人为的因素，尾堑保安宫的庙祝黄财龙在谈及如何避免花很多时间才能确定煎药

图 F1–76　庙祝在信仰疗法的对症下药中扮演重要角色

① 参见温文权：《花莲县寺庙药籤之社会网络》，花莲教育大学乡土文化学系 2008 年硕士学位论文。

② 蔡欣茹：《黄财龙·游金生先生访谈录——尾堑保安宫保生大帝医疗佚事》，《宜兰文献杂志》1999 年第 37 期。

水量的问题时说道："通常我都是根据药籤解上的药方分量来估算大约多少碗水会煎起来刚好，这都是经验，没有那么难。好比说，我推算三碗水煎成八分，如果神明没有'圣筊'，而是'笑筊'（按两个筊呈阳面），那就知道水太多了要减一点，减成二碗半再试试看；如果是'阴筊'（按：即所谓'伏筊'，两个筊呈阴面），就是水分太少要加一点。就这样加一点、减一点，就八九不离十了。"①

笔者在晋江深沪宝泉庵调研时，也看到了药剂师经常调整药籤药方的做法。我们在采访时，他们并不忌讳这种看似亵渎神明的做法，认为这是先人留下的传统，主要为病人着想，没有不妥之处。当然，他们强调这种根据病症调整药方的做法是不能告诉信徒的，这样可以保持药籤的神圣性，疗效会更好。

在台湾宜兰流传着这样的故事：日据台湾时期，有个名叫阿桑的人，因肚子长期疼痛到普照寺求药方，中药铺看了药方，吓了一跳，原来佛祖给的药方中有砒霜字样，尽管药量很轻，那毕竟是会要命的毒药。药店的人不肯配药，在阿桑的一再坚持下，才勉强配药，但暗地里把砒霜的药量减去一半。阿桑服用了此药后不久，肚子痛得死去活来，排除一些秽物后，病就好了。后来，阿桑到庙里谈及此事，说佛祖给的药很有效，但害得他痛得差一点死去。其实，佛祖赐给的药量刚刚好能把肚子里的虫毒死，但因药剂师把药量减去一半，虫在肚子里垂死挣扎，人当然痛不欲生了。当地人津津乐道此故事的目的是要说明"人会误人，神不会误人"的观念，但从中也可看到，医生或药剂师对民俗疗法中的药方暗地里是可以调整的。台湾中医临床医学会理事长陈潮宗在《中医师看寺庙药籤》一文中也提到："目前台湾许多寺庙仍有提供药籤服务，如何求一张药籤？与一般求籤的方式差不多，通常病人或病人的亲友到寺庙，首先上香说明来意，再来手掷'筊杯'，等'筊出'象征准许使用的'圣杯'后，到籤筒拿出一支籤，再从籤盒中取出相对应的籤诗，然后到附近的中药店或者青草药店配药，受理药籤的药店

① 蔡欣茹：《黄财龙·游金生先生访谈录——尾堑保安宫保生大帝医疗佚事》，《宜兰文献杂志》1999年第37期。

也适度更改药籤中的配方及用量，给予病人更适当的治疗，如果药籤与病人主诉的疾病‘牛头不对马嘴’，药店店家通常会请病人再去问一次神明、求第二张药籤，所以旧时代药店老板通常都兼做医师，也是病人用药安全的把关者。”①

药籤上的药方，绝大多数是一些清火、滋补、强肝之类的处方，使用的草药常见的有甘草、茯苓、熟地、当归、陈皮、淮牛七、淮山、砂仁、肉桂、人参等，绝不用剧烈药方，病人服用后，即使不对症，治不好病，也不会伤害身体。而药籤是在神明的恩准下求得的，患者自然对药方产生信任感，有时还真能“药到病除”。另外，大多数宫庙寺院在使用药籤时，十分谨慎小心，如台湾宜兰三星镇安宫管委会主任一再强调：“药籤可以救人，亦可以害人，使用时必须特别谨慎，切不可单凭外传不明来源的药籤，私自求医；一切需经保生大帝允许，再至保生大帝指定的中药店中配药。”礁溪天农庙庙祝也指出：“一般来说，信众在庙里依礼求得药籤之后，指定的参药行通常一次可能给予3天的药份。病人服完后，可以看药方有效与否，再到庙中另外求一次药籤，或者请参药行斟酌加减几味，甚至依病情更换处方籤。”在台湾中部的有些寺庙，直接在药籤上加注“注意事项”：“1.本药籤是圣（先）人流传下来的，供参考之用。2.（使用时）敬请与贵地合法中医师商量及研究。”② 近年来福建泉州花桥宫的董事会聘请当地著名中医，对过去流传下来的药籤，逐首进行研究，修订药籤中的不合理的药物或不容易寻找的药物，使之更加符合中医的药理，并且在厘定的每一首药籤上注明该药方所医治的病症，如果抽取的药籤与所患的病痛不符合，可再次抽取，直到对症为止。这种做法，体现了花桥宫管理层的良苦用心，但也扭曲了信仰疗法的基本精神，即神圣性和神秘性，抽籤者的信仰因素一旦被去除了，回归到理性，那么，药籤的疗效自然要大大地打折扣了。

3. 信仰疗法的特殊功效和自圆其说的“灵验”

药籤看上去似乎是药物在起主导作用，而实际上仍然是心理暗示和心

① 陈潮宗：《中医师看寺庙药籤》。http://www.drchen.com.tw/beautyhealth/a122.htm.

② 参见宋锦秀：《台湾寺庙药籤汇编：宜兰“医药神”的系统》，《宜兰文献杂志》1999年第37期。

理治疗为主，药物只是起辅助作用。在信仰疗法中，宗教信念特别重要，庙祝们会反复强调善男信女占取药籤时要虔诚，籤占的过程充满严肃性，药籤中设置若干空籤、不诚籤、再求籤等，其用意也在于此。这种强化宗教信念的做法，在古今中外的信仰疗法中具有普遍意义，詹姆斯·兰迪指出："信仰疗法大师从不在意唤醒病人对自己行为和疾病的洞察力，他们竭力在病人心中培养一个信念，那就是：缓减病情和维持安宁的唯一方法就是他们传达的神的干预。他们公开斥责病人行为独立的倾向，并严厉诅咒世俗的人本主义者，说这些人本主义者胆敢认为人们可以不依靠神的帮助而生活，这是从未有过的傲慢。"① 一旦善男信女完全相信超自然的力量，他们便会把药籤中药方（哪怕是再寻常不过的药物，如香灰、茶水等）视为神丹妙药，看做是救命稻草，便毫不犹豫地服用，希望能得到神明的庇护，恢复健康并延年益寿。现实中的不少事例证明，占取药籤的人，心理暗示和心理治疗就占据主导地位，一些神经比较敏感的病人会较好地调动自身固有的正能量，来消除并不那么严重的病灶，有时确实会取得十分神奇的效果，很快恢复健康。在这里，当然不是神明的力量在起作用，但庙祝和善男信女会归功于神明的保佑，归功于药籤的神奇。一些小病特别是心理上的疾病，利用宗教信仰进行心理上的疏导，往往不吃药，病也能痊愈。

从药籤医案可以发现，药籤这样的信仰疗法治愈的多是功能组织性的疾病（如五脏六腑之病、传染病）和由个人情感引起的疾病以及凶邪鬼魔或其他另类超自然力量所致的疾病。功能组织性的疾病（如五脏六腑之病、传染病），依靠符合中医药学的药方，辅以信仰疗法，最容易取得功效；个人情感引起的疾病，则以信仰疗法为主，辅以药物，有时也能取得功效；至于凶邪鬼魔或其他另类超自然力量所致的疾病，用宗教信仰的方法来解决，以毒攻毒，虚虚实实，功效则没有一个固定的标准，但话语权掌握在庙方，自然有利于庙方了。我们还注意到，无论药籤（包括其他的信仰疗法）有多么神奇，但它对少胳膊断腿、少耳朵断手指、先天失明、兔唇之类的残疾，就无能为力了，

---

① ［美］詹姆斯·兰迪：《信仰疗法：揭开巫医神功的面纱》，喻佑斌、罗文胜译，海南出版社2001年版，第291页。

这也从另一个侧面证明神明并非万能，药籤等信仰疗法的操纵者是凡人。

另外，药籤之所以给人以特别“灵验”的错觉，它有一套自圆其说的说辞。服用药籤的药物后，可能出现四种情况：一是病情好转，甚至痊愈，庙祝就会说应该感谢神明保佑，病人也自然更加虔诚信仰，以亲身经历到处宣传；二是病情稳定，不好也不坏。庙祝就会说来的正是时候，只要更加虔诚信仰，继续求助于神明，就会逐渐好转；三是病情继续恶化。庙祝会说来得太迟了，只有加倍虔诚信仰，也许神明还会出手相助，转危为安；四是病人死了。庙祝会说，人会误人，神不会误人，神都救不了，认命吧！把责任推得干干净净。也就是说，药籤这样的信仰疗法，对任何可能出现的结果都能自圆其说，易言之，药籤的治疗方法从来就不会被证明是错误的，因此，就会给人产生特别“灵验”的错觉。

六、余　　论

（一）药籤是一定历史阶段的产物

药籤的产生是一个非常复杂的历史现象，一方面，从医学发展史的角度审视药籤的产生，也许可以说，药籤也是医学发展到一定阶段的产物，正由于医学的发展，使一些巫觋不得不承认医药的功效要优于宗教的符咒，为了与医生争夺患者，不得不改变以驱逐病魔为主的治病方法，开始从祖国的医药宝库中吸取营养，寻找方便、简捷、有效的药方制作成药籤，供百姓占取，以增加巫觋为人驱邪治病的成功率。另一方面，药籤的出现在某种意义上说，又是医学屈服于宗教的产物。医学的发展，对信仰疗法必定会产生巨大的冲击，然而，具有数千年传统的信仰疗法在民众中的影响可谓是根深蒂固，很难在短时间内被冲垮，一些医生不得不屈服于传统的势力，参与制作药籤，以此作为普及医药的途径。历史就是如此有趣，往往能把看起来是相互矛盾的事物，不可思议地把它们奇妙地结合在一起，产生新的事物。

（二）药籤为贫困人群看病提供便利

在中国古代乃至近代的一些偏僻乡村，医疗卫生非常落后，看病难、看病贵、看不起病成为贫困人群的心头之痛，药籤的药味少、药量轻、药费便宜，还不需要问诊费，因此，受到贫困人群的欢迎。龚葆中在《孚佑帝君药籤书后》反驳社会上对药籤的种种责难，认为药籤对"贫寒困苦"者大有好处，他说："困厄则呼天，疾病则呼父母。呼天必疾病，穷困之秋，其力弗克延医，不能购药于时，不求于冥冥，又何求耶？又谁为之拯耶？果有良医，为力足以延之，药赀虽贵，亦在所弗恤，人岂甘心舍昭昭而入冥冥耶？"又说："仙方皆足以活人欤？骄纵淫佚，放僻邪侈，有所恃无忌矣，仙方不足以活人欤！鳏寡孤独，贫寒困苦，谁博施而济之，神而明之，存乎其人。"台湾员山普照寺庙祝游文衍也感慨万千地说："以前医学不发达，再加上没钱看病，所以遇到急症来求佛祖药籤的非常多。"又说："在那个年代一般都是贫穷人家，已经是没有钱看医生，才来求助。"[①] 厦门市社科联原主席、《吴真人药籤与中草药研究》主编方友义也认为："吴真人药方中的药材便宜，群众买得起；中草药在山上容易采到，如青礁慈济宫后面至今还有 300 种草药，很便利；药味不复杂，分量较轻，具有一定的疗效，如调理肠胃、补气增强抵抗力等；民众信仰也增加了心理治疗作用。"[②] 龚葆中、游文衍、方友义先生的一席话，实际上点明了药籤长期得以存在的社会根源。

（三）药籤为绝症患者提供最后的希望

"月有阴晴圆缺，人有旦夕祸福"，当患重病长期治疗无效，特别是身患绝症，被医生判处死刑的时候，患者和亲人会感到十分恐惧和无助，在万般无奈情况下，只能求助于神明保佑，占取药籤，碰碰运气，尽管带有死马当活马医的意味，但多少也会给患者和亲人最后一点希望。如前面提到的保

① 蔡欣茹访谈整理：《游文衍先生访谈录——员山普照寺庙公谈观音佛祖济世佚事》，《宜兰文献杂志》1999 年第 37 期。

② http://bbs.xmfish.com/read-htm-tid-1518080.html.

生大帝药籤【医案1】、【医案4】、三平祖师药籤【医案3】都是绝症，被医生诊断为死刑，后来吃了药籤就神奇般地康复了，我们在田野调查时经常听到类似的故事。台湾员山普照寺庙公说道："和过去相较之下，因为西医的普遍，现今来求药籤或是扶鸾时来求药者，多半是冲着西医无法解决的病，也有西医吃过头身体出现不良作用的。像各种癌症、尿毒需要洗肾，或是一些用肉眼看不出，医生也检查不出的病因，譬如说'冲煞'、'魂飞去'、'著惊'（受到惊吓）等症状。"① 毋庸讳言，这种奇迹不可能经常发生（多是医生误诊），但确实为绝症患者提供最后的希望，哪怕这种希望是虚无缥缈的，对绝症患者也是一种慰藉。

（四）药籤保存着一些珍贵的资料

一方面，药籤中保存着许多民间验方、偏方、秘方等，这些民间验方、偏方、秘方，医药典中多不收入，依赖药籤得以流传下来，其中不乏具有较高价值的东西，可以成为中医药学的重要补充。厦门市中医院院长陈进春主任医师认为："吴真人的药方具有就地取材、组方简廉、药少量轻的特点，很适合乡村民众，在医学临床上也有借鉴价值。"② 在一些药籤谱后面附有民间验方，如《孚佑帝君药籤》之后附录有"普济丸"、"清瘟解毒丹"、"德生丹"、"香砂养胃丸"、"水瓜釉"、"救苦膏"、"养容丸"、"梁会大津丹"等药方，这些药方均采自传统中药方，或源自民间验方，或从善书中选取，用于治疗常见的疾病和流行病（如瘟疫等），很有价值。③ 当然，由于当时医学水平的限制，一些药籤中的药方不符合现代医学，有的甚至内含剧毒。台湾"卫生署中药委员会"曾委托台湾中医学院教授张永勋对台湾北、中、南25家寺庙的药籤的现状进行调查，惊奇发现有些药籤含有雄黄等毒性大的药物、或管制药物如罂粟壳等，还有保育动物如犀牛角、虎骨、熊胆等，

① 蔡欣茹：《游文衍先生访谈录——员山普照寺庙公谈观音佛祖济世佚事》，《宜兰文献杂志》1999年第37期。

② http://www.zgycsc.com/readinfo-htm-ifid-17377.

③ 参见宋锦秀：《台湾寺庙药籤汇编：宜兰"医药神"的系统》，《宜兰文献杂志》1999年第37期。参见［日］吉元昭治著、陈昱审订：《台湾寺庙药籤研究》第四章"善书与民间疗法"，武陵出版有限公司1990年版，第145—180页。

较不可思议的还有“旧铁钉”、“纹银”等金属，据说大人要吃大铁钉、小孩就吃小铁钉。这些非科学的药方都必须去除。

另一方面，药籤中还保留着不少社会史的资料。如许多药籤谱中不仅仅是药方，还有一些无药方而宣扬道德教化的籤诗，龚葆中在《孚佑帝君药籤书后》写道：“方而曰仙，用药自不拘于成格，不尚乎重剂，不贵乎珍品，不求其多味，降方济世愈人之病者末也，寓劝惩警人心者本也。”诸如宣扬虔诚礼拜神佛，《吕洞宾真人神方占》第六首、第十五首、第十七首、第三十三首、第五十八首，《吕祖仙方》男科第四首、第二十一首、第八十首、第八十四首、妇科第十七首、第三十一首、第八十九首、外科第二十六首、第五十首、第六十七首、眼科第七首、第二十二首，《孚佑帝君药籤》男科第二十五首均属此类型。再如宣扬修省悔过，从善积德，《吕祖仙方》男科第六首、第二十二首、第三十五首、妇科第八首、第三十九首、第七十九首、第八十五首、第八十八首、眼科第四首、第五十二首、外科第八十一首、第一百首；又如宣扬忠孝，《孚佑帝君药籤》男科第五十九首、第七十八首即属此类型；还有宣扬戒酒色、戒杀生，《吕祖仙方》男科第一首、外科第二十七首、第七十四首、幼科第三十五首，《孚佑帝君药籤》男科第三首、外科第五首均属此类型。类似的例子很多，反映了中国古代重视伦理道德教化的文化传统渗透到社会的各个角落，潜移默化发挥着作用，均为研究古代社会文化史提供重要的资料。

还有一些药籤谱附加其他信息，如台湾城隍庙药籤后的“寄存者”中，身份复杂，有官员、文人、书生、职员、铺户、殷户、倡首、宫庙、商号等，是研究当地社会历史的重要资料。

表 F1–7　台湾城隍庙药籤后的“寄存者”姓名、身份

序号	寄存者姓名、身份	序号	寄存者姓名、身份	序号	寄存者姓名、身份	序号	寄存者姓名、身份
1	信士黄五常	26	职员王沈同	51	殷户张才良	76	铺户黄德兴
2	进士杨士芳	27	监生黄振德	52	铺户杨洽成	77	铺户金通顺
3	钦赐举人林维源	28	监生林德源	53	铺户林合利	78	铺户杨洽成

续表

序号	寄存者姓名、身份	序号	寄存者姓名、身份	序号	寄存者姓名、身份	序号	寄存者姓名、身份
4	同知衔李及西	29	监生周薛陈	54	童生庄维峻	79	铺户赵自兴
5	岁贡生黄友璋	30	监生吴振坤	55	殷户林戴顺	80	铺户蔡荣昭
6	武生林秋光	31	生员吴本源	56	铺户新长兴	81	铺户萧源兴
7	贡生李绍宗	32	铺户陈珍香	57	铺户张逢源	82	铺户萧清茂
8	贡生庄如川	33	武生吴舜年	58	铺户胡振和	83	铺户杨春元
9	廪生庄际辉	34	钦赐举人林维源	59	殷户石万安	84	信士潘以成
10	廪生吕桂芬	35	职员江锦章	60	童生石奠邦	85	信士潘孟谦
11	廪生汪鸣	36	职员黄挺华	61	板桥林本源	86	铺户川盛号
12	千总赵长桂	37	职员林元弼	62	监生林德源	87	信士许正观
13	信士黄五常	38	职员陈璨峰	63	铺户林合利	88	信士李宗璜
14	信士	39	监生林德源	64	倡首董事冯时安	89	职员黄振先
15	职员庄国香	40	信士杨承辉	65	倡首董事李克联	90	职员蔡伯祥
16、	职员江锦章	41	信士杨承汝	66	倡首武生黄如金	91	信士
17	倡首武生黄如金	42	总理罗奇英	67	进士杨士芳	92	监生林德源
18	倡首董事冯时安	43	信士林炳瑛	68	生员吴本源	93	铺户陈荣璨
19	倡首职员庄赞勋	44	信士蒋国荣	69	信士杨承耀	94	弟子许正观
20	倡首职员游联甲	45	信士李绍年	70	信士陈登第	95	铺户陈珍香
21	倡首总理李古联	46	信士陈祖畴	71	武生吴舜年	96	铺户黄德兴
22	倡首信士石秀峰	47	武生吴舜年	72	职员黄挺华	97	碧霞宫鸾生、讲生
23	职员庄国香	48	职员吴祥云	73	职员林应芳	98	本庙保民社
24	职员林应芳	49	职员林应芳	74	铺户陈珍香	99	碧霞宫正善社
25	职员刘应星	50	殷户卢石养	75	铺户林合利	100	碧霞宫同仁社

本表据《台湾宗教调查报告书》第 169—186 页制作。

（五）药籤在政治和医学的双重挤压下，将在不久的将来消亡

药籤自产生后，不断遭到文人学士的诟病，甚至公权力也参与到禁止药籤的行列中。国民政府定都南京前后，一度推行移风易俗，先后颁布了“禁蓄辫发条例”、“禁止妇女缠足条例”、“禁止蓄婢令”和“严禁药籤方乱方案”等，出现了大规模的破坏寺庙活动和破除迷信的高潮。一些地方政府下令禁止药籤，如民国二十年（1931），福建省政府曾下令严禁药籤：“省府准福建省党务特派员办事处公函，据崇安县党务指导员呈称：查本县僻处山陬，风化未开，民气闭塞，人民苟罹疾病，不事延医复药，以为根本之诊治，乃多问卜求神，以占命运之良乖。自经赤祸之后，时疫常兴，各寺庙之药籤亦陡形忙碌。村妇愚夫行为虽属可笑可怜，而民命所关，非可坐视。伏查神院寺庙，随地皆有，而药籤之设备亦甚为普遍。一般愚民类皆信神强于信医，求神多于求医。幸而籤药而效，乃酬神谢恩，既失事废时，又复破耗财力。不幸而为籤药所误，亦揆为命运所该。此种听天安命之思想，实为我民族麻木不振之主因，等情转请查照办理。省府转函后，已转行各区专署，饬属严禁。闻第一区转饬所属各县严行禁绝云。”[①]1997年6月台湾卫生局下令禁止宫庙提供药籤给信徒治病，绝大多数宫庙把药籤筒收藏起来，除非当地熟人，或者是非常执著要药籤的，才提供此项服务。所以，抽药籤的人越来越少了。[②]随后，香港政府也下令禁止药籤，像黄大仙庙这样的大庙也挂出公告，停止占取药籤服务。

与此同时，随着现代医学的发展和医疗保障体系的建立，百姓看病难、看病贵、看不起病的状况逐渐改善，药籤这类的信仰疗法、民俗疗法的市场被不断挤压，越来越少人愿意服食药籤的药方，特别是受过良好教育的年轻人更不愿意接受药籤。台湾仁武宫的庙祝说，该宫在早期鼎盛时期，每天前来求药籤的信众皆络绎不绝，从早上开门到晚上十点从未停歇，而当时一个月收到的香油钱超过一百万元算是很正常的。然而，现在前来求药

① 《一起专署通令辖县收毁各神院寺药籤》，《新长乐》第三号，民国二十年十月二十日。

② 蔡欣茹：《黄财龙·游金生先生访谈录——尾堑保安宫保生大帝医疗佚事》，《宜兰文献杂志》1999年第37期。

籤的信众却寥寥无几，一个月的香油钱顶多只剩 2—3 万元（仅可维持庙的总支出）。这位庙公还认为，现在的人普遍有一种心态就是身体不舒服一定会先找医生，而有些信众也是会这样想，所以来抽药籤的客人比较少了，而且会来求药籤的老人家有的过世了，有的行动不便，想来也没办法来！虽然现在还是会有人来求药籤，但是没有像以前那么多了。①仁武宫药籤的兴衰具有一定的代表性，昭示着药籤未来的命运，必定是生存越来越艰难，在不久的将来退出百姓生活，走向消亡。

〔郑重声明：本书引用的所有药籤药方，仅供史料分析之用，不能用于治病，否则，后果自负！〕

① 陈玉珍、林依莹、李宗麟、蔡佳憓、陈华蔚：《医生抢了神明的饭碗？——以求药籤为例》。http://www.nhu.edu.tw/~society/e-j/43/43-13.htm.

附录二：籤解项目出现频次一览表

表 F2-1　籤解项目出现频次总表

序号	项目名称	出现次数	序号	项目名称	出现次数	序号	项目名称	出现次数	序号	项目名称	出现次数
1	婚姻	839405	41	行船	31547	81	投机	4777	121	渡洋	918
2	求财	828729	42	讨海	30421	82	恋爱	4777	122	入舍	877
3	讼事	816531	43	考试	22627	83	开赌	4777	123	老人	860
4	六甲	622318	44	逃失	22382	84	捕盗	4777	124	少年	812
5	功名	612487	45	迁移	22058	85	拆卸	4777	125	小口	788
6	疾病	583466	46	口舌	22038	86	朝覲	4702	126	脱事	779
7	失物	516135	47	家运	21615	87	生意	4690	127	后福	692
8	出行	442850	48	置产	20682	88	合伙	4559	128	阴人	526
9	行旅	398129	49	进人口	19088	89	修坟	3662	129	寿面	493
10	作事	346472	50	进货	17975	90	求医	3395	130	工业	448
11	移居	342948	51	脱货	16782	91	告状	2985	131	学艺	438
12	命运	327554	52	贵人	16713	92	农业	2887	132	雇工	367
13	买男儿	224317	53	天时	15735	93	交友	2853	133	远人	336
14	太岁	218604	54	种植	11818	94	祷祀	2604	134	开市	298
15	年岁	211403	55	出入	11680	95	求安	2555	135	伤寒	292
16	来人	206357	56	买卖	11388	96	出运	2529	136	放债	290
17	家宅	205938	57	文书	11359	97	冲犯	2466	137	造船	262
18	求雨	186904	58	谒见	10926	98	宅神	2437	138	养子	241
19	生意	143959	59	医药	10550	99	作塭	2403	139	刑事	239
20	诸事	115736	60	灶君	7843	100	鱼苗	2403	140	占梦	223
21	月令	113034	61	学业	7682	101	种子	2403	141	除受	194
22	谋望	101622	62	鬼神	7663	102	怪异	2389	142	盗贼	170
23	六畜	101250	63	求师	7189	103	茶叶	2389	143	祸福	148
24	耕作	95172	64	跟官	7166	104	养蚕	2365	144	罪人	120

续表

序号	项目名称	出现次数	序号	项目名称	出现次数	序号	项目名称	出现次数	序号	项目名称	出现次数
25	安葬	78507	65	子息	6795	105	前程	2132	145	买婢	109
26	音信	75569	66	牧畜	6767	106	富贵	2005	146	动用	97
27	自身	74699	67	经商	6337	107	托人	1950	147	针灸	96
28	寻人	61204	68	瓜果	6265	108	守旧	1934	148	竞选	88
29	人口	59830	69	田宅	6078	109	买人口	1901	149	花价	79
30	交易	54871	70	田园	5700	110	桑麻	1872	150	种花	79
31	谋事	50385	71	纳畜	5645	111	经营	1803	151	物价	79
32	风水	50315	72	健康	5197	112	升职	1657	152	厉疫	79
33	田畜	47013	73	靠人	5002	113	回乡	1767	153	卜宅	74
34	田蚕	40898	74	问事	4960	114	五谷	1740	154	出家	71
35	求嗣	39134	75	根基	4946	115	成事	1705	155	穿井	48
36	创业	38107	76	花喜	4913	116	借物	1657	156	采药	48
37	种珠	36532	77	事业	4879	117	痘疮	1293	157	过房	48
38	福禄	36250	78	忧疑	4854	118	兴贩	1267	158	经纪	48
39	造屋	34459	79	中保	4777	119	新事	1194	159	致仕	47
40	求官	33538	80	学馆	4777	120	医师	1106	160	春令	24

庞纬:《从籤诗看中国社会的价值观》,载复旦大学历史系编《中国传统文化的再估计——首届国际中国文化学术讨论会(1986)文集》,上海人民出版社 1987 年版,第 603—609 页。

表 F2–2 籤解项目出现频次类别统计表

序号	类别名称	出现次数	序号	类别名称	出现次数	序号	类别名称	出现次数
1	旅行	875211	9	命运吉凶	557555	17	一般事项	222318
2	婚姻	845059	10	失物、走失	538517	18	求雨、天候	202639
3	求财	883786	11	行事	354250	19	丧葬	82169
4	讼事	819755	12	迁居	343948	20	寻人	61204
5	功名	707479	13	社会关系	324408	21	住宅	59992
6	怀孕生产	673160	14	家庭	309220	22	风水	50315
7	疾病治疗	605522	15	行商贸易	305087	23	教育	42713
8	农渔畜牧业	584582	16	鬼神怪异	244077	24	其他	357034

庞纬:《从籤诗看中国社会的价值观》,载复旦大学历史系编《中国传统文化的再估计——首届国际中国文化学术讨论会(1986)文集》,上海人民出版社 1987 年版,第 603—609 页。

主要参考文献

1. [德]庞纬:《中国灵籤研究》(资料篇),龙记图书有限公司 1976 年版。

2. 乌丙安:《民俗学丛话》,上海文艺出版社 1983 年版。

3. [德]庞纬:《中国灵籤研究》,奥托•哈拉索维茨出版社 1985 年版。

4. 常人春:《老北京的风俗》,北京燕山出版社 1990 年第 4 版。

5. 陈清河:《台湾籤诗台湾史》,财团法人嘉义县文化基金会 1990 年版。

6. [日]金阙丈夫等编、林川夫审编:《民俗台湾》,武陵出版社 1990 年版。

7. 吕胜中编著:《中国民间木刻版画》,湖南美术出版社 1990 年版。

8. 卫绍生:《中国古代占卜术》,中州古籍出版社 1991 年版。

9. 钟兆鹏:《谶纬论略》,辽宁教育出版社 1991 年版。

10. 陈永正主编:《中国方术大辞典》,中山大学出版社 1991 年版。

11. 陈支平:《近五百年来福建的家族社会与文化》,上海三联书店 1991 年版。

12. 郭立诚:《中国人的鬼神观》,台视文化公司 1992 年版。

13. [日]酒井忠夫、今井宇三郎、吉元昭治:《中国的灵籤 · 药籤集成》,东京:风响社 1992 年版。

14. 林国平、彭文宇:《福建民间信仰》,福建人民出版社 1993 年版。

15. 吴康主编:《中华神秘文化辞典》,海南出版社 1993 年版。

16. 林金枝主编:《华侨华人与中国革命和建设》,福建人民出版社 1993 年版。

17. [日]片冈岩:《台湾风俗志》,陈金田译,众文图书股份有限公司 1994 年版。

18. [日]铃木清一郎:《台湾旧惯习俗信仰》,冯作民译,众文图书公司 1978 年版。

19. 闻道:《周易占测入门》,中州古籍出版社 1995 年版。

20. [日]岛武史:《日本灵籤纪行》,日本经济新闻社 1995 年版。

21. 有闲居士:《万事问灵籤》,中州古籍出版社 1996 年版。

22. 徐洪兴:《籤占》,中华书局(香港)有限公司 1997 年版。

23. 谢贵安:《中国谶谣文化研究》,海南出版社 1998 年版。

24. 林修澈主编:《庙全记录——台湾省庙呈现出来的文化资产与生活意义》,建华印书有限公司 1998 年版。

25. [日]中村公一:《一番大吉—籤占的课题》,大修馆书店 1999 年版。

26. [日]大野出:《江户之占术》,河出新房书社 2004 年版。

27. 李天锡:《华侨华人民间信仰研究》,中国文联出版社 2004 年版。

28. 陈进国:《信仰、仪式与乡村社会:风水的历史人类学探索》,中国社会科学出版社 2005 年版。

29. 胡小伟:《中国文化史研究·关公信仰系列》第五卷《燮理阴阳——〈关帝灵籤〉祖本考源及研究》,科华图书出版公司 2005 年版。

30. 卓克华:《清代台湾行郊研究》,福建人民出版社 2006 年版。

31. 林国平主编:《当代台湾宗教信仰与政治关系》,福建人民出版社 2006 年版。

32. 赖永海:《中国佛教文化论》,中国人民大学出版社 2007 年版。

33. 世界关氏宗亲总会第九届恳亲大会筹委会编印:《关公文化资料丛书》第一至六册,华夏出版社 2007 年版。

34. 刘小龙编著:《海峡圣灵——东山(铜陵)关帝庙志览》,中国文史出版社 2007 年版。

35. 高友谦:《天意解码:关帝籤新观察》,团结出版社 2008 年版。

36. 吴幼雄、李少园主编:《通淮关岳庙志》,中国社会科学出版社 2008 年版

37. 卢公明:《中国人的社会生活》,陈泽平译,福建人民出版社 2009 年版。

38. 道成居士编著、草庐主人主修:《全台寺庙灵籤注解》卷一至卷六,正海出版社 2010 年版。

39. 魏义霞:《中国人的命运哲学》,黑龙江教育出版社 2010 年版。

40. 刘福铸编纂:《妈祖文献史料汇编》(第三辑),海风出版社 2011 年版。

41. 林国平:《闽台民间信仰源流》,人民出版社 2013 年版。

42. 容肇祖:《占卜的源流》,国立中央研究院历史语言研究所《集刊》,第一本第一分册,1928 年收入顾颉刚《古史辨》第三册上编。

43. 蔡文辉:《台南庙宇占卦的一个研究》,《思与言》1967 年第 6 卷第 2 期。

44. 庞纬:《从籤诗看中国社会的价值观》,复旦大学历史系编《中国传统文化的再估计——首届国际中国文化学术讨论会(1986)文集》,上海人民出版社 1987 年版。

45. 程丽仙:《广福宫籤诗初探》,《槟榔屿广福宫庆祝建庙 188 年暨观音菩萨出游纪念特刊》,1988 年。

46. 胡国钧:《方岩籤诗:一种独特的宗教文化》,文载姜彬主编《中国民间文化——民间神秘文化研究》,学术出版社 1993 年版。

47. 詹石窗:《论道教的拟兆》,《世界宗教研究》1996 年第 2 期。

48. 丁煌:《台南旧庙运籤的初步研究》,文载李丰楙、朱荣贵主编《仪式·庙会与社区》,中研院文哲所 1996 年版。

49. 谢金良:《〈周易〉与籤诗的关系初探》,《世界宗教研究》1997 年第 4 期。

50. 林美容:《由地理与年籤来看台湾汉人村庄的命运共同体》,《台湾风物》1998 年第 38 卷第 4 期。

51. 谢金良:《论籤占语言的通俗文学化和宗教神学化——以〈北帝灵籤〉文学演变为例》,《道韵》(四),中华大道出版 1999 年版。

52. 汪毅夫:《籤卜的文化观察——福建民间信仰调研报告之三》,《福建宗教》1999 年第 4 期。

53. 罗红光:《围绕历史资源的非线性实践——从黑龙潭人的仪礼活动看历史与现实的"对话"》,郭于华主编《仪式与社会变迁》,社会科学文献出版社 2000 年版。

54. 王文亮:《台湾地区旧庙籤诗文化之研究——以南部地区百年寺庙为主》,台南师范学院乡土文化研究所 2000 年硕士学位论文。

55. 严耀中:《论占卜与隋唐佛教的结合》,《世界宗教研究》2002 年第 4 期。

56. 陈进国:《寺庙灵籤的流传与风水信仰的扩散》,《宗教学研究》2003 年第 1 期。

57. 林修澈:《宜兰县内庙的运籤》,《宜兰研究》第三届学术研讨会论文集,2004 年。

58. 汪娟:《百首观音灵籤之籤题析论——以艋舺龙山寺为例》,《中国俗文化研究》第三辑,巴蜀书社 2005 年版。

59. 陈香琪:《台湾通行籤诗之文学性研究》,高雄师范大学国文学系研究所 2005 年硕士学位论文。

60. 蔡美意:《金门城隍庙籤诗之研究》,铭传大学 2005 年硕士学位论文。

61. 王文亮、林起泓:《南瀛籤诗故事志》,台南县政府 2006 年版。

62. 姚文琦:《闽台妈祖古庙运籤的主要类型》,《台湾集刊研究》2006 年第 3 期。

63. 郭友亮:《宋代皇帝的占卜活动与占卜术的影响》,《求索》2008 年第 6 期。

64. 陈锦云:《台湾六十甲子圣母诗籤研究——以桃竹苗地区为中心》,中国文化大学中国文学研究所 2008 年硕士学位论文。

65. 薛皓文:《台湾艋舺龙山寺籤诗及其文学性研究》,台湾师范大学国文学系 2008 年硕士学位论文。

66. 李祖基:《冒籍:清代台湾的科举移民》,《厦门大学学报》2011 年第 1 期。

67. 金庸:《月下老人祠的籤词》,见《三剑楼随笔》,电子版。www.nease.net/~jerrybai*.

68. 俞慎初:《中国医学简史》,福建科学技术出版社 1983 年版。

69. 漳州吴真人研究会编:《吴真人学术研究文集》,厦门大学出版社 1990 年版。

70. 罗耀九主编:《吴真人研究》,鹭江出版社 1992 年版。

71. [日]吉元昭野著、陈昱审订:《台湾寺庙药籤研究》,武陵出版有限公司出版 1993 年版。

72. 邱年永:《台湾寺庙药籤考释》,中国医药研究所 1996 年 12 月增订本。

73. 吴友如等:《点石斋画报》,上海文艺出版社 1998 年版。

74.《点石斋画报》(大可版),上海画报出版社 2001 年版。

75. [美]詹姆斯•兰迪:《信仰疗法:揭开巫医神功的面纱》,喻佑斌、罗文胜译,海南出版社 2001 年版。

76. 郭春梅、张庆捷:《世俗迷信与中国社会》,宗教文化出版社 2001 年版。

77. 郝铁川:《灶王爷•土地爷•城隍爷:中国民间俗神研究》,上海古籍出版社 2003 年版。

78. 张永勋、邱年永:《台湾地区寺庙药籤现况之调查研究》,《中医药年报》1990 年第 18 卷第 3 期。

79. 宋锦绣:《台湾寺庙药籤汇编:宜兰"医药神"系统》,《宜兰文献杂志》1999 年第 37 期。

80. 张永勋、何玉铃等:《台湾地区寺庙药籤现况之调查研究》,卫生署中药委员会 1999 年版。

81. 陈泰升:《台湾药籤调查与研究》,中国医药学院中国药学研究所 2003 年硕士学位论文。

82. 温文权:《花莲县寺庙药籤之社会网络》,花莲教育大学乡土文化学系 2008 年硕士学位论文。

83. 宋锦秀:《寺庙药籤疗愈文化与“疾病”的建构》,《台湾文献》第 62 卷第 1 期。

84. 林正宏:《苗栗白沙屯拱天宫——药籤考究与重整》,台湾中兴大学生命科学院 2011 年硕士学位论文。

后　记

如果把著作看做是自己的孩子的话，那这本书无疑是一个难产儿。

1995年到厦门大学攻读博士学位，1996年便确定籤占文化为博士论文的选题，1998年完成题为《中国灵籤研究——以福建为中心》的博士论文并顺利通过答辩。原来打算稍加修改后即出版，后来由于接受其他科研任务，没能腾出一整块时间来对博士论文进行修订补充，所以一直拖下来。这一拖就是十多年，期间虽然杂事繁多，但对于博士论文的修订出版却须臾不敢忘怀。多年来，我一边继续收集资料，一边思考如何修订补充。2011年9月，总算腾出时间来，开始对博士论文进行全面修订补充，没有想到的是，用了两年多的时间才完成博士论文的修订补充工作，工作量之大，远远超出我的预想。呈现在各位面向的拙作，仅篇幅就从原来的五章扩大到十四章，并增加附录一："信仰疗法与药籤研究"、附录二"籤解项目出现频次一览表"，字数增加一倍多，图片增加一百多幅。至于论文的质量，自以为也有比较明显的提升。

在漫长的"磨一剑"过程中，得到很多人的帮助：一是宫庙的负责人和宗教人士、善男信女，他们无偿提供了大量的籤谱和资料，愉快地接受采访，其中得到陕西宝鸡的韩拴功居士的帮助最大，他把毕生收藏的籤谱无偿赠送给我；二是本科生和研究生，他们帮助我收集家乡的籤谱，并对抽籤人、解籤人进行一些问卷调查，其中研究生俞黎媛、范正义、李志鸿、陈文龙、郑衡泌、潘文芳、周海琴、罗臻辉、黄建兴、宋永和、陈辰立、陈莹、陈静贡献良多；三是师友，他们或提供籤谱，或提供相关文献资料，诸如陈元煦、汪征鲁教授出访澳门时，顾不得游览而帮助收集妈祖阁籤谱；何绵山教授访问台湾,詹冠群教授出访马来西亚,均为我收集多种当地籤谱;陈名实、郑镛、段凌平教授等也提供珍贵籤谱。汪毅夫教授在阅读文献时,见到有关籤诗资料,便抄写下来邮寄给我,令人感动,至今我仍保存多封这样的信件。台湾学者丁煌、卓克华、王见川、李世伟、王志宇、陈益源教授,香港学者游子安教授,德国学者庞纬教授,日本学者小熊诚、丸山宏教授,新加坡学者林纬毅教授,马来西亚学者苏庆华教授,美国学者宋怡民教授等,也提供了笔者所需要的文献资料。晏路明教授帮助开发用于调研数据的统计分析软件,大大减轻了工作量。总之,拙作的问世,以上各位师友、同学功不可没,我深表谢忱!

在修订补充的过程中,陈进国教授提出许多富有启发性的意见,潘文芳用大量的时间和认真负责的态度帮助全书的校对。在申请国家社科规划项目后期资助时,王卡教授、濮文起教授、陈支平教授热情提供推荐信。全国社科基金项目规划办把拙著列入后期资助项目,资助我完成拙著的最后修订和顺利出版。人民出版社詹素娟女士对工作极为认真负责,在编辑中发现了多处错误,提出不少好的修改意见。福建中医药大学肖林榕教授拨冗审阅附录一《信仰疗法与药籤研究》,从中医药专业角度为本书把关。对他们的真诚帮助,我感激不尽,铭刻在心。

在这里,我要特别感谢李世瑜先生、陈支平老师不吝赐《序》。李世瑜先生是中国民间宗教研究的第一人,不但学问一流,而且性格豪爽,语言机智幽默。他与笔者的年龄相差三十四岁,因业师刘蕙孙的关系,我在1989年就有幸认识李先生,并一直保持密切联系,成了忘年交。他既是良师,也是益友。笔者在1998年完成博士论文《中国灵籤研究》后,呈李世瑜先生郢正并请求赐序。当时,李先生已是耄耋之年,他慷慨俯允,在百忙中拨冗赐序,并郑重地将此《序》收入李世瑜《社会历史学文集》(天津古籍出版社2007年版)中,我感到万分荣幸! 2010年12月29日,李先生驾鹤西去,因我没有得到噩耗而未能参加其追悼会,送李先生最后一程,深感遗憾和不安。此次拙著的出版,也算是对李先生在天之灵的一个交代吧。陈支平老师是我的博士生导师,虽然他只长我四岁,但学识却比我高出一大截,拙作从选题到调研、撰稿、修订,都得到陈老师的悉心指导,并在《序》中鞭策有加，作为弟子的我无以回报，只有感激和感恩了。

另外，内助陈培峰女士不但长期以来承担所有的家务，保证我能有充裕的时间从事科研活动，还参与了籤谱的整理工作，拙著也凝聚着她的诸多心血，从某种意义上说也是我们夫妻合作的成果。

古人云："天道远，人道迩，非所及也，何以知之。"对于神秘莫测的"天道"，作为凡夫俗子的我，不敢妄加揣测。而对于蕴藏"天道"后面的"人道"，拙作也只是浮光掠影、隔靴搔痒罢了。由于籤占属于俗文化中神秘文化的范畴，虽然影响面广，但多熟视无睹，或以为不登大雅之堂，研究者极少。因此，尽管本人做了很大的努力，但仅仅只是一个开始，期待更多的人从事籤占的研究，后来者居上。

最后，我想强调的是，无论是籤诗的作者还是籤占的参与者，他们都具有窥视天意、预测未来的强烈欲望，这种对未来充满好奇心和预测欲望也是人类发展的内驱力之一。尽管籤诗中有一些"糟粕"，籤占活动也包含着"迷信"，但我们无权剥夺他们超越时空屏障、超越生命极限探知未来的追求。籤占的行为在科学昌明、文明进步的今日看来似乎有些"愚昧"，或者难以接受和理解，但籤占是历史的产物，是中国传统文化的组成部分。透过籤占活动，我们可以了解古往今来寻常百姓社会生活的某些方面，感受他们的喜怒哀乐。对于传统文化包括不那么精致完美的籤占等俗文化，我们都应该予以充分的尊重，并敬畏之、珍惜之，在此基础上，才有资格来探讨如何"取其精华，去其糟粕"，如何深入挖掘其文化内涵和现代价值等课题。

林国平于福州香江红海园

2014 年 4 月 21 日